Bernd Hamm

mit Beiträgen von Sabine Frerichs, Sabine Kratz,
Anja Krippes, Lydia Krüger, Klaus von Raussendorff,
Stefan Rumpf, Dirk Zeeden

Struktur moderner Gesellschaften

Ökologische Soziologie Band 1

D1662470

Leske + Budrich, Opladen 1996

Gedruckt auf säure- und chlorfreiem, alterbeständigem Papier

ISBN 3-8100-1551-2 (Leske + Budrich)
ISBN 3-8252-1912-7 (UTB)

© 1996 Leske + Budrich, Opladen
Einbandgestaltung: Alfred Krugmann, Stuttgart
Satz: Leske + Budrich
Druck: Presse-Druck Augsburg
Printed in Germany

UTB-Bestellnummer: ISBN 3-8252-1912-7

Uni-Taschenbücher 1912

Eine Arbeitsgemeinschaft der Verlage

Wilhelm Fink Verlag München
Gustav Fischer Verlag Jena und Stuttgart
A. Francke Verlag Tübingen und Basel
Paul Haupt Verlag Bern · Stuttgart · Wien
Hüthig Fachverlage Heidelberg
Leske Verlag + Budrich GmbH Opladen
Lucius & Lucius Verlagsgesellschaft Stuttgart
J. C. B. Mohr (Paul Siebeck) Tübingen
Quelle & Meyer Verlag · Wiesbaden
Ernst Reinhardt Verlag München und Basel
Schäffer-Poeschel Verlag · Stuttgart
Ferdinand Schöningh Verlag Paderborn · München · Wien · Zürich
Eugen Ulmer Verlag Stuttgart
Vandenhoeck & Ruprecht in Göttingen und Zürich

Bernd Hamm
Struktur moderner Gesellschaften

Vorwort

Ökologische Soziologie – der Untertitel bedarf einer Erläuterung. Zum einen entwickelt sich am Rande des Mainstream einiger großer Disziplinen eine neue Sicht, als *Ökologische Psychologie* (Kruse et al. 1990), als *Ecological Economics* (vgl. die gleichnamige Zeitschrift der International Association for Ecological Economics), auch schon einmal als *Ecological Sociology* (Dunlap/Cotton 1994; Wehling 1989) oder *politische Ökologie* (im Titel angelehnt an die vielen überholt erscheinende politische Ökonomie; vgl. die Zeitschrift Politische Ökologie einerseits, Mayer-Tasch 1985 andererseits) – eine Sicht, die mehr an Problemen als an Disziplinen, die mehr an Aufgaben der Zukunftsgestaltung als an rückwärtsgerichtetem Verstehen, die mehr an Synthese als an Analyse, die mehr an globaler Komplexität als an der künstlichen Isolierung von Variablen interessiert ist. Da wollen wir Interesse am Gespräch kundtun. Wir haben Grund zu der Annahme und bringen als Argument ein, daß „ökologische Probleme" in erster Linie solche der sozialen Organisation, der Abhängigkeiten, Institutionen, Entscheidungsprozesse und Machtverteilungen sind. Das wollen wir hier belegen.

Zum zweiten ist zu erläutern, was denn das „*Ökologische*" an dieser Soziologie ist: Es ist der Ausgangspunkt des Fragens nach Gesellschaft, den wir im „global sustainable development", in den Möglichkeiten einer *zukunftsfähigen Entwicklung* der Weltgesellschaft sehen. Die Zukunftsfähigkeit wird zuerst und vor allem in Frage gestellt durch die erschreckend zunehmende Zerstörung der natürlichen Lebensgrundlagen.

Diese gefährdete „ökologische Zukunftsfähigkeit" ist indes nicht zu trennen von einer „sozialen Zukunftsfähigkeit", der es um soziale Gerechtigkeit im Zugang zu Ressourcen, um Menschenrechte und demokratische Teilhabe geht. Ebensowenig ist sie zu trennen von einer „ökonomischen Zukunftsfähigkeit", zu deren Kernthemen Produktion, Beschäftigung und Einkommen gehören. „Ökologie" verstehen wir hier als den Versuch, in komplexen *Zusammenhängen und Wechselwirkungen* zu denken, die durch disziplinäre Zuständigkeiten und die Fixierung auf Merkmale von Objekten (statt auf die Beziehungen zwischen ihnen) eher verschleiert als erhellt werden.

„Ökologie" muß schließlich in Betracht ziehen, daß die Umwelt der weitaus meisten Menschen keineswegs eine „natürliche", sondern überwiegend eine von Menschen bewußt und zweckvoll hergestellte ist. Überhaupt läßt sich diese vermeintlich so einfach definierbare Umwelt („Umwelt ist alles außer mir") schwer fassen: Sie ist ebenso „Inwelt", und sie ist auch „Mitwelt".

Wir legen die „Ökologische Soziologie" in *zwei Bänden* vor, die auch unabhängig voneinander benutzbar sein sollen. Dieser erste Band setzt auf den *Ebenen Weltgesellschaft, Europa und Deutschland* an und versucht, nach einer genaueren Diagnose der Überlebenskrise, eine makroskopisch angelegte Untersuchung der Struktur moderner Gesellschaften unter dem Erkenntnisinteresse an globaler Zukunftsfähigkeit. Sie richtet sich auf die wichtigsten sozialen Institutionen der jeweiligen gesellschaftlichen Ebene und möchte den Nachweis führen, daß und warum diese Institutionen wenig geeignet erscheinen, einen Wandel hin zu zukunftsfähiger Entwicklung zu befördern. Am Ende werden aktuelle Reformvorschläge diskutiert und eine Vorausschau auf die wahrscheinliche Zukunftsentwicklung unter weiter so geltenden Bedingungen versucht. Der zweite Band (Hamm/Neumann 1996) befaßt sich in erster Linie mit der *lokalen Ebene* gesellschaftlicher Organisation, also mit menschlichen Siedlungen, Städten, Gemeinden, Regionen. Wir fragen nach den globalen Determinanten lokaler Entwicklung, nach den strukturellen Regelmäßigkeiten dieser lokalen Entwicklung und ihren Konsequenzen, nach den voraussehbaren Zukunftsentwicklungen und möglichen Alternativen hin zu einem Entwicklungspfad, der zur globalen Zukunftsfähigkeit führen und beitragen könnte. Beide Bände zusammen sollen als Grundriß einer „ökologischen Soziologie" gelesen werden können.

Dennoch besteht der eigene Beitrag, der eine Veröffentlichung rechtfertigen mag, weniger im originellen Gedanken – kaum etwas von dem, was wir hier als Argument nutzen, ist nicht schon vor uns von anderen gedacht und veröffentlicht worden, auch wenn uns die treffende Zitatstelle nicht bewußt sein mag – als in der Zusammenschau vieler und vielfältiger Materialien unter einem Erkenntnisinteresse. Es ist ohnehin angesichts der schwellenden Flut von Publikationen nicht mehr möglich, auch nur in einem eng definierten Spezialgebiet den „Stand der Literatur", gar der internationalen, zu überblikken – um wie viel weniger werden wir in dem vorliegenden Unterfangen, Argumente aus vielen Fachgebieten und vielen Spezialisierungen zusammenzuführen, dieser Anforderung genügen können. Auch hier „informieren wir uns zu Tode", heißt zur Handlungsunfähigkeit (Postman 1987); mit dem Einwand, wir hätten dies oder jenes vergessen, werden wir also leben müssen. Selbstverständlich haben wir uns immer wieder gefragt, welche Argumente und Informationen im Sinn unseres Erkenntnisinteresses „wichtig" und daher aufzunehmen, und welche „weniger wichtig", und daher wegzulassen seien. Das werden andere anders sehen, es muß angreifbar bleiben.

Der vorliegende erste Band soll, wenn er unabhängig vom zweiten gelesen wird, Studierenden eine *Analyse der Struktur moderner Gesellschaften* geben. Er soll anderen, auch PraktikerInnen, Anregungen und Diskussionsstoff liefern. Er ist entstanden aus Vorlesungen, die ich seit mehreren Jahren für Studierende des Grundstudiums der Pädagogik, der Soziologie und der Wirtschaftswissenschaften an der Universität Trier gehalten habe. Nun herrscht kein Mangel an Büchern zur Sozialstrukturanalyse; deshalb ist deutlich zu machen, worin sich der vorliegende Ansatz von diesen unterscheidet:

Sein Ausgangspunkt ist *normativ*. Zentral ist das Anliegen, einen Weg zu einer zukunftsfähigen Gesellschaft (sustainable development) zu suchen. Das Problem, zu dessen Lösung er beitragen will, besteht in der Gestaltung einer menschen- und gesellschaftswürdigen, zukunftsfähigen, demokratischen Umwelt. Das Erkenntnisinteresse ist daher *praktisch*. Es bezieht seine Bedeutung und Rechtfertigung aus der globalen Krise. Die uns bekannten Sozialstrukturanalysen sind davon unberührt geblieben. Wenn aber auch nur eine geringe Wahrscheinlichkeit dafür besteht, daß die Menschheit tatsächlich *vor* oder gar *in* einer Überlebenskrise steht, dann müssen wir alle unsere Fähigkeiten und Kenntnisse so einsetzen, daß sie nach heutigem Wissen vielleicht noch abgewendet oder bewältigt werden könnte. Solches Handeln muß alle Ebenen gesellschaftlicher Organisation bestimmen. Diese Überlegungen begründen das Erkenntnisinteresse und die wissenschaftstheoretische Position, die in diesem Buch eingenommen werden, und sie begründen auch, warum wir uns vor klaren Wertungen nicht zurückhalten. Der Vorlesung ist zuweilen mangelnde Ausgewogenheit vorgeworfen worden; wenn damit gemeint ist, daß zwar häufig und laut vorgetragene, aber dennoch falsche oder irrelevante Argumente nicht genügend Raum finden, selbst wenn nicht genügend Platz ist, das immer ausreichend zu begründen, so nehmen wir den

Vorwurf hin. Im übrigen werden Studierende unentwegt mit Positionen konfrontiert, denen die unsere kritisch gegenübersteht; wir brauchen die hier nicht zu wiederholen. Die jedem Kapitel folgenden Übungsaufgaben bieten Gelegenheit zu solcher Konfrontation.

Die Analyse wird in vier Schritten vorgenommen: Zunächst werden die *begrifflichen und theoretischen Grundlagen* formuliert („Vorklärungen"). Dann wollen wir sehen, ob, warum und in welcher Hinsicht von einer *Krise*, gar einer solchen der Weltgesellschaft, zu sprechen ist. Drittens ist zu untersuchen, welche *Institutionen* auf welche Weise zu dieser krisenhaften Entwicklung beitragen bzw. sie nicht verhindern. Viertens schließlich ist nach *Alternativen* zu fragen: Welche Veränderungen – auf den hier untersuchten Ebenen – wären erforderlich, um womöglich doch noch eine Umkehr hin zu einer zukunftsfähigen Welt zu schaffen? Oberflächlich betrachtet vollzieht sich diese Untersuchung weit entfernt von dem, was viele für den eigentlichen Kern jeder ernsthaften Sozialstrukturanalyse halten: der *Klassenanalyse*. Aber es wird sich herausstellen, daß Verteilungskonflikte am ehesten geeignet sind, den Zustand der Welt über die bloße Beschreibung hinaus zu erklären. Wir erheben keine Einwände, wenn jemand darin eine – im weiteren Sinn – Klassenanalyse, auch eine Kritik der bürgerlichen Gesellschaft erkennt.

Im Gegensatz zu den üblichen Sozialstrukturanalysen beschränken wir uns nicht auf die Untersuchung einer nationalen Gesellschaft, vielleicht mit wenigen Hinweisen auf darüber hinausweisende Entwicklungen. Vielmehr betrachten wir *die nationale Ebene von Gesellschaft als eine der vielen möglichen*, nicht einmal unbedingt die überzeugendste, in jedem Fall aber als eine abhängige. Während sonst die Definition von Gesellschaft als nationale impliziert, daß dieser Ebene ein bedeutendes Maß an souveräner Selbstbestimmung und Unabhängigkeit zukäme, gehen wir davon aus, daß wesentliche Entwicklungsbedingungen für die nationale Ebene von der europäischen und der globalen Ebene gesetzt werden und national faktisch nicht beeinflußt werden können. Insofern fühlen wir uns der *Weltsystemtheorie* in ihren verschiedenen Ausprägungen verpflichtet. Die „Globalisierung" – ein Modewort, das noch zu erläutern sein wird – ist mächtig vorangeschritten. Aus diesem Grund haben wir einen makroanalytischen Ansatz gewählt und die globale vor die nationale Perspektive gestellt. Wir führen andererseits die Sozialstrukturanalyse im zweiten Band bis auf die lokale Ebene fort.

Die *Vorklärungen* zum Verhältnis zwischen Zukunftsfähigkeit, Umwelt und Gesellschaft, wobei Gesellschaft als die uns Menschen spezifische Form der Organisation des Stoffwechsels zwischen Mensch und Natur aufgefaßt wird, sind beiden Bänden weitgehend gemeinsam. Wir versuchen dann herauszuarbeiten, worin denn das *Kritische*, das Überlebensbedrohende der gegenwärtigen Weltentwicklung liegt. Es wird sich dabei zeigen, daß die Belastung der natürlichen Ressourcen („ökologische Krise") untrennbar verwoben ist mit ökonomischen Prozessen („ökonomische Krise") und sozialen Beziehungsmustern („gesellschaftliche Krise"). Es wird daher keine Lösung der Problématique (Club of Rome) geben, die nicht alle drei Bereiche gleichermaßen im Auge behält.

In der *Institutionenanalyse* untersuchen wir die Fähigkeit der wichtigsten Regelungsmechanismen in Wirtschaft, Politik, Kommunikation und sozialer Sicherung darauf, ob und wie sie geeignet sind, Wege aus der globalen Überlebenskrise zu finden. Dabei ist sorgfältig zu unterscheiden zwischen einem *formalen* Institutionenverständnis, wie es in den Sozialkundebüchern zu finden ist, und der *realen*, empirischen Funktionsanalyse. Wir verwenden deshalb neben der unvermeidlichen Beschreibung wichtiger Mechanismen immer wieder empirische Studien und Daten und ergänzen sie um der möglichst plastischen Illustration willen mit Fallstudien.

Der letzte Teil, *Zukunft*, soll in einem Szenario zeigen, wohin die derzeit für uns absehbare Entwicklung gehen wird, wenn die jetzt bestehenden Mechanismen weiterhin in ähnlicher Weise wirken. Dann wird er Reformansätze „von oben nach unten" skizzieren, wie sie derzeit für die globale, die europäische und die deutsche Gesellschaft diskutiert werden. Auch der zweite Band schließt mit einem Teil „Zukunft", der sich unter den Stichworten Abkoppeln, Selbstorganisation, Ressourcenschonung sehr viel ausführlicher um lokale Handlungsmöglichkeiten, also um einen Ansatz „von unten nach oben", bemüht.

Der durch den linearen Verlauf der Sprache erzwungene Aufbau des Buches und seiner Argumente, dieses Aneinanderreihen von Worten, steht in einem unlösbaren Widerspruch zur inneren *Einheit der Dinge*, die damit beschrieben werden sollen. Wir versuchen, der realen Komplexität der Welt nicht aus dem Weg zu gehen, und dennoch zwingt uns schon die Sprache zu drastischen Vereinfachungen. Der Ansatz ist der Absicht nach *holistisch* – wir fühlen uns hier insbesondere Johan Galtung und Immanuel Wallerstein verbunden. Aber selbst die Begriffe, die wir verwenden, die Logik des gedanklichen Aufbaus, das Verständnis von wissenschaftlicher Argumentation sind zutiefst abhängig und eingebunden in die *westlich-kapitalistische Kultur*. Wir können das feststellen, uns aber nicht davon lösen. Der

Anspruch einer universell gültigen wissenschaftlichen Vorgehensweise zum Verstehen der Welt ist in sich selbst Ausdruck eines Herrschaftsverhältnisses. Der analytisch-positivistische Begriff von Wissenschaft, der alles unter das Gebot der Zahl zwingt und andere als mathematisierbare Zusammenhänge nicht akzeptiert, ist in unserem Verständnis gerade wegen seines totalen Anspruchs wesentlich mitverantwortlich für den Zustand der Welt. Dieses kritisch anzumerken, setzt uns jedoch noch nicht in die Lage, dem immer auch konsequent eine Alternative entgegensetzen zu können. Ein zweites Problem ist ungelöst geblieben: Das Buch ist in Aufbau und Logik, in der Wahrnehmung von und Sensibilität für Themen und Probleme und ihre Verknüpfungen, in seiner unvermeidlichen Beschränktheit das Buch eines *Mannes* geblieben. Mir bleibt nur, auf dieses Defizit deutlich hinzuweisen.

Unbefriedigend bleibt schließlich der *Umgang mit quantitativen Daten*: Obwohl uns klar ist und wir darauf auch immer wieder hinweisen, wie problematisch nicht nur die Meßgenauigkeit, sondern auch Gültigkeit und Verläßlichkeit der Operationalisierungen vor allem im Vergleich zwischen Ländern sind, war es doch undenkbar, ohne solche Daten auszukommen. Wir haben im Gegenteil ausgiebigen Gebrauch von den uns zugänglichen Quellen gemacht und sind doch die Zweifel nicht losgeworden, ob wir damit tatsächlich zur Präzisierung beigetragen haben.

Wir haben uns große Mühe gegeben, *Fach- und Spezialjargon zu vermeiden* und so anschaulich wie möglich zu bleiben. Wir halten nichts vom „Herumturnen in den Ästen selbsterrichteter semantischer Bäume" (so einmal Renate Mayntz über Niklas Luhmann). Wo immer sinnvoll, haben wir uns bemüht, männliche *und* weibliche Sprachform zu verwenden. Fremdsprachige Zitate sind meist ohne weitere Kennzeichnung von uns übersetzt worden. Bei den Quellenangaben haben wir einen Kompromiß angestrebt: Bücher, Beiträge in Fachzeitschriften und längere, sehr ausführliche Texte aus der Presse haben wir im Literaturverzeichnis aufgeführt; die zahllosen Informationen, die wir der Tagespresse oder anderen Massenmedien entnommen haben, bleiben unzitiert – sie hätten den Apparat um ein Mehrfaches aufgebläht. Die weiterführende Literatur am Ende jedes Kapitels stützt zum Teil unsere Argumentation, sie ist aber auch zur kritischen Konfrontation damit gedacht. Bei Prozentangaben haben wir im allgemeinen auf die Stelle hinter dem Komma verzichtet, um nicht einen Präzisionsgrad vorzuspiegeln, den die Qualität der Daten nicht hergibt. Bei der Frage, wie jener Teil der Welt zu bezeichnen sei, den man früher „Entwicklungsländer" (Dritte Welt, Süden, Mangelgesellschaften usw.) bzw. andererseits „Industrieländer" nannte (hochentwickelte, postindustrielle, Überflußgesellschaften usw.) haben wir keine durchgehend einheitliche Lösung angestrebt. Jeder Begriff hat entschiedene Mängel, keiner ist neutral oder präzis, so daß wir alle verwenden – selbst „Entwicklungsländer", weil die gemeinte Gruppe von Ländern nicht zögert, sich selbst (z.B. im VN-System) so zu bezeichnen. Wir wollen aber betonen und hoffen, das im Text deutlich zu machen, daß wir in keinem Fall damit eine Herabwürdigung beabsichtigen. Wir halten auch die „reichen Länder" (in denen ja keineswegs alle reich sind) nicht für besonders „entwickelt" in einem Sinn, der unserem Weltverständnis entspräche. Zuweilen verwenden wir das „wir" für die reichen Länder und wollen damit zum Ausdruck bringen, daß auch wir persönlich, wenn auch als KritikerInnen, zu diesem Teil der Welt gehören.

Viele FreundInnen und KollegInnen, viele aus den Ländern Osteuropas vor und nach dem Umbruch von 1989/90, aber auch aus der World Futures Studies Federation, aus der UNESCO, haben mir mit ihren Anregungen geholfen. Die internationalen Sommerseminare, die ich seit 1991 zum Thema „Sustainable Development and the Future of Cities" am Bauhaus Dessau durchgeführt habe (Hamm/Zimmer/Kratz 1992), gaben Gelegenheit, immer wieder gewonnene Einsichten und Ideen auf den Prüfstand zu stellen. Davon ist der vorliegende Text geprägt. In vielen Semestern haben sich Studierende mit verschiedenen Fassungen der Vorlesung auseinandergesetzt und mir mit kritischen Kommentaren geholfen. Eine Arbeitsgruppe, bestehend aus dem Historiker, Germanisten und früheren Diplomaten Klaus von Raussendorff, der Politologin Sabine Kratz, den Betriebswirten Stefan Rumpf und Dirk Zeeden, den Soziologinnen Sabine Frerichs und Lydia Krüger und der Pädagogin Anja Krippes hat mit mir zusammen die Buchfassung immer wieder diskutiert und schließlich vorgenommen. Auf sie alle bezieht sich das „wir" im Text. Alle haben Fassungen einzelner Abschnitte beigetragen, die dort, wo sie wörtlich übernommen wurden, auch namentlich gekennzeichnet sind. Am Ende habe ich die Schlußfassung geschrieben und angenommen oder verworfen, was mir einsichtig war. Gabi Gotzen und Sabine Frerichs haben viele Stunden mit dem Lesen der Korrekturen zugebracht. Rita Minarski hat uns allen dafür den Rücken freigehalten. Viele Anregungen habe ich aus der langen Freundschaft mit Bernhard Schäfers gewonnen, sowie aus der Zusammenarbeit mit William E. Rees, University of British Columbia, Vancouver, Pandurang K. Muttagi, Bombay, Lucyna Frackiewicz, Katowice, und Bohdan Jalowiecki, Warschau, erhalten. Ihnen sowie Johan Galtung, Mihajilo Mesarovic und Peter Atteslander bin ich zu Dank verpflichtet.

Am schwierigsten war es, angesichts einer so einsehbar aussichtslosen Situation der Weltgesellschaft doch noch den Optimismus zu bewahren, der zum Fertigstellen eines solchen Buches nötig ist. Dabei bin ich mir jener Haltung der „konstruktiven Schizophrenie" (Mayer-Tasch 1991, Bd. 1, 20) bewußt, die angesichts der Aussichtslosigkeit des Unterfangens noch nach Chancen für vernünftiges Handeln sucht. Die Arbeit an diesem Buch wurde oft und zunehmend zur Qual. Mit jedem Fortgang der Untersuchung bestätigte sich der Eindruck, daß die Menschheit in einer Sackgasse steckt, aus der es keinen Ausweg geben wird. Fünf Menschen haben, neben der Trierer Arbeitsgruppe, vor allem dazu beigetragen, daß ich das Vorhaben nicht vorzeitig abgebrochen habe: Frank und Martin, die mir mit ihrem fröhlichen und unbelasteten Vertrauen jeden Tag wieder klarmachten, daß Resignation nicht erlaubt ist; Janka, die trotz vieler Wirren noch und gut da ist; Sabine, die mit ruhiger Gelassenheit alle Höhen und Tiefen begleitet, ertragen und miterlebt hat, ohne dabei die alltägliche Zuversicht zu verlieren; und Jupp Linden, dessen unerschütterlicher praktischer Verstand und lange Erfahrung viele Probleme lösen halfen, an denen ich wochenlang herumstudiert hätte. Ihnen ganz besonders möchte ich danken.

Trier, im Juni 1996   *Bernd Hamm*

Inhalt

Vorklärungen

1. Zukunftsfähigkeit, Umwelt und Gesellschaft

1.1 Überblick

Ausgangspunkt des Buches ist die *globale ökologische Krise*, gegen die als Antithese der Begriff der *zukunftsfähigen, nachhaltigen Entwicklung* gesetzt wird. Dieses Konzept wird diskutiert; es liefert die erkenntnisleitenden Fragen der ganzen Untersuchung. Daran anschließend fragen wir, was „Gesellschaft" sei, und zeigen daran, daß Begriffe interessengebunden sind; daß nur die Weltgesellschaft genau definiert werden kann und daß es sinnvoll ist, Untereinheiten aus dem spannungsvollen Verhältnis zwischen äußerer Abhängigkeit und innerer Struktur zu verstehen. Dies wird illustriert an der Entwicklung der deutschen Gesellschaft nach 1945. „Gesellschaft" wird als die uns Menschen spezifische Weise aufgefaßt, unseren Stoffwechsel mit der Natur, also unsere Ökonomie, zu organisieren. „Umwelt" wird verstanden in ihrer Qualität als Ressource wie in ihrer Qualität als Raum. Am Ende des Kapitels stehen einige Bemerkungen zum Menschenbild, das unserer Arbeit zu Grunde liegt.

1.2 Zukunftsfähigkeit

1.2.1 Globale Krise

Schon seit langem (z.B. Carson 1962, Shepard/McKinley 1969, McHale 1970, Meadows 1972 und viele andere) und mit zunehmender Intensität (Berichte des/an den Club of Rome, Jahresberichte des Worldwatch Institute, Weizsäcker 1990, Laszlo 1994, Sachs 1995 und viele andere) werden wir darauf hingewiesen, daß die Menschheit dabei ist, ihre *natürlichen Lebensgrundlagen auf dem Planeten Erde zu zerstören.* Belege für diese These sind inzwischen vielfältig vorgebracht worden; wir werden im Zweiten Teil des Buches etliches davon zusammentragen. Dies ist der eigentliche Kern dessen, was wir als globale Krise wahrnehmen.

Es wird immer wieder auch bestritten, daß die Menschheit sich katastrophalen Zuständen nähere. Auch heute wieder wird argumentiert, dies alles sei gar nicht so schlimm, weil es der Menschheit noch immer gelungen sei, Auswege aus verfahrenen Situationen zu finden (neuerdings z.B. Beckermann 1995). Die problematischste dieser Formeln hat selbst die Brundtland-Kommission, freilich ein politisches Gremium, nicht vermieden: die vom „nachhaltigen Wachstum" (sustainable growth), die auch unverzüglich AnhängerInnen gefunden hat. Ein großer Teil der öffentlichen Debatte in den politischen Arenen, den Stellungnahmen von Wirtschaftsverbänden, den Medien wird geführt unter dem Tenor, mit technologischer Innovation und unbeirrtem Festhalten am Ziel des wirtschaftlichen Wachstums sei das schon zu meistern.

Wir werden Argumente dafür vortragen, daß damit gerade die Mechanismen angerufen werden, die in die Krise geführt haben, daß es sich also um *einen fatalen Irrweg* handelt. Wie immer dem sei, muß verantwortliches Handeln vom schlimmstmöglichen Fall ausgehen und ihn zu verhindern suchen. Also tun wir gut daran, diese Krise nach allen heute zur Verfügung stehenden Erkenntnissen nicht auszuschließen, zumal auch die resultierenden Handlungsoptionen in sich eher als vernünftig denn als unvernünftig erscheinen.

Die These von der „Risikogesellschaft" (Beck 1986), in der wir alle von einer solchen Krise gleichermaßen betroffen seien und dies über alle Grenzen von Klassen und Kulturen hinweg, ist falsch und ideologisch. Sie verstellt den Blick auf fortbestehende, ja zunehmend verschärfte *Ungleichheiten*, und das ist wohl auch ihre Absicht, jedenfalls ihr willkommener Erfolg. Noch immer sind einige gleicher als die anderen. Die Eliten der reichen Länder nehmen nicht nur die afrikanische Tragödie billigend in Kauf, sie befördern sie selbst auch aktiv durch ihre internationale Handels- und Finanzpolitik, ein Genozid. Eine noch immer zu großen Teilen wohlsituierte Mittelschicht ignoriert das globale Elend, das sie mitverursacht, ebenso wie das Elend im eigenen Land. Da ist herzlich willkommen und wird belohnt, wer eine eingängige Formel findet, die davon abzulenken vermag.

Wir gehen also von der Annahme aus, die globale Krise liege nicht nur vor uns, sondern sei *bereits die Wirklichkeit von heute*. Dann ist es sinnvoll zu fragen, ob, wie und in welchem Ausmaß soziale Organisation dafür mitverantwortlich ist. Und weiter: Was müssen wir verändern, um die Krise abzuwenden oder wenigstens ihre Auswirkungen zu mildern? Schließlich: Es geht um Probleme, die wir nicht weiterhin in andere Erdteile oder auf andere Generationen verschieben dürfen. Die Krise hat uns schon eingeholt, in der Form fortbestehender und weiter steigender Arbeitslosigkeit, als rasch zunehmende Polarisierung zwischen Armen und Reichen, als Staatsverschuldung und Politikunfähigkeit, im Zerfall der Sozialsysteme, als Zunahme von organisierter Kriminalität und Gewalt.

1.2.2 Zukunftsfähige Entwicklung

Die Leitfrage für die Zukunft lautet: *Wie können wir späteren Generationen eine Welt hinterlassen, die zumindest gleich viel an Lebenschancen zur Verfügung hält, wie wir selbst vorgefunden haben* (WCED 1987)? Wir müssen, mit anderen Worten, herausfinden, ob und unter welchen Bedingungen langfristig stabile Zukünfte möglich sein könnten. Dafür hat sich in der internationalen Diskussion der Begriff „Sustainability" durchgesetzt, ins Deutsche oft unvollkommen übersetzt als „Tragfähigkeit", „Dauerhaftigkeit" oder „Nachhaltigkeit" – besser erscheint uns eine Übersetzung, die wir zuerst von Udo E. Simonis gehört haben: „Zukunftsfähigkeit". Und so spricht man denn auch von „sustainable development" (tragfähiger, dauerhafter, nachhaltiger, zukunftsfähiger Entwicklung) für den Prozeß, der zur Zukunftsfähigkeit hinführen soll.

Diesem Begriff begegnet man derzeit oft und in sehr unterschiedlichen Zusammenhängen. Er ist geradezu modisch abgewertet und taucht selbst in den widersinnigsten Verbindungen auf, vor allem, seit große Unternehmen ihn für ihre Werbung nutzen. Was ist Sustainability – was bedeutet *Zukunftsfähigkeit?* Auch wenn diese Begriffe nicht so definiert sind, daß sich eine allgemein anerkannte Meßvorschrift dafür angeben ließe, ist ihr Inhalt doch einfach zu verstehen: Zukunftsfähigkeit ist ein *Prozeß, in dem sich die menschliche Gesellschaft in Harmonie mit ihrer nichtmenschlichen Umwelt befindet.* Die Richtung und die Spielräume für die Entwicklung der menschlichen Gesellschaft sind letztlich definiert durch die Tragfähigkeit der Natur. Gewiß verändert sich diese Tragfähigkeit, z.B. im Zusammenhang mit technologischer Entwicklung – aber sie ist immer und unaufhebbar begrenzt. Die „zukunftsfähige Gesellschaft" ist ein Ziel, auf das wir im Interesse unseres eigenen und des Überlebens künftiger Generationen hinstreben müssen.

Begriffe: Sustainability, Sustainable Development

„Dauerhafte Entwicklung ist Entwicklung, die die Bedürfnisse der Gegenwart befriedigt, ohne zu riskieren, daß künftige Generationen ihre eigenen Bedürfnisse nicht befriedigen können. Zwei Schlüsselbegriffe sind wichtig:

- Der Begriff von „Bedürfnisse", insbesondere der Ärmsten der Welt, die die überwiegende Priorität haben sollen;
- der Gedanke von Beschränkungen, die der Stand der Technologie und der sozialen Organisation auf die Fähigkeit der Umwelt ausübt, gegenwärtige und zukünftige Bedürfnisse zu befriedigen" (WCED 1987, 46).

„... general concurrence on the need for sustainable development obscures equally widespread disagreement over the practical meaning of the concept. Environmentalists of all stripes and groups on the political left emphasize the „sustainable" part. They see a need to put Earth first, limit material growth, return to community values, and devise ways to share the world's wealth more equitably. Economic planners, the political center, and all those to the right warm more the „development" component. From this perspective, there are no limits, growth comes first, the present system works, and the global expansion of market economies will create all the wealth needed for world ecological and social security. While proponents of sustainable development occupy the entire political spectrum, the debate is becoming polarized around two distinctive worldviews each with its own normative assumptions and distinctive vision of humankind's role in the scheme of things. Milbrath (1989) labels these poles the „dominant social paradigm" and the „new environmental paradigm". Taylor (1991) calls them the „expansionist worldview" and the „ecological worldview" (Rees 1992, 18).

„To summarize, in contrast to the conventional consensus on economic development, the following revised criteria underline sustainable economic development:
i) It is indistinguishable from the total environment of society and cannot effectively be analysed separately, as „sustainability" depends on the interaction of economic changes with social, cultural, and ecological transformations;
ii) Its quantitative dimension is associated with increases in the material means available to those living, or defined to live, in absolute poverty, so as to provide for adequate physical and social well-being and security against becoming poorer;
iii) Its qualitative dimension is multifaced, and is associated with the long-term ecological, social, and cultural, potential for supporting economic activity and structural change; and
iv) It is not easily subject to measurement; the quantitative and qualitative dimensions are mutually reinforcing and inseparable, and thus cannot be fully captured by any concept of direct and measurable economic gain.

Sustainable economic development is therefore directly concerned with increasing the material standard of living of the poor at the „grassroots" level which can be quantitatively measured in terms of increased food, real income, educational services, health-care, sanitation and water-supply, emergency stocks of food and cash, etc., and only indirectly concerned with economic growth at the aggregate, commonly national, level. In general terms, the primary objective is reducing the absolute poverty of the worlds poor through providing lasting and secure livelihoods that minimize resource depletion, environmental degradation, cultural disruption, and social instability" (Barbier 1987, 103).

„Sustainability" ist zu verstehen als eine Beziehung zwischen dynamischen menschlichen Wirtschaftssystemen und größeren dynamischen, aber sich normalerweise langsamer verändernden ökologischen Systemen, in denen

(a) menschliches Leben auf unbestimmte Zeit fortbestehen kann,
(b) sich menschliche Individuen entfalten können,
(c) sich menschliche Kulturen entwickeln können, in denen aber
(d) die Auswirkungen menschlicher Tätigkeiten begrenzt bleiben, damit die Vielfalt, Komplexität und Funktion des ökologischen Lebenserhaltungssystems nicht zerstört wird.

„Sustainability" impliziert keineswegs eine statische, geschweige denn eine stagnierende Wirtschaft, doch müssen wir stets darauf achten, zwischen Wachstum und Entwicklung zu unterscheiden. Wirtschaftliches Wachstum, das eine mengenmäßige Zunahme ist, kann auf einem endlichen Planeten nicht auf unbestimmte Zeit in ökologisch tragfähiger Weise gesichert werden. Wirtschaftliche Entwicklung, die eine Verbesserung der Lebensqualität ist, ohne daß damit zwangsläufig eine mengenmäßige Erhöhung des Ressourcenverzehrs verbunden ist, kann jedoch ökologisch tragfähig sein. Tragfähiges Wachstum (sustainable growth) ist ein Ding der Unmöglichkeit" (Constanza 1992, 87f.).

„Unter denen, die für das Ziel einer dauerhaften Entwicklung wissenschaftlich gearbeitet haben und/oder politisch dafür eintreten, besteht weitgehende Einigkeit über eine Mindestbedingung: Grundbedürfnisbefriedigung und Erhaltung befriedigender Umweltbedingungen für alle gegenwärtigen und zukünftigen Menschen, wobei auch weitere „Entwicklung" – die nicht immer mit Wachstum gleichgesetzt werden muß – als wünschenswert und möglich unterstellt wird" (Harborth 1991, 95)

„Bezogen auf Industrieländer könnte ökologisch tragfähige Entwicklung (Sustainable Development) als eine Wirtschaftsweise verstanden werden, bei der

– der Verbrauch erneuerbarer Ressourcen deren Regenerationsfähigkeit nicht übersteigt,
– Flächen-, Wasserverbrauch und Transportleistungen auf einem Niveau stabilisiert werden, das Langzeitschäden ausschließt,
– der Verbrauch nicht erneuerbarer Ressourcen absolut reduziert wird,
– die Absorptionsfähigkeit der Umwelt nicht überfordert, die Artenvielfalt nicht verringert und- Großrisiken vermieden werden" (Jänicke 1994, 1f.)

Unklar ist der Begriff also keineswegs, es läßt sich damit arbeiten. Das ersetzt nicht die Aufgabe, wissenschaftlich zu untersuchen, ob und wie denn globale Zukunftsfähigkeit hergestellt werden kann und was dies für unterschiedliche Gesellschaften bedeuten mag (z.B. Enquête-Kommission 1994; Schwanhold 1994). In dieser Debatte haben sich drei einander widersprechende Positionen herausgebildet:

- Die *größte* und bisher einflußreichste, getragen von den MeinungsführerInnen in Politik, Wirtschaft und Wissenschaft bei uns und in allen westlichen Ländern, tut so, als bestehe das Problem überhaupt nicht, und wenn es bestehe, dann sei erst einmal anderes wichtiger. Über eine gelegentliche verbale Konzession hinaus ist von dieser Seite kaum etwas zu hören. *„Weiter so"* heißt die Parole. Wenn es denn auf dem bewährten Weg Schwierigkeiten geben sollte, dann können sie mit wirtschaftlichem Wachstum, ein bißchen Umweltschutz und technischem Fortschritt bewältigt werden.

- Eine *zweite* Position, die der *„ökologischen Modernisierung"*, geht im Kern davon aus, daß einem im Grunde erfolgreichen und nicht korrekturbedürftigen Wirtschafts- und Gesellschaftssystem lediglich ein neues Element, nämlich Umweltschutz, hinzugefügt werden müsse. Hier wird über die Wirksamkeit „marktwirtschaftlicher Instrumente", die erforderliche Effizienzrevolution, die ökologische Steuerreform, Verschmutzungszertifikate und dergleichen diskutiert und angenommen, eine ökologisierte Marktwirtschaft sei in der Lage, wieder Beschäftigung für (fast) alle zu bringen. AnhängerInnen dieser Meinung fühlen sich besonders bestärkt durch den Zusammenbruch der früheren sozialistischen Systeme und durch den Verweis auf die ja in der Tat grauenhaften Umweltschäden, die sie angerichtet haben. Weitgehender Umweltschutz ist nötig, soweit er im Rahmen des weiterhin zu sichernden Wohlstandes, des Wachstums, der internationalen Wettbewerbsfähigkeit, der Erhaltung der Arbeitsplätze möglich ist. Beide Positionen, die zusammen satte Mehrheiten garantieren, argumentieren im Rahmen des bestehenden Wohlstands- und Konsummodells und meist in nationalen, bestenfalls europäischen Grenzen.

- Lediglich die *dritte* und bisher kleinste Gruppe der *„strukturellen Ökologisierung"* beharrt darauf, daß langfristige globale Überlebensfähigkeit nur durch tiefgreifenden gesellschaftlichen Wandel vor allem in den reichen Ländern gesichert werden könne und daß wenig Zeit bleibt, den Weg dorthin einzuschlagen. Sie zweifelt am Sinn weiteren wirtschaftlichen Wachstums, sie hält die Sicherung des „Standortes Deutschland" im Rahmen des internationalen Wettbewerbs für ein sinnloses, ja gefährliches Konzept, sie sucht nach Alternativen zu einem System, das „sich zu Tode siegt" (Meyer 1992).

Wir denken, daß es gefährlich ist, diese Differenzen im Sinn eines Glaubenskampfes zu behandeln. Vielmehr kann nur eine ausreichende empirische Basis die Entscheidung für die eine oder die andere Position begründen. Dafür wollen wir mit diesem Buch Argumente und Material liefern.

Ein gutes Stück über den wohlmeinenden Appell hinaus ist die wissenschaftliche Auseinandersetzung immerhin. Der Berliner Politikwissenschaftler Martin Jänicke hat, wie andere, operationale Regeln angegeben, nach denen Zukunftsfähigkeit zu erreichen ist (sog. „Managementregeln", siehe Kasten). Das ist zunächst einmal wissenschaftlich unter denen, die sich überhaupt mit dem Thema beschäftigen, weitgehend konsensfähig als ein Ansatz zur Operationalisierung von „Zukunftsfähigkeit". Aber es handelt sich um einen Konsens per Abstraktion. Die Implikationen eines solchen Forderungskataloges werden selten zu Ende gedacht. Sie sind dramatisch.

„Zukunftsfähigkeit" ist ein *globales* Konzept. Die Welt wird als eine Einheit betrachtet. Dahinter steht eine ethische Entscheidung: Die *Menschheit insgesamt* soll überleben, sie soll in einem solidarischen Zusammenhang gesehen werden. Heute handeln wir (gemeint sind hier Angehörige der reichen Länder und ihre VertreterInnen in Politik und Wirtschaft) nicht so: Wir verschieben vielmehr zahlreiche Probleme, die wir verursachen, in die Länder der Dritten Welt und des früheren Ostblocks, eignen uns aber die Ressourcen dieser Länder an. Wenn wir das ändern wollten, hätte dies tiefe Folgen für alle Ebenen von Gesellschaft. *Die Ursachen für Armut, Unter- und Fehlernährung, Krieg, Diskriminierung und Epidemien liegen zu erheblichen Teilen bei uns*, nur treten sie woanders auf, ebenso wie die Zerstörung der tropischen Regenwälder, der Treibhauseffekt, die Schädigung der Ozonschicht, die Anwendung gesundheitsgefährdender Produktionsweisen in Industrie und Landwirtschaft. Wir könnten nicht mehr ausweichen oder wegsehen. Die ethische Entscheidung für globale Überlebensfähigkeit bedeutet praktisch Wohlstands- und Beschäftigungsverluste bei uns.

„Zukunftsfähigkeit" ist ein *umfassendes* Konzept. Es erlaubt uns nicht mehr, die Welt in kleine, nach Fachdisziplinen oder Regionen definierte Stückchen zu zerschneiden, die wir dann unter „ExpertInnen" zur Bearbeitung aufteilen, die sich um den Rest nicht kümmern. Es gibt nicht so etwas wie eine isolierbare „Umwelt-Zukunftsfähigkeit", die angemessen in Begriffen chemischer Reaktionen untersucht werden könnte. Es gibt keine Umwelt, die unabhängig wäre von einer Wirtschaft und ihren Regeln über den zulässigen Ressourcenverbrauch. Es gibt keine Wirtschaft, die unabhängig wäre von der politischen und sozialen Organisation, in der die Verteilung von Macht und die Möglichkeit geregelt ist, sich Vorteile auf Kosten anderer anzueignen. Es gibt keine Zukunftsfähigkeit ohne persönliche Sicherheit, die Einhaltung von Menschenrechten und soziale Gerechtigkeit, ohne die faire Verteilung von Lebenschancen, ohne die Befriedigung von Grundbedürfnissen und ohne Selbstbestimmung.

„Zukunftsfähigkeit" ist ein kritisches, ein *radikales* Konzept. Es steht am Ende des Industriezeitalters und kritisiert dessen Ergebnisse. Es fordert unsere tagtägliche Wirklichkeit heraus und konfrontiert sie mit der Utopie einer besseren Welt. Wir brauchen solche Visionen, um die Mängel unserer Welt verstehen und relevante Fragen stellen zu können, als Hilfe beim Finden richtiger Entscheidungen. Das rührt an die Wurzeln vieler Konzepte, auf denen unsere Vorstellung von gesellschaftlicher Ordnung wie selbstverständlich beruht: Wachstum, Demokratie, Menschenrechte, Entwicklung, Lebensqualität, Gerechtigkeit, Leistung, Arbeit, Verantwortung, Bildung. Wir haben keine Wahl: Sie alle müssen unter dem Kriterium „Zukunftsfähigkeit" neu überdacht, neu definiert, neu in Praxis übersetzt werden. Unser Denken, unser Handeln, unser Wirtschaften, unsere Politik, unsere Wissenschaft – sie alle können nicht mehr die gleichen sein unter der Bedrohung der globalen Zukunftsfähigkeit. Hier müssen Lernprozesse in Gang kommen, die insbesondere uns in den Überflußgesellschaften schwerfallen müssen. Es gibt keine radikalere Frage als die nach den langfristigen Überlebensbedingungen der Menschheit auf dem Planeten Erde.

„Zukunftsfähigkeit" ist ein *dynamisches* Konzept. Es bezieht sich nicht auf irgendeine Art statisches Paradies, sondern vielmehr auf die fortlaufend zu verbessernden Fähigkeiten menschlicher Wesen, sich an die nichtmenschliche Umwelt anzupassen. Zukunftsfähigkeit ist kein passives Schicksal, sondern eine Herausforderung an uns alle zum Handeln. Umweltschäden fallen nicht vom Himmel, sondern sind in der Regel *unbeabsichtigte Folgen absichtsvollen Handelns*. Sie gehen also zurück auf Entscheidungen, die von Menschen in sozialen Zusammenhängen getroffen werden. Es ist richtig, daß manche Menschen rücksichtslos ihrem egoistischen Eigeninteresse folgen. Aber es ist viel wichtiger zu verstehen, wie die *Strukturen* und *Ideologien*, in denen wir leben, solch blinde Selbstsüchtigkeit und destruktive Verhaltensweisen hervorbringen, rechtfertigen und belohnen. Solange sie gelten, werden die Menschen, die „falsche" Entscheidungen treffen, auswechselbar bleiben.

Sozialwissenschaftliche Praxis war immer normativ und im Westen immer gebunden an die *Ideologie kapitalistischen Wirtschaftens und demokratischen Regierens.* Gerade die Protagonisten der Wertfreiheit haben sie immer wieder begründet mit einem Argument, das gegen die kommunistischen Regimes des Ostblocks gerichtet war: Wer einer gesellschaftlichen Utopie folge, so argumentierte etwa Karl Popper (1969), der gerate zwangsläufig in die Lage, sie auch gewaltsam und totalitär durchsetzen zu wollen. Deshalb sei nicht Holismus, sondern *piecemeal engineering,* Stückwerktechnik, das geeignete Rezept für die Zukunft. Das Argument hat mindestens drei Mängel: Einmal verschließt es uns ein Urteil darüber, ob wir denn mit den vielen einzelnen Schritten in die richtige Richtung unterwegs sind; zweitens verstellt es Alternativen, z.B. nüchtern danach zu fragen, wie und mit welchem Erfolg denn in diesen sozialen Großexperimenten, genannt Sozialismus, an sich richtig gestellte Fragen – nach sozialer Gerechtigkeit, nach der gesellschaftlichen Steuerung der Produktion usw. – beantwortet wurden. Drittens wird damit unterstellt, wir auf der kapitalistischen Seite des früheren Eisernen Vorhangs lebten in der besten aller möglichen Gesellschaften (eine Vermutung, die in der sozialwissenschaftlichen Literatur überaus häufig anzutreffen ist). Wer diese Logik in Frage stellte, war und ist bei uns DissidentIn – so wie das mit umgekehrtem Vorzeichen im früheren Ostblock galt.

1.3 Was ist Gesellschaft?

1.3.1 Definition von Gesellschaft

Was ist Gesellschaft? Gesellschaft, so könnte eine spontane Antwort vielleicht ausfallen, ist eine Mehrzahl von Menschen, die vieles miteinander gemeinsam haben: Sprache, Kultur, Institutionen, Geschichte, ein Wir-Gefühl, also Identifikation, ein Gebiet, das sie bewohnen, samt seiner Infrastruktur – die vieles miteinander gemeinsam haben und deshalb miteinander in Beziehung stehen. Gesellschaft wird meistens gleichgesetzt mit dem *Nationalstaat,* als nationale Einheit in staatlichen Grenzen. „Wir Deutsche" haben eine gemeinsame historische Erfahrung. In unserem Fall, Deutschland, beginnt diese gemeinsame Geschichte formal mit der Reichsgründung 1871 (vorher keine deutsche Gesellschaft?). Es handelt sich – außer in den Jahren des Nationalsozialismus – um ein föderalistisches Gebilde (sind auch Bundesstaaten bzw. Länder Gesellschaften? Immerhin gab es bis 1934 eine Staatsbürgerschaft der Länder!). Zwischen 1949 und 1990 war diese gemeinsame Geschichte durch die Teilung unterbrochen (Deutschland zwei Gesellschaften?). Wir haben, damit zusammenhängend, eine gemeinsame Kultur, sofort erkennbar an der gemeinsamen Sprache, und das galt auch, bei einigen Einschränkungen, während der Jahre der Teilung (aber was ist mit den Deutschsprachigen in anderen Ländern?). Wir haben ein gemeinsames Territorium mit allgemein anerkannten Grenzen (aber im Verlauf historischer Ereignisse war das immer wieder etwas anderes, und selbst heute träumen einige von anderen Grenzen). Bei genauerem Hinsehen wird *jeder Bestandteil der Definition unsicher* (vgl. auch die Diskussion bei Endruweit 1995, 142ff.).

Die *historische Bedingtheit* solcher Begriffe miterwähnen, bedeutet gleichzeitig, sie auch für die Zukunft nicht als statisch und unveränderbar anzusehen. Was wird die deutsche Gesellschaft der Zukunft sein? Wir erleben derzeit einen Prozeß, in dem sich das Staatensystem, das sich in Europa im 19. Jh. vollendet hat, qualitativ verändert. Es ist gut vorstellbar, daß in einer nicht allzu fernen Zukunft ein europäischer Staat existieren wird mit Teilgesellschaften, die sich eher an regionalen Gemeinsamkeiten bilden als an den heutigen nationalen Staatsgrenzen. Der Nationalstaat war schließlich eine Schöpfung, eine Problemlösung der Vergangenheit, und es läßt sich leicht argumentieren, daß er seine Aufgaben heute unter deutlich veränderten Bedingungen nicht mehr zufriedenstellend erfüllt (z.B. „Staatsversagen", Jänicke 1986). Kurz: Eine eindeutige Definition der deutschen Gesellschaft ist so nicht zu finden.

Versuchen wir es mit den *EinwohnerInnen* – gehören dazu auch die stationierten Militärangehörigen fremder Staaten, immerhin zeitweilig rund 700.000 AmerikanerInnen, KanadierInnen, BritInnen, BelgierInnen, Franzosen/Französinnen, RussInnen (die in der amtlichen Statistik nicht erscheinen)? Wie steht es mit den rund sieben Millionen AusländerInnen, die nach amtlichen Angaben heute in der Bundesrepublik leben? Was ist mit den Asylsuchenden, die in Lagern und Wohnheimen auf ihre Anerkennung oder in Gefängnissen auf ihre Abschiebung warten? Was mit den „deutschstämmigen" AussiedlerInnen aus Polen, Rumänien, der früheren Sowjetunion, die nach Art. 116 GG deutsche Staatsangehörige sind, immerhin über 400.000 – und was mit den Deutschstämmigen, die nicht nach Deutschland aussiedeln, sondern an ihren Wohnorten im Ausland bleiben wollen? Gehören sie alle zur deutschen Gesellschaft? Gehören bundesdeutsche StaatsbürgerInnen, die im Ausland leben, dazu oder nicht?

Begriffe: Gesellschaft

„Gesellschaft, das jeweils umfassendste System menschlichen Zusammenlebens. Über weitere einschränkende Merkmale besteht kein Einverständnis" (Luhmann 1988, 267).

„Inbegriff räumlich vereint lebender oder vorübergehend auf einem Raum vereinter Personen" (Geiger).

„... jene Form des menschlichen Zusammenlebens, die seit der frühen Neuzeit als bürgerliche, dann zugleich als nationale und industrielle G. einen die individuelle Erfahrungswelt weit übersteigenden Handlungsrahmen entwickelte (des Rechts; der Ökonomie; des Zusammenlebens in großen Städten; der Kommunikation usw.) und in einen immer stärkeren Gegensatz zu den gemeinschaftlichen Formen des Zusammenlebens geriet" (Schäfers 1985, 110; Schäfers hat diese Definition in der 5. Auflage des Buches 1990 nicht mehr aufgenommen, er verzichtet dort auf eine Definition von G.)

„Gesellschaft (...) – ein vieldeutiger, intensional wie extensional gleichermaßen diffuser Begriff – bezeichnet (a) im allgemeinen Sinne: die (in der Regel räumlich und zeitlich bestimmte) Verbundenheit einer gleichartigen und denselben Lebenszusammenhang teilenden Menge von Lebewesen (Pflanzen, Tiere, Menschen) oder (b) enger gefaßt und nur auf den Menschen bezogen: eine räumlich, zeitlich oder soziale begrenzte und zugleich geordnete Menge von Individuen oder Gruppen von Individuen, die in direkten wie indirekten Wechselbeziehungen verbunden sind" (Büschges 1989, 245)

„Gesamtheit gesellschaftlicher Verhältnisse, die durch ein historisch-konkretes, einen bestimmten Entwicklungsstand der Produktivkräfte entsprechendes System der materiellen Produktionsverhältnisse geprägt wird. ... Der G.-begriff des Marxismus-Leninismus geht vom realen gesellschaftlichen Lebensprozeß der Menschen aus, von den gesellschaftlichen Verhältnissen, welche die Menschen auf jeder gesellschaftlichen Entwicklungsstufe untereinander eingehen, und die in ihrer Gesamtheit die jeweilige G. ausmachen. Dabei werden aus der Vielfalt der gesellschaftlichen Verhältnisse die Produktionsverhältnisse als die ursprünglichen, grundlegenden, bestimmenden materiellen Verhältnisse, die sich mit Notwendigkeit aus einer bestimmten Entwicklungsstufe der Produktivkräfte ergeben, herausgehoben. Sie stellen die ökonomische Basis einer gegebenen Gesellschaft dar, aus der sich letztlich die konkrete Gestaltung aller übrigen gesellschaftlichen Verhältnisse – bestimmte Staatseinrichtungen, bestimmte politische und rechtliche Strukturen, eine bestimmte Ideologie, kurz: ein bestimmter Überbau – ergibt. Das Ganze stellt eine G. auf einer bestimmten historischen Entwicklungsstufe und mit einem eigentümlichen (durch die jeweiligen Produktions- und Klassenverhältnisse geprägten) Charakter dar: eine jeweilige ökonomische Gesellschaftsformation. Das ist der Hauptinhalt des marx.-len. G.begriffs" (Wörterbuch der marxistisch-leninistischen Soziologie 1983, 207f.)

Oder sind es am Ende nur die Bundesdeutschen, d.h. Personen mit bundesdeutschem Personalausweis oder Paß, die sich zu einem bestimmten Zeitpunkt auf dem Gebiet der BRD aufhalten, so wie die amtliche Statistik dies für sich festlegt? Oder hilft die juristische Fassung der Staatsangehörigkeit weiter? Die Artikel 16 und 116 GG sind in ihrem Wortlaut wenig klar, weiter würden Gesetzgebung und Rechtsprechung dazu führen – aber ist die juristische auch eine soziologisch bedeutsame Definition, ist Staatsangehörigkeit gleichbedeutend mit Gesellschaftsangehörigkeit? Oder geht es generell um die Personen mit deutscher Muttersprache – und was ist dann mit den ÖsterreicherInnen, DeutschschweizerInnen, ElsässerInnen, LuxemburgerInnen, SüdbelgierInnen, SüdtirolerInnen – oder gar mit den Siebenbürger Sachsen/Sächsinnen, mit den MennonitInnen in Nordamerika, mit den deutschsprachigen Kolonien in Chile, Argentinien oder Paraguay?

Gewiß haben wir gemeinsame Geschichte, Grenzen, Normen und Institutionen: Haben das nicht auch die *Bundesländer*? Sind das also Gesellschaften? oder die *Städte und Gemeinden*? oder die EuropäerInnen – ist also *Europa* eine Gesellschaft? Ist die Bundesrepublik nicht auch eingebunden in eine Vielzahl internationaler Abkommen und Verträge, Loyalitäten und Verpflichtungen, die ihre Autonomie begrenzen und Einfluß haben auf die Normen, die sich nach innen an uns alle richten? Ist sie nicht vielmehr ein Gebilde, das nur *im Wechselspiel äußerer Bedingungen und innerer Konstellationen definierbar* ist? Was ist mit den EG-Verträgen, dem gemeinsamen Binnenmarkt, dem Europäischen Wirtschaftsraum? Was mit dem Maastrichter Vertrag, der so viele neue Kompetenzen an „Brüssel" übertragen hat, was mit der Union? Immerhin beeinflußt Europa direkt oder indirekt schon den weitaus größten Teil unserer gesamten Gesetzgebung! Offensichtlich ist die Frage nicht so einfach, wie sie im ersten Moment aussieht, und nicht so klar zu beantworten, wie man sich das für eine Definition wünscht.

Eine klare Definition von „Gesellschaft" scheitert daran, daß ein höchst veränderliches, fließendes Gebilde sprachlich als „ein Ding", als etwas festes mit scharfen Konturen, abgebildet werden soll (u.a. auch Tenbruck 1989). Der Alltagssprache entsteht daraus kein Problem. Auch die Gesellschaftswissenschaften sehen sich dadurch nicht gehindert, die „deutsche Gesellschaft" zu behandeln, ihre Sozialstruktur darzustellen, ihre Ausprägungen gar historisch herzuleiten. Und die Statistik publiziert unentwegt Zahlen über die unterschiedlichsten Phänomene in dieser Gesellschaft, Zahlen, die dann zu Grundbestandteilen jeder Untersuchung des Charakters dieser Gesellschaft werden.

Wenn es also kaum möglich ist, einen solchen Begriff zu definieren, es aber dennoch und unbestritten ständig geschieht, dann fragt sich, auf welchem Weg das geht. Der *Vorgang des Definierens*, der sprachlichen und gedanklichen Verständigung über die reale Welt, wird selbst zu einem Problem. Diese Frage hat die Philosophen seit der Antike beschäftigt, und hier ist nicht der Ort, die Behandlung dieses Themas darzulegen. Gewiß müssen wir davon ausgehen, daß unterschiedliche Gruppen von Menschen Verschiedenes unter „Gesellschaft" – wie unter anderen Begriffen – verstehen werden, und solche Unterschiedlichkeit hat selbst wieder mit der relativen Position der Menschen in Gesellschaft zu tun: Ob ich Hausfrau bin oder internationaler Beamte/r, ArbeiterIn in einer Schreinerei oder ManagerIn in einem transnationalen Unternehmen, Schulkind, Kommunal- oder LandespolitikerIn beeinflußt meine Sichtweise und meine Definition von Gesellschaft. SozialwissenschaftlerInnen behelfen sich meist damit, daß sie eine Definition von Gesellschaft vermeiden. Aber ist es keineswegs unerheblich, daß und auf welche Weise Menschen sich in der Wahrnehmung der realen Welt unterscheiden.

„Gesellschaft" ist eine *Abstraktion*, ein Begriff, der für die meisten Menschen in ihrem Alltag ziemlich bedeutungslos ist. Sie mögen sich als „Deutsche" verstehen, aber normalerweise fragt sie niemand danach. Eher werden sie auf die Frage, wer sie sind, antworten: Saarländerin, Frankfurter, Sächsin. Vielleicht hat die implizite Gleichsetzung von Gesellschaft mit Nationalstaat eine ganz andere Bedeutung: Da Sprache der Verständigung dient, haben Begriffe die Aufgabe, Gemeinsamkeit zwischen SenderIn und EmpfängerIn einer Botschaft herzustellen. Mit einem Begriff von Gesellschaft, der vom Nationalstaat her definiert wird, machen sich die Gesellschaftswissenschaften eine Sichtweise zu eigen, die der *Herrschaftsperspektive* entspricht. Für eine Regierung ist es wichtig zu wissen, für wen und wo die Gesetze gelten, die sie erläßt. Eine solche Perspektive wäre kaum weiter verwunderlich, gehört doch der Staat zu den wichtigsten AdressatInnen und AuftraggeberInnen der Gesellschaftswissenschaften. Der Staat fördert Wissenschaft und Forschung, der Staat gibt der Deutschen Forschungsgemeinschaft die Mittel, die sie verteilt. Wichtig ist an dieser Stelle nur, daß Sprache und Wahrnehmung der realen Welt *nicht etwa „objektive" Vorgänge* sind, sondern selbst schon *sozialstrukturell eingebunden*. Begriffe sind Hilfsmittel der Verständigung, sie hängen mit Interessen zusammen und sie definieren Positionen in Kontexten.

Eindeutig definieren läßt sich nur die *Weltgesellschaft* – aber das hilft uns in der Regel nicht viel weiter, weil diese Weltgesellschaft ja nicht gleichzeitig auch Handlungseinheit ist, weil sie nur sehr schwach ausgeprägte Institutionen hat. Für sie gilt, wenn auch in einem sehr weiten, einem in die Zukunft gerichteten, vielleicht gar nur normativen

Sinn, die Gemeinsamkeit von Kultur, Geschichte, Rechtssystem. Auch wenn die noch schwach ausgeprägt erscheinen mögen, ist doch „die eine Welt" (Nolte 1982) für uns alle zunehmend Wirklichkeit und Aufgabe zugleich. Ihre Institutionen sind als Staatensystem organisiert. Aber es gibt keine Teilgesellschaften (mehr), die sich in irgendeinem vernünftigen Sinn als autonom, souverän, unabhängig verstehen ließen. Die organizistische Analogie, die sich die Entwicklung der Weltgesellschaft wie das Entstehen eines Baumes aus einem Samenkorn vorstellt, ist irreführend. Zutreffender ist ein Bild, das die Weltgesellschaft als einen Rahmen sieht, der zunehmend dichter mit Fäden ausgewoben wird (Wallerstein). Alle anderen Einheiten, die als Gesellschaften angesprochen werden können, haben – zusammen mit der *inneren Struktur* – die *äußere Abhängigkeit* als Charakteristikum. Gesellschaften gibt es also viele. Sie alle haben innere Struktur und äußere Abhängigkeit. Beides ist zum Verständnis unerläßlich und voneinander abhängig.

Diese Einsicht hat Konsequenzen, die sich besonders klar erläutern lassen an der Entwicklung einer *europäischen Gesellschaft*: Vieles spricht dafür, Europa auf dem Weg hin zu einer Gesellschaft zu sehen, auch wenn das noch lange dauern und über viele weitere Schritte führen mag. Das Wesen, der Kern dieser Gesellschaftswerdung besteht in der Ausbildung gemeinsamer *europäischer Institutionen*, die wir bereits in reichem Maße haben und die an jedem europäischen Gipfel weiter ausgebaut werden. Das Zusammenwachsen zu einer Gesellschaft geschieht über Institutionenbildung. Dieser so bedeutende Vorgang ist aber nur verständlich, ja nur erkennbar, wenn wir von der Vision einer europäischen Gesellschaft ausgehen, die es ja noch nicht gibt, die erst in Zukunft entstehen soll. Das aber heißt, daß die wirklich wesentlichen Fragen zum Verständnis dieser Gesellschaft aus der *Zukunft* bezogen werden. Denn es leuchtet unmittelbar ein, daß eine Untersuchung der europäischen Gesellschaft, die z.B. sich auf Daten der nationalen Statistiken der Mitgliedsstaaten stützt, eben dieses zentrale Element der Institutionenbildung gar nicht in den Blick bekommen kann, weil sie Europa begreift als additiv zusammengesetztes Produkt der Nationalstaaten. Jede Einsicht, die aus solchen Analysen gewonnen werden könnte, bleibt dem nationalstaatlichen Organisationsprinzip verhaftet und geht vorbei an dem bedeutenden Prozeß der Gesellschaftswerdung (vgl. dazu die Kontroverse zwischen Haller 1992 und Hamm 1993, samt der Reaktion von Haller 1993).

Wir wollen dieses Argument in zwei Richtungen verallgemeinern: Einmal richtet es sich grundsätzlich *gegen den Ausschließlichkeitsanspruch einer positivistischen Forschungslogik,* die vielmehr relativiert und deren Nutzen jeweils am Forschungsgegenstand begründet werden muß (das wurde bereits im „Positivismusstreit" ähnlich vorgetragen, vgl. Adorno 1968). Zum anderen werden wir am Ende dieses Kapitels argumentieren, daß auch die erkenntnisleitende Idee einer global zukunftsfähigen Entwicklung nur von einer Utopie her, nicht aber durch retrospektive Datenanalyse, gewonnen werden kann. Darin mag einer der Gründe dafür zu suchen sein, daß sich die Soziologie bisher mit dem Thema der globalen Zukunftsfähigkeit (wie mit der Gesellschaftswerdung Europas) nur ausnahmsweise befaßt hat. Dies ist selbstverständlich kein Argument gegen Empirie, aber es ist ein Argument gegen eine Auffassung von Empirie, die – überspitzt gesagt – ihren Wahrheitsbeweis durch quantitative Datenanalyse und statistische Testverfahren zu führen sucht.

Wir (auch wir SozialwissenschaftlerInnen) haben uns zu sehr daran gewöhnt, „unsere Gesellschaft" – ganz so, wie das auch die Alltagssprache tut – durch *nationale Grenzen* zu definieren. Alles, was über unsere nationalen Grenzen hinausgeht, erhält als „Internationales" den Anstrich des Besonderen, Außergewöhnlichen, der Ausnahme. Damit tun wir implizit so, als wäre diese unsere nationale Gesellschaft ein Gebilde, das sich aus sich selbst heraus erklären, verstehen ließe. Wir brauchten also nur das innere Funktionieren dieses Gebildes zu untersuchen, um es zu begreifen. So verfahren die meisten Sozialstrukturanalysen, angefangen bei Dahrendorfs „Gesellschaft und Demokratie in Deutschland" von 1968 (die freilich reich ist an Vergleichen mit anderen Ländern) bis zu Bernhard Schäfers',,Gesellschaftlicher Wandel in Deutschland" (1995). Auch für die weitaus überwiegende Mehrheit der deutschen SoziologInnen ist „die Gesellschaft" definiert durch die nationalen Grenzen (nicht so für Tenbruck 1992).

1.3.2 Gesellschaftsbilder

Wir orientieren uns in unserem Handeln nicht an der Wirklichkeit, sondern an unseren *Vorstellungen über die Wirklichkeit*. Die weitaus meisten Informationen über diese Wirklichkeit beziehen wir aus sekundären Quellen, aus Medien, und wir haben keine Möglichkeit zu prüfen, ob solche Informationen richtig sind oder nicht, oder ob sie für uns wichtig sind oder sein werden, ob wir sie speichern müssen oder nicht. Daher wählen wir alle unterschiedlich aus, tragen wir alle unterschiedliche „Wahrheiten" in uns, verwerten dafür unterschiedliche Erfahrungen. Das verweist auf die *Gesellschaft in uns*, auf Gesellschaftsbilder. Wir wollen drei typische Gesellschaftsbilder, wie sie in unserer Gesellschaft neben- und miteinander vorhanden sind, kurz skizzieren:

Angehörige der *Mittelschicht* – und wir räumen sofort ein, daß deren Definition so schwierig und so unscharf ist wie die von Gesellschaft – tendieren dazu, die Gesellschaft als eine *Struktur* anzusehen, die *beweglich, durchlässig und beeinflußbar* ist. Es hängt von der eigenen Leistung ab, also von Bildung, Fleiß, Einsatzbereitschaft, Disziplin usw., ob man „es zu etwas bringt", d.h. in der gesellschaftlichen Hierarchie aufsteigt und so an Einkommen, Ansehen und Macht gewinnt. Dabei geht es immer um Zuwächse zum schon Bestehenden. Dies ist erstrebenswert und der wohlverdiente Lohn für Leistung, wobei Leistung sich an ökonomischen Größen, letztlich in Geldeinheiten, messen läßt. Wer viel leistet, der soll dafür auch viel bekommen – so lautet die Gerechtigkeitsvorstellung der Mittelschicht. Eine weit verbreitete und auch kaum umstrittene Formel heißt, daß eine lange Ausbildung auch ein hohes Einkommen rechtfertige. Wer wenig bekommt, der leistet wohl auch wenig, aus welchen Gründen auch immer, und verdient bestenfalls Existenzsicherung. Klug ist, wer es schafft, andere – auf welche Weise auch immer – für sich arbeiten zu lassen, als „Arbeit*geberIn*" (bekanntlich steckt die Ideologie bereits im Begriff), SpekulantIn, AktionärIn. Leistung kann sich am besten im Wettbewerb (so nennen wir beschönigend den Kampf aller gegen alle) entwickeln. Daher ist die Marktwirtschaft, die auf Wettbewerb basiert, auch die den Menschen wirklich angemessene Wirtschafts- und Gesellschaftsform. In diesem Wettbewerb siegt, wer die besten Wachstumschancen hat. Was nicht wächst, geht zwangsläufig im Konkurrenzkampf unter, und das ist auch gut so, es entspricht dem evolutionären Gesetz vom *survival of the fittest*. Wenn ich nur unbeirrt meinen eigenen egoistischen Vorteil suche, dann wird die „unsichtbare Hand" (Adam Smith) daraus schon den größten Nutzen für alle hervorzaubern. Individuell ist der Einkommenszuwachs, gesellschaftlich und politisch ist die *Wachstumsrate des Sozialproduktes* zum wichtigsten Nachweis und Ziel für Erfolg geworden. Da gibt es zwar manchmal auch Probleme, aber dafür werden wir – in der Regel technisch-wissenschaftliche – Lösungen finden. Nur in der Mittelschicht gibt es die Überzeugung, daß durch „rationale" Argumentation und Verhandlung Probleme gelöst werden können, und daß dies immer den Ausgleich unterschiedlicher Interessen durch Kompromiß erfordert. Verhandlungslösungen kommen in der Regel dann zustande, wenn alle, die um den Verhandlungstisch herum sitzen, etwas dabei gewinnen („win-win-Situationen") (das ist freilich nur dann möglich, wenn man sich auf Kosten derer einigt, die nicht am Tisch sitzen). Die Ungleichverteilung von Reichtum ist deshalb kein gesellschaftliches Problem, weil durch die Ausgaben der Reichen auch immer etwas für die Armen abfällt („Brosamentheorie") bzw. weil staatlich organisierte Umverteilung für sozialen Ausgleich sorgt.

Das *Verhältnis zur Umwelt* ist überwiegend *instrumentell*: Umwelt ist die große und im Prinzip unerschöpfliche Quelle, aus der wir unsere Bedürfnisse befriedigen. Anlaß zum Nachdenken, gar zur Sorge, gibt es nur vorübergehend, wenn plötzlich und unerwartet die Energiepreise steigen, so wie im November 1973. Oder wenn von der Schädigung der Wälder berichtet wird – für uns StädterInnen, die wir Wald bestenfalls aus der Perspektive des Spaziergängers kennen, ist das vielleicht bedauerlich, aber doch eigentlich nicht so schlimm, es betrifft uns kaum. Die Ozonverordnungen der Bundesländer, die im Sommer 1995 erlassen worden sind, haben kaum jemanden dazu bewegt, sein oder ihr Auto stehenzulassen oder die Geschwindigkeit zu reduzieren. Daß täglich etwa 150 biologische Arten endgültig ausgerottet werden, bleibt eine uns fremde, abstrakte Information, die wir mit eigener sinnlicher Erfahrung nicht nachvollziehen können. Die Ausbreitung von Wüsten etwa in Zentralspanien kann man im Urlaub an der Costa Brava nicht feststellen. Den Atommüll vergraben wir erst mal. Auch wenn der tausende von Jahren lang radioaktive Strahlung abgibt – da wird uns schon was einfallen, das war noch immer so. Gift im Meer? Irgendwann wird die Gentechnologie uns etwas bescheren, das in der Lage ist, das Gift zu vertilgen und in nützliche Stoffe umzuwandeln. Selbst wenn Hautkrebs – wie manche meinen: besorgniserregend – zunimmt, dann ist doch die drohende Anhebung der Grundsteuern, der Zustrom von AussiedlerInnen, der Ausgang der Bundesliga, der Finanzskandal um Steffi Graf wichtiger, je nach dem, was die Medien gerade als Problem in den Vordergrund bringen. Umwelt ist veränderbar, gestaltbar, beeinflußbar, aber zumindest im Prinzip intakt; was immer an Fehlern geschehen mag, sie wird sich schon wieder erholen. Das Einfamilienhaus mag noch so überschuldet sein, es läßt immer noch vielfältigere Möglichkeiten der eigenen Gestaltung, der aktiven, selbstbestimmten Aneignung als die Mietwohnung. Auf der Fahrt im Auto vom suburbanen Heim ins Stadtzentrum plagt am meisten der Gedanke, wo denn ein Parkplatz zu finden sei, für den man möglichst nicht bezahlen muß. Daß es Elend, Armut und Obdachlosigkeit gibt, entgeht einem auf dieser Fahrt meist, und ist wahrscheinlich ohnehin selbstverschuldet, gar mißbräuchliche Ausbeutung des Sozialstaates.

Solche Bilder dominieren bei uns, sie beherrschen die Medien, die uns weiterhin unbeschwerten Konsum empfehlen; die Regierungen, die uns angesichts des schon erkennbar zusammenbrechenden Sozialsystems beteuern, die Renten seien sicher; die Wirtschaft, die weiter unbeeindruckt behauptet, durch höhere UnternehmerInnengewinne lasse sich (zumindest prinzipiell) ausreichende Beschäftigung für alle schaffen; die Schulen und Universitäten usw. Angehörige der Mittelschicht beherrschen die Medien, die Schulen, die Wirtschaft, die Politik, die öffentliche Verwaltung, die Verbände und Interessengruppen, und auch die Universitäten und die Wissenschaft. *Die Mittelschicht hat die Gesellschaft ideologisch fest im Griff.* Ihr Gesellschaftsbild erscheint nahezu unangefochten als „die Wahrheit", und das umso mehr, als ja nun auch der praktische Zusammenbruch der sozialistischen Systeme gezeigt hat, daß einzig Wettbewerb und Markt zu richtigen Lösungen führen. Die Mittelschicht ist es daher auch, die vor allem sich die Vorteile aus diesem System aneignen kann. Der Mittelschicht gefällt das Bild von den individualisierten Lebensstilen, damit also vom Ende der Klassengesellschaft, besonders gut. SoziologInnen wissen, wie sich daraus Profit ziehen läßt. Sie gehören in der Regel zur Mittelschicht. Daher läßt sich auch verstehen, daß die SoziologInnen von Schelsky bis Beck besonders eifrig sind, wenn es darum geht, die „Klassengesellschaft" oder „Klassenantagonismen" abzuschaffen, und daß dies in dieser Gesellschaft auch besonders mit Prominenz, Einfluß und Geld belohnt wird. Kein Wunder also, daß dort die Ansicht besonders beliebt ist, wir lebten in der besten aller Welten, am Höhepunkt der menschlichen Entwicklung, und gesellschaftlicher Wandel führe zwangsläufig zu Organisationsprinzipien, die den unseren ähnlich, wenn nicht gar nachgebaut seien; kein Wunder auch, daß dieser Glaube in der Verteidigung jener Prinzipien seinen Niederschlag findet.

Wir wollen zwei andere Gesellschaftsbilder skizzieren und werden dabei natürlich auch wieder mancherlei Differenzierungen und Schattierungen, die sich empirisch nachweisen ließen, unterschlagen.

Wir werden auch die *Unterschicht* nicht definieren, sondern ein Gesellschaftsbild beschreiben, das „unten" typisch ist: Danach ist Gesellschaft eine *anonyme Struktur, der man ausgeliefert ist*, auf die man keinerlei Einfluß hat. „Die da oben machen doch, was sie wollen", und das ist meist zum Nachteil meiner Gruppe. Die Vorstellung, man könne eine Karriere, ein zukünftiges Leben planen, ist diesem Gesellschaftsbild fremd. Womit auch: Die Aussichten, ein Vermögen erben oder durch ehrliche Arbeit ansammeln zu können, sind gering. Wer vom tagtäglichen Verkauf der Arbeitskraft lebt (was bei Tages-

oder Wochenlohn annähernd wörtlich zu nehmen war), wem das Monatseinkommen gerade für das Nötigste reicht, für den/die ist *Zukunft keine reale Kategorie*, der/die kann nicht planen, für den/die gibt es keine Karriere, da ist ja auch nichts, das sich in eine Karriere investieren ließe. Was hier und jetzt geschieht ist wichtig, darauf muß man reagieren. Wenn eine/r „sich bildet", d.h. mit Bücherwissen abgibt, dann will er/sie was Besseres werden, zu „denen da oben" gehören, die uns aus ihren Büros heraus verwalten. Schriftverkehr ist selten und ungewohnt, Bücher sind nahezu unbekannt. Schon gar nicht werden Bücher geschrieben (abgesehen von der kurzen Blüte einer „Literatur der Arbeitswelt" in den siebziger Jahren) – deshalb kann ein solches Gesellschaftsbild denen, die ihre Wirklichkeit aus Büchern beziehen (was insbesondere für SozialwissenschaftlerInnen gilt), gar nicht aufscheinen. Für die *Kommunikation* ist typisch, daß sie hohe Anteile nichtverbaler Elemente, also Zeichen, Gesten, Mimik usw., enthält. Die Sprache besteht überwiegend aus kurzen Aussagesätzen, der Konjunktiv – Modus der Möglichkeit und beliebt in der Mittelschicht-Sprache – ist nahezu unbekannt. Der Sozialisationsstil ist mehr repressiv als belohnend und ermutigend. Der Markt ist in diesem Bild ein Instrument in den Händen der Besitzenden zur Ausbeutung, zum Betrug der anderen. Was die Werbung mir vorgaukelt, ist für mich ohnehin nicht erreichbar, jedenfalls nicht auf legalem Weg. Und in der Politik teilen sie den Kuchen doch nur unter sich auf. Die Welt ist auf vertrackte Weise so konstruiert, daß ich immer der/die Betrogene bin.

Umwelt ist etwas Äußerliches, das nur durch Kauf gegen Geld angeeignet werden kann, und dafür sind die Mittel begrenzt. Überhaupt: Wichtig ist die Sicherung des Arbeitsplatzes, und dann lange nichts. Natürlich geht die Umwelt kaputt, aber erstens war das schon immer so, und zweitens kann ich daran sowieso nichts ändern. Klar, daß wir keine Kohlen mehr verbrennen sollten – aber wovon soll ich mit meiner Familie leben? Meine Frau muß arbeiten gehen, ich mache selbst noch allerlei schwarz, damit wir über die Runden kommen. Leisten können wir uns nicht viel, aber wenigstens einmal im Jahr zum Urlaub in den Süden, und das Auto. Die Nutzung der Mietwohnung wird durch Mietvertrag und Hausordnung reglementiert, der „ursprüngliche Zustand" der Mietsache ist nach Auszug wiederherzustellen, die Renovation teuer, folglich beschränken sich Gestaltungsspielräume auf die Mobilien, das bewegliche Eigentum, aufs Umstellen der Möbel.

Auch dieses Gesellschaftsbild beruht auf *realer Erfahrung*, ist also ebenso „wahr" wie das erste, wahrscheinlich sogar häufiger. Aber da die Unterschicht nicht über die Macht und die Ausdrucksmöglichkeiten der Mittelschicht verfügt, ist uns (also den Angehörigen der Mittelschicht, denn nur sie werden dieses Buch lesen) dieses Gesellschaftsbild fremd. Da Schrift das wichtigste Medium ist, um Informationen aufzubewahren und Erfahrungen zu tradieren, ist es gerade der Alltag der „kleinen Leute", also das normale Leben, das den SozialwissenschaftlerInnen und HistorikerInnen, die ihr Wissen über Gesellschaft aus Büchern beziehen, nur schwer zugänglich ist. Eine „Geschichte von unten", jenseits der Kriege und HeldInnen, muß anders erschlossen werden und sich anderer Quellen bedienen. Die „unten" werden also nicht nur um ihre Gegenwart, sondern auch um ihre Vergangenheit betrogen. Insofern sind auch Frauen „unten".

Tatsächlich ist die Unterschicht – in unserer Gesellschaft ebenso wie global – die Verliererin, das Opfer, ausgebeutet, an den Rand gedrängt, die *benachteiligte Mehrheit*. Während Unterdrückung und Ausbeutung früher durch physische Gewalt geschahen, geschehen sie heute durch die Regeln des Marktes und der politischen Entscheidung, und die sind *zum Nachteil der Unterschicht* gemacht: Als LohnsteuerzahlerIn kann ich keine Werbungskosten geltend machen, und für mein kleines Sparbuch bekomme ich halt nicht mehr als drei Prozent, selbst wenn der Ratenkredit fünfzehn Prozent kostet. Das gilt auch in Wahrnehmung und Sprache: Wir MittelschichtlerInnen, die wir Bücher lesen, halten uns für die Mehrheit und die Angehörigen der Unterschicht für eine kleine, zahlenmäßig auch noch abnehmende, Randgruppe.

Es gibt „unten" *drei Reaktionsmöglichkeiten*: Entweder ist mehr oder weniger bewußt die soziale Struktur für meine Lage verantwortlich, dann kann ich mich organisieren, muß mich aber dann auf Spielregeln einlassen, die die anderen definiert haben, kann mich immerhin wehren, wenn ich mich mit anderen zusammenschließe (ArbeiterInnenbewegung, Gewerkschaften, BürgerInneninitiativen). Oder ich selbst bin verantwortlich, dann helfen mir die anderen gar nichts, deren Konkurrenz ich nicht gewachsen war: Ich bin minderwertig, ducke mich, werde krank, süchtig oder kriminell. Oder ich weiß nicht, was es ist, das mich unten hält, spüre eine diffuse Wut oder Verzweiflung, dann schlage ich um mich, dresche auf die ein, die noch schwächer sind als ich, die anderen kann ich ja gar nicht erreichen (am ehesten unter männlichen Jugendlichen mit keinen oder geringen Chancen am Arbeitsmarkt oder bei Abstiegsgefährdeten anzutreffen, und der wichtigste Grund für AusländerInnenfeindlichkeit und Rechtsradikalismus). Spontane Bemerkung eines Arbeiters im Zusammenhang mit der vom Bundestag geplanten Verfassungsänderung zur Diätenerhöhung (September 1995): „Ich wünschte mir in jedem Dorf eine RAF, die diesen Gaunern von Politikern die Luft abdreht!"

Wir wollen diesen beiden noch ein drittes, ein *utopisches Gesellschaftsbild* gegenüberstellen, um damit deutlich zu machen, daß es auch „Wahrheiten" gibt, die in der gesellschaftlichen Realität gar nicht so häufig empirisch nachgewiesen wurden, obgleich sie uns allen vertraut sind. Es existiert oft unausgesprochen neben den beiden anderen – Gesellschaftsbilder sind also nicht homogen und nicht frei von Widersprüchen. Dieses Gesellschaftsbild zählt nicht den monetären Erfolg als Leistung, sondern die mitmenschliche Teilnahme, Freundlichkeit, Wärme, Mitleid, Geduld und Hilfsbereitschaft. Gerecht ist danach eine Situation, in der die Ressourcen der Welt, soweit sie erneuerbar sind und damit für den Konsum überhaupt zur Verfügung stehen, allen Menschen zugänglich sind, um ihre Grundbedürfnisse zu erfüllen. Jede Arbeit ist etwa gleichviel wert; allenfalls ist es richtig, die schmutzigsten und gefährlichsten Tätigkeiten am höchsten zu entlohnen. Bildung ist ein Privileg gegenüber denen, die schon früh ihren Lebensunterhalt erarbeiten müssen, und rechtfertigt keineswegs später höheres Einkommen. Nicht Konkurrenz bringt die gesellschaftlich erwünschten Resultate, sondern Solidarität und Verständigung. Gesellschaft soll in Harmonie mit ihrer natürlichen Umwelt leben, also dieser Umwelt nicht mehr entziehen, als sie reproduzieren kann, und sie soll anderes Leben ebenso achten wie das eigene. Die Umwelt ist das Wertvollste, das wir überhaupt haben – wir müssen sie daher sorgsam pflegen und dafür unser bestes Wissen einsetzen. Dagegen können wir leicht auf Rüstungswettlauf, Raumfahrt, Großtechnologien, Rohstoffbörsen, Kapitalmärkte, Datenautobahnen, Autorennen, Apparatemedizin, Werbung, Moden, Verschwendungsproduktion, Bürokratie, internationale Wettbewerbsfähigkeit usw. verzichten. Die Vorstellung, daß ein Markt, auf dem sich zwischen Angebot und Nachfrage ein Tauschwert einstellt, Regelungsmechanismus einer guten Gesellschaft sein könnte, ist diesem Bild widersinnig, absurd. Vielmehr müssen wir mit möglichst sparsamem Ressourceneinsatz Gebrauchswerte herstellen, d.h. die nötigen Güter in möglichst hoher Qualität und Langlebigkeit produzieren, und die Preisbildung so organisieren, daß sie zu allseits gerechten Preisen und Einkommen führt. *Der eigene Wert besteht darin, wertvoll für andere zu sein.* Die Vorstellung, materielle Bedürfnisse seien unbegrenzt, ist unsinnig, und daher auch die Idee vom prinzipiell nicht begrenzten Wachstum. Wo es Ungleichverteilung gibt, da muß die Not derer, die nichts haben, durch Umverteilung aus dem Reichtum anderer gelindert werden.

Auch dieses Gesellschaftsbild steckt in unseren Köpfen, freilich oft resignativ, mit einem „die Welt ist halt nicht so". Aber ganz offensichtlich ist es die Grundlage unserer *persönlichen Ethik*, und tatsächlich betrügen wir in der Regel im privaten Umgang unsere Nächsten nicht, helfen Schwächeren, lügen und stehlen selbst dann nicht, wenn wir belogen und bestohlen werden – und wenn wir es doch tun, dann haben wir meist ein sehr feines, gut ausgebildetes Gefühl dafür, Unrecht getan zu haben. Nicht nur das: Wir benehmen uns im allgemeinen auch so, als könnten wir von unseren Mitmenschen Gleiches erwarten – daß sie uns nicht betrügen oder belügen, nicht bestehlen oder verleumden. Jedenfalls sind wir enttäuscht, wenn sie es dennoch tun. Es handelt sich keineswegs um nur private, aber eigentlich beliebig unterschiedliche Verhaltensmaximen, es handelt sich tatsächlich um wechselseitige Erwartungen, ein Gesellschaftsbild, und dabei ist es zunächst einmal unerheblich, woher wir es bezogen haben. Dieses utopische Gesellschaftsbild ist real, uns weitherum auch gemeinsam (weit über die Grenzen unserer eigenen Gesellschaft hinaus): Die Utopie von der besseren Gesellschaft ist keine rein subjektive, private Phantasie, sondern das unterdrückte, verdrängte Wissen um die für alle besseren Regeln und um eine gemessen daran höchst ungenügende Wirklichkeit. Es ist die Kritik dieser Wirklichkeit. Wir nennen das Moral, Ethik, Religion oder dergleichen. Die ganz an die falsche Wirklichkeit Angepaßten erkennt man leicht daran, daß sie „mal die Moral auf der Seite lassen" wollen, wenn sie vermeintlich nüchtern und angeblich wissenschaftlich über die Wirklichkeit sprechen – als ob es eine Wissenschaft, eine Erkenntnis der Wahrheit jenseits und über der Ethik geben könne?!

Die drei Gesellschaftsbilder, so kurz und unvollkommen sie skizziert sind, sind *alle wahr* in dem Sinne, daß sie eine bestimmte Einsicht oder Erfahrung in eine Theorie verdichten. Der Umgang mit Sprache, mit Sexualität, mit Gewalt, die Vorstellung von Gerechtigkeit, von Gut und Böse, von Wahrheit ist in allen drei verschieden. Es hängt von der eigenen gesellschaftlichen Position, von den eigenen Interessen, von der eigenen Einsicht ab, welchem Bild man mehr Gewicht gibt. Naiv wäre es, dies allein von der Bildung, gar der Schulbildung zu erwarten. Da alle drei gleichzeitig vorkommen, wäre es auch unsinnig, darüber etwa Mehrheiten bilden oder sie per Fragebogen abfragen zu wollen. Gesellschaftsbilder hängen mit gesellschaftlichen Interessen zusammen, sie rechtfertigen solche Interessen, konstruieren einen schlüssigen theoretischen Zusammenhang, in dem die jeweils eigenen Interessen als legitim erscheinen. Da jedes dieser Bilder sich auf eine erfahrbare empirische Realität berufen kann, erscheint es für uns selbst als wahr – und dann muß das andere falsch, ideologisch sein. Daher ist auch zu erklären, weshalb viele Angehörige der Mittelschicht, darunter Studierende, soziale Ungleichheit als gerecht empfinden – es rechtfertigt die eigene privilegierte Position. Sie werden darin bestärkt einmal durch jene vulgär-darwinistische Begründung des Kapitalismus, nach der soziale Ungleichheit produktiv sei, weil sie die Menschen im Kampf untereinander zu Höchstleistung, zu maximaler Aggressivität anstachle; zum anderen durch die Ideologie, nach der in konservativen Zeiten immer besonders laut behauptet wird, Talente seien angeboren, genetisch fixiert, wer keine habe, sei also zu Recht benachteiligt. So läßt sich dann die eigene Höherwertigkeit begründen. Wer so angeblich naturgesetzlich (und damit ja auch nicht veränderbar) soziale Ungleichheit begründet, der/die hat keinen Grund mehr für die Achtung des/der anderen, gar des/der in irgendeiner Hinsicht Schwächeren: Der/die hat das Tor aufgestoßen zum Weg in die Gaskammern.

1.3.3 Gesellschaft als Stoffwechsel

Unter dem Gesichtspunkt globaler Zukunftsfähigkeit ist es sinnvoll, die menschliche Gesellschaft und ihre Subsysteme *als Teil der gesamten Biosphäre* aufzufassen. Sozio-ökonomische Systeme entnehmen Rohstoffe aus der Natur und verwandeln sie in konsumierbare Produkte und schließlich in Abfall – Prozesse, die in der Ökonomie als Produktion und Konsum bezeichnet werden. Dann erscheint „Gesellschaft" als die uns Menschen spezifische Weise, unseren *Stoffwechsel mit der Natur zu organisieren.* „Die Arbeit ist zunächst ein Prozeß zwischen Mensch und Natur, ein Prozeß, worin der Mensch seinen Stoffwechsel mit der Natur durch seine eigene Tat vermittelt, regelt und kontrolliert. Er tritt dem Naturstoff selbst als eine Naturmacht gegenüber. Die seiner Leiblichkeit angehörenden Naturkräfte, Arme und Beine, Kopf und Hand, setzt er in Bewegung, um sich den Naturstoff in einer für sein eigenes Leben brauchbaren Form anzueignen. Indem er durch diese Bewegung auf die Natur außer ihm wirkt und sie verändert, verändert er zugleich seine eigene Natur" (Marx, MEW 23, 192).

Unabhängig davon, wenn auch nicht grundsätzlich anders, hat die amerikanische *Sozialökologie* argumentiert. Eine Linie ließe sich zeichnen von Robert E. Park und Ernest W. Burgess (1921), deren

Vorstellungen über das Verhältnis von Natur und menschlicher Gesellschaft sehr stark von europäischen WissenschaftlerInnen geprägt war, über Roderick D. McKenzie (1925), dem Lehrer und Anreger von Amos H. Hawley (1950), hin zu Donald Bogue (1948), und Otis D. Duncan (1959), der als heuristisches Denkmodell zum Verständnis von Gesellschaft den „ökologischen Komplex" vorschlägt, in dem Bevölkerung, soziale Organisation, Umwelt und Technologie („POET") wechselseitig voneinander abhängen. Jack P. Gibbs und Walter T. Martin (1959) gehen von der Frage aus, wie die menschliche Spezies überlebe, und antworten: „Der Mensch überlebt durch die kollektive Organisation der Ausbeutung natürlicher Ressourcen". Sie sprechen daher von *Subsistenzorganisation* als dem Gegenstand sozialökologischen Forschens (für einen Überblick vgl. Theodorson 1982). Vom Ansatz her ähnlich argumentieren z.B. Böhme/Schramm 1984 und früher schon die Ökonomen William Kapp (z.B. 1950, 1977, 1987) und Kenneth Boulding (1978); auch Hazel Henderson (1991), Herman Daly und John Cobb (1989) und Mathis Wackernagel und William E. Rees (1995) sollen hier erwähnt werden. In der Soziologie sind Vorläufer einerseits in der Marx'schen Tradition (z.B. Adorno/Horkheimer 1947), aber auch bei Durkheim (1897/98) und Halbwachs (1970) zu suchen, die auf die Bedeutung des „materiellen Substrats" für die Analyse von Gesellschaften so eindringlich hingewiesen haben. Mayer-Tasch (1991) hat tief in die Philosophie hinein Gedanken und Argumente zusammengetragen, die einer „politischen Ökologie" nahestehen.

Menschliche Gesellschaft, betrachtet als Prozeß des Stoffwechsels zwischen Mensch und Natur, bedeutet zunächst einmal, daß wir uns Menschen als *Teil des Naturprozesses*, von ihm abhängig und in ihn eingebunden sehen. Es folgt daraus weiter, daß wir in der materiellen Aneignung von Natur unser Überleben sichern müssen und folglich dazu tendieren werden, in der Wahrnehmung von Natur in erster Linie Aspekte der Nützlichkeit zu betonen. Was als nützlich erscheint, hängt u.a. von den (historisch bedingten) Arbeitsmitteln, den Technologien und den Organisationsformen ab, die einer Gesellschaft zur Verfügung stehen. Wer Eisen nicht gewinnen und bearbeiten kann, für den ist Eisenerz ein unnützes Ding. Menschen sind Anhängsel der Evolutionsgeschichte der Natur; sie wirken aber als Gesellschaft auf diese Natur zurück, verändern sie und verändern sich selbst in diesem Prozeß. Die wissenschaftliche Untersuchung von Gesellschaft wird sich folglich darauf konzentrieren, wie der Stoffwechselprozeß zwischen Mensch und Natur organisiert ist – und normativ: wie er *organisiert sein müßte, um langfristiges Überleben zu sichern*. Dieser Ansatz knüpft unmittelbar an die Vision der „Sustainability", der Zukunftsfähigkeit an.

In jeder Gesellschaft besteht die erste und vorrangige Aufgabe darin, die *materielle Existenz der Menschen zu sichern.* Dazu müssen die Menschen Rohstoffe aus der Natur entnehmen und sie in mehr oder weniger komplizierten und vermittelten Schritten in nützliche Stoffe, also in Nahrungsmittel, in Kleidung, Häuser, d.h. in Subsistenzmittel, umformen, die schließlich am Ende zu Abfall werden. Dies nennen wir Stoffwechsel, Metabolismus. Im Kern ist dann „Gesellschaft" die spezifisch menschliche Weise, diesen Stoffwechsel zu organisieren. Das Wissen um die wechselseitigen Zusammenhänge zwischen Natur und Gesellschaft, um den Stoffwechselprozeß also, ist Gegenstand der Ökonomie. Die vorherrschende ökonomische Theorie hat zu diesem notwendigen Wissen wenig beizutragen, hat es im Gegenteil eher verschleiert. Sie ist daher auch immer wieder von einigen DissidentInnen kritisiert worden, die versuchen, eine „ökologische Ökonomie" zu etablieren. Zu ihnen gehört William Rees, an dessen Argumentation (1992) wir uns im folgenden anlehnen:

Die neo-klassische Ökonomie hat sich mehr um die „Mechanik von Nutzen und Eigeninteresse" (Jevons 1879) gekümmert als um die ökologischen Bedingungen des Wirtschaftens in einer begrenzten Welt. An drei ihrer Annahmen läßt sich dies besonders gut zeigen:

– Sie tendiert dazu, menschliches Wirtschaften als vorherrschend über und im Grunde unabhängig von natürlichen Bedingungen zu sehen. Wir verhalten uns, als ob die Ökonomie etwas von der übrigen stofflichen Welt Getrenntes wäre. Die Vorstellung, nach der „Umwelt" eine abgetrennte Einheit sei, ist eine soziale Erfindung, die auf dem cartesianischen Dualismus von Subjekt und Objekt aufbaut. Das Wort „Umwelt" selbst wird abwertend, erklärt seinen Gegenstand schüchtern als randständig und von geringer Bedeutung, nicht ernstzunehmen (Rowe 1989). Die Ökonomie mag „die Umwelt" nutzen als Quelle von Rohstoffen und Senken für Abfälle, aber jenseits dessen wird sie wahrgenommen als bloße Kulisse menschlicher Angelegenheiten.

– ÖkonomInnen haben eher den Kreislauf des Tauschwertes als Ausgangspunkt ihrer Analysen gewählt als die Einbahnstraße des entropischen[1] Durchsatzes von Energie und Materialien (Daly

---

1 „Entropie" wird in der Physik (2. Hauptsatz der Thermodynamik) als Maß für die Nutzbarkeit von Energie verwendet; niedrige Entropie verweist auf hohe

1989, 1). Die wichtigste Konsequenz ist eine eingeschränkte Sicht ökonomischer Prozesse als „sich selbst erhaltende Kreisläufe zwischen Produktion und Konsum". Durch diese Wahrnehmung erscheint die Ökonomie als eine Art Pendelbewegung: „Wenn Ereignisse die Angebots- und Nachfrageneigungen verändern, dann kehrt die Welt der Ökonomie zu einer früheren Lage zurück, sobald diese Ereignisse an Einfluß verlieren". Am wichtigsten aber ist, „daß vollständige Reversibilität als allgemeine Regel angenommen wird, genau wie in der Mechanik" (Georgescu-Roegen 1975, 348). Auf diese Weise hat die Ökonomie das Perpetuum Mobile erfunden!

– Wir sind dazu gebracht worden zu glauben, daß Rohstoffe mehr Produkte menschlichen Erfindungsgeistes als Produkte der Natur seien. Nach der neo-klassischen Theorie führen steigende Marktpreise für knappe Güter einerseits zu deren Schonung, andererseits zur Suche nach technischen Ersatzstoffen. Es ist Teil des gebräuchlichen Wissens vieler ÖkonomInnen, daß diese Faktoren mehr als genug beitragen, um auftretende Knappheiten von Ressourcen zu überwinden (Victor 1990, 14). Selbstverständlich enthält die ökonomische Theorie ein Modell von Natur. Aber dieses Modell beschreibt ein ökonomisches System das, weil es von der physischen Realität unabhängig ist, unendliches Wachstumspotential hat.

Wir haben jedoch keinen Grund, die Menschheit funktional zu unterscheiden von den Millionen anderer biologischer Arten, mit denen wir uns die Erde teilen. Wie andere Organismen auch, überleben und wachsen wir, indem wir dem Ökosystem, dessen Teil wir sind, Energie und materielle Ressourcen entziehen. Wie andere Spezies „konsumieren" wir diese Ressourcen, bevor wir sie in veränderter Form an die Ökosphäre zurückgeben. Weit entfernt davon, in Abgeschiedenheit zu existieren, war und ist die menschliche Ökonomie ein untrennbar zusammenhängendes, vollständig enthaltenes, gänzlich abhängiges Teil der Ökosphäre. Da wir die Ökonomie nicht von der Ökosphäre loslösen können, müssen wir die Beziehung so verändern, daß sie mit der ökologischen Wirklichkeit eher übereinstimmt als mit unseren bequemeren aber falschen Annahmen.

Nutzbarkeit (z.B. der Energie, die in einem Liter Erdöl konzentriert ist), hohe Entropie auf geringe Nutzbarkeit (z.B. der Energie eines Liters Erdöl nach der Verbrennung, also Abwärme und Abgase)

Im Gegensatz zum üblichen Verständnis fließen die ökologisch bedeutsamen Ströme nicht kreisförmig durch die materielle Ökonomie, sondern nur in einer Richtung. Das *Entropiegesetz* sagt, daß in jeder Umwandlung von Materie die verwendete Energie und die Materie unablässig und unwiderruflich herabgestuft werden zu einem Zustand, in dem sie weniger produktiv und schließlich gar nicht mehr zu verwenden sind. Wirtschaftliche Aktivität verlangt sowohl Energie als auch Materie und trägt deshalb zum beständigen Anwachsen der globalen Netto-Entropie bei durch die unaufhörliche Emission von Abwärme und Abfällen in die Ökosphäre. Ohne Bezug auf diesen entropischen Durchsatz „ist es unmöglich, Ökonomie und Umwelt miteinander in Beziehung zu bringen – und dennoch fehlt das Konzept (der Entropie, B.H.) nahezu vollständig in der aktuellen Ökonomie" (Daly 1989, 1). In dieser Sicht wird alle ökonomische „Produktion" letztlich Verbrauch. Darin liegt das Wesen der Umweltkrise. Da unsere Ökonomien wachsen, die Ökosysteme, in die sie eingebettet sind, aber nicht, hat der Verbrauch von Ressourcen überall begonnen, die Raten nachhaltiger biologischer Produktion zu übersteigen. In diesem Licht gesehen ist ein großer Teil des heutigen „Reichtums" schlichte Illusion. Sustainable Development ist eine Entwicklung, die den Zuwachs an globaler Entropie minimiert. Im Gegensatz dazu aber führt unsere gegenwärtige Betonung des materiellen Wachstums zu einer Maximierung von Ressourcenverbrauch, und maximiert daher Entropie. Das ist die physikalische Erklärung der globalen Krise.

Die Menschheit ist zutiefst abhängig von Vorgängen und Stoffen der Natur. Die Erschöpfung von Ressourcen ist daher ein grundsätzliches Problem. Auch wenn es möglich wäre, nicht-erneuerbare Ressourcen wie Kupfer oder Erdöl zu ersetzen, ist das doch keine angemessene Lösung des Problems: Die Substitution mag zu spät kommen, um die Erholung übernutzter erneuerbarer Ressourcen zu gestatten; durch die Substitution werden Umweltschäden, die von den früher genutzten Ressourcen herrühren, nicht repariert; einige erneuerbare Ressourcen, für die es Märkte gibt (z.B. landwirtschaftliche Produkte), hängen ab von Materialien oder Prozessen, für die es keine gibt (z.B. Böden und ihre Regeneration); andere Ressourcen (z.B. die Ozonschicht) oder Vorgänge (z.B. Photosynthese, Klimastabilisierung) sind als ökonomische Ressourcen gar nicht anerkannt. Überhaupt sagen Märkte nichts über den Zustand vieler ökologisch kritischer Materialien oder Vorgänge. Der Knappheitsindikator der neoklassischen Theorie versagt kläglich, wenn die Bedingungen seines Funktionierens nicht gegeben sind (Victor 1990). Konsum und Verschmutzung zerstören ökologisch wichtige Ressourcen, ohne daß ein Signal des Marktes darauf hinwiese, daß die Grundlagen des Überlebens zerstört werden. Dafür gibt es keinen technischen Ersatz. Wenn also kritische Dimensionen der globalen ökologischen Krise außerhalb des Bezugsrahmens des ökonomischen Modells liegen, dann hat die *konventionelle Analyse nichts zur Nachhaltigen Entwicklung beizutragen.*

Glücklicherweise hat die Ökosphäre die Möglichkeit, sich von Mißbrauch zu erholen. Ihre Materie wird fortlaufend umgeformt, weil sie – im Gegensatz zu ökonomischen Systemen – Zugang zu einer externen Quelle freier Energie hat: der Sonne. *Photosynthese* ist der wichtigste produktive Prozeß auf der Erde und die letzte Quelle allen biologischen Kapitals, von dem die menschliche Ökonomie abhängt. Da die Einstrahlung der Sonne konstant, stetig und zuverlässig ist, ist die Produktion in der Ökosphäre potentiell zukunftsfähig über jede Zeitspanne, die für die Menschheit relevant ist. Die Produktivität der Natur wird allerdings begrenzt durch die Verfügbarkeit endlicher Nährstoffe, die Effizienz der Photosynthese, und schließlich die Rate des Energieeinsatzes selbst. Ökosysteme wachsen daher nicht unendlich. Der zentrale Grundsatz für zukunftsfähige Entwicklung lautet daher: Die Menschheit muß lernen, vom *Ertrag*, d.h. von der periodischen Regeneration des verbleibenden Naturkapitals zu leben. Die Menschheit kann nicht beliebig lange überleben, wenn sie nicht nur den Zuwachs, sondern wenn sie auch das Naturkapital verbraucht, oder wenn sie die Prozesse, die solche Regeneration überhaupt erst möglich machen, in ihrer Funktionsfähigkeit stört.

„Stoffwechsel“, „Metabolismus“ – das sind natürlich aus der Biologie entlehnte Bilder. Sie beweisen nichts, aber sie regen an zu möglicherweise fruchtbaren Ideen. Stoffwechsel ist ein Vorgang im menschlichen Körper, durch den stoffliche Inputs umgewandelt werden in Energie einerseits, und Fäkalien, also Abfall andererseits. Der Körper kann ohne diesen Prozeß aus sich selbst heraus nicht existieren. Das läßt sich auf die gesellschaftliche Ebene übertragen: Da nämlich sind *menschliche Siedlungen*, also Städte und Gemeinden, die Einheiten, die aus sich selbst heraus nicht existieren können, weil sie nicht über eigene Ressourcen verfügen, die vielmehr auf Inputs von außen angewiesen sind (Nahrungsmittel, Rohstoffe), die sie umwandeln in Produkte (die ja immer auch einmal zu Abfällen werden) und Abfälle. Deshalb ist es richtig, nach einem Verständnis des Stoffwechselvorgangs auf der *kommunalen Ebene* zu suchen – und gleichzeitig zu verstehen, daß die Inputs aus der „Welt“ kommen, die Outputs an die

„Welt" gehen. Gesellschaft findet real auf der kommunalen Ebene statt. Erst, und nur da sind konkrete Menschen von Entwicklungen betroffen, und nur da entstehen Fehlentscheidungen und Fehlverhalten, die sich zu globalen Überlebensproblemen aufsummieren. Freilich setzen die „höheren", die abstrakteren Ebenen gesellschaftlicher Organisation weitgehend den Rahmen für lokale Entwicklungsmöglichkeiten (vgl. Hamm/Neumann 1996).

Die Menge an Ressourcen, die ein Mensch zum physischen Überleben, also zur Befriedigung seiner/ihrer Grundbedürfnisse (basic needs) benötigt, können wir ungefähr berechnen, z.B. in Kalorien. Damit läßt sich dann auch der Umfang des Stoffwechsels mit der Natur ungefähr schätzen, d.h. der *stoffliche Durchsatz*, den Gesellschaft leistet, und damit werden Vergleiche möglich: So ist geschätzt worden, daß die Menschen der heutigen Gesellschaft in Deutschland ungefähr fünfzigmal so viel Stoff durchsetzen wie die Menschen in Jäger- und Sammlergesellschaften vor 4.000 Jahren, obgleich sich die existentiellen Bedürfnisse (essen, trinken, schlafen, Schutz) kaum so wesentlich verändert haben. Wir brauchen das Zehnfache an Luft, das Zwanzigfache an festen Rohstoffen, das Sechzigfache an Wasser. Wir belasten unsere Umwelt fünfzigmal mehr als unsere Vorfahren. Auch heute setzen Agrargesellschaften nur einen Bruchteil der Stoffmenge um, den fortgeschrittene Industriegesellschaften benötigen (Fischer-Kowalski/Haberl 1996). Die Vorstellung, die gleichen Konsumstandards wie bei uns in den „reichen" Ländern, also auch die gleichen Stoffdurchsätze, ließen sich auf der ganzen Welt realisieren, ist – wie nach dieser Überlegung leicht einsehbar – *ökologischer Selbstmord*. Sie setzte voraus, daß uns eine Menge an Ressourcen zur Verfügung stünde, die etwa dem Drei- bis Vierfachen des heutigen Planeten Erde entspricht.

Die Idee einer nachhaltigen Entwicklung ist nicht neu, vorkapitalistische Kulturen waren nachhaltig, erkennbar an ihrer langen und relativ stabilen Geschichte. Der Wendepunkt war jener tiefgreifende Prozeß des Wandels, der uns im 18. und 19. Jahrhundert kapitalistische Wirtschaftsorganisation, industrielle Produktionsweise, beginnende Verstädterung, den demographischen Übergang und die Aufhebung feudaler Schranken brachte. Die Frage ist selbstverständlich nicht, wie KritikerInnen des gegenwärtigen Entwicklungsweges oft polemisch entgegengehalten wird, ob und wie wir zu vorindustriellen Zuständen zurückkehren können. In Zeiten von Gentechnologie und Internet kann es solche Rückkehr nicht geben. Die Frage ist, ob wir einen Weg vorwärts finden, der es uns erlaubt, Menschen zu werden im Einklang mit der Natur, deren Teil wir sind, und der uns so eine Überlebenschance einräumt. *Nachhaltige Entwicklung ist nicht identisch mit Umweltschutz*, auch wenn Schädigungen der Umwelt bereits für vierzig Prozent der Todesursachen verantwortlich oder mitverantwortlich gemacht werden können (WHO 1994). Der Schutz der Umwelt ist Minimalbedingung, ist notwendig, aber nicht hinreichend für eine dauerhafte und tragfähige Entwicklung. Obwohl also dieses Wissen grundsätzlich nicht neu ist, obgleich es auch dem Alltagsverstand ohne weiteres einleuchtet, ist erstaunlich, wie gründlich es aus der öffentlichen Diskussion verdrängt und durch Beschwörungsformeln wie der vom unbegrenzt möglichen Wachstum ersetzt werden konnte. Es dürfte sinnvoll sein, dahinter Phänomene der Macht- und Interessendurchsetzung, also sozialer Struktur, zu vermuten.

Abb.1.1: Gesellschaft als Stoffwechsel

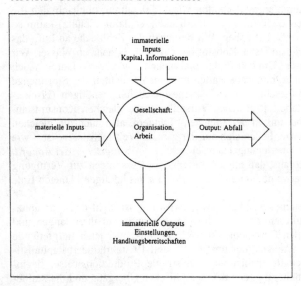

Wenn Gesellschaft als Stoffwechsel aufgefaßt wird, dann wird es sinnvoll, nach der Art und der Herkunft der Inputs, nach den Prozessen der Umwandlung und nach der Art und dem Zielort der Outputs zu fragen – materielle Inputs sind Energie und Rohstoffe, Prozesse der Umwandlung nennen wir Organisation und Arbeit, immaterielle Inputs sind Finanzen und Informationen; materielle Outputs sind Abfälle fester, flüssiger oder gasförmiger Form bzw. Abwärme, immaterielle Outputs sind Bewußtseinszustände und Handlungsbereitschaften. Die Tätigkeiten, die zusammen den Metabolismus ausmachen, also Organisation und Arbeit, geschehen in Institutionen:

Es lassen sich unter dem Gesichtspunkt einer global zukunftsfähigen Entwicklung aber auch Anforderungen benennen, denen eine praktische Ökonomie, besser und umfassender: eine soziale Organisation genügen muß – freilich werden das andere sein als die des „magischen Dreiecks" der Theorie der Wirtschaftspolitik. Eine solche Ökonomie müßte

– einen schonenden Umgang mit natürlichen Ressourcen nach den Regeln gewährleisten, die im Abschnitt über Sustainable Development genannt wurden;
– es allen Menschen erlauben, ihre Grundbedürfnisse zu befriedigen;
– ein Höchstmaß demokratischer Selbstbestimmung ermöglichen (ähnlich Kapp 1987).

Dies geht offensichtlich hinaus über das, was die ÖkonomInnen derzeit als ihren Bezugsrahmen definieren; es ist nicht möglich ohne Achtung und Einhaltung der Menschenrechte, ohne demokratische Formen der Entscheidungsfindung, ohne globale Solidarität. Dem wird in dieser Abstraktheit kaum jemand seine/ihre Zustimmung versagen wollen – nur: Unsere Wirklichkeit ist davon noch weit entfernt.

1.4 Sozialstruktur – Verhalten – Handeln

Wenn Gesellschaft der Prozeß ist, durch den materielle Inputs in Abfall verwandelt werden, dann besteht die Aufgabe der Sozialstrukturanalyse darin zu untersuchen, nach welchen Regelmäßigkeiten dieser Prozeß organisiert ist und wie er arbeitet (bzw. genauer: wie die Institutionen in dieser Gesellschaft verfaßt sind und wie sie ihre Aufgabe erfüllen). Es ist dann also *nicht mehr beliebig*, was als „Sozialstruktur" definiert wird, sondern es wird bestimmt durch die Frage, auf welche Weise die Institutionen einer Gesellschaft die Zukunftsfähigkeit der globalen Gesellschaft fördern oder beeinträchtigen, bzw. auf welche Weise solche Institutionen umgestaltet werden müßten, um Zukunftsfähigkeit besser als bisher zu erreichen. Auf alle Fälle wird Sozialstrukturanalyse zu etwas qualitativ anderem als der verbalen

Ausdeutung der Zahlen des Statistischen Jahrbuchs (vgl. z.B. Daten-report 1994).

Wir haben argumentiert, daß das Handeln, das Wissen und die Einstellungen von Menschen durch ihre *Position in einer sozialen Struktur* bestimmt sind, bestimmt nicht in einem deterministischen, sondern in einem probabilistischen Sinn. Soziale Strukturen definieren Handlungsspielräume. Was ist Sozialstruktur? Unter „Struktur" im allgemeinen verstehen wir *ein relativ stabiles Beziehungsgeflecht zwischen Elementen.* So wollen wir auch von Sozialstruktur zunächst einmal sprechen als von einem relativ stabilen Beziehungsgeflecht zwischen gesellschaftlichen Einheiten. Einheiten sind Individuen, aber auch Kollektive: Familien, Haushalte, Gruppen, Betriebe, Vereine, Parteien, Städte, Staaten. „Beziehungen" meint, daß irgend etwas zwischen diesen Elementen *ausgetauscht* wird: Gefühle, Absichten, Geld, Informationen, Befehle. „Muster" soll bedeuten, daß dieser Austausch einigermaßen regelmäßig so und gerade so stattfindet. Und relativ stabil heißt nicht statisch, nicht unveränderbar, aber immerhin beharrend, sich rascher und kontinuierlicher Veränderung nicht ohne weiteres fügend. Vereinfacht gesagt handelt es sich um die außerhalb der Individuen existierenden gesellschaftlichen *Institutionen*, die unser Verhalten steuern und ihm Richtung, Grenzen und Vorhersagbarkeit geben.

Begriffe: Sozialstruktur

„Die Sozialstruktur bezeichnet den durch das Netzwerk der Beziehungen zwischen den sozialen Elementen vermittelten bzw. bewirkten Zusammenhang des gesellschaftlichen Ganzen" (Mayntz 1966, Sp. 2415).

„Der Strukturbegriff zielt auf den inneren Aufbau, auf den Zusammenhang von Elementen eines als komplexe (Ganzheit) gegebenen oder vorgestellten Beziehungsgefüges" (Schäfers 1985, 3). „Die Analyse der Sozialstruktur kann daher als Momentaufnahme der sie prägenden sozialen Prozesse angesehen werden. Eine möglichst umfassende Analyse der Sozialstruktur hätte daher auch die Aufgabe, den Wandel dieser Struktur zu verdeutlichen" (ebd., 7).

„Die Analyse der Sozialstruktur bestimmter Gesellschaften ist eine Form der Untersuchung gesamtgesellschaftlich relevanter Strukturen und Entwicklungsrichtungen. Drei Analyseebenen, die eng miteinander verknüpft sind, lassen sich unterscheiden:
– die sozialstatistischen Aspekte der Sozialstruktur...
– die Analyse von einzelnen Bereichen der Sozialstruktur...
– die zusammenfassende Typisierung einer Gesellschaft..." (Schäfers 1990, 2).
Es gibt keine einheitliche Auffassung darüber, was überhaupt unter „Sozialstruktur" zu verstehen ist. Viele empirisch orientierte Bücher setzen den Begriff einfach als definiert voraus, wenn sie anhand statistischer Daten gesell-

---

schaftliche Strukturen beschreiben. ... sozialstrukturelle Betrachtungen befassen sich generell mit drei verschiedenen Dimensionen des gesellschaftlichen Lebens:

1. Dimension: Gliederung der Gesellschaft nach Ständen, Klassen oder Schichten,
2. Dimension: Bewegung zwischen den verschiedenen Schichten (soziale Mobilität),
3. Dimension: Unterschiedliche Interessenlagen zwischen den Schichten um Verteilung von Macht, Eigentum, Besitz und Kompetenz" (Voigt, Voss und Meck 1988, 120).

Unter Sozialstruktur kann man mindestens dreierlei verstehen. Erstens die demographische Grundgliederung der Bevölkerung und die Verteilung zentraler Ressourcen wie Bildung, Beruf und Einkommen. ... Zweitens kann man unter Sozialstruktur – unter Einschluß von Werten und Mentalitäten – die Zusammenfassung dieser Gliederungen in soziale Klassen und Schichten verstehen; neu ist hier die Perspektive, daß „flüssigere" Sozialmilieus und Lebensstile neben den Klassen und Schichten beachtet werden sollen. Drittens gibt es den anspruchsvolleren Begriff von Sozialstruktur als dem jeweils historisch ausgeprägten System gesellschaftlicher Ordnungen oder Grundinstitutionen" (Zapf 1995, 187).

„Von einer Struktur wird im allgemeinen gesprochen, wenn eine Mehrzahl von Einheiten in einer nicht zufälligen Weise angeordnet bzw. miteinander verbunden ist. Es entstehen also Regelmäßigkeiten oder Muster; man kann erwarten, daß das, was an einer Stelle auftritt, an einer anderen Stelle wiederkehrt. ... Der Strukturbegriff in der Soziologie ist ... auf soziales Handeln, bzw. soziale Gebilde bezogen" (Glatzer 1989, 647).

Vom Stand der Produktivkräfte abhängig sind die Produktionsverhältnisse, d.h. die „Gesamtheit der gesellschaftlichen Verhältnisse, welche die Menschen in der Produktion und Reproduktion ihres materiellen Lebens auf der Grundlage und im Einklang mit der geschichtlich erreichten Entwicklungsstufe untereinander eingehen" (Wörterbuch der marxistisch-leninistischen Soziologie 1983, 507). „Das sozialökonomische Eigentumsverhältnis, das den Kern der Gesamtheit jeweiliger Produktionsverhältnisse bildet, entscheidet darüber, wem die Produktionsmittel (Rohstoffe und Technologien, B.H.) gehören, wie sich diejenigen, die den materiellen Reichtum hervorbringen (die Werktätigen, B.H.), zu denjenigen verhalten, die sich diesen aneignen, ob das Hervorbringen des materiellen Reichtums (die Erzeugung von Gebrauchswerten) einerseits und die Aneignung der Produktionsbedingungen und Produkte, die Herrschaft über den Produktionsprozeß andererseits verschiedenen Klassen zufallen oder ob die Produzenten auch Eigentümer und Beherrscher ihres Produktionsprozesses sind „ (ebd., 509).

„Mit dem Begriff ,Sozialstruktur' bezeichnet man gewissermaßen das „Skelett" einer Gesellschaft: die vergleichsweise beständigen *sozialen Beziehungen*, in denen Menschen in Gesellschaft zusammenleben und

-arbeiten (wie z.B. als Produzent und Konsument, als Chef und Mitarbeiter, als Mutter und Kind), die *Stellungen*, die Menschen hierin einnehmen (Arbeiter, Abteilungsleiter, Sohn, Wähler usw.) und die *Personengruppen*, die aus einer gemeinsamen Positionszugehörigkeit erwachsen (die Arbeiterschaft, die höheren Angestellten, die CDU-Wähler, die Alleinerziehenden, die Armen usw.). Diese Beziehungen, Positionen und Gruppen, die Sozialstruktur ausmachen, werden üblicherweise auf drei Ebenen analysiert: erstens auf der Ebene gesellschaftlicher *Systeme und Subsysteme* (Wirtschaftssystem, Bildungssystem, politisches System etc.). ... Zweitens wird Sozialstruktur auf der Ebene von *Institutionen und Organisationen* analysiert (so z.B. in Schulen, Universitäten, Gewerkschaften, Unternehmen, Wahlordnungen); und drittens auf der Ebene von *Handlungen und Handlungsverflechtungen* zwischen unmittelbar Beteiligten (zwischen Männern und Frauen, Chefs und Untergebenen, Wählern und Gewählten etc.)", so schreibt Stefan Hradil (1994, 52f.). Und: „Sozialstrukturanalyse ist stets gesamtgesellschaftliche Analyse" (53) – aber ein Begriff von Gesellschaft fehlt in seinem Text.

Hradil möchte nun „nationale Sozialstrukturen einordnen, vergleichen oder ... ihre Veränderungen ermessen" können und braucht daher Bezugspunkte und Meßlatten. Er bildet dazu drei Gesellschaftstypen: die *moderne Gesellschaft*, die *Industriegesellschaft* und die *fortgeschrittene Industriegesellschaft* – dies soll ihm helfen zu entscheiden, welche Aspekte der Sozialstruktur wichtig sind; es ihm erlauben, „den Entwicklungsstand verschiedenartiger Länder vergleichen zu können; und ihm helfen, innere Widersprüche und Eigenheiten in der Sozialstruktur bestimmter Länder erkennen zu können" (54f.). Die Theorie, an der er seine „Meßlatte" gewinnt, nennt er (im Anschluß an Daniel Lerner 1958) *Modernisierungstheorie*. Sie besteht, knapp gesagt, in folgender Entwicklungshypothese: Im Zuge der Herausbildung einer klassischen Industriegesellschaft aus der Agrargesellschaft kommt zunächst eine *Vereinheitlichung* von zuvor sehr unterschiedlichen Gefügen vorindustrieller Gesellschaften zustande: Ehe und Normalfamilie dominieren, Normalarbeitstag und Normalarbeitsverhältnis setzen sich durch, der Beruf wird prägend für die Schichtzugehörigkeit und bildet das Rückgrat der Ungleichheitsstruktur usw. Dieser Prozeß der Vereinheitlichung war in den meisten Ländern Europas in den fünfziger und sechziger Jahren weitgehend abgeschlossen. Seither vollziehen sich, je nach Land früher oder später, *Pluralisierungsprozesse*: Familien stellen mittlerweile in den meisten EG-Ländern weniger als vierzig Prozent der Haushalte, unterschiedliche Haushaltsformen dringen vor, unterschiedliche Arbeitszeiten, Berufsbiographien, Ungleichheiten finden sich nebeneinander usw. (91f.). Dies ist ein linearer Prozeß (91), den alle (europäischen) Gesellschaften durchlaufen, und dabei gibt es zeitliche Unterschiede: den Mittelmeerländern etwa wird ein Modernisierungsrückstand bescheinigt. Dahinter steht ohne Zweifel eine implizite (und normative) Geschichtsphilosophie.

Wolfgang Zapf (1995) geht in seinem Beitrag zuerst auf Modernisierungstheorie ein und definiert: „Modernisierung ist die Entwicklung von einfachen und armen Agrargesellschaften zu komplexen, differenzierten und reichen Industriegesellschaften, die nach innen und außen ein bestimmtes Maß an Selbststeuerungsfähigkeit besitzen" (182). Er bezieht sich dabei ebenfalls auf Walt Rostow und die von ihm behaupteten *Stadien der wirtschaftlichen Entwicklung*. Als „Grundinstitutionen" moderner Gesellschaften schlägt er vor: „Konkurrenzdemokratie, Marktwirtschaft und Wohlstandsgesellschaft mit Massenkonsum und Wohlfahrtsstaat" (186). Das ist immerhin ein starkes Stück, zumal in dieser unverhüllten knappen Klarheit: Da werden einfach und ohne weitere Diskussion die westlich-kapitalistischen Gesellschaften, noch genauer: die der 24 OECD-Länder – also ausgerechnet die, die bei weitem überproportional an der Zerstörung der natürlichen Lebensgrundlagen des Planeten beteiligt sind – zum Zielpunkt und zum Gipfel der historischen Entwicklung überhaupt erklärt, dem andere Gesellschaften mit mehr oder weniger Abstand und Mühe quasi naturgesetzlich folgen! Auch er kommt schließlich zur *Individualisierung und Pluralisierung der Lebensstile* als dem zentralen Charakteristikum moderner Gesellschaften. Auch hier fehlt ein Begriff von Gesellschaft, auch hier handelt es sich um eine normative Geschichtsphilosophie.

Wichtig daran ist, daß jeder Begriff von Sozialstruktur *eingebettet ist in eine Theorie* und nur in diesem Rahmen Sinn macht. Der Ausgangspunkt „Modernisierungstheorie" führt zu anderen Sozialstrukturanalysen – anderen Merkmalen, anderen Daten, anderen Schlußfolgerungen – als der Ausgangspunkt „Klassenanalyse" (Autorenkollektiv 1974, Krysmanski 1982, Koch 1994), so wie die sich unterscheiden muß von einer, die unter dem Erkenntnisinteresse an den Bedingungen einer zukunftsfähigen Weltgesellschaft durchgeführt wird.

Jede Sozialstrukturanalyse aber unterstellt, *daß zwischen Struktur und sozialem Handeln Zusammenhänge bestehen*. Wenn wir der Vermutung nachgehen, daß es gerade das Ineinanderwirken verschiedener Institutionen ist, das am Ende Menschen ein Verhalten nahelegt, das sie „subjektiv sinnhaft" oft selbst gar nicht richtig oder vernünftig finden (z.B. als Soldaten an Kriegen teilnehmen, jemand anderen „übers

Ohr hauen", Autofahren, Problemmüll im Wald abladen, rauchen), dann können wir fragen, wie das denn geschieht, dieses Ineinander- und Hineinwirken, und schließlich: auf welche Weise solch fatale Folgen für das Überleben der Menschheit entstehen. Deshalb unterscheiden wir auch bewußt *Handeln*, als ein in der Tendenz aktives, selbstbestimmtes, absichtsvolles Tun, von *Verhalten*, einem in der Tendenz eher fremdbestimmten, wenig reflektierten ‚Sich-von-außen-lenken-Lassen' – und vermuten, daß diesem letzteren der höhere Erklärungswert für den gesellschaftlichen Alltag, jenem die größere Bedeutung zur Lösung des Problems Zukunftsfähigkeit zukommt. Einer der Gründe dafür ist, daß wir alle durch Gewohnheiten und Routine in unserem Alltagsleben davon entlastet werden, ständig neu über Situationen nachzudenken und immer neu zwischen möglichen Handlungsalternativen zu entscheiden. Die Frage, *ob und unter welchen Bedingungen soziale Strukturen Verhaltensspielräume eröffnen*, die durch Handeln interpretiert, womöglich gar verändert werden können, bildet den Fluchtpunkt der ganzen Argumentation und wird uns hier wie in Band 2 noch sehr ausführlich beschäftigen.

Handeln/Verhalten und Struktur sind *wechselseitig voneinander abhängig*: Wenn durch die soziale Struktur verfügbare Handlungsspielräume definiert werden, so wird andererseits durch Handeln/Verhalten die Struktur immer wieder bestätigt bzw. modifiziert. Die Menschen finden Strukturen vor, sind also durch sie geprägt, ebenso wie sie sie durch Handeln/Verhalten bekräftigen. Wer Weihnachtsgeschenke kauft, bestätigt und bestärkt damit die Institution „Weihnachten" in den bisher üblichen, überkommen, kommerzialisierten Formen. Wer beschließt, dies nicht zu tun, verändert damit, wie marginal auch immer, die Institution. Würde eine solche Art der Konsumverweigerung Schule machen, dann würde aus Weihnachten etwas anderes, neues, die Institution würde sich verändern.

Institutionen sind der Leim, der aus Bevölkerungen erst Gesellschaften macht. Sie sind die Essenz, das Wesentliche sozialer Strukturen. Das definiert ihre Aufgabe: Institutionen sind nicht Selbstzweck, haben vielmehr Funktionen, und können danach beurteilt werden, ob sie die mehr oder weniger gut erfüllen. Die Kernfrage für diese Untersuchung ist, ob und auf welche Weise soziale Institutionen dazu beitragen, den menschlichen Stoffwechsel mit der Natur zu organisieren. Dazu müssen wir auf die Utopie der „Zukunftsfähigkeit" (Sustainability) zurückgreifen. Erst von dort aus macht es Sinn, die vorhandenen Institutionen zu untersuchen – und das heißt gleichzeitig: ihre Wirkungsweise kritisch zu diskutieren.

Ein Durchgang durch die soziologischen Lexika zeigt, daß der Begriff „Institution" zu den schillerndsten, unklarsten und dennoch häufigsten in der Soziologie gehört. Ein allgemeiner Begriff von Institution faßt so viele und so verschiedene Tatbestände, daß er entsprechend abstrakt und inhaltsleer ausfallen muß. Das zeigt sich rasch an der folgenden Definition, mit der wir uns an dieser Stelle begnügen wollen: *Institutionen sind verfestigte Verhaltensregeln und Beziehungsmuster, die einen – gegenüber der subjektiven Motivation – relativ eigenständigen Charakter besitzen.* Sie sind dem Menschen als „soziale Tatsachen" vorgegeben, werden im Sozialisationsprozeß erlernt, sind häufig rechtlich definiert und durch Sanktionen abgesichert.

Soziales Verhalten ist mehr oder weniger institutionalisiert, d.h. mehr oder weniger routinisiert und formalisiert. Diese formalisierten und routinisierten Muster lernen wir als uns äußerliche kennen. Wir lernen, ihnen zu folgen, ohne in der Regel erkennen oder verstehen zu können, daß es sich um Konventionen handelt, die von Menschen gemacht, von Machtverhältnissen abhängig sind und prinzipiell verändert werden können. Es gibt keine Institution, die für alle Menschen in jeder Zeit die „beste" wäre. Oft erscheinen sie uns „natürlich", selbstverständlich, als „dem Menschen gemäß", aber das hängt mehr damit zusammen, daß wir es nicht gelernt haben, nach Alternativen zu fragen. Da wir von Geburt an in Institutionen hineinsozialisiert werden (Familie, Kindergarten, Schule, Betrieb, Gemeinde), erscheinen sie uns „natürlich", notwendig, dauernd – im Sinn von unveränderbar. Wer einem/r anderen vorwirft, der/die „wolle eine andere Republik", der/die appelliert polemisch an eben dieses unreflektierte Verständnis von Institutionen und unterschlägt, daß „diese andere Republik" selbstverständlich jeden Tag als Folge gesellschaftlicher Veränderungen entsteht.

Institutionen kanalisieren Handeln. Sie sind dazu da, gesellschaftliche Konflikte zu regeln, latente Konflikte nicht manifest werden zu lassen, oder potentielle Konflikte am Ausbrechen zu hindern. Die meisten Konflikte resultieren aus gesellschaftlichen Unterschieden, *Ungleichheiten*, genauer: aus dem ungleichen Zugang zu Lebenschancen. Das klassische Thema der Soziologie ist hier anzusprechen: soziale Ungleichheit. Das geschieht in der Soziologie meist unter dem Begriff „soziale Differenzierung", wobei unterschieden wird zwischen Differenzierungen, die *keine Wertunterschiede* implizieren (horizontale Differenzierung) und solchen, die mit *Rangordnungen*, also bewerteten Unterschieden (vertikale Differenzierung) zu tun haben.

Begriffe: Institutionen

„Institution, soziale Einrichtung, die auf Dauer bestimmt, „was getan werden soll". Indem Institutionen die Beliebigkeit und Willkür des sozialen Handelns beschränken, üben sie normative Wirkung aus" (Lipp, in Schäfers 1986, 136; ähnlich auch ders., in Endruweit, Trommsdorff 1989, 306).

„Institution, ein Komplex von gesamtgesellschaftlich zentralen, dem planenden Eingriff („Organisation") jedoch schwer zugänglichen und unspezifischen („überdeterminierten"), trotzdem aber deutlich abhebbaren Handlungs- und Beziehungsmustern, der vor allem durch die Verankerung der sozialen Ordnungswerte in der Antriebsstruktur der Gesellschaftsmitglieder gekennzeichnet ist" (Bühl 1988, 345).

„Institution, ... In einem weiteren Sinne jegl. Form (entweder bewußt gestalteter oder ungeplant entstandener) stabiler, dauerhafter Muster menschl. Beziehungen, die in einer Ges. erzwungen oder durch die allseits als legitim geltenden Ordnungsvorstellungen getragen u. tatsächlich „gelebt" werden. Der Begriff I. bringt insbes. zum Ausdruck, daß wiederkehrende Regelmäßigkeiten u. abgrenzbare Gleichförmigkeiten gegenseitigen Sichverhaltens von Menschen, Gruppen, Organisationen nicht nur zufällig oder biolog. determiniert ablaufen, sondern auch u. in erster Linie Produkte menschl. Kultur und Sinngebung sind" (Hartfiel 1972, 301).

„Institution: ... 1. Bewußt organisiertes oder allmählich entstandenes, geschlossenes oder offenes soziales System, auch Organisation, Einrichtung u.ä. staatlichen, genossenschaftlichen usw. Charakters, auch ein ideellen und/oder materiellen Zwecken und Zielen dienender Verein, der durch bestimmte Verhaltensweisen gekennzeichnet ist und einen bestimmten Typ des Verhaltens fördert, hemmt oder stabilisiert. ... 2. Form des gesellschaftlichen Zusammenlebens mit nachweisbarer Stabilität über einen kürzeren oder längeren geschichtlichen Zeitraum hinweg, mitunter mehr oder weniger durch Rechtsvorschriften abgesichert oder durch die praktisch gültigen Sitten allgemein anerkannt, z.B. Ehe, Familie, Formen kollektiven Zusammenhalts. ... 3. Als I. werden auch Verhaltensnormen, -prinzipien, Sitten, Bräuche, Lebensgewohnheiten und die mit ihnen verbundenen gesellschaftlichen Erwartungen bezüglich des zwischenmenschlichen Verkehrs und Benehmens, die auf das Tun und Unterlassen regulierend einwirken, verstanden" (Wörterbuch der marxistisch-leninistischen Soziologie 1983, 301)

Wir wollen an dieser Stelle nur einen Aspekt sozialer Ungleichheit ansprechen, der in der Soziologie besonders umstritten ist: den der *Teilung in Klassen, Schichten oder Lebenslagen*. Es ist keineswegs nur die Marx´sche Tradition, für die dieses Thema im Vordergrund steht, es ist der Soziologie jedweder Herkunft unvermeidbar, und sei es, indem sie seine Bedeutung aufwendig leugnet. Nicht selten gar wird Sozialstrukturanalyse gleichgesetzt mit Klassenanalyse. Darauf ist also hier einzugehen, und damit auf eine der zumindest im Ansatz diskussionswürdigen Kontroversen, auch wenn ihr Stellenwert für den gegenwärtigen Mainstream, an Publikationen und Kongressen gemessen, gering erscheint. Dabei geht es uns hier um eine theoretische Auseinandersetzung; die sehr viel umfangreichere empirische Beschäftigung mit dem Thema folgt im Kapitel zur „gesellschaftlichen Krise".

Soziale Ungleichheit

Soziale Ungleichheit soll heißen die unterschiedliche Verteilung von Vor- und Nachteilen unter den Mitgliedern einer Gesellschaft. Zu diesen Vor- und Nachteilen gehören unter anderem: mehr oder weniger Einkommen, Bildung, Macht, Prestige, Eigentum oder Verfügungsrechte, insbesondere Eigentum oder Verfügungsrechte an Produktionsmitteln, Verfügung über Zeit und Raum; Selbstbestimmung über Form und Inhalt der Arbeit wie der Freizeit. Gesellschaftlich privilegiert ist also, wer über viel Einkommen, Bildung, Macht, Prestige, Besitz verfügt; nach eigenem Belieben sich Zeit und Aufenthaltsort einteilen kann; und nach eigenem Gutdünken über Form und Inhalt seiner Tätigkeit entscheidet. Gesellschaftlich benachteiligt ist, für wen das Gegenteil zutrifft.

Theoretische Ansätze:

Schichtungstheorie: Ungleichheit ist eine Folge des Wettbewerbs um knappe Ressourcen, in diesem Fall um „Vorteile" im genannten Sinn. Da solche Vorteile knapp sind, gehört besondere Anstrengung und Leistung dazu, etwas davon abzubekommen. Privilegien sind einerseits wohlverdienter Lohn für Leistung, andererseits Indikator für Knappheit. Zur Beschreibung sozialer Ungleichheit werden in der Regel die Indikatoren Einkommen, Bildung und Berufsprestige verwendet.

Klassentheorie: In jedem Typus von Klassengesellschaft gibt es zwei Hauptklassen, die an den Eigentumsverhältnissen gebildet werden: Eine Minderheit von Nicht-ProduzentInnen, die die Produktionsmittel kontrollieren, kann diese Macht dazu benutzen, um der Mehrheit der ProduzentInnen den Mehrwert zu entziehen. Das Klassenverhältnis ist immer antagonistisch, d.h. immer durch den Konflikt um die Verteilung gesellschaftlich knapper Güter geprägt. Ökonomische Herrschaft ist mit politischer Herrschaft verknüpft, und daher folgt aus der Kontrolle über die Produktionsmittel auch politische Kontrolle. Die Klassenteilung ist folglich eine Teilung nach Eigentum und nach Macht zugleich. Die herrschende Klasse versucht, ihre Position zu stabilisieren, indem sie eine legitimierende Ideologie hervorbringt, die ihre ökonomische und politische Herrschaftsposition rechtfertigt und der untergeordneten Klasse erklärt, warum diese Unterordnung zu akzeptieren hat.

Theorie der Lebenslagen: In postmodernen Gesellschaften hat sich im Zuge von Differenzierung und Individualisierung die Bedeutung größerer Kollektive wie Schichten oder Klassen zunehmend aufgelöst. An deren Stelle treten Lebenslagen-Gruppen. Dabei kann nicht von vornherein gesagt werden, durch die Kombination welcher Variablen sie sich bilden. Es gibt also auch keine in einer Theorie begründete Weise der Operationalisierung des Ansatzes.

In der *Theorie der sozialen Schichtung* werden in der Regel die Indikatoren Einkommen, Bildung und Berufsprestige zur Beschreibung sozialer Ungleichheit verwendet. Operationalisiert werden soll über das Geldeinkommen die Verfügung eines Haushaltes über Ressourcen zur Existenzsicherung. Das Geldeinkommen stellt einen Indikator dar für das gesamte Realeinkommen. Bildung wird in der Regel operationalisiert über den höchsten erreichten Schulabschluß, manchmal auch über die im Schulsystem verbrachten Jahre. Das hängt vom jeweiligen Bildungssystem ab. Berufsprestige schließlich wird meist operationalisiert über Prestigeskalen, d.h. es wird z.B. eine repräsentative Stichprobe der Bevölkerung danach gefragt, welches Ansehen verschiedene Berufe genießen. Die Bedeutung solcher Indikatoren ist weder im Vergleich zwischen verschiedenen Gesellschaften identisch, noch ist das Maß für unsere eigene Gesellschaft sonderlich treffsicher. Macht – das wäre ein zumindest ebenso bedeutender Indikator – wird wegen Schwierigkeiten der Operationalisierung und fehlender Daten normalerweise nicht als Indikator verwendet. Die Schichtungstheorie ist ein am Modell westlich-kapitalistischer Gesellschaften gebildeter Ansatz zur Beschreibung sozialer Ungleichheit. Sie ist weder universell anwendbar, noch sind ihre Indikatoren im interkulturellen Vergleich verläßlich.

Das theoretische Gegenmodell zur Schichtungstheorie ist die *Klassentheorie*, in der Regel in der dialektischen Wissenschaftsauffassung zu Hause. Die Klassengesellschaft ist Ergebnis einer bestimmten *Abfolge historischer Umwälzungen*. In Stammesgesellschaften gibt es nur eine niedrige Stufe der Arbeitsteilung, und das vorhandene Eigentum ist gemeinsamer Besitz der Gesellschaftsmitglieder. Die Klassenstruktur des Feudalismus vermittelt sich über persönliche Loyalitätsbindungen, die in der ständischen Struktur rechtlich abgesichert sind. Diese Beziehungen sind nicht rein ökonomisch, in der Standesstruktur verschmelzen vielmehr ökonomische, politische und persönliche Faktoren miteinander. Darüber hinaus basiert dieses System hauptsächlich auf der begrenzten lokalen Gemeinde, und die Produktion ist vorrangig auf die bekannten Bedürfnisse dieser Gemeinde abgestimmt. Mit der technischen Entwicklung, der Ausweitung der Arbeitsteilung und dem Anwachsen des Privateigentums geht die Erzeugung eines Mehrprodukts einher, das von einer Minderheit von Nicht-ProduzentInnen (KapitalistInnen) angeeignet wird, die der Mehrheit der ProduzentInnen (lohnabhängig Beschäftigte) in einem Ausbeutungsverhältnis gegenüberstehen. Ein neues, auf der Manufaktur in den Städten basierendes Klassensystem ersetzt die agrarische Struktur feudaler Herrschaft. Diese Umwälzung basiert auf dem teilweisen Ersatz einer Art des Eigentums an Produktionsmitteln (Land) durch ein anderes (Kapital).

Klassenverhältnisse sind notwendig ihrem Wesen nach labil. Die herrschende Klasse versucht, ihre Position zu stabilisieren, indem sie eine *Ideologie* hervorbringt, die ihre ökonomische und politische Herrschaft begründet und der untergeordneten Klasse erklärt, warum sie diese Unterordnung akzeptieren soll. Daher sagen Marx/Engels in der Deutschen Ideologie: „Die Gedanken der herrschenden Klasse sind in jeder Epoche die herrschenden Gedanken, d.h. die Klasse, welche die herrschende materielle Macht der Gesellschaft ist, ist zugleich ihre herrschende geistige Macht. Die Klasse, die die Mittel der materiellen Produktion zu ihrer Verfügung hat, disponiert damit zugleich über die Mittel zur geistigen Produktion, so daß ihr damit zugleich im Durchschnitt die Gedanken derer, denen die Mittel zur geistigen Produktion abgehen, unterworfen sind" (Marx/Engels 1932, MEW 3, 46).

Klassen haben ihre Grundlage in wechselseitigen Verhältnissen von Abhängigkeit und Konflikt. Die wechselseitige Abhängigkeit ist asymmetrisch. Klassenkonflikt bezieht sich vorrangig auf den Interessengegensatz, der in dem Ausbeutungsverhältnis angelegt ist: Klassen sind also *Konfliktgruppen*. Eine Klasse wird nur dann eine wichtige gesellschaftliche Kraft, wenn sie einen unmittelbar politischen Charakter annimmt, wenn sie also ein Brennpunkt gemeinsamer Aktion wird. Das ist selbst dann nicht notwendig der Fall, wenn alle objektiven Merkmale der Klassenteilung gegeben sind (Marx spricht dann von „Klasse *an* sich"). Nur unter bestimmten Bedingungen entsteht auch ein gemeinsames handlungsleitendes Bewußtsein von der Klassenteilung, d.h. die Klassenzugehörigkeit wird auch subjektiv zum Antrieb für Handeln – das nennt Marx dann „Klasse *für* sich".

In jedem Augenblick, in dem sich die Machtverhältnisse zwischen den beiden Klassen ändern, kommt es sofort wieder zum *Kampf um den jeweiligen Anteil am Mehrwert* – in Tarifauseinandersetzungen und Arbeitskämpfen, in der Auseinandersetzung um sozial-, arbeitsschutz- oder mietrechtliche Regelungen usw. Basis dieses Klassenantagonismus ist das Privateigentum an Produktionsmitteln: Obgleich alle sie gleichermaßen zur Sicherung ihrer Existenz benötigen, sind sie doch durch die gesellschaftlichen Machtverhältnisse in Eigentum und Verfügungsgewalt von Wenigen gegeben, die daraus ihren Profit machen.

Dem widerspricht ein Ansatz, der mit *Lebenslagen* argumentiert: In Stefan Hradil´s Buch von 1987, „aus Verwunderung und Verärgerung" darüber geschrieben, daß die Sozialstrukturanalyse in Deutschland auf der Basis völlig unzulänglicher Klassen- und Schichtmodelle betrieben werde, heißt es: „Sozialstrukturmodelle, die den Gegebenheiten fortgeschrittener Gesellschaften Rechnung tragen, sollten m.E. von dem handlungstheoretischen Grundgedanken ausgehen, nach dem die soziale Welt dann erschließbar wird, wenn dem Handeln, d.h. dem subjektiv sinnhaften Tun der Menschen nachgegangen wird" (Hradil 1987, 9). Ein Erkenntnisinteresse, auf das dieses „Erachten" sich stützt, wird nicht genannt. Der Vorteil eines solchen handlungstheoretischen Bezugsrahmens zeige sich gerade dann, wenn es darum gehe, Dimensionen sozialer Ungleichheit zu bestimmen. „So läßt sich zeigen, daß in den letzten Jahrzehnten in fortgeschrittenen Gesellschaften neben den ökonomischen mehr und mehr solche Lebensziele akzeptiert worden sind, die politisch-administrativ oder ‚gesellschaftlich' zu erreichen sind. Demzufolge hat sich auch der Kreis der Lebensbedingungen beträchtlich erweitert, die es den Gesellschaftsmitgliedern erlauben oder versagen, diese ‚allgemeinen' Lebensziele in ihrem Handeln zu erreichen: Neben den Ungleichheitsdimensionen des Geldes, der formalen Bildung, der Macht und des Berufsprestiges sind die Dimensionen der sozialen Sicherheit (Risiken und Absicherungen), der Arbeits-, Freizeit- und Wohnbedingungen, der Partizipationschancen, der integrierenden oder isolierenden sozialen Rollen sowie der Diskriminierung und Privilegien im täglichen Umgang mit Mitmenschen zu berücksichtigen" (ebd., 10). Den meisten Menschen würden daher Vorteile und Nachteile zugleich zuteil. Dies könnten weder die beschreibenden Schichtmodelle noch die erklärenden Klassentheorien abbilden. Erforderlich sei vielmehr, die jeweiligen Kombinationen ungleicher Lebensbedingungen in ihrer Komplexität zu sehen und sie als Kontexte von Handlungsbedingungen zu interpretieren. Die „Freiräume und Barrieren der Austauschbarkeit von Handlungsbedingungen" seien gesellschaftlich vorgegeben, oder einfacher: Institutionen unterschiedlich zugänglich. „Demnach bietet es sich an, *typische soziale Lagen ...* zu identifizieren" (ebd., 11). Deren Vorteil in der empirischen Analyse bestünde darin, „wesentlich mehr Informationen zu erlangen als durch die starren Schichtkonzepte" (ebd.).

Es geht Hradil also um eine differenziertere Beschreibung. Er vermeidet es auch – was Schichtmodelle immerhin noch getan haben – Unterschiede zwischen den Handlungsbedingungen z.B. nach ihrer Wichtigkeit zu machen. Er fragt weder, wie die Schichtungstheorie, ob es systematische Korrelationen zwischen den einzelnen Merkmalen der Lebensbedingungen gibt, noch, wie die Klassentheorie, woher die kommen und wie sie sich auswirken. „Fortgeschrittene Gesellschaften zeichnen sich dadurch aus, daß ihre Mitglieder auf der einen Seite mehr subjektive Autonomie denn je zuvor haben, auf der anderen Seite in individuell kaum beeinflußbare strukturelle Zusammenhänge eingespannt sind" (ebd.). So wie bei den unterschiedlichen Dimensionen der Lebensbedingungen, so wird auch hier bei den subjektiven und objektiven intervenierenden Faktoren grundsätzlich Unabhängigkeit unterstellt. Kommt es dennoch, was in der Wirklichkeit nicht selten der Fall sei, zu „typischen Kombinationen" solcher Faktoren, dann spricht Hradil von *sozialen Milieus,* definiert als „Gruppen von Menschen, die solche äußeren Lebensbedingungen und/oder innere Haltungen aufweisen, daß sich gemeinsame Lebensstile herausbilden. Soziale Milieus sind unabhängig von Sozialen Lagen definiert, weil sich Lebensstile in fortgeschrittenen Gesellschaften immer häufiger unabhängig von der äußeren Lage entfalten" (1987, 12).

Hradil löst also den in der Klassentheorie behaupteten inneren Zusammenhang von Bewußtsein und Sein auf, er trennt beide und beschreibt sie durch Bündel von Variablen. Merkmale des Geldes, der formalen Bildung, der Macht und des Berufsprestiges, der sozialen Sicherheit, der Arbeits-, Freizeit- und Wohnbedingungen, der Partizipationschancen, der integrierenden oder isolierenden sozialen Rollen sowie der Diskriminierung und Privilegien im täglichen Umgang mit Mitmenschen, Einstellungen, Bewußtseinsformen und Mentalitäten, die die Interpretation der jeweiligen Handlungsbedingungen und damit das jeweilige Handeln und den Grad der Bedürfnisbefriedigung beeinflussen, – das alles sind dann Variable, die ohne inneren Zusammenhang zuweilen zufällig „typische Kombinationen" eingehen können, aus denen sich dann gemeinsame Lebensstile vermuten lassen. Damit ist der *innere Zusammenhang von Gesellschaft zerrissen.* Ideologisch wird impliziert, Klassenantagonismen bestünden nicht (mehr), es sei jede/r quasi selbst verantwortlich für die Lage, in der er/sie sich gesellschaftlich befindet, Gesellschaft sei ein Aggregat, eine Summe unterschiedlicher und zueinander auch weitgehend beziehungsloser Individuen ohne Bindung an größere Kollektive. Die Pluralisierung oder Individualisierung von Lebensstilen ist eine diesem Ansatz inhärente Vorstellung. Hier wird gerade das aufgegeben, was sich an „Gesellschaft" zu verstehen lohnt. Auf ein kausales, inhaltlich erklärendes oder begründendes Argument wird ausdrücklich verzichtet (ebd., 139). Das ist die Strukturanalyse eines Marktforschers, der daran interessiert ist, mit möglichst geringem Werbeaufwand ein Produkt zu verkaufen. Diese Affinität verschweigt Hradil auch gar nicht: „... habe

ich in Anlehnung an die o.a. kommerziellen ‚Lebensweltanalysen'
acht Milieus unterschieden" (ebd., 127ff.).

Der Ansatz ist betont *handlungstheoretisch*, d.h. mikroanalytisch
ausgerichtet und hängt eng zusammen mit Diskussionen über Werte-
wandels- und Individualisierungsprozesse. Aber er bezieht auch ideologische Position: Es ist leicht zu verstehen, daß die Klassentheorie
heftig umstritten sein muß in einer Gesellschaft, die einerseits kapitalistisch verfaßt ist, andererseits aber sich selbst als gerecht, gleich und
sozial ausgibt – schon der Begriff der „sozialen Marktwirtschaft" soll
ja suggerieren, daß wir mit dem Kapitalismus alter Prägung, dem-
jenigen, der das proletarische Elend der Frühindustrialisierung hervorgebracht hat, nichts mehr gemein haben, und daß von Klassengesellschaft bei uns keine Rede sein könne. Begriffe sind eben nicht frei
von Interessen. Angeblich ist der Kapitalismus human und sozial geworden, und daher gibt es keinen Klassenkampf mehr, sondern vernünftigen Interessenausgleich. Wenn „die Gedanken der herrschenden
Klasse gleichzeitig die herrschenden Gedanken sind", wenn die herrschende Klasse ihre Position zu stabilisieren sucht, indem sie eine
legitimierende Ideologie hervorbringt und stützt – dann müssen wir
erwarten, daß zwischen objektiver Klassenlage und ideolgischer Selbstinterpretation einer Gesellschaft ein Widerspruch besteht. Die herrschende Klasse wird alles versuchen, um die Existenz von Klassen
und Klassenantagonismen zu leugnen, und sie wird sich dazu insbesondere der Wissenschaft und der Massenmedien bedienen, die sie
(als Produktionsmittel) kontrolliert. Sie muß versuchen, den Klassenkampf als rationale, pluralistische und gleichgewichtige Auseinandersetzung zu interpretieren, in der die Ratio – Wachstum, Produktivität,
Lohngefälle, Wettbewerbsfähigkeit – auf ihrer Seite steht und möglichst von niemandem in Zweifel gezogen wird.

Es gibt drei Positionen in diesem Streit:

(1) Die *Neo-Konservativen* leugnen den Klassenantagonismus, nennen
aber gleichzeitig die soziale Ungleichheit produktiv. Einerseits stachle
Ungleichheit zu höherer Leistung, zu maximaler Aggressivität an, und
das diene dem Wachstum. Andererseits müsse den Unternehmern, so
argumentieren sie, nur ausreichend Gelegenheit gegeben werden, ihre
Gewinne zu maximieren, weil nur so garantiert werden könne, daß aus
diesen Profiten Investitionen entstünden, die ihrerseits zusätzliche Beschäftigung und damit zusätzliches Einkommen für die arbeitende
Bevölkerung ermöglichen. Diese „Brosamentheorie" (trickling down)
ist ebenso einleuchtend wie *theoretisch und empirisch falsch*: Wenn

die Mehrprofite gewinnmaximierend angelegt werden sollen, stehen – gerade das ist ökonomische Theorie – verschiedene Möglichkeiten zur Verfügung, darunter *auch* beschäftigungswirksame Investitionen. Es entscheidet sich freilich an der Höhe des erwarteten Zusatzprofites, ob der Mehrwert für solche Investitionen oder ob er für Währungsspekulation, Rohstoffspekulation, Firmenaufkäufe im In- oder Ausland, Betriebsverlagerungen in Billiglohnregionen oder ob er für Rationalisierung und Automatisierung des eigenen Betriebs verwendet wird. So gesehen ist die Schaffung zusätzlicher Beschäftigungs- und Einkommensmöglichkeiten keineswegs die Regel, sondern eher die Ausnahme. In den Augen des/der UnternehmerIn ist die Arbeit, ja ist der/die ArbeiterIn selbst zum bloßen Kostenfaktor, zur Ware geworden, an der, wie an anderen Waren auch, nur der Tauschwert interessiert und die unter Kostenminimierungsdruck gerät. Nur so ist es zu erklären, daß gerade auch Unternehmen mit hohen Gewinnen und Gewinnzuwächsen Beschäftigte entlassen. Die Situation ist paradox: Der Mehrwert, den der/die ArbeiterIn schafft, dient nicht nur der Kapitalakkumulation, sondern der Aufrechterhaltung seiner/ihrer eigenen Ausbeutung und des Klassenverhältnisses selbst, ja am Ende der eigenen Verelendung und, da die KapitalistInnen auch in Konkurrenz gegeneinander stehen, dem Rückgang der Profite. Der Staat ist in diesem Zusammenhang unlösbar eingewoben, ein „Ausschuß, der die gemeinschaftlichen Geschäfte der ganzen Bourgeoisklasse verwaltet" (Marx, MEW 4, 464).

(2) Eine zweite Position in diesem Streit behauptet, die *Klassentheorie sei entweder grundsätzlich falsch oder historisch überholt*. Helmut Schelsky versuchte schon in den fünfziger Jahren nachzuweisen, daß die deutsche Gesellschaft nicht (mehr) als Klassengesellschaft beschrieben werden könne, und führte statt dessen das Konzept der „nivellierten Mittelstandsgesellschaft" ein (1955). Das ist damals freudig aufgegriffen worden und auch als Lehrmeinung in die deutsche Soziologie eingegangen. Ganz auf der gleichen Linie liegen neuerdings Ulrich Beck (1986), Stefan Hradil (1987) Hans-Peter Müller (1992) oder andere SoziologInnen. Beck stellt zwar weiterhin massive Ungleichverteilungen in der Verteilung von gesellschaftlichem Reichtum und Lebenschancen fest und sagt auch richtig, daß die Relation dieser Ungleichverteilung über lange Zeit ziemlich stabil geblieben ist. Aber er behauptet, daß durch ein Anheben des gesamten Wohlstands*niveaus* (er nennt das den „Fahrstuhl-Effekt") der Klassencharakter der deutschen Gesellschaft „sich verkrümelt" habe und statt dessen Diversifi-

zierung und Individualisierung eingetreten seien. Damit grundsätzlich einig, verschließt z.B. Geißler sich wenigstens der Einsicht nicht, daß wir neue Armut und Verelendung erleben (1992, 61ff.), Indizien dafür, daß von dem „Fahrstuhleffekt" offenbar einige mehr, andere weniger profitiert haben, daß Verteilungskämpfe weitergehen.

Der Fehler in dieser Argumentation läßt sich einfach nachweisen: Es mag schwierig sein, empirisch in unserer heutigen Gesellschaft ein Klassen*bewußtsein* nachzuweisen (also die „Klasse *für* sich"), zumal wenn man sich entschließt, nur handlungstheoretisch zu argumentieren. Da ist auch kaum erstaunlich, braucht es doch zur Aufrechterhaltung dieses Bewußtseins Kommunikation – und die Medien sind alle fest in der Hand der KapitalistInnen. Dennoch gibt es immer wieder Fälle, in denen punktuell Klassenbewußtsein in Erscheinung tritt: in Streiks und Arbeitskämpfen etwa. Gegenwärtig ist aber ein Klassenbewußtsein *der ArbeiterInnen* auf breiter Basis nicht auszumachen. Dagegen fällt ein weitgehend einheitliches Handeln der *Industrie- und Arbeitgeberverbände* auf, die derzeit geschlossen versuchen, das System der sozialen Sicherung zu torpedieren – da gibt es den klar formulierten und von der Regierung unterstützten Willen, den eigenen Anteil am Gewinn zu maximieren, selbst wenn das massive Verarmung und Verelendung zur Folge hat. Fehlendes Klassenbewußtsein ist aber keineswegs identisch mit dem Fehlen objektiver Klassen*bedingungen* („Klasse *an* sich"). Ohne Zweifel ist weiterhin richtig, daß die KapitalbesitzerInnen sich den von den Lohnabhängigen geschaffenen Mehrwert aneignen. Zudem ist richtig, daß mit fortdauerndem Machtungleichgewicht zwischen KapitalistInnen und Lohnabhängigen infolge der Arbeitslosigkeit die KapitalistInnen jede Möglichkeit zu nutzen suchen, um den Anteil der ArbeiterInnen am Mehrwert zu minimieren. Jede Tarifauseinandersetzung gibt dafür reiche Belege, und die VertreterInnen von Arbeitgeberverbänden und Regierung werden nicht müde, die angeblich zu hohen Löhne, die angeblich zu hohen Sozialleistungen zu kritisieren und Änderung zu verlangen. Das ist ganz im klassischen Sinn der Marx´schen Analyse *Klassenkampf*. Das heißt dann freilich auch, daß sich die genannten Soziologen auf eine Seite im Klassenkampf geschlagen haben und deren Geschäft, also das Propagieren einer legitimierenden Ideologie, besorgen.

Dann sind hier alle *SchichtungstheoretikerInnen* zu nennen, und das ist bei weitem die Mehrzahl der westlichen SoziologInnen. Die anspruchsvollere Variante dieser Theorie behandelt soziale Ungleichheit nicht im Sinn von Ausbeutungsverhältnis und Klassenantagonismus, sondern angeblich „wertfrei" im Sinn eines *Verteilungspro-blems*. Soziale Ungleichheit besteht nach dieser Position in der unglei-chen Verteilung von Vor- und Nachteilen auf die Menschen in einer Gesellschaft je nach der *Knappheit ihrer Leistung*, und sie tendieren zu der Meinung, daß soziale Ungleichheit folglich auch durch Auf- oder Abstieg, also durch größere Bildung, Disziplin, Anstrengung etc. für Individuen verändert werden könne. Diese Position kann darauf verweisen, daß die kapitalistischen Gesellschaften keineswegs durch das proletarische Elend in die sozialistische Revolution getrieben worden sind, sondern im Gegenteil (wenn auch nur vorübergehend) zu weit verbreitetem Wohlstand und allgemeiner sozialer Sicherheit geführt haben, während die sozialistischen Gesellschaften u.a. an ih-ren Fiktionen sozialer Gleichheit zerbrachen. Das soll hier auch gar nicht bestritten werden – es geht nur am Kern des Problems vorbei. Besteht nämlich nach wie vor ein Klassenantagonismus, dann sind diese Fortschritte *ständig in Gefahr* und lediglich einer vielleicht nur vorübergehenden Verschiebung der Machtbalance zu danken. Sobald die relative Macht der arbeitenden Klasse abnimmt, sind ihre Errun-genschaften sofort wieder in Frage gestellt. In der Tat hat die Arbeits-losigkeit nach 1980 als Argument für Sozialabbau, relative Lohnkür-zungen und „Flexibilisierung der Arbeit" hergehalten, während gleich-zeitig die Einkommen aus selbständiger Arbeit und Vermögen stärker angestiegen sind als jemals zuvor nach 1945. Niemand bestreitet, daß die Arbeitslosigkeit von rund sieben Millionen Menschen das bedrük-kendste soziale Problem unserer Gesellschaft ist. Aber obgleich alle Rezepte zur Lösung dieses Problems auf dem Tisch liegen (Arbeits-zeitverkürzung, Verlängerung der Ausbildung, nachfrageorientierte Wirtschaftspolitik, Grundsicherung usw.), wird es nicht gelöst. Wir können das nur so verstehen, daß es starke Interessen gibt, die es gar nicht gelöst sehen wollen („Standortsicherung").

Die anspruchslosere Variante des Schichtungsmodells verwendet dies lediglich zur statistischen *Beschreibung* von Verteilungen von Merkmalen wie Einkommen, Bildung und berufliche Stellung. Hier ist jeder theoretische Hintergrund abhanden gekommen, es wird lediglich gezählt. Mit dieser Position will ich mich hier nicht beschäftigen. Ich habe schon erwähnt, daß Hradil, auch wenn er nicht von Schichten sondern von Lebenslagen und Milieus spricht, eben dieser Logik des Zählens folgt und dem mit der Vorstellung immer weiter fortschrei-tender Differenzierung und Pluralisierung gar einen theoretischen Anstrich zu geben sucht.

(3) Bleibt als dritte Position diejenige, die im Klassenkonzept einen Denkansatz und ein Instrumentarium sieht, das uns *Einsichten in die wirkliche Natur unserer Gesellschaft* erlaubt. Die Fragen nach dem Eigentum an Produktionsmitteln, nach der Aneignung des Mehrwertes, nach den individuellen und kollektiven Folgen der Ausbeutung – die gehören ganz ohne Zweifel ins Zentrum einer solchen Analyse. Wir müssen verstehen lernen, auf welche Weise die KapitalistInnenklasse sich reproduziert und wie sie auf deutscher, europäischer und Weltebene organisiert ist. Wir müssen begreifen lernen, daß es sich dabei um *strukturelle Vorgänge* handelt, in denen die einzelnen Menschen weitgehend auswechselbar sind und in denen die Grenzen ihres Klassenbewußtseins gleichzeitig die Grenzen markieren, in denen sie ihre eigene Rolle und Verantwortung reflektieren. Um den entscheidenden Punkt zu wiederholen: Der Klassenbegriff hängt zwingend mit der Vorstellung eines *antagonistischen Klassenverhältnisses* zusammen. Die Auseinandersetzung, also der Klassenkampf, dreht sich um den jeweiligen Anteil am Mehrwert, und die Position der beiden antagonistischen Klassen wird bestimmt durch ihr Verhältnis zu den Produktionsmitteln. Immer dann, wenn eine solche Situation vorherrscht, sollten wir vom Bestehen einer Klassengesellschaft ausgehen – das ist bei uns in Deutschland und in Europa, das ist in den westlich-kapitalistischen Gesellschaften ohne Zweifel der Fall, und es macht auch Sinn, dies für die Weltgesellschaft anzunehmen – nicht weil alle ihre Teilgesellschaften nach solchen Prinzipien organisiert wären (was offensichtlich nicht der Fall ist), sondern weil die dominierenden Kräfte der Weltgesellschaft solchen Prinzipien folgen.

Die Zugehörigkeit zu einer Klasse ist etwas anderes als ein statistisches Phänomen oder Artefakt: Sie zeigt sich vielmehr in allen Bereichen des Lebens, in Erziehung, Sprache, Kleidung, Sexualität, Ideologie, Verhalten, Zugehörigkeit zu Organisationen und Vereinen, Lebensstil, Essen, Vorlieben, Kontakten, Einfluß usw. Das sind eben gerade nicht voneinander unabhängige Variable. An kleinsten Details erkennt der/die Eingeweihte, ob jemand „dazugehört" oder nicht (Bourdieu 1983). Natürlich ist die Fähigkeit oder Unfähigkeit zu „demonstrativem Konsum" ein wichtiges Merkmal der Außendarstellung – auch an Statusmerkmalen wie Adresse, Auto, Urlaubsort etc. wird Zugehörigkeit demonstriert, und dieses kostet Geld. Durch solche wie durch formale Merkmale – Eingangsprüfungen, Diplome, Mitgliedschaften, Einladungen – schließt sich das, was sich selbst als „gute Gesellschaft" definiert, von anderen ab. Pierre Bourdieu hat solche Strategien untersucht. Da Verfeinerungen und Stilisierungen der Lebensweise immer auch mit der Möglichkeit zusammenhängen, Geld auszugeben, ist das „Oben" und „Unten" einigermaßen klar definiert. Abschließungsmechanismen gibt es auf beiden Seiten. Dadurch ist einerseits dafür gesorgt, daß das System nicht durch allzu große Durchlässigkeit selbst fragwürdig wird; andererseits wird daraus, neben allen direkten und indirekten geschäftlichen Verbindungen, die *weltweite Einigkeit der Kapitalistenklasse* verständlich, die einer bestenfalls national fraktionierten lohnabhängigen Klasse gegenübersteht. Die Spitzen des Kapitals haben weltweit untereinander mehr gemeinsam als mit den arbeitenden Klassen ihrer eigenen Gesellschaft.

In den wohlhabenden Ländern ist der antagonistische Konflikt am deutlichsten sichtbar institutionalisiert in Tarifauseinandersetzungen. Dort steht die Seite der ProduktionsmittelbesitzerInnen, die Arbeitgeberverbände, der Seite der Lohnabhängigen, den Gewerkschaften, gegenüber. Das obere Management, die Leitenden Angestellten, führt keine Tarifauseinandersetzungen. Das Machtverhältnis zwischen beiden Seiten hängt insbesondere von der Beschäftigungssituation, also von strukturellem Wandel, Konjunkturlage und auch Branchenbedingungen, ab: In einer Situation der Überbeschäftigung, wenn lohnabhängig Beschäftigte dringend gesucht werden, hat der/die individuelle ArbeiterIn gute Chancen, im Einzelarbeitsvertrag übertarifliche Bedingungen auszuhandeln, und braucht folglich die Gewerkschaft nicht. Das war die Lage in den sechziger und frühen siebziger Jahren. In der Unterbeschäftigung mit beträchtlicher Arbeitslosigkeit müssen die Gewerkschaften sich oft mit Besitzstandswahrung oder sogar realen Verlusten abfinden, die einzelnen ArbeiterInnen riskieren gar, wegen der Zugehörigkeit zur Gewerkschaft entlassen zu werden. Auch da werden die Gewerkschaften Mitglieder verlieren. So hat der DGB im Jahr 1995 rund 380.000 Mitglieder verloren und ist jetzt deutlich unter zehn Millionen Mitglieder abgesunken. Aber nun hat das kumulierende Folgen: Gewerkschaften, deren Funktionäre einen erheblichen Teil ihres Vermögens veruntreut haben – Neue Heimat, Bank für Gemeinwirtschaft, Volksfürsorge, Coop – sind zur Aufrechterhaltung ernstzunehmender Streikfähigkeit zunehmend auf Mitgliederbeiträge angewiesen. Wenn Mitglieder austreten, schlägt das sofort auf die Streikfähigkeit und damit auf die Attraktivität der Gewerkschaft durch, und daraus entsteht ein fortschreitender Mitgliederschwund. Wenn es richtig ist, daß es keinen Weg zurück zur Vollbeschäftigung geben wird, ist freilich diese Machtbasis ohnehin am Schwinden.

Wir denken, daß wir die Gesellschaften, die uns hier interessieren – die deutsche, die europäische, die Weltgesellschaft – aus guten Gründen durch sich verschärfende Klassenauseinandersetzungen charakterisiert sehen sollten. Die Verteilungskämpfe werden heftiger, nur geht die treibende Kraft nicht von einer Arbeiterklasse, sondern vielmehr vom „Kasino-Kapitalismus" (Strange 1986), von den EigentümerInnen von Kapitalvermögen aus. Als interessantes Detail in diesem Zusammenhang mögen SoziologInnen sehen, daß ihre Wissenschaft ausgerechnet jetzt mit neuer Vehemenz daran geht, die Relevanz der Klassentheorie für das Verständnis moderner Gesellschaften abzustreiten. Die Krise der Gesellschaft spiegelt sich in der theoretischen Krise ihrer Soziologie.

1.5 Was ist Umwelt?

Umwelt ist – zunächst – alles außer mir. Da gibt es keinen Unterschied zwischen „natürlicher" oder „künstlicher" Umwelt, zwischen „Sachen" oder „Menschen" – auch Menschen werden zunächst einmal als physische Objekte erfahren. Die Grenze ist freilich nicht so eindeutig: Die Unterscheidung zwischen *Umwelt* und *Inwelt* wird fließend, wo wir uns Umwelt in der Form von Nahrungsmitteln aneignen und sie zum Bestandteil der eigenen Physis transformieren, wo Umweltgifte durch die Muttermilch an Babys abgegeben werden, und wo wir Teile der eigenen Physis in der Form von Exkrementen wieder an die Umwelt abgeben. Sie ist auch im nicht-materiellen Sinn kaum klar zu ziehen, wo wir nahezu alle Informationen, aus denen wir Wissen und Bewußtsein aufbauen, aus sekundären Quellen entnehmen und uns damit unter deren Bestimmungsgründe, etwa kommerzielle Interessen, beugen müssen. Auch unser Bewußtsein wird schließlich industriell hergestellt nach Interessen, auf die wir keinen Einfluß haben. Etwas anderes signalisiert die Unterscheidung zwischen *Umwelt* und *Mitwelt*: Sie will sagen, daß die Umwelt als Mitwelt unserer Solidarität, unserer Pflege und Schonung bedarf. Offensichtlich gibt es keine „Umwelt", die nicht zutiefst sozial geprägt wäre. Der „Social Nature of Space" (Hamm/Jalowiecki 1990) wäre die „Social Nature of Nature" an die Seite zu stellen. Die gebaute Umwelt einer Stadt ist nicht qualitativ verschieden von der scheinbar natürlichen Umwelt eines industriell angelegten und industriell genutzten Waldes oder Ackers, auch wenn wir das in der Alltagserfahrung anders erleben. „Natürlichkeit" in dem Sinn, daß es sich um von Menschen seit je unberührte, sich selbst überlassene Umwelten handelte, gibt es nur noch als logische Grenzfälle. Dennoch gibt es bedeutsame Unterschiede: Wer als StädterIn die Welt weitaus überwiegend in der Form des durch Menschen künstlich hergestellten rechten Winkels erfährt, dem wird die Unregelmäßigkeit „natürlicher" Formen exotisch, vielleicht befremdlich, womöglich bedrohlich, auf alle Fälle aber äußerlich-fremd erscheinen.

Begriffe: Umwelt

„Umwelt, neben Anlage und Begabung der wesentl. Wirkfaktor für die phys. und psych. Prägung von Lebewesen" (Hartfiel 1976, 657).

„Umwelt, (1) alles, was außerhalb der Grenzen eines Systems liegt, ist seine U., und die Existenz eines Systems ist abhängig von seiner Fähigkeit, sich an die U. anzupassen oder diese zu verändern. ... (2) Bei A. Schütz ist U. die in räumlicher und zeitlicher Unmittelbarkeit und aus der Perspektive des im Mittelpunkt stehenden Ich erfahrene (dingliche und soziale) Situation. ... (3) Auch Umfeld. In der Feldtheorie: Die außerhalb der Person oder einer Sozialeinheit liegenden Handlungsbedingungen und Einwirkungen; Handlungen einer Person sind Funktion der Persönlichkeitsstruktur und der U. im Lebensraum. ... (4) In der Anthropologie: der einen Organismus umgebende Lebensraum, insofern er einen Einfluß auf das aktuelle Verhalten dieses Organismus sowie die Ausbildung zeitlich längererstreckter Eigenschaften und Dispositionen hat. ... (5) In der Lehre J.v.Uexkülls: die Gesamtheit derjenigen Reize, die einer jeweiligen Art auf Grund ihrer spezifischen Wahrnehmungsorganisation zugänglich sind" (Fuchs et al. 1988, 804f.).

„Umwelt: die den Menschen umgebende und in Beziehung zu ihm stehende Welt ... Wesentliche Formen der U. des Menschen sind: 1. die natürliche U., 2. die gebaute U., 3. die soziale U." (Wörterbuch der marxistisch-leninistischen Soziologie 1983, 679f.).

„Umwelt, Umwelteinfluß: Alle den Menschen beeinflussenden Eindrücke der Außenwelt. Der Mensch wird in seine Umwelt „eingepaßt". Besonders in der frühen Kindheit sind die Umwelteinflüsse wichtig für die Entwicklung der Persönlichkeit. So können sehr positive Umwelteinflüsse (wie intensive Zuwendung bei guter materieller Ausstattung) ungünstige Anlagen (zum Beispiel Behinderung) eines Kindes zu einem Teil ausgleichen. In der Systemtheorie wird Umwelt durch die zum Beispiel von einer Organisation gezogenen Grenzen bestimmt. Aber auch das Innere einer Organisation kann für bestimmte Bereiche wieder Umwelt sein" (Claessens/Claessens 1992)

„Umwelt: Milieu: Lebensumstände, die auf die Entwicklung einer Person oder soz. Gruppe einwirken: a.) natürliches M., Klima Landschaft, Wohnverhältnisse; b.) soziales M., gesellschaftl. Organisationen und Traditionen" (Herder Lexikon Soziologie, 1976)

Tatsächlich ist die Sache noch komplizierter: Umwelt ist alles außer mir, das ist ein zu sehr individualistischer Blickwinkel, denn in Wirklichkeit geschieht der „Stoffwechsel zwischen Mensch und Natur" immer in sozial organisierter Form, durch Arbeit und Arbeitsteilung, unter der Anleitung von Tarifverträgen, Gewerbeaufsicht und Arbeitsrecht, unter Eigentums- und Klassenverhältnissen. Umwelt ist daher Inwelt in einem noch umfassenderen Sinn: Die soziale Organisation, die ganz wesentlich von den Möglichkeiten und Prozessen der Subsistenzgewinnung aus Mitteln der Natur bestimmt wird, wird im Verlauf der Sozialisation „internalisiert", d.h. zum Bestandteil der Persönlichkeit. Im gleichen Vorgang, in dem ein Mensch es lernt, Teil von Gesellschaft zu sein, lernt er/sie auch Umwelt. Die Auseinandersetzung mit Umwelt ist gleichbedeutend mit der Internalisierung von Gesellschaft. Damit zeigt sich der unlösbare Zusammenhang in dreierlei:

– Menschen sind als biologische Geschöpfe Teil der Umwelt;
– sie tragen Umwelt und Gesellschaft im Kopf;
– und sie richten Bedürfnisse an die Umwelt, die nur vermittels Gesellschaft befriedigt werden können.

Umwelt nehmen wir wahr in der Kategorie der Nützlichkeit. Wie erfahren wir, was interessiert uns an Umwelt? Wie gehen wir mit ihr um?

1.5.1 Umwelt als Ressource

Umwelt – das sind zunächst einmal die in der Natur vorkommenden *Rohstoffe*, die wir Menschen mit Hilfe von anderen Menschen und von Technologien in Subsistenzmittel umformen können – also Pflanzen und Tiere, die wir essen, Erze, die wir als Metalle nutzen, fossile Rückstände, die wir als Primärenergien verwenden. Nun haben sich die Menschen „die Erde untertan" gemacht, sie unter sich so aufgeteilt, daß es kein Fleckchen gibt, auf das nicht jemand *Besitzansprüche* hätte. Da nicht alle nutzbaren Ressourcen überall natürlich vorkommen, müssen wir tauschen. Wir brauchen also Informationen, Transportmittel, Tauschmittel, Regeln der Verständigung und des Austauschs, kurz: Institutionen, eine gesellschaftliche Organisation, die es ermöglicht, daß solches verläßlich und vorhersagbar geschieht. Ein ganz erheblicher Anteil sozialer Interaktionen dient eben diesem Zweck. *Umwelt begründet soziale Verhältnisse.* Wenn der Internationale Währungsfonds ein Schuldnerland dazu zwingt, seine Produktion auf exportfähige Güter umzustellen, um damit die Devisen für die

Rückzahlung von Schulden zu erwirtschaften, oder die natürlichen Ressourcen des Schuldnerlandes für ausländisches Kapital zu öffnen, dann haben wir genau eine solche Institution vor uns. Sie dient dazu, die Überkonsumption der reichen Länder aus der Armut der Mangelgesellschaften zu bezahlen. Die globale Überlebenskrise entsteht ja nicht so sehr daraus, daß unbeabsichtigt chemische Reaktionen zu für Menschen toxischen Ergebnissen führen, sondern vielmehr daraus, daß unsere *sozialen Institutionen uns einen im Ergebnis schädlichen Umgang mit der natürlichen Umwelt nahelegen.* Dem dient auch, daß wir unseren gerechten Anteil an der globalen Problématique (so nennt der Club of Rome das Zusammenspiel der vielfältigen Faktoren, die zur globalen Überlebensproblematik beitragen) in die ärmeren Regionen der Erde exportieren, in der Form von Müllexport, als umweltzerstörende Produktion, in der Form radioaktiver Strahlung, in der Form von Handelshemmnissen, in der Form verhinderter „Entwicklung". Angesichts der absehbaren Verknappung zahlreicher natürlicher Ressourcen ist auch nachvollziehbar, daß der Kampf um die Kontrolle solcher Güter immer wichtiger wird.

Das Organisationsmodell der reichen Länder, mit Massenproduktion und Massenkonsum, Staatsfinanzierung und sozialer Sicherung aus Erwerbsarbeit, privater Aneignung von Gewinnen und Sozialisierung der Verluste, ist geradezu angewiesen auf eine *immer höhere Steigerung des Verbrauchs natürlicher Ressourcen,* und folglich auch auf die Produktion von immer mehr Abfall (die durch Recycling nur verzögert, aber nicht aufgehoben wird. Alleine durch die zunehmende Menge des erforderlichen Stoffdurchsatzes werden uns schließlich entscheidende Lebensgrundlagen entzogen (Gabor u.a. 1976). Dabei gehen wir höchst verschwenderisch mit diesem kostbaren Gut um: Schätzungsweise achtzig Prozent der Materialien, die den Unternehmen zur Produktion geliefert werden, gehen nicht in die Wertschöpfung ein, sondern werden sogleich zu Abfall, Schrott, Ausschuß; siebzig Prozent der Energie, die den Unternehmen zugeführt wird, geht als Abwärme verloren und verstärkt den Treibhauseffekt; nur zwei Prozent der Arbeitszeit wird für die eigentliche Wertschöpfung genutzt, der Rest für Warte- Liege-, Lager- und Transportzeiten (Helfrich 1990).

Wichtiger noch als die Umwelt in Form von in Subsistenzmittel umwandelbaren Stoffen wird die Umwelt als *Senke für unsere Abfälle.* Die fortschreitende Zerstörung der Ozonschicht und der Klimawandel als Folge der Emission von Treibhausgasen, die Verschmutzung der Böden und Meere haben ein Ausmaß angenommen, das bereits selber begrenzend für das menschliche Überleben wird. In welchem Ausmaß dies bereits konkret ist, erleben die Menschen in Australien und Neuseeland am Auftreten von Hautkrebs, der im übrigen auch in unseren Breiten drastisch zugenommen hat. Daß wir von diesem Zurückschlagen der Umwelt nicht verschont bleiben, wird noch ausführlich dargestellt werden. Daß Umweltschäden sich auch auf die Qualität männlicher Spermien und damit auf die Zeugungsfähigkeit und auf Geburtsschäden bei Kindern auswirken, ist in letzter Zeit nachgewiesen worden.

Besonders problematisch ist hier, daß wir auch begonnen haben, die Vorgänge der natürlichen Regeneration empfindlich zu stören: Die Erwärmung der Meere beeinträchtigt ihre Absorptionsfähigkeit für Kohlendioxyd und verstärkt damit den Treibhauseffekt in einem Ausmaß, der durch Reforestierung gar nicht aufgefangen werden kann; das bodennahe Ozon schädigt Pflanzen so, daß photosynthetische Prozesse gestört werden.

1.5.2 Umwelt als Raum

Ein wesentliches, wenngleich regelmäßig ignoriertes Element jeder sozialen Struktur ist ihre *räumliche Verortung*. Institutionen werden zu formalen Organisationen, die in Gebäuden untergebracht sind, dort aufgesucht werden können, interne Strukturen ausbilden, Knotenpunkte von Beziehungen bilden – als Betriebe, Behörden, Schulen, Bahnhöfe. Wenn wir uns bewegen, nutzen wir räumlich fixierte Infrastrukturen: Wege, Straßen, Eisenbahnlinien. Energie beziehen wir über Fernleitungsnetze, und zum Telefonieren benötigen wir Kabelverbindungen. Räume sind, wie wir noch zeigen wollen, materiell verfestigte soziale Institutionen. Menschen sind beweglich, Sachen räumlich fixiert. Der Stoffwechsel zwischen Natur und Mensch äußert sich u.a. darin, daß wir zur Gewinnung von Subsistenzmitteln räumlich fixierte technische Infrastrukturen entwickeln, die Verhalten wenn nicht festlegen, so doch in engeren oder weiteren Grenzen kanalisieren. Man denke nur daran, in welch ungeheuerlichem Ausmaß unsere Gesellschaften sich vom Straßenverkehr oder von der zuverlässigen und regelmäßigen Versorgung mit elektrischer Energie abhängig gemacht haben! Der Austausch zwischen räumlich festgelegten Standorten bedeutet immer Transport (von Personen, Informationen, Gütern, Kapital). Das materielle Substrat von Gesellschaft, d.h. Infrastrukturen, ist nichts anderes als ein Netzwerk materiell verfestigter sozialer Institutionen. Es ist Teil sozialer Strukturen – freilich einer, der einer handlungstheoretisch, d.h. an der subjektiv-sinnhaften Orientierung des Handelns konstruierten Soziologie entgehen muß.

Wie immer wir Raum wahrnehmen, wie immer wir ihn für unsere Zwecke verwenden, ihn uns aneignen, indem wir uns darin bewegen, darauf bauen, darin nach Bodenschätzen suchen oder Abfälle an ihn abgeben, immer ist dieser Vorgang *sozial vermittelt*, will heißen: durch soziale Erfahrung und Organisation vorgeprägt. Diese Erfahrung ist nicht abstrakt, sondern sehr handgreiflich: Sie hat Folgen hinterlassen, die in der Form physischer Infrastrukturen von einer Generation auf die nächste „vererbt" werden. Physische Objekte, Sachen (aber auch Institutionen, Gesetze) sind Lösungen für Probleme, die irgend jemand einmal erfunden hat, die sich, wenn zweckmäßig, verbreitet haben, an die wir uns gewöhnt haben, die wir nicht ständig neu erfinden müssen, die historische Erfahrung tradieren, die wir als Teil der Sozialisation erlernen, ja die uns geradezu daran hindern, nach neuen Lösungen zu suchen (z.B. das Auto). Raum tradiert Vergangenheit, verbindet gegenwärtige Absicht mit vergangener Form der Zweckerfüllung. Es gibt keinen „Raum an sich", es gibt nur Räume, denen wir mehr oder weniger Bedeutung zuschreiben. Und dieses Zuschreiben von Bedeutung, dieses Symbolisieren, ist keine Eigenschaft, die ein „Raum an sich" in sich trüge, es ist eine Eigenschaft, die Räumen deswegen zukommt, weil sie in sozialen Abläufen produziert und ihre Wahrnehmung in sozialen Prozessen erlernt worden ist. Türen und Fenster, Verkehrszeichen und Wirtshausschilder, Wege und Parkanlagen, Türme und Brücken, Teppiche und Spiegel, Fabrikschlote und Mülldeponien werden nicht als „Phänomene an sich" wahrgenommen, sondern immer in einer sozialen Bedeutung interpretiert und fortlaufend daraufhin befragt, wozu sie nützlich sind, d.h. welche Verhaltensweisen sie nahelegen oder ausschließen.

Dies läßt sich in einer Definition konzentrieren, die dazu beitragen könnte, mit mancherlei Unsicherheit (z.B. Werlen 1988) aufzuräumen: „*Raum" ist die zweckvolle Anordnung von Sachen*[1] . Wenn man Räume in ihrer Gegenständlichkeit betrachtet, dann sind sie gebildet aus den darin anwesenden Menschen und aus geordneten Mengen von Sachen. Daß Menschen auch nichtsprachlich miteinander kommunizieren, daß Kleidung, Gestik und Mimik anderen fortlaufend Informationen vermitteln, interpretierbar sind, weil sie bestimmten Regeln

---

1 früher (Hamm 1982, 22 f.) habe ich Raum – gleichbedeutend – definiert als „systematische Konfiguration physischer Objekte"

folgen, das ist aus zahlreichen Untersuchungen (als schönes Beispiel vgl. etwa Goffman 1971) bekannt. Daß aber auch *Sachen* Träger sozial relevanter Informationen sind, darauf hat bei uns erst Hans Linde (1972) wieder aufmerksam gemacht. Indem solche Sachen (Werkzeuge, Straßen, Gebäude, Verkehrsschilder, Bücher, Maschinen, Bäume und dergleichen) die Regeln ihrer richtigen Benutzung, ihre Gebrauchsanweisung, an sich tragen, beeinflussen sie wesentlich soziales Verhalten, konstituieren sie soziale Verhältnisse. In ihrer physischen Beharrlichkeit sind sie Träger früherer Erfahrung in der Auseinandersetzung des Menschen mit der Natur, objektivierte menschliche Arbeit (Berndt 1978). Ihr sozialer Gehalt ist uns so selbstverständlich, daß wir ihn kaum mehr wahrnehmen; ihr Gebrauch so alltäglich, daß wir uns die den Sachen innewohnenden Regeln nur noch in Ausnahmefällen bewußt machen. Die typische Kombination von Sachen ist es, was uns „*Situationen*" erkennen läßt. Und solche Situationen – in der Straßenbahn, am Arbeitsplatz, in der Wohnung, im Wartezimmer des Arztes, auf dem Fußballplatz – legen uns bestimmte Verhaltensweisen nahe, schließen andere aus, sagen uns, welche Rollen wir anderen gegenüber spielen. Diese Eigenschaft, Gebrauchsanweisung an sich zu tragen, ist keine den Sachen von außen symbolisierend hinzugefügte, sondern sie ist den Sachen deswegen inhärent, weil sie eben zu Zwecken hergestellt worden sind.

1.6 Menschenbild

An dieser Stelle ist eine Antwort auf die Frage fällig, welchem Menschenbild sich die AutorInnen dieses Buches verpflichtet sehen; nur damit wird die ethisch-normative Ausgangsposition überprüfbar und diskutierbar. Wir gehen zunächst davon aus, daß es wenig sinnvoll ist, ein Menschenbild so zu beschreiben, als handle es sich um etwas Fixes, Festgelegtes, Statisches, womöglich genetisch Bestimmtes, über das „wahre" und „falsche" Aussagen gemacht und voneinander unterschieden werden könnten. „Der Mensch", so ein solches Abstraktum (abgesehen von der männlichen Form) in unserem Zusammenhang überhaupt Sinn macht, ist weder gut noch schlecht, weder rational noch irrational, weder egoistisch noch altruistisch – oder was dergleichen Formeln mehr sein mögen. Er/sie ist das schon gar nicht „von Natur aus". Vielmehr zeigt die *conditio humana* eine schier unendliche Bandbreite an Variationen, es gibt nichts, was sich durch die

Kulturen, durch die Geschichte, durch die Lebensläufe von Menschen nicht auffinden und belegen ließe. Kein/e VerbrecherIn, und sei er/sie noch so grausam oder pervers, ist durch und durch und nur „schlecht", und niemand ist ausschließlich „gut". Vielmehr sind wir überwiegend das eine oder das andere, und dieses „überwiegend" hängt von den Umständen ab. Menschen sind eingebunden in den Kontext der Kultur, in den Fluß der Geschichte, in Situationen und nutzen die darin angelegten Möglichkeit zur Selbstdefinition und zur Orientierung unseres Handelns. Menschen*bilder* sind Teil von *Ideologien*, herrschenden Interpretationssystemen, und dienen da der Legitimation von Interessen. Sie verraten damit mehr über ihre jeweilige AbsenderIn als über die vermeintlich damit Bezeichneten. Für uns kommt jenes Bild aus der interaktionistischen Soziologie (Berger und Luckmann 1969) der Wirklichkeit, jedenfalls unserer Wirklichkeit, am nächsten, das annimmt, daß wir unsere Qualität als Menschen in der Interaktion wechselseitig definieren: Wenn ich Dir vertraue, ist die Wahrscheinlichkeit groß, daß Du dich vertrauenswürdig verhältst.

Wenn es denn so etwas wie ein vorherrschendes Menschenbild gibt, so befindet es sich im Schnittpunkt zwischen Geschichte, Kultur, Lebensphase und vorherrschenden Interessen. Es ist unsinnig, da so etwas wie eine letzte, objektive Wahrheit zu suchen, die es nicht geben kann. Und so hat die Frage nach dem Menschenbild denn oft auch eine ideologische Funktion: Wer an „das Gute" im Menschen glaubt, läßt sich leicht als naive/r TräumerIn entlarven, wer den Menschen als im Kern „schlecht" begreift, kann gute Argumente für sich mobilisieren, wenn es darum geht, Menschen zu kontrollieren, zu überwachen, zu verfolgen. Die philosophische Auseinandersetzung darum, hie Leviathan, da der Gesellschaftsvertrag zwischen mündigen BürgerInnen, hat gute Teile der Geistesentwicklung beherrscht. Nicht nur, daß diese Art von Killer-Phrasen beliebt sind in rhetorischen Schaukämpfen, weil sie das Nachdenken über Argumente so angenehm überflüssig machen. Dahinter verbirgt sich die neurotische Unfähigkeit, mit eben jener Unmöglichkeit objektiven Wissens leben zu können, die wohl zum Kernbestand der menschlichen Natur und der menschlichen Erkenntnis gehört.

Dann wird der Verweis auf die philosophische Basis von Menschenbildern etwas anderes als ein Ausweis aufgeblasener Belesenheit: Er wird zur praktischen Aufgabe für konkrete Interaktion. Indem wir uns wechselseitig als gut, altruistisch, einsichtig und liebevoll behandeln, schaffen wir uns als Gute, Altruistische, Einsichtige und Liebevolle. Indem wir uns darauf verständigen, daß etwas ein Problem ist oder werden könnte, schaffen wir Anlässe, uns gemeinsam darum zu kümmern. Dann wird es mehr zu einem Bestandteil der Struktur einer Gesellschaft, was in ihr als vorherrschendes Menschenbild aufgefunden werden kann, statt zu einer Frage der genetischen Programmierung. Es ist leicht einzusehen, daß die Kontrolle über solche Wirklichkeitsdefinitionen Teil der Sicherung von Macht und daher umkämpft ist. Wir würden danach fragen wollen, unter welchen strukturellen Bedingungen Menschen mit höherer Wahrscheinlichkeit geneigt sein werden, sich wechselseitig als Menschen statt nur als Objekte der Ausbeutung zu definieren. Und wir wollen untersuchen, ob und wie sich solche Bedingungen schaffen lassen. Konrad Lorenz wird der Satz zugeschrieben: „Das fehlende Bindeglied zwischen dem Affen und dem Menschen – sind wir". Wahrscheinlich befinden wir uns jetzt am Scheideweg, an dem sich klären muß, ob wir den Weg zur Menschwerdung finden, oder ob wir als Spezies, wie viele andere vor uns, untergehen. Dies genau ist die Frage, die im Begriff des Sustainable Development gestellt wird.

1.7 Zusammenfassung

Dieses Kapitel problematisiert und diskutiert die zentralen Begriffe des Buches: Zukunftsfähigkeit, Gesellschaft, Umwelt, Menschenbild. Die Unmöglichkeit, für diese Begriffe eindeutige, operationalisierte Definitionen anzugeben, ist eine Folge der überaus komplexen Wirklichkeit, die auch durch vermeintliche sprachliche Präzision nicht aufzuheben ist. Darin wird zugleich der wissenschaftliche Ansatz einer ökologischen Soziologie deutlich, der ökologisch ist in einem dreifachen Sinn: einmal darin, daß er nach Gesellschaft fragt unter dem Erkenntnisinteresse, ob und wie die drohende Zerstörung natürlicher Lebensgrundlagen abzuwenden sei; zum anderen, indem er „Gesellschaft" versteht als die uns Menschen typische Form, unseren Stoffwechsel mit der Natur zu organisieren; und drittens, indem er Umwelt versteht als das materialisierte Produkt menschlicher Geschichte und als Bündel von Institutionen, als Teil sozialer Strukturen, die unser Verhalten und Handeln bestimmen. Das gerade ist es, was einer so naheliegend fatalistischen Wirklichkeitsinterpretation entgegensteht: Daß Handeln noch möglich ist. Dann gerade ist es schlüssig, die Gründe für das Heraufziehen einer globalen Überlebenskrise zuerst und vor allem in gesellschaftlichen Institutionen zu suchen – die grundsätzlich änderbar sind.

Weiterführende Literatur

Bookchin, Murray, 1985: Die Ökologie der Freiheit. Wir brauchen keine Hierarchien. Weinheim

Engelhardt, Wolfgang, und Hubert Weinzierl, 1993: Der Erdgipfel. Perspektiven für die Zeit nach Rio. Bonn

Stiftung Entwicklung und Frieden: Globale Trends. Fakten, Analysen, Prognosen, hg. von Ingomar Hauchler. Frankfurt (aktuelle Ausgabe)

Harborth, Hans-Jürgen, 1992: Dauerhafte Entwicklung statt globaler Selbstzerstörung. Berlin

Weizsäcker, Ernst-Ulrich von, 1994: Erdpolitik. Ökologische Realpolitik an der Schwelle zum Jahrhundert der Umwelt. Darmstadt

Übungsaufgaben

1. Kann „Sustainability" als normativer Ansatzpunkt für Wissenschaft gelten? Diskutieren Sie diesen Vorschlag auf wissenschaftstheoretischer Ebene.
2. Vergleichen Sie „Gesellschaft als Weltgesellschaft" mit anderen Gesellschaftsbegriffen, die Sie in der soziologischen Literatur finden.
3. Für wie fruchtbar halten Sie das Konzept „Stoffwechsel" für die Begründung einer ökologischen Soziologie?
4. Was ist „Stadt" in einer ökologischen Soziologie?
5. Was bringt uns Menschen dazu, unsere natürlichen Lebensgrundlagen zu zerstören? Halten Sie die Auffassung für empirisch richtig und für hinreichend, nach der sich zuerst und vor allem das individuelle Bewußtsein ändern muß, um den Weg zur Nachhaltigkeit einschlagen zu können?

Krise

In diesem Kapitel wollen wir argumentieren, daß die menschliche Gesellschaft insgesamt und die meisten ihrer Teilgesellschaften sich in einer tiefen Krise befinden, der radikalsten vielleicht der bisherigen Menschheitsgeschichte: Es geht um das *Überleben der Spezies Mensch auf dem Planeten Erde.* Was in Zeiten des atomaren Overkill sich als Problem statistischer Wahrscheinlichkeit behandeln ließ, wird heute als tiefgehende strukturelle Gefährdung der ökologischen, ökonomischen und sozialen Überlebensbedingungen real und alltäglich erkennbar. Dabei stellt sich die Überlebensfrage für Menschen in einigen Teilgesellschaften konkret und alltäglich, andere scheinen davon (vorerst noch) verschont zu sein. Mehr als in irgendeinem anderen Indikator spiegelt sich darin die weltweite soziale Ungleichheit und Machtverteilung.

„Krise" wird hier im analytischen Sinn verstanden als eine gesellschaftliche Entwicklung, in der bestimmte Variable Werte annehmen, die normalerweise und nach bisheriger Erfahrung nicht für tolerabel gehalten werden, in der die Regelungskapazität der bestehenden Institutionen überfordert ist. In der Tradition Durkheims wird eine solche Situation mit dem Begriff „Anomie" bezeichnet. In einer lebensbedrohenden Krise, wie sie hier vermutet wird, gibt es nur zwei Alternativen künftiger Entwicklung: Entweder schafft es die Menschheit, grundlegende Änderungen herbeizuführen, die ein längerfristiges Überleben möglich machen, oder sie wird untergehen. „Krise" ist daher ein Symptom sozialen Wandels, sie weist hin auf die Notwendigkeit einer qualitativen Veränderung: Die alten Regelungen gelten nicht mehr, neue sind noch nicht definiert. Viele haben darüber geschrieben, und viele haben sich dabei auf das letzte Viertel des 20. Jahrhunderts bezogen: Grenzen des Wachstums (Meadows 1972, 1994), Die letzten Tage der Gegenwart (Atteslander 1971), Wendezeit (Capra 1985), Menschheit am Wendepunkt (Mesarovic/Pestel 1974), Zukunftsschock, Dritte Welle, Machtbeben (Toffler, 1970, 1980, 1990), The Choice (Laszlo 1995) und andere – sie alle diagnostizieren einen Zustand der Welt, an dem sich Dinge gründlich ändern müssen. In der Wissenschaftstheorie sind solche Momente bekannt als „Bifurkationspunkt" (Chaostheorie) oder „Paradigmenwechsel" (Kuhn). Eine Ahnung, „daß es so nicht weitergehen kann", ist vielen Menschen vertraut.

Was da „Werte jenseits üblicherweise als tolerabel angesehener Grenzen" angenommen hat, wie also ein zunächst diffuses Verständnis von Krise inhaltlich beschrieben werden könnte, ist Gegenstand dieses Zweiten Teils. Wir wollen hier wichtige Materialien zusammentragen, die sich so interpretieren lassen. Dabei wird nicht Vollständigkeit angestrebt (was immer das in diesem Zusammenhang heißen könnte); wir wollen vielmehr wichtige Indikatoren nennen und auf ihre inneren Zusammenhänge untersuchen. Üblicherweise wird hier zuerst die *Belastung der natürlichen Umwelt* angeführt, ein zweifellos höchst bedeutsamer Komplex von Faktoren. Aber wir haben ja bereits argumentiert, daß dies alleine, wenn es sich also um ein auf Umweltschutz eingrenzbares Problem handeln würde, wahrscheinlich lösbar wäre, wenn auch unter Aufwendung enormer Kräfte. Die derzeitige „Problématique" ist viel schwieriger zu verstehen, und noch schwieriger gesellschaftlich zu bearbeiten. Wir wollen sie in drei eng ineinander verwobenen Faktorenbündeln darstellen: der *ökologischen* Krise, der *ökonomischen* Krise und der *gesellschaftlichen* Krise.

Dieser Teil versucht eine *Diagnose* unserer Gesellschaft. Er will beschreiben, wie die Verhältnisse nun gegen Ende des Jahrhunderts gerade sind auf den Ebenen Weltgesellschaft, europäische Gesellschaft, deutsche Gesellschaft.

Auf den Chefetagen der Wirtschaft und der Politik sind die Probleme und Zusammenhänge, um die es hier geht, bekannt, oder sie könnten es zumindest sein: Zwei Enquête-Kommissionen („Schutz der Erdatmosphäre", „Schutz des Menschen und der Umwelt") haben dem Deutschen Bundestag alleine zur Umweltproblematik die nötige Zuarbeit geleistet. Daß dennoch so wenig erkennbares, so wenig wirksames Handeln daraus wird, daß eben die *vorhandenen Regulationsmechanismen nicht greifen*, eben dies rechtfertigt den Begriff „Krise". Niemand vermag zu sagen, wohin dieser Wandel führen wird – aber wir beginnen zu ahnen, welches die Alternativen sein könnten. Niemand weiß auch, ob diesem Wandel eine neue Phase relativer Stabilität folgen wird und kann – manches spricht dafür, daß wir in einen Strudel sich immer schneller vollziehender Änderungen geraten könnten, der gar nicht mehr zum Stillstand kommt (Toffler 1970).

Es ist kein Zufall, daß die Krise ausgerechnet in dem historischen Augenblick sichtbar wird, in dem nach dem Kollaps der früher sozialistischen Systeme der Kapitalismus seinen Weltsieg errungen und seine Überlegenheit überzeugend demonstriert glaubte. Erst jetzt, da der politische Konkurrent abhanden gekommen ist und mit ihm der ständige Druck nachzuweisen, daß Marktwirtschaft und repräsentative Demokratie die besseren Lösungen für die großen Fragen gesellschaftlicher Organisation (der Freiheit, der Gleichheit, der Brüderlichkeit) seien – erst jetzt also beginnt sich zu zeigen, daß es keineswegs ausgemacht ist, daß der Kapitalismus menschlicher, daß er ökologisch verantwortlich geworden ist. Auch die beobachtbare, von der neo-klassischen ökonomischen Theorie und der „angebotsorientierten", also primär den UnternehmerInneninteressen dienenden Politik besorgte Re-Ideologisierung der öffentlichen Diskussion kann die Zweifel daran nicht ausräumen. Immer weniger, als es unter der Formel von der „sozialen Marktwirtschaft" beschworen worden ist, überzeugen die Euphemismen. Grundprinzip ist geblieben der Kampf aller gegen alle um materiellen Wohlstand und Sicherheit, und dieser Kampf ist erbarmungsloser, als wir uns das lange vorgestellt hatten. Schon in der Grundschule wird er eingeübt, in der Universität gehört er bereits zu den erwarteten und weiter verstärkten Verhaltensmustern.

2. Ökologische Krise

2.1 Überblick

Es geht in diesem Kapitel um den Nachweis, daß wir im Bereich der *Belastungen der natürlichen Umwelt* in der Tat bereits krisenhafte Zustände feststellen, vor allem aber noch weiter krisenhafte Entwicklungen vorhersagen müssen. Die Darstellung verlangt ein gewisses Maß an naturwissenschaftlichen Informationen. So sehr wir auch dazu ermuntern wollen, sich mit solchen Quellen eingehender zu beschäftigen – so wenig geht es hier um eine naturwissenschaftliche Abhandlung zum Stand der globalen Ökologie (als Einstieg eignet sich z.B. Arthur 1992). Vielmehr haben wir uns bemüht, uns auf die *nötigen* Informationen zu beschränken, und dabei vieles weggelassen, was uns im Zusammenhang dieses Buches als eher marginal erschien. Manches wird als Wiederholung von längst Bekanntem und oft Wiederholtem erscheinen: Wir haben das absichtlich nicht vermieden – auch wenn wir seit zwanzig Jahren ständig von Katastrophenmeldungen überflutet werden, hat sich an den Verhältnissen doch wenig geändert, und eben darum geht es. Zu Optimismus besteht wahrlich kein Anlaß, der würde der Sache einen schlechten Dienst erweisen.

Wir handeln die „ökologische Krise" an den Themen Ressourcenbelastung, Artensterben, Klimaveränderung, Gesundheit und Tragfähigkeit ab. Das sind der allgemeinen Diskussion entsprechend wichtige Gegenstände, aber die Liste ist nicht vollständig. Z.B. behandeln wir (aus Platzgründen) nicht die Themen Großrisiken, Giftmüll, genetische Manipulation, auch nicht in der notwendigen Ausführlichkeit die Probleme der Friedensgefährdung durch Umwelt noch die der Umweltgefährdung durch Militär.

2.2 Vom Ersten Bericht an den Club of Rome 1972 zum Weltklimagipfel 1995

Vor vierundzwanzig Jahren erschien ein Buch, das die Weltöffentlichkeit alarmierte: „Die Grenzen des Wachstums, Bericht des Club of Rome zur Lage der Menschheit", verfaßt von Dennis Meadows und anderen. Die AutorInnen fassen darin in allgemeinverständlicher Form die Ergebnisse von Forschungsarbeiten zusammen, die am Massachusetts Institute of Technology (MIT, Cambridge, Mass., USA) durchgeführt worden sind. Das wichtigste Ergebnis dieser Untersuchungen:

„Dieses Systemverhalten tendiert eindeutig dazu, die Wachstumsgrenzen zu überschreiten und dann zusammenzubrechen. Der Zusammenbruch, sichtbar am steilen Abfall der Bevölkerungskurve nach ihrem Höchststand, erfolgt infolge Erschöpfung der Rohstoffvorräte ..."

Mit einiger Sicherheit läßt sich deshalb sagen, daß im gegenwärtigen Weltsystem sowohl das Wachstum der Bevölkerung wie der Wirtschaft im nächsten Jahrhundert zum Erliegen kommen und rückläufige Entwicklungen eintreten, wenn nicht zuvor größere Änderungen im System vorgenommen werden" (Meadows 1972, 111-12).

Bereits zu Beginn der sechziger Jahre begannen erste zögerliche Ansätze umweltpolitischer Diskussionen, die dann rasch an Umfang und Ernsthaftigkeit zunahmen (Carson 1962). Den „blauen Himmel über der Ruhr" strebte Willy Brandt bereits im Bundestagswahlkampf 1961 an, aber es sollte weitere zehn Jahre dauern, bis das erste Umweltprogramm der sozialliberalen Bundesregierung in Kraft gesetzt wurde. Der Bericht des Club of Rome kam also gerade zur rechten Zeit, zumal im Juni 1972 die erste *Umweltkonferenz der Vereinten Nationen* in Stockholm stattfand. Sie hatte im wesentlichen zwei Ergebnisse: Zum einen wurde die Einführung nationaler Umweltpolitiken angeregt und bestärkt, zum anderen das Umweltprogramm der Vereinten Nationen, UNEP, mit Sitz in Nairobi ins Leben gerufen. UNEP hatte freilich kaum Mittel und keine Kompetenzen, so daß Erfolge auf der globalen Ebene nicht zu erwarten waren. Die Umweltkrise verschärfte sich, und alarmierende Ereignisse wie die Katastrophe von Tschernobyl 1986 oder mehrere verheerende Tankerunfälle trugen dazu bei, das Bewußtsein für die herannahende Katastrophe zu stärken.

Daten der internationalen Umweltpolitik

1971 Ramsar Konvention über Erhaltung der Feuchtgebiete internationaler Bedeutung

1972 Konvention von Paris: Schutz des Kultur- und Naturerbes der Welt
1. UN-Umweltkonferenz in Stockholm; Gründung des Umweltprogramms der UN (UNEP)

1973 Washingtoner Konvention: Internationaler Handel mit gefährdeten Tier- und Pflanzenarten

1974 Erste Warnungen vor einer Ausdünnung der stratosphärischen Ozonschicht durch die amerikanischen Wissenschaftler Rowland und Molina

1977 UNEP-Aktionsplan zur Bekämpfung der Desertifikation
Wasser-Konferenz in Mar del Plata: Mar del Plata Action Plan
1. Internationale Ozonkonferenz in Washington tritt für die Verminderung der FCKW-Emissionen ein; Einrichtung eines wissenschaftlichen Koordinationskomitees

1979 1. Weltklimakonferenz in Genf diskutiert die bedrohlichen Klimaänderungen
Bonner Konvention: Erhaltung wandernder freilebender Tierarten

1981 FAO: Weltbodencharta

1983 UN-Vollversammlung setzt Weltkommission für Umwelt und Entwicklung (WCED) ein

1985 Wiener Abkommen zum Schutz der Ozonschicht
Entdeckung des „Ozonlochs" über der Antarktis

1986 Verhandlungen zum Montrealer Protokoll. Festlegung von Reduktionspflichten für Produktion und Verbrauch von FCKW und Halonen
WissenschaftlerInnenzusammenschluß bestätigt erstmalig den ursächlichen Zusammenhang zwischen der Ausdünnung der Ozonschicht und den Emissionen von FCKW und Halonen

1987 WCED veröffentlicht ihren Bericht Our Common Future

1988 Toronto-Konferenz fordert eine 20 %ige Reduktion der CO_2-Emissionen weltweit bis zum Jahr 2005
Gründung des Zwischenstaatlichen Klimaexpertengremiums IPCC durch die UN-Vollversammlung

1989 UN-Vollversammlung beschließt UN-Konferenz über Umwelt und Entwicklung (UNCED)

1990 Verschärfung der Beschlüsse und Erweiterung der Stoffliste auf der 2. Vertragsparteienkonferenz des Montrealer Protokolls in London
1. Wissenschaftlicher Bericht des IPCC belegt den hohen Konsens in der Wissenschaft über Klimaveränderungen und den anthropogenen Treibhauseffekt
2. Weltklimakonferenz in Genf bestätigt den IPCC-Bericht und ruft zu Verhandlungen über eine Klimakonvention auf
UN-Vollversammlung setzt das Zwischenstaatliche Verhandlungsgremium INC über eine Klimarahmenkonvention (KRK) ein

1991	Beginn der Verhandlungen über eine KRK in New York
1992	Schlußverhandlung der KRK in New York
	IPCC-Supplement-Bericht bestätigt wissenschaftlichen Sachstand
	Internationale Konferenz Wasser und Umwelt (ICWE) in Dublin
	UN-Konferenz über Umwelt und Entwicklung: Agenda 21, Deklaration von Rio, KRK und Biodiversitätskonvention unterzeichnet
	Beschluß, es sei eine Internationale Konvention zur Bekämpfung der Desertifikation auszuarbeiten
	Weiterverhandlungen der KRK, Vorbereitung der 1. Vertragsparteienkonferenz in Berlin
	Verschärfung der Beschlüsse und Erweiterung der Stoffliste auf der 2. Vertragsparteienkonferenz des Montrealer Protokolls in Kopenhagen
1993	Mittelausweitung des Ozonfonds auf der 5. Vertragsparteienkonferenz des Montrealer Protokolls
1994	Inkrafttreten der Klimarahmenkonvention, nachdem 30 Staaten ratifiziert hatten
	Konvention zur Bekämpfung der Desertifikation unterzeichnet
	Ministerialkonferenz zur Trinkwasser und Abwasserentsorgung in Noordwijk
	6. Vertragsparteienkonferenz des Montrealer Protokolls in Nairobi diskutiert neuen wissenschaftlichen Sachstand und Ozonfonds
	1. Vertragsstaatenkonferenz zum Schutz der biologischen Vielfalt, Bahamas
1995	Erste Konferenz der Vertragsparteien der KRK in Berlin
	2. Bericht des IPCC bestätigt anthropogene Klimaänderung

Quelle: Stiftung Entwicklung und Frieden: Globale Trends 1996 u.a.

In dieser Situation setzte 1983 die Vollversammlung der Vereinten Nationen die *Weltkommission für Umwelt und Entwicklung* unter der Leitung der norwegischen Ministerpräsidentin Gro Harlem Brundtland (daher auch Brundtland-Kommission bzw. Brundtland-Bericht) ein. Sie sollte (1) „langfristige Umweltstrategien vorschlagen, um bis zum Jahr 2000 und darüber hinaus dauerhafte Entwicklung zu erreichen"; (2) „empfehlen, wie die Besorgnis um die Umwelt sich in eine bessere Zusammenarbeit zwischen den Entwicklungsländern und zwischen den Ländern in verschiedenen Phasen wirtschaftlicher und sozialer Entwicklung umsetzen läßt, und wie sich gemeinsame und sich wechselseitig verstärkende Ziele erreichen lassen, die den gegenseitigen Abhängigkeiten zwischen den Völkern, von Ressourcen, Umwelt und Entwicklung Rechnung tragen"; (3) „überlegen, wie die internationale Gemeinschaft wirksamer mit den Umweltproblemen umgehen kann"; und (4) feststellen, „wie wir langfristige Umweltprobleme wahrnehmen, und wie wir erfolgversprechend die Probleme des Schutzes und der Verbesserung der Umwelt bewältigen können, welches langfristige Aktionsprogramm für die nächsten Jahrzehnte gelten soll und welches die erstrebenswerten Ziele für die ganze Welt sind" (WCED 1987, XIX).

Die Brundtland-Kommission legte ihren Bericht 1987 vor und lieferte damit nicht nur einen Überblick über den Zustand der globalen Umwelt, sondern untersuchte auch die vielfältigen Zusammenhänge, die zu den besorgniserregenden Schädigungen geführt haben. Der Bericht wurde zu einem allseits akzeptierten Referenzdokument für die Beschreibung des Zustandes der globalen Umwelt, aber auch zu einem eindringlichen Appell zu dringendem, umgehenden Handeln auf allen Ebenen und zu einschneidenden Änderungen der sozialen, wirtschaftlichen und politischen Institutionen. Seine Wirkung wurde noch verstärkt durch die seit 1984 jährlich erscheinenden Berichte des Worldwatch Instituts „Zur Lage der Welt".

Die Vollversammlung beschloß nach der Debatte des Berichtes im Dezember 1989, es sei eine *Konferenz der Vereinten Nationen über Umwelt und Entwicklung* (UNCED, United Nations Conference for Environment and Development) einzuberufen mit der Aufgabe: „UNCED soll den Übergang von einem fast ausschließlich auf die Förderung wirtschaftlichen Wachstums ausgerichteten Wirtschaftsmodell zu einem Modell herbeiführen, das von den Prinzipien einer dauerhaften Entwicklung ausgeht, bei der dem Schutz der Umwelt und der rationellen Bewirtschaftung der natürlichen Ressourcen entscheidende Bedeutung zukommt. Ferner soll UNCED dazu beitragen, eine neue globale Solidarität zu schaffen, die nicht nur aus wechselseitiger Abhängigkeit erwächst, sondern darüber hinaus aus der Erkenntnis, daß alle Länder zu einem gemeinsamen Planeten gehören und eine gemeinsame Zukunft haben" (zit. nach Engelhardt/Weinzierl 1993, 108).

Nach vier jeweils mehrwöchigen Vorbereitungskonferenzen kam die Weltkonferenz für Umwelt und Entwicklung im Juni 1992 in Rio de Janeiro zusammen. Bereits während der Vorbereitung zeigte sich, daß viele EntscheidungsträgerInnen aus Politik und Wirtschaft nicht bereit waren, aus globaler Verantwortung zu handeln, und sich mehr orientierten am *Erhalt ihrer Machtpositionen und den Interessen ihrer heimischen Klientel.* Tiefgreifende Meinungsverschiedenheiten zwischen der EG und den USA, zwischen Industrie- und Entwicklungsländern, zwischen Politik und Wirtschaft, zwischen Regierungen und Nichtregierungsorganisationen wurden offenkundig. „Die Industrieländer waren nicht wirklich bereit, ihren Verschwendungswohlstand zugunsten der viel beschworenen globalen Verantwortung und Partnerschaft auch nur in Frage zu stellen" (Engelhardt/Weinzierl 1993,

109). Vor allem die amerikanische Regierung lehnte kurz vor dem Präsidentschaftswahlkampf solche Zugeständnisse entschieden ab (zur Position der Bundesregierung vgl. Bericht der Bundesregierung 1993). Der Widerstand der Industrieländer, vor allem der USA, gegen internationale Übereinkünfte zum Schutz der Umwelt kann freilich durchgehend festgestellt werden, auch vor und nach der UNCED.

In Rio wurden zwei völkerrechtlich verbindliche Konventionen unterzeichnet: die *Klimarahmenkonvention* und die *Biodiversitätskonvention*. Beide Konventionen sind unter dem Druck vor allem der USA im Text bereits so entschärft worden, daß sie keine verbindlichen Daten und Zeiträume mehr enthalten. Die Protokolle, durch die sie umgesetzt werden sollen, stehen noch aus. An der *Weltklimakonferenz 1995* in Berlin sollten verbindliche Daten für die CO_2-Reduktion beschlossen werden; das ist aber an den gleichen Widerständen gescheitert. In Auftrag gegeben wurde in Rio die Ausarbeitung einer Konvention gegen die Ausbreitung der Wüsten. Die Teilnehmerstaaten unterzeichneten einen Aktionskatalog bis zum Jahr 2100, die sogenannte *Agenda 21*, und eine Abschlußerklärung, die *Rio-Deklaration*.

Inzwischen war einerseits die Bedrohung durch die fortschreitende Umweltzerstörung deutlicher erkennbar und durch die Medien weit verbreitet worden. Orkane und Wirbelstürme, Überschwemmungen, Erwärmung der Atmosphäre und die Verwüstung weiter Landstriche, das Abschmelzen der Gletscher, das Ansteigen der Meeresspiegel und die Erwärmung der Meere, die Schädigung des Ozonschildes, die Verschmutzung der Luft und die Verseuchung der Böden und Gewässer, das Aussterben biologischer Arten, die jährlichen Waldschadensberichte und die rasche Zunahme umweltbedingter Erkrankungen bis hin zu Vergiftungen der Muttermilch und der Schädigung männlicher Spermien lieferten sich nacheinander die Schlagzeilen. Niemand mehr kann heute glaubhaft versichern, von diesen Vorgängen unberührt zu sein. Andererseits wurde auch immer unverkennbarer, daß die *Widerstände gegen spürbare Veränderungen in erster Linie von den westlich-kapitalistischen Ländern ausgehen*, die als die weltweit größten Ressourcenverschwender die Hauptverantwortung für die katastrophale Entwicklung tragen. Geradezu schizophrene Züge nahm dieser Widerspruch am Berliner Klimagipfel an, auf dem der amerikanische Vizepräsident (und Umwelt-Schriftsteller, „Wege zum Gleichgewicht" 1993) Al Gore die Teilnehmerstaaten in seiner Rede zu raschem und entschiedenem Handeln aufrief, die amerikanische Delegation und noch mehr die mitgereisten Industrie-LobbyistInnen aber gleichzeitig alles unternahmen, um weitergehende Beschlüsse zu verhindern, und sich zu diesem Zweck vor allem mit Saudi-Arabien verbündeten (Der Spiegel 14/1995, 36). Ohnehin fällt auf, daß die Information zwar ankommt, die Forderung nach einem fälligen Bewußtseinswandel in der Bevölkerung längst durch die Wirklichkeit überholt ist, aber *Politik und Wirtschaft keineswegs bereit sind, die daraus nötigen Konsequenzen zu ziehen.* Die nationale (u.a. Malunat 1994), die europäische (Frühauf/Giesinger 1992) und die internationale Umweltpolitik (Strübel 1992) sind weit davon entfernt, angemessene und wirksame Ansätze zur Lösung der Probleme vorweisen zu können.

2.3 Ressourcenbelastung

Weltweit werden gegenwärtig pro Sekunde etwa 1.000 Tonnen Erdreich abgeschwemmt und abgetragen; nimmt der Waldbestand der Erde pro Sekunde um 3.000 bis 5.000 Quadratmeter ab – auf ein Jahr umgerechnet ist das beinahe die Fläche der (alten) Bundesrepublik; rotten wir täglich vielleicht zehn, vielleicht fünfzig Tier- oder Pflanzenarten aus; blasen wir pro Sekunde rund 1.000 Tonnen Treibhausgase in die Luft – so schreibt Ernst Ulrich von Weizsäcker in seinem Buch „Erdpolitik" (1994, 7). Neueste Informationen sind pessimistischer: Durch Umweltzerstörung sterben jeden Tag 160 Tier- oder Pflanzenarten aus, wie der Präsident des Naturschutzbundes Deutschland, Flasbarth, vor der 21. Weltkonferenz für Vogelschutz im August 1994 erklärte. Wenn sich das so fortsetzt, dann werden wir in 25 Jahren 1,5 Millionen der schätzungsweise fünf bis zehn Millionen biologischer Arten endgültig ausgerottet haben. In Deutschland sind von den 273 Vogelarten 61 Prozent gefährdet und elf Prozent akut vom Aussterben bedroht. Im vergangenen Sommer sind wir in allen Medien eindringlich davor gewarnt worden, uns zu sehr der Sonne auszusetzen – die Schädigung der Ozonschicht führe zu häufigerem Auftreten von Hautkrebs. In Australien/Neuseeland riskiere jede/r Dritte, von Hautkrebs befallen zu werden! Die Diagnose ist einmütig. Die Daten stammen aus verschiedenen und teilweise voneinander unabhängigen Quellen. Sie sind seit langem bekannt, immer wieder veröffentlicht worden, immer wieder diskutiert. Wenn das richtig ist, dann könnte das *Überleben der Menschheit auf dem Planeten Erde tatsächlich gefährdet* sein. Endgültige Gewißheit werden wir darüber nicht erhalten – die gäbe es erst, wenn es längst zu spät ist.

Abb. 2.1: Gesicherte Rohstoffreserven

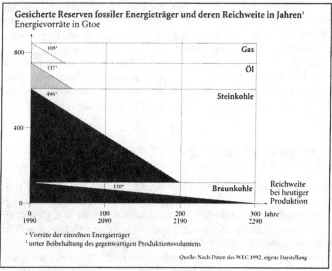

Gesicherte Reserven fossiler Energieträger und deren Reichweite in Jahren[1]
Energievorräte in Gtoe

* Vorräte der einzelnen Energieträger
[1] unter Beibehaltung des gegenwärtigen Produktionsvolumens

Quelle: Nach Daten des WEC 1992, eigene Darstellung

Quelle: Globale Trends, 1996, 318

Probleme der Ressourcenbelastung, die der erste Bericht des Club of
Rome als Auslöser für eine mögliche globale Katastrophe vermutet,
stellen sich einerseits unter dem Gesichtspunkt versiegender Quellen
(Meadows 1972), andererseits aber auch, wie in der Aktualisierung
dieses Berichtes (Meadows et al. 1993) argumentiert wird, unter dem
Gesichtspunkt *überfrachteter Senken.* Der internationale Rohstoffhandel ist Teil des globalen Nord-Süd-Problems: Teile der Dritten
Welt sind Lager- und Produktionsstätten für Rohstoffe, die Industrieländer sind die wichtigsten Nachfrager, die Preise werden überwiegend an den internationalen Rohstoffbörsen gebildet, es handelt sich
um nachfragebestimmte Märkte, bei denen die größere Verhandlungsmacht ohne Zweifel auf Seiten der Industrieländer liegt (En-
dres/Querner 1993). Alle Versuche, zu Verhältnissen zu gelangen, die
den Interessen der Entwicklungsländer genügend Rechnung tragen
sind letztlich gescheitert: Die Industrieländer nutzen ihre starke Macht-
stellung, um die Entwicklungsländer in ihrer abhängigen Position zu
halten, die Rohstoffe dort unter geringen Arbeitskosten und geringeren ökologischen Auflagen auszubeuten, während sie gleichzeitig die
Lagerstätten im Norden – Kanada, die USA, Australien und die GUS-

Staaten verfügen über bedeutende Vorkommen – als strategische Reserve und politisches Druckmittel halten (Mutter 1995, 284). „Am konsequentesten wurde die grundsätzliche Ablehnung von Rohstoffabkommen von den USA verfolgt, die zugleich der weltweit größte Verbraucher von Rohstoffen sind. Gleichzeitig aber praktizieren die USA und die EU bei ihrer Agrarpolitik mit hohen protektionistischen Zollmauern und massiver Subventionierung eine der konsequentesten Formen der Marktregulierung" (ebd., 289). Der Rohstoffsektor befindet sich in vielen Ländern der Erde in der Hand internationaler, von den Industrieländern aus kontrollierter *Rohstoffkonzerne*. Damit wird verhindert, daß die aus dem Export erzielten Gewinne der Dritten Welt z.B. zur Diversifizierung ihrer Wirtschaftssysteme zur Verfügung stehen. Die internationale *Schuldenkrise* verstärkt den Druck, Devisen zur Schuldentilgung aus der Ausbeutung natürlicher Rohstoffe zu erwirtschaften. Dazu zählen auch die Monokulturen der landwirtschaftlichen Cash-crop-(d.h. auf den Export ausgerichteten)-Produktion mit resultierender Auslaugung und Versalzung von Böden, Schäden für den Artenschutz und weitere großflächige Rodungen von Waldgebieten zur Mengensteigerung (Mayer-Tasch 1987). Resultat sind seit fünfzehn Jahren zurückgehende Preise, die durch Recycling, synthetische Substitute und sparsameren Umgang mit Primärrohstoffen in den Industrieländern weiter unter Druck bleiben. Bisher ist „kein Ansatz für eine grundsätzliche Neuorientierung oder Infragestellung des einseitig auf Wachstum fixierten Wirtschaftsmodells erkennbar. Die Sicherung der Rohstoffversorgung hat offenbar einen so großen Stellenwert, daß nicht daran gedacht wird, die Produktion zu drosseln und zeitlich zu strecken" (ebd., 302f.), wie das unter Nachhaltigkeitsgesichtspunkten geschehen müßte. Die Geschichte einzelner Rohstoffe, vor allem des Erdöls, ist verschiedentlich Thema spannender, zuweilen romanhafter Darstellungen gewesen (z.B. Paczensky 1984, Yergin 1993).

Es gibt keine Produktion, die nicht Rückstände und Abfälle hinterließe – in Form von Abwärme, von Klär- und Lackschlämmen, von Verpackungen, von Ausschuß, von Strahlung etc. Je mehr wir produzieren, desto mehr Abfälle produzieren wir auch. Weltweit produzieren wir heute etwa die siebenfache Menge an Gebrauchsgütern wie 1950 und entziehen dem Planeten die fünffache Menge an Rohstoffen. Damit nimmt auch die Produktion von Hausmüll und Industrieabfällen zu – sie erreicht für die EG Anfang der neunziger Jahre die Größenordnung von 2.2 Milliarden Tonnen jährlich. Davon ist der größte Teil Industriemüll, und davon wieder, mit rasch steigender Tendenz, ein zunehmender Anteil Giftmüll (Gourlay 1993).

Abb. 2.2: Die Reichen sind die Last der Erde

	Deutschland* 1990: 60,5 Mio Einwohner 2025: 54,0 Mio	Schweiz 1990: 6,5 Mio Einwohner 2025: 6,1 Mio	USA 1990: 249,2 Mio Einwohner 2025: 300,8 Mio
Kinder Ein Symbol entspricht einem Kind pro Frau			
Lebenserwartung Ein Symbol entspricht zehn Lebensjahren			
Bruttosozialprodukt Ein Symbol entspricht 500 US-Dollar Brutto-sozialprodukt pro Jahr und Einwohner			
Energieverbrauch Ein Symbol entspricht dem Verbrauch von 150 Kilogramm Öl pro Jahr und Einwohner			
Autos Ein Symbol entspricht einem Automobil je 100 Einwohner			
Wasserverbrauch Ein Symbol entspricht dem Verbrauch von 25 Kubikmeter Wasser pro Jahr und Einwohner (ohne Landwirtschaft)			
Klimaveränderung Ein Symbol entspricht dem zusätzlichen Treibhauseffekt von einer Tonne Kohlendioxid pro Jahr und Einwohner			
Militärausgaben Ein Symbol entspricht 40 US-Dollar pro Jahr und Einwohner			
Ärzte Ein Symbol entspricht einem Arzt je 5000 Einwohner			

* ehemalige Bundesrepublik, Quellen: Weltbank, United Nations, World Resources Institute

...hina	ehem. UdSSR	Indien	Äthiopien	Kenia
1990: 1135,5 Mio Einwohner 2025: 1492,6 Mio	1990: 288,0 Mio Einwohner 2025: 351,5 Mio	1990: 853,4 Mio Einwohner 2025: 1445,6 Mio	1990: 46,7 Mio Einwohner 2025: 112,3 Mio	1990: 25,1 Mio Einwohner 2025: 77,6 Mio

Quelle: Die Zeit, 17.4.1992

Beängstigend sind die Zuwachsraten des *Müllaufkommens* in den wirtschaftlich schwächeren Randgebieten der EG, die um jeden Preis ihren „Wohlstandsrückstand" aufholen möchten – noch viel mehr freilich in Osteuropa. Von den rund dreißig Millionen Tonnen Giftmüll, die jährlich in der EU anfallen, können nur etwa zwei Millionen Tonnen kontrolliert und ordnungsgemäß vernichtet und entsorgt werden. Vor allem in den Ballungsgebieten sind die Entsorgungskapazitäten erschöpft, zusätzlicher Deponieraum ist nicht mehr vorhanden. Statt auf konsequente Müllvermeidung und den weitestgehenden Einsatz von Recyclingtechniken setzen viele Länder auf einen Ausbau der Müllverbrennung, also auf eine *End-of-pipe-Technologie*, die am Ende zu reparieren sucht, was am Anfang der Wirkungskette nicht vermieden worden ist. Der grenzenlose Binnenmarkt führt dazu, daß Sonderabfälle in die Länder mit den niedrigsten Entsorgungskosten (die Unterschiede sind hier beträchtlich) und mit den niedrigsten ökologischen Standards (das sind in der Regel die ärmeren Randgebiete) exportiert werden. Die Frage, ob es sich dabei um Wirtschaftsgüter handelt, stellt sich in der Praxis nicht, zum einen, weil „Umdefinitionen" leicht möglich sind, zum anderen, weil nur noch die Transportpapiere, nicht aber die Inhalte der Ladungen kontrolliert werden. Die Entsorgung von Sondermüll, insbesondere der Export in die Dritte Welt und nach Osteuropa, ist längst zu einem Geschäftsbereich der organisierten Kriminalität geworden. Das gilt auch für die Verklappung und Verbrennung auf hoher See – seit vielen Jahren sind die Meere die beliebtesten Drecklöcher der Industrieländer.

Giftige Algenteppiche, Robbensterben, Fische mit Krebsgeschwüren, Vögel, die im Öl ersticken, sind die kurzzeitig erkennbaren Folgen – die Einlagerungen von Giften, Säuren, Sprengstoffen, radioaktiven Abfällen haben aber Langzeitfolgen, die heute noch kaum absehbar sind. Seit 1974 gibt es eine internationale Ostsee-Kommission, erst seit 1984 die Internationale Nordsee-Konferenz. Bisher allerdings sind die Ergebnisse bescheiden. Insbesondere *Großbritannien* weigert sich, einem Verbot weiterer Einleitungen zuzustimmen. Auf eine Forderung des Europäischen Parlaments hin hat der Rat 1991 eine Verordnung zum „Schutz der Umwelt in den Küstenregionen und Küstengewässern der Irischen See, der Nordsee, der Ostsee und des Nordost-Atlantik" vorgelegt. Die geplante Aktion kommt zu spät, ist zu wenig durchgreifend und mit zu geringen Mitteln (zwanzig Millionen DM) ausgestattet, um rasch spürbare Erfolge zu erzielen. Das „Aktionsprogramm Rhein", 1987 nach einem Großunfall beim Schweizer Chemieunternehmen Sandoz verabschiedet, hat zwar zu Verbesserungen geführt. Aber weiterhin werden erhebliche Mengen an Schadstoffen eingeleitet. Die Rheinschiffahrts-Polizeiverordnung, die in allen Anliegerstaaten gilt, verbietet lediglich die Einleitung öliger Stoffe, schon die Wässerung von Chemikalien ist nur vage geregelt. Auf der deutschen Rheinstrecke gibt es nur eine öffentliche Schiffsreinigungsanlage in Duisburg, so daß illegale Einleitungen häufig sind. Beim enormen Preisdruck in der Binnenschiffahrt sparen die Reedereien zuerst am Umweltschutz.

Der Berliner Volkswirtschaftler und CDU-Umwelt-Staatssekretär Lutz Wicke hat 1986 versucht, die Schäden zu quantifizieren, die jährlich in *Deutschland* an der Umwelt angerichtet werden. Eine neuere Untersuchung des Umwelt- und Prognose-Instituts Heidelberg (1995) kommt für das Jahr 1989 zu einer Summe von 475,5 Milliarden DM jährlich an angerichteten Umweltschäden, das sind umgerechnet durchschnittlich DM 17.600 pro Haushalt, oder *über zwanzig Prozent des Bruttosozialproduktes* im gleichen Jahr! In dieser Höhe liegen also die externalisierten Kosten, die unsere Wirtschafts- und Lebensweise verursachen, für uns selbst. In mindestens dieser Höhe (andere Faktoren kämen dazu) täuscht die Sozialproduktrechnung vermeintlichen Wohlstandsgewinn vor, während doch in Wirklichkeit Reparaturkosten zunehmen.

Nun sind die westlichen Industrieländer gewiß Hauptverursacher der meisten Umweltschäden, aber in vieler Hinsicht und in großem Umfang ist es ihnen gelungen, diese *Schäden zu exportieren* – im direkten Sinn, wie beim Export von Problemabfällen, wie im indirekten Sinn (Gauer et al. 1987). Viele Länder der Dritten Welt befinden sich jedoch auf einer atemberaubenden Aufholjagd. *Schwellenländer* haben ihr Wachstum mit enormen Umweltschäden und zerstörten Sozialordnungen erkauft. Hohem Wirtschaftswachstum, politischen Wahlerfolgen wird alles untergeordnet (für China siehe z.B. Ryan/Flavin 1995). Daran ist der Westen beteiligt: *West-Unternehmen* nutzen seit Jahrzehnten die billigen Löhne in Fernost als Argument, um ihre Fabriken wegen der strengen Umweltauflagen im eigenen Land auszulagern. Sie versuchen mit ihrer Werbung und dem wachsenden Einfluß auf die Medien, dort westliche Konsumstandards durchzusetzen. Bei abnehmender Kaufkraft in den Herkunftsländern bleibt der Export als Wachstumsreserve. Seit 1990 gilt das ganz besonders für die früheren Ostblockländer. Ende 1995 hat der Verband der chemischen Industrie gemeinsam mit der IG Chemie und dem Bundeswirtschaftsminister die Einführung von Ökosteuern in Deutschland abgelehnt und mit Betriebsverlagerungen nach Osteuropa für diesen Fall gedroht. Das rücksichtslose Streben nach schnellem wirtschaftlichen Erfolg habe *asiatische Städte zu einer Todesfalle* gemacht, warnte die WHO (1992). Die am meisten von Umweltverschmutzung heimgesuchten Städte sind in den neuen und alten Schwellenländern Asiens zu finden: Jakarta, Bangkok, Taipeh, Peking, Tianjin, Seoul. Aber auch in anderen Ländern der Dritten Welt und des früheren Ostblocks sind die physischen Infrastrukturen der Städte so verrottet, daß sie dem Ansturm der neuen Industrialisierungswelle nicht standhalten können und zu ökologischen Notstandsgebieten werden.

2.4 Artenvielfalt

„Während sich viele Menschen über die Konsequenzen der globalen Erwärmung den Kopf zerbrechen, bahnt sich in unseren Gärten die vielleicht größte einzelne Umweltkatastrophe in der Geschichte der Menschheit an. ... Der Verlust an genetischer Vielfalt in der Landwirtschaft – lautlos, rapide und unaufhaltsam – führt uns an den Rand der Auslöschung, an die Schwelle von Hungersnöten in Dimensionen, vor denen unsere Phantasie versagt" (Mooney/Fowler 1991, 10). Von den schätzungsweise zwischen drei und dreißig Millionen biologischer Spezies, die auf der Erde vorkommen, sind nur etwa 1,8 Millionen wissenschaftlich beschrieben worden. Derzeit rotten wir täglich vielleicht zehn, vielleicht hundert, vielleicht tausend biologische Arten endgültig aus – niemand vermöchte eine genaue Zahl anzugeben. Aber das ist auch sekundär. *Wie können wir vernichten, was das gleiche Lebensrecht auf der Erde hat wie wir Menschen?* Wie zerstören, was wir noch gar nicht kennen, geschweige denn begreifen? Gerade unter einer anthropozentrischen Perspektive gilt es, die biologische Grundlage unseres Lebens zu erhalten. Alle Pflanzen- und Tierarten haben wichtige Funktionen für das gesamte Ökosystem der Erde, sonst hätten sie die Evolutionsgeschichte nicht so lange überstanden. Die genetische Vielfalt des Lebens schützt uns, nützt uns, ist eine Quelle von Freude, Genuß und Bewunderung. Ethische Gründe sprechen dafür, daß Menschen mit großer Achtung der ungeheuren Vielgestaltigkeit der Natur gegenübertreten sollten, von der sie selbst ein Teil sind. Dagegen werden häufig Argumente für den Schutz der Biodiversität angeführt, die den unmittelbaren Nutzen der Arten für den Menschen als Nahrungsmittel, für Medikamente oder als Rohstoff betonen. Diese Vielfalt ist heute bedroht; genetische Erosion zerstört in großem Tempo und Umfang mehr als durch natürliche Prozesse sich neu entwickeln kann.

Generell nimmt die *Artenvielfalt von den Polen zum Äquator hin zu.* Während die gemäßigten Breiten über wenige, aber individuenreiche Arten verfügen, ist es in den tropischen Regionen umgekehrt: Große Artenvielfalt geht einher mit geringer Individuenzahl. Die wichtigsten Ursachen des Artenverlustes sind bekannt:

– die Einführung neuer, von professionellen ZüchterInnen hervorgebrachten Sorten,
– der ökonomische Druck auf die Bauern/Bäuerinnen, den Anbau traditioneller Sorten zu ersetzen durch solche mit höheren Erträgen und Gewinnaussichten,
– die Zerstörung natürlicher Lebensräume.

Während, wie der Brundtland-Bericht (WCED 1987, 152f.) angibt, die durchschnittliche natürliche Überlebensrate einer biologischen Art bei etwa fünf Millionen Jahren liegen mag und während der letzten 200 Millionen Jahre im Durchschnitt etwa alle vierzehn Monate eine Art endgültig ausstarb, hat sich diese Rate unter dem Einfluß des Menschen dramatisch erhöht: drei Arten pro Stunde, d.h. siebzig Arten pro Tag oder 27.000 pro Jahr, schätzt der Evolutionsbiologe Edward Wilson (1995); andere Schätzungen gehen bis zum Doppelten dieses Wertes. Nach Schätzungen der FAO sind seit Beginn dieses Jahrhunderts *bereits drei Viertel der genetischen Vielfalt der Feldfrüchte verlorengegangen* (Stiftung Entwicklung die Frieden 1995). Dagegen entstehen pro Jahr nur ungefähr zehn neue Arten. Selbst viele nicht im Bestand gefährdete Anbaupflanzen wie Reis oder Mais haben nur noch einen Bruchteil der genetischen Vielfalt, die sie noch vor einigen Jahrzehnten hatten. Wilson vergleicht das Auftreten des Menschen und seinen Krieg gegen die biologische Vielfalt mit den fünf großen Katastrophen, die in der Erdgeschichte nahezu alles Leben ausgelöscht haben, die letzte vor 65 Millionen Jahren, die das Aussterben der Saurier zur Folge hatte.

Während Jäger- und Sammlerkulturen von der großen genetischen Variationsbreite wilder Pflanzenarten lebten, begann vor zehn- bis fünfzehntausend Jahren in vielen Teilen der Erde ein Prozeß, in dessen Verlauf die Menschen aus diesem Pool bestimmte, ihnen besonders nützlich erscheinende Arten auswählten und landwirtschaftlich zu kultivieren begannen. Die *neolithische Revolution* ermöglichte Seßhaftigkeit, höhere Bevölkerungskonzentrationen, die Domestizierung von Tieren, und damit ein Anwachsen der Bevölkerung. „Für den Erforscher der Landwirtschaftsgeschichte ist die Streufestigkeit das auffallendste und am leichtesten erkennbare Merkmal der kultivierten Pflanze. Kultivierte Pflanzen können ohne Hege nicht überleben, weil sie viele Überlebensmechanismen, insbesondere die effiziente Samenverteilung, eingebüßt haben" (Mooney/Fowler 1991, 32). Auch die Größe der Samenkörner, einheitliche Reifezeit und frühe Keimbereitschaft waren Kriterien früher Selektion – mit der gleichzeitigen Folge des Verlustes an Abwehrmechanismen. „Mit den Fortschritten der Kultivierung verlor schließlich auch das Jagen und Sammeln zunehmend an Bedeutung. Gleichzeitig intensivierte sich die Beziehung der Menschen zu den wenigen Pflanzen, die sich für die Kultivierung eigneten. Von den Tausenden von Nahrungspflanzen, die einst von den Jägern und Sammlern genutzt wurden, wird heute nur eine kleine Handvoll angebaut. Und von diesen decken ganze neun (Weizen, Reis, Mais, Gerste, Sorghum bzw. Hirse, Kartoffeln, Süßkartoffeln bzw. Yams, Zuckerrohr und Sojabohnen) mehr als drei Viertel des menschlichen Nahrungsbedarfs. Insgesamt ernähren wir uns im großen und ganzen von nur etwa 130 Pflanzenarten. Erstaunlicherweise haben bereits unsere Steinzeit-Vorfahren praktisch alle unsere heutigen Nahrungsmittellieferanten kultiviert" (ebd., 34). Allerdings hat sich dieser Prozeß in den letzten Jahrzehnten enorm beschleunigt. Zu Anfang unseres Jahrhunderts bauten indische Bauern/ Bäuerinnen noch 30.000 Reissorten an – heute kaum mehr als dreißig. Die bringen zwar höhere Erträge, verlangen aber nach Düngern und Pestiziden und sind infolge ihrer genetischen Homogenität überaus *anfällig gegen neue Pilze oder Viren*. Nach dem Ende des Zweiten Weltkrieges waren fast alle der unendlich vielen Weizensorten, die einmal in Griechenland angebaut worden waren, von einer Handvoll neuer Sorten verdrängt. Mitte der siebziger Jahre waren bereits drei Viertel der traditionellen europäischen Gemüsesorten vom Aussterben bedroht. Die heutige Landwirtschaft hat mit „Natur" nur noch relativ wenig zu tun. Es ist nicht „natürlich", wenn riesige Flächen von einer einzigen Pflanze, geschweige denn von einer einzigen Variante dieser Pflanze, bedeckt werden. Die natürliche Heterogenität bot immer auch Schutz vor Krankheiten und Klimaschwankungen; Kulturen wurden zwar geschädigt, aber nicht vernichtet. „Hauptursache des Verlusts unseres landwirtschaftlichen Erbes ist zweifellos die Einführung neuer, von professionellen Züchtern hervorgebrachter Sorten" (ebd., 88).

Gespenstisch wird 1996 am Beispiel des Gartenbambus (fargesia murielae) vorgeführt, welche Folgen solche Auswahlstrategien haben können: Der englische Pflanzensammler Ernest H. Wilson hatte 1907 diesen Bambus in der chinesischen Provinz Hupeh ausgegraben und nach seiner Tochter Muriel benannt. Er wurde einige Jahre lang kultiviert und dann 1913 in den Londoner Botanischen Garten gebracht. Von dieser Pflanze stammen alle Nachfahren, die mit etwa dreißig Millionen Exemplaren über Europa und Nordamerika verbreitet wurden. Alle Pflanzen dieser Art blühen in diesem Jahr (1996) und vertrocknen anschließend. Weder Rückschnitt noch Düngung können sie retten. Für alle „tickt dieselbe genetische Uhr".

Die meisten unserer heutigen Nutzpflanzen beruhen auf einer sehr *schmalen genetischen Basis*, was ihre Widerstandsfähigkeit stark beschränkt. Umso mehr sind sie daher auf künstliche Düngung (die auch für „Unkräuter" förderlich ist), Bewässerung (die aber Insekten anzieht) und daher auf Behandlung mit Pestiziden, Herbiziden, Fungiziden und Insektiziden angewiesen. Pestizide töten Schädlinge wie Nützlinge ohne Unterschied, und viele Insekten entwickeln Resistenzen gegen Insektizide. Deshalb muß der Einsatz chemischer Gifte verstärkt und nach einiger Zeit muß eine Pflanzenart vom Markt genommen werden. Wenn keine Variation mehr vorhanden ist, ist kaum mehr natürliche Evolution möglich. Die Hochertragssorten von Weizen, Mais und Reis, die im Rahmen der *Grünen Revolution* gezüchtet und mit Zuckerbrot und Peitsche in den Ländern der Dritten Welt durchgesetzt worden sind, verlangten für den Anbau Kapitaleinsatz, den die armen Bauern/Bäuerinnen nicht leisten konnten. Die Grüne Revolution führte daher faktisch in vielen Teilen der Dritten Welt zur Verarmung, zur Produktion für den Export und die *Einbindung in den Weltmarkt*. Schließlich wird rund die Hälfte der Weltproduktion an Getreide zur Viehfütterung eingesetzt. „Die Verbreitung der neuen Sorten war dramatischer als alles, was je zuvor in der Landwirtschaft geschehen war. Innerhalb eines Jahrzehnts wurden in der Dritten Welt neue Weizen- und Reissorten auf nahezu 55 Millionen Hektar Land angebaut. Bis 1976 wurden in den Entwicklungsländern 44 Prozent aller Weizenanbauflächen und 27 Prozent aller Reisfelder mit den neuen Wundersorten bepflanzt" (ebd., 79). Sie verdrängten die alten Landsorten und bedeuteten faktisch deren Ausrottung, so daß die Grüne Revolution den Prozeß der genetischen Erosion stark beschleunigte. „Patent-Monopole und globale Zugriffsmöglichkeiten haben die alten Saatgutfirmen in übernationale Anbieter auf dem Genetik-Markt verwandelt. Die Bausteine der neuen Bio-Wissenschaften sind Gene, deren Manipulation noch weit höhere Profite verspricht. Je mehr Gene, desto größere Chancen, neue Sorten, neue Nutzpflanzen und damit neue Möglichkeiten der Kontrolle über den Nahrungsmittelsektor zu entwickeln" (ebd., 15). „Während der Saatguthandel expandiert, verwandelt er sich gleichzeitig in eine ‚genetische Zulieferindustrie‘, in der die transnationalen Unternehmen dominieren, welche die Agrarchemikalien herstellen" (ebd., 129). Durch die *Kommerzialisierung der Landwirtschaft* der Dritten Welt gerieten auch die tradierten Sozialsysteme unter Veränderungsdruck. Kommunaler Landbesitz und die in Zentralamerika vorherrschende Auffassung, daß Saatgut prinzipiell verschenkt und nicht verkauft werden sollte, sind bloß zwei Beispiele für Traditionen, die ins Wanken gerieten. „Die Verkümmerung der genetischen Basis unserer Kulturpflanzen kann man an den empfohlenen Sortenlisten der Industrieländer ablesen, wo als Reaktion auf spezielle Ansprüche – wie etwa der Tiefkühlkosterzeugung oder der Verpackungsindustrie – immer weniger Genotypen immer mehr zur Gesamtproduktion beitragen" (Heslop-Harrison, zit. nach ebd., 98).

Analog läßt sich auch für die *Fleischproduktion* argumentieren: Durch Züchtung und durch abscheulichste Grausamkeiten bei der Tierhaltung werden die Absatzmengen maximiert, die dann wegen rückläufigen Konsums mit hohen Subventionen vernichtet werden. So hat die Europäische Union z.B. einige hundert Millionen Dollar eingesetzt, um in Westafrika eine eigene Viehzucht aufzubauen, andererseits aber auch in den letzten zehn Jahren mehr als 400 Millionen Dollar aufgewendet, um den Export eigenen Rindfleisches aus der Überschußproduktion dorthin zu stützen. Und dann holt die EU rund eine halbe Million Tonnen Futtermittel allein aus Westafrika, um ihre Überschußrinder zu mästen. Die heute rund 1,3 Milliarden Rinder der Erde verschlingen eine Getreidemenge, die ausreichen würde, um einige hundert Millionen Menschen zu ernähren. Die Viehzucht gehört zu den Hauptverursachern der Zerstörung tropischer Regenwälder und der Ausbreitung der Wüsten, und damit der Vernichtung biologischer Arten (Rifkin 1994).

Die Regierungen der Europäischen Union sind mit der Herausgabe eines „Gemeinsamen Kataloges" sogar noch einen Schritt weitergegangen. Die darin nicht angeführten Saatgut-Sorten werden für minderwertig gehalten und können von den Saatgutfirmen nicht legal verkauft werden, während sich die patentierten Sorten fast ausschließlich im Besitz und im Angebot großer Unternehmen befinden. Der jährliche Einzelhandelsumsatz mit Saatgut betrug Mitte der achtziger Jahre auf der ganzen Erde über 50 Milliarden Dollar. Er ist entscheidend für die rund 18- Milliarden-Dollar-Pestizidindustrie und Schlüsselfaktor für die Multi-Billionen-Dollar Nahrungsmittelindustrie, dem größten und wichtigsten Industriezweig der Welt. Eine fundierte Schätzung würde von einer Gesamtzahl von weltweit über 2.000 aktiven Zucht- und/oder Vertriebsunternehmen ausgehen, von denen sich mehr als drei Viertel in den westlichen Industrieländern befinden (FAO, zit. nach ebd., 132). Multinationale Giganten von Shell bis ITT haben seit 1970 fast 1.000 früher unabhängige Saatgutfirmen aufgekauft oder sonstwie unter ihre Kontrolle gebracht. In Großbritannien beherrschen drei Firmen, davon zwei ausländische (Ciba-Geigy, Volvo) achtzig Prozent des Gartensamenmarktes – ähnlich in anderen westlichen Ländern. Einem Bericht von Seed Industry vom Mai 1989 zufolge sind die zehn führenden Saatgut-Konzerne der Welt Pioneer, Sandoz, Upjohn, Limagrain, Cargill, Volvo, ICI, France Mais, Dekalb-Pfizer und Claus. Von den marktbeherrschenden dreißig Unternehmen zählen elf zum Chemiesektor. Der größte Pestizid-Hersteller der Ölindustrie und inzwischen eines der größten Saatgutunternehmen der Welt ist Royal Dutch/Shell. „Shell Chemicals patentiert die Saaten des Konzerns schließlich in Italien ebenso wie in Südafrika. Shell Petroleum vertreibt das Saatgut des Konzerns auf den Inseln Mittelamerikas, und in den USA arbeitet die Shell Development Corporation an Sterilität bewirkenden Chemikalien für ihr Hybrid-Weizenprogramm. In deutschen Zeitschriften preist Shell seine Maissorten wie auch seine Herbizide in denselben Inseraten an. Kartelle, regionale Monopole und Preisabsprachen sind üblich. In amtlichen Untersuchungsberichten wird festgestellt, daß die Züchter gar die Resistenzen neuer Pflanzen gegen Insektenbefall und Krankheiten gezielt verringern, um damit den Umsatz an Chemikalien zu fördern" (Mooney/Fowler 1991, 145f.).

Die *Zerstörung natürlicher Lebensräume* ist der Hauptfeind wilder Arten, die von zunehmender Bedeutung für die Pflanzenzucht sind: Die Korallenriffs, in deren 400.000 Quadratkilometern man eine halbe Million Arten vermutet, sind so sehr bedroht, daß möglicherweise nur wenige Arten die nächsten zehn Jahre überleben werden. Das Artensterben in den *Weltmeeren* wird durch Überfischung rasch vorangetrieben. In neun von siebzehn der weltgrößten Fanggründe gehen die Bestände ernsthaft zurück, vier sind wirtschaftlich erschöpft, die restlichen voll ausgebeutet (FAO). Die Reproduktionskraft der Meere wird erschöpft. 1993 verbot die UNO die Fischerei mit Treibnetzen – weitgehend wirkungslos. Die technische Perfektion der Flotten zieht rabiates Abfischen nach sich, selbst die Tiefsee wird davon nicht mehr verschont. Was sich nicht verkaufen läßt, wird nicht etwa wieder freigesetzt, sondern gleich zu Fischmehl verarbeitet. Immer mehr Arten werden nur noch in Zuchtprogrammen gehalten. In den tropischen

Regenwäldern werden mindestens die Hälfte aller Arten der Erde vermutet, es könnten aber auch neunzig Prozent sein. Von den 1,5 bis 1,6 Milliarden Hektar von einst sind nur noch 900 Millionen Hektar übriggeblieben, und jedes Jahr werden fast zehn Millionen Hektar vernichtet, und in weitere zehn Millionen Hektar wird massiv eingegriffen (WCED 1987, 153): durch die Umwandlung von Regenwald in Farmen (Fleischkonsum! – Hauptabnehmer ist die US Fastfood-Industrie), zum Abbau von Bodenschätzen und zur Umwandlung in Siedlungsfläche. Der Klimawandel infolge des Treibhauseffektes könnte zu einer Verschiebung der Klimazonen führen, an die viele Arten sich nicht schnell genug anpassen können. Ein Anstieg der Meeresspiegel bedroht überall auf der Erde die Feuchtgebiete und die dort lebenden Arten. Die Ausbreitung von Industrien, die Rodung zu landwirtschaftlichen und städtebaulichen Zwecken, Überweidung und Ausbreitung der Wüsten, Umweltzerstörungen durch Kriege (z.B. im Vietnamkrieg, wo „... die Zerstörung der Umwelt eine entscheidende Rolle in der Strategie und Taktik der Vereinigten Staaten gespielt hatte," Westing 1976, zit. nach Mooney/Fowler 1991, 114); „Es kann als gesicherte und konservative Einschätzung gelten, daß jedes größere und kleinere Ökosystem in Vietnam gravierend verändert und sogar ohne Hoffnung auf Wiederherstellung zerstört wurde" (Ehrenfeld, zit. nach ebd., 115). In welchem Ausmaß sich militärische Absichten der Umwelt bemächtigen, entzieht sich weitgehend der öffentlichen Diskussion (vgl. z.B. Krusewitz 1985): „Was ist das für eine Verteidigungsdoktrin, die unseren Schutz nur gewährleisten kann, wenn sie unsere ökologischen Lebenszusammenhänge ruiniert?"

Die *Zentren der genetischen Vielfalt* liegen allesamt in der sogenannten *Dritten Welt.* „Die genetische ‚Heimat' der dreißig wichtigsten Nahrungspflanzen, die zusammen genommen etwa 95 Prozent des Nahrungsbedarfs der Menschheit decken, findet sich ausnahmslos in Asien, Afrika und Lateinamerika" (Mooney/Fowler 1991, 13). Der Norden ist daher abhängig vom genetischen Reichtum des Südens. Besonders verhängnisvoll ist die Verarmung in den Zentren genetischer Vielfalt („Wawilow-Zentren"). Ausgebeutet werden die genetischen Reservoirs von AmerikanerInnen, JapanerInnen und EuropäerInnen, meist ohne die Herkunftsländer des Südens an den Gewinnen zu beteiligen. Zwar schreibt die Artenschutz-Konvention, 1992 auf der UNCED-Konferenz beschlossen (die USA haben auf Druck ihrer Industrie die Ratifikation verweigert), den Besitzanspruch der Staaten auf die in ihrem Staatsgebiet vorkommende Artenvielfalt fest, aber auch die *Nachfolgekonferenz über Biodiversität* (Jakarta 1995) brachte keine Einigung über Patentierung und daraus folgende Beteiligungs- und Entschädigungsansprüche. Mit der Verabschiedung des US-Pflanzensortenschutzgesetzes wurden Saaten unter einen patentähnlichen Schutz gestellt. Ohne die durch Patente gesicherte monopolartige Kontrolle über Vermarktung und Lizenzvergabe hätte den Agrochemie-Konzernen eine ihrer wichtigsten Waffen gefehlt. Allerdings hat das Europäische Patentamt neuerdings (Februar 1996) die Patentierung von Pflanzengenen verweigert.

Der Brundlandt-Bericht behandelt die Artenvielfalt in erster Linie nach ökonomischen Gesichtspunkten, nach Kriterien der raschen Verwertbarkeit: Dem folgt die Industrie mit der Anlage genetischer Datenbanken. Was dort gesammelt ist, so die Logik, kann draußen zerstört werden (dagegen haben Mooney/Fowler eindringlich auf gravierende Mängel in vielen Genbanken hingewiesen). So entstehen Saatgut-Monopole. Pharmaunternehmen schließen Verträge mit Regierungen ab, um exklusiv auf deren Gebiet Pflanzen und Tiere sammeln und deren Keimplasma konservieren zu können. Dahinter steht die Hoffnung auf Milliardenumsätze mit neuentwickelten Medikamenten. Internationale Gremien wie das der FAO nahestehende *International Board for Plant Genetic Resources* (IBPGR, erster Vorsitzender ein Washingtoner Anwalt, der für das State Department arbeitete, ebd. 166) werden entweder unglaublicher Taktlosigkeit oder krasser Machtpolitik beschuldigt, weil sie „einen überwältigenden Teil der Keimplasmaproben (die sie als Spenden aus der Dritten Welt erhalten, B.H.) in den westlichen Industrieländern und insbesondere in den USA" einlagern (ebd. 169f.). Die USA behandeln dieses Saatgut als ihr Eigentum, verhindern, daß die Dritte Welt einen größeren Einfluß auf solche Spenden erhält, und verschweigen nicht, daß sie den Austausch von Keimplasma nach den Bedürfnissen der amerikanischen Außenpolitik ausrichten. „Die Regierungen der Industrieländer sprachen bei den FAO-Auseinandersetzungen in Rom von Keimplasma als dem ‚gemeinsamen Erbe' der ganzen Menschheit, während sie gleichzeitig Gesetze über Patentierung von Saatgut verabschiedeten und Unternehmen berieten, um dieses gemeinsame Erbe im eigenen Land zu monopolisieren" (ebd. 189). „Der Süden besitzt das rohe Keimplasma in Wald und Feld, der Norden hat einen Großteil der Plasmaressourcen des Südens in seinen Genbanken eingelagert" (ebd. 213).

Drohende Hungersnöte in Folge dramatisch reduzierter Resistenzen gehören keineswegs mehr in den Bereich der Phantasie: In Indonesien hat eine bis dahin unbekannte Seuche in den siebziger Jahren große Teile der Reisernte vernichtet. In den USA führte 1970 ein Befall genetisch identischer Maisbestände mit Braunfäule zu Ernteausfällen im Wert von über einer Milliarde Dollar, nachdem die Seuche zuvor schon in Mexiko gewütet hatte. Der harte Winter 1971/72 führte in der Ukraine zum Verlust von über dreißig Prozent der Ernte an Winterweizen, weil die genetisch homogene Sorte die klimatischen Bedingungen nicht vertrug. Durch Großaufkäufe mußte ein Ausgleich gesucht werden, die in der Folge zu einem Anstieg der Weizenpreise um 25 Prozent führten (der amerikanische Landwirtschaftsminister Earl Butz nannte die US-Agrarüberschüsse die „Lebensmittelwaffe"). Daß und wie diese Waffe eingesetzt wird, dokumentiert u.a. Schilling (1986).

2.5 Klimaveränderung

Für die klimatischen Bedingungen auf der Erde ist der natürliche Treibhauseffekt von wesentlicher Bedeutung. Die in der Atmosphäre vorhandenen Spurengase bewirken, daß die globale Durchschnittstemperatur in Bodennähe etwa 15°C beträgt und so das Leben in seiner heutigen Form ermöglicht. Diese Spurenstoffe lassen kurzwellige Sonnenstrahlung nahezu ungehindert zur Erdoberfläche passieren und absorbieren die reflektierte Wärmestrahlung. Das heißt, die Abstrahlung in den Weltraum wird durch eine isolierende Schicht behindert. Damit die zugeführte Energiemenge dennoch abgestrahlt werden kann, muß die Erde eine entsprechend höhere Temperatur haben. Dies ist, vereinfacht ausgedrückt, die physikalische Natur des Treibhauseffekts. Ohne den natürlichen Treibhauseffekt läge die mittlere Temperatur auf der Erde bei -18°C. Menschliche Einwirkung hat *diesen natürlichen Treibhauseffekt zunehmend und nachhaltig verstärkt* (Stiftung Entwicklung und Frieden 1995). Bis zum Jahr 2100 wird ein Anstieg der Durchschnittstemperatur um 3°C erwartet. Von der Größenordnung her entspricht diese Differenz etwa dem Anstieg der Temperaturen seit der letzten Eiszeit vor 18.000 Jahren. Die Veränderungen werden aber nun ungleich schneller auftreten. Daraus erwachsen historisch nie gekannte Anpassungsprobleme der Ökosphäre. Der Mensch kennt in seiner ganzen Entwicklungsgeschichte als *homo sapiens* bisher nur einen Klimazustand, der um maximal 2°C über heutigen Mittelwerten liegt (ebd. 263).

Viermal so viele zerstörerische Stürme fallen über die Länder der Erde her wie noch in den sechziger Jahren. Über dem Nordatlantik und Europa hat sich die Zahl starker Tiefdruckwirbel seit 1930 verdoppelt. Die Windgeschwindigkeiten nehmen zu. Die Schadenssummen haben sich verzehnfacht. Sturmschäden machen den Versicherungsunternehmen zu schaffen. Die *Erwärmung der Erdatmosphäre* beeinflußt Häufigkeit und Stärke von Naturkatastrophen. Weltweit schwinden die Gletscher. Allein in den Alpen sind die Eismassen seit Mitte des letzten Jahrhunderts um die Hälfte geschmolzen. Dadurch gehen wichtige Süßwasserspeicher verloren, der Wasserspiegel der Binnengewässer sinkt, und bei gleichbleibender Einleitung von Abwässern verschlechtert sich die Wasserqualität rasch. In den letzten hundert Jahren ist der Meeresspiegel weltweit um zwanzig Zentimeter angestiegen. Derzeit steigt er um drei Zentimeter pro Jahrzehnt. Die Weltmeere erwärmen sich. Allein in den Tropen hat die Temperatur der oberen Wasserschichten in den letzten fünfzig Jahren um 0,5 Grad zugenommen. Seit vier Jahren in Folge wird *El Nino* registriert, eine Aufheizung des Meerwassers vor der peruanischen Küste, die früher stets nach etwas über einem Jahr wieder verschwand. El Nino beeinflußt das gesamte Weltklima. Die Störung führt zu Ernteausfällen in Australien, Überschwemmungen in Kalifornien und beeinflußt den Monsun in Südostasien.

Abb. 2.3: Die Auswirkung des Treibhauseffektes

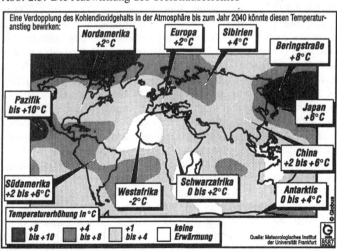

Quelle: Das Parlament 5-6, 1992

Es gibt heute keinen ernsthaften Zweifel mehr daran, daß die Erderwärmung *von Menschen verursacht* wird (IPCC 1995; Schönwiese 1994; Weiner 1990; Haber 1989; u.a.). Verantwortlich dafür ist der Treibhauseffekt. Industrie, Verkehr und Landwirtschaft emittieren Treibhausgase, vor allem Kohlendioxid und Methan. Die bilden ein Wärmepolster, d.h. sie lassen die von der Sonne kommende Strahlung passieren, halten aber die Wärmestrahlung der Erde zurück. Seit Beginn der Industrialisierung und besonders in den letzten Jahrzehnten hat der Mensch die Zusammensetzung der Erdatmosphäre verändert. Klimaänderungen und die Ausdünnung der stratosphärischen Ozonschicht, das ‚Ozonloch‘, sind die Folgen. Schon in den letzten hundert Jahren ist die durchschnittliche Tempcratur auf der Erde um 0,6°C angestiegen: um 0,3°C allein von 1970 bis heute. Klimamodelle sagen den weiteren Anstieg der globalen Durchschnittstemperatur um etwa 3°C bis zum Jahr 2100 voraus, falls die heutigen Emissionstrends sich fortsetzen. Wesentliche Ursache ist die drastische Zunahme der *Kohlendioxidemissionen*, die sich von 1750 bis 1990 zu einer Gesamtmenge von 800 Milliarden Tonnen summierten: Ihr Wachstum verlief besonders in den letzten 40 Jahren exponentiell und beträgt heute etwa 22 Milliarden Tonnen pro Jahr (Stiftung Entwicklung und Frieden 1995).

Das *Intergovernmental Panel on Climate Change* (IPCC) hat im Dezember 1995 seinen zweiten Bericht vorgelegt. Dort wird u.a. festgestellt, daß die Konzentration von Treibhausgasen in der Erdatmosphäre seit Beginn der Industrialisierung bedeutend zugenommen hat (Kohlendioxid um dreißig Prozent, Methan um 145 Prozent, Lachgas um fünfzehn Prozent), und daß diese Emissionen hauptsächlich auf die Nutzung fossiler Energien, auf Veränderungen der Landnutzung und auf die Landwirtschaft zurückgehen. Viele Treibhausgase bleiben über Jahrzehnte, gar Jahrhunderte in der Atmosphäre. Die Zunahme von CO_2 ist am wichtigsten, weil sie quantitativ am meisten ins Gewicht fällt, auch wenn andere Spurengase effektiver zum Treibhauseffekt beitragen. Etwa alle zwanzig Jahre verdoppeln sich die CO_2-Emissionen. Hauptverursacher ist Nordamerika (28 Prozent), gefolgt von den früheren Ostblockländern (22 Prozent), Westeuropa (15 Prozent), China (13 Prozent) (Gaber/Natsch 1989, 61). In Deutschland werden pro Jahr durchschnittlich mehr als 750 Millionen Tonnen CO_2 abgegeben, mehr als auf dem gesamten afrikanischen Kontinent.

Über ein Drittel stammt aus Kraftwerken (35 Prozent), gefolgt von privaten Haushalten und KleinverbraucherInnen (24 Prozent), 17 Prozent entfallen auf den Verkehr; Industrie, Raffinerien und Hochöfen haben einen Anteil von zusammen 24 Prozent. Die Ölheizung ist mit 96 kg CO_2 pro Einheit Nutzenergie (gemessen in GJ), die moderne Gasheizung mit Brennwerttechnik mit 74 kg, ein Steinkohle-Heizkraftwerk mit 33 kg an den Emissionen beteiligt. Im Gegensatz zu häufig wiederholten Behauptungen wird auch bei der Erzeugung von Strom aus Atomkraftwerken (bei der Urangewinnung und -anreicherung, dem Bau der Kraftwerke, den Transporten etc.) CO_2 im Umfang von durchschnittlich 16 kg emittiert (ebd. 63). Die Landwirtschaft ist weltweit durch Rinderhaltung und Naßreisanbau für rund sechzig Prozent der Methan-Emissionen und durch Düngung für ebenfalls 60 Prozent der Stickoxid-Emissionen verantwortlich (Globale Trends 96, 263). Etwa zwei Drittel aller klimarelevanten Spurengase werden von den Industrieländern emittiert. Nach absoluten Werten verursachen die USA, die GUS, die Europäische Union, China und Japan zusammen etwa 56 Prozent aller Treibhausemissionen (ebd.).

Jährlich steigt die *FCKW-Konzentration* der Atmosphäre um fünf Prozent an. Chlor zerstört die Ozonschicht. Dadurch nimmt die UV-Strahlung auf der Erde zu. Sie kann bei Menschen Augenkrankheiten und Hautkrebs auslösen. Pflanzen und das Phytoplankton der Weltmeere sind besonders UV-empfindlich, so daß bei weiterem Ozonabbau mit Ernteeinbußen und Klimastörungen gerechnet werden muß. Auch ein sofortiger FCKW-Stopp würde keine Erholung bringen, weil die FCKWs etwa fünfzehn Jahre brauchen, um bis zur Ozonschicht zu gelangen. Daher wird die Zerstörung dieser Schicht in jedem Fall weiter zunehmen, und zwar umso mehr, je später Maßnahmen ergriffen werden. Vom Beginn der Produktion an bis 1989 (insgesamt etwa 22 Millionen Tonnen) waren erst 7 Millionen Tonnen in die Ozonschicht gelangt, wovon nur etwa eine Tonne abgebaut worden ist. Die gesamte Restmenge ist noch auf dem Weg hin zur Ozonschicht. Diese Menge hätte vermieden werden können, wenn Regierungen und Industrie auf die ersten Warnungen von WissenschaftlerInnen 1974 gehört hätten (Gaber/Natsch 1989, 69). Obgleich weltweit nur zwanzig Firmen FCKW produzieren, ist kein Produktionsverbot in Sicht; weltweit erstmalig hat die deutsche Bundesregierung 1990 eine FCKW-Halon-Verbots-Verordnung erlassen, nach der ab 1995 die Produktion und Verwendung einiger dieser Stoffe untersagt wird. Nachdem die USA 1978 die Verwendung von FCKW in Spraydosen verboten hatten, ist der Weltverbrauch nicht etwa gesunken, sondern er hat sich von privaten auf industrielle Anwender, vor allem zur chemischen Industrie, verlagert, hin zu Schaumstoffen und Lösungsmitteln. Allerdings wird über der FCKW-Diskussion oft vergessen, daß rund die

Hälfte des ozonschädigenden atmosphärischen Chlors damit gar nicht erfaßt wird – sie wurde auch im Montrealer Protokoll „vergessen" (ebd. 71).

Schadstoffeinträge ins Meer, in die Flüsse und über die Luft *schädigen das Phytoplankton in den Meeren*, mit der Folge, daß einerseits die Wolkenbildung über diesen Meeren beeinträchtigt und so die Erwärmung der Atmosphäre weiter verstärkt wird, andererseits die Fähigkeit dieser Algen zur Photosynthese gestört wird, was eine geringere Bindungsfähigkeit für CO_2 und geringere Sauerstoffbildung zur Folge hat und damit den Treibhauseffekt weiter verstärkt (Gaber/ Natsch 1989, 35). Hier wird ein wichtiger Selbsterhaltungsmechanismus der natürlichen Kreisläufe gestört.

Stickoxide, Kohlenmonoxid und Kohlenwasserstoffe, die hauptsächlichen Bestandteile der Autoabgase, führen im Sommer zur photochemischen Bildung von *bodennahem Ozon*, insbesondere in Ballungsgebieten. Diese Ozon-Konzentration hat seit der Industrialisierung um durchschnittlich 300 bis 400 Prozent zugenommen. Der Sommersmog ist gesundheitsgefährdend, möglicherweise erbgutschädigend und krebserregend (ebd. 41). Wahrscheinlich werden die Zellen von Blattpflanzen durch Ozon geschädigt, so daß saurer Regen, Schwermetalle und Schädlinge größere Schäden anrichten können.

Vor allem in den *Ländern des Südens* wird der Temperaturanstieg zu zusätzlichen Mangelerscheinungen führen. Noch mehr Wasser verdunstet, die Niederschläge gehen zurück, Brunnen versiegen, Böden vertrocknen, die Vegetation verdorrt, Wüsten dehnen sich aus. In Spanien, Italien, Teilen Griechenlands, weiten Teilen Afrikas, im Mittleren Osten und im Süden der USA könnte eine Dürre herrschen wie derzeit in der afrikanischen Sahelzone. Im Norden wird es wärmer und feuchter. In Deutschland könnte ein Wetter herrschen wie jetzt in Italien, in Sibirien könnten Weizenfelder wachsen. Es kommt zu einer jahreszeitlichen Umverteilung der Niederschläge: Im Winter wird es stärker als bisher regnen, die Sommer werden trocken. Der zusätzliche Regen nützt also der Landwirtschaft wenig, zumal Schnee und Eis als Wasserspeicher ausfallen. Die BewohnerInnen des Nordens werden unter für sie neuen Krankheiten zu leiden haben. Gefahren drohen vor allem von Erregern, die bisher in den Tropen heimisch waren: Malaria und Gelbfieber könnten sich ausbreiten. Tropische Wirbelstürme bilden sich dort, wo die Oberflächentemperatur der Meere auf über 26 Grad ansteigt – diese Gebiete werden sich erheblich ausdehnen. Während der letzten schneearmen und viel zu warmen Winter war das früher übliche Kältehoch über Europa viel zu schwach ausgeprägt, um

Sturmtiefs wirksam abhalten zu können. Orkanserien wie Anfang 1990 oder 1993 könnten bei weiter steigenden Wintertemperaturen zum Normalfall werden. Dann könnte es auch alljährlich zu Überschwemmungen kommen wie im Winter 1993/94 oder 1994/95, als große Landstriche an Rhein und Mosel überflutet wurden. Das hat vor allem mit der Kanalisierung der Flüsse, dem Verlust von Rückhalteflächen und der Flurbereinigung zu tun, die zu rascherem Abfließen der Oberflächengewässer führen, wird aber durch die Erwärmung verstärkt, weil die Feuchtigkeit nicht mehr als Schnee liegen bleibt. Wenn die Berge als Wasserspeicher ausfallen, stürzt das Niederschlagswasser direkt in die Täler und läßt die Flüsse anschwellen. Um einen halben bis zwei Meter werden schmelzende Gletscher und die thermische Ausdehnung des sich erwärmenden Wassers den Meeresspiegel im nächsten Jahrhundert voraussichtlich ansteigen lassen. Fünf Millionen Quadratkilometer Land entlang der Küsten – eine Fläche, halb so groß wie Europa – würden vom Meer verschluckt. Das entspricht einem Drittel des derzeit verfügbaren Ackerlandes. Menschen auf den Malediven, den Südseeinseln, einem erheblichen Teil der Bevölkerung in Bangladesh, Ägypten, Thailand, China, Brasilien, Indonesien, Argentinien, Gambia, Nigeria, Senegal und Mosambik bliebe nur die Auswanderung. Wenn viele Millionen Menschen überschwemmungsgefährdete Gebiete verlassen müssen, wird das schwere wirtschaftliche und soziale Konflikte auslösen. Gerade in Ballungsgebieten werden Versorgungsprobleme wachsen und damit die Ausbreitung von Krankheiten, Seuchen, Gewalt und Kriminalität begünstigen (Stiftung Entwicklung und Frieden 1995). „Vielen der besonders fruchtbaren Deltagebiete wie denen der Flüsse Mekong, Nil, Orinoko, Amazonas, Ganges, Niger, Mississippi und Po ... droht Überflutung, wenn die Sedimentationsrate ... nicht mit dem steigenden Wasserspiegel Schritt halten kann. Bei Stürmen treten zusätzlich verheerende Überschwemmungen auf (ebd. 266). Auch die Küstenregionen Europas, in denen dichtbesiedelte Städte und Industriegebiete liegen, wären schwer betroffen. Doch auch extreme Klimaschwankungen sind denkbar: Wüstenklima und Eiszeit könnten sich in Europa in rascher Folge abwechseln. Daran könnten sich Vegetation und Menschen nicht mehr anpassen. Auslöser könnten Strömungen im Atlantik sein, die durch Erwärmung und den Zufluß von mehr Süßwasser verändert werden.

Selbst wenn es gelingen würde, die Emission von CO_2 und FCKW sofort zu unterbinden, wird dies an den Klimawirkungen noch über Jahre hinaus nichts ändern. Mit diesem nur hypothetischen Fall ist freilich nicht zu rechnen. Vielmehr spricht viel dafür, daß die Klimarahmenkonvention, die in Rio 1992 verabschiedet wurde, von den Industrieländern nicht eingehalten wird. Die Verpflichtung der Bundesregierung, 1995 auf dem Weltklimagipfel abgegeben, bis zum Jahre 2005 die CO_2-Emissionen um 25 Prozent, bezogen auf den Wert von 1987, zu reduzieren, dürfte kaum eingehalten werden: der bislang beobachtete Rückgang geht ausschließlich auf Betriebsschließungen in der ehemaligen DDR zurück (Enquête-Kommission 1992, 24). Gleichzeitig steigt der Verbrauch fossiler Brennstoffe in Kraftwerken und im Verkehr in Deutschland, insbesondere aber weltweit, weiter an. Vor allem die rasche Industrialisierung von Entwicklungsländern wie China oder Indien wird hier drastische Auswirkungen haben: Würde sich die chinesische CO_2-Produktion pro Kopf (derzeit 2 t pro Jahr) an den US-Standard (20 t pro Jahr) angleichen, dann entließe das Land mehr CO_2 in die Atmosphäre als heute die ganze Menschheit (Stiftung Entwicklung und Frieden 1995).

Gerade weil die hochproduktiven Industrien der westlich-kapitalistischen Länder infolge abnehmender Kaufkraft wegen hoher Arbeitslosigkeit immer mehr auf die Weltmärkte drängen, und weil die Menschen dort ihr Konsumverhalten zunehmend an dem von westlichen Medien propagierten Modell ausrichten, wird die Industrialisierung dort zunehmen. Die Schwellenländer demonstrieren, daß ihre *hohen Zuwachsraten nur durch dramatische Umweltschäden erkauft* werden können.

2.6 Gesundheit

„Der Welt unbarmherzigster Mörder und die wichtigste Ursache des Leidens auf der Erde ist ... extreme Armut", so beginnt der Weltgesundheitsbericht 1995, und er fährt fort: „Armut ist der wichtigste Grund dafür, daß Säuglinge nicht geimpft werden, sauberes Wasser und sanitäre Einrichtungen nicht zur Verfügung stehen, Medikamente und Behandlungen nicht erreichbar sind und Mütter im Kindbett sterben. Armut ist die wichtigste Ursache für geringere Lebenserwartung, für Behinderungen und Hunger. Armut trägt am meisten bei zu Geisteskrankheiten, Streß, Selbstmord, Auseinanderfallen von Familien und dem Mißbrauch von Substanzen. Armut macht ihren zerstörerischen Einfluß vom Augenblick der Empfängnis bis zum Grab geltend. Sie verschwört sich mit den tödlichsten und schmerzvollsten Seuchen und bringt allen, die an ihr leiden, ein erbärmliches Dasein. Während der zweiten Hälfte der achtziger Jahre ist die Zahl der Menschen auf der Erde, die unter extremer Armut leben, angestiegen, und sie lag 1990 bei schätzungsweise 1,1 Milliarden – mehr als einem Fünftel der Menschheit. ... Jedes Jahr sterben in den Entwicklungsländern 12,2 Millionen Kinder unter fünf Jahren, die meisten aus leicht vermeidbaren Gründen – vermeidbar, in vielen Fällen, für nur wenige Pfennige. ... Ein Mensch in einem der am wenigsten entwickelten Länder der Erde hat eine Lebenserwartung von 43 Jahren; in den am weitesten entwickelten Ländern beträgt sie 78 Jahre. Das ist ein Unterschied von mehr als einem Drittel Jahrhundert" (WHO 1995, 1). Schon die Definition umweltbedingter gesundheitlicher oder genetischer Schädigungen bereitet erhebliche Schwierigkeiten, gibt es doch kaum ein Leiden, das nicht plausibel mit Umweltbedingungen in Zusammenhang gebracht werden kann. Die Verwendung amtlich sanktionierter *Grenzwerte* mag zwar gebräuchlich sein (Teufel 1994), dennoch handelt es sich um „faulen Zauber": „Grenzwerte ermöglichen eine *Dauerration kollektiver Normalvergiftung*. Sie machen Vergiftung, die sie zulassen, allerdings zugleich ungeschehen, indem sie die erfolgte Vergiftung für *un*schädlich erklären ... Denn es wirkt höhnisch bis zynisch, einerseits Grenzwerte zu bestimmen und damit die Vergiftung teilweise freizugeben, andererseits sich überhaupt durch keine Gedankenanstrengung darum zu bemühen, welche Konsequenzen die *Summierung* der Gifte in ihrem *Zusammenwirken* hat. ... Es handelt sich also um ein Dauergroßexperiment mit Meldepflicht der unfreiwilligen Versuchsmehrheit über die sich bei ihr sammelnden Vergiftungssymptome mit umgekehrter und nach oben geschraubter Beweislast, deren Argumente man schon deswegen nicht zur Kenntnis nehmen muß, *weil es ja die Grenzwerte gibt, die eingehalten wurden!*" (Beck 1986, 85ff.). Grenzwerte sind *Ergebnisse politischer Aushandlungsprozesse* und richten sich, wie die Unterschiede zwischen verschiedenen Ländern zeigen, nur ausnahmsweise nach tatsächlich wissenschaftlich festgestellten medizinischen Schwellenwerten: So liegen die von der Bundesregierung im Herbst 1993 festgesetzten Grenzwerte für Benzol und Dieselruß um das Drei- bis Zehnfache über den vom Länderausschuß für Immissionsschutz vorgeschlagenen, selbst problematischen Grenzwerten – dort wird nämlich von einem „akzeptablen Krebsrisiko von 1 zu 2.500" ausgegangen (Teufel 1994).

Da ist *einmal* die Komplexität der Stoffe und Risiken: Luftverschmutzung, UV-Einstrahlung der Sonne, radioaktive Strahlung, Unfallrisiko in AKWs, in Chemiebetrieben (Seveso, Bhopal, Sandoz, Hoechst), ausfließendes Rohöl (Niger-Delta), Agrochemikalien, Stürme, Überschwemmungen, Hilfs-, Zusatz- und Aromastoffe, ja selbst Gifte in Nahrungsmitteln, verpestetes Trinkwasser, Pflanzenschutzmittel, Rauchen, Alkohol, Drogen, Arzneimittel, Kosmetika, Textilien, Kunststoffe, Wasch- und Pflegemittel, Baustoffe, Holzschutzmittel, Elektrosmog, Kontamination von Böden, Autounfälle, Kriege, Kriminalität, Tierkrankheiten, Belastungen am Arbeitsplatz, – sie alle können einzeln zu Gesundheitsschäden und zum Tod führen, vor allem aber treten sie regelmäßig in Kombinationen auf. Grenzen sind schwer zu ziehen, kausale Nachweise schwer zu führen. *Zweitens* ist ein schlüssiger, überzeugender Nachweis der Gesundheitsschädlichkeit für Menschen an Tierversuchen nicht möglich (Teufel 1994). *Drittens* sind Menschen solchen gesundheitsbelastenden Situationen oft über lange Zeit und oft unentrinnbar ausgesetzt, und Krankheitssymptome zeigen sich oft erst lange Zeit später, womöglich gar, im Fall von genetischen Schädigungen, erst in einer späteren Generation. Dabei ist diese Exposition nicht über alle sozialen Gruppen gleichmäßig verteilt: Unterschiede zwischen Kindern, Erwachsenen im erwerbsfähigen Alter und Alten, zwischen Armen und Reichen, zwischen Frauen und Männern, zwischen Glücklichen und Unglücklichen müßten berücksichtigt werden.

„3,2 Millionen Kinder sterben jährlich an Durchfallerkrankungen; zwei Millionen Menschen fallen jedes Jahr der Malaria zum Opfer; Hunderte Millionen sind durch Parasitenbefall geschwächt, müssen verpestete Luft atmen und verseuchtes Wasser trinken. Über zwei Milliarden – mehr als vierzig Prozent der Weltbevölkerung – haben nicht genug zu essen oder zu trinken und leben in unsicheren Behausungen ohne vernünftige sanitäre Anlagen. Und 1,6 Milliarden Menschen haben noch nicht einmal die Möglichkeit, Gesundheitsdienste in Anspruch zu nehmen. ... Der Tod aus Wasserlöchern und Fabrikschloten ereilt fast ausschließlich die Armen" so ein Bericht der Weltgesundheitsorganisation (WHO 1992). Auch wenn es also gute Argumente dafür gibt, daß Umweltschäden für das vermehrte Auftreten von Allergien, Krebs und Cholera, für die Schädigung männlicher Spermien, für Belastungen der Muttermilch, für Geburtsschäden bei Kindern mit verantwortlich sind, ist ein exakter, unwiderlegbarer, nach heutigen Regeln gerichtsfester empirischer Beweis, die eindeutige Feststellung einer Krankheitsursache im Sinn positivistischer Wissenschaftslogik nicht möglich. Selbst gründliche epidemiologische Untersuchungen können einen solchen Nachweis nicht mit letzter Gewißheit führen.

Umso mehr gilt dies für Krankheiten, die durch bisher kaum bekannte Mikroben: HIV, Marburg, Ebola, Junin und andere, ausgelöst werden. „Seuchen sind die Antwort der Natur auf den Naturschädling

Mensch. Mikroben bilden gleichsam das Immunsystem der Biosphäre, die sich gegen die unkontrollierte Vermehrung eines Parasiten wehrt" (Garrett 1994, zit. nach Spiegel 2/1995, 143). Klimaänderungen, Umweltgifte, Urwaldrodungen, Staudammbauten – sie tragen zur Verbreitung solcher Mikroben bei. Viel mehr aber noch gilt dies für Bevölkerungswachstum und Mobilität, übervölkerte Metropolen, Kriege und Flüchtlingsströme, Flugverkehr. Das Grippevirus, von europäischen EinwandererInnen nach Nordamerika eingeschleppt, hat wahrscheinlich 56 Millionen Opfer unter der indianischen Bevölkerung dahingerafft. Prostitution, Drogenabhängigkeit und der weltweite Handel mit Blut haben die Übertragungswege für das HIV-Virus geschaffen. Als Ende der achtziger Jahre in Großbritannien massenhaft Rinder an BSE (Rinderwahnsinn) verendeten, kam der Öffentlichkeit plötzlich zu Bewußtsein, wo überall Rindergewebe verwendet wird: im Viehfutter und im Säuglingsbrei, in Medikamenten und Kosmetika. Schon eine geringfügige Temperaturerhöhung mag genügen, um vielen Mikroben neue Lebensräume zu erschließen. Immer wieder tauchen Gerüchte darüber auf, daß Mikroben zufällig oder absichtlich aus den Labors der Hersteller biologischer Waffen entwichen seien. Beweisen freilich läßt sich ein solcher Verdacht nicht, sie sind klein, billig, unkontrollierbar. Trotz des Verbots durch eine UN-Konvention von 1975 dürften Forschung und Herstellung weitergehen.

Durch *äußere Gewalt* sterben jährlich weltweit etwa 4 Millionen Menschen, fast acht Prozent aller Todesfälle, davon 3,1 Millionen in der Dritten Welt, die Opfer von Kriegen und Aufständen nicht eingerechnet. Aber Kriege haben nicht nur direkte Folgen an Toten und Verwundeten, sondern vor allem indirekte Folgen: Der Zusammenbruch der politischen, sozialen und wirtschaftlichen Infrastruktur führt zu gesundheitlichen Beeinträchtigungen, die die direkten Folgen noch übertreffen können. 885.000 Menschen kommen in Verkehrsunfällen um – mit rasch steigender Tendenz; alleine in Peking kommen pro Jahr 100.000 Kraftfahrzeuge dazu! 780.000 Menschen sterben vorzeitig durch Selbstmord, und mehr als 300.000 als Folge krimineller Handlungen. Die Zahl der Morde, bezogen auf 100.000 EinwohnerInnen, schwankt zwischen etwa 200 (Guatemala) und weniger als einem (Skandinavien). Unter den wohlhabenden Ländern liegen die USA bei weitem an der Spitze; die Hälfte der amerikanischen männlichen Bevölkerung besitzt eine Waffe. Ein Viertel aller Morde geschieht in Familien, wobei fast immer Männer Frauen umbringen (Borgers/ Niehoff 1995, 87). 220.000 Todesfälle und 330.000 Fälle von Verletzungen gehen auf berufliche Unfälle zurück (WHO 1995, 35).

Zwanzig Millionen Menschen sterben jährlich an *übertragbaren Krankheiten*, bei weitem überwiegend an solchen, die durch Infektionen oder Parasiten übertragen werden: Tuberkulose fordert drei Millionen, Malaria zwei Millionen und Hepatitis B eine Million Opfer jährlich. Die Zahl der HIV-infizierten Erwachsenen wird weltweit auf 13-15 Millionen geschätzt, die Hälfte davon in Schwarzafrika. Die WHO schätzt, daß bis zum Jahr 2000 diese Zahl auf dreißig bis vierzig Millionen ansteigen könnte (ebd., 30). Vier Millionen Kinder sterben, weil ihnen Antibiotika fehlen, die pro Kind nicht mehr als dreißig Pfennige kosten (ebd., 8). Die meisten sterben an Durchfallerkrankungen, vor allem in Folge unsauberen Wassers und fehlender sanitärer Einrichtungen. „Die ökologische Problematik tritt heute gegenüber den traditionellen ‚Erregern' in den Vordergrund" (Borgers/Niehoff 1995, 90). Klimaveränderung, verstärkte UV-Einstrahlung und die Zunahme des bodennahen Ozons dürften nicht ohne Folgen bleiben für die Ausbreitung neuer oder veränderter Krankheitserreger – Mikroben können sich wegen ihrer überaus kurzen Generationenfolge am besten und schnellsten auf neue klimatische Bedingungen einstellen.

Die gesundheitliche Versorgung hat in vielen Ländern der Dritten Welt empfindlich gelitten, insbesondere als Konsequenz der *Strukturanpassungsmaßnahmen*, die den Regierungen vom Internationalen Währungsfonds als Preis für neue Umschuldungspläne auferlegt werden. Indirekte Folgen solcher Sparprogramme entstehen aus Kürzungen in den Bereichen Nahrungsmittelversorgung, Infrastruktur und Bildung (WHO 1995, 40; Borgers/Niehoff 1995, 88). Am stärksten betroffen sind davon die Slumgebiete großstädtischer Agglomerationen. Dies zwingt zu dem Hinweis, daß die städtische Armut auch in den meist als wohlhabend bezeichneten Ländern der westlich-kapitalistischen Welt, insbesondere aber in den Ländern des früheren Ostblocks rasch zunimmt.

Die WHO (1988) läßt keinen Zweifel daran, daß Gesundheitsvorsorge nicht isoliert betrieben werden kann, zu sehr hängt sie mit sozialen, ökologischen und wirtschaftlichen Verhältnissen zusammen.

Es ist wegen der Komplexität der Zusammenhänge und der Schwierigkeit, eindeutige kausale Nachweise zu führen, auch nicht möglich, die volkswirtschaftlichen oder gar die *sozialen Kosten*, die aus umweltbedingten Gesundheits- oder genetischen Schäden resultieren, auch nur annähernd zu schätzen. Alle Versuche in dieser Richtung unterschätzen die wirklichen Kosten gewaltig. Das gilt auch für Deutschland. So sind umweltbedingte Krankheiten in die Rechnung des UPI

(1995) zwar einbezogen; da sie aber mehr bedeuten als volkswirtschaftliche Kosten, da sie Elend und Leiden für die betroffenen Individuen und Familien verursachen und da ihnen vor allem Indikatorbedeutung für die Folgen der Umweltbelastung zugeschrieben werden kann, stellen sie im besten Fall eine Untergrenze dar: Alleine für luftverschmutzungsbedingte Erkrankungen für die alten Bundesländer werden Kosten in Höhe von 27 Milliarden DM pro Jahr, das sind rund 500 DM pro Kopf der Bevölkerung, geschätzt, die nicht von den VerursacherInnen, sondern von der Allgemeinheit bzw. den Versicherten getragen werden. Ebenfalls untersucht wurden die volkswirtschaftlichen Kosten aus Straßenunfällen: Bezogen auf das Jahr 1989 mit über 6.000 Getöteten, 13.000 Schwer- und 2.300 Leichtverletzten ergeben sich für die alten Bundesländer rund 71 Milliarden DM an Schäden, die nicht durch die Kfz-Versicherungen abgedeckt, sondern von der Allgemeinheit übernommen werden. Pro Jahr gibt es derzeit in Deutschland ca. 10.000 Verkehrstote. Auch hier handelt es sich um Kosten, die im Sozialprodukt als wohlfahrtssteigernd ausgewiesen werden.

Schätzungsweise 20.000 Menschen sterben jährlich in Deutschland an einer durch gesundheitsgefährdende *Arbeitsbedingungen* ausgelösten Krebserkrankung. Die amerikanische Umweltbehörde EPA hat geschätzt, daß bis zum Jahr 2040 global rund 12 Millionen Hautkrebsfälle durch die UV-Strahlung, verursacht durch FCKW-Emissionen, erwartet werden müssen. Im Durchschnitt fällt damit auf zwei Tonnen emittierter FCKWs ein Hautkrebsfall (UPI 1995). Die Risiken der vermehrten UV-Bestrahlung gehen über den Hautkrebs hinaus: Sie schädigt das Immunsystem, beschleunigt den Alterungsprozeß der Haut und begünstigt Augenerkrankungen.

Im Mai 1991 brach ein verheerender Wirbelsturm über Bangladesh herein und forderte 140.000 Tote, bei einer potentiellen Gefährdung von rund einer Million. „Haben wir reichen Bürger der industriellen Welt mit unserem überproportional hohen Ausstoß klimawirksamer Spurengase in die Atmosphäre Hunderttausende armer und unschuldiger Menschen in Bangladesch in den Tod getrieben?" (Schönwiese 1994, 14). Drei Millionen Tote sind weltweit pro Jahr als Folge des Rauchens zu beklagen. Schwefeldioxid führt zu Atemwegserkrankungen, Kohlenmonoxid zur Verminderung der Sauerstoffaufnahme im Hämoglobin, zur Erhöhung der Mutationsrate, zur Schädigung von Kulturpflanzen und von Mikroorganismen (Plankton) mit Auswirkungen auf die Nahrungskette der Meere und zu verminderter CO_2-Aufnahme. Dreißig Millionen AllergikerInnen, 6.000 Asthmatote (1993) werden alleine in Deutschland geschätzt – über 20.000 Allergene sind inzwischen festgestellt worden. Alleine die Kosten für Asthmatherapie belaufen sich auf rund vier Milliarden DM jährlich in Deutschland.

„Externe Kosten, die der Allgemeinheit verursacht werden und nicht vom Verursacher getragen werden, stellen eine erhebliche ökonomische Fehlallokation dar. Sie führen dazu, daß die einen volkswirtschaftlichen Schaden verursachende Tätigkeit (Produktion oder Konsum) zu billig ist und deshalb zu stark nachgefragt wird. Gleichzeitig besteht keinerlei Anreiz, die Schäden zu verhindern oder zu vermindern" (Teufel 1994, 22)

2.7 Tragfähigkeit

Die einfache Feststellung, daß „die Menschheit" die natürlichen Ressourcen des Planeten Erde übernutzt oder gar zerstört, ist ebenso richtig wie inhaltsleer, ja sie verschleiert sogar den entscheidenden Sachverhalt: Tatsächlich ist es nur ein relativ *kleiner Teil dieser Menschheit*, der nicht nur die Lebensgrundlagen künftiger Generationen zerstört, sondern auch heute schon der überwiegenden Mehrheit der Menschen ausreichende Lebenschancen vorenthält. „Wenn alle Menschen so lebten wie die heutigen Nordamerikaner, dann brauchtes wir mindestens zwei zusätzliche Planeten Erde, um die Ressourcen zu schaffen, die Abfälle aufzunehmen und auf andere Weise die Erhaltung des Lebens zu sichern. Unglücklicherweise ist es so schwer, gute Planeten zu finden ..." (Wackernagel/Rees 1996, 15). Es sind verschiedene *Methoden* entwickelt worden um zu zeigen, welcher Menge an Ressourcen es bedarf, damit eine gegebene Menge Menschen dauerhaft, nachhaltig überleben kann; Neumann (1994) diskutiert das Konzept der „Ecocapacity" des niederländischen Beirates für Natur- und Umweltforschung (Opschoor/Weterings 1992), den „Umweltraum" des Sustainable Netherlands-Berichtes (Milieu defensie 1994), den „Material Input per Service Unit" des Wuppertal-Instituts (Schmidt-Bleek 1994), den „Sustainable Process Index" (Naradoslawsky/Krotscheck/Sage 1993) und den „Ecological Footprint" (Wackernagel/Rees 1996).

Maße für Sustainability

Ecocapacity: 1992 vom Advisory Council for Research on Nature and Environment der Niederlande vorgeschlagen. Es werden Indikatoren für Ressourcenverbrauch, Verschmutzung und Eingriff verwendet, und durch einen Vergleich eines nachhaltigen Niveaus mit dem für das Jahr 2040 erwarteten Niveau wird für jeden Indikator die notwendige Reduktion, die bis zu diesem Jahr geleistet werden muß, errechnet.

Umweltraum: 1992 von Milieu defensie (Friends of the Earth Netherlands) als Beitrag zum Rio-Gipfel vorgeschlagen. Als Aktionsplan konzipiert, soll der Bericht deutlich machen, welche ökologischen Grenzen berücksichtigt werden müssen, wie ein Umbau der Niederlande bis im Jahr 2010 erreicht werden kann. Der „Umweltraum" wird definiert als der gerade noch tolerierbare Pro-Kopf-Verbrauch im Jahr 2010, wobei globale Gleichverteilung angenommen wird.

Material Input per Service Unit (MIPS): 1994 vom Wuppertal-Institut vorgestellt, ist ein Maß für die ökologische Verträglichkeit von (zum Konsum bestimmten) Endprodukten, das sämtliche Massendurchsätze „von der Wiege bis zur Bahre" eines Produkts zu einer Materialgröße aggregiert. Die indirekt in die Produktion eingehenden Materialströme werden der „ökologische Rucksack" des Produkts genannt. Technische Innovationen, Effizienzsteigerung stehen im Vordergrund, ein Maß für Nachhaltigkeit wird nicht verwendet.

Sustainable Process Index (SPI): Der Index, 1993 an der TU Graz entwickelt, kann für alle Dienstleistungs- und Produktionsprozesse verwendet werden. Er ist eine Meßgröße, die aus Flächenäquivalenten (für die Rohstoffe, für Energie, für Infrastruktur, als Senke, die zur Herstellung nötig sind) gebildet wird. Dabei werden jeweils die gesamten Massen- und Energieströme bis hin zur Entsorgung über die gesamte Produktlinie einbezogen.

Ecological Footprint (EF): an der School of Community and Regional Planning, University of British Columbia, Vancouver, Kanada, von Mathis Wakkernagel und William Rees entwickelt und 1996 vorgestellt. Der EF umfaßt die Landfläche, die sich eine (lokale, regionale, nationale) Gesellschaft aneignet, um den durchschnittlichen heutigen Lebensstil in der Region aufrechtzuerhalten. Alle nötigen Ressourcen/Absorptionskapazitäten werden in Flächenäquivalenten ausgedrückt. Wenn diese Größe dividiert wird durch die unter Nachhaltigkeitsgesichtspunkten definierte Mindestfläche, entsteht eine Maßzahl, die (relative, bezogen auf Gleichverteilung der heute in Anspruch genommenen Flächen; oder absolute, bezogen auf zum dauerhaften Überleben der Menschheit durchschnittlich nötige Flächen) Über-/Unterkonsumtion anzeigt.

„Verschmutzungsbereinigter Wirtschaftsindikator" (VWI) bzw. „Natur-Kapital-Indikator" (NKI): Ausgangspunkt sind die Defizite des BSP. Zur Korrektur wird vorgeschlagen, die von einem Land ausgehenden Verschmutzungsaktivitäten negativ, die vorhandenen Naturpotentiale positiv auf das BSP anzurechnen. Der VWI verwendet dazu die CO_2-Emissionen pro Kopf, der NKI die nicht kommerziell genutzten Flächen multipliziert mit einem Biodiversitätsindikator (Rodenburg et al. 1996).

Quelle: überwiegend nach Neumann (1994)

Territorium – ein konstituierendes Element jeder Definition von Gesellschaft – bedeutet idealerweise ein Stück Boden mit all seinen Ressourcen, auf dem die Bevölkerung einer gegebenen Teilgesellschaft sich selbst unbegrenzt erhalten kann. Der Boden an sich ist weitgehend bedeutungslos; wichtig ist, daß er genutzt werden kann, z.B. als Grund zum Bau von Städten, als Hort fossiler Energien, als Erde zur Produktion von Nahrungsmitteln, als Erholungsraum, als Senke für Abfallstoffe usw. Dieses Territorium soll so beschaffen sein, daß die dort lebende Teilgesellschaft nicht nur Ressourcen verbrauchen, sondern auch deren natürliche Regeneration so fördern kann, daß ein zeitlich unbegrenztes Überleben möglich ist. Das schließt Veränderungen, z.B. in den Technologien der Ressourcenerschließung oder in der Zusammensetzung der nutzbaren Ressourcen, aber auch Veränderungen im Volumen oder in der Zusammensetzung der Bevölkerung nicht aus. Nun läßt sich für eine gegebene Bevölkerung angeben, wie groß bei gegebenem Konsumstandard das Territorium sein muß, das sie zum dauerhaften Überleben ungefähr braucht (z.B. indem man die Landfläche heranzieht, die zur Produktion einer bestimmten Menge von Kalorien und zur Absorption von Abfällen erforderlich ist). Wir können auch sagen, welche Bevölkerung auf einem gegebenen Territorium dauerhaft überleben kann – letzteres nennen wir die *Tragfähigkeit* des Territoriums. Diese Tragfähigkeit ist jedoch *nicht ein- für allemal fest gegeben*, sondern abhängig vom Entwicklungsstand der Produktivkräfte und vom Konsumstandard. Somit läßt sich zumindest der Größenordnung nach angeben, welche Fläche die heutige Menschheit brauchte, um z.B. auf europäischem Konsumniveau (bei angenommener Gleichverteilung) dauerhaft überleben zu können – aber auch alle Vergleiche sind möglich.

Auf diese Weise haben Wackernagel/Rees (1996, 61ff.) nicht nur festgestellt, daß die Menschheit als Ganzes heute die langfristige Tragfähigkeit der Erde bereits überfordert, also die Lebensgrundlage zukünftiger Generationen vernichtet, sondern auch nachgewiesen, daß dies in erster Linie in den „wohlhabenden" Ländern der Erde geschieht – die also *wohlhabend sind, weil sie die ökologische Basis der gesamten Menschheit zerstören*. Wenn geschätzt wird, die Bevölkerung des Lower Fraser Valley (Kanada) übernutze den ihr zustehenden Anteil an den globalen Ressourcen um das 19fache, die der Niederlande um das 15fache, die Deutschlands um das Zehnfache, während Indien mit einem ecological footprint (EF) von nur 0,38 auskommen müsse, dann vermittelt dies eine ungefähre Vorstellung davon, wieviel „Lebenschancen" wir aus anderen Erdteilen importieren, um unsere Überkonsumtion aufrechterhalten zu können. Wir entziehen anderen Teilen der Welt Ressourcen, die dann der Bevölkerung dort für dauerhaftes Überleben fehlen. Neben dem Export von Abfällen zeigt sich vielleicht hier am deutlichsten, daß die Menschen in den wohlhabenden Ländern von der globalen Krise nur deshalb noch wenig betroffen sind, weil es ihnen gelungen ist, ihren Anteil an dieser Krise in die Entwicklungsländer oder jetzt zunehmend in die früher sozialistischen Länder zu exportieren und sich deren Lebenschancen anzueignen. Damit hängen unser Wohlstand und die geringere Lebenserwartung, die Kindersterblichkeit, die Armut, die Kriminalität in den nicht-westlichen Teilen der Welt unmittelbar miteinander zusammen. Wir leben auf Kosten der anderen. Die Mechanismen, die uns dies erlauben, sind heute weniger in den Arsenalen der westlichen Militärapparate zu finden als in *den Regeln und Institutionen der internationalen Handels- und Finanzpolitik*. Aber die Schäden, die wir an anderen Orten der Welt anrichten, beginnen zunehmend auf uns zurückzuschlagen.

Die Regionen, aus denen wir natürliche Ressourcen beziehen, sind in der Regel weit entfernt von uns und wir erfahren über sie in den Medien meist nur etwas über exotische PotentatInnen, Kriege oder Katastrophen. Damit sind die Folgen, die wir dort verursachen, *unserer Wahrnehmung entzogen*, wir sehen keinen Zusammenhang mehr zwischen unserem Luxus und dortigem Elend. Indem es uns gelingt, unseren Ressourcenimport aus anderen Regionen auszudehnen, vermindern wir den globalen Kapitalstock, die Überlebensbasis für künftige Generationen. Während man also glaubt, durch Handel die *lokale* Tragfähigkeit erhöhen zu können, wird tatsächlich langsam die *globale* Tragfähigkeit zerstört.

Die Tragfähigkeit, die die Überflußgesellschaften des Nordens importieren, bedeutet daher auch, daß sie im gleichen Maße *ökologisches und soziales Elend in die Dritte Welt exportieren*. Folglich entstehen dort Unter- und Fehlernährung, Epidemien, Auswanderungsbewegungen hin zu den Zentren und die Nutzung von Grenzböden, die eigentlich gar nicht genutzt werden dürften, d.h. es kommt zu sich selbst verstärkenden Effekten, die sich beschleunigen und die globale Ressourcenbasis zerstören. Es entsteht ein Nettotransfer von Wohlstand und Zukunftsfähigkeit von den Armen zu den Reichen. Daran läßt sich leicht erkennen, daß es gar nicht möglich ist, westliche Konsumstandards etwa in den ehemals sozialistischen Länder oder in den Mangelgesellschaften einzuführen – obgleich die das wollen, und obgleich hier für unsere Überproduktion Absatzchancen und damit

Wachstumsreserven liegen. Der Preis dafür wäre die Beschleunigung der ökologischen Katastrophe. Darüber hinaus ist sofort einsehbar, daß das Rezept, das Brundtland anbietet, nämlich forciertes ökonomisches Wachstum, bei globaler Betrachtung *völlig in die Irre führt*: es hätte eine weitere Verschärfung der Disparitäten zwischen Überfluß- und Mangelgesellschaften und eine weitere Zerstörung des globalen Kapitalstocks zur Folge.

Das wirtschaftliche *Nord-Süd-Gefälle* hat sich in den achtziger Jahren verstärkt, ebenso das West-Ost-Gefälle seit etwa 1970. Drei Viertel der Menschheit müssen sich heute mit 22 Prozent des Welteinkommens begnügen, die 42 am wenigsten entwickelten Länder gar zusammen mit 0,7 Prozent des Weltsozialprodukts. Das Pro-Kopf-Einkommensgefälle zwischen westlichen Industrieländern und Entwicklungsländern insgesamt hat sich von einem Verhältnis von 15:1 im Jahr 1967 auf ein Verhältnis 20:1 am Ende der achtziger Jahre verschlechtert. Für die ärmsten 42 Länder beträgt das Verhältnis gar 50:1. Wichtiger als solche monetären Indikatoren sind jedoch die realen: Der Ressourcentransfer in die wohlhabenden Länder hat in den Mangelgesellschaften massive Verelendungsprozesse zur Folge. Die Lebenserwartung bei der Geburt liegt in den Überflußgesellschaften bei 76 Jahren, in Schwarzafrika bei 51, in vielen der ärmsten Länder unter 50 Jahren. Gleichzeitig nimmt die Verarmung innerhalb der wohlhabenden Gesellschaften selbst zu, gefördert durch die Regierungen. Tatsächlich ist ein *gigantischer Umverteilungsprozeß im Gang, in dem die Armen der Welt vor allem den Reichtum derer mehren, die von Kapitaleinkünften leben.*

Regionale Disparitäten, die sich dadurch einstellen, sind eine Folge (a) von personalen Disparitäten und (b) von räumlichen Segregationsmechanismen. Sie führen dazu, daß Wohlstandsinseln im Meer der Armut entstehen, die trennen die Erfahrungswelten der Armen und der Reichen voneinander.

Die Menschheit wird nur überleben, wenn es ihr gelingt, die ökologischen Bedingungen dafür sicherzustellen. Die Tragfähigkeit des Planeten ist begrenzt. Um diese Tragfähigkeit nicht zu überfordern und um die reichen Länder auf den ihnen in einem globalen Maßstab gerechterweise zustehenden Ressourcenverbrauch zurückzuführen, ist eine *drastische Abnahme des materiellen Konsums erforderlich.* Nach diesen Überlegungen dürften wir in Deutschland nur ungefähr ein Zehntel der Ressourcen verbrauchen, die wir heute in Anspruch nehmen. Diese Größenordnung wird bestätigt durch Studien des Wuppertal-Instituts und andere (Schmidt-Bleek 1994, BUND/Misereor 1996;

Wackernagel/Rees 1996), in denen geschätzt wird, daß wir in Deutschland unseren Ressourcenverbrauch um den Faktor Zehn reduzieren müßten, um auf ein im globalen Vergleich gerechtes und dauerhaft haltbares Maß zu kommen. Aber auch hier ist die Zahl nicht von großer Bedeutung. Wir müßten vielmehr eines der Grundprinzipien, auf denen unsere Gesellschaft aufgebaut ist, umkehren:

- statt vermeintlich grenzenlose Bedürfnisse mit einem maximalen Einsatz natürlicher Ressourcen befriedigen zu wollen,
- müßten wir die Grundbedürfnisse aller mit dem minimal möglichen Einsatz natürlicher Ressourcen sicherstellen.

2.8 Zusammenfassung

Wir haben in diesem Kapitel fünf Aspekte der Umweltbelastung behandelt, die von Menschen ausgehen: die Nutzung und Belastung von Rohstoffen, den Verlust biologischer Arten, Klimaveränderungen, gesundheitliche Folgen von Umweltschädigungen, und regionale Tragfähigkeit. Alle diese Aspekte hängen eng miteinander zusammen. Die beobachtbaren Tendenzen sind klar, sie deuten durchgehend auf zunehmende Verschlechterung der Umweltbedingungen hin. Während die Länder des Südens am meisten unter den Lasten zu leiden haben, sind die VerursacherInnen in erster Linie in den Ländern des Nordens zu suchen. Änderungen müssen daher, wenn sie wirksam sein sollen, von den Ländern des Nordens ausgehen.

Es wird sich in den folgenden beiden Kapiteln herausstellen, daß die ökologische Problematik so eng und untrennbar mit der wirtschaftlichen und sozialen zusammenhängt, daß alle drei ohne einander nicht verstanden, geschweige denn gelöst werden können.

Weiterführende Literatur

1. *Brown, Lester R., und Christopher Flavin, Sandra Postel,* 1992: Zur Rettung des Planeten Erde. Strategien für eine ökologisch nachhaltige Weltwirtschaft. Fischer
2. Jahrbuch Ökologie, hg. von Günter Altner, Barbara Mettler-Meibom, Udo E. Simonis und Ernst U. von Weizsäcker. München (aktuelle Ausgabe)
3. *Mooney, Pat, und Cary Fowler*: Die Saat des Hungers. Reinbek 1991
4. *Ramphal, Shridath,* 1992: Das Umwelt-Protokoll. Partnerschaft zum Überleben. Frankfurt

5. *Schmidt-Bleek, Friedrich*, 1994: Wieviel Umwelt braucht der Mensch? MIPS – das Maß für ökologisches Wirtschaften. Basel

Übungsaufgaben

1. Schätzen Sie – nach einer der in diesem Kapitel angegebenen Methoden – den Ressourcenverbrauch der Region, in der Sie leben. Was könnte rasch und ohne Schwierigkeiten unternommen werden, um ihn zu reduzieren?
2. Sowohl Armut als auch Reichtum führen zu Umweltzerstörung: Wie unterscheiden sich beide Arten quantitativ und qualitativ?
3. Welche Folgen hat die Agrarpolitik der EU für die Umwelt – für Ressourcenverbrauch, Biodiversität, Klima, Gesundheit, Tragfähigkeit?
4. Welche Zusammenhänge sehen Sie zwischen Ressourcenbelastung, Artensterben, Klimaveränderung und Tragfähigkeit? Gibt es hier Unterschiede zwischen Entwicklungs- und Industrieländern?
5. Halten Sie die Debatte darüber, ob die Klimaveränderung durch Menschen oder durch „natürliche" Umstände versursacht wird, für *politisch* relevant?

3. Ökonomische Krise[1]

3.1 Überblick

Ein ökonomisches *System* führt dann in die Krise, wenn es nicht mehr in der Lage ist, allen Menschen mindestens die Sicherung des physischen Überlebens zu garantieren, und/oder wenn es die natürlichen Überlebensgrundlagen der Menschheit auf dem Planeten Erde zerstört. Eine ökonomische *Theorie* ist dann in der Krise, wenn sie solche Zerstörung rechtfertigt. Wir untersuchen in diesem Kapitel das bestehende weltwirtschaftliche System und seine Bestandteile Produktion, Handel und Finanzierung unter diesen Gesichtspunkten. Dabei gehen wir von der These der Globalisierung wirtschaftlicher Prozesse aus. Das wird weitgehend beschreibend geschehen, um zunächst einmal die Fakten zusammenzutragen. Der letzte Abschnitt dient der Bewertung; hier ist ein Urteil darüber zu finden, ob es gerechtfertigt ist, von einer „ökonomischen Krise" zu sprechen. Die Schuldenproblematik dient uns zur Illustration dafür, auf welche Weise nicht nur die ökonomischen Prozesse untereinander, sondern wie sie mit der ökologischen und der sozialen Krise zusammenhängen.

3.2 Transnationale Unternehmen, Internationalisierung der Produktion

Die These von der zunehmenden Globalisierung wirtschaftlicher Prozesse hat verschiedene Bestandteile:
- In historischer Argumentation heißt sie, daß von den Anfängen im 16. Jahrhundert an (Entdeckungen, Kolonisierung) bis in unsere

---

[1] dieses Kapitel stützt sich auf umfangreiche Vorarbeiten von Lydia Krüger (Internationalisierung der Produktion, Schuldenkrise), Sabine Frerichs (Internationalisierung der Finanzmärkte) und Klaus von Raussendorff (Konsequenzen)

Zeit ein Vorgang beobachtet werden kann, in dessen Verlauf aus vereinzelten weltwirtschaftlichen Beziehungen ein System entstanden ist, das *keinen Menschen auf der Erde mehr von weltwirtschaftlichen Entwicklungen unberührt läßt.* Diese Sicht von Globalisierung ist kaum bestritten.

– Die *neo-klassische ökonomische Theorie* betrachtet Globalisierung als einen Prozeß der zunehmenden Liberalisierung und Deregulierung der Weltwirtschaft, und der zunehmenden Überantwortung wirtschaftlicher Entscheidungen an „den Markt". Sie begrüßt diese Entwicklung und erwartet von ihr zunehmenden Wohlstand für alle Menschen. Die *KritikerInnen* dieser Theorie bestreiten nicht die empirische Tatsache von Deregulierung und Liberalisierung, aber sie bestreiten entschieden, daß dies zu Wohlfahrtsgewinnen für alle führe. Sie argumentieren vielmehr, daß damit ein Druck zur Angleichung von Sozial- und Umweltstandards entstehe, der zur Zerstörung natürlicher Lebensgrundlagen und zum Vegetieren der Menschen am physischen Existenzminimum führe (Umwelt- bzw. Sozialdumping). Hier handelt es sich offensichtlich nicht um eine Frage, die per Glauben oder an abstrakten Modellüberlegungen entschieden werden kann; eine Antwort kann nur von empirischen Daten erwartet werden.

– Zuweilen wird der Eindruck erweckt, als handle es sich bei „Globalisierung" um eine annähernd *gleichmäßige Ausbreitung ökonomischer Potentiale* über die ganze Erde. Damit würde auch den heutigen Entwicklungsländern eine Chance zum wirtschaftlichen Wohlstand eröffnet, sofern sie nur den Unternehmen ausreichend attraktive Bedingungen anbieten. Dagegen stehen Beobachtungen, nach denen zwar bei einigen Aspekten eine Globalisierung in diesem Sinn angenommen werden kann, bei anderen aber keineswegs – das es sich also bei der allgemeinen These um eine Übergeneralisierung handelt. Zum einen scheint es, als träfe die Vermutung der Globalisierung *auf nachfrageseitige Aspekte* (KonsumentInnen treffen auf ein zunehmend standardisiertes Angebot) zu, während die Vermutung der *Konzentration* eher für *angebotsseitige Aspekte* (Unternehmen konzentrieren sich in wenigen Regionen und lassen andere aus) gelte. Zum anderen ist hier auch eine geographische Perspektive angesprochen, nach der Globalisierung als ungefähr gleichmäßige Verbreitung eines Phänomens über den Erdball, Konzentration aber insbesondere räumliche Konzentration bedeutet. Auch dies sind empirische Probleme.

Die These von der Globalisierung wirtschaftlicher Zusammenhänge läßt sich also in dieser Verallgemeinerung nicht beantworten – und schon gar nicht bewerten. Wir wollen für die folgende Diskussion von *Globalisierung* sprechen, wenn damit die annähernde Gleichverteilung eines Phänomens über die Erde gemeint ist; andernfalls sprechen wir von *Konzentration*, von *Transnationalisierung* oder von *Territorialisierung*. Daher ziehen wir auch den Begriff „transnationale Unternehmen (TNU)" (im Gegensatz zu „multinationale Unternehmen") vor, weil damit betont wird, daß ein solches Unternehmen von einem Hauptsitz aus gesteuert wird, an dem die wichtigen Entscheidungen getroffen werden und an dem die unternehmerische Macht konzentriert ist, auch wenn ein solches Unternehmen an vielen Standorten tätig ist.

Historisch betrachtet waren die Entstehung eines Systems von Nationalstaaten und die Herausbildung eines Weltmarkts miteinander verbundene, einander ergänzende Prozesse. Seit der Herausbildung der ersten Weltmarktbeziehungen im 16./17. Jahrhundert hat sich die *internationale Arbeitsteilung* immer weiter entwickelt und vertieft. Allerdings waren von diesen Beziehungen zunächst nur relativ wenige Menschen betroffen, weil bis weit in die Industrialisierung hinein subsistenzwirtschaftliche Produktionsweisen vorherrschten. Im 19. Jahrhundert kam es im Zusammenhang mit dem Übergang zur Großindustrie in den führenden kapitalistischen Ländern zur Entwicklung eines zunehmend *ausgebildeten Weltmarkts* mit internationalen Kredit- und Währungsbeziehungen („Imperialismus"). Fand in der Frühphase des Kapitalismus die Globalisierung vor allem in Form des *Warenhandels* statt, entwickelte sich der Weltmarkt nun durch den zunehmenden Kapitalexport zur kapitalistischen Weltwirtschaft, d.h. zu einem System *internationalisierter Produktionsbeziehungen* (Heininger/Maier 1987, 17). Mit dieser wachsenden wechselseitigen Verflechtung war gegen Ende des 19. Jahrhunderts eine qualitativ neue Stufe der Globalisierung erreicht.

Nach Ende des Zweiten Weltkriegs erhielt der Prozeß einen deutlichen Auftrieb, was sich an den hohen Wachstumsraten des Welthandels ablesen läßt, die die ebenfalls sehr hohen Wachstumsraten der Industrieproduktion noch weit übertrafen. Allerdings muß man bei der Bewertung der Qualität dieses Prozesses vorsichtig sein: Nimmt man nämlich nicht (wie es oft üblich ist) die Jahre nach dem Zweiten Weltkrieg als Ausgangspunkt der Analyse, sondern das Jahr 1913, dann erscheint die zunehmende Globalisierung in der Nachkriegszeit weniger spektakulär. So erreichte der Grad der wechselseitigen Verflechtung zwischen den Nationen (gemessen am Verhältnis der Exporte zum Bruttoinlandsprodukt) erst in den siebziger Jahren wieder den Stand von 1913 (Gordon 1989, 124) und kann daher auch als Rückkehr zum „Normalzustand" interpretiert werden.

Die Internationalisierung nach dem Zweiten Weltkrieg erreicht insofern eine neue Qualität, als die *innerbetriebliche Arbeitsteilung* enorm an Bedeutung gewinnt. Die zunehmende Zergliederung des Arbeitsprozesses bildete den Grundstein für rasche Produktivitätsfortschritte; zudem wurde den TNU nun die Strategie des „worldwide sourcing" ermöglicht, d.h. die Aufspaltung der Produktion in Teilfertigungen und deren Verlagerung an unterschiedliche Standorte. Aber auch die Aufspaltung der Produktion in einzelne Branchen nimmt nach 1945 enorm zu. Eine Ursache hierfür ist die wissenschaftlich-technische Revolution, die zu einer „Sortimentsexplosion" bei Produktions- und Verbrauchsgütern und zur verstärkten Aufgliederung alter und zur Entstehung neuer Industriezweige führte. *Taylorismus* (fortschreitende Zergliederung der Arbeitsvorgänge, arbeitende Menschen werden nur als Produktionsfaktoren und -kosten gesehen), *Scientific Management* (die wissenschaftlich unterstützte Rationalisierung der Arbeitsverrichtungen) und *Fordismus* (Massenproduktion zur Erreichung von Skalenerträgen, d.h. Gewinnen, die aus der pro Stück kostengünstigeren Produktion mit wachsenden Stückzahlen resultieren, auf der Angebotsseite; Massenkonsum, der durch Werbung kräftig unterstützt wird, auf der Nachfrageseite) werden zu universellen Phänomenen.

Es erweist sich als sinnvoll, bei einer Einschätzung der Bedeutung der Standortfaktoren nach Industriezweigen, Teilfertigungen usw. zu differenzieren. Generell kann man sagen, daß die moderne humankapital- und technologieintensive Produktion nach wie vor von relativ immobilen Standortfaktoren abhängig ist. Qualifizierte Arbeitskräfte und Industriekulturen lassen sich nicht überall in kurzer Zeit entwickeln – auch in den europäischen Kernländern der Industrialisierung benötigte ihre zwangsweise Durchsetzung viele Jahrzehnte (Polanyi 1977). Außerdem spielen gerade bei den immer wichtiger werdenden Produktinnovationen *Fühlungsvorteile* am Standort (z.B. die Nähe zu Absatzmärkten, politischen Entscheidungszentren, Forschungsinstitutionen, Zulieferindustrien, also komplizierte Beziehungsgeflechte, in denen Synergieeffekte entstehen) eine große Rolle. Noch sind sie auch durch die technologischen Innovationen im Bereich der Mikroelektronik und die daraus resultierende hohe Mobilität von Informationen gerade in den humankapitalintensiven Produktionsbereichen nicht ersetzt worden.

Dennoch hat die Integration des Weltmarkts nach dem 2. Weltkrieg eine qualitativ neue Stufe erreicht. Die Internationalisierung erfolgte nun nämlich mehr und mehr in Form von *Auslandsdirektinvestitionen* (ADI), d.h. Verflechtung und Interdependenz werden von nun an vorrangig durch die Verflechtung auf der Ebene der Produktionsorganisation bestimmt (Deppe 1991, 43). Die Akteure in diesem Prozeß der Globalisierung der Produktion sind die TNU – zunächst ausschließlich die Konzerne aus den USA, die vor allem in Europa Tochtergesellschaften kauften oder errichteten (japanische und europäische Firmen zogen jedoch bald nach). Zwischen 1950 und 1969 stiegen die direkten Auslandsinvestitionen der US-Firmen um jährlich etwa zehn Prozent (Hymer 1972, 216). Weltweit nahmen die ADI im Gefolge der Wirtschaftskrise nach 1974 ab, erreichten jedoch in der ersten Hälfte der achtziger Jahre wieder Zuwachsraten von zehn, zwischen 1985 und 1990 gar fünfzehn Prozent.

Seit Beginn der achtziger Jahre haben sich auch die *Großfusionen* innerhalb der Industrieländer und auch zwischen ihnen stark beschleunigt (Heininger/Maier 1987, 46). Schätzungen zufolge *vereinen sämtliche TNU mittlerweile ein gutes Drittel des Weltsozialprodukts auf sich; etwa dreißig Prozent des gesamten Welthandels wird in Form des Intra-Konzern-Austausches bestritten* (Gück 1995, 2).

Bemerkenswert ist, daß die Welt der Transnationalen Konzerne selbst noch einmal *hochgradig konzentriert* ist: Lediglich ein Prozent der TNU tätigen etwa die Hälfte der weltweiten Auslandsdirektinvestitionen (World Investment Report 1993, 2). Bereits Mitte der achtziger Jahre erwirtschafteten die 600 größten Industrieunternehmen zwischen einem Fünftel und einem Viertel der Weltproduktion (UNCTC 1988, 16). Dabei sind sie jedoch weit davon entfernt, einem entsprechenden Anteil der Weltbevölkerung Arbeitsplätze anzubieten – so beträgt der Beschäftigungsanteil der TNU an der ökonomisch aktiven Weltbevölkerung nur etwa drei Prozent (Gück 1995, 2). Laut Schätzungen beschäftigen die etwa 37.000 transnationalen Mutterunternehmen und deren über 200.000 ausländische Tochtergesellschaften weltweit etwa 73 Millionen Menschen. Davon entfallen 61 Millionen Arbeitsplätze auf die Industrieländer, 12 Millionen auf die Dritte Welt (ebd.).

Das Nachkriegsmodell kapitalistischer Entwicklung, das oft mit dem Begriff „Fordismus" bezeichnet wird, geriet spätestens Mitte der siebziger Jahre in eine Krise. Sie zeigte sich am deutlichsten im *Zusammenbruch des Bretton Woods-Systems* 1973 sowie in den seit den dreißiger Jahren schwersten *Wirtschaftskrisen 1974/75 und 1981/82*. „Stichwortartig stehen ein allgemeiner Rückgang der globalen Wachstumsdynamik, das Festschreiben struktureller Massenarbeitslosigkeit durch die Entkoppelung von Wachstum und Beschäftigung, die aufgrund enormer Überkapazitäten erschwerten Verwertungsbedingungen, die relative Verselbständigung der Finanzsphäre von der Realökonomie sowie die internationale Verschuldungskrise allesamt nur für die markantesten Punkte dieser säkularen Krisentendenz" (Schulten 1992, 13). Im Zuge der Entwicklung zur „Lean Production" hat eine Vielzahl von neuen selbständigen Unternehmen bzw. Unternehmensfilialen die Produktion der bislang innerbetrieblich gefertigten Einzelteile übernommen. Vor allem im Automobil-, Maschinen- und Gerätebau sowie in der Elektronikindustrie kam es zur verstärkten Verselbständigung und Ausgliederung der Produktion von Einzelteilen und Zulieferungen (Heininger/Maier 1987, 30f.). Für die Zukunft ist anzunehmen, daß sich die Tendenz zum „worldwide sourcing" weiter verstärken wird. Außerdem wurden durch die nahezu *grenzenlose Mobilität von Informationen* viele – gerade auch wertschöpfungsintensive – Produktionsschritte vom ursprünglichen Standort in den Zentren unabhängig. Von der Auslagerung von Teilen der Produktion werden wahrscheinlich vor allem die „boomenden" Schwellenländer profitieren, in denen die Verwertungsbedingungen für das Kapital besser sind als in den Zentren der Weltwirtschaft, die seit geraumer Zeit mit ökonomischen Stagnationstendenzen zu kämpfen haben.

Ein weiterer wichtiger Faktor, der für das enorme Wachstum der ADI seit Anfang der achtziger Jahre verantwortlich war, war *der Übergang zur neoliberalen Politik der Deregulierung und Privatisierung* in einigen wichtigen Ländern zu Beginn der achtziger Jahre, der den Konzernen weitere Expansionsmöglichkeiten und bessere Produktionsbedingungen bescherte. Während in den siebziger Jahren vielerorts noch Anstrengungen unternommen wurden, den Einfluß der TNU zu beschränken, sind seither fast alle Staaten darum bemüht, dem international operierenden Kapital die *besten Bedingungen zu bieten.* Zwischen 1991 und 1994 wurden weltweit 373 Fälle gezählt, in denen nationale Bestimmungen über ADI geändert wurden; in nur fünf Fällen dienten sie einer stärkeren Kontrolle der ADI (World Investment Report 1995). 1995 verfügen die TNU über einen Bestand an ADI von schätzungsweise 2,6 Billionen Dollar – eine Verfünffachung seit den frühen achtziger Jahren. Schätzungen der Weltbank zufolge könnte der Umsatz der ausländischen Gesellschaften der multinationalen Konzerne mittlerweile die gesamten Exporte der Welt übersteigen (Global Economic Prospects 1995). Auf alle Fälle verliert der „Weltmarkt" als Steuerungsmechanismus angesichts des *zunehmenden Konzentrationsgrades* zugunsten der innerorganisatorischen Steuerung mehr und mehr an Bedeutung.

Der Hauptgrund für die Transnationalisierung der Produktion liegt aber in der anhaltenden *Kapitalkonzentration*, die zur Herausbildung immer größerer Unternehmen geführt und damit erst die Mittel für die Expansion ins Ausland geschaffen hat. Ein anderer wichtiger Umstand war die Vereinbarung international gültiger Regeln im Bereich der Währungs- und Wirtschaftspolitik, was das Risiko grenzüberschreitender Finanztransaktionen (Gewinntransfer der Konzerne) verminderte (Kisker u.a. 1982, 44). Die gefestigte Machtposition der USA nach dem Zweiten Weltkrieg wird vor allem in den Bretton Woods-Vereinbarungen sichtbar, durch die der Dollar als Weltreservewährung etabliert wurde; so wurde den Interessen der USA gemäß der freie Handel und Kapitalverkehr propagiert und durchgesetzt. Durch die von den Konzernen vorangetriebenen technologischen Innovationen im Kommunikations- und Transportbereich wurde die Vernetzung der Produktion auf Weltebene erst möglich gemacht.

Neben dem Trend zur Kapitalkonzentration ist vor allem die *verschärfte Weltmarktkonkurrenz* für die steigenden Auslandsinvestitionen verantwortlich. Die Furcht vor Marktverlusten trieb viele Konzerne zur internationalen Expansion. Mittlerweile wird gar die These vertreten, daß die großen Konzerne auf allen drei großen Märkten der *Triade* (Europa, Nordamerika, Japan) gleichzeitig präsent sein müssen, wenn sie der Konkurrenz standhalten wollen (Schulten 1992, 19). Angesichts der verschärften Weltmarktkonkurrenz kam es auf politischer Ebene seit Mitte der achtziger Jahre zu verstärkten Bemühungen zur *regionalen wirtschaftlichen Integration*. So sollte die Schaffung größerer Märkte und Freihandelszonen (Europäischer Binnenmarkt, Nordamerikanische Freihandelszone NAFTA) die Entfaltungsmöglichkeiten der „heimischen" Multis erweitern bzw. deren Konkurrenzposition auf dem Weltmarkt verbessern.

In einer Hinsicht muß die Vorstellung einer stark vernetzten Weltwirtschaft freilich relativiert werden: Nach wie vor ist das Ausmaß der *inter*nationalen ökonomischen Verflechtung mit dem *intra*nationalen nicht zu vergleichen: So ist der Anteil der ausländischen Investitionen an den Gesamtinvestitionen recht gering, in Japan und den USA beispielsweise lag er in den achtziger Jahren bei unter zehn Prozent (Huffschmid 1994, 1012). Allerdings hat auch eine partielle globale Verflechtung der Volkswirtschaften erhebliche indirekte Rückwirkungen auf den Teil der Wirtschaft, der nicht in die Weltwirtschaft integriert ist. Schließlich befinden sich gerade die *zukunftsweisenden Wachstumsindustrien in den Händen der großen TNU*, und bei diesen „Schlüsselindustrien" ist der Grad der globalen Verflechtung enorm (z.B. die wachsende Bedeutung von Kooperationsabkommen der weltweit führenden Konzerne in den Bereichen Forschung und Produktentwicklung).

Abb. 3.1: Triade der Direktinvestitionen

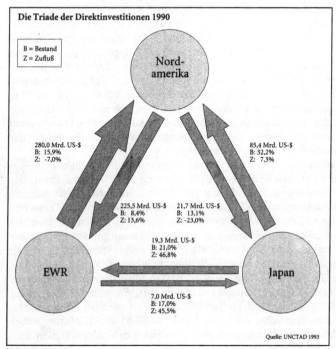

Quelle: Globale Trends 1996, 161

Eine Analyse der *Richtung der Investitionsströme* kann mehr Aufschluß über die These der zunehmenden Globalisierung geben. Auffallend ist, daß in den achtziger Jahren eine zunehmende *Konzentration der ADI auf die Länder der Triade* zu verzeichnen ist (World Investment Report 1993, 2). Die Peripherie, also die Entwicklungs- und Transformationsländer, hingegen war als Produktionsstandort uninteressant. Bei den Auslandsinvestitionen handelte es sich überwiegend um wechselseitige Überkreuzinvestitionen innerhalb der Triaderegionen. Es ist daher angemessen, statt von „Globalisierung" von einer *zunehmenden regionalen Verflechtung* zu sprechen (Huffschmid 1994, 1013). In Europa scheint der Prozeß der Schaffung eines einheitlichen

Binnenmarktes dabei eine große Rolle zu spielen; so nahm der Umfang der Investitionen, der aus Westeuropa in andere Weltregionen floß, ab (vor allem der Strom der ADI in die USA), d.h. die zunehmende ökonomische Integration fand ausschließlich innerhalb der Europäischen Gemeinschaft statt (Gundlach/Nunnenkamp 1994, 207).

Die gegenseitige ökonomische Durchdringung innerhalb der Triaderegionen geht jedoch mit *protektionistischen Tendenzen* einher, d.h. die Triaderegionen schotten sich mehr und mehr gegeneinander (Handelskriege, die eine Ausweitung der ADI zur Folge haben) sowie vor allem gegen Importe aus der Dritten Welt ab. Mittels „freiwilliger" Selbstbeschränkungen, nicht-tarifärer Handelshemmnisse, „Local-content-Bestimmungen" und verschiedener anderer „Anti-Dumping-Maßnahmen" wurden vor allem in wichtigen Schlüsselindustrien wie der Elektro-, Automobil- und Chemieindustrie vielfältige *Handelsbarrieren* errichtet (Schulten 1992, 18). Der „neue Merkantilismus" in den internationalen Wirtschaftsbeziehungen manifestiert sich u.a. in *schrumpfenden Anteilen der Entwicklungsländer* am Welthandel: Während die Dritte Welt im Jahr 1980 noch 29 Prozent der Weltexporte auf sich vereinen konnte, waren es 1990 nur noch 23 Prozent. Ein ähnliches Bild ergibt sich bei den Weltimporten (Langhammer 1993, 78). Entgegen weitverbreiteten Annahmen (die von umfangreichen Produktionsverlagerungen in die Niedriglohnländer der Dritten Welt ausgehen) gelang es der Dritten Welt auch nicht, ihren Anteil an der Industriegüterproduktion nennenswert zu steigern. Sieht man von den „vier kleinen Tigern" Südkorea, Hongkong, Singapur und Taiwan ab, so sank der Anteil der Entwicklungsländer an den Weltindustriegüterexporten in den achtziger Jahren von elf Prozent auf sechs Prozent (ebd.). Am Beginn der neunziger Jahre erwirtschafteten die Triade-Regionen mit nur 17 Prozent der Weltbevölkerung 73 Prozent des Weltsozialprodukts (Schulten 1992, 18): Insgesamt betrachtet waren die achtziger Jahre für die Entwicklungsländer ein „verlorenes Jahrzehnt" (Willy Brandt); insbesondere Teile Afrikas und Westasiens wurden nahezu vollständig vom Weltmarktgeschehen abgekoppelt.

Neuere Untersuchungen betonen, daß es seit Beginn der neunziger Jahre zu einer *Trendwende* gekommen sei, was die weltwirtschaftliche Bedeutung der Entwicklungsländer angeht. Während in der Vergangenheit die Auslandsinvestitionen vor allem in Ländern mit hohen und reichen Absatzmärkten erfolgten, tendieren die Auslandsinvestitionen in jüngster Zeit dazu, billige Exportplattformen zu suchen (Weltbank 1995, 74). So ist in den letzten Jahren ein regelrechter Boom von Direktinvestitionen in die Entwicklungsländer festzustellen: Im Jahr

1993 zog die Dritte Welt ausländische Investitionen in der Höhe von 80 Milliarden US-Dollar an – zweimal soviel wie im Jahr 1991 und genausoviel wie im Jahr 1986 weltweit an Direktinvestitionen getätigt wurde (Gück 1995, 2). Der relative Anteil der Entwicklungsländer an allen Direktinvestitionen stieg auf vierzig Prozent – ein Wert, der seit Jahrzehnten nicht mehr erreicht wurde. Der überwiegende Teil der Investitionen konzentriert sich auf zehn bis fünfzehn Länder, vor allem in Asien (mit sechzig Prozent aller Investitionen in die Dritte Welt die wichtigste Anlageregion), aber auch in Lateinamerika, wo die Direktinvestitionen mittlerweile doppelt so hoch sind wie noch vor zehn Jahren. Mit weitem Abstand führt China; es folgen Singapur, Argentinien, Malaysia, Mexiko, Indonesien, Thailand, Hong Kong, Kolumbien und Taiwan.

Betrachtet man die Richtung der Investitionsströme genauer, so stellt man fest, daß vor allem die sogenannten *Sonderwirtschaftszonen* (bestimmte zollfreie Gebiete, in denen nahezu steuerfrei und ohne umweltpolitische oder sonstige Auflagen zu Niedrigstlöhnen produziert wird) enorm an Bedeutung gewonnen haben. Mittlerweile arbeiten etwa 45 Prozent der Menschen aus der Dritten Welt, die bei TNU beschäftigt sind, in diesen Sonderwirtschaftszonen (Weltbank 1995, 74). Allerdings ist es trügerisch zu glauben, daß die jeweiligen Länder bzw. die Beschäftigten dort von der Ansiedlung der großen Konzerne profitieren würden; sobald die Löhne steigen (wie z.B. in Korea oder auf den Philippinen geschehen), wandern die Unternehmen weiter in Regionen mit noch billigerer Arbeitskraft (zur Zeit etwa nach China, Sri Lanka und Marokko) (ebd.). Unter den Entwicklungsländern hat vor allem *China* seinen Anteil an ausländischen Direktinvestitionen enorm erhöhen können. Im Jahr 1992 entfielen fast zwei Drittel, im Jahr 1993 mehr als fünfzig Prozent der Zuwächse in den Entwicklungsländern allein auf China, welches mit Zuflüssen in der Höhe von 26 Milliarden US-Dollar im Jahr 1993 zum zweitwichtigsten Anlageland weltweit vorgerückt ist (Gück 1995, 2). Im Gegensatz dazu ist der Anteil an Investitionen, der in die „least developed countries" fließt, in den neunziger Jahren weiter zurückgegangen (von durchschnittlich zwei Prozent im Zeitraum 1986-1990 auf 0,6 Prozent im Jahr 1993). So empfingen die 47 am wenigsten entwickelten Länder im Jahr 1992 zusammen nur 300 Millionen US-Dollar an Investitionen. Vor allem in *Afrika* spitzt sich die Situation weiter zu: seit Mitte der achtziger Jahre konnte dieser Kontinent weder absolut noch relativ Investitionszuwächse für sich verbuchen, so daß sein Anteil an den Dritte-Welt-Zuflüssen sich mittlerweile auf sechs Prozent halbiert hat (ebd.). Angesichts der hochselektiven Investitionsentscheidungen der Unternehmen wird die *Differenzierung der Dritten Welt immer weiter vorangetrieben,* so daß es kaum noch möglich ist, generalisierende Aussagen über die Entwicklung „der Peripherie" oder „des Südens" zu machen und man nach Regionen, Ländern (oder gar Länderteilen, Städten usw.) unterscheiden muß.

Es ist anzunehmen, daß in der Weltwirtschaft sowohl zentrifugale als auch zentripetale Kräfte wirksam sind, d. h. Prozesse der zunehmenden *Globalisierung* und Prozesse der *Territorialisierung* „spielen sich mehr oder weniger gleichzeitig ab; überlagern sich und bedingen sich möglicherweise gegenseitig wie die zwei Seiten einer Medaille" (Thierstein/Langenegger 1994, 498). Der wichtigste Schlüssel zur Erklärung der unterschiedlichen räumlichen Entwicklungstendenzen liegt in der Produktivkraftentwicklung begründet: Technologische Innovationen verändern den Produktionsprozeß und führen zu einer Verlagerung der jeweiligen (Haupt-)Standorte der Produktion. Somit ist eine *Territorialisierung* der ökonomischen Aktivität dort gegeben, wo der ökonomische Prozeß von knappen Ressourcen abhängig ist, die nur an wenigen Orten vorhanden sind. Dies ist der Fall bei Aktivitäten, für die firmen- oder industriespezifisches Humankapital vonnöten ist, sowie bei Aktivitäten, die sich nur schwer standardisieren lassen (kreative Bereiche wie Forschung, Produktentwicklung usw.). Die Ursache für die vergleichsweise starke Territorialisierung der „höherwertigen Aktivitäten" liegt darin, daß diese auf ein Reservoir an hochqualifizierten Arbeitskräften, gut ausgebaute Infrastrukturen und attraktive Fühlungsvorteile, vor allem die Nähe zu Zentren politischer und wirtschaftlicher Entscheidungen, angewiesen sind, welche nicht überall gleichermaßen vorhanden sind. Territorialisierung ist daher oft mit Interdependenzen im ökonomischen Prozeß verknüpft, *weswegen Investitionen in eine Region oft andere Investitionen nach sich ziehen* (Cluster-Bildung). Eine besondere Rolle spielt in diesem Zusammenhang die gesamte Infrastruktur einer Region. So läßt sich z. B. feststellen, daß die Abhängigkeit der Produktion von den Netzweken des Verkehrs wächst (Scherer 1995, 52). Außerdem ist bei der Produktion für einen lokal begrenzten Markt bzw. bei der Produktion für spezifische, geographisch begrenzte Konsumentenwünsche eine Territorialisierung ökonomischer Aktivität festzustellen.

Aufschlußreiche Erkenntnisse liefert auch die *Produkt Zyklus Hypothese.* Demnach durchläuft jedes Produkt einen „Lebenszyklus", der sich in die Entwicklungs- und Einführungsphase, die Wachstumsphase, Reifungs- und schließlich Schrumpfungsphase unterteilen läßt. Jede dieser Phasen stellt andere Anforderungen an die Unternehmen und ihr Umfeld und damit an die Standorte der Produktion. Im Lauf des Lebenszyklus eines Produktes verschiebt sich der optimale Produktionsstandort immer mehr von den Zentrums- zu den Peripherieregionen (Thierstein/Langenegger 1994, 500). Produktinnovationen und die damit verbundenen Funktionen wie Forschung und Entwicklung, Marktforschung, Konstruktion und Design, Marketing und Vertrieb sowie die Planungs- und Entscheidungsfunktionen sind in den hochentwickelten Verdichtungszentren angesiedelt. Je weiter nun der Lebenszyklus eines Produkts voranschreitet, d.h. je mehr sich der Schwerpunkt von der Produktinnovation zur Produktmodifizierung und Prozeßinnovation verschiebt, desto mehr wird der Produktionsprozeß vom ursprünglichen Standort unabhängig (zunehmende Globalisierung). So kann durch Standardisierung des Produktionsablaufs auf hochqualifizierte ArbeiterInnen mehr und mehr verzichtet werden, und andere Standortfaktoren (niedrige Löhne, geringe Steuern und Auflagen usw.) gewinnen an Bedeutung.

Fröbel, Heinrichs und Kreye definieren die neue internationale Arbeitsteilung als eine Tendenz, welche die traditionelle Aufspaltung der Welt in Industrieländer einerseits und rohstoffexportierende Entwicklungsländer andererseits fraglich werden läßt und zur Aufspaltung von Fertigungsprozessen in verschiedene Teilfertigungen an verschiedenen Standorten zwingt (Fröbel/Heinrichs/Kreye 1986, 36). Tatsächlich wurden mit dem Auftreten der TNU rein komplementäre Handelsbeziehungen (Rohstoffe gegen Industriegüter) zugunsten des *Austauschs hochwertiger Industrieerzeugnisse* zurückgedrängt. So stieg der Anteil der Industrieprodukte an den Exporten der Entwicklungsländer von zwanzig Prozent (1960) auf sechzig Prozent (1990) (Weltbank 1995, 5) – der intraindustrielle Austausch hat somit enorm an Bedeutung gewonnen. Aber auch hier gilt, daß die hohen Anteile am Export von Industriegütern sich auf relativ *wenige Länder* beschränken.

Bei dieser Analyse ist also die wachsende Differenzierung innerhalb der Dritten Welt zu berücksichtigen. Die *Mehrzahl der Entwicklungsländer* sind noch immer in erster Linie *Rohstofflieferanten*, d.h. für sie hat sich an den alten arbeitsteiligen Beziehungen kaum etwas geändert. Anders sieht es bei den Schwellenländern aus, in denen die TNU eine „abhängige Industrialisierung" in die Wege leiteten. Sie bilden jedoch keineswegs eine einheitliche Gruppe. Am erfolgreichsten waren sicher die „vier kleinen Tiger", von denen es Taiwan und Südkorea gelungen ist, eine breit gefächerte *eigenständige Industrie* herauszubilden, wenn auch unter *enormen Umweltschäden*. Der weitaus größte Teil des Exports von Industrieerzeugnissen aus der Dritten

Welt entfällt auf diese Ländergruppe. Waren es zunächst vor allem arbeitsintensive Fertigungen wie die Textil- und Bekleidungsindustrie, die dorthin verlagert wurden, so sind es nun zunehmend wichtige Sparten der Unterhaltungselektronik, des Maschinenbaus und der Feinmechanik/Optik geworden (Heininger/Maier 1987, 54f.).

Auch wenn zuweilen vermutet wird, daß der Weg der Schwellenländer auch für die anderen Länder der Peripherie gangbar sei, so ist dies allein wegen *der begrenzten Aufnahmefähigkeit des Weltmarkts* unmöglich. Außerdem läßt sich aus der Tatsache, daß es einigen Ländern gelungen ist, einen größeren Anteil der Industrieproduktion an sich zu ziehen, nicht unbedingt auf eine radikal veränderte Stellung dieser Länder in der internationalen Arbeitsteilung schließen. Schließlich wurde die „abhängige Industrialisierung" in diesen Ländern vor allem durch die TNU initiiert, deren *Zentralen weiterhin in den Industrieländern* verbleiben. Die hierarchische Arbeitsteilung zwischen den Regionen ist also im wesentlichen dieselbe geblieben. Sie entspricht der innerbetrieblichen Arbeitsteilung des Transnationalen Konzerns. So haben lediglich acht Prozent der TNU ihre „Zentrale" in der Dritten Welt (World Investment Report 1993, 1; vgl. auch Hamm/Neumann 1996, 111ff.). Der Löwenanteil der Gewinne aus der ausgelagerten Produktion fließt also wieder in die entwickelten kapitalistischen Länder zurück. Plastisch ausgedrückt: „Das Kapital hat die Ortsfestigkeit einer Spinne bewiesen, die ihre Fäden zwar weit hinausspinnt, ihren Raub aber stets in derselben Ecke verdaut" (Scherer 1994, 53). Der permanente Gewinntransfer der Konzerne verhindert die Kapitalakkumulation in der Peripherie; die Produktion dort bleibt im wesentlichen fremdbestimmt, da die Konzerne neben dem Kapital Technologie und Produktionspläne kontrollieren. Im Gegensatz zu früheren Jahrzehnten tendiert die derzeitige Entwicklung jedoch zu einer Zentrum-Peripherie-Spaltung *innerhalb* der Industrieproduktion selbst. Demzufolge spezialisiert sich das Zentrum auf die Kontrolle über die Technologie und den Innovationsprozeß sowie auf die Produktion am Anfang des Produktzyklus und die komplizierten Kapitalgüter, während die standardisierte und routinisierte Industrieproduktion in die Peripherie verlagert wird (Bornschier 1980, 33)

Auf alle Fälle kann von einer Abnahme der weltweiten Disparitäten und einer langfristigen Angleichung der Lebensbedingungen im Zuge der Globalisierung keine Rede sein – die *Ungleichheit im Weltmaßstab nimmt statt dessen immer mehr zu.* So erwirtschafteten die Industrieländer (einschließlich Ostblock) im Jahr 1970 rund 85 Prozent des Weltsozialprodukts; bis zum Jahr 1993 hatte sich dieser Anteil trotz der dynamischen Entwicklung Südostasiens und trotz des industriellen Zerfalls in den Transformationsländern nur auf 83 Prozent verringert (Halbach 1995, 18). Werden auf der Industrieländerseite Osteuropa mit seiner schwachen wirtschaftlichen Dynamik ausgeklammert und auf Seiten der Entwicklungsländer der Vordere Orient sowie Ost- und Südostasien, so zeigt sich gar eine Zunahme des Produktionsanteils der Industrieländer von 85 auf 88 Prozent (ebd.).

Die These von der zunehmenden Globalisierung ist auch insofern unzutreffend, als wir uns nicht auf eine immer offenere, sondern eine tendenziell *geschlossene Weltwirtschaft* zu bewegen, in der sich die Produktions- und Investitionsentscheidungen auf immer weniger Länder konzentrieren (Gordon 1989, 109). *Nicht Globalisierung* der Produktion im Sinn weltweiter ökonomischer Vernetzung, sondern zunehmende *regionale Verflechtung* (z.B. Triade) ist das vorherrschende Muster kapitalistischer Internationalisierung (Huffschmid 1994, 1013). Die zunehmende räumliche Konzentration ökonomischer Aktivität legt den Schluß nahe, daß von einem „Weltmarkt für Produktionsstandorte" keine Rede sein kann. Zwar haben in einzelnen Sektoren (vor allem der standardisierten Massenproduktion, die wenig qualifizierte Arbeitskräfte benötigt) tatsächlich nennenswerte Produktionsverlagerungen stattgefunden (China); die Standortwahl erfolgte jedoch hochselektiv, was den Differenzierungsprozeß der Dritten Welt weiter vorangetrieben hat. Von wenigen Schwellenländern abgesehen, hat sich *die Disparität zwischen Zentrum und Peripherie im Weltsystem weiter verschärft.*

Die nach wie vor geringe Bedeutung der Peripherie für die Weltwirtschaft ist ein Indiz dafür, daß *niedrige Lohnkosten* für die Investitionsentscheidungen der Konzerne von *geringerer Bedeutung* sind als vielfach angenommen wird. Mindestens ebenso bedeutende Standortfaktoren sind die Ausstattung mit Infrastruktur (vor allem Netzwerke des Verkehrs) sowie die politische Stabilität im Zielland bzw. die *Kooperationsbereitschaft der dortigen Eliten* bei der Besteuerung und dem Transfer von Gewinnen. Weitere wichtige Motive für Produktionsverlagerungen sind vor allem höhere Wachstumsraten, das Gewicht der einheimischen Konkurrenz und damit die Chance, neue Märkte zu erschließen, die Sicherung der Versorgung mit Rohstoffen, der Wunsch, Wechselkursschwankungen zu umgehen, geringe Umweltschutzauflagen, schwache Gewerkschaften. Hier nun nutzen die TNU in der Tat den Hinweis auf bessere Bedingungen andernorts als Drohung, um damit für sie möglichst günstige Arrangements durchzusetzen. Darin liegt ein globalisierendes Element: Mit Hilfe der um

Betriebsansiedlungen konkurrierenden Regierungen *werden Lohnsenkungen, Rücknahme von Umwelt- und Arbeitsschutzauflagen, Abbau von Sozialsystemen durchgesetzt*, so daß es auf der Seite der ArbeitnehmerInnen tatsächlich zu weltweiten Angleichungsprozessen kommt

Man kann sagen, daß durch die verstärkte Globalisierung der Wirtschaft die *Widersprüche* des kapitalistischen Systems der Nachkriegszeit *verschärft* wurden. Noch während das sogenannte „Wirtschaftswunder" der fünfziger und sechziger Jahre stattfand, wurde dessen Grundlage durch die Tätigkeit der TNU mehr und mehr ausgehöhlt. So kam es angesichts der zunehmenden Globalisierung zu „einer *Synchronisierung der nationalen Konjunkturzyklen* und damit zum Wegfall eines der wichtigsten Elemente antizyklischer Krisenpolitik, das in der Möglichkeit bestand, durch eine Steigerung der Exportnachfrage nationale Konjunktureinbrüche tendenziell ausgleichen zu können" (Schulten 1992, 14). Die Möglichkeit autonomer nationalstaatlicher Wirtschaftspolitik wurde dadurch mehr und mehr eingeschränkt (vor allem, da Zinsen und Wechselkurse nicht mehr national bestimmt sondern zunehmend nach den Gesetzen von Angebot und Nachfrage an den internationalen Finanzmärkten gebildet werden). Parallel dazu nahm und nimmt der Konkurrenzdruck auf die Unternehmen, die Regionen und Nationen und auch auf die ArbeiterInnen immer mehr zu.

Während also die „TäterInnen" in den Entscheidungszentralen der TNU näher zusammenrücken und sich in den Zentren der Industrieländer konzentrieren, werden die Bedingungen für die „Opfer", die Beschäftigten und die Umwelt, zunehmend globalisiert und verschlechtert.

3.3 Internationaler Handel

Für den Handel stellen sich die gleichen Fragen wie für die Produktion: *Nützt die Internationalisierung den Vielen*, wie von der neo-klassischen Theorie behauptet, *oder den Wenigen auf Kosten der Vielen?* Handelt es sich um einen Prozeß der Globalisierung oder der Transnationalisierung? Entstehen nivellierende oder polarisierende Tendenzen? Wer profitiert – und wer bezahlt? Wiederum wollen wir einen empirischen Zugang zu diesen Fragen suchen.

1993 wurden weltweit Waren im Wert von 3,7 Billionen US-Dollar, dazu kommerzielle Dienstleistungen von einer Billion Dollar umgesetzt. Von 1986 bis 1992 nahm der Wert des Welthandels um 71

Prozent zu. Betrachtet man nur die Exporte, so lag die Expansionsrate am höchsten in Asien und Nordamerika. Lateinamerika und vor allem Afrika lagen deutlich darunter. In den Transformationsländern Osteuropas sanken die Exporte auf sechzig Prozent ihres Ausgangswertes. In Westeuropa, vor allem aber in Asien, hat der Anteil des jeweiligen *intra*regionalen Handels deutlich zugenommen. Da Osteuropa kaum in die übrige Weltwirtschaft integriert gewesen war, stand der Auflösung der inneren Marktstrukturen keine Kompensation durch den Handel mit Drittländern gegenüber. Insgesamt bilden sich immer deutlicher Gravitationszentren heraus: Die asiatischen Entwicklungsländer geraten stärker in den Sog Japans, die EFTA-Länder und vor allem die Länder des früheren Rates für Gegenseitige Wirtschaftshilfe in den Sog des Europäischen Wirtschaftsraumes (Franzmeyer 1996, 205ff.), Lateinamerika in den Sog der USA.

Die Warenstruktur des *Exports* der einzelnen Regionen hat sich in den achtziger und neunziger Jahren deutlich verändert. Bei den *Industrieländern* setzte sich der Trend zu weniger Roh- und Halbwaren und zu mehr Verbrauchs- und vor allem Investitionsgütern fort. In *Entwicklungsländern* nahmen die Anteile aller Verarbeitungskategorien zu. Hier schrumpfte die Bedeutung der Rohstoffe, und zwar dramatisch, vor allem wegen des Preisverfalls und wegen fortschreitender innerer Differenzierung: Bei den asiatischen Schwellenländern spielen Industrieprodukte und Investitionsgüter eine wichtige Rolle, für China billige Massenprodukte, in *Osteuropa* sank der Anteil der Investitionsgüter dramatisch, während der Anteil der Rohstoffexporte deutlich zunahm.

1992 setzte sich der *Weltwarenhandel* zu einem Viertel aus Rohstoffen und Nahrungsgütern, zu knapp zwanzig Prozent aus Halbwaren, zu einem guten Drittel aus Maschinen und Fahrzeugen und zu einem knappen Viertel aus verarbeiteten Konsumgütern zusammen. Auf die Industrieländer fällt ein Welthandelsanteil von reichlich zwei Dritteln, auf die Entwicklungs- und Transformationsländer ein Anteil von knapp einem Drittel. Bei den Dienstleistungen sind die Relationen ähnlich. Unter den Industrieländern ist Japan besonders von Rohstoffimporten und dem Export von Maschinen und Fahrzeugen abhängig; Afrika und Lateinamerika sind ganz besonders auf die Vermarktung ihrer Rohstoffe angewiesen (ebd.).

Tabelle 3.1: Welthandel

Welthandel nach großen Produktgruppen und Regionen 1980/1992 Jeweilige Warenstruktur in %								
	1980				1992			
	Ind.-Länder	Entw.-Länder	davon asiatische Entw-. Länder	Ost-europa	Ind.-Länder	Entw.-Länder	davon asiatische Entw.-Länder	Ost-europa
Exporte								
Rohwaren[1]	23,97	77,59	45,58	40,10	16,77	36,53	18,11	42,54
Halbwaren[2]	20,84	7,26	14,02	11,41	17,88	14,66	15,77	22,38
Investitionsgüter[3]	34,66	5,23	12,85	29,72	42,81	21,94	30,09	16,82
Verbrauchsgüter[4]	20,53	9,92	27,55	18,76	22,54	26,86	36,03	18,26
Importe								
Rohwaren[1]	43,47	34,66	39,57	35,21	22,85	19,79	18,88	29,15
Halbwaren[2]	15,57	17,66	19,64	17,01	16,11	20,43	21,94	16,51
Investitionsgüter[3]	22,85	31,87	27,94	30,83	36,32	39,74	38,86	33,65
Verbrauchsgüter[4]	18,11	15,81	12,85	16,94	24,73	20,03	20,32	20,69

[1] Nahrungsgüter, Öle und Fette, Industrierohstoffe, mineralische Brennstoffe
[2] Chemische Produkte, Eisen und Stahl, NE-Metalle, Textilfasern
[3] Maschinen und Fahrzeuge
[4] Sonstige Erzeugnisse (einschließlich Resten aus Halbwaren)

Quelle: UN 1994

Quelle: Globale Trends 1996, 210

Die Preisentwicklung zwischen Exporten und Importen (*Terms of Trade*) spielt eine große Rolle für die Entwicklung und Differenzierung des Welthandels: *Steigen die Terms of Trade*, d.h. nehmen die Durchschnittspreise der exportierten Güter und Dienste rascher zu als die der importierten, so müssen je importierte Mengeneinheit weniger inländische Ressourcen aufgebracht werden als zuvor und die Wohlfahrt der eigenen Volkswirtschaft mehrt sich. Umgekehrt führen *sinkende Terms of Trade* zu Wohlfahrtsverlusten, wie das im Gefolge der beiden Ölkrisen von 1973/74 und 1979/80 für die nichterdölproduzierenden Länder, vor allem in Afrika der Fall war. Länder, deren Verarbeitungsindustrien schwach entwickelt sind, müssen vor allem Rohstoffe in Industrieländer exportieren, um damit Devisen für den Import verarbeiteter Produkte aus diesen Ländern verdienen zu können. Sie sind damit den enormen Absatz- und Preisschwankungen und dem Verfall der Terms of Trade ausgesetzt („Rohstoff-Falle"). Sie müßten deshalb vor allem den Verarbeitungsbereich erweitern und vertiefen. Darin werden sie von den Industrieländern behindert, die umso höhere Zölle auf Einfuhren verlangen, je weiter die Importgüter verarbeitet sind. Dagegen treiben Industrieländer vor allem Handel untereinander. Ihr Angebot basiert auf dem Einsatz von *Sachkapital* (Maschinen), vor allem aber von *„Humankapital"* (hohe Qualifikation der Arbeitskräfte, hoher Anteil von Forschung und Entwicklung). Die „fixen" Entwicklungskosten übersteigen bei weitem die „variablen" Produktionskosten (vor allem die Löhne) insbesondere dann, wenn sie auf große Stückzahlen umgelegt werden können („economies of scale"). Deshalb tendieren die Unternehmen zur Spezialisierung auf wenige, aber variantenreiche Produkte für einen möglichst globalen Geschäftsradius. Resultat ist ein *hoher Konkurrenzdruck* auf den Weltmärkten, der die Konzentration fördert und starken Kostendruck nach sich zieht.

Die Liberalisierung des Welthandels erreichte um die Mitte der siebziger Jahre ihren Höhepunkt. Seither haben vor allem die USA mit gezielten Sanktionen Druck auf ihre *Handelspartner* (Europa, Japan) ausgeübt, die EU einzelne *Produktgruppen* diskriminiert. Insgesamt haben Handelsbeschränkungen („Grauzonenprotektionismus": nicht-tarifäre Handelshemmnisse wie Subventionen, Produktstandards, Marktabsprachen, Währungspolitik) trotz drastisch gesunkener Zölle wieder zugenommen (ebd.).

Die Welthandelspolitik wird vor allem durch das GATT (General Agreement on Tariffs and Trade, 1948 in Kraft getreten) und, mit deutlich abnehmendem Gewicht, durch die UNCTAD (United Nations Conference on Trade and Development) bestimmt. Die UNCTAD, in der die Entwicklungsländer ihre größte Hoffnung sahen, ist von den Industrieländern blockiert worden, die den Abschluß eines allgemeinen Rohstoffabkommens verweigerten und die Abkommen über einzelne Rohstoffe auslaufen ließen, und hat seither rasch an Bedeutung eingebüßt.

Das Ziel des GATT besteht in der *Ausweitung und Liberalisierung des Welthandels*. Seinem Wesen nach handelt es sich um einen Vertrag zwischen souveränen Staaten, in dem Regeln für den Welthandel vereinbart werden. Regelverletzungen jedoch können, selbst wenn sie erkannt werden, nicht durch eine Instanz sanktioniert werden. Auch nach Abschluß der (1994 nach acht Jahren abgeschlossenen) „Uruguay-Runde" bleiben die Sanktionsmechanismen schwach. Vor allem hat das GATT sich dem Abbau der Zölle verschrieben, die von durchschnittlich vierzig Prozent im Jahr 1947 auf nunmehr unter fünf Prozent gesenkt wurden. Zoll-Senkungen spielten daher in der vergangenen Verhandlungsrunde auch nicht mehr die zentrale Rolle. Vielmehr widmete sie sich der Ausweitung der Regeln auf Agrargüter, Textilien, Dienstleistungen, Patente und Direktinvestitionen.

Der „neue Protektionismus", eine Reaktion vor allem der Industrieländer auf die infolge der beiden Ölkrisen verschärfte Konkurrenz, unterläuft die GATT-Vereinbarungen. Die Konfliktlinie zwischen reichen Industrieländern auf der einen, armen Entwicklungsländern auf der anderen Seite charakterisiert die Verhandlungen weiterhin, auch wenn deutliche Unstimmigkeiten unter den Industrieländern in einigen Bereichen eine wichtigere Rolle spielen. Patentrechte und geistiges Eigentum spielen eine zunehmend wichtige Rolle, darunter Patente, die die Industrieländer an Genen von Pflanzen- und Tierarten beanspruchen. So ist in der Uruguay-Runde erstmals der Agrarbereich einbezogen worden, in dem es tiefe Interessenkonflikte zwischen Nordamerika und der Europäischen Union gibt. Ein Sinken der Agrarpreise auf den Weltmärkten zieht aber auch schwere Nachteile für die Entwicklungsländer nach sich, die auf den Export von Agrargütern besonders angewiesen sind.

Während die USA den Abbau der europäischen *Agrarsubventionen* – immerhin beinahe 800 Dollar pro Hektar Ackerfläche gegenüber nur etwa 100 Dollar in den USA – verlangten, provozierte dies den entschiedenen Widerstand der europäischen Landwirte. Die Gemeinsame Agrarpolitik der EU garantiert den LandwirtInnen Mindestpreise für ihre Produkte und führt damit zu Poduktionsüberschüssen, die auf den Weltmärkten Preisverfall nach sich ziehen. Dagegen leisten die USA bevorzugt direkte Einkommenstransfers an ihre FarmerInnen. Die Handelshemmnisse, die die Agrarriesen gegeneinander errichteten, wirken sich jedoch auch gegenüber den *Entwicklungsländern* aus. Die Industrienationen drängen also die Entwicklungsländer zur Öffnung ihrer Märkte, während sie gleichzeitig den Zugang zu ihren eigenen Märkten immer wieder abschotten. Dadurch werden in den Entwicklungsländern Tendenzen zur Agroindustrie mit hoher Konzentration der Produktionsflächen, stark einseitigen Produktpaletten, wachsendem Einfluß internationaler Agrarkonzerne und hohem Chemieeinsatz gefördert und in der Folge die Existenzgrundlage der Kleinbauern/bäuerinnen zerstört und die Landflucht begünstigt. Auch in Europa profitieren vor allem die *großen Betriebe*: Achtzig Prozent der Subventionen gehen an das Fünftel der Großbauern/bäuerinnen, denen die Hälfte der gesamten Nutzfläche gehört; für die kleinen LandwirtInnen sinken dagegen die Einkommen. Die Öffnung für den Weltmarkt würde die Situation drastisch verschärfen.

Ein anderes Beispiel: Erst kurz vor der Unterzeichnung des GATT-Abkommens einigten sich die USA und die EU in einem Protokoll darauf, die Elektrizitätsversorgung in den USA weiter für europäische AnbieterInnen zu öffnen, während die EU umgekehrt amerikanischen Firmen den Zugang zu öffentlichen Ausschreibungen aller Mitgliedsstaaten bis hinunter auf die Städteebene erlaubt. Dieses Abkommen brachte andere Länder sofort in Zugzwang, ihre Märkte ebenfalls stärker zu öffnen. Damit ist die Richtung für weitere Verhandlungen vorgezeichnet.

Die *Internationale Handelskammer* betonte in einer Bewertung der Verhandlungen, eine *weitere Liberalisierung sei unabdingbar* und eine notwendige Voraussetzung für Umweltschutz und höhere soziale Standards. Eine von den Gewerkschaften erzwungene *Sozialklausel*, die etwa die Höhe der Löhne und Sozialleistungen, Steuern, Produktionsstandorte, Rechte der Gewerkschaften, demokratische Strukturen oder Menschenrechtsprobleme in das GATT-Vertragswerk einbezöge, hätte für bisher konkurrenzfähige und im Weltmarkt erfolgreiche Schwellen- und Entwicklungsländer die Konsequenz, daß viele ihrer Kostenvorteile verlorengingen. Mit der Globalisierung der Wirtschaft wächst der Druck auf die PolitikerInnen vor allem der Industrieländer, die *Standortbedingungen anzugleichen.* Unterschiede bei Umweltvorschriften, Kartellnormen und Sozialregeln behindern UnternehmerInnen in den Ländern, die hohe Standards setzen und sie mit steigenden Kosten bezahlen. Auch GATT-Generaldirektor Sutherland warnte davor, die Verhandlungen weiter zu „politisieren". Wegen der hohen Arbeitslosigkeit in den Industrieländern solle man sich davor hüten, den Marktzugang an die Erfüllung bestimmter Normen zu binden und womöglich gegen sogenanntes Sozialdumping vorzugehen. Das ähnele nicht nur den üblichen protektionistischen Methoden, sondern sei für das Handelssystem noch gefährlicher, weil man damit „Emotionen wecke".

Er hätte sicher keine Einwände dagegen, wenn dieses Argument auch auf *Umweltschutznormen* ausgedehnt würde. „Unsere Welthandelsinstitutionen ... haben sich so entwickelt, als ob es keinerlei Verknüpfungen zwischen Handel und Umwelt gäbe" (Whalley 1991, 188). Werden solche dann doch nachgewiesen, dann wird argumentiert, daß Freihandel die Umwelt schütze, indem er das wirtschaftliche Wachstum fördere, wodurch wieder zugleich die Nachfrage nach Umweltschutz erhöht und die notwendigen Ressourcen für ihn bereitgestellt würden (GATT 1992, 19f.). Dabei wird übersehen, daß es nicht genügt, wenn die durch zusätzliches Wachstum erwirtschafteten Ressourcen grundsätzlich für Umweltmaßnahmen zur Verfügung stehen – sie müssen dafür auch *tatsächlich eingesetzt* werden, was meistens nicht der Fall ist. Wichtiger ist noch, daß es möglich sein muß, die angerichteten Umweltschäden auch tatsächlich zu reparieren, was im Fall irreversibler Folgen, z.B. bei der Vernichtung biologischer Arten, nicht möglich ist.

Soziale und Umweltfragen sind in Marrakesh zunächst einmal vertagt und auf die nächste Verhandlungsrunde verschoben worden. Vor allem die Transnationalen Unternehmen drängen nach dem Abschluß der Uruguay-Runde auf weitere Schritte zur Liberalisierung der Investitionen:

– Im Rahmen der OECD wird ein multilaterales Investitionsabkommen verhandelt, dem dann auch andere Länder beitreten können. Es strebt die Durchsetzung einer Art *Grundrechtekatalog für ausländische Investoren* an.

– Die EU möchte spätestens auf dem ersten Ministertreffen der neuen Welthandelsorganisation (WTO, die Nachfolgeorganisation des GATT) im Dezember 1996 Verhandlungen über ein neues *globales Investitionsregime* auf den Weg bringen.

Unterhalb der GATT-Ebene gibt *es zahlreiche Vereinbarungen zur regionalen Wirtschaftsintegration*: in Europa den Europäischen Wirtschaftsraum; in Nordamerika die North American Free Trade Area (NAFTA); im Pazifik die APEC mit 18 asiatischen und pazifischen Ländern einschließlich den USA und China; ein Rahmenabkommen der USA mit 29 lateinamerikanischen Ländern über eine künftige Freihandelszone und etliche andere mehr. Hier sei lediglich noch die Kooperation zwischen der EU und den inzwischen siebzig AKP (= Afrika, Karibik, Pazifik)-Staaten angesprochen, die mit den sogenannten Lomé-Abkommen vereinbart wird.

Die *Entwicklungspolitik* wird zum ersten Mal im *Unionsvertrag* angesprochen (Titel I, Art. C, Titel XVII); sie beabsichtigt „die nachhaltige wirtschaftliche und soziale Entwicklung der Entwicklungsländer, vor allem der ärmeren unter ihnen; die harmonische und schrittweise Integration der Entwicklungsländer in die Weltwirtschaft; den Kampf gegen die Armut in den Entwicklungsländern" (Art. 130u) zu fördern – „Jedoch darf über diesen ideellen Werten nicht vergessen werden, daß die Politik der Entwicklungszusammenarbeit im größeren Rahmen der Außenbeziehungen der Gemeinschaft steht ... Nicht zuletzt muß eine Gemeinschaftspolitik der Entwicklungszusammenarbeit auch die Präsenz der Gemeinschaft in der Welt stärken und damit zur Anerkennung der europäischen Identität durch Drittländer und in den internationalen Organisationen beitragen" (EG-Kommission 1992, zit. nach Falk 1992, 3).

Die *Bilanz der gemeinschaftlichen Entwicklungspolitik*, die in diesem Dokument gezogen wird, ist *negativ*: Nicht nur bestehe „eine gewisse Verzettelung" zwischen den einzelstaatlichen und der gemeinschaftlichen Politik, vielmehr kompensiere die öffentliche Entwicklungshilfe kaum die laufenden Kosten für die von den Entwicklungsländern in der Vergangenheit aufgenommenen Kredite. In großem Umfang würden Mittel verschwendet; die außerhalb der Entwicklungsländer konzipierten Entwicklungsmodelle seien gescheitert; die Interessen der GeldgeberInnen divergierten beträchtlich; eine abgestimmte und kohärente Politik innerhalb der EG sei bislang nicht erkennbar; dies lasse Raum für innergemeinschaftliche Rivalitäten der Mitgliedsstaaten und schwäche ihre Wettbewerbsposition (ebd., 3).

Allerdings hatten die neuen weltpolitischen Konstellationen bald Konsequenzen: Die Auflösung des *Ostblocks nimmt den Entwicklungsländern ihre Position zwischen gegnerischen Blöcken*, die Mittelmeerdrittländer und die asiatischen Schwellenländer und Lateinamerika werden künftig größere Aufmerksamkeit genießen (Kommission der EG 1992, 8): Der Stellenwert der AKP-Länder sinkt, die Verhandlungsposition der EU ist gestärkt. Gesunken ist der Außenhandel zwischen beiden Seiten: einerseits wegen sinkender Rohstoffpreise und andererseits wegen sinkender Kaufkraft für Importe aus der EU. Die Rohstoffeinfuhr in die EU ist nicht begrenzt; allerdings sind die von der Gemeinsamen Agrarpolitik der EU erfaßten Produkte ausgenommen. Mit fortschreitender Verarbeitungsstufe steigen die Einfuhrbeschränkungen, so daß einer notwendigen Diversifizierung der Produktion und vor allem einer Vertiefung der Fertigungsstufen in den AKP-Ländern nicht geholfen wird.

Seit der Unterzeichnung des Lomé-IV-Abkommens (31.12.1989) betont die Kommission ihre grundsätzliche *Übereinstimmung mit der Strukturanpassungspolitik* (SAP) von IWF und Weltbank, an der allenfalls Modifikationen („soziale Abfederung") anzubringen seien. Sie hat hinsichtlich der Strukturanpassungsprogramme eine etwas mildere Haltung eingenommen als IWF/Weltbank und seit 1988 Sonderprogramme für hochverschuldete Länder mit 500 Millionen ECU ausgestattet, um eine soziale Milderung der SAP zu erreichen. Das geschah in enger Abstimmung mit IWF/Weltbank und ohne daß die EG eine eigene Alternative zu den SAP entwickelt hätte. Es läßt sich auch nicht verschweigen, daß die EG-Mittel weder eine nachholende noch eine nachhaltige Entwicklung begünstigen, noch die Armut wirksam bekämpfen oder die Achtung von Menschenrechten und Demokratie gefördert haben – vielmehr sind dadurch weiterhin brutale Militärregimes an der Macht gehalten worden, wie z.B. in Zaire oder in Liberia (Kappel 1994).

Nützt also die Internationalisierung des Handels den Vielen, wie von der neo-klassischen Theorie behauptet, oder den Wenigen auf Kosten der Vielen? Alles spricht für die zweite Hypothese. Die Öffnung der Märkte nützt den Stärkeren, die Liberalisierung begünstigt *„die Freiheit des Fuchses im Hühnerstall"* – so wie das auch im Bereich der Filmindustrie und der Urheberrechte der Fall ist. Handelt es sich um einen Prozeß der Globalisierung oder der Transnationalisierung? Auch hier läßt sich kaum ernsthaft die Position vertreten, die Regeln des Welthandels begünstigten alle Weltregionen gleichermaßen. Entstehen nivellierende oder polarisierende Tendenzen? Wer profitiert und wer bezahlt? Wiederum sehen wir eher Tendenzen, nach denen *die Armen der Erde dazu herangezogen werden, die Gewinne der Reichen zu finanzieren.* Die Tendenzen, die wir im Zusammenhang mit der Transnationalisierung der Produktion aufgefunden haben, werden durch die Ausweitung des Welthandels nicht etwa gemildert, sondern verstärkt.

3.4 Internationalisierung der Finanzströme

Die weltwirtschaftliche Entwicklung wird nur verständlich, wenn sie im *wechselseitigen Zusammenhang zwischen Produktion, Handel und Finanzierung* untersucht wird. In modernen Geldwirtschaften geraten die Finanzstrukturen neben den Produktionsstrukturen zur eigenen Machtressource in der Weltwirtschaft. Wessen Interessen verleihen diese Machtstrukturen (Strange 1988, 88) auf welche Weise Gewicht? Trägt dieser Prozeß zur globalen Zukunftsfähigkeit bei?

Ermöglicht durch technologische Entwicklung, Deregulierung und Liberalisierung und angestachelt vom verschärften Wettbewerb der Großkonzerne auf den Weltmärkten bilden sich *weltumspannende Finanzmärkte* heraus. Finanzkapital wird räumlich und zeitlich nahezu grenzenlos: Es kann weltweit und lichtschnell bewegt werden, und das verhältnismäßig billig. Damit geraten beispielsweise Anlagemöglichkeiten für Finanzkapital global in Konkurrenz, da sich die AnlegerInnen ortsungebunden für die besten Konditionen entscheiden können. Im Zuge dieser ‚Globalisierung' sind viele *Unternehmen unter die Kontrolle von Finanzinstitutionen* (Banken, Versicherungen, Fonds) geraten, und viele sind selbst zu bedeutenden Finanzinstitutionen geworden, die in großem Umfang nicht nur rationalisieren und automatisieren, sondern weitere Firmen aufkaufen und an den Rohstoff- und Finanzmärkten spekulieren. Dadurch erhöht sich die Konzentration, es erhöht sich aber ebenso der *Druck zu kurzfristiger Gewinnmaximierung*, unter deren Diktat Unternehmenspolitik und damit Beschäftigung und Umweltnutzung stehen. Damit wächst auch die weltweite Vernetzung, die die globale Schicksalsgemeinschaft enger zusammenrücken läßt – allerdings mit verteilten Rollen.

Wieder geht es um die gleichen Probleme: *Nützt die Internationalisierung den Vielen,* wie von der neo-klassischen Theorie behauptet, *oder den Wenigen auf Kosten der Vielen?* Handelt es sich um einen Prozeß mit Tendenzen zur Globalisierung oder der Transnationalisierung? Entstehen nivellierende oder polarisierende Tendenzen? Wer profitiert und wer bezahlt?

Rapides Umsatzwachstum im Finanzsektor einerseits, zunehmende Schwankungen beispielsweise der Zinsen und Wechselkurse andererseits, scheinen Indizien dafür zu sein, daß sich der finanzielle Überbau *von der Realwirtschaft abgelöst* hat: Es deutet sich an, „daß der monetäre Sektor aus seiner dienenden Rolle für die Realwirtschaft herausgetreten ist", was insbesondere „in Phasen der Unsicherheit störende Nebeneffekte" für diese bedeutet (Braasch 1996, 2). Mit ‚Realwirtschaft' meinen wir das Wirtschaftsgeschehen, das unmittelbar mit den Vorgängen auf den Warenmärkten in Zusammenhang steht, wie Produktion, Handel usw. Gerade in einer Verselbständigung von den realwirtschaftlichen Erfordernissen bestünde das Krisenhafte der Internationalisierung der Finanzströme. Das gilt umso mehr, wenn dadurch Spielregeln herrschen, nach denen sich Wenige auf Kosten der Allgemeinheit und der Zukunftsfähigkeit bereichern. Für die neuen Dimensionen in Größe und Profil der Finanzmärkte lassen sich vielfältige Belege bringen. Wir können im folgenden nur einige wichtige anführen, die gleichzeitig verdeutlichen, wem der Bedeutungszuwachs der Finanzmärkte einen Machtgewinn beschert.

Institutionelle Investoren (z.B. Pensionfonds, Versicherungsgesellschaften, Kapitalsammelstellen, Investmentfonds), die professionell gemanagt werden und weltweit agieren, gewinnen mehr Gewicht. 1993 verwalteten sie in den G 5-Ländern ein Vermögen von dreizehn Billionen Dollar, das bedeutet einen Anstieg um mehr als 400 Prozent seit 1980. Ihr Vermögen betrug 1993 in Großbritannien 165, in den USA 126 Prozent des BIP (IMF 1995, zitiert nach ebd.). In Deutschland verwalten einheimische Fonds Aktien im Börsenwert von mehr als achtzig Milliarden DM – davon der Deutsche Investment-Trust allein 47 Milliarden. Weltweit betreuen Fonds 25 Billionen DM. Im Jahr 1993 ‚erwirtschafteten‘ die Großanleger George Soros 1,1 Milliarden Dollar, Michael Steinhardt 475 Millionen Dollar. Zusammen mit Julian H. Robertson („The Big Three") managen sie *Hedge-Funds* über zwanzig Milliarden Dollar. Solche Fonds sollen im Sinne des/der ErfinderIn ihren KundInnen eigentlich Schutz vor unberechenbaren Finanzmarktbewegungen bieten, indem dem Verlustrisiko geschickt Grenzen gesteckt werden („hedging"). Durch vielversprechende Spekulationsgeschäfte mit den verwalteten Geldern chaotisieren diese Fonds die Märkte allerdings zusätzlich, statt konsequenterweise auf Stabilisierung und mehr Berechenbarkeit hinzuwirken. Die Renditen der „Großen Drei" für 1993 betrugen 61,5 (Soros), 61 (Steinhardt) bzw. 38,4 (Robertson) Prozent. Realwirtschaftliche Profite in vergleichbarer Höhe müßten geradezu mafios oder sklavenhälterisch anmuten. George Soros beteuerte allerdings, daß er sich nicht mit mehr als bescheidenen 500 Millionen Dollar täglich engagiere. Die US-Publikums- und Pensionsfonds fielen mit 8.600 Millionen Dollar täglich fünfzigmal so stark ins Gewicht wie die gesamte Hedge-Funds-Branche, die allerdings – als Sündenbock für labile Märkte – mehr im Gerede sei. Auch ein Londoner Fondsmanager verweist auf andere: Die Rolle der Banker werde unterschätzt (WirtschaftsWoche 29.7. 1994, 69ff). Das ist wenig verwunderlich, zumal die boomenden derivativen Finanzgeschäfte, um die es hier vor allem geht, in den Bankbilanzen gar nicht auftauchen.

Modernste Technik, scharfer Wettbewerb, anspruchsvolle KundInnen lassen *professionelle KapitalverwalterInnen* (als neue ‚Weltpolizei‘) unablässig und weltweit wirtschaftspolitische Entscheidungen verfolgen und in Kapitalbewegungen umsetzen. Finanzkapital fließt dorthin, wo eine glaubwürdige Stabilitätspolitik betrieben wird und wo hohe Gewinne locken. Spekulationsbereitschaft und schnelle Kapitalumschichtungen gehen mit dieser Professionalisierung einher. Sie schaffen Schwankungen in neuen Dimensionen, die die realwirtschaftlichen Belange stören: Die Fortschritte der Finanzmärkte (mehr Effizienz, Leistungsfähigkeit) sind also ambivalent. Die unberechenbaren Ausschläge von Kursen bewirken eine zunehmende Nutzung von Finanzinnovationen zur Absicherung und zur Spekulation: Besonders *Derivate* (darunter fallen sogenannte Futures, Optionen, Swaps) erfreuen sich einer enormen Popularität: Das sind Wettgeschäfte auf Kursverläufe, etwa von Aktien, durch die sich die eigenen Bestände an diesen Titeln gegen Wertverlust absichern lassen. Denn durch die passende Wette läßt sich an einem eventuellen Kursverfall zugleich wiederum kräftig verdienen. Dabei ist ein Besitz an zugrundeliegenden Aktien (bzw. Zinsen, Anleihen, Rohstoffen...) nicht verpflichtend: Die Finanzwette wird zum lukrativen Selbstzweck, die Wertveränderungen der zugrundeliegenden Kassawerte sind als Zahlenmaterial (für die Gewinnerrechnung der Derivate), nicht aber in ihren realwirtschaftlichen Konsequenzen interessant. So tummeln sich auf den ‚derivativen Märkten' nicht nur risikoscheue UnternehmerInnen, sondern auch SpekulantInnen auf der Jagd nach finanziellen Loopings und dem profitabelsten Stunt. Der tägliche Umsatz an Derivaten betrug im April 1995 außerbörslich 0,8 Billionen Dollar, bzw. an der Börse (bei einigen Doppelzählungen) 1,1 Billionen (BIZ 1995, zitiert nach Braasch 1996). Termingeschäfte (eine Form von Derivaten) wachsen am stärksten außerhalb der Börse, wo mehr Narrenfreiheit herrscht, etwa von 1,6 Billionen Dollar 1987 auf mehr als zehn Billionen 1994. Hinzu kommt eine mindestens gleiche Summe im internen Bankenhandel. In den Jahren von 1987 bis 1993 verzehnfachten sich die gesamten Bestände bis auf etwa 15 Billionen Dollar, Ende 1994 sollten es bereits geschätzte 23 Billionen sein (Erdmenger 1995, 3) – *gerade so viel wie das Bruttoweltprodukt.* Für Ende März 1995 nennt die Zeit (10.5.1996, 31) gar 40,7 Billionen Dollar (eine vierzehnstellige Zahl!). Bei *deutschen Banken* betrug das geschätzte Volumen der derivaten Geschäfte Mitte 1993 6.000 Milliarden DM. Die Großbanken handeln auf den Terminmärkten fast die doppelte Summe ihres Geschäftsvolumens; in den USA erreicht das Verhältnis 10:1. Ein falscher Wett-Tip oder eine kleine Pechsträhne (wie bei Nick Leeson) kann Banken den Kopf und SteuerzahlerInnen den Kragen kosten. Termingeschäfte wurden in Deutschland erst 1970 zugelassen, zwanzig Jahre später wurde für sie und die wiederum von ihnen abgeleiteten noch abstrakteren Geschäfte die *Deutsche Terminbörse* gegründet. Die Forderung, ihren Einsatz ausschließlich zur Absicherung zu dulden, ließ sich nicht durchsetzen, u.a. weil Banken mitverdienen und institutionelle Spekulanten Druck ausüben. Doch die Diskussion über Nutzen und Schaden reißt auch heute noch nicht ab. Zurecht: Derivate bergen gleich eine Fülle von Gefahren: Marktrisiko, Kreditrisiko, Liquiditätsrisiko, operationales Risiko, rechtliches Risiko, Systemrisiko (WirtschaftsWoche 17.11.1994, 141). Letzteres Risiko, die *Drohung eines totalen Finanzkollaps*, birgt am deutlichsten Schäden für die Allgemeinheit. Aber auch individuelle Ausfälle werden, wo immer möglich, sozialisiert.

Bei all dem medienträchtigen Finanzspektakel wird im angestammten Alltagsgeschäft der Banken jedoch oft übersehen, daß ein erheblicher Teil ihrer Gewinne aus der *Zinsdifferenz*, d.h. dem Unterschied zwischen Soll- und Haben-Zinsen entsteht. Ein normales Sparbuch, auf dem immer noch viele „kleine Leute" ihre Ersparnisse anlegen, wird mit kaum mehr als zwei oder drei Prozent verzinst, während ein Dispositionskredit heute nicht unter elf Prozent, ein Überziehungskredit kaum unter siebzehn Prozent zu haben ist. Bei der ungeheuren *Verschuldung der privaten Haushalte* kommen gewaltige Summen zusammen, mit denen die Banken operieren können: Ein Drittel der deutschen Haushalte ist verschuldet (mit durchschnittlich 35.000 DM); 1,5 bis 2,5 Millionen sind überschuldet (Zeit 26.4.1996, 69). Diese Verschuldung entsteht durch das Vordringen von Kreditkarten und bargeldlosem Zahlungsverkehr, aber auch durch die aggressive Werbung der Banken selbst bei Jugendlichen. Die Verpflichtungen aus KonsumentInnenkrediten beliefen sich Ende 1993 in Deutschland auf 354 Milliarden DM, die Zinszahlungen daraus im gleichen Jahr auf 46 Milliarden DM. In Großbritannien wuchs die Verschuldung privater Haushalte von 65 Milliarden Pfund 1980 auf 320 Milliarden Pfund 1990; jeder fünfte Haushalt dort steckt in Rückzahlungsschwierigkeiten (1992). Auch die *GroßkreditnehmerInnen* (Unternehmen, öffentliche Hand) fallen als Verdienstquelle für Banken nicht aus: Zwar kommen KreditnehmerInnen und -geberInnen ‚am Markt' vermehrt direkt zusammen, wählen also seltener den Umweg über die Bank, was freilich die Weltkonkurrenz der Finanzinstitutionen um innovative Geschäftsstrategien und -felder anheizt. Es verbleibt und entsteht jedoch ein starker Bedarf an verschiedenen Serviceleistungen, Provisionstätigkeiten, die sich nicht selbst erledigen lassen. Zugleich entstanden auf der Habenseite der KundInnen infolge der langen Friedensperiode und des Wirtschaftswachstums *umfangreiche Finanzvermögen*: Z.B. wuchs das Geldvermögen der deutschen privaten Haushalte 1950-1995 von 25 Milliarden DM auf mehr als vier Billionen DM, das ist das Doppelte der verfügbaren Jahreseinkommen der privaten Haushalte (Durchschnittsgeldvermögen eines westdeutschen Haushalts Ende 1993: 120.000 DM; eines ostdeutschen: 35.000 DM). Selbst im Rezessionsjahr 1993 wuchs dieses Geldvermögen noch um sechs Prozent (237 Milliarden DM). Die *Verteilung* des Vermögens streut jedoch „beträchtlich" (Deutsches Institut für Wirtschaftsforschung).

Die internationale Dimension des Wandels der Finanzsphäre in Qualität und Quantität läßt sich besonders an folgenden Beispielen demonstrieren:

– Die *Devisenumsätze*, die bei allen internationalen Geschäften anfallen, die nicht in einheitlicher Währung abgewickelt werden, betrugen 1989 täglich mindestens das Vierzigfache dessen, was zur Finanzierung der weltweiten Exporte, dem ursprünglichen Anlaß, überhaupt nötig gewesen wäre. 1991 betrug das Volumen der weltweiten Devisentransaktionen 216 Billionen Dollar (BIZ-Angaben, zitiert nach Erdmenger 1995) im April 1995 belaufen sie sich bereits auf 1,25 Billionen Dollar täglich. Damit waren die Tagesumsätze 1995 um 50 Prozent höher als noch 1992, betrugen das Doppelte von 1989 (Schmid 1996, 79). Spekulation und Arbitrage (die Nutzung von kurzzeitigen Kursdifferenzen auf verschiedenen Märkten) betragen damit, je nach AutorInnen und Zugeständnissen an organisatorische Erfordernisse bis zu 98,4 Prozent (Erdmenger 1995, 3). Bis Anfang der siebziger Jahre lag der nicht-warenbezogene Anteil am Devisenumsatzvolumen lediglich bei einem Zehntel.

– Der *grenzüberschreitende Wertpapierhandel* in den G-7-Ländern wächst rasant schneller als das Bruttoinlandsprodukt: zwischen 1970 und 1993 in den USA von 2,8 Prozent des BIP auf 135, in der BRD von 3,3 auf 170 Prozent (BIZ 1995, zitiert nach Braasch 1996). Der „offene Bestand im weltweiten Wertpapiergeschäft wird [Ende 1993] auf über 60.000 Milliarden $ geschätzt": auf gut das Dreifache des Weltsozialprodukts im gleichen Jahr. (Bischoff 1996, 1). Dreißig bis fünfzig Prozent der DAX-Umsätze (im Deutschen Aktien-Index, kurz: DAX, werden Kursverläufe wichtiger Besitztitel deutscher Firmen rechnerisch zusammengefaßt) stammen aus London. Sechzig Prozent der Aktien von Mannesmann, 52 Prozent der von Hoechst, fünfzig Prozent der von Bayer, 43 Prozent der von der Deutschen Bank, 42 Prozent der von Siemens, 35 Prozent der von Daimler-Benz werden von AusländerInnen (besonders institutionellen AnlegerInnen) gehalten. Beim Umgang mit Wertpapieren interessiert oft das Unternehmen selbst gar nicht mehr, sondern nur noch der schnelle Profit, der sich z.B. aus Kursschwankungen ziehen läßt oder durch Verbesserungen des Börsenwertes (Kursanstieg) erzielt wird. Dort werden, etwa nach dem Motto „fix it, sell it or kill it" (sanieren, verkaufen oder plattmachen), Unternehmenseinheiten gezielt börsenfit gemacht. Dem Siegerunternehmen im Aktientest des Magazins „Capital" (4/96, 87) gelang eine jährliche Aktionärsrendite von 31,1 Milliarden (1986 bis 1995), die 23 Firmenaufkäufen zu verdanken ist. Daß sich mit dieser aus dem Finanzsektor ‚aufgedrängten' aktionärsfreundlichen

Unternehmenspolitik (shareholder value) häufig auch Rationalisierungen durchsetzen lassen, die im UnternehmerInneninteresse liegen, steht auf der Rückseite dieses Blatts.

– Der *Kapitalexport* legt seit zehn Jahren kräftig zu: Einige Länder beziehen Kapitalrenditen von dreißig bis vierzig Prozent, manchmal gar sechzig bis siebzig Prozent aus dem Ausland und exportieren ihrerseits große Summen (Menzel 1995, 102). Die intensive Kapitalverflechtung dient vorrangig der Ausbildung von Standbeinen in den wirtschaftlich wichtigen Weltregionen; die Konkurrenz verpflichtet zur Präsenz allerorts (wo gute Geschäfte locken).

– *Internationale Kredite* betrugen 1973 etwa 175 Milliarden Dollar oder fünf Prozent der Wirtschaftsleistung aller Industrieländer; 1993 waren es 3,6 Billionen Dollar oder 19 Prozent der Wirtschaftsleistung. Der Nettokapitalzufluß in die USA belief sich zu Beginn der siebziger Jahre auf zwei Milliarden Dollar jährlich, auf 140 Milliarden Dollar Ende der achtziger, 65 Milliarden Dollar Mitte der neunziger Jahre.

– Insbesondere die *öffentliche Verschuldung* nährt den internationalen Handel mit Anleihen, das sind langfristige nicht bankengebundene Kredite. Erst flexibel portionierbare und standardisierte Finanzvehikel sind marktfähig und für die Weltreise zwischen kapitalstarken GläubigerInnen und defizitären SchuldnerInnen tauglich. Der Umlauf öffentlicher Anleihen der G 7-Länder 1970 bis 1994 stieg von 800 Milliarden auf 18,5 Billionen Dollar an. Die Verschuldung aller Entwicklungsländer zusammen beläuft sich ,lediglich' auf zwei Billionen Dollar, die der OECD-Länder auf mehr als dreizehn Billionen. Die öffentliche Verschuldung der USA hat sich unter den Präsidenten Reagan und Bush verfünfzehnfacht und erreicht 1995 fast fünf Billionen Dollar. Staatsschulden werden täglich im Wert von mehreren hundert Milliarden Dollar gehandelt (TAZ/Le Monde Diplomatique 12.7.1995, 12). 1980 lag die akkumulierte Staatsschuld der G 7 schon bei kritischen 42,4 Prozent des Bruttosozialprodukts; 1994 waren es bereits siebzig Prozent. Statt der gewohnten fünf Prozent hält das Ausland nach der deutschen Wiedervereinigung nun vierzig Prozent der staatlichen Schulden (Zeit 28.4.95, 33).

Durch die wachsenden transnationalen Interdependenzen der hochintegrierten und hocheffizienten Märkte können sich *lokale Erschütterungen* in rasantem Tempo in alle Finanzzentren fortpflanzen; die Nervosität wächst. Seit dem „Schwarzen Montag" (19.10.1987) werden Börsenschwankungen häufiger und stärker, prägen Abwertungen osteuropäischer und lateinamerikanischer Währungen und ‚problematische periphere Finanzmärkte' (Mexiko, Bangkok, Kairo, Bombay) das Bild (Chossudovsky 1995, 12). Einige Beispiele:

- 1987 kollabierten die Kurse in New York um zwanzig Prozent, der Tokioter Nikkei-Index brach um 25 Prozent ein. Der DAX-September-Kontrakt (ein Derivat namens „Future") stürzte daraufhin um etwa dreißig Prozent, das bedeutete 70.000 DM pro Kontrakt: Da die finanziellen Sicherheiten der InhaberInnen nicht genügten, um das notwendige Geld nachzuschießen, mußten Positionen verkauft werden, wodurch (vermittelt über Kursverfall) auch „konservative Aktiensparer" Verluste erlitten, der Terminmarkt zusammenbrach (WirtschaftsWoche 18.2.1994, 90, 93). Seit 1987 hat sich das Derivate-Volumen mindestens verachtfacht.
- Im Herbst 1992 führte eine gewaltige Spekulationswelle in Europa zur Abwertung der britischen und der italienischen Währung, die sich dadurch im Europäischen Währungssystem (EWS) disqualifizierten. Das EWS brach schließlich als Ganzes zusammen (ebd.). Die Gewinnmilliarde (Dollar!) des George Soros, der in diesem Kontext berühmt wurde, wurde kurze Zeit später zum großen Teil (600 Millionen Dollar) Opfer eines überraschenden Dollareinbruchs.
- Anfang 1995 führte die Mexiko-Krise (ausgelöst durch Zweifel an der politischen Stabilität, die sich zur Panik auswuchsen) zu einem vierzigprozentigen Wertverlust des Peso gegenüber dem Dollar. Der IWF ‚stiftete' auf Wunsch der amerikanischen Regierung, der Mexiko (wirtschafts-)politisch am Herzen liegt, 18 Milliarden Dollar, die Clinton-Administration legte zwanzig Milliarden Dollar drauf. Mexiko motivierte Kapitalflucht aus vermeintlich ähnlich instabilen Gegenden, wodurch z.B. Argentinien, Brasilien, Ungarn, Portugal, Thailand, Polen beeinträchtigt wurden, die wie Mexiko trotz hoher Auslandsschulden grundsätzlich an der Schwelle stehen, ‚Hocheinkommensländer' zu werden. Der schnelle Kapitalabzug zugunsten etablierter Finanzzentren belegt, daß ein finanzielles Engagement in (semi-)peripheren Ländern nicht nur hochselektiv, sondern auch noch sehr launenhaft ist.

Derivate-Pleiten werden auf den Finanzmärkten immer häufiger. Bleiben sie aus, lassen sich eindrucksvolle Gewinne zusammenraffen; treten sie jedoch ein, können sie eine ganze Palette von Konsequenzen mit sich bringen: von Imageschäden und persönlichen Ärgernissen über Personalabbau und öffentliche Schäden durch Kostenüberwälzung bis hin zum Super-GAU des Finanzsystems durch Kettenreaktion, wenn ruinierte GläubigerInnen ihre eigenen GläubigerInnen ruinieren. So entstanden beispielsweise in den USA Publikumsfonds 800 Millionen Dollar Verlust (wovon zahlreiche Colleges und Gebietskörperschaften betroffen waren) durch ‚Wettpech' bei fünf großen US-Finanzhäusern. Bei der Investmentbank S. G. Warburg in Großbritannien verpufften 100 Millionen Pfund, bei Barings (Eigenkapital bei 300 Millionen Pfund Ende 1993) entstanden dank Nick Leesons Fehleinschätzungen in Singapur (u.a. hatte er nicht mit einem Erdbeben in Kobe/Japan gerechnet) weit über 800 Millionen Pfund Verlust (andere Angaben: 1,8 Milliarden DM; 1,3 Milliarden US Dollar). In Deutschland gelangte vor allem die Metallgesellschaft zu Ruhm: Sie verlor zwei Milliarden DM und entließ einige hundert Arbeitskräfte.

Zusammenbruchsszenarien haben Konjunktur, denn das „Systemrisiko" hat Nahrung gefunden: Zum einen sind durch die Deregulierung mit den Hindernissen auch die Schutzwälle abgetragen worden, was zu ungebremsten *Schwankungen* führt. Zweitens wird die Intensität möglicher Schockwellen durch die gewachsene *Informationseffizienz* verstärkt, da allerorts zur gleichen Zeit gleichartige Reaktionen ablaufen können („Verkaufen!!"). Zum dritten sind gerade mit den Derivaten starke Hebel geschaffen worden, die imstande sind, lawinenförmige *Kettenreaktionen* auszulösen, die von ihren eigenen virtuellen (Wett-) Märkten auf die herkömmlichen Finanz(kassa)märkte selber übergreifen und so letztlich auch die Realmärkte betreffen können. Wohlgemerkt eine Richtungspervertierung, da die Finanzen den Warenmärkten dienen, nicht sie dominieren, geschweige denn sie schädigen sollen.

Wie konnte diese Fehlentwicklung passieren? Kredite können über das Bankensystem ein Vielfaches an umlaufenden Geld schöpfen, weil Erspartes des/der einen über die Bank *zugleich* Kredit an eine/n andere/n sein kann, der/die vielleicht eine/n Dritte/n bezahlt, der/die das Geld wiederum spart, wodurch erneut Kredit ermöglicht wird usw. Kredite müßten jedoch knapp gehalten werden, um zu gewährleisten, daß mit der Geldschöpfung auch die Warenwirtschaft auf ein höheres Niveau anwächst, damit der Geldzuwachs mit echtem Wertzuwachs gedeckt wird. Die größtenteils konsumptive Verwendung der Staatsschulden und auch vieler Privatschulden unterläuft diese Regel allerdings, ebenso wie ein Ausmaß der Kreditvergabe (nicht nur durch Banken) und damit der Geldschöpfung, das realwirtschaftliche Wachstumsmöglichkeiten überschreitet. Dazu einige Indizien: Das Verhältnis der Bankkredite zum BIP in den OECD-Ländern lag 1980 bei vier Prozent, 1991 bereits bei 44 Prozent. 1979-1988 stieg die Geldmenge (gemessen in Dollar) weltweit um dubiose 930 Prozent (Binswanger 1994, 180). Das gesamtdeutsche Sozialprodukt wuchs 1991 bis 1994 um 430 Milliarden DM, Bankkredite (und übrige Aktiva) derweil um 1.050 Milliarden (gesamtes Kreditpotential deutscher Banken: 5.000 Milliarden DM), die gesamten Verpflichtungen der Volkswirtschaft gar um 1.278 Milliarden DM (Zeitschrift für Sozialökonomie 108/96, 38). Immer höhere Geldvermögen ermöglichen den Banken stete Kreditexpansion, was sie im eigenen Gewinninteresse auszureizen geneigt sind.

Aber auch hier und heute erweist sich der Finanzsektor als kompetente *Umverteilungsinstanz – von unten nach oben* allerdings. Das gilt erstens für die Störeffekte, die vom Finanzüberbau auf die Realsphäre abstrahlen. Nicht nur die ganz großen Unfälle oder Pleiten, sondern jedes Überschießen der Marktreaktionen („Übertreibung ist das Wesen von Märkten", vgl. Zeit 10.5.1996, 31) kann Fehlinvestitionen in der Realwirtschaft nach sich ziehen, woraus Wachstumsverluste und Beschäftigungseinbußen, Protektionismus, gar Handelskriege (Wirtschafts-Woche 20.4.1995, 15) resultieren, die als erstes diejenigen betreffen, die am wenigsten mit den Überreaktionen zu tun haben. Wegen der hohen Reaktionsgeschwindigkeit der Märkte wird der realen Wirtschaft – und den realen UnternehmerInnen und ArbeiterInnen – eine extreme Anpassungslast aufgebürdet. Die zunehmende „Flatterhaftigkeit" der Märkte geht einher mit einem Verlust der Planungssicherheit, die für längerfristige realwirtschaftliche Vorgänge unerläßlich ist. Anders als in der vorherrschenden Theorie behauptet, verhält sich Geld eben *nicht neutral* zu realwirtschaftlichen Vorgängen. Zweitens ist aus einem „government led system", einem System, das wesentlich durch Entscheidungen der Regierungen gesteuert wird, ein „market led system" geworden, in dem *Kapitalbewegungen einen dominanten Einfluß* ausüben: „Staatenlos gewordene Marktkräfte stehen im Kampf mit nationalen Wirtschaftspolitiken." (Braasch 1996, 4). Nationale Sonderwege, die in Richtung sozialen Ausgleichs oder ökologischer Rücksicht führen, werden zu Sackgassen: Sie widersprechen dem Welt- und Geldtrend. Die erzielten Effizienzgewinne auf den Finanzmärkten (Geschwindigkeit, Kostensenkung) wurden *so durch soziale Wohlfahrtsverluste erkauft* (Felix 1995, 106): Dazu paßt die Beobachtung, das sich die Leistungsfähigkeit der Weltwirtschaft von Dekade zu Dekade auch in bezug auf die nationale und die internationale Einkommensverteilung vermindert (ebd.). Wo aber – drittens – die Kapitaldecke dünn ist (Dritte-Welt-Länder) und ausländisches Kapital nur als ‚heißes Geld' vorübergehend zu Besuch kommt, um mit Nachwuchs wieder von dannen zu ziehen, da ist der Eintritt ins vielleicht profitable Finanzroulette verwehrt. Zwar hat eine *Globalisierung des Finanzkapitals* in dem Sinne stattgefunden, daß dieses nicht nur innerhalb der einzelnen Wohlstandsblöcke kursiert, sondern auch von einem Zentrum zum anderen strömt und selbst die Peripherie mal benetzt, mal kurzfristig überschwemmt. Doch bleiben *FinanzkapitalistInnen* lediglich transnational (hauptsächlich Triade) und schichtspezifisch verteilt (Huffschmid 1994, 1013). Die negativen Auswirkungen der freien Kapitalflüsse schlagen hingegen in Peripherie-Ländern voll durch, zumal die Produktionsstrukturen „unterentwickelter Länder" schwerfälliger auf real gewordene Schocks aus der Finanzwelt reagieren und ihre schmaleren Finanzssektoren angreifbarer sind (ebd.). Daß eine sinnvolle Finanzwirtschaft dort Gelder zur Verfügung stellt, wo neue Produktionskapazitäten zur Bedarfsdekkung gebraucht werden, aber aus Geldmangel nicht vorfinanziert werden können, kurz: daß Kredite also nicht nur zum Geldverdienen Weniger erfunden sind, ist nur mehr Wunschdenken. Viertens: In der Natur des Geldes liegen *zentrifugale und zentripetale Kräfte*: Wo schon Geld ist, sammelt sich immer schneller immer noch mehr, wo schon Mangel herrscht, entflieht es weiter. Das ist der Mechanismus des Zinses, und das scheint auch die Logik des gesamten Finanzsektors zu sein. Ein erstes Beispiel gibt der Vergleich der westdeutschen und ostdeutschen Vermögenseinkünfte an Privathaushalte her, die 1993 im Westen bei 6.300 DM lagen, im Osten bei lediglich 1.400 DM, nicht mal einem Viertel davon. Das ist wenig erstaunlich, denn zehn Milliarden der Deutschen nennen mehr als 50 Milliarden des privaten Geldvermögens ihr Eigen, und die wohnen kaum im Osten. Abgesehen vom ‚Sonderfall Ost-West', wirkt der Zins als Einkommenstransfer auch sonst polarisierend. 1992 berichtet Mayo, „daß der Nettoeffekt von Zinszahlungen ... in einem signifikanten Wohlstandstransfer von 80 Prozent der Haushalte zu den reichsten 20 Prozent besteht" (Mayo 1992, 2). Geld fließt tendenziell von der Arbeit zum Besitz. Wir wollen einen weiteren Hinweis auf den Klassencharakter, also die systematische soziale Verteilung von GläubigerInnen und SchuldnerInnen, herausarbeiten: Szameitat (1995, 76) definiert zunächst: Ein Wuchern des Finanzsektors bedeutet, „daß seine Masse im Vergleich zum Gesamtkapital stiege. ... Es hieße, die Steuerung der kapitalistischen Mehrwertproduktion erfordere einen größer werdenden Aufwand im Vergleich zur Mehrwertproduktion selbst." Wenn immer größere Anteile der Wertschöpfung durch den Finanzsektor gefiltert werden und Zinsen und Zinseszinsen zurücklassen müssen (die das Vermögen der GläubigerInnen weiter erhöhen) weil immer größere Anteile der Wirtschaft auf Pump laufen, erscheint diese Annahme nicht falsch. Szameitat kommt in seinen Betrachtungen zum Ergebnis: Der Finanzsektor wuchert in der Tat; und er speist sein „Wachstum (relativ zum Gesamtkapital weltweit) ... aus der seit den frühen achtziger Jahren (relativ zum gesamten geschaffenen Wert) höheren und gewachsenen Staatsschuld". (ebd., 78). Die Frage nach einer systematischen Rollenverteilung, also einer sozialen Polarisierung, erhält somit allmählich eine Antwort: Öffentliche Schulden; die gibt es bei allen Wirtschaftsriesen (G 7) in großem Stil, ob sie nun volkswirtschaftlich zu den Kapitalimporteuren (USA, GB, ‚neue' BRD) oder -exporteuren (‚alte' BRD, Japan) zählen. So lag das prozentuale Verhältnis der Staatsschulden zum BSP bzw. BIP 1993 in Deutschland oder Großbritannien knapp unter 50 Milliarden, bei Frankreich noch unter 60 Milliarden, den USA und Japan einige Prozentpunkte darüber, Kanada bei fast 90 Milliarden und Italien sogar bei 114 Milliarden. Die gigantischen Staatsschulden stehen indes zu einem guten Teil im Zusammenhang mit ausbleibendem oder allzu geringem realen Wachstum. Um radikale Einschnitte hinauszuschieben, besteht gerade bei der öffentlichen Hand das Interesse an funktions- und fiktionsfähigen Finanzmärkten, die eine weitere Schuldenausweitung ermöglichen und Wirtschaftswachstum vorgaukeln. „Ein immer größerer Teil sowohl der Verschuldung als auch ihrer Bedienung wurde direkt oder indirekt aus dem globalen Spekulationsüberbau [den fiktionalen Werten] gespeist." (Kurz 1994, 277); „Überall versucht man, die Krise durch künstlich geschaffenes, eigentlich substanzloses Kreditgeld hinauszuzögern, in der Hoffnung, daß der Motor der Realakkumulation wieder anspringen möge." (ebd., 278). Bleibt der warme Regen aus der Wirtschaft jedoch aus, wird die unausweichlich bevorstehende Haushaltskonsolidierung allerdings schwer auf den Schultern der SteuerzahlerInnen lasten und vor allem die Sozialschwachen betreffen, denen die staatlichen Leistungen gekürzt werden. Egal also, ob sie persönlich verschuldet sind oder nicht, sie oder ihre Nachkommen sorgen für diejenigen, die heute vom blühenden Finanzsektor profitieren. Diese Zusammenhänge beantworten zugleich in entscheidendem Maße die Frage, woher die gewaltigen Summen kommen, die in den Finanzkarussells rotieren. Neben der Quelle der öffentlichen Verschuldung sprudelt natürlich weiterhin die der PrivatschuldnerInnen, wenn auch wohl bewacht und geahndet, denn anders als Staaten könnten diese ja bankrott gehen. Der Sog der öffentlichen und privaten SchuldennehmerInnen ist es wiederum, der die finanzstarken KapitalistInnen ihre Gelder nicht in die (an den Ansprüchen immer beschleunigten Wachstums gemessen) recht unrentable Produktionssphäre investieren läßt, sondern sie verleitet, die Bereicherungsmechanismen der Finanzorganisation zu nutzen. Es ist anzunehmen, daß diese GläubigerInnengruppe zwar heterogen ist, aber doch stark vom Bevölkerungsquerschnitt abweicht, sich mindestens im ‚oberen' Fünftel der Besitzenden bewegt und viele ‚Wirtschaftsgrößen' umfaßt. Zu ihrem Kern zählen EignerInnen und großspurige NutzerInnen traditioneller und neuer Finanzinstitutionen und BranchenquereinsteigerInnen: Banken, Fonds, Großunternehmen; ebenso geldschwere Kriminelle, wobei die Grenze verwischt.

Wem also nützt die Internationalisierung: den Vielen, wie von der neo-klassischen Theorie behauptet, oder den Wenigen auf Kosten der Vielen? Handelt es sich um einen Prozeß mit Tendenzen zur Globalisierung oder der Transnationalisierung? Der größte Teil der globalen Finanztransaktionen spielt sich zwischen den Ländern der Triade ab, während auch hier die armen Entwicklungsländer im Schatten bleiben. Entstehen nivellierende oder polarisierende Tendenzen? Wer profitiert und wer bezahlt? Vor allem bezahlen die „kleinen Leute" in den reichen Ländern, die als SparerInnen ebenso betrogen werden wie als SteuerzahlerInnen, und die BezieherInnen von Hungerlöhnen in der Dritten Welt. Dagegen nützt der Prozeß insbesondere denen, die über ausreichend „Spielgeld" verfügen, dort sind vor allem die Finanzinstitutionen hinzuzurechnen. Wir neigen dazu, den Verteilungseffekt internationaler Finanztransaktionen als Verstärkung der Tendenzen zu sehen, die in der Transnationalisierung von Handel und Produktion angelegt sind. Problematisch bleibt, daß immer weitere Bereiche der realen Wirtschaft unter die Kontrolle des Finanzsektors kommen, wo Profitabilität kompromißlos als Erfolgskriterium verabsolutiert wird, und daß die Bewegungen in diesem Sektor sich atemberaubend beschleunigen. Beides wirkt sich, knapp gesagt, zum Schaden von Beschäftigung und Umwelt aus.

3.5 Verschuldung

Die Verschuldung der Dritten Welt gehört zu den Themenkomplexen, die in den neunziger Jahren kaum noch Konjunktur haben. Wird dennoch darüber berichtet, so herrscht die Meinung vor, daß durch ein erfolgreiches Krisenmanagement das Schlimmste überwunden wurde und ein Ende der Krise bereits absehbar ist. Nimmt man die Perspektive der *GläubigerInnen* ein, so sieht es tatsächlich so aus: Der befürchtete Kollaps des internationalen Finanzsystems ist ausgeblieben und auch in nächster Zukunft nicht zu erwarten, da die Forderungen der privaten Banken an die Schuldner mittlerweile stark abgebaut wurden. Zudem ist als Ergebnis der Durchsetzung von Strukturanpassungs- und Stabilisierungsprogrammen die Zahlungsfähigkeit der Großschuldner im großen und ganzen wiederhergestellt. Doch welchen Preis hatten die *Schuldnerländer* für die Stabilisierung des westlichen Bankensystems zu bezahlen?

Von 1982 bis Ende 1993 haben die Entwicklungsländer nach Angaben des Internationalen Währungsfonds (IWF) Schuldendienstzahlungen in Höhe von insgesamt 1,52 Billionen Dollar geleistet (Kreye 1994, 214) – diese Summe ist doppelt so hoch wie die der gesamten Auslandsschulden zu Beginn der Schuldenkrise 1982. Trotz dieses enormen Ressourcentransfers hat sich die Auslandsverschuldung der Dritten Welt seit Ausbruch der Schuldenkrise fast verdoppelt und steigt weiter an. Ein wachsender Teil des Bruttosozialprodukts wird in den Entwicklungsländern für den Schuldendienst verbraucht, was wesentlich dazu beiträgt, daß das BSP sowie das Pro-Kopf-Einkommen stagniert oder zurückgeht, daß notwendige Investitionen ausbleiben, daß öffentliche Ausgaben reduziert werden, die Inflation galoppiert, die Reallöhne sinken und die Arbeitslosigkeit ansteigt. Das „erfolgreiche Krisenmanagement" war für die verschuldeten Länder mit einer zunehmenden Verelendung breiter Bevölkerungsschichten verbunden.

Etwa *Mitte der fünfziger Jahre* setzte die durch den Zweiten Weltkrieg unterbrochene Dynamik der Auslandsverschuldung wieder ein. Im Jahr 1960 betrug die Verschuldung der Dritten Welt etwa 18 Milliarden Dollar, zehn Jahre später waren es 75 Milliarden, und zu Beginn der Ölkrise 1974 schließlich 112 Milliarden Dollar (Körner/ Maaß/Siebold/Tetzlaff 1984, 16). Bis zum *Ausbruch der Schuldenkrise im Jahr 1982* wuchs der Schuldenstand der Dritten Welt dann auf 791,4 Milliarden Dollar (IWF-Angaben) bzw. 745,1 Milliarden Dollar (Weltbankangaben) an (Kreye 1994, 213). Verantwortlich für den enormen Zuwachs der Verschuldung in den siebziger Jahren waren mehrere, nicht klar voneinander trennbare Entwicklungen.

Gegen Ende der sechziger Jahre stieß das Nachkriegsmodell kapitalistischer Entwicklung – oft auch als Fordismus bezeichnet – an seine Grenzen. In den entwickelten Industrieländern erschlaffte die Wachstumsdynamik und die Profitrate fiel, d.h. produktive Investitionen wurden dort immer unrentabler. Da die Investitionen in der Industrie zurückgingen, wurde *Geldkapital frei*, für das alternative Verwertungsmöglichkeiten gesucht wurden. Profite der Unternehmen, die nicht investiert werden, schufen einen Überschuß an flüssigen Mitteln auf den internationalen Geld- und Finanzmärkten.

Dank günstiger Konditionen *expandierten die internationalen Kreditmärkte* in den siebziger Jahren mit durchschnittlichen jährlichen Wachstumsraten von 22 Prozent – im Vergleich dazu wuchs der Welthandel im selben Zeitraum nur um durchschnittlich sechs Prozent jährlich und das Wachstum des Bruttoinlandsprodukts der OECD-Länder betrug gar nur drei Prozent (Altvater 1984, 199). Die Finanzmärkte wurden weit überproportional ausgeweitet; sie dienten immer weniger der Finanzierung realer Transaktionen, statt dessen treiben sie die Verschuldung und die Spekulation voran. Der Zwang, die überschüssigen Milliardenbeträge zinsbringend anzulegen, führte zu einer risikoreichen Kreditvergabe der Großbanken; auf Solvenzprüfungen der Schuldner wurde weitgehend verzichtet und auch über die Verwendung und den Verbleib der Kredite informierte man sich nicht. Vor allem den sogenannten „Schwellenländern", die noch relativ hohe Wachstumsraten zu verzeichnen hatten, wurden großzügige Kredite gewährt.

Im Jahr 1973 wurde der Liquiditätsüberschuß durch die *sprunghafte Erhöhung der Rohölpreise* enorm vergrößert. Zahlreiche Ölstaaten transferierten ihre überschüssigen „Petrodollar" auf die Konten internationaler Banken, die natürlich daran interessiert waren, diese weiter auszuleihen. Viele AutorInnen machen allein die Vervierfachung des Ölpreises und das folgende „Recycling der Petrodollar" durch die Großbanken für das Anwachsen des Kreditvolumens verantwortlich. Allerdings stellten die Einlagen der OPEC-Länder nicht mehr als zwanzig Prozent der Verbindlichkeiten von transnationalen Banken dar (die Einlagen der Industrieländer umfassen hingegen 65 Prozent; Schubert 1985, 62). Dies bedeutet, daß die *Unternehmen der großen Industrieländer* und nicht die OPEC-Staaten am meisten zur Versorgung der internationalen Kreditmärkte mit Geldkapital beitrugen.

Die enorme Ausweitung der Kreditbeziehungen in den siebziger Jahren hätte nicht stattgefunden, hätte es nicht einen großen Kapitalbzw. Kreditbedarf seitens der weniger entwickelten Staaten der Dritten Welt wie auch der sozialistischen Länder gegeben. Ihr chronischer Kapitalmangel war vor allem auf zwei Faktoren zurückzuführen. Zum einen waren die inländischen *Sparquoten relativ gering*, so daß auswärtige Kredite benötigt wurden, um Investitionen finanzieren zu können. Die Oberschicht verfügt zwar oft über erhebliche Reichtümer, aber diese Vermögen werden häufig in Form von Bargeld, Schmuck oder Gold gehortet, ins Ausland gebracht oder zum Ankauf weiterer Ländereien verwendet. Auf den Konten einzelner Regierungschefs und ihrer Familien haben sich Geldsummen angesammelt, die fast so hoch sind wie die gesamte Außenverschuldung des jeweiligen Landes (Zgaga/Kulessa/Brand 1992, 4). Insgesamt gesehen entsprach die *Kapitalflucht* gegen Ende der siebziger, Anfang der achtziger Jahre mindestens einem Drittel der jährlichen Neuverschuldung der Entwicklungsländer (Hoffmann 1988, 22). Hinzu kommt, daß die feudale Oberschicht oft ein ausgeprägtes Bedürfnis nach importierten Luxuswaren besitzt. Darüber hinaus scheiterte der Versuch von Seiten des Staates, durch steuerliche Maßnahmen vorhandene Mittel abzuschöpfen, oft an der unzulänglichen Funktionsfähigkeit der Steuerverwaltungen sowie am Widerstand der herrschenden Eliten.

Die zweite Ursache für den hohen Kreditbedarf der Peripherie liegt in den *ungleichen Weltmarktbeziehungen*. Da sich die Terms of Trade zuungunsten der Dritten Welt entwickelten, d.h. unverarbeitete Rohstoffe immer billiger, Fertigwaren aus den Industrienationen dagegen teurer wurden, wiesen viele Entwicklungsländer Handelsbilanzdefizite auf, die sie zur Finanzierung der so entstandenen „Devisenlücke" über Kredite veranlaßten (Betz 1987, 391). Die Kredite ermöglichten es den Ländern der Dritten Welt (insbesondere den Schwellenländern), den für die eigene Industrialisierung nötigen Import an Produktionsgütern aufrechtzuerhalten. Davon profitierten auch die Exportindustrien der Industrieländer. Darüber hinaus hofften viele Entwicklungsländer, durch Kredite einen selbsttragenden, dynamischen Wachstumsschub einzuleiten. Schließlich diente ein Teil der Kredite dazu, die Konsumbedürfnisse der Bevölkerung zu befriedigen und damit die Herrschaft der Eliten zu sichern. Angesichts des hohen Angebots an Kapital und der relativ hohen Inflationsraten waren die *realen Zinsen für die Kredite bis 1977 negativ* – d.h. die Schuldner hatten von der Kreditaufnahme sogar profitiert. Eine weitere wichtige Ursache der Verschwendung der Kredite stellte die (von den Industrieländern geförderte) *Militarisierung* der Dritten Welt dar. Der Anteil der Rüstungsimporte an den ausgewiesenen Schulden lag zwischen zehn und zwanzig Prozent (Weihe 1987, 626). Schließlich ist darauf hinzuweisen, daß die hohe Verschwendung der Kredite durch die qualitativ veränderten Kreditbeziehungen gefördert wurde; waren nämlich bis zu Beginn der siebziger Jahre Kredite in der Regel an Waren- und Leistungsexporte gekoppelt, so verselbständigte sich im Lauf der siebziger Jahre die Bewegung des Geldkapitals als Leihkapital – der Anteil der nicht an Warenimporte gebundenen Finanzkredite verdoppelte sich und die Geldzuflüsse wurden unabhängig von der Bewegung von Gütern oder Dienstleistungen (Hoffmann 1988, 20).

Viele AutorInnen machen allein die *Verschwendung der Kredite* bzw. eine „falsche" Wirtschaftspolitik der Eliten der Dritten Welt für die Verschuldungskrise verantwortlich. Diese Darstellung ist falsch; sie soll von den externen (d.h. von den Entwicklungsländern nicht zu verantwortenden) Ursachen der Krise ablenken, die Gläubiger von ihrer Mitverantwortung an der Verschuldungskrise freisprechen sowie die drakonischen Sparprogramme, denen sich die Schuldnerländer unterwerfen mußten, rechtfertigen. Gewiß hatte die Verschuldungskrise *auch* in der jeweiligen nationalen Politik wurzelnde Ursachen. Aber „systematisch benennbare Ursachen, die in der Funktionsweise einer kapitalistischen Weltwirtschaft wurzeln" (Altvater/Hübner 1988, 19) und die Konkurrenz der beiden Großmächte lieferten erst den Hintergrund, vor dem sich nationale Ursachen auswirken konnten.

Die zunehmende Verschuldung der Dritten Welt erwies sich so lange Zeit als *vorteilhaft für alle Beteiligten.* Die Banken profitierten von der Bereitstellung der Kredite und den Zinsen; die Schuldnerländer konnten dank der Kredite ihr Importvolumen aufrechterhalten, was wiederum den Industrienationen zugute kam, die ihre Waren in die Dritte Welt absetzen konnten (Kampffmeyer 1987, 18), die Regierungen der Gläubigerländer konnten die Schuldner auch politisch ins jeweilige Lager einbinden. Erst die dramatischen Veränderungen der weltwirtschaftlichen Rahmenbedingungen zu Beginn der achtziger Jahre führten die verschuldeten Länder in einen Teufelskreis steigender Kosten und sinkender Zahlungsfähigkeit (Frank 1989, 760).

Gegen Ende der siebziger Jahre wurde die *hegemoniale Stellung der USA* durch mehrere wirtschaftliche und politische Entwicklungen *erschüttert.* Zwar befand sich die heimische Wirtschaft seit 1974 in einem konjunkturellen Aufschwung; der Wirtschaftsboom wurde jedoch von steigenden Haushaltsdefiziten (der Vietnamkrieg war weitgehend auf Kredit finanziert worden), steigenden Handelsbilanzdefiziten und emporschnellenden Inflationsraten begleitet. 1977 setzte ein enormer Kursverfall des Dollar ein und im Frühjahr 1980 war die Parität des Dollar gegenüber anderen Währungen (wie DM und Yen) auf einen historischen Tiefstand gesunken (Schubert 1985, 100). Die Folge war eine massive Spekulation gegen den Dollar, d.h. ein zunehmender *Abzug von Dollarguthaben* aus dem US-Bankensystem und deren Konvertierung in andere Währungen, wodurch die Funktion des Dollar als Weltgeld immer mehr in Frage gestellt wurde.

Verstärkt wurde der Vertrauensverlust in den Dollar durch die Schwächung der geostrategischen Position der USA im Zusammenhang mit der *Iran-Krise*. Im Frühjahr 1978 wurde der beste Verbündete und militärische Stellvertreter der USA im Mittleren Osten – der iranische Schah Reza II – gestürzt. Die Aufnahme des Schah durch die USA beantwortete der Iran mit der Besetzung der US-Botschaft, dem Verbot des Ölverkaufs an die USA sowie der Drohung, sämtliche iranischen Guthaben bei den US-Banken abzuziehen, was einige Großbanken angesichts der ohnehin prekären Lage vermutlich in Zahlungsschwierigkeiten gestürzt hätte. Die ab Mitte des Jahres 1980 eingeleitete *Hochzinspolitik der Zentralbank der USA* war die unmittelbare Reaktion auf die Bedrohung des US-Bankensystems. Durch die Aufwertung des Dollar und die hohen Zinsen sollten die weltweit *besten Anlagebedingungen für ausländisches Kapital* geschaffen und so der massiven Kapitalflucht ein Ende bereitet werden. Unter Reagan nahm der Kapitalimport in die USA aufgrund der riesigen Handelsbilanzdefizite und der spektakulären Haushaltsdefizite (u.a. verursacht durch milliardenschwere Aufrüstungsprogramme) einen historisch beispiellosen Umfang an (Schubert 1962, 93). In wenigen Jahren entwickelten sich die USA vom größten Kreditgeber zum größten Schuldner der Weltwirtschaft (zum Vergleich: In einem Jahr nahmen die USA soviel Schulden auf wie Brasilien in anderthalb Jahrzehnten, Altvater/Hübner 1988, 22). Leihkapital wurde weltweit knapp, die Zinsen stiegen drastisch an, die Konditionen für die Kredite wurden immer ungünstiger (kurze Laufzeiten, Risikozuschlag („spread"), d.h. höhere Zinsen), wodurch sich die Belastung durch den Schuldendienst für die Entwicklungsländer weiter erhöhte.

Schätzungen zufolge waren vierzig Prozent des Anstiegs der Verschuldung in den Jahren 1979 bis 1982 auf höhere Zinssätze zurückzuführen (Zgaga/Kulessa/Brand 1992, 3). Seit Mitte der siebziger Jahre wuchs der Schuldendienst der Entwicklungsländer mit jährlichen Wachstumsraten von z.T. über dreißig Prozent. Viele Staaten waren genötigt, neue Kredite aufzunehmen, um die Zinsen für die alten bezahlen zu können – damit war die *Schuldenspirale in Gang* gesetzt und die Zahlungsunfähigkeit der Schuldner absehbar. Der zunehmende Protektionismus und der Verfall der Terms of Trade führte zu einer Verschlechterung der weltwirtschaftlichen Bedingungen für die Schuldner der Dritten Welt, so daß an eine fristgemäße Rückzahlung der Schulden nicht mehr zu denken war. Da die Industrieländer als Reaktion auf die Wirtschaftskrise ihr Importvolumen drosselten und ihre heimische Industrie mittels protektionistischer Maßnahmen zu schützen versuchten, waren die Entwicklungsländer immer weniger in der Lage, ihre Exporte abzusetzen. Der Welthandel stagnierte, und in der Folge sanken die Rohstoffpreise allein zwischen 1980 und 1982 um durchschnittlich 25 Prozent (Körner/Maaß/Siebold/Tetzlaff 1984, 44). Parallel zur Erhöhung der Schulden verschlechterte sich also die Handelsbilanz der Entwicklungsländer; eine Entwicklung, die durch die erneute drastische Erhöhung der Ölpreise 1978-80 für die nicht-erdölexportierenden Staaten noch verschärft wurde.

Im August 1982 *erklärte Mexiko* – eines der am höchsten verschuldeten Länder – seine *Zahlungsunfähigkeit*. Dies bewegte die Banken zu einem Rückzug aus dem Kreditgeschäft mit der Dritten Welt. Der Kreditstopp bewirkte, daß von Mitte 1982 bis Ende 1984 66 Länder der Dritten Welt ihre Zahlungsunfähigkeit erklärten und sich den Strukturanpassungsprogrammen des IWF unterwerfen mußten (Chahoud 1988, 46). Angesichts des Mangels an neuen Krediten wurden die hochverschuldeten Länder der Dritten Welt in den Status von Nettokapitalexporteuren gezwungen, während die USA dank des enormen Kapitalimports eine konjunkturelle Erholung erlebten.

Es ist bezeichnend, daß das Problem der Verschuldung der Dritten Welt *erst 1982 ins Bewußtsein der westlichen Öffentlichkeit* rückte, denn erst jetzt waren auch die Gläubiger mit den Folgen der enormen Kreditexpansion konfrontiert. So hatte Mexiko im Sommer 1982 Schulden in Höhe von 80 Milliarden Dollar, vor allem bei US-Banken: Die neun größten unter ihnen hatten jeweils 44 Prozent ihres Kapitals als Kredite in dieses Land gepumpt (George 1988, 60). Hätte Mexiko die Zinszahlungen gänzlich eingestellt, wären diese Banken vom Bankrott bedroht gewesen; zudem wären die Aktienkurse ins Bodenlose gestürzt und schwere Erschütterungen des internationalen Finanzsystems wären nicht zu vermeiden gewesen – was schwerwiegende Folgen auch für die Industrieländer gehabt hätte.

Der mit der sogenannten „Mexiko-Krise" *drohende Kollaps des internationalen Finanzsystems* konnte durch ein rasch geschmiedetes Gläubigerkartell aus dem IWF, der BIZ (Bank für internationalen Zahlungsausgleich), den Zentralbanken und den Regierungen der OECD-Länder *verhindert* werden. Da den privaten Gläubigern jegliche Sanktionsfähigkeit gegenüber den Schuldnern fehlte, stellten öffentliche Institutionen ihre politischen Druckmittel in den Dienst der (privaten) Großbanken (Altvater/Hübner 1988, 25). Besonders der *Internationale Währungsfonds* gewann im Zusammenhang mit den Umschuldungsverhandlungen enorm an Bedeutung, indem er eine Vermittlungsfunktion zwischen Schuldnern und Gläubigern wahrnahm. Auf der einen Seite verhinderte er durch den Einsatz eigener Finanzmittel den totalen Rückzug der Banken aus dem Kreditgeschäft mit der Dritten Welt und sorgte dafür, daß die Entwicklungsländer weiterhin mit „fresh money" versorgt wurden. Auf der anderen Seite bemühte er sich im Interesse der Großbanken, die *Zahlungsfähigkeit der Schuldner mittelfristig wiederherzustellen*, indem er die Gewährung neuer Kredite an harte wirtschaftspolitische Auflagen knüpfte. Die Schuldnerländer, die sich den Auflagen des IWF nicht beugen wollten, wurden automatisch vom internationalen Kreditmarkt ausgeschlossen. Erst wenn sich die Schuldner zur Durchführung von sogenannten *Strukturanpassungsprogrammen* (SAP) verpflichtet hatten, bekamen sie Zugang zu neuen Krediten.

Den Umschuldungsverhandlungen zwischen Schuldnern und Gläubigern liegt eine „Fall zu Fall"-Philosophie zugrunde, d.h. die Umschuldungsmodalitäten werden mit jedem zahlungsunfähigen Land neu ausgehandelt. Auf diese Weise wird die internationale Verschuldungskrise in Schuldenkrisen einzelner Länder zerlegt, so daß globale Lösungsansätze, die auf grundlegende Korrekturen der internationalen Finanz- und Wirtschaftsbeziehungen zielen, gar nicht erst in den Horizont politischer Alternativen treten (Altvater/Hübner 1988, 25). Diese Strategie des „teile und herrsche" war wesentlich dafür verantwortlich, daß eine *kollektive „Schuldnerfront" nicht zustandekam*. Da einzelne Schuldnerländer sich durch die „Fall-zu-Fall"-Verfahrensweise besonders günstige Umschuldungsbedingungen erhofften, unterließen sie alle kollektive Aktionen, die das Erreichen dieses Ziels hätten behindern können (Hurtienne 1988, 129). Die Eliten der Entwicklungsländer ließen sich durch die Sanktionsdrohungen der Gläubiger schnell beeindrucken, da sie befürchten mußten, daß ihr großes Auslandsvermögen aus Kapitalfluchtgeldern im Falle einer Zahlungsverweigerung von den Gläubigern beschlagnahmt werden würde (Kampffmeyer 1987, 20).

Durch die SAP des IWF wird die nationale und politische *Souveränität der Schuldnerländer tiefgreifend beschnitten*. Da die Gewährung neuer Kredite von der Erreichung bestimmter makroökonomischer Zielgrößen abhängig gemacht wird, ist den Schuldnerländern die Wirtschaftspolitik mehr oder weniger vorgeschrieben. Typischerweise enthalten die SAP Aussagen über drastische Senkungen der Staatsausgaben (nicht aber der militärischen Ausgaben), über Steuern und Subventionen, Zinsen, Wechselkurse, Einkommen, Preise sowie Obergrenzen öffentlicher Kreditaufnahme (Deppisch-Hubmann 1986, 944). Oberstes Ziel ist die mittelfristige Wiederherstellung der Zahlungsfähigkeit der Schuldnerländer. Um die typischen Zahlungsbilanzdefizite der Entwicklungsländer zu reduzieren, sollen diese ihre Exporte forcieren, ihre Importe drosseln und ihre staatlichen Ausgaben vermindern. Der Außenwirtschaftsverkehr soll liberalisiert, der Zufluß von ausländischem Kapital erleichtert und es sollen die einheimischen Märkte und Rohstoffe für ausländische Investoren geöffnet werden.

Welche Wirkungen hatten derartige Maßnahmen auf die unterentwickelten Ökonomien der Schuldnerländer? Zum einen gelang es den Schuldnerländern bei aller Anstrengung nicht, durch Steigerung der Exportproduktion die für den Schuldendienst erforderlichen Erlöse zu erwirtschaften. Da viele Staaten gleichzeitig versuchten, ihre Exportproduktion zu steigern, kam es zu *Überschüssen und Preisverfall*; außerdem sicherten sich die Industrienationen durch protektionistische Maßnahmen gegen die Importflut aus den Schuldnerländern ab. Ein Ausgleich der Zahlungsbilanz war demzufolge nur über eine massive Reduzierung der Importe zu erreichen. In den Jahren 1981 bis 83 wurden die Importe lateinamerikanischer Länder um fast die Hälfte reduziert (Schubert 1985, 147); da die verbliebenen Importe nicht ausreichten, um den Produktionsumfang aufrechtzuerhalten, mußte die Wirtschaftstätigkeit drastisch gedrosselt werden. Die meisten Länder gerieten durch die SAP in eine *schwere Rezession*; Produktion und Investitionen gingen zurück; die Preise insbesondere für Grundbedarfsgüter stiegen enorm an bei gleichzeitig sinkenden bzw. stagnierenden Reallöhnen; die staatlichen Ausgabenkürzungen bewirkten Verschlechterungen im Gesundheits-, Sozial- und Bildungsbereich und die Arbeitslosigkeit stieg aufgrund des Personalabbaus im öffentlichen Sektor sprunghaft an. Lohnstopps in den öffentlichen Verwaltungen begünstigten die Korruption. Als unmittelbare Reaktion auf die Durchführung der SAP kam es in zahlreichen Ländern der Dritten Welt zu heftigen Aufständen der Bevölkerung (sogenannte „IWF-Riots" u.a. in Peru 1977/78, Ägypten 1977, Tunesien 1978 und 1984, Brasilien 1983/84, Dominikanische Republik 1984/85, Venezuela 1989).

Polen, das ebenfalls zu den hochverschuldeten Ländern gehört, ist ein lehrreiches Beispiel: Die westlichen Kredite, die anfangs der siebziger Jahre zu günstigen Konditionen aufgenommen worden waren, konnten nach dem Anstieg der Zinsen nur noch dadurch bedient werden, daß alles Erdenkliche, insbesondere auch landwirtschaftliche Produkte, exportiert wurde. Die kurze Blüte um 1970 wurde daher von einer *zunehmend sich verschärfenden Wirtschaftskrise* abgelöst, die mit verantwortlich war für die Aufstände 1976 und für das Entstehen der Oppositionsbewegung Solidarnosc. 1981 waren die Schulden auf 27 Milliarden Dollar aufgelaufen, der Schuldendienst belief sich auf zehn Milliarden Dollar, die Versorgungskrise hatte ihren tiefsten Punkt erreicht. Am 13. Dezember sieht sich Präsident Jaruzelski gezwungen, das *Kriegsrecht* auszurufen. 1982 tritt Polen dem IWF bei, und es wird ein Strukturanpassungsprogramm ausgehandelt. Die Preise werden freigegeben und steigen um 300 bis 400 Prozent; Subventionen werden gestrichen, der Zloty abgewertet, Löhne und Gehälter eingefroren, die Kaufkraftminderung beträgt 35 Prozent, die Armut nimmt rasch zu. Dies waren *die Voraussetzungen für die politische Wende*: In der Wahl zum Sejm 1989 erhielt Solidarnosc achtzig Prozent der Sitze, die nicht voraus den Blockparteien reserviert worden waren. Bis 1990 waren die Schulden auf fünfzig Milliarden Dollar angewachsen. Trotz der Halbierung der Schulden durch drei Schuldenreduktionen (1991 um zwanzig Prozent, 1994 um weitere acht Milliarden Dollar, die privaten Gläubigerbanken verzichten auf weitere dreizehn Milliarden) ist das Problem für Polen nicht gelöst (Zimmer 1995, 81ff.).

Selbst der IWF räumt ein, daß es im Zuge der Umsetzung der SAP zu einer *Verschlechterung der Lebensbedingungen in den betroffenen Ländern* gekommen ist; er hält dies jedoch für eine vorübergehende Erscheinung und vermutet überdies, daß die wirtschaftliche Lage in den verschuldeten Ländern ohne eine solche Sparpolitik noch aussichtsloser geworden wäre. Dieser Auffassung hat sich auch die Bundesregierung angeschlossen (1992). Dem ist entgegenzuhalten, daß durch den anhaltend hohen Schuldendienst kaum noch Ressourcen zur internen Verwendung übrigbleiben; die Investitionsquoten nehmen daher stark ab, was zu hohen Substanzverlusten im gesamtwirtschaftlichen Kapitalstock führt. Gewinne, die durch ausländische InvestorInnen gemacht werden, stehen im Inland nicht zur Verfügung. Die Wachstumsaussichten sind in den verschuldeten Ländern dauerhaft beeinträchtigt und das Projekt der nachholenden Entwicklung durch (kreditfinanzierte) importsubstituierende Industrialisierung kann als gescheitert gelten.

Dreizehn Jahre nach Ausbruch der Schuldenkrise hat sich die *Auslandsverschuldung der Entwicklungsländer in etwa verdoppelt* und trotz der Kursstürze des Dollar, die zur Entwertung der Schulden beitrugen, haben sich die Indikatoren, die zur Messung der Überschuldung herangezogen werden, nicht verbessert: Die Schuldenquote (Auslandsschulden bezogen auf das jährliche BSP) aller Entwicklungsländer zusammengenommen übersteigt seit langem den Wert von 25 Prozent, was die Leistungsfähigkeit jeder Volkswirtschaft auf

Dauer lähmt. In einigen Regionen ist die Belastung enorm gestiegen: So ist die Schuldenquote Afrikas von 35 Prozent (1982) auf 60 Prozent (1992) angewachsen; die Lateinamerikas wird für 1982 und 1992 mit 43 Prozent ausgewiesen – zwischenzeitlich lag sie über fünfzig Prozent; die Schuldenquote der Entwicklungsländer Asiens stieg von 22 Prozent auf knapp 25 Prozent an (Kreye 1994, 214).

Seit 1984 müssen die verschuldeten Entwicklungsländer einen Mittelabfluß hinnehmen, d.h. sie *exportieren Kapital*, damit das weltwirtschaftliche Zentrum sich erholen kann. Die Schulden*dienst*quote (Zins- und Tilgungsleistungen in Relation zu den Exporten) ist nach Angaben des IWF von 19,6 Prozent (1982) auf 14,2 Prozent (1992) zurückgegangen. Angesichts der unverändert hohen Schuldenquoten ist dies jedoch nur ein Indiz dafür, daß die Verwendung von Ressourcen für den Export zugenommen hat – die finanziellen Belastungen durch den Schuldendienst sind hingegen nicht geringer geworden (ebd., 215).

An der Frühjahrstagung 1996 von IWF und Weltbank hatte eine gemeinsame Arbeitsgruppe beider Institutionen einen Erlaß von neunzig Prozent der bilateralen öffentlichen Verbindlichkeiten für sieben der ärmsten Länder vorgeschlagen. Die Finanzminister der G 7-Staaten lehnten ab.

Die Verschuldungskrise *blockiert die Entwicklung in den verschuldeten Ländern und trägt erheblich zur Verschärfung der Armut bei.* Das UN-Entwicklungsprogramm schätzt, daß weltweit mindestens 1,3 Milliarden Menschen ihr Leben in absoluter Armut fristen (Falk 1994, 2). Allerdings registrierte man in den achtziger Jahren nicht nur eine Zunahme der absoluten Zahl armer Menschen, sondern auch eine Zunahme des Anteils der Armen an der Gesamtbevölkerung. In Afrika und Lateinamerika sanken die Armen darüber hinaus immer tiefer unter die Armutsgrenze. Zur Zeit leiden etwa 600 bis 800 Millionen Menschen an Hunger und Unterernährung, 1.300 Millionen Menschen haben keinen Zugang zu sauberem Trinkwasser, 2.300 Millionen Menschen sind obdachlos und etwa 600 Millionen Menschen im ökonomisch aktiven Alter sind in den Entwicklungsländern arbeitslos und somit weitgehend einkommenslos (Kreye 1994, 218). Die Reduzierung der öffentlichen Ausgaben und der starke Rückgang öffentlicher Investitionen führt außerdem zu einem Verfall der sozialen und materiellen Infrastruktur in den verschuldeten Ländern der Dritten Welt, was sich u.a. im Wiederanstieg der Kindersterblichkeit und im Rückgang der Lebenserwartung sowie der rückläufigen Zahl von Kindern in Grundschulen äußert (Zgaga/Kulessa/Brand 1992, 12).

Ohne jeden Zweifel sind die in Armut lebenden Menschen der Dritten Welt die Hauptbetroffenen der Verschuldungskrise; trotzdem wirkt die Überschuldung der Dritten Welt in Form einer *zunehmenden Zerstörung des globalen Ökosystems* auch auf uns (Menschen in den Industrieländern) zurück. So hat die hohe Verschuldung den Entwicklungsländern Handlungsspielräume genommen, eine ökologisch tragfähige Entwicklung einzuleiten. Um den Schuldendienst bedienen zu können, sind sie zur intensiven Nutzung ihrer Rohstoffe gezwungen. Dies impliziert den Anbau von Monokulturen, den Einsatz großer Mengen an Dünger und Pestiziden sowie die Forcierung großer Projekte im Bereich des Straßenbaus und im Energiesektor (Tagebau, Kraftwerke usw.; ebd., 10). Immer größere Bodenflächen werden von der kapitalintensiven und meist umweltschädigenden Exportlandwirtschaft vereinnahmt. Die verfügbare Fläche für Subsistenzproduktion wird dementsprechend kleiner und die armen Menschen müssen auf ungeeignete Böden ausweichen, die nach wenigen Jahren auslaugen. Überhaupt steht die zunehmende Verarmung großer Bevölkerungsschichten dem Ziel einer nachhaltigen Entwicklung (sustainable development) im Weg; denn wer arm ist, denkt rationalerweise kurzfristig und kann sich um die Lebenschancen zukünftiger Generationen keine Gedanken machen (Kulessa 1992, 50). So zwingt das Elend die Menschen zum Raubbau an natürlichen Ressourcen, zur Abholzung von Wäldern, zur Übernutzung ungeeigneter Böden. In vielen Regionen der Dritten Welt machen sich die *Folgen der fortgesetzten Naturzerstörung* weit verheerender als früher bemerkbar: So hat sich sowohl die Zahl der registrierten Dürren als auch die Zahl der registrierten Überschwemmungen in den achtziger Jahren gegenüber dem Jahrzehnt zuvor verdoppelt (Fröbel/Heinrichs/Kreye 1988, 98). Dementsprechend sind Naturkatastrophen und irreversible Umweltschäden in steigendem Ausmaß der Grund für Migration.

Von der Verschuldungskrise *profitiert* haben in erster Linie die am Kreditgeschäft mit der Dritten Welt beteiligten *Großbanken*, die angesichts des hohen Zinsniveaus in den achtziger Jahren enorme Gewinne für sich verbuchen konnten. Allerdings gelang es nur den großen Banken, sich gegen die hohen Risiken ihres Kreditgeschäfts zu wappnen. Im Fall akuter Gefahr konnten sie mit staatlicher und anderweitiger Unterstützung rechnen. Anders sah es bei den kleinen Banken aus, die in den achtziger Jahren reihenweise zusammenbrachen oder von größeren Banken vereinnahmt wurden (Dziobek 1988, 61). Die Verschuldungskrise ging also mit einer zunehmenden *Konzentration und Zentralisation des Bankenwesens* einher. In Deutschland konnten die Banken ihre risikoreichen Außenstände steuerwirksam abschreiben (ohne daß sich dadurch die Schuld verringerte) und dadurch die SteuerzahlerInnen an der Finanzierung beteiligen (George 1993, 102ff.).

Neben den Großbanken profitierten auch *viele UnternehmerInnen aus den Industrienationen* von der Verschuldungskrise. Weil die Schuldnerländer im Zuge ihrer „Strukturanpassung" gezwungen waren, ihre Produkte zu jedem Preis auf den Weltmarkt zu bringen, wurden Rohstoffe und industrielle Vorleistungen billiger, was zur Steigerung der Kapitalrentabilität in den entwickelten kapitalistischen Nationen beitrug (Altvater/Hübner 1988, 26). Die Tatsache, daß die Staaten des Südens durch die SAP zwangsweise für den Weltmarkt geöffnet wurden, kam außerdem den transnational tätigen Konzernen zugute. Während die Entwicklungsländer in den siebziger Jahren noch versuchten, die Tätigkeit der TNU zu kontrollieren und ihren Einfluß zu beschränken, kam es in den achtziger Jahren zu einem ungebremsten Standortwettbewerb, d.h. alle Staaten versuchten, den Großkonzernen besonders günstige Bedingungen zu bieten, damit diese sich ansiedelten und investierten. Zu den Gewinnern der Verschuldungskrise sind schließlich noch die *Eliten der Entwicklungsländer* zu zählen, denen es gelungen ist, etwa 100 Milliarden Dollar Fluchtkapital auf ausländischen Konten in Sicherheit zu bringen (ebd., 27).

3.6 Auswirkungen auf Beschäftigung, Umwelt, soziale Sicherung, Staatstätigkeit

Zum Abschluß ist zu klären, ob es gerechtfertigt ist, die wirtschaftliche Entwicklung als *krisenhaft* einzuschätzen. Wir hatten am Anfang des Kapitels definiert: Ein ökonomisches System führt dann in die Krise, wenn es nicht mehr in der Lage ist, allen Menschen mindestens die Sicherung des physischen Überlebens zu garantieren, und/oder wenn es die natürlichen Überlebensgrundlagen der Menschheit auf dem Planeten Erde zerstört. Als drittes Element läßt sich dem beifügen, daß auch das Ende demokratischer Kontroll- und Korrekturmöglichkeiten des wirtschaftlichen Geschehens zu den Krisenfaktoren gehört. Eine ökonomische *Theorie* ist dann in der Krise, wenn sie solche Zerstörungen rechtfertigt. Die Untersuchung hat für uns keinen Zweifel daran gelassen, daß die *weltwirtschaftliche Entwicklung treibender Motor der globalen Krise ist.*

Der Begriff der zyklischen Krise, ob „kurz" oder „lang", „konjunkturell" oder „strukturell", ist mit einer *Verminderung der gesamtwirtschaftlichen Wertschöpfung* verbunden. Nicht zu übersehen ist, daß die Rezessionsphasen der letzten drei Jahrzehnte deshalb so ausgeprägt waren, weil sich das allgemeine weltwirtschaftliche Umfeld verändert hat. So haben die zyklischen Einbrüche von 1973, 1979, 1982 und zuletzt 1991 jeweils einen Sockel an *Arbeitslosigkeit* hinterlassen, der auch durch die folgenden Erholungsphasen nicht abgebaut, sondern zunehmend höher wurde. Die „Trendwende" der siebziger Jahren markiert deutlich die weltwirtschaftlichen Veränderungen nach dem Ende des über zwei Jahrzehnte anhaltenden Nachkriegsbooms. Bis in die frühen siebziger Jahre hinein gab es in den meisten Industrieländern ein hohes Beschäftigungsniveau, mit Arbeitslosenquoten bei etwa zwei Prozent. Manche hochentwickelten Industrieländer beschäftigten damals bis zu zehn Prozent aus dem Ausland angeworbener Arbeitskräfte.

Daß die gegenwärtige Krise der Weltwirtschaft nicht mehr als zyklisches Phänomen zu verstehen ist, ergibt sich daraus, daß im weltwirtschaftlichen Gesamtzusammenhang der *Zuwachs der Wertschöpfung überhaupt zum Stillstand* gekommen ist. Zwar findet eine – *nominelle* – Wertschöpfung in der gegenwärtigen kapitalistischen Weltwirtschaft statt. Die Frage ist, ob dieses Mehrprodukt an *Gebrauchswerten* zunimmt, auch wenn man die gleichzeitig stattfindende Produktionsvernichtung in Betracht zieht; zweitens, ob es *relativ zur Weltbevölkerung* zunimmt. Der wegen Produktionszerstörung, Unterbeschäftigung und Naturverbrauch zu vermutende *reale* Stillstand der weltwirtschaftlichen Erzeugung von Mehrprodukt ist nicht meßbar. Es gibt aber eine Fülle empirischer Befunde, die die These vom realwirtschaftlichen Stillstand der Weltökonomie nur allzu wahrscheinlich machen.

Von grundlegender Bedeutung ist, wie Harry Magdoff (1992, 48f.) betont, die allgemeine *Verlangsamung des Wachstums* in den Zentren der kapitalistischen Weltwirtschaft. In den 23 Jahren von 1950 bis 1973 wuchs das Pro-Kopf-Bruttoinlandsprodukt der Industrieländer mit einer ungewöhnlich hohen durchschnittlichen Jahresrate von 3,6 Prozent. In der anschließenden Periode von 1973 bis 1989 liegt die durchschnittliche Jahreswachstumsrate um 45 Prozent niedriger, nämlich bei 2,0 Prozent. Noch deutlicher spiegelt sich die Verringerung in den durchschnittlichen Wachstumsraten der industriellen Produktion. Tabelle 3.1 zeigt, daß die Industrieproduktion der sechs führenden westlichen Industrienationen über die letzten drei Dekaden hinweg immer langsamer gewachsen ist (mit der einzigen Ausnahme des Vereinigten Königreichs in den achtziger Jahren).

Tabelle 3.2: Industrieproduktion: Durchschnittliches Jahreswachstum 1960 bis 1990

	1960-70	1970-80	1980-90
	%	%	%
Vereinigte Staaten	4.9	3.3	2.6
Japan	15.9	4.1	3.9
Westdeutschland	5.2	2.3	1.8
Frankreich	6.0	3.0	1,0
Italien	7.3	3.3	1.3
Vereinigtes Königreich	2.9	1.1	1.8

Quelle: Berechnungen aufgrund von Indizes in Economic Report of the President, 1986 und Economic Report of the President, 1991 nach Magdoff 1992, 49

Es darf auch nicht vergessen werden, daß von dem ohnehin abgeschwächten Wachstum des Bruttoweltprodukts ein großer und wachsender Teil überhaupt *keine Mehrung der produktiven Kräfte der Wirtschaft* und damit auch keine Erhöhung wirklichen Wohlstands darstellt. Hier sind in erster Linie die *Rüstungsausgaben* zu nennen, die 1994 in der Höhe von 900 Milliarden Dollar lagen. Das entsprach etwa vier Prozent des auf 23 Billionen geschätzten Weltsozialprodukts. Diese Ausgaben werden in den volkswirtschaftlichen Gesamtrechnungen der Länder als „Wirtschaftswachstum" mitgezählt. In Wirklichkeit müßten sie abgezogen werden, wenn man sich ein wahrheitsgetreues Bild von dem produktiven Wachstum der Weltwirtschaft machen will. Auch müßte von den Zuwachsraten des Weltsozialprodukts abgerechnet werde, was Jahr für Jahr durch Kriegshandlungen in aller Welt an Produktionsstrukturen vernichtet wird.

Aber auch mit „friedlichen" Mitteln wurden in weiten Teilen der Welt *Arbeitsplätze vernichtet*. Die *Deindustrialisierung Ostdeutschlands* nach dem Beitritt der DDR hat von drei Arbeitsplätzen in der Industrie nur einen übriggelassen. Deindustrialisierung war und ist auch weiterhin weltweit überall dort zu beobachten, wo infolge von Handelsliberalisierung zuvor volkswirtschaftlich geschützte Branchen mehr oder minder schlagartig der Weltmarktkonkurrenz ausgesetzt werden. Bereits in den achtziger Jahren brach als Folge der von den Gläubigerländern erzwungenen strukturellen Anpassung ein Teil der in Lateinamerika erreichten Industrialisierung wieder zusammen. In Mittel- und Osteuropa übertrifft das Ausmaß der Stillegungen von Produktionsbetrieben in den neunziger Jahren die Zerstörungen im Zweiten Weltkrieg.

173

Zudem fallen bei der Herstellung und dem Vertrieb von Produkten zunehmend Kosten ins Gewicht, die den praktischen Nutzen der Produkte gar nicht oder kaum erhöhen und deshalb auch nicht wirklich produktiv sind. Zu diesen „falschen" oder „*defensiven*" *Kosten* zählen vor allem Aufwendungen für *Werbung und Marketing*. Es wird geschätzt, daß in den USA inzwischen mehr Menschen mit dem Marketing von Produkten als mit deren Herstellung beschäftigt sind. Zu den defensiven Kosten zählen auch die Aufwendungen für den *Umweltschutz*, mit denen keine Verbesserung der Lebensverhältnisse, sondern bestenfalls die Erhaltung der für Menschen und Produktion günstigen Natureigenschaften zu erreichen ist. Defensiv sind auch *Krankheitskosten*. Das vermeintliche Wachstum der Weltwirtschaft beruht, wie jenes der nationalen Volkswirtschaften, zu einem ganz erheblichen Teil auf der *falschen Definition des Indikators Sozialprodukt*.

Die *Märkte haben weltweit gegenüber den Regierungen die Oberhand gewonnen*. Dieser Prozeß wird von den Regierungen der hochentwickelten Länder aktiv gefördert oder zumindest nicht eingedämmt. Die USA, und bis zu einem gewissen Grade auch Japan und Deutschland können aufgrund der Funktion ihrer Währungen als Reservewährungen das Zinsniveau beeinflussen, aber weniger entwickelte Länder haben durch ihre vollständige Integration in die Weltwirtschaft jeglichen Einfluß auf die Entwicklung ihrer Volkswirtschaften verloren. Der Zusammenhang zwischen globalisierten Finanzmärkten und nationalen Wirtschaftspolitiken wird vom Chefökonomen der Deutschen Bank wie folgt beschrieben: „Die Finanzmärkte sind hinsichtlich der Beurteilung der Qualität der Wirtschaftspolitiken, die ihren Niederschlag in den Zinsen, im Wechselkurs, in den Aktienkursen etc. findet, im Zuge der Liberalisierung und Deregulierung der Finanzmärkte mehr und mehr in die Rolle eines ‚Weltpolizisten' geschlüpft (Walter 1995, 213). Schwach entwickelte Länder, die wegen mangelnder internationaler Konkurrenzfähigkeit nicht in der Lage sind, eine von den deregulierten Märkten als „gut" bewertete Wirtschaftspolitik zu treiben, werden durch „Kapitalabflüsse, höhere Zinsen und Abwertung der Landeswährung" mit einer weiteren Verschlechterung ihrer Chancen im globalen Wettbewerb „bestraft".

Dabei ist das bisherige Wohlstandsgefälle so gewaltig, daß nicht einmal die Weltbank mehr globale Verteilungsgerechtigkeit zu prognostizieren wagt. „Ungleichheiten, sowohl zwischen den Regionen als auch innerhalb der Länder, bleiben ein signifikantes Merkmal der Weltwirtschaft. Einer Schätzung zufolge war das durchschnittliche Pro-Kopf-Einkommen in den reichsten Ländern im Jahr 1870 elfmal so groß wie in den ärmsten; dieses Verhältnis stieg auf 38 im Jahr 1960 und 52 im Jahr 1985" (Weltbank 1995, 11).

Die „sich öffnende Schere zwischen der immer geringeren Reichweite nationaler Entscheidungen und den Auswirkungen einer globalisierten und autonomen wirtschaftlichen Dynamik" (Amin 1994, i) macht *nationale „Alleingänge" in der Wirtschaftspolitik immer wirkungsloser*. Die Nationalstaaten verlieren ihre Souveränität mehr und mehr an die privaten wirtschaftlichen AkteurInnen. Durch die Globalisierung der Finanzmärkte wird ihr ökonomisches Steuerungspotential bedeutend eingeschränkt, da Zinsen und Wechselkurse zunehmend nach den Gesetzen von Angebot und Nachfrage an den internationalen Finanzmärkten gebildet werden. Zudem ist es für die TNU kein Problem, sich der nationalstaatlichen Regulierung (Steuern, Gesetze) zu entziehen; meist reicht schon die Drohung mit Produktionsverlagerungen aus, um die Nationalstaaten zu Zugeständnissen an die Konzerne zu bewegen.

Angesichts dieser Entwicklung gehen einige AutorInnen davon aus, daß der *Nationalstaat herkömmlicher Prägung langfristig keine Zukunft hat* und durch supranationale politische Institutionen ersetzt werden muß. Dem ist entgegenzuhalten, daß der Nationalstaat (vor allem für das Kapital) nach wie vor *unverzichtbare Funktionen* erfüllt und daß wir keineswegs eine Abnahme der nationalstaatlichen Bedeutung, sondern lediglich eine Veränderung des staatlichen Interventionsinstrumentariums beobachten (Deppe 1991, 84). Zwar nimmt der Problemdruck auf den Nationalstaat zu, eine Abschaffung des Nationalstaats ist jedoch nicht abzusehen. Statt dessen werden zwischenstaatliche Vereinbarungen (z.B. GATT) und Formen regionaler Kooperation und Integration immer wichtiger, in die wiederum die unterschiedlichen Machtpotentiale der einzelnen Staaten einfließen. Angesichts der härteren Konkurrenz auf dem Weltmarkt ist es für die international operierenden Konzerne immer wichtiger geworden, daß die *Politik des Nationalstaats die Strategien des exportorientierten Wachstums unterstützt*. Die Formen dieser Unterstützung reichen von der Bremsung inflationärer Tendenzen und der Senkung von Lohn- und Sozialkosten bis hin zu massiven staatlichen Subventions- und Fördermaßnahmen vor allem in den strategisch entscheidenden Hochtechnologiebereichen. „Die Bedeutung der Heimatbasis für die Förderung der ‚verbesserten Produktionsweise' für die Weltmarktkonkurrenz kann am Beispiel einer neuen Chip-Fabrik in Dresden deutlich gemacht werden: An der Investitionssumme von 2,7 Milliarden DM ist die öffentliche Hand (Bund, Land Sachsen) mit ‚mehr als einer Milliarde beteiligt' (SZ, 7.6.94). Sachsen stellte zudem die 26 Hektar Werksgelände zu Minipreisen zur Verfügung. Die Erschließungs- und Infrastrukturkosten werden weitgehend von der Stadt Dresden und Sachsen getragen. Weitere 450 Mio. DM hat die EU freigegeben im Rahmen ihrer High-Tech-‚Industriepolitik'. Nimmt man noch die Möglichkeit für Sonderabschreibungen bei High-Tech-Investitionen, so bekommt Siemens die modernste Chip-Fabrik der Welt vom Steuerzahler praktisch geschenkt. Berücksichtigen sollte man noch, daß die Siemens AG lt. Geschäftsbericht im Geschäftsjahr 1993/1994 eine Steuerquote von lediglich 6,9 Milliarden verzeichnet" (Mayer 1996, 43).

Der Nationalstaat ist unverzichtbar, um in der Sicherheits- und Militärpolitik, der Sozialpolitik, der Regelung der Arbeitsbeziehungen, der Infrastruktur (Bildung, Verkehr, Kommunikation) zugleich die Bedingungen für die internationale Konkurrenzfähigkeit und Machtposition eines Landes, aber auch für die innere soziale und politische Stabilität, d.h. für die Legitimation von Herrschaft, zu schaffen. Beide Funktionen gleichzeitig wahrzunehmen erweist sich als immer schwieriger. Die Schwäche des Nationalstaats besteht darin, daß *er immer weniger in der Lage ist, für seine BürgerInnen akzeptable Ergebnisse zu erreichen* – er ist es ja, der die Forderung der Konzerne nach günstigen Standortbedingungen nach unten, an die BürgerInnen, weitergibt. Auf die Weltmarktkonkurrenz reagiert er fast ausnahmslos mit der Absenkung der Lohn- und Sozialkosten, was in eine weltweite Abwärtsspirale der Arbeits- und Lebensbedingungen geführt hat (Zwickel 1995, 587).

Die neuen Verwertungsbedingungen zeichnen sich durch bislang unbekannte Rücksichtslosigkeit und Kurzsichtigkeit in der Ausbeutung der zwei Produktionsfaktoren Boden (d.h. Natur) und Arbeit zugunsten des dritten, d.h. des Kapitals aus. Es ist nicht zu verkennen – und die Analyse hat dafür zahlreiche Argumente geliefert – daß *Naturzerstörung ähnliche Ursachen hat, im Kern der gleichen Logik folgt, wie Nicht- und Unterbeschäftigung, d.h. Menschenzerstörung.*

Offensichtlichstes Symptom der neuen Machtkonstellation ist die steigende Arbeitslosigkeit. Es ist daher wichtig, die Ursachen der Arbeitslosigkeit zu verstehen – nur daraus läßt sich eine Vorstellung der wahrscheinlichen zukünftigen Entwicklung gewinnen:

– Arbeitslosigkeit entsteht als Folge der *technischen Entwicklung.*
 Die Güterproduktion und die Dienstleistungen werden zunehmend durch Maschinen und immer weniger durch menschliche Arbeit erbracht. Ein großer Teil der Investitionen der siebziger und achtzi-

ger Jahre diente der Rationalisierung und Automatisierung. Die Forschung dient keineswegs nur der Entwicklung und Einführung neuer Produkte. Ebenso wichtig ist die Rationalisierung und Automatisierung der Produktionsabläufe, mit der sich die Unternehmen unabhängig machen von Lohnforderungen, Krankheit, Streik, Urlaub und anderen Eigenwilligkeiten menschlicher Arbeitskraft. Daraus entsteht nicht nur Arbeitslosigkeit, sondern auch höhere Produktionskapazitäten, die (wenn die inländische Kaufkraft als Folge von Arbeitslosigkeit abnimmt) unterausgelastet bleiben muß bzw. nach Exportmärkten drängt. Die Rationalisierung erfaßt insbesondere auch den Dienstleistungssektor, mit der Folge, daß der keineswegs in der Lage ist, die Unterbeschäftigung im sekundären Sektor auszugleichen (DIW 1996). Man stelle sich nur die *Rationalisierungspotentiale* in den öffentlichen und privaten Verwaltungen vor! Es zeigt sich übrigens, daß umfangreiche Entlassungen gerade in den Wirtschaftsbereichen vorgenommen werden bzw. angekündigt sind, die sich durch hohe Gewinne auszeichnen, so z.B. im Bankensektor. Wachstum führt nicht mehr zu Beschäftigung, „jobless growth" ist der Normalfall geworden. Allerdings zerstört dieses System sich selbst, weil es in großem Umfang die *Massenkaufkraft schädigt.*

– Arbeitslosigkeit entsteht aus zunehmendem *internationalen Wettbewerb.* Bei Gütern und Dienstleistungen, aber auch auf den Arbeitsmärkten selbst, hat die Globalisierung zu stark erhöhtem Kostendruck geführt. Die Unternehmen müssen Kosten reduzieren, wenn sie bestehen wollen. „Für den Bereich der Telekommunikation gilt ein Anteil von 15 Milliarden am Weltmarkt als ,kritische Größe' – d.h. der Weltmarkt hat nur noch Platz für 6–7 Konzerne" (Mayer 1996, 42). Unternehmen in Schwellenländern, die es geschafft haben, auf den Märkten für Massengüter international konkurrenzfähig zu werden, setzen damit Maßstäbe für Unternehmen in den westlichen Ländern – ein Phänomen, das durch die Transnationalisierung der Unternehmen verstärkt wird. Die so entstehende Arbeitslosigkeit schlägt auf die reichen Länder zurück in der Form massiver Immigration. In jedem Fall bedeutet sie verschärfte Verteilungskonflikte. „Nahezu jeder Betriebsrat in einem transnationalen Konzern wird mit Betriebsverlagerungen und folgender Rechnung konfrontiert: In München z.B. würden Lohnkosten von 42 Mark bestehen, in Portugal betragen die Lohnkosten nur 9 Mark, in Ungarn 4 Mark, in Polen sogar nur 2 Mark. Konkurrenzlos seien allerdings die 65 Pfennige, die eine chinesische Arbeiterin in der Wirtschaftssonderzone Shenzen erhält. Die Logik dieser Argumentation ist gnadenlos. Prof. Giersch, Direktor des Weltwirtschaftsinstitutes in Kiel, erklärt: „Im Extrem kann einfache Arbeit in Deutschland nicht höher entlohnt werden als in Tschechien, auf Dauer auch nicht höher als auf dem indischen Subkontinent". In der Perspektive gilt das allerdings nicht nur für einfache Arbeit. Da sind die Software-Entwickler in den indischen Filialen von Hewlett Packard, Texas Instruments, IBM, Siemens, die mit Qualifikation auf Weltniveau und indischem Lohn, nachts die Grenzen auf Datenleitungen überwindend in den Computern europäischer oder US-amerikanischer Konzerne Computerprogramme entwickeln und testen (Mayer 1996, 38).

– Arbeitslosigkeit entsteht auch aus der *zunehmenden Trennung realer von monetären Wirtschaftskreisläufen*. Daß mit Geld Geld „verdient" wird, daß die Geldkreisläufe zunehmend die Güterkreisläufe überrunden und bestimmen, bleibt nicht ohne Auswirkungen für die reale Seite der Wirtschaft. Die Logik des Wertpapierhandels selbst zwingt die Unternehmen auf Wachstumskurs, und das bedeutet im Klartext zur Maximierung der kurzfristigen Gewinne, auch wenn dies auf Kosten von Beschäftigung oder Umwelt geht, und zur Expansion. Wer nicht mithalten kann, wird gefressen. Das Geschäft mit dem Kauf von Unternehmen im In- und Ausland ist zu einem bedeutenden Wirtschaftszweig geworden. An der Exploration solcher Märkte sind die Banken dank ihres Insiderwissens ebenso wie an der Finanzierung solcher – freundlicher oder unfreundlicher – Transaktionen wesentlich beteiligt.

– Arbeitslosigkeit entsteht aus der *öffentlichen Verschuldung*. Das gilt nicht nur für die Dritte Welt, wo der IWF mit seinen SAP massive Beschäftigungseinbrüche und damit verbundene Verarmung, die Zerstörung der gerade entstehenden Mittelschichten geradezu erzwingt und damit Konflikte und Auswanderung hervorruft. Auch in den reichen Ländern bedeutet öffentliche Verschuldung Kürzung oder Aufschiebung öffentlicher Investitionen und damit weniger Aufträge an Private, zudem Beschäftigungsrückgänge im öffentlichen Dienst. Allein in Deutschland hat der Öffentliche Dienst zwischen Mitte 1993 und Mitte 1994 rund 180.000 Vollzeitstellen abgebaut; davon betroffen waren vor allem Frauen. Privatisierung ist hier kein Ausweg, sie führt vielmehr faktisch zu Lohnsenkungen und Entlassungen. Hauptgründe für die öffentliche Verschuldung sind die *Subventionierung* großer Unternehmen, die *Weigerung*, den angeblich progressiven *Steuertarif auch wirklich durchzu-*

setzen (faktisch also wieder eine Subventionierung der Wohlhabenden), und *Überbürokratisierung* und *Verschwendung* in großem Stil. Auch dies läßt sich als Umverteilungsprozeß verstehen, in dem insbeondere der/die LohnsteuerzahlerIn zur Kasse gebeten wird.

- *Arbeitslosigkeit erzeugt Arbeitslosigkeit.* Wenn die Kaufkraft abnimmt, dann gehen Stellen verloren. Der Dienstleistungssektor ist hier besonders betroffen. Mit zurückgehenden Einkommen fehlen auch Mittel für öffentliche Sozialsysteme (obgleich dort die Belastungen zunehmen) und für die Staatsfinanzierung (womit die Verschuldung steigt), an anderer Stelle für Investitionen und Beschäftigung. Selbst ZynikerInnen, die hier auf die gestiegene Kaufkraft in den Händen der wenigen Reichen hinweisen, können nicht ignorieren, daß dies kein Ausgleich für abnehmende Massenkaufkraft sein kann.

Arbeitslosigkeit resultiert aus einem Bündel von Faktoren, die sich *wechselseitig beeinflussen und verstärken.* Nach der vorangehenden Analyse ist offensichtlich, daß unter den derzeit erkennbaren Trends die *Arbeitslosigkeit zunehmen muß.* Die „amerikanische Lösung", Beschäftigung in schlechtbezahlten und prekären Jobs zu schaffen, löst das Problem nur statistisch: Sie hilft weder den Arbeitslosen, die zwei oder drei solcher Jobs benötigen, um überleben zu können, noch hilft sie den Sozialsystemen oder den Staatsfinanzen, weil von den geringen Einkommen kaum Steuern und Sozialabgaben zu bezahlen sind. Geringfügige Beschäftigungsverhältnisse (unter 590 DM/Monat, weniger als 15 Std./Woche) haben in Deutschland bereits auf rund 3,5 Millionen zugenommen (Stand Anfang 1996). In großem Umfang werden Menschen z.B. im Einzelhandel entlassen, um dann unter den Bedingungen geringfügiger Beschäftigungsverhältnisse, d.h. ohne Kündigungsschutz und ohne soziale Sicherung, wieder eingestellt zu werden. Das ist der „amerikanische Weg".

Es ist ein *Irrtum* zu glauben, *steigende Gewinne der Unternehmen führten zu mehr Beschäftigung.* Die Nettoeinnahmen aus UnternehmerInnentätigkeit und Vermögen sind 1994 in Deutschland um 15,8 Prozent und 1995 um 11,3 Prozent gestiegen, die Investitionen blieben nahe bei Null, die Gewinne wurden in lukrativere Anlagen gesteckt, die Reallöhne aus unselbständiger Arbeit sind in ihrem Anteil am Sozialprodukt gefallen. Arbeitslosigkeit aber bedeutet Armut, Elend, Krankheit, Verzweiflung. Sie führt zu Drogen, zu Vandalismus und Gewalt, zu Kriminalität, Korruption, Konflikten und politischen Extremismen. Sie führt zu internationalen Wanderungen. Und sie führt zum Einbruch von Kaufkraft, so daß die überschüssige Produktion nicht mehr abgesetzt werden kann.

Im gleichen Sinn, wie die *Weltwirtschaft dabei ist, durch Arbeitslosigkeit ihre Grundlagen zu zerstören, genau so zerstört sie auch die natürlichen Produktionsbedingungen.* Der Verfall der Rohstoffpreise läßt dem, der nichts anderes auf dem Weltmarkt anzubieten hat, keine andere Alternative, als noch mehr vom Gleichen auf den Markt zu bringen. Die Ausweitung des internationalen Handels erfordert Transport, und dafür wird Treibstoff benötigt. Es wird geschätzt, daß der internationale Handel für ein Achtel des Weltölverbrauchs verantwortlich ist. Damit trägt er durch Emissionen zur Luftverschmutzung bei. Etwa 25 Prozent des Pestizideinsatzes gehen auf das Konto des Anbaus von Baumwolle, die ganz überwiegend exportiert wird. Für das Trocknen der Tabakimporte des Vereinigten Königreichs werden pro Jahr fast 200.000 ha Wald verfeuert! Wenn Land dafür verwendet wird, Nahrungsmittel für den Export zu produzieren, dann geht es in der Regel für die Subsistenzproduktion vor Ort verloren. Kleinbauern werden enteignet, wandern in Grenzböden ab und richten dort Umweltschäden an, während industrialisierte Agrarproduktion nur mit hohem Chemieeinsatz möglich ist (Ekins 1993, 2).

Die Zukunft birgt ein wahrhaft *tödliches Paradox*: Während in den (heute noch) wohlhabenden Ländern infolge wachsender Arbeitslosigkeit die Kaufkraft sinkt, hoffen die Gesellschaften des Ostens und des Südens, darin bestärkt durch die westliche Werbung, darauf, vergleichbare Konsumniveaus erreichen zu können. Die westlich bestimmten transnationalen Unternehmen sehen in erster Linie im Süden und im Osten Wachstumsreserven: Diese Gemeinsamkeit der Interessen wird gleichzeitig zur tödlichen ökologischen Falle für die Menschheit. Die Folgen einer weltweiten Motorisierung nach nordamerikanischem Muster etwa bedeuten eine rapide Verschlechterung der globalen Umweltsituation. Die Vorstellung, den Verbrauch natürlicher Ressourcen weltweit auf das Niveau der heutigen westlich-kapitalistischen Länder anzuheben, ist gleichbedeutend mit *ökologischem Selbstmord*. „Eine weltweite Klimakatastrophe wurde bisher nicht durch bewußte Klima-, Umwelt- oder Energiepolitik verhindert, sondern nur durch die wirtschaftliche Rückständigkeit und Armut der meisten Länder der Erde, die den in den Industrieländern üblichen Lebensstandard, Energieverbrauch und Motorisierungsgrad bisher nicht möglich machten" (UPI 1995, 44). Das Argument soll nicht so mißverstanden werden, als plädierten wir aus ökologischen Gründen dafür, die Armut weiter zu fördern – es begründet vielmehr, daß die Industrieländer ihren Ressourcenverbrauch reduzieren und weltweit ihren Einfluß zur Ökologisierung der Entwicklungs- und Transformationsgesellschaften einsetzen sollten.

Es ist nötig, zum Abschluß auf die *Krise einer ökonomischen Theorie* hinzuweisen, die gegen alle empirischen Befunde störrisch auf den modell-platonischen Spielereien der Neo-Klassik (Albert 1963, Bruns 1996) beharrt. Dabei ist weniger von Belang, daß solche Theorie sich weit von der Wirklichkeit entfernt hat, ja sich um diese Wirklichkeit gar nicht schert – solange dies nur innerhalb akademischer Zirkel geschieht, mag man es in begrenztem Umfang hinnehmen. Faktisch macht sich diese ökonomische Theorie aber zum Handlanger von Unternehmer- und Finanzinteressen und nimmt Verarmung und Verelendung in großem Umfang billigend in Kauf. Ein Mittel dazu ist die Sprache: Abstrakte Begrifflichkeit ist ein beliebtes Mittel, um konkretes Unrecht zu verschleiern: Für eine niedrige Inflationsrate, für die Prinzipien der Marktwirtschaft, für die Sicherung des freien Welthandels und andere ordnungspolitische Grundsätze darf schon mal eine/r verhungern – was sagen wir: eine/r?

3.7 Zusammenfassung

Wir haben in diesem Kapitel einige wichtige Bereiche – die Internationalisierung von Produktion, Handel, Finanzbeziehungen, die Schuldenkrise – der weltwirtschaftlichen Entwicklung untersucht und sind dabei zur Einsicht gekommen, daß es in erster Linie die Transnationalen Unternehmen und die Verselbständigung und Beschleunigung monetärer Wirtschaftskreisläufe sind, die nicht nur für die zunehmenden sozio-ökonomischen Disparitäten, sondern auch für die Zerstörung natürlicher und menschlicher Ressourcen in großem Umfang verantwortlich sind. An der Krisenhaftigkeit einer solchen Entwicklung im Sinn der Definition kann schon deshalb kein Zweifel bestehen, weil dieses System den Keim der Selbstzerstörung in sich trägt. Derzeit ist nichts erkennbar, das in der Lage wäre, die alles verheerende Aggressivität dieser Wirtschaftsweise zu bändigen – im Gegenteil deutet alles darauf hin, daß sie nicht eher ruhen wird, bis auch der letzte Winkel menschlichen Daseins überall auf der Erde ihren Regeln gehorcht. Wenn sie die natürlichen Lebensgrundlagen endgültig vernichtet, die Menschen aufs bloße physische Existenzminimum gedrückt hat – und eben dies ist die Richtung, in der es wirkt – dann werden auch die ProfiteurInnen einsehen müssen, daß man „Geld nicht essen kann".

Weiterführende Literatur

1. *Datta, Asit*, 1993: Welthandel und Welthunger. München
2. *George, Susan*, 1993: Der Schuldenbumerang. Reinbek
3. *Henderson, Hazel*, 1985: Das Ende der Ökonomie. München
4. *Kapp, William*, 1987: Für eine ökosoziale Ökonomie. Entwürfe und Ideen – ausgewählte Aufsätze. Frankfurt
5. *Narr, Wolf-Dieter, und Alexander Schubert*, 1994: Weltökonomie. Die Misere der Politik. Frankfurt
6. *Ohmae, Kenichi*, 1992: Die neue Logik der Weltwirtschaft. Zukunftsstrategien der internationalen Konzerne. Frankfurt
7. *Polanyi, Karl*, 1977: The Great Transformation. Politische und ökonomische Ursprünge von Gesellschaften und Wirtschaftssystemen. Wien

Übungsaufgaben

1. Diskutieren Sie, ob, in welchem Ausmaß und mit welchen Folgen sich die Internationalisierung der Finanzmärkte auch auf Unternehmen mit mehr regionalem Einzugsbereich, also etwa des Handwerks, auswirkt.
2. Untersuchen Sie Betriebsansiedlungen in Ihrer Region: Inwieweit sind sie durch öffentliche Subventionen und Vorleistungen gefördert worden? Sind die dabei von den Unternehmen eingegangenen Verpflichtungen, z.B. zur Schaffung stabiler Arbeitsplätze oder zu bestimmten Investitonen, auch eingehalten worden?
3. Wie haben sich die relativen Anteile von Nicht-OECD-Ländern an Weltproduktion und Welthandel in den vergangenen zwanzig Jahren verändert? Welche Differenzierungen sind hier zu beobachten?
4. War die Verschuldung der früheren Staatshandelsländer gegenüber westlichen Regierungen und Banken mit verantwortlich für die „sanften Revolutionen" der Jahre 1989 bis 1991?
5. Die Transnationalisierung der Wirtschaft schafft im globalen Maßstab Zentren relativen Wohlstandes und Zentren der Armut. Gibt es solche Zentren auch auf nationaler Ebene? Wie hängt ihre Entwicklung mit weltwirtschaftlichen Vorgängen zusammen? Welche Zukunftsperspektiven sehen Sie für die Entwicklung in Deutschland?

4. Gesellschaftliche Krise

4.1 Überblick

Die *gesellschaftliche Krise*, *vor* der, oder besser: *in* der wir die globale, die europäische und die deutsche Gesellschaft sehen, soll an einigen wenigen Themen illustriert werden: sozio-ökonomischer Polarisierung, also dem Auseinanderdriften von Armut und Reichtum; regionaler Polarisierung, Bevölkerung, wobei es uns um die Zunahme der Weltbevölkerung und ihre Ursachen, die Zunahme der Jungen in den Entwicklungsländern und die Zunahme der Alten in den Industrieländern sowie um die allgemeine ethnische Heterogenisierung vieler Gesellschaften infolge selektiver Migration geht; Männer und Frauen und die wichtigsten Dimensionen der Ungleichheit zwischen den Geschlechtern; und abschließend Anomie, d.h. einen Prozeß des Wandels von Verhaltensweisen, Werten und Normen, die wir hier ausschnitthaft behandeln an den Beispielen Korruption, organisierte Kriminalität, und Steuervergehen. Es wird sich auch am Ende dieses Kapitels zeigen, daß es gute Gründe gibt, von krisenhaften Entwicklungen zu sprechen, zumal die gesellschaftlichen sehr eng mit den ökologischen und ökonomischen Symptomen zusammenhängen. Tatsächlich handelt es sich nicht um getrennte, und folglich isoliert voneinander zu behandelnde Phänomene, sondern um *ein* Syndrom, *eine* „Problématique", die *eine Krise der einen Welt.*

4.2 Sozio-ökonomische Polarisierung

Soziale Ungleichheit soll heißen *die unterschiedliche Verteilung von Vor- und Nachteilen unter den Mitgliedern einer Gesellschaft.* Zu diesen Vor- und Nachteilen gehören unter anderem: mehr oder weniger Einkommen, Bildung, Macht, Prestige, Eigentum oder Verfügungsrechte, insbesondere Eigentum oder Verfügungsrechte an Produktionsmitteln; autonome Verfügung über Zeit und Raum; Selbstbestimmung über Form und Inhalt der Arbeit wie der Freizeit. Gesellschaftlich privilegiert ist also, wer über viel Einkommen, Bildung, Macht, Prestige, Besitz verfügt; nach eigenem Belieben sich Zeit und Aufenthaltsort einteilen kann; und nach eigenem Gutdünken über Form und Inhalt seiner Tätigkeit entscheidet. Gesellschaftlich benachteiligt ist, für wen das Gegenteil zutrifft. Mit *Polarisierung* meinen wir einen Prozeß, in dessen Verlauf die soziale Ungleichheit in einer Gesellschaft größer wird, die Unterschiede zwischen Privilegierten und Benachteiligten zunehmen, mit *Nivellierung* den gegenteiligen Trend, die Verringerung sozialer Ungleichheit.

Auf der Weltebene gibt es einiges an Daten, wie sie von der Weltbank im jährlichen Weltentwicklungsbericht oder von anderen VN-Sonderorganisationen mitgeteilt werden, oder diejenigen, die das Department of Economic and Social Information and Policy Analysis der Vereinten Nationen in seinem alle vier Jahre erscheinenden Report on the World Social Situation publiziert. Sie alle sind mit allergrößter Vorsicht zu genießen und können kaum mehr sein als Hinweise auf ungefähre Größenordnungen. Sie beruhen durchgehend auf Mitteilungen der nationalen Statistischen Ämter. Für viele Länder sind jedoch selbst einfache Statistiken wie die der Geburten- und Sterbefälle nur als Schätzungen verfügbar – weniger als vierzig Entwicklungsländer (meist in Lateinamerika) verfügen überhaupt über eine Statistik der Sterblichkeit, die mehr als neunzig Prozent der Todesfälle erfaßt! (UN Department of Economic and Social Information and Policy Analysis 1994, 17), eine Statistik also, der wir vermeintlich „harte" Daten entnehmen zu können glauben – gar nicht zu reden von so anspruchsvollen wie denen der Einkommens- und Vermögensverteilung, die selbst in entwickelten Ländern nur mit erheblichen Einschränkungen zu verwenden sind. Die Weltbank z.B. veröffentlicht regelmäßig Daten über die Einkommensverteilung – in vielen Ländern aber ist der formelle Wirtschaftssektor, in dem monetäres Einkommen verdient wird, relativ unbedeutend, in vielen anderen Ländern spielt Geld eine geringe Rolle, weil persönliche Beziehungen für das Finden einer Wohnung oder den Kauf eines Autos wichtiger sind. Streng genommen sind solche Angaben zwischen verschiedenen Ländern nicht vergleichbar, weshalb alle Übungen quantifizierender empirischer Analyse hier höchst problematisch sind. Daß wir in einen kaum auflösbaren Widerspruch geraten, wenn wir einerseits auf diese Probleme hinweisen, andererseits aber doch mit den verfügbaren Zahlen argumentieren, haben wir immer wieder hervorgehoben.

Zwischen einer und zwei Milliarden Menschen leben auf der Erde in absoluter Armut. Die Weltbank schätzt die Zahl auf 1,133 Milliarden, von denen die Hälfte in Südasien, vor allem in Indien; 15 Prozent in Ostasien, vor allem in China; zwanzig Prozent in Schwarzafrika, zehn Prozent in Lateinamerika leben. Sie definiert dabei Armut als ein jährliches Pro-Kopf-Einkommen von weniger als 420 US-Dollar, in Preisen von 1990. Aber solche Durchschnittswerte geben nur erste Hinweise. Die Zahl der Armen in den sogenannten Entwicklungsländern nimmt weiter zu: Mindestens 800 Millionen Menschen leiden an Hunger, sind chronisch unterernährt und nicht in der Lage, den für leichte Arbeiten erforderlichen Mindestenergiebedarf über einen längeren Zeitraum zu decken (Stiftung Entwicklung und Frieden 1993, 75). Es ist nicht zu bestreiten, daß dem eine westlich-ethnozentrische Sicht auf Armut zu Grunde liegt (Rahnema 1993); dennoch ist es nicht ohne Sinn, westlichen Menschen *in ihren Begriffen* die Verhältnisse in einer Welt zu beschreiben, die sie so sehr dominieren. Schuldenkrise und Strukturanpassungsprogramme tragen zu dieser Armut ebenso bei wie der Verfall der Rohstoffpreise, der Protektionismus der Industrieländer, die hohen Militärausgaben, die Korruption. Der Hunger ist nicht eine Folge zu geringer Produktion, sondern eine *Folge ungerechter Verteilung.* Im Verein mit den Agrarmultis sorgen die nationalen und supranationalen Regierungen der reichen Länder dafür, daß ihre einheimischen Landwirtschaften geschützt und vor Importen zu Weltmarktpreisen bewahrt werden. Sie wehren Importe aus der Dritten Welt ab und vernichten gar in großem Stil Nahrungsmittel, um die Preise hochzuhalten: Allein im Wirtschaftsjahr 1993/94 wurden in der Europäischen Union Obst und Gemüse im Wert von 1,2 Milliarden DM vernichtet.

Wichtigster Grund für die Armut ist die zunehmende *Arbeitslosigkeit.* Gegenwärtig sind weltweit etwa 700 Millionen Menschen unterbeschäftigt, 120 Millionen als arbeitslos registriert (Simai 1995), eine Zahl, die rasch ansteigen wird, weil mehr Menschen ins erwerbsfähige Alter kommen und weil die technologische Revolution in nahezu jedem Wirtschaftssektor Menschen durch Maschinen ersetzt. Jährlich kommen etwa 47 Millionen Arbeitsuchende neu auf die ohnehin überlasteten Arbeitsmärkte, davon 38 Millionen in der Dritten Welt. In den nächsten zwanzig Jahren werden in der Dritten Welt 750 Millionen Menschen ins erwerbsfähige Alter kommen. Alleine in den Industrieländern bestehen drei Viertel aller Jobs aus relativ einfachen Tätigkeiten, die weitgehend automatisiert werden können. Wenn sich die Arbeitsbedingungen in den ärmeren Ländern nicht entscheidend verbessern, werden die transnationalen Unternehmen mit Betriebsverlagerungen drohen, um auch in den wohlhabenden Ländern die Arbeitsbedingungen zu drücken (Rifkin 1995, Barnet 1993).

Auch innerhalb der westlich-kapitalistischen Gesellschaften ist die Verteilung der Einkommen seit dem ersten Ölpreisschock ungleicher geworden. Das gilt ganz besonders in den Ländern, in denen der Staatseinfluß auf die Wirtschaft gering ist bzw. reduziert wurde, vorab in den USA und Großbritannien (UN Department of Economic and Social Information and Policy Analysis 1994, 31).

Nun hat UNDP, das Entwicklungsprogramm der Vereinten Nationen, vor einigen Jahren damit begonnen, nach informativeren Indikatoren für die globale Ungleichheit zu suchen. UNDP hat einen *Human Development Index* entwickelt, in den drei Variable eingehen: die mittlere Lebenserwartung bei der Geburt; der Anteil der Erwachsenen an der Gesamtbevölkerung, die lesen und schreiben können; und die mittlere Dauer des Schulbesuchs. Der Index variiert zwischen 0 und 1, wobei 0 die „niedrigste" oder ärmste, 1 die „höchste" oder reichste Gesellschaft bezeichnet. Bei Werten über 0,8 spricht der Bericht von „high human development" (53 Länder), bei einem Wert unter 0,5 von „low human development" (54 Länder). Danach sind die „reichsten" zehn Länder Kanada, die Schweiz, Japan, Schweden, Norwegen, Frankreich, Australien, USA, Niederlande und Großbritannien (Deutschland an 11. Stelle), die „ärmsten" zehn Länder sind Guinea, Burkina Faso, Afghanistan, Sierra Leone, Niger, Tschad, Mali, Gambia, Somalia und Guinea Bissau – also liegen neun der zehn am meisten benachteiligten Länder in Afrika. Daß das so gemessene Niveau der Ungleichheit nicht identisch ist mit der internen Verteilung der Ungleichheit in den einzelnen Ländern, daß die HDI-Indikatoren sich nicht auf monetäres Einkommen beziehen, darauf allenfalls indirekt Schlüsse zulassen, und daß es sich hier um Relationen, nicht um absolute Größen handelt, sei hier noch betont.

Merkmale der *Lebensqualität* – wenn man Mord, Vergewaltigungen, Drogenverbrechen, Verkehrsunfälle und Umweltverschmutzung so interpretieren darf – scheinen weniger vom Niveau des materiellen Lebensstandards anzuhängen als vom Ausmaß der Ungleichheit in der Einkommensverteilung, jedenfalls in den Industrieländern. Daher liegen die USA mit ihrer besonders ungleichen Einkommensverteilung auch an höchster Stelle bei den Negativ-Merkmalen. Deutschland hat unter allen europäischen Ländern die höchste Rate an Verkehrsunfällen mit Kindern.

In den *früheren Ostblockländern* nimmt die Armut rapide zu – für Polen und die frühere UdSSR werden schon vierzig Prozent der Bevölkerung unter der Armutsgrenze der Weltbank angenommen. An die Stelle der früheren Beschäftigungs- und Einkommensgarantie ist

Massenarbeitslosigkeit getreten, unter der insbesondere Frauen zu leiden haben. Weder die Menschen noch die Staaten sind auf diese Situation vorbereitet. Aber auch in den *westlich-kapitalistischen Ländern* hat die Armut nach etwa 1980 zugenommen: In den *EU-Staaten* lebten 1985 „50 Millionen Menschen, rund fünfzehn Prozent der Gesamtbevölkerung in Armut" (Stiftung Entwicklung und Frieden 1995). Der Anteil der in Armut lebenden Menschen ist in Portugal (25 Prozent) und Italien (21 Prozent) mit Abstand am höchsten und in Belgien (neun Prozent), Deutschland (neun Prozent) und Luxemburg (elf Prozent) am niedrigsten. „In den USA, wo die offizielle Armutsgrenze etwa 41 Prozent des Durchschnittseinkommens entspricht, wurden 33 Millionen Menschen, 14 Prozent der Bevölkerung, als arm eingestuft. Sieben Jahre später, 1992, gab es in den USA 35,7 Millionen Arme" (ebd.).

Tabelle 4.1: **Armut und extreme Armut in sieben osteuropäischen Ländern 1989-93 (in % der Bevölkerung)**

	1989	1990	1991	1992	1993
Bulgarien					
extrem Arme[4]	–	2,0	12,7	23,4	26,2
Arme[1]	–	13,8	52,1	53,6	57,0
Tschechische Republik					
extrem Arme[4]	0,2	0,2	0,2	1,3	–
Arme[2]	4,2	8,6	29,8	25,3	–
Ungarn					
extrem Arme[4]	0,7	–	2,5	–	–
Arme[3]	14,5	–	19,4	–	–
Polen					
extrem Arme[4]	5,8	15,0	12,3	15,1	–
Arme[3]	24,7	43,1	41,2	43,7	–
Rumänien					
extrem Arme[4]	8,6	2,8	8,4	19,1	
Arme[3]	33,0	21,4	29,7	51,5	–
Russische Föderation					
extrem Arme[4]	2,5	2,7	2,5	23,2	–
Arme[3]	15,8	14,0	15,5	61,3	–

1 Armutsgrenze bei 45% des Durchschnittslohns von 1989
2 Armutsgrenze bei 35% des Durchschnittslohns von 1989
3 Armutsgrenze bei 40% des Durchschnittslohns von 1989
4 unter 60% des die Armutsgrenze bestimmenden Einkommen
5 Haushalte, vorläufige Schätzung

Quelle: UNICEF 1994a
Stiftung Entwicklung und Frieden 1995

Die USA gehören zu den wohlhabendsten Ländern der Erde. Allerdings gibt es extreme Unterschiede. Die Lebenserwartung eines männlichen Schwarzen in Harlem ist mir 46 Jahren niedriger als die Lebenserwartung in Bangladesh, Kambodscha oder im Sudan. Elf Prozent der Weißen, 29 Prozent der Latinos und 33 Prozent der Schwarzen in den USA haben ein Einkommen, das unter der örtlich festgelegten Armutsgrenze liegt. Trotz der günstigen wirtschaftlichen Entwicklung in den achtziger Jahren stieg der Anteil der in Armut lebenden Kinder von 14 Prozent (1980) auf 22 Prozent (1990). 55 Prozent der Kinder und Jugendlichen in Familien mit alleinerziehenden Müttern leben unterhalb der Armutsgrenze. 1992 lag die wirkliche Zahl der Arbeitslosen in den USA bei fast 18 Millionen, oder 14 Prozent – fast doppelt so hoch wie die offiziellen Statistiken. Dazu kommt die „Pauperisierung der Arbeit": Stabile Jobs mit höherem Einkommen sind in großem Umfang durch solche mit niedrigem Einkommen, oft nur als Teilzeitstellen, umgewandelt worden. Im Januar 1993 lagen die inflationsbereinigten Löhne der IndustriearbeiterInnen um zwanzig Prozent niedriger als 1973 (Dembo/Morehouse 1993). Zwischen 1989 und 1991 ist das durchschnittliche inflationsbereinigte Familieneinkommen um 4,4 Prozent gesunken. Das Steuersystem hat die wachsenden Unterschiede nicht ausgeglichen; vielmehr ist die Verteilung der Einkommen *nach* Steuern ungleicher geworden, weil die Abzugsmöglichkeiten der Reichen verbessert wurden. Die Stundenlöhne von achtzig Prozent der Beschäftigten sind zwischen 1979 und 1989 gesunken; 1991 waren 31,2 Prozent aller Arbeitskräfte zu Löhnen beschäftigt, die an oder unter der Armutsgrenze lagen. Mehr als ein Viertel der Teilzeitbeschäftigten wollen Vollzeitstellen. 1989 hat das reichste *eine Prozent* aller Familien 14 Prozent des gesamten Einkommens erhalten, und 50,3 Prozent aller finanziellen Vermögenswerte. Die untersten sechzig Prozent aller Familien hatten 1989 ein geringeres Vermögen als 1983 (Mishel/Bernstein 1993). Eine Arbeitsgruppe der Rural Sociology Society berichtete 1993, daß gegen Ende der achtziger Jahre rund zwanzig Prozent der Erwachsenen auf dem Land in Armut lebten, wahrscheinlich ein höherer Prozentsatz als in den Städten, und daß der Unterschied zwischen Stadt und Land größer geworden ist (RSS 1993).

In Europa insgesamt sind die Verteilungsverhältnisse zumindest oberflächlich betrachtet nahezu stabil geblieben. Wenn man genauer hinsieht fällt auf, daß in Westeuropa und in der EG die Verteilung über die Jahre 1972-86 hinweg sich etwas ausgeglichen, in Südeuropa und Nordeuropa sich leicht polarisiert hat. Allerdings wird man dabei bedenken müssen, daß die Einkommenseffekte der neokonservativen Wirtschaftspolitiken sich um 1986 (die Daten stammen aus den Jahren 1982-88) noch kaum deutlich zeigen konnten.

In allen EU-Ländern hat zwischen 1970 und 1987 die Erwerbstätigkeit zugenommen, trotz längerer Ausbildungszeiten, Zunahme der Arbeitslosigkeit und früherem Rentenalter. Wichtigster Grund ist die vermehrte Erwerbstätigkeit von Frauen. Die Frauenerwerbstätigkeit ist immer dort besonders hoch, wo sie durch günstige Rahmenbedingungen erleichtert wird: Individual- statt Ehepaarbesteuerung, Kinderkrippen und Kindergärten, Mutterschafts- und Elternfreistellung mit Lohnausgleich, ganztägiger Schulunterricht mit Schulmahlzeiten, Verfügbarkeit von Teilzeitstellen usw. (Hradil 1995, 79). Die Tabelle zeigt aber auch, daß Frauen in der Wirtschaftskrise in allen Ländern überproportional arbeitslos sind.

Tabelle 4.2 : Erwerbsquoten und Arbeitslosigkeit in der EG 1950-90

Land	Erwerbsquote		Anteil Frauen		Arbeitslose		Anteil Frauen		Anteil Jugendl.
	1950	1992	1950	1990	1950	1990	1950	1988	1988
Belgien	42	41	30	41	5	8	25	50	19
Dänemark	46	56	34	46	3	8	10	57	33
BRD	46	48	36	41	8	5	33	58	51
Frankreich	42	.	42	.	9	.	50	38	
Griechenland	40	.	.	.	7	.	47	30	
Großbritannien	45	49	33	44	.	7	29	60	49
Irland	42	37	27	33	4	15	12	40	31
Italien	.	42	.	35	.	10	26	36	33
Luxemburg	.	44	.	37	0	2	.	55	31
Niederlande	37	45	.	38	2	8	9	49	46
Portugal	37	48	.	43	.	5	.	58	44
Spanien	38	37	.	32	1	16	2	61	30

Quelle: eigene Zusammenstellung nach Daten in Gabriel 1995, Anhang (gerundete Angaben)

Die Daten zur Einkommensverteilung sind zwar problematisch und zudem veraltet (um 1987); vorerst wollen wir uns dennoch mit diesen ersten Hinweisen begnügen: Unter den EG-Ländern, für die Daten verfügbar sind, fallen Frankreich (Gini = .43), Spanien (Gini = .39) und Italien (Gini = .37) wegen relativ deutlicher *Ungleichverteilung* auf. Im Vergleich mit einigen anderen Ländern sticht Japan wegen besonderer *Gleichverteilung* (Gini = .17) hervor. Sehr viel ungleicher (mit Gini-Indices zwischen .65 und .70) ist die *Vermögensverteilung* (Hradil 1995, 85).

Tabelle 4.3: Entwicklung der Einkünfte aus Unternehmertätigkeit und Vermögen

Dezile der Einkommensverteilung

Land		1	2	3	4	5	6	7	8	9	10
BRD	1978	3	4	6	7	8	10	11	13	15	23
	1988	9		13		16		22		43	
Frankreich	1975	1	3	4	6	7	8	11	13	16	31
GB	1980	3	4	5	7	8	10	11	13	16	23
Italien	1980	3	4	5	6	7	9	10	12	14	30
NL	1977	3	5	6	7	8	10	11	13	15	22
Spanien	**1980**	**2**	**4**	**5**	**7**	**8**	**9**	**11**	**11**	**16**	**26**
Finnland	1978	3	4	6	7	9	10	12	13	16	21
Schweden	1979	3	4	6	7	8	9	11	14	17	22
Schweiz	1978	3	5	6	8	8	10	11	12	14	23
Australien	1979	2	3	5	6	8	9	11	14	17	25
Japan	**1979**	**6**	**7**	**8**	**9**	**9**	**10**	**11**	**12**	**13**	**17**

Quelle: Hradil 1995, 86

Diese Polarisierung, an der auch das Netz der sozialen Sicherung zu zerbrechen droht – die Sozialversicherungsbeiträge nehmen wegen der steigenden Arbeitslosigkeit ab, der Bedarf an Leistungen steigt aber an – ist auch die wichtigste Ursache für zunehmende Kriminalität und Gewalt, für Resignation, Verzweiflung, Alkoholismus, Drogenabhängigkeit, Rechtsextremismus. Der „Index menschlichen Leidens" des UNDP wird also aller Voraussicht nach in Deutschland weiter ansteigen. Beim derzeitigen Ausmaß der öffentlichen Verschuldung ist an politische Korrekturen nicht zu denken, im Gegenteil. Der Staat fällt als Vermittler zunehmend aus (genauer: Er ist in dieser Auseinandersetzung weniger neutraler Vermittler als Partei), die Verteilungskämpfe werden härter und unbarmherziger.

Zum Schluß wollen wir den HDI für die einige Länder wenigstens mitteilen, unter allen nötigen Vorbehalten, was seine Aussagekraft angeht:

Tabelle 4.4: Human Development Index, ausgewählte Länder 1992

Westeuropa Land	HDI	Osteuropa Land	HDI	Dritte Welt Land	HDI
Frankreich	.927	Tschechoslowakei	.872	Guinea-Bissau	.293
Niederlande	.923	Litauen	.868	Angola	.291
Großbrit.	.919	Estland	.867	Burundi	.286
Deutschland	.918	Lettland	.865	Somalia	.246
Belgien	.916	Ungarn	.863	Mozambique	.246
Dänemark	.912	Russ. Föderation	.858	Guinea	.237
Luxembourg	.908	Weißrußland	.847	Burkina Faso	.228
Irland	.892	Ukraine	.823	Afghanistan	.228
Italien	.891	Bulgarien	.815	Äthiopien	.227
Spanien	.888	Polen	.815	Mali	.222
Griechenland	.874	Armenien	.801˙	Sierra Leone	.221
Portugal	.838	Rumänien	.729	Niger	.207

Quelle: UNDP: Human Development Report 1995

Wir haben dabei die *weltweite Skala* beibehalten. Das gibt ein gutes Gefühl dafür, wo die europäischen Länder, auch die osteuropäischen, im Weltmaßstab plaziert liegen, ohne die Relationen untereinander zu verzerren. Lediglich Portugal liegt knapp unter dem erstplazierten osteuropäischen Land, das hier noch mit „Tschechoslowakei" angegeben ist. Aber selbstverständlich spiegelt sich darin weder eine Klassenbetrachtung noch ein Indikator des materiellen Wohlstands.

Was Deutschland angeht, so wollen wir zumindest ansatzweise auf die Klassentheorie, wie sie im ersten Kapitel diskutiert wurde, zurückgreifen. Aus ihr geht hervor, daß es in erster Linie um zwei Gruppierungen geht: (1) die „KapitalistInnen" – das sind einerseits die Selbständigen, andererseits diejenigen, die aus dem Besitz von Kapital, d.h. in der Regel Immobilien oder Wertpapieren leben, (2) die „Lohnabhängigen" – d.h. in erster Linie diejenigen, die in abhängiger Stellung beschäftigt, oder arbeitslos, oder nicht beschäftigt sind. Die amtliche Statistik ist nicht so aufgebaut, daß sich daraus die nach dieser Logik interessanten Angaben unmittelbar entnehmen ließen. Klar ist, daß beide Klassen jeweils sehr heterogen sind, daß selbst ihre Trennung voneinander nicht unzweideutig möglich ist. Zudem müssen wir davon ausgehen, daß sich die Klassen selbst auch verändert haben.

Zunächst die *Klasse der KapitalistInnen*: Das sind einerseits die Selbständigerwerbenden; darunter fallen in der Statistik auch die FreiberuflerInnen, insgesamt 2,5 Millionen oder fast 9 Prozent der 31 Millionen Erwerbspersonen der alten BRD. Darin enthalten sind KleinstunternehmerInnen, LandwirtInnen, KünstlerInnen, SchriftstellerInnen usw. mit oft bescheidenem Lebensstandard; EigentümerInnen kleiner und mittlerer Unternehmen; die heterogene Gruppe der FreiberuflerInnen, unter denen die ZahnärztInnen und ÄrztInnen zu den SpitzenverdienerInnen gehören; EigentümerInnen von Großunternehmen, Menschen, die nur von Kapitaleinkünften leben. Im Durchschnitt erzielen die Selbständigerwerbenden die höchsten Einkommen: Das mittlere Nettohaushaltseinkommen dieser Gruppe lag 1988 bei monatlich DM 13.618 (Geißler 1992, 101).

„Marx und Engels hatten den ‚kleinen Mittelständen' den Untergang vorhergesagt: Sie sollten im Konkurrenzkampf der Großunternehmen zerrieben werden und „als selbständiger Teil der modernen Gesellschaft gänzlich verschwinden" (...). Die Abbildungen 5.4 und 5.5 machen deutlich, daß sich für etwa zwei Drittel der Selbständigen in den letzten hundert Jahren die Marx-Engels-Prognose im kapitalistischen Deutschland erfüllt hat" (Geißler 1992, 98). Der Trend wird auch im Statistischen Jahrbuch 1995 (110f.) bestätigt: Von 1970 bis 1991 hat die Zahl der Selbständigen und mithelfenden Familienangehörigen" von 4,4 Millionen auf unter drei Millionen (alte Bundesländer) abgenommen.

Im engeren Sinn zur Klasse der KapitalistInnen wird man freilich nur die EigentümerInnen von mittleren und größeren Unternehmen und diejenigen zählen können, die in erster Linie aus Vermögenserträgen leben. Diese Klasse hat sich in zweierlei Hinsicht verändert: Einmal umfaßt sie EigentümerInnen von Anteilen an Kapitalgesellschaften, also Aktiengesellschaften und Gesellschaften mit beschränkter Haftung (das sind rund 553.000 von rund zwei Millionen Unternehmen, Stat. Jb. 1995, 132). Zum zweiten dehnt sich die KapitalistInnenklasse in die Klasse der abhängig Beschäftigten aus: Von ihrer gesellschaftlichen Orientierung und Funktion im Betrieb gehören auch die ManagerInnen, zumindest ihre oberen Ränge, dazu.

Mindestens ebenso heterogen ist die „arbeitende Klasse", also die *der lohnabhängig Beschäftigten.* Das Statistische Jahrbuch 1995 weist aus: etwa dreizehn Millionen ArbeiterInnen, d.h. 37 Prozent; etwa siebzehn Millionen Angestellte, d.h. 46 Prozent; und 2,5 Millionen BeamtInnen, d.h. sieben Prozent der 36 Millionen Erwerbstätigen. Die (kleine) Spitzengruppe, also die Leitenden Angestellten, haben nicht nur große Verfügungsmacht und hohes Einkommen, sondern oft auch beträchtliches Vermögen etwa in Form von Aktien und Immobilien.

Tabelle 4.5: Veränderung unterschiedlicher Einkommensarten je Haushalt 1980-93

Haushaltstyp	Bruttolohn- und Gehaltssumme	Bruttoeinkommen aus Unternehmertätigkeit[1]	Bruttoeinkommen aus Geldvermögen
Privathaushalte insgesamt	+48	+59	+114
Selbständigenhaushalte zusammen	+80	+54	+152
davon			
Landwirtehaushalte	+83	+21	+134
außerhalb der Landwirtschaft	+79	+46	+129
Arbeitnehmerhaushalte zusammen	+58	+132	+107
davon:			
Beamtenhaushalte	+54	+154	+114
Angestelltenhaushalte	+56	+152	+108
Arbeiterhaushalte	+55	+117	+69
Nichterwerbstätigenhaushalte zusammen	+51	+123	+102
darunter: überwiegender Lebensunterhalt aus:			
Arbeitslosengeld/-hilfe	+30	+88	–[3]
Renten	+51	+118	+121
Pensionen	+66	+114	+121

Anm.: Die Haushaltsgröße hat sich im Zeitverlauf nach unten entwickelt.

1 Einschließlich nichtentnommener Gewinne der Unternehmen ohne eigene Rechtspersönlichkeit

2 Tatsächlich empfangene Zinsen u.a. und unterstellte Zinsen auf versicherungstechnische Rückstellungen, abzüglich Zinsen auf Konsumentenkredite

3 Von durchschnittlich ca. 100 DM positiven Einkommen je Haushalt auf ca. 100 DM Zinsbelastung gesunken

Quelle: Bundesregierung 1996, S. 15

Da sie sich weitgehend mit dem Kapitalinteresse identifizieren, machte es Sinn, sie der Kapitalistenklasse zuzuschlagen – nur das formale Kriterium der abhängigen Beschäftigung steht dagegen. Dagegen unterscheiden sich die materiellen Lebenslagen der weitaus überwiegenden Zahl der kleinen Angestellten und Beamten nur wenig von denen der Arbeiter, oft ist die Unterscheidung selbst nach Merkmalen der konkreten Tätigkeit schwierig, zumal bei fortschreitender Technisierung und Automatisierung der Produktion. Grob, aber in der Größenordnung wohl richtig, kann man daher von rund 24 Millionen oder 77 Prozent der Erwerbstätigen ausgehen. Dabei bleiben natürlich andere Differenzierungen: Angestellte neigen eher als ArbeiterInnen dazu, sich mit dem UnternehmerInneninteresse zu identifizieren und individualistische Strategien der Einkommenssicherung und Karriereplanung zu verfolgen, während ArbeiterInnen hier eher kollektiven Formen zuneigen – so unterscheidet sich etwa der Grad der gewerkschaftlichen Organisation (24 Prozent bzw. 53 Prozent, Geißler 1992, 129).Koch gibt als quantitative *Verteilung der sozialen Klassen* in der alten Bundesrepublik zwischen 1970 und 1988 die folgende Tabelle an:

Tabelle 4.6: Quantitative Verteilung der sozialen Klassen zwischen 1970 und 1988

Klassen	Erwerbsbevölkerung (in Prozent)			
Berufsgruppen	*1970*	*1978*	*1982*	*1988*
Kapitalisten	*2,7*	*3,8*	*4,3*	*2,5*
Manager	**2,7**	**3,8**	**4,3**	**2,5**
Bildungsspitzen	3,6	4,2	4,6	9,0
Professionen	1,7	2,2	2,3	5,6
Ingenieure	**1,9**	**2,0**	**2,3**	**3,4**
Mittelklasse	*50,9*	*54,0*	*55,6*	*56,2*
Techniker	3,5	4,4	4,7	4,8
Semiprofessionen	3,0	4,8	5,5	6,4
Qualifizierte Dienste	6,2	6,3	6,4	5,6
Qual.Verw.angestellte	17,7	19,7	20,3	19,1
Qual.man.Berufe	**20,5**	**18,8**	**18,7**	**20,3**
Arbeiterklasse	*42,8*	*38,0*	*35,5*	*32,3*
Einfache Dienste	10,7	10,4	10,0	14,4
Einf.Verw.berufe	8,2	8,1	8,1	8,2
Einf.man.Berufe	16,3	13,8	12,4	7,5
Agrarberufe	**7,6**	**5,7**	**5,0**	**2,2**

Quelle: Koch 1994, 134

Wie Koch selber anmerkt, ist die Tabelle, durch die Datenlage bedingt[1] , in mancher Hinsicht unbefriedigend: Sie bezieht sich nur auf Erwerbspersonen; sie unterscheidet nicht zwischen Selbständigen und Unselbständigen, es ist nicht klar, was die Mittelklasse sein soll; u.a.

---

1 aus diesem Grund haben wir viele an sich verfügbare Statistiken hier nicht mitgeteilt; z.B. sagen die Angaben über Beschäftigte nach Wirtschaftssektoren deshalb nichts aus, weil ein erheblicher Teil derer, die im sekundären Sektor (Produktion) gezählt werden, in Wirklichkeit Verwaltungs- und Dienstleistungstätigkeiten (tertiärer Sektor) ausüben, usw.

In ihr drückt sich vor allem der Prozeß der Tertiärisierung aus, und ein Trend zu niederen Qualifikationen.

Die These übrigens, daß *Reichtum nicht glücklich* macht, gehört seit langem zum sorgsam gepflegten Bestand der Trivialromane. Sie ist aber auch wissenschaftlich untersucht worden. Der Psychologe Michael Argyle, Oxford University, hat nach einem Vergleich zwischen hundert amerikanischen MultimillionärInnen und hundert NormalbürgerInnen eine „erstaunlich schwache" Korrelation zwischen Reichtum und Glücksempfinden gefunden...

Interessant ist in diesem Zusammenhang die *Verteilung des Spar- und Wertpapiervermögens* auf die privaten Haushalte: ArbeitnehmerInnenhaushalte mit relativ geringem Arbeitseinkommen haben in der Regel kein oder nur ein geringes Geldvermögen, das zudem noch meist in schlecht verzinsten Sparformen angelegt ist. Dagegen stellt das Statistische Bundesamt (Wirtschafts- und Sozialstatistik 12/1988,) fest, „daß ein erheblicher Teil des Aktienbesitzes bei einem relativ kleinen Personenkreis mit sehr hohem Einkommen und Vermögen zu finden sein dürfte, der in der Einkommens- und Verbrauchsstichprobe nicht repräsentiert ist" und daher statistisch gar nicht auftaucht – das sind Personen mit einem Einkommen von monatlich DM 25.000 und mehr. Für Deutschland sind die derzeit aktuellsten und umfassendsten Angaben einer *Antwort der Bundesregierung auf eine Große Anfrage der SPD* zu entnehmen (Bundesregierung 1996), die allerdings deutlich von der Absicht geprägt ist, eine zunehmend ausgleichende Vermögensverteilung nachzuweisen und Informationen über wachsende Polarisierung der Verteilung entweder nicht mitzuteilen oder zu bestreiten (ebd., 50). In der Anfrage stellt die SPD fest, daß „auf der Basis der vorliegenden Einkommens- und Verbrauchsstichproben ... das oberste Zehntel der Haushalte inzwischen die Hälfte des Nettogeldvermögens (besitzt), obwohl in diesen Stichproben die Haushalte mit einem Monats-Einkommen über 25.000 DM gar nicht erfaßt sind" (ebd., 3). Es gibt derzeit in Deutschland rund eine Million VermögensmillionärInnen. „Dabei ist in allen Jahren die Zahl der Vermögensmillionäre *im Sinne der Vermögenssteuer* (Hervorhebung B.H.) im Niveau viel niedriger und in der Zunahme weniger stark als die Zahl der tatsächlichen VermögensmillionärInnen, vor allem weil beim steuerlichen Gesamtvermögen privater und betrieblicher Grundbesitz erheblich unter dem Marktwert mit starren Einheitswerten angesetzt, Schulden dagegen voll abgezogen sind" (ebd., 13). Weiter, und von der Regierung bestätigt, stellt die SPD fest, daß „ein Viertel der westdeutschen Haushalte über nur ein Prozent des Bruttogeldvermögens verfügten, während fünf Prozent der Haushalte mit weit überdurchschnittlichem Vermögensbesitz über 31 Prozent des Bruttogeldvermögens verfügten"; „daß zehn Prozent der reichsten Haushalte fast fünfzig Prozent des erfaßten Vermögens besitzen, die ärmere Hälfte der Haushalte dagegen nur knapp 2,5 Prozent"; und daß „auf zwei Drittel der an der Befragung (Sozio-ökonomisches Panel, B.H.) beteiligten Haushalte mit Zinserträgen nur ein Sechstel der Vermögens-Einkommen entfielen, während auf nur zwei Prozent der befragten Haushalte 32 Prozent der Zinsen und Dividenden entfielen" (ebd., 26).

„1993 waren in Westdeutschland 41 Prozent aller Haushalte Eigentümer ihrer Wohneinheit, gegenüber 36 Prozent in 1978 und 34 Prozent in 1968" – eine unbestritten erfreuliche Entwicklung; aber über die *Konzentration* des Boden- und Wohnungs- oder des Aktienbesitzes und ihre Entwicklung macht die Regierung keine Angaben.

Tabelle 4.7: Geldvermögenseinkommen von Selbständigen und ArbeitnehmerInnenhaushalten 1980-93

Jahr	Selbständigenhaushalte zusammen	Arbeitnehmerhaushalte zusammen
1980	6.700	1.500
1981	8.100	1.800
1982	8.900	2.000
1983	8.400	1.900
1984	9.400	2.100
1985	10.000	2.300
1986	10.100	2.300
1987	10.300	2.300
1988	11.300	2.400
1989	13.000	2.800
1990	14.400	3.000
1991	15.100	3.100
1992	16.800	3.400
1993	16.900	3.200

1 Tatsächlich empfangene Zinsen u.ä. und unterstellte Zinsen auf versicherungstechn. Rückstellungen, abzügl. Zinsen auf Konsumentenkredite

Quelle: Bundesregierung, 1996, 42

Auch in Deutschland werden die Reichen immer reicher: Nach Angaben des Statistischen Bundesamtes, dessen letzte Einkommenstatistik sich auf 1989 bezieht, ist die Zahl der EinkommensmillionärInnen zwischen 1983 und 1986 und zwischen 1986 und 1989 um jeweils ein Drittel gestiegen. Die Zahl der Superreichen mit mehr als zehn Millionen DM Jahreseinkommen hat sich von 462 (1986) auf 895 (1989) fast verdoppelt. Die Zahl der Haushalte mit einem monatlichen Nettoeinkommen zwischen 8.000 und 25.000 DM hat sich zwischen 1983 und 1986 verdoppelt. Da aber die Angaben gewaltige Verzerrungen insbesondere in den oberen Einkommensbereichen enthalten, sind Zeitreihen nicht zu interpretieren. Der Hamburger Immobilienkönig und vielfache Millionär Robert Vogel hat schon vor Jahren bewiesen, wie das geht: Er beantragte und erhielt einen Berechtigungsschein für eine Sozialwohnung mit dem Argument, er zahle keine Einkommenssteuer, weil sein Einkommen Null sei. Viele Besserverdienende werden regelmäßig mit Werbebroschüren von professionellen SteuersparerInnen, AbschreibungskünstlerInnen und AnlagebetrügerInnen bedient.

Informationen für *Österreich* finden sich in einer Titelgeschichte des Wirtschaftsmagazins „Trend" (Oktober 1994). Unter dem Titel: „So läuft´s – Warum die Reichen immer reicher werden" finden sich Angaben, die wir hier einfach aufzählen: Ein Prozent der UnternehmerInnen besitzt sechzig Prozent des gesamten Betriebsvermögens; die reichsten zehn Prozent kontrollieren achtzig Prozent davon. Ein Prozent der GrundbesitzerInnen hält ein Drittel aller Flächen; die obersten zehn Prozent besitzen die Hälfte des Landes. Einem Prozent der Vermögenden gehören 25 Prozent des gesamten Vermögens des Landes; die reichsten zehn Prozent verfügen über 60 Prozent aller Vermögenswerte. Die fünf reichsten ÖsterreicherInnen brauchen weniger als zehn Stunden, um aus der Anlage ihrer Vermögen eine zusätzliche Million Schilling, d.s. etwa DM 150.000, zu gewinnen. Während sich die Einkommen aus unselbständiger Arbeit zwischen 1970 und 1993 versechsfacht haben, stiegen die Einkommen aus Vermögen von 1970 = 100 auf 1993 = 1800 um das Achtzehnfache. Je reicher jemand ist, desto eher besteht die Chance, seinen/ihren Steuerpflichten zu entgehen. Der Wohnsitz in Monaco ist dafür der eher spektakuläre Weg; die Abzugsmöglichkeiten bei der Erklärung der Einkommenssteuer sind der alltägliche. Je mehr jemand verdient, desto weniger Steuern zahlt er/sie – und noch deutlicher: Je mehr eine/r aus *Vermögen* verdient statt aus Arbeitseinkommen, desto weniger Steuern zahlt er/sie. Je mehr das Finanzvermögen anwächst, umso größer wird die Ungleichverteilung.

Wir wollen an dieser Stelle noch eine kurze Bemerkung zur *sozialen Mobilität*, also zur Auf- und Abstiegswahrscheinlichkeit zwischen den Schichten, einfügen: Die wenigen Untersuchungen beziehen sich ausschließlich auf Männer und geben folgendes Bild: Generell hat sich die Mobilität in den sechziger und siebziger Jahren erhöht; dabei ist insbesondere für die siebziger Jahre eine Zunahme der Aufwärtsmobilität nachweisbar, teilweise verursacht durch den Strukturwandel vom sekundären hin zum tertiären Sektor, teilweise aber auch durch die Unterschichtung durch ausländische Arbeitskräfte. Dabei sind die Bildungsschichten offener als die Besitzschichten. Die soziale Mobilität von Frauen wird, neben Bildung und Beruf, vor allem durch den Heiratsmarkt gesichert (Geißler 1992, 199ff.). Heute freilich sind auch die Abstiegsgefährdungen größer geworden: Im Namen von Lean Production und Lean Management sind ganze Management-Ebenen in großen Unternehmen weggefallen und auch die mittleren Angestellten sind vor Entlassungen keineswegs mehr sicher. Der Abstieg kann vor allem dann sehr schnell gehen, wenn die Betroffenen sich verschuldet haben (Haus, Auto usw.). Während also der Reichtum in den Händen Weniger zunimmt, nimmt auch die Armut zu. Vor allem ist dafür die zunehmende Arbeitslosigkeit verantwortlich.

Fallstudie: Armut in Deutschland

Immerhin ist bemerkenswert, daß die *Arbeitslosen und Armen* in der empirischen Klassenanalyse bei Koch nicht auftauchen (abgesehen von einer kurzen Erwähnung 120). Das Einkommen von Arbeitslosenhaushalten geht in die Statistik nicht ein. Bei Geißler (1992, 166) heißt es: „Armut in der Bundesrepublik ist keine absolute, sondern relative Armut. In anderen Worten: Armut ist in entwickelten Gesellschaften keine Frage des physischen Überlebens mehr – wie noch in vielen Ländern der Dritten oder Vierten Welt –, sondern eine Frage des menschenwürdigen Lebens; die Armutsgrenze wird nicht durch ein physisches, sondern durch ein soziokulturelles Existenzminimum markiert". Das beruhigt die „Leute mit dem starken Magen und den schwachen Nerven" (Engels) und verschleiert ein *Tabu*: Erstmals im Winter 1992/93 sind in diesem so reichen Land Menschen auf der Straße erfroren, ohne Zweifel ein Nachweis absoluter Armut. Die Abwesenheit absoluter Armut in Deutschland ist eine Mär. Die Gefahr läßt sich nicht mehr auf „Randgruppen" eingrenzen. Es geht so schnell.

Vor allem aber: Die Armut nimmt zu. In den Städten wird sie vor allem als *Obdachlosigkeit* sichtbar – tatsächlich haust sie in den noch nicht sanierten Altbaubeständen, zunehmend aber in den Großsiedlungen an der Peripherie. Darüber wird ländliche Armut nicht selten vergessen. Der Verweis auf die Sozialhilfe kann nicht beruhigen: Alle seriösen Schätzungen nehmen an, daß etwa *die Hälfte der Anspruchsberechtigten diese Hilfe faktisch nicht beziehen*, eine Größenordnung, die für ländliche Räume gerade wieder empirisch bestätigt worden ist (Pfaffenberger/Chassé 1993, 1996), und ein alarmierender Indikator. Arme spielen in der

Politik keine Rolle, es sei denn als *Kosten.* Die Gemeinden, die die Sozialhilfe zu finanzieren haben, stöhnen unter der Schuldenlast und sind daher nicht gerade offensiv bemüht, mögliche Sozialhilfeberechtigte ausfindig zu machen. Der Gang zum Sozialamt, der Nachweis der Bedürftigkeit sind Vorgänge, die nicht als Wahrnehmung eines Rechtsanspruchs, sondern als Demütigung und Verletzung des Selbstwertgefühls erfahren werden. Arme haben keine Lobby, die sie politisch vertritt. Die Bundesregierung hat die Forderung nach einer regelmäßigen nationalen *Armutsberichterstattung* bisher abgelehnt, ja sie bestreitet schlicht und gegen vielfache empirische Evidenz, daß die Armut zunehme (Bundesregierung 1996, 6). Es ist Teil des Armutssyndroms, daß zum fehlenden Einkommen auch noch die fehlende Organisations-, Artikulations- und daher Konfliktfähigkeit kommt. Für uns Mittelschicht-Menschen, deren Wirklichkeitsbild sich aus Büchern und Medien konstruiert, existiert Armut nur als relativ belanglose Notiz im Meer der Nachrichten, als Episode, die eine Minute später von Wichtigerem, von Sport und Börsenkursen, schon wieder überholt ist. Arme – der größte Skandal dieser so reichen Gesellschaft – werden *aus unserem Gesichts- und Wahrnehmungsfeld hinausdefiniert.*

Die Nachrichten haben dieser Tage eine Million Obdachlose gemeldet, von denen 800.000 in Notunterkünften, 200.000 auf der Straße leben. Eine halbe Million Kinder müssen, so der Deutsche Mieterbund, in Obdachlosensiedlungen oder anderen miserablen Wohnverhältnissen aufwachsen. Mindestens zwei Millionen Haushalte in Deutschland sind überschuldet, d.h. sie können auch bei sparsamster Lebensführung nicht mehr die Raten für Zinsen und Kreditnebenkosten aufbringen, von Tilgung ganz zu schweigen. Ende 1993 beliefen sich die privaten Schulden auf 354 Milliarden DM. Mehr als ein Drittel aller Bankkredite dient bereits der Umschuldung – aus einem Kredit wird ein neuer, größerer, teurer. Die Zahl der Zwangsvollstreckungen ist dramatisch angestiegen.

Armut hat sich in den achtziger Jahren von einem Minderheitenproblem zu einem *Kernproblem unserer Gesellschaft* entwickelt. Es gibt bisher in der wissenschaftlichen Diskussion kein Einverständnis über *die* geeignete Armutsdefinition. Drei Ansätze werden verwendet:

in Anlehnung an die Definition der Europäischen Kommission wird von Armut dann gesprochen, wenn das Geldeinkommen eines Haushalts mindestens fünfzig Prozent unter dem Durchschnittseinkommen des Landes liegt – eine eher willkürliche Festlegung.

In der Bundesrepublik gilt als quasi offizielle Armutsdefinition der Bezug von Hilfe zum Lebensunterhalt nach dem Bundessozialhilfegesetz; die erwähnte Dunkelziffer und politisch-administrative Festlegungen des Regelsatzes schaffen hier Probleme.

Zunehmend wird eine Lebenslagen-Definition verwendet, die neben Einkommen auch Arbeit, Bildung, Wohnen und die Versorgung mit sozialen und gesundheitlichen Diensten einbezieht – hier gilt der Forschungsstand noch als unbefriedigend (Hanesch 1994, 25).

Die Ergebnisse des jüngsten Nationalen Armutsberichts seien hier kurz zusammengefaßt (Hanesch 1994, 34ff.): Vor allem für die Menschen in *den neuen Bundesländern,* die vor der Wende in völliger sozialer Sicherheit lebten, kamen Arbeitslosigkeit und Armut wie ein Schock. Statt mit rascher Hilfe, waren sie mit einem bürokratischen Hürdenlauf konfrontiert. Deutschland wird mehr und mehr zur doppelt gespaltenen Gesellschaft: arm-reich und Ost-West. Im Durchschnitt lebten zehn Prozent der Gesamtbevölkerung in Einkommensarmut, acht Prozent im Westen und 15 Prozent im Osten. Die Gefahr weiterer Verarmung ist im Osten besonders groß. Das zeigt sich ähnlich bei der Wohnungsversorgung, wo 1992 jede/r Fünfte unterversorgt ist (im Westen jede/r Siebte). Dabei ist die Wohnungsausstattung im Osten schlechter als im Westen. Während die Arbeitslosenquote im Westen relativ konstant blieb, stieg sie im Osten dramatisch an. Die Zahl derer, die von der offiziell angestrebten Angleichung der Lebensbedingungen nichts spüren, wächst deutlich und führt zu sozialen Ausgrenzungen. Dabei tritt die Armut im Osten vor allem bei Familien mit Kindern und insbesondere bei Alleinerziehenden auf. Im Westen sind insbesondere Personen ohne Schulabschluß, ArbeiterInnen und AusländerInnen von Armut bedroht, Frauen und kinderreiche Familien – Kinder erhöhen das Armutsrisiko. Rund 670.000 Menschen im Osten bezogen 1992 *Sozialhilfe* – an die Dunkelziffer von rund fünfzig Prozent sei erinnert. Dabei spielt Arbeitslosigkeit die wichtigste Rolle. Die politisch so oft behauptete Überschneidung von unterem Niveau der Arbeitseinkommen und Sozialhilfesatz konnte wissenschaftlich nicht nachgewiesen werden. Für immer mehr Menschen wird die Hilfe zum Lebensunterhalt nach BSHG (Bundessozialhilfegesetz) zur Langzeitlösung. Vor allem Alleinerziehende sind auf die Sozialhilfe als Dauerversorgung angewiesen. Die Lage ist für die Menschen in der ehemaligen DDR ganz besonders schwierig, konnten sie doch unter alten Bedingungen damit rechnen, niemals in solche Notlagen zu kommen. Dazu haben sie wenig Erfahrung im Umgang mit Ämtern und der zunehmenden Bürokratie, sie kennen das neue Recht nicht und wissen nicht, wie sie Beratungsdienste nutzen sollen. Die Dunkelziffer wird im Osten also besonders hoch sein. Für chronisch Kranke, Behinderte, RentnerInnen oder ältere Arbeitslose ist die Lage besonders problematisch. Zur aktuellen Armut kommt immer noch die Perspektivenlosigkeit für die Zukunft hinzu. Dabei wird die Armut als individuelles Problem erlebt – aber die politischen AkteurInnen werden verantwortlich gemacht, zumal sie nicht aufhören zu beteuern, daß eigentlich alles in Ordnung sei. Das wird sich weiter im Wahlverhalten zugunsten extremer Parteien äußern.

Die unbestreitbaren Verbesserungen in der Lebenslage vieler Menschen, zumindest in Westeuropa, kann weder als „Fahrstuhleffekt", der alle mitnimmt, noch so interpretiert werden, als sei der Kapitalismus humaner geworden. Dadurch wird vielmehr die *Einsicht in weiterhin antagonistische Klassenverhältnisse erschwert*, verhindert, daß man sich der eigenen Klassenlage bewußt wird und damit die Ausbildung eines kollektiven Klassenbewußtseins, also eines Ansatzes für kollektiven Widerstand, verunmöglicht. Unter Bedingungen der aktuellen oder drohenden Verarmung wehrt man sich nicht mehr. Individualisiert wird nicht die objektive Klassenlage, wie Ulrich Beck und andere vermuten, sondern die Fähigkeit zu Widerstand und Protest. Skinheads, Neonazis und Hooligans, die Brutalisierung von Teilen der Jugendszene und der Beifall der Eltern sind nichts anderes als der konsequente Widerschein einer zunehmend brutalen Gesellschaft.

Abb. 4.1: Sozialer Abstieg durch Arbeitslosigkeit

Sozialer Abstieg durch Arbeitslosigkeit

BEISPIEL 1

Ehepaar (ca. 30 Jahre), 1 Kind

Alleinverdienst:	brutto DM	2.704.-
Gehalt/Lohn (netto)	"	1.950.-
Kindergeld	"	50.-

Summe Einnahmen	DM	2.000.-

Warmmiete incl.Energiekosten	"	850.-

verbleiben für Lebenshaltung	DM	1.150.-

angenommene Fixkosten für Rundfunk, Telefon, Zeitung, KfZ,Vers.	"	240.-
Ratenzahlung (Konsumentenkredit)	"	80.-

verbleiben als frei verfügbar (für Lebensmittel, Körperpflege, Bekleidung, Freizeit, Urlaub ....)	DM	830.-

1. JAHR ARBEITSLOSIGKEIT

Arbeitslosengeld *	DM	1.287.-
Kindergeld/-zuschlag	"	96.-
Wohngeld	"	245.-

Summe Einnahmen	DM	1.628.-

Warmmiete incl. Energiekosten	"	850.-

verbleiben für Lebenshaltung	"	778.-
angenommene Fixkosten	"	240.-

verbleiben als frei verfügbar (für Lebensmittel)	DM	458.-

2. JAHR ARBEITSLOSIGKEIT

Arbeitslosenhilfe	DM	1.097.20
Kinder/-zuschlag	"	96.-
Wohngeld	"	289.-
Sozialhilfe	"	36.80

Summe der Einnahmen	DM	1.519.-

Warmmiete incl. Energiekosten	"	850.-

verbleiben für Lebenshaltung	"	669.-
angenommene Fixkosten	"	240.-
Ratenzahlung	"	80.-

verbleiben als frei verfügbar (für Lebensmittel)	DM	349.-

Sozialer Abstieg durch Arbeitslosigkeit

BEISPIEL 2

Ehepaar (ca. 30 Jahre), 1 Kind

Alleinverdienst:	brutto DM	4.225.-
Gehalt/Lohn (netto)	"	2.700.-
Kindergeld	"	50.-

Summe Einnahmen	DM	2.750.-

Warmmiete incl. Energiekosten	"	950.-

verbleiben für Lebenshaltung	"	1.800.-
angenommene Fixkosten	"	240.-
Ratenzahlung (Konsumentenkredit)	"	100.-

verbleiben als frei verfügbar (für Lebensmittel, Körperpflege,Bekleidung, Freizeit, Urlaub ...)	DM	1.460.-

1. JAHR ARBEITSLOSIGKEIT

Arbeitslosengeld *	DM	1.921.40
Kindergeld/-zuschlag	"	96.-
Wohngeld	"	187.-

Summe Einnahmen	DM	2.204.40

Warmmiete incl. Energiekosten	"	950.-

verbleiben für Lebenshaltung	"	1.254.40
angenommene Fixkosten	"	240.-

Ratenzahlung	"	100.-

verbleiben als frei verfügbar (für Lebensmittel....)	DM	914.40

2. JAHR ARBEITSLOSIGKEIT

Arbeitslosenhilfe	DM	1.640.60
Kinder/-zuschlag	"	96.-
Wohngeld	"	250.-

Summe Einnahmen	"	1.986.60

Warmmiete incl. Energiekosten	"	950.-

verbleiben für Lebenshaltung	"	1.036.60
angenommene Fixkosten	"	240.-
Ratenzahlung	"	100.-

verbleiben als frei verfügbar (für Lebensmittel ...)	DM	696.60

* Arbeitslosengeld wie Arbeitslosenhilfe werden vom bereinigten Nettoeinkommen berechnet, das Mehrarbeitszuschläge, 13. Gehalt, übertarifliche Arbeitszeit etc. nicht enthält.
Die Beispiele wurden dem „Plädoyer für eine Armutsberichterstattung":„ARMER KREIS WESEL", Juli 1991, nachgebildet.

Quelle: Ribbeck, Zeitschrift für Soziales 1(1992) 1, 12-13

Tabelle 4.8: Indikatoren der Lebensbedingungen in den Mitgliedsländern der

	Eur12	B	DK	D	GR	E
Materieller Lebensstandard						
Bruttoinlandsprodukt zu Markt- preisen je Einw. 1989 in KKS	17229	17444	18487	19244	9353	13324
Jährl. Wachstumsrate des realen BIP/Kopf (1979 - 1990)	1,9	2,1	1,8	1,7	1,0	2,3
Privater Verbrauch je Einw. 1988 in KKS	9753	10080	9231	11001	5908	7444
Kraftfahrzeuge je 1000 Einw. - 1989 1) 1988 2) 1985 3) 1987		354[1]	323	429	127[2]	293
Beschäftigungschancen u. Arbeits- bedingungen						
Differenz Beschäftigungswachstum u. Wachstum d. erwerbsfähigen Bev. 1979-1989 %-Punkte	- 0,2	0,2	0,2	- 0,3	0	- 0,8
Arbeitslosenquote ⌀ 1980-1990 in % (Vergleichbar nach OECD-Konzept)	9,5	10,4	7,4	5,7	6,7	17,9
Tarifl. Jahresarbeitszeit in Std. 1991 (Arbeiter)		1739	1672	1647	1840	1784
Wohnverhältnisse						
Wohnungen je 1000 Einw. 1988/89 1) 1986 2) 1987 3) 1981		380[1]	454	430[2]	367[1]	400[2]
% - Wohnen i. eigenem Haus oder Eigen- tums-Wohnung 1989	62	68	69	47	77	77
Gesundheit						
Lebenserwartung bei Geburt in Jahren 1989 Männer - 1) 1987 2) 1986	72,6	72,4	72,0	72,6	74,1[1]	73,2[1]
Lebenserwartung bei Geburt in Jahren 1989 Frauen - 1) 1987 2) 1986	79,3	79,0	77,7	79,0	78,9[1]	79,8[1]
Perinatale Sterblichkeit je 1000 Geburten - 1989 1) 1986 2) 1988	9,2	10,4[1]	8,7[2]	6,4	9,1	10,0
Soziale Sicherung						
Sozialschutzleistungen je Einwohner 1988 in KKS	3775	4202	4628	4959	1185	2071
Wohlbefinden						
Lebenszufriedenheit ⌀ 1981-1990 % Zufriedene 1) 1985 - 1990		82,4	95,1	83,4	63,3	74,5[1]

Quellen: EG-Kommission; EUROSTAT; OECD; Statistisches Bundesamt u. a. nationale statistische Ämter

Europäischen Gemeinschaft

F	IRL	I	L	NL	P	GB
18703	11534	17841	22311	17605	9452	18402
1,7	3,1	2,2	2,7	1,2	2,3	1,9
10366	5967	10048	10932	9658	5570	10722
409	220	424[3)]	475	362	155[3)]	345
- 0,8	- 1,3	- 0,3	0,9	0,1	0	0,1
9,0	15,2	9,3	2,5	9,9	7,1	9,5
1763	1817	1764	1792	1709	1935	1754
462	288	388[3)]	341[1)]	555	-	403
53	80	70	81	46	61	69
72,5	71,0	72,6	70,6[2)]	73,7	70,7	72,8
80,7	77,0	79,1	77,9[2)]	79,9	77,6	78,4
8,9	9,9	11,0	9,0	9,1	14,6	9,0
4582	2136	3642	5089	4932	1194	3563
74,8	82,9	69,9	92,0	92,4	67,11[1)]	85,9

4.3 Regionale Polarisierung

Regionale Polarisierung hat zwei Dimensionen: (1) *sozio-ökonomische Disparitäten*, d.h. das Auseinanderdriften armer und reicher Länder und Regionen, (2) *Verstädterung*, d.h. das Auseinanderdriften von Stadt und Land, zwischen traditionalen, subsistenzwirtschaftlich orientierten, und „modernen", profitwirtschaftlich orientierten Sektoren[1]. Die Entwicklung regionaler Disparitäten ist eine Folge der Einkommensverteilung und entsteht in einem räumlichen Sortierungsprozeß, weil Wohlhabende (Haushalte wie Unternehmen) in der Lage sind, sich möglichst vorteilhafte Standorte zu kaufen. Da sich in den Städten ein zunehmender Teil der Arbeitsplätze, der Infrastrukturen, der Fühlungsvorteile finden, hängen beide Prozesse miteinander zusammen: In all jenen Teilen der Welt, die nicht schon auf frühkapitalistischer Industrialisierung aufbauen konnten, hält die Land-Stadt-Migration an, die Verstädterungsraten nehmen weiter zu. Der Zustrom armer Menschen geht in der Regel in die Spontan-Siedlungen, und er bedeutet, daß städtische Armut zunimmt.

Es ist unpräzise, aber gewiß nicht grundsätzlich falsch, wenn man zur Erklärung der Verstädterung in der Dritten Welt heute die europäische Erfahrung des 18. und 19. Jahrhunderts heranzieht. Dabei zeigen sich jedoch charakteristische Unterschiede:

(1) Die Nationalstaatenbildung in Europa findet eine Parallele in der *Entkolonialisierung*, die in Lateinamerika zwar schon Mitte des 19., in Asien und Afrika aber erst Mitte der sechziger Jahre unseres Jahrhunderts abgeschlossen war. Die politisch-militärische Abhängigkeit wurde durch die Abhängigkeit von internationalen Märkten, Rohstoffpreisen und der Verschuldungsproblematik abgelöst. Der Übergang zur formalen Selbständigkeit war gleichzeitig durch Konflikte vor allem aus den willkürlichen Grenzziehungen der Kolonialmächte belastet. Eine *Entfeudalisierung* im Inneren, insbesondere verbunden mit einer durchgreifenden Landreform, blieb meist aus und wurde dort, wo sie geschehen war, nicht selten rückgängig gemacht. Neben einheimischen Feudalherren und dem Westen verpflichteten politischen Eliten spielten transnationale Unternehmen dabei eine wichtige Rolle.

---

1 dieser zweite Aspekt, Verstädterung und Stadtentwicklung, wird ausführlich behandelt in Hamm/Neumann 1996

(2) Eine *Industrialisierung* in dem Sinn, daß einheimische Rohstoffe zu Vor- und Fertigprodukten weiterverarbeitet werden, fand nicht oder nur punktuell („vier asiatische Tiger") statt. Die reichen Industrieländer waren und sind an den Entwicklungsländern insbesondere als Rohstofflieferanten interessiert und verhinderten lange den Aufbau weiterverarbeitender Industrien. Faktisch wurde so auch verhindert, daß materieller Wohlstand außerhalb der schmalen Eliten gebildet werden konnte. Lediglich die Schwellenländer waren in der Lage, nennenswerte Industrien für die Massenproduktion aufzubauen, meist unter dramatischen Umweltschäden. Wenn jetzt im Rahmen der beschworenen internationalen Arbeitsteilung Produktionszweige transnationaler Konzerne in Länder der Dritten Welt ausgelagert werden, dann sind sie bereits hochgradig rationalisiert, haben geringe Beschäftigungseffekte und erlauben die Rückführung der Gewinne anstelle von Investitionen am Ort.

(3) In der Kolonialzeit sind *vorkoloniale Städtesysteme* entweder vernachlässigt worden, oder sie wurden dort, wo sie den Interessen der fremden Herren dienlich waren – vor allem Küstenstädte – entweder durch westlich geprägte Stadtteile ausgebaut oder zerstört und an gleicher Stelle als westliche Herrensitze neu errichtet. Durch die weitgehend auf Rohstoffextraktion festgelegte Wirtschaftsstruktur wurde die Landflucht zunächst verzögert, um später umso heftiger einzusetzen. Verstädterungsraten von fünf und sechs Prozent jährlich sind nicht selten. Mehr noch als in Europa herrschen *Primate Cities* vor, jene Riesenstädte, die als Brückenköpfe der Kolonialherren ihre erste Blüte erlebt hatten.

(4) Dadurch wurde auch der *demographische Übergang* verzögert. Den rasch fallenden Sterberaten stand kein entsprechender Fall der Geburtenraten gegenüber, so daß es zu schneller Vermehrung der Bevölkerung kommt. Der Versuch, dies z.T. unter Zwang durch Familienplanungsprogramme auszugleichen, schlägt meist fehl und resultiert in massiver Unterdrückung vor allem der Frauen.

So ist zu erklären, daß sich der europäische Entwicklungsprozeß in anderen Teilen der Welt nicht einfach wiederholt, auch wenn er ein ähnliches Grundmuster zeigt. Mehr noch als im europäischen Fall ist der *globale Zusammenhang* von überwältigendem Einfluß.

Die Regionalentwicklung in *Europa* ist durch zwei große Gegensätze geprägt: dem zwischen prosperierendem Norden und zurückgebliebenem Süden, und dem zwischen wohlhabendem Westen und rückständigem Osten. Auch innerhalb der europäischen Länder wiederholt sich meist ein solches Gefälle: In Norwegen wie in Schweden, in Italien wie in Frankreich, in Spanien wie in Griechenland finden wir markante Wohlstandsgefälle („regionale Disparitäten") zwischen Altindustriegebieten oder ländlichen Regionen auf der einen, städtischen Dienstleistungszentren auf der anderen Seite (Arnold 1995).

Weniger schroff, aber doch deutlich erkennbar waren solche Disparitäten in den sozialistischen Ländern – sie bestanden dort, dem früheren Entwicklungsstadium entsprechend, zwischen ländlichen Regionen auf der einen Seite, Industriezentren auf der anderen. Mit den stillen Revolutionen von 1989/90 haben freilich massenhafte Verarmung und regionale Polarisierung, vor allem aber die Unterschiede zwischen West- und Mittel- und Osteuropa enorm zugenommen.

Wenn man die Regionen Westeuropas in vier Gruppen einteilt,
- das *Goldene Band* (auch „Blaue Banane" genannt) von Südostengland bis zur Lombardei,
- die *Altindustrieregionen* mit Kernen in Mittelengland, dem Ruhrgebiet dem Saarland und Lothringen, aber auch Oberschlesien und Nordböhmen und vielen anderen,
- den *Sonnengürtel* an der Nordküste des Mittelmeeres von Valencia bis Rom,
- die Randgebiete,

dann kann man folgendes feststellen: In der Achse des *Goldenen Bandes* liegen die Finanzzentren London, Frankfurt und Mailand, große Industrie- und Handelszentren wie Amsterdam und Rotterdam, Brüssel, Stuttgart, München, Straßburg und Turin. Die Achse ist durch den Verkehr am besten erschlossen, wir finden hohe Bevölkerungskonzentration, relativ hohe Pro-Kopf-Einkommen, relativ geringe Arbeitslosigkeit, viele Dienstleistungen, Verwaltungen, Kultur- und Bildungsangebote. Es sind die Regionen mit den attraktivsten Standorten und den besten kurz- und mittelfristigen Wachstumschancen. Die *Altindustrieregionen* sind besonders hart von der Krise in Kohle und Stahl betroffen und befinden sich im Wandel. Die Beschäftigten haben zwar relativ hohe Einkommen, es gibt aber eine hohe Arbeitslosigkeit. Dazu kommen gut ausgebaute Infrastruktur, schlechte Wohnumfeldbedingungen, hohe Umweltbelastungen (Mittelengland, Ruhrgebiet, Lothringen, Saarland). Der *Sonnengürtel* entwickelt sich rasch, wie der amerikanische Sunbelt im Südwesten vor 25 Jahren, zu einem High-Tech-Zentrum mit rasch entwickelter Infrastruktur. Dienstleistungen, Design, Mode, Werbung, Kunst, Sport sind die Renner, mit Glanzlichtern wie der Weltausstellung in Sevilla oder der Olympiade in Barcelona. Dazwischen und darum liegen die Randregionen: Irland, Portugal, große Teile Spaniens, der Mezzogiorno, Griechenland, aber gerade auch Gebiete wie das von Eifel, Hunsrück, Ardennen und Hohem Venn oder von Bayerischem Wald – Böhmerwald. Diese Regionen sind deutlich dünner besiedelt, die Einkommen geringer, die Infrastrukturen und Kultur- und Bildungsangebote weniger entwickelt, meist wandern junge Menschen ab.

Die Verwirklichung des *Binnenmarktes* und die bevorstehende Einführung einer gemeinsamen *europäischen Währung* werden sich erst mit der Zeit in der Regionalentwicklung auswirken, aber es gibt wenig Zweifel daran, *wie* das der Fall sein wird. Da die Konkurrenz zunimmt, werden auch Arbeitslosigkeit und Armut zunehmen und die Unterschiede zwischen den Regionen sich weiter verschärfen. Die Regionalpolitik der Gemeinschaft wird nicht in der Lage sein, dies zu verhindern, allenfalls zu mildern, ist sie doch von einem problemorientiert definierten Politikinstrument weitgehend zu einem nach nationalen Quoten ausgerichteten Verteilungsschlüssel degeneriert. Die Wachstums- und Ballungsgebiete verteilen sich so:

Die Regionalpolitik der EG, verbunden mit dem EFRE, dem Europäischen Fond für Regionale Entwicklung, hat ihre Fördergebiete beinahe genau spiegelbildlich dazu definiert:

Selbstverständlich wären bei genauerer Betrachtung zahlreiche Differenzierungen an diesem grob gezeichneten Bild vorzunehmen. Wichtiger aber ist hier die Einsicht, daß sich die *Wachstumsfaktoren* durch die europäische Integration und durch die Regionalpolitik *nicht wesentlich ändern* werden. Die Träume vieler BürgermeisterInnen, es ließen sich in ihrer Gemeinde Technologieparks und GründerInnenzentren mit dauerhaften Arbeitsplätzen ansiedeln, werden sich nicht erfüllen. Gerade die Randgebiete, häufig Grenzregionen mit hoher Belastung durch militärische Einrichtungen, werden durch die weitere Abrüstung zusätzlich Arbeitsplätze verlieren, und Ersatz ist nicht in Sicht – die Konversionsflächen werden dadurch meist nicht attraktiver. Im ganzen ist zu vermuten, daß der Binnenmarkt zusammen mit der bevorstehenden Erweiterung der Union den *Wettbewerb zwischen den Unternehmen verschärfen wird*. Das wird Auswirkungen auf die Standortwahlen, auf die Beschäftigung und auf die „verlängerten Werkbänke" in den peripheren Regionen haben, so daß wahrscheinlich das bestehende disparitäre Muster sich verstärkt, die Attraktivität der „Blauen Banane" noch zunehmen wird. Da aber auch die Unternehmen in dieser Properitätszone wegen sinkender Kaufkraft und nicht auslastbarer Kapazitäten in Schwierigkeiten geraten werden, dürften zunächst abhängige Betriebe in den Randzonen geschlossen werden (ein Vorgang, den wir in vielen Regionen seit einigen Jahren gut beobachten können und der noch keineswegs abgeschlossen ist). Später wird auch die heutige *Properitätszone in ernste Schwierigkeiten* mit steigender Arbeitslosigkeit und handlungsunfähigen öffentlichen Behörden geraten. Die Krise, die zunächst noch „exportiert" werden kann (wie das früher für den Weltmaßstab ja schon geschildert wurde), wird also auch diese Zone einholen. Die Regionalpolitik der EU kann diesen Prozeß vorübergehend verdecken und verzögern, aber nicht aufheben.

Zur Regionalentwicklung in der Europäischen Gemeinschaft zitieren wir sinngemäß aus dem „Fünften periodischen Bericht über die sozio-ökonomische Lage und Entwicklung der Regionen der Gemeinschaft", vorgelegt von der EG Kommission:

Mit dem Beitritt Spaniens und Portugals ist die EG nicht nur größer, sie ist auch heterogener geworden. Nun lebt *rund ein Fünftel der Bevölkerung in rückständigen Gebieten,* deren BIP je EinwohnerIn höchstens sechzig Prozent des Gemeinschaftsdurchschnitts erreicht. Das Einkommen je EinwohnerIn erreicht in Portugal nur die Hälfte, in Spanien nur drei Viertel des Durchschnittseinkommens der zehn übrigen Länder. Keine der Regionen der neuen Mitgliedsstaaten erreicht das Durchschnittseinkommen der erweiterten Gemeinschaft. In Spanien ist die Arbeitslosigkeit fast doppelt so hoch wie im Durchschnitt, gleichzeitig findet man zwischen den Regionen dieses Landes die absolut größten Abstände, die die zwischen dem Norden und dem Süden Italiens noch übertreffen. Das Wachstum von Produktion und Einkommen ging in den sechziger Jahren einher mit einem Prozeß der Angleichung der Einkommensdisparitäten, teilweise bedingt durch interregionale Wanderungsbewegungen. Es würde nicht schwerfallen, diesen Faden für den Fall einer Osterweiterung der EU weiterzuspinnen ...

Seit Mitte der siebziger Jahre bestimmen hingegen schwaches Wachstum und *erhebliche Ungleichgewichte* das Gesamtbild. Weit überdurchschnittliche Steigerungen der *Arbeitslosigkeit* gab es vor allem in den weniger entwickelten Regionen der südlichen und westlichen Peripherie, aber auch in einem Teil der Regionen, deren Industrie von Branchen oder Firmen mit schwerwiegenden strukturellen

Anpassungsproblemen gekennzeichnet war. Faßt man die sozio-ökonomischen Schlüsselgrößen der wirtschaftlichen Leistungskraft und der Arbeitsmarktlage der Regionen zu einem synthetischen Maß der Problemintensität zusammen, so erhält man eine gemeinschaftsweite Rangfolge, in der die rückständigen Regionen der äußeren südlichen und westlichen Peripherie am schlechtesten abschneiden. Eine überdurchschnittliche Problemintensität zeigt aber auch eine Reihe entwickelter Regionen mit durchschnittlichen oder sogar überdurchschnittlichen Einkommen. Es handelt sich hierbei meist um alte Industrieregionen mit rückläufiger Entwicklung.

In den achtziger Jahren haben sich die Disparitäten noch einmal verschärft. In den zehn Regionen mit der niedrigsten Arbeitslosigkeit liegt die Arbeitslosenquote nun bei 2,5 Prozent, in den zehn Regionen mit der höchsten Arbeitslosigkeit bei 22 Prozent. Hier tragen natürliches Bevölkerungswachstum und Einwanderung zur Vergrößerung der Disparitäten bei. Selbst unter ungewöhnlich guten Bedingungen würde ein Ausgleich der regionalen Lebensbedingungen lange Zeit in Anspruch nehmen. Während im Industriezeitalter die ländlichen von den industriellen Regionen sich immer stärker unterscheiden, sind es in der postindustriellen Gesellschaft die Altindustrieregionen im Montanbereich im Gegensatz zu den Dienstleistungsregionen. Für Deutschland liegen solche Angaben aus der Laufenden Raumbeobachtung der Bundesforschungsanstalt für Landeskunde und Raumordnung vor (BfLR 1995). Wir verwenden hier die Merkmale Arbeitslosenquote, Sozialhilfe pro Kopf der Bevölkerung und Binnenwanderungssaldo.

Daß die *Arbeitslosenquoten* zwischen 1985 und 1990 gesunken, die durchschnittlichen *Sozialhilfeausgaben* 1985 bis 1987 aber gestiegen sind, deutet darauf hin, daß eine zunehmende Zahl von Menschen aus der Arbeitslosenhilfe herausgefallen und auf Sozialhilfe angewiesen ist. Ein Ausnahmefall ist Berlin: eine Arbeitslosenquote knapp über dem Mittel, die höchsten Sozialhilfeausgaben und dennoch Wanderungsgewinne. Die Sozialhilfe hängt hier mit dem besonders hohen Anteil alter Menschen zusammen, die Zuwanderung mit der Attraktivität der Bildungseinrichtungen für junge Menschen und neuerdings den Hauptstadtfunktionen. Die Zuwanderung nach Schleswig-Holstein ist suburbane Wanderung aus Hamburg, also auch leicht zu verstehen. Ansonsten gilt: Überdurchschnittliche Arbeitslosigkeit und überdurchschnittliche hohe Sozialhilfeausgaben treten i.a. zusammen auf, meist begleitet von *negativen Wanderungssalden*, und umgekehrt. Es sind Indikatoren, die das Süd-Nord-Gefälle beschreiben. Sie zeigen übrigens auch, daß Baden-Württemberg, Bayern und Hessen, obgleich

Abb. 4.2: Regionale Disparitäten in Deutschland

Erwerbspersonen, Erwerbstätige, Arbeitslosenquoten und Bruttoinlandsprodukt je Ein

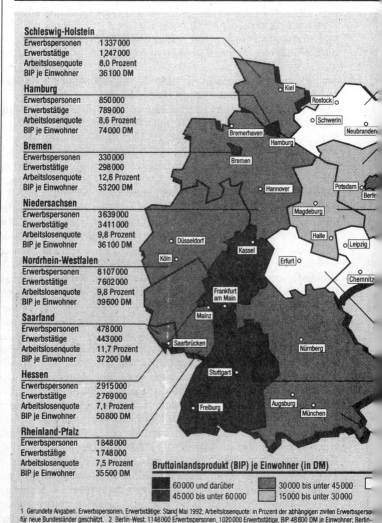

Schleswig-Holstein

Erwerbspersonen	1337000
Erwerbstätige	1247000
Arbeitslosenquote	8,0 Prozent
BIP je Einwohner	36100 DM

Hamburg

Erwerbspersonen	850000
Erwerbstätige	789000
Arbeitslosenquote	8,6 Prozent
BIP je Einwohner	74000 DM

Bremen

Erwerbspersonen	330000
Erwerbstätige	298000
Arbeitslosenquote	12,6 Prozent
BIP je Einwohner	53200 DM

Niedersachsen

Erwerbspersonen	3639000
Erwerbstätige	3411000
Arbeitslosenquote	9,8 Prozent
BIP je Einwohner	36100 DM

Nordrhein-Westfalen

Erwerbspersonen	8107000
Erwerbstätige	7602000
Arbeitslosenquote	9,8 Prozent
BIP je Einwohner	39600 DM

Saarland

Erwerbspersonen	478000
Erwerbstätige	443000
Arbeitslosenquote	11,7 Prozent
BIP je Einwohner	37200 DM

Hessen

Erwerbspersonen	2915000
Erwerbstätige	2769000
Arbeitslosenquote	7,1 Prozent
BIP je Einwohner	50800 DM

Rheinland-Pfalz

Erwerbspersonen	1848000
Erwerbstätige	1748000
Arbeitslosenquote	7,5 Prozent
BIP je Einwohner	35500 DM

Bruttoinlandsprodukt (BIP) je Einwohner (in DM)

60000 und darüber	30000 bis unter 45000
45000 bis unter 60000	15000 bis unter 30000

1 Gerundete Angaben. Erwerbspersonen, Erwerbstätige: Stand Mai 1992; Arbeitslosenquote: in Prozent der abhängigen zivilen Erwerbsperso
für neue Bundesländer geschätzt. 2 Berlin-West: 1148000 Erwerbspersonen, 1020000 Erwerbstätige, BIP 48600 DM je Einwohner; Berlin-

Quellen: Statistisches Bundesamt, Bundesanstalt für Arbeit, IW

Mecklenburg-Vorpommern

Erwerbspersonen	997 000
Erwerbstätige	810 000
Arbeitslosenquote	16,8 Prozent
BIP je Einwohner	14 300 DM

Brandenburg

Erwerbspersonen	1 344 000
Erwerbstätige	1 121 000
Arbeitslosenquote	15,4 Prozent
BIP je Einwohner	15 300 DM

Berlin (West / Ost)[2]

Erwerbspersonen	1 881 000
Erwerbstätige	1 639 000
Arbeitslosenquote	12,1 / 13,2 Prozent
BIP je Einwohner	37 700 DM

Sachsen-Anhalt

Erwerbspersonen	1 453 000
Erwerbstätige	1 215 000
Arbeitslosenquote	17,6 Prozent
BIP je Einwohner	15 200 DM

Sachsen

Erwerbspersonen	2 383 000
Erwerbstätige	1 988 000
Arbeitslosenquote	15,4 Prozent
BIP je Einwohner	14 000 DM

Thüringen

Erwerbspersonen	1 333 000
Erwerbstätige	1 093 000
Arbeitslosenquote	16,5 Prozent
BIP je Einwohner	13 400 DM

Baden-Württemberg

Erwerbspersonen	5 091 000
Erwerbstätige	4 884 000
Arbeitslosenquote	6,5 Prozent
BIP je Einwohner	45 400 DM

Bayern

Erwerbspersonen	6 140 000
Erwerbstätige	5 883 000
Arbeitslosenquote	6,2 Prozent
BIP je Einwohner	43 600 DM

furt (Oder)

15 000

eptember 1993); BIP: 1992, nach Institut der deutschen Wirtschaft (IW),
Erwerbspersonen, 619 000 Erwerbstätige, BIP 19 400 DM je Einwohner.

F.A.Z.-Grafik Heumann

Quelle: FAZ 21.10.93

über dem Bundesdurchschnitt, durchaus spürbare soziale Probleme haben.

Tabelle 4.9: Arbeitslosenquote, Sozialhilfe pro Kopf und Saldo der Binnenwanderung 1985, 1990 (1987) und 1994 nach Bundesländern

Länder	Arbeitslosenquote			Sozialhilfe p.c.DM		Saldo der Binnen-wanderung (auf 1000 E)		
	1985	1990	1994	1985	1987	1985	1990	1994
SH	11	9	9	384	479	+ 6	- 4	- 6
HH	12	11	10	655	862	- 6	+ 1	+ 4
NS	12	9	11	368	432	-11	- 1	+33
HB	15	14	10	697	794	- 5	0	- 4
NW	11	9	11	400	480	-22	+ 1	- 1
HE	7	6	8	327	423	- 4	+ 1	+ 2
RP	9	6	8	258	315	- 8	+ 2	+20
BW	5	4	8	236	293	+21	+ 1	- 5
BA	8	5	7	211	252	+20	+ 1	+20
SA	13	10	12	356	407	- 5	0	- 2
BE(W)	10	9	13	745	790	+13		.
BE							+ 1	- 7
BR			15				- 2	-10
MV			17				- 3	-11
SA			16				- 2	-15
ST			18				- 3	-10
TH			17				- 3	- 8
BE(Ost)			13					

Quelle: Statistisches Jahrbuch der BRD

Die Unterschiede zwischen den Bezirken der *früheren DDR* waren nicht so ausgeprägt wie die Unterschiede zwischen den Bundesländern der BRD. Am deutlichsten differenziert die Beschäftigung in Land- und Forstwirtschaft, sehr wenig in den Dienstleistungen: Hinweis darauf, daß die postindustrielle Polarisierung in der DDR noch nicht begonnen hatte. Die Bilanz der Binnenmigration war Ende der achtziger Jahre übrigens nur für Berlin positiv, für alle anderen Bezirke negativ. Aber die Unterschiede sind doch deutlich: die größten Verlierer waren die Industriebezirke im Süden: Karl-Marx-Stadt, heute Chemnitz, und Leipzig in Sachsen, Halle in Sachsen-Anhalt (gemeint ist hier die Industrieregion Wolfen-Bitterfeld), also die Bezirke mit der schlimmsten Umweltverschmutzung und auch die Bezirke mit hohen Sterbeüberschüssen. Relative Gewinner waren, wenn man von Berlin absieht, Rostock und Schwerin, heute Mecklenburg-Vorpommern, also eher landwirtschaftlich und touristisch geprägte Ostseebe-

212

zirke mit gutem Dienstleistungsangebot, die heute mit zwanzig Prozent die höchsten Arbeitslosenquoten aufweisen. Die Spitzenposition von Berlin wurde übrigens auch an anderen Indikatoren deutlich erkennbar: Obgleich dort nur sieben Prozent der Gesamtbevölkerung der DDR lebten, fielen zwanzig Prozent des Wohnungsneubaus an – mit ein Grund für den Wanderungsgewinn. Nach der Wende hat die Hauptstadtentscheidung des Bundestages und vorübergehend auch die Hoffnung, die Olympischen Spiele in Berlin austragen zu können, die Spekulation mächtig angeheizt. Das West-Ost-Gefälle zwischen der ehemaligen DDR und der ehemaligen BRD wird uns noch lange begleiten. Die Vereinigung, so willkommen und so unabwendbar sie gewesen sein mag, hat doch den Menschen in den fünf neuen Ländern vor allem erst einmal *Armut, Beleidigung und Demütigung* gebracht. Kaum etwas drückt dies prägnanter aus als die Arbeitslosenquote von realistisch vierzig Prozent, die der sächsische Ministerpräsident Biedenkopf 1994 für alle fünf neuen Bundesländer im Mittel genannt hat: Was in der Realität bedeutet, daß städtische Wohngebiete mit siebzig Prozent Arbeitslosen keine Seltenheit sind.

In der Sicht vieler Menschen in Ostdeutschland erschien die Vereinigung als ein Akt der *Kolonisierung*, der Unterwerfung. So sehr sie die Maueröffnung und die neue Reisefreiheit begrüßen, so sehr verstärkt sich der Eindruck, daß sie in ihrer persönlichen Würde und ihrer Leistung der vergangenen vierzig Jahren mißachtet werden. So sehr sie die bessere Versorgung mit Gütern und Dienstleistungen und die größere Offenheit der Medien zu schätzen wissen, so sehr lehnen sie die Zerstörung vieler Einrichtungen ab, nur weil sie sich nicht für privaten Profit ausbeuten lassen. So sehr sie die größere Freiheit schätzten, so sehr wurden sie von der Rechtsunsicherheit, später von der zwangsweisen Unterwerfung unter anderes Recht irritiert. Die DDR garantierte immerhin das Recht auf (billige) Wohnung und Arbeit, auf die preisgünstige Sicherstellung des Grundbedarfs, Gesundheitsvorsorge, Bildung. Die neuen Lebensbedingungen werden von vielen nicht als selbstgewählt, sie werden als aufoktroyiert empfunden. Selbstverständlich gibt es Menschen, die von der neuen Situation profitieren, aber das ist, wie im Kapitalismus nicht anders üblich, eine kleine Minderheit. Die Wohnung läßt sich kaum mehr bezahlen, die reale Arbeitslosigkeit in den neuen Bundesländern geht nur langsam zurück, von den vielen Milliarden, die jährlich in den Aufbau Ost fließen, geht ein großer Teil gleich wieder zurück in den Westen. Anstelle der versprochenen „blühenden Landschaften" blühen Spekulation, Kriminalität und Unsicherheit. Abweichendes Verhalten wird, wie

Robert Merton sagt, dann wahrscheinlich, wenn *legitime Ziele nicht mit legalen Mitteln erreicht werden können*. Legitime Ziele: dazu gehört der Lebensstandard, den die Werbung vorgaukelt; dazu gehören aber auch Selbstachtung, gesellschaftliche Anerkennung, existentielle Sicherheit. Die Mittel dazu fehlen. Folglich ist *abweichendes Verhalten* in der früheren DDR überaus wahrscheinlich. Eine Form abweichenden Verhaltens ist Gewalt. Andere Formen sind Auswanderung, Rückzug ins Private, Krankheit, Alkohol, Drogen, Resignation, Hoffnungslosigkeit, Verzweiflung. Wenn diese neue, angeblich freie, demokratische und wohlhabende, auf Leistung aufbauende und Leistung belohnende Gesellschaft mir jede denkbare Lebensperspektive versperrt, wenn sie mir gar keine Chance gibt, etwas zu leisten: Was sind dann Handlungsalternativen? Unter Bedingungen struktureller Gewalt wird der gewalttätig handeln, der dazu am ehesten in der Lage ist: jüngere, alleinstehende Männer. Sie werden gegen Schwächere auftreten, und sie werden vor allem in Gruppen auftreten.

Die Europäische Gemeinschaft hat in einem Bericht über die sozioökonomische Lage und die Entwicklung der Regionen in den *östlichen Nachbarstaaten*, also Bulgarien, Tschechoslowakei, Ostdeutschland, Ungarn, Polen, Rumänien und Jugoslawien (Bachtler 1992) eine nüchterne Schlußfolgerung gezogen: „Zusammenfassend kann festgestellt werden, daß die ökonomische Umstrukturierung zu einem kurzfristigen Rückgang von Beschäftigung und Leistung in nahezu allen Sektoren ökonomischer Aktivität führen wird. Das wird in allen Ländern so sein. Monostrukturierte Regionen, solche, die auf Rohstoffextraktion beruhen, unterindustrialisierte Regionen und solche, die vor allem für den Export in die Sowjetunion produziert hatten, werden ganz besonders betroffen sein" (S. III). Dazu kommen erhebliche Unterschiede in der infrastrukturellen Versorgung und in der Umweltbelastung.

Dem wäre insbesondere zweierlei beizufügen, nämlich (1) daß die vom Westen faktisch erzwungene „Schocktherapie" im Wandel von sozialistischen zu kapitalistischen Wirtschaftssystemen diese Disparitäten erheblich verschärft – ein „weicher", gradualistischer Übergang hätte insbesondere Rücksicht darauf nehmen müssen, daß es sich um Gesellschaften handelt, die auf den Prinzipien subventionierten Grundbedarfs und der Vollbeschäftigung gebaut waren; (2) ist beizufügen, daß die scheinbar so nüchterne und wertfreie Diagnose des Berichtes hinter der makroanalytisch verklausulierten Sprache eine massenhafte und grauenhafte Verelendung großer Teile der Bevölkerung in Kauf nimmt.

In der regionalen Betrachtung wird klar, *wie sehr* und *warum* räumliche Disparitäten Abbild der sozio-ökonomischen Polarisierung sind. In kapitalistisch organisierten Märkten hat auch die Standortwahl, und das heißt die Aneignung von Standortvorteilen, von Unternehmen und Haushalten ihren Preis. Daher bildet sich die Ungleichheit am Boden ab (ausführlich dazu Hamm/Neumann 1996). Aber das hat auch weitergehende Konsequenzen: Die sozialräumliche *Segregation verstärkt die Ungleichheit zusätzlich.* Arme Regionen können kaum die Mittel für den Ausbau ihrer Infrastrukturen aufbringen, ihnen fehlen wegen der Abwanderung auch die besonders initiativen Bevölkerungsgruppen, sie werden in Zeiten knapper Mittel auch die ersten sein, die mit der Schließung von Betrieben, selbst der Poststellen und Bahnhöfe, rechnen müssen. Es entstehen Prozesse der „zirkulär-kumulativen Verursachung" (Myrdal 1974) – d.h. es kommt zu spiralartig verlaufenden Verarmungs- und Verelendungserscheinungen, die zu weiterer Abwanderung führen usw. Am Ende steht die „passive Sanierung", d.h. das Gebiet wird sich selbst überlassen, aufgegeben, so wie dies z.B. in weiten Teilen Großbritanniens unter der Thatcher-Regierung geschehen ist.

Fallstudie: Afrika – der vergessene Kontinent? (von Anja Krippes)

Afrika gilt heute als *Krisen- und Katastrophenkontinent*: Akute Hungersnöte, Unterernährung, Bürgerkriege, Bildungsnotstand, ökologische Zerstörung und Naturkatastrophen, Regime militärischer und ziviler Provenienz, AIDS, eine miserable Gesundheitsversorgung und eine desolate ökonomische Situation mit rapide ansteigender Auslandsverschuldung prägen die Schlagzeilen, so es denn welche gibt. Im Bewußtsein der „industrialisierten" Welt steht Afrika als Synonym für Armut, Elend und Hoffnungslosigkeit.

Kernpunkte der Krise sind verzerrte politische und ökonomische Strukturen und sozialpolitische Systeme, die als *Erbe des Kolonialismus* anzusehen sind (vgl. dazu Aseffa 1991, 28). Sie finden ihren Ausdruck in Kriegen, Hunger und Unterernährung, Bildungsmangel, Verschuldung, Migrations- und Flüchtlingsbewegungen und Umweltzerstörung. Die Vernetzung, das Zusammenwirken und die bestehenden gegenseitigen Abhängigkeiten dieser Indikatoren sind bestimmend für die derzeitigen miserablen Lebensbedingungen der Mehrheit der AfrikanerInnen. Ein Kontinent, so belegen aktuelle Zahlen und Statistiken, steht am Rande des Abgrundes. Die Entwicklung Afrikas in den letzten zwanzig Jahren zeigt, wie bei stetiger Verschlechterung der Lebensverhältnisse ein Kontinent in Vergessenheit gerät.

Ein 1993 erschienener Bericht der Economic Commission for Africa (ECA) zeigt, daß das afrikanische *Wirtschaftswachstum* in den letzten drei Jahrzehnten ständig *zurückgegangen* ist. Dies trifft besonders auf die Länder südlich der Sahara zu, deren mittlere jährliche Wachstumsrate von fünf Prozent zwischen 1965 und 1973 auf etwa drei Prozent zwischen 1974 und 1980 fiel, um dann in den achtziger Jahren auf knapp über zwei Prozent abzustürzen. Nach Statistiken der Weltbank betrug die mittlere jährliche Wachstumsrate des Pro-Kopf-Bruttosozialproduktes von 1965 bis 1990 real nur 0,2 Prozent. Diese minimale wirtschaftliche Entwicklung wird von einer ständigen Verschlechterung der Außenhandelsbilanz und rapide ansteigender *Auslandsverschuldung* begleitet. Afrikas Anteil am Welthandel fiel von 3,7 Prozent in den achtziger Jahren auf zwei Prozent zu Beginn der neunziger Jahre. Noch schlechter sieht diese Bilanz in den Ländern südlich der Sahara aus. Dort fiel der Anteil im Außenhandel von 2,4 Prozent im Jahre 1970 auf 1,3 Prozent 1987 zurück. Die Verschuldung schwarzafrikanischer Länder (ohne Südafrika) betrug Anfang 1990 144 Milliarden Dollar (1992 182 Milliarden Dollar). Zwar ist die Verschuldung aller 45 schwarzafrikanischen Staaten verglichen mit den Außenständen *aller* Entwicklungsländer gering, doch gemessen an der Wirtschaftskraft ist *Schwarzafrika die am höchsten verschuldete Region der Dritten Welt* (Michler 1991, 44). Der Zuwachs der Verschuldung von 1970 (etwa 7,5 Milliarden Dollar) bis Ende 1990 beläuft sich auf rund 2.000 Prozent. Das Ausmaß der Verschuldung wird in einem Vergleich mit dem Bruttosozialprodukt besonders deutlich. 1988 betrug die Außenverschuldung rund 120 Prozent des Bruttosozialproduktes. Die Schuldenbürde stranguliert die Wirtschaften nahezu aller Entwicklungsländer, in Afrika ist der gesamte Kontinent betroffen.

Der Verfall der Rohstoffpreise in den achtziger Jahren führte zu einem Rückgang der Exporterlöse von 51,7 Milliarden Dollar (1980) auf 24 Milliarden Dollar (1986), und folglich zu stark abnehmenden Importen. 1988 hatten die 45 schwarzafrikanischen Länder einen Anteil von nur 1,1 Prozent am Weltexport – gleichzeitig lieferte der Kontinent mehr als fünfzig Prozent der Weltkakaoproduktion und rund ein Viertel des Weltkaffeexportes; nigerianisches und libysches Erdöl sind ebenso bedeutend wie die Diamantenförderung z.B. in Katanga. Schwarzafrika exportiert große Mengen an Getreide. Die Kosten für die Einfuhr von Grundnahrungsmitteln liegen freilich erheblich über dem Erlös, der für den Export landwirtschaftlicher Produkte zu erzielen ist. Der „Hungerkontinent" produziert genug, um sich selbst ernähren zu können. Die zwangsweise Umstellung auf exportfähige Güter hat jedoch die Subsistenzwirtschaft weitgehend vernichtet und den Menschen fehlt es an Geld, um die importierten Nahrungsmittel kaufen zu können.

1990 lag das mittlere jährliche Pro-Kopf-Einkommen in der Gruppe der Länder südlich der Sahara bei etwa 350 Dollar, also bei weniger als einem Dollar pro Tag. Das mittlere Pro-Kopf-Einkommen ist somit auf den Stand von 1965 zurückgefallen. Über den gleichen Zeitraum stieg das Jahreseinkommen in den nordafrikanischen Ländern auf 1.300 Dollar, doch auch diese Zahl stagniert seit Beginn der achtziger Jahre. Die Ungleichverteilung des „Reichtums", insbesondere auch nach Geschlecht, wird in diesen Daten nicht berücksichtigt. Immer noch leben in Afrika drei von fünf Menschen in bitterster Armut. Werden die Zahlen nach Geschlecht aufgeschlüsselt, so wird deutlich, daß die *Armut Frauen in stärkerem Maße trifft als Männer*. Eine aktuelle Untersuchung des Internationalen Fonds für Landwirtschaftsentwicklung hat ergeben, daß in den letzten Jahren in Afrika die Armut der Männer um drei Prozent gestiegen ist, die der auf dem Land lebenden Frauen um 48 Prozent (Hanak 1995, 20).

Auch im *Bildungssektor* rangieren die afrikanischen Länder am unteren Ende der Weltskala. In vielen Ländern und Regionen liegt die AnalphabetInnenquote bei siebzig Prozent (z.B. Uganda), wobei der Anteil der Frauen zwei Drittel beträgt. Nach Zahlen der Weltbank (Weltbank 1980, 1981 und 1995) hat sich die Quote der Menschen, die lesen und schreiben können, nur geringfügig verbessert, in einigen Ländern (z.B. Sierra Leone und Zaire) hat sie sich verschlechtert. Der Bildungsnotstand bleibt in den neunziger Jahren aktuell. Ein kaum nennenswerter Fortschritt konnte in den letzten dreißig Jahren im *Gesundheitswesen* erzielt werden. Ein Arzt/eine Ärztin kommt heute auf 23.000 EinwohnerInnen, im Vergleich zu 37.000 1965 (zum Vergleich BRD: 420). Doch die Säuglingssterblichkeit liegt immer noch bei durchschnittlich 115 pro tausend Geburten. Nach UNICEF ist die Sterblichkeitsrate in einzelnen Ländern (z.B. Mosambik und Malawi) noch wesentlich höher, so daß es zynisch klingt, in diesem Bereich von einer Verbesserung zu sprechen. In vielen Ländern Afrikas sterben sieben von zehn Kindern, bevor sie das fünfte Lebensjahr erreicht haben (Datta, 1993, 19). Immer mehr Menschen in Afrika sterben an AIDS, nach Schätzungen der WHO leben zwei Drittel aller HIV-Infizierten auf dem afrikanischen Kontinent. Die Lebenserwartung liegt in den meisten Staaten Afrikas bei 52 Jahren, in Äthiopien, im Tschad und Burkina Faso sogar darunter. Das sind volle zwanzig Jahre weniger als in den Industrieländern.

Besonders im sozialen Bereich, also im Bildungs- und Gesundheitswesen und im Ernährungssektor, hemmen die vom Internationalen Währungsfonds verordneten *Strukturanpassungsprogramme* eine fortschrittliche Entwicklung. Diese Anpassungsprogramme sollen die Schuldenzahlungsfähigkeit von Ländern regeln durch Reduktion der Ausgaben und Konzentration der Wirtschaft auf den Export. „Die Strukturanpassung ist ein Diktat des reichen Westens und der von ihm beherrschten internationalen Institutionen. Wie wir unsere Wirtschaften reformieren müssen, bestimmt das Ausland, nicht einmal ein Wort können wir mitreden" (Moumouin Fabré, zit. nach Michler, 1991, 445). Zu Beginn der neunziger Jahre hatte die Mehrheit der Staaten in Afrika Strukturanpassungsprogramme akzeptiert. Konkret bedeutet die Reduktion der Ausgaben Kürzungen im Sozial- und Gesundheitswesen, im Bildungsbereich, Kürzungen der Löhne und Abbau von Arbeitsplätzen, Streichungen von Subventionen für Arme (z.B. Grundnahrungsmittel). Die verordneten Anpassungsprogramme tragen keineswegs zu einer Verbesserung der Lebenssituation der Mehrheit der Menschen bei, sondern verschlimmern sie vielmehr.

Ebenfalls stark beeinträchtigend für die Entwicklung Afrikas wirken sich die *gesunkenen Rohstoffpreise* aus, die Schwarzafrika in den Jahren 1981 bis 1990 einen Einnahmeverlust von nominal 150 Milliarden Dollar einbrachten. Kein anderes Entwicklungsland, kein anderer Kontinent ist derart abhängig von der Rohstoffausfuhr wie Schwarzafrika. Der Rohstoffanteil am Gesamtexport betrug 1985 94 Prozent. Im Jahr 1987 haben die realen Rohstoffpreise (außer Erdöl) ihren tiefsten Stand seit 1945 erreicht. Der Rohstoffpreisverfall trifft die Ökonomien der schwarzafrikanischen Staaten, aber auch unmittelbar die ProduzentInnen, beispielsweise die Kleinbauern/bäuerinnen. Einer Rohstoffpreisstabilisierung stehen die westlichen Industrieländer entgegen. Was Schwarzafrika als Verlust zu verkraften hat, können die Industriestaaten als Gewinn verbuchen. Das zeigt, daß die Ausbeutungsverhältnisse weiterhin bestehen, die den afrikanischen Staaten jede ökonomische und soziale Grundlage zu einer fortschrittlichen Entwicklung rauben. Afrikas enorme natürliche Ressourcen werden zwangsweise verschleudert. Politisch gesehen müssen sich, indem immer mehr Menschen in den Kreislauf der

Zerstörung hineingezogen werden, mehr und mehr AfrikanerInnen in einen Wettbewerb um die dahinschwindenden Ressourcen begeben.

Von den tropischen Wälder gehen 1,3 Milliarden Hektar pro Jahr verloren, 55 Prozent davon allein in Westafrika (vgl. Timberlake, 1990, S. 131). Nach einigen Schätzungen werden jeden Tag 6.500 ha Savanne zerstört. „Ökologische Veränderungen in Afrika können in Form von konzentrischen Kreisen anschaulich gemacht werden: im Zentrum die Wüstenbildung, zu den Küsten gehend die Abholzung, an den Küsten Erosion und Verschmutzung der Strände, auf hoher See die Überfischung (hauptsächlich durch fremde Flotten in nationalen Gewässern), das Einleiten giftiger und gefährlicher Abfälle und Ölkatastrophen" (Ojo Oluwabiyi 1993). Die Umweltkrise mit allen daraus resultierenden Folgen bremst Afrikas Entwicklung. Doch entscheidend ist auch die Tatsache, daß die *Industriestaaten den größten Anteil an der gegenwärtigen Umweltzerstörung* haben. Armut und Hunger zwingen viele Menschen zur Teilhabe an ökologischer Ausbeutung, für die meisten geht es dabei ums nackte Überleben.

Politisch ist die Situation in vielen Ländern (z.B. Sudan und Ruanda) von Bürgerkriegen gezeichnet. Von 58 bewaffneten Konflikten, die derzeit auf der Erde ausgetragen werden, finden zwanzig in Afrika statt. Afrika gilt als „Kontinent der Putsche", somit wurde die politische Instabilität im Bewußtsein der „entwickelten" Welt zum herausragenden Merkmal. Doch Walter Michler belegt im „Weißbuch Afrika", daß Schwarzafrika doch politische Stabilität und politische Kontinuität aufweist (Michler, 1991, 66). Er entlarvt damit das Pauschalurteil „Afrika = Kontinent der Putsche als ein Hirngespinst, als eine der eurozentristischen Überheblichkeit entsprungene Schimäre" (ebd., 65). In den neunziger Jahren hat eine Demokratisierung der afrikanischen Gesellschaft begonnen, eine „afrikanische Perestroika", die den Beginn einer neuen Ära ankündigen sollte. Die Organisation Afrikanischer Einheit formulierte 1990 ein Bekenntnis zur Demokratie. Westliche Länder und internationale Hilfsorganisationen machten Hilfsleistungen vom Demokratisierungsgrad abhängig. Innerhalb von drei Jahren fanden in der Hälfte der 48 Länder südlich der Sahara Wahlen statt, insgesamt kam es zwischen 1990 und heute in zwei Drittel dieser Staaten zu Mehrparteiensystemen. Auch dies ist freilich ein von außen aufgezwungener, den eigenen kulturellen Traditionen Afrikas fremder Vorgang.

Afrika erlebt tiefgreifende Umbrüche seit Beginn der neunziger Jahre. Der politische Systemwandel in Osteuropa sowie die veränderten Ost-West-Beziehungen hatten große Auswirkungen auf den afrikanischen Kontinent. Innenpolitisch zeigt sich dies in den Demokratisierungsprozessen und der Wende zur Marktwirtschaft. Das Ende des Ost-West-Konfliktes bringt aber auch außenwirtschaftliche Konsequenzen mit, die Afrikas Fortschritt erschweren. „Afrika sieht in Osteuropa Konkurrenz um Kapitalhilfe", so oder so ähnlich lauteten die Schlagzeilen im Jahr 1990 (Michler, 1991, 511). Die finanzielle Unterstützung des Westens für den wirtschaftlichen Umbau in Osteuropa führte zu einer *Kürzung der Entwicklungshilfe* an Afrika. Auch die *Direktinvestitionen* aus den Industriestaaten sanken auf 0,6 Prozent (Spiegel 7/95). „Die Fronten im Nord-Süd-Konflikt werden sich jetzt noch stärker als bisher herausbilden. Der Osten bleibt auf die Hilfe und wirtschaftliche Kooperation des Westens angewiesen, auch wird er es sich nicht leisten können, gegen seine Unterstützer für die Dritte Welt Partei zu ergreifen. Somit bahnt sich ein neuer ‚Kalter Krieg' an, dessen Ausmaß verheerendere Auswirkungen haben wird als der erste" (Michler, 1991, S. 510).

Auch die *Ernährungsproblematik* ist eingebettet in die Vielschichtigkeit des allgemeinen Entwicklungsprozesess. Die Krise im afrikanischen Ernährungssystem ist alarmierend: Der Bericht der Economic Commission for Africa zeigt, daß sich die Kapazität zur Selbstversorgung auf dem Nahrungsmittelsektor Jahr um Jahr verschlechtert. „Zur Zeit können 60 Prozent des Gesamtbedarfes an Getreide produziert werden, bis zum Jahr 2000 werden es voraussichtlich weniger als 50 Prozent sein. Die Pro-Kopf-Produktion an Nahrungsmitteln fiel vom Beginn der sechziger Jahre um zwölf Prozent, und dieser Abstieg geht weiter" (Aseffa 1991, 28). Insgesamt wurden 1993 pro EinwohnerIn weniger als 75 Prozent der Nahrungsmenge vom Beginn der siebziger Jahre produziert. Während Afrika noch bis in die sechziger Jahre sich selbst versorgt und sogar Exportüberschüsse erwirtschaftet hat, mußten 1993 große Mengen an Nahrungsmitteln importiert werden. Fast dreißig Staaten benötigten Hilfslieferungen, da sie mit eigenen Mitteln den Bedarf an Lebensmitteln nicht decken konnten. Somit sind es die Nahrungsmittelimporte im Wert von vier Milliarden Dollar jährlich, die Afrika am Leben halten. Zusätzliche Einfuhren werden nötig, wenn Dürren oder Heuschreckenplagen zu der ohnehin schwierigen Situation hinzukommen.

In der Mitte der achtziger Jahre wurde Afrika Schauplatz eines Kollaps, der in diesem Ausmaß seit Ende des zweiten Weltkrieges auf der Erde noch nicht dagewesen war. Die Welternährungsorganisation der Vereinten Nationen (FAO) warnte schon 1983, in Afrika drohe eine Hungerkatastrophe unvorstellbaren Ausmaßes. Die Medien griffen diese Warnungen der FAO schnell auf; so lauteten 1984 die Schlagzeilen „Jeder dritte Afrikaner vom Hungertod bedroht", oder „Jahrhundertkatastrophe – Afrika verhungert", oder „Aller Voraussicht nach müssen in nächster Zeit 150 Millionen Afrikaner verhungern" (zit. nach Michler, 1991, 12). Seit diesem Zeitpunkt gingen in den Medien Bilder von hungernden, ausgemergelten, mit dem Hungertod kämpfenden Menschen um die Welt und erschreckten die Menschen in den reichen Industriestaaten. Die Anzahl der Sondersendungen, Berichte, Reportagen und Dokumentationen stieg sprunghaft an. Doch trotz rechtzeitiger Warnungen und zahlreicher Spendenaktionen wurde die prophezeite *Katastrophe Wirklichkeit*. Ein Kontinent stand vor der Jahrhundertkatastrophe, so stellte sich die Situation dar, die sowohl Regierungs- als auch Nichtregierungsorganisationen, Hilfsorganisationen und multilaterale Institutionen, wie der Internationale Währungsfonds und die Weltbank, mit einer Vielzahl von Hilfsprogrammen zu verhindern versuchten. Als Ursache dieser Katastrophe stand die 1983 in vielen Staaten Afrikas hereingebrochene Dürre im Vordergrund. Doch die Trockenheit und die unterdurchschnittlichen Niederschläge führten fast „nur" in solchen Regionen zur Katastrophe, wo gleichzeitig und bereits seit längerem kriegerische Auseinandersetzungen herrschten und die ökonomische Infrastruktur zerrüttet war (Michler 1991, 17).

Timberlake macht in seinem Buch „Krisenkontinent Afrika" deutlich, wie falsche Politik Hungersnöte verursacht. Er zeigt den Zusammenhang zwischen wachsender Hungersnot und staatlicher Mißwirtschaft auf, die sowohl innen- als auch außenpolitische Ursachen hat. Gerade in den Krisenjahren 1983-85 hat es in den fünf vom Hunger am meisten betroffenen Sahelländern Burkina Faso, Mali, Niger, Senegal und Tschad eine *Rekordernte an Baumwolle* gegeben. „Die Tatsache, daß in Dürrejahren Baumwolle sehr wohl, Getreide aber nicht angebaut werden kann, hat weniger mit dem Regen als vielmehr mit der Politik der jeweiligen Regierung und der Politik der Hilfsorganisationen zu tun" (Timberlake 1990, 35). Gründe für die Unterernährung und Hungersnöte liegen nicht in Naturkatastrophen oder der Unfähigkeit der afrikanischen Länder zur Selbstversorgung, sondern in verfehlter nationaler und internationaler Politik. Daß Unterernährung auch kein Resultat weltweit fehlender Getreidemengen ist, belegt Asit Datta (1993, 179). Die Getreidemenge, die jedes Jahr weltweit produziert wird – laut FAO 1990 1,955 Milliarden Tonnen – reicht aus, um jedem Menschen täglich 2.600 Kalorien zuzuführen.

Trotz der Vielzahl von Hilfsprogrammen, Projekten und Lösungsversprechen sterben heute immer noch Hunderttausende von Menschen an Unterernährung, wenngleich nicht mehr mit dem weltweiten Aufschrei des Entsetzens. „Die Menschen in Afrika sterben unter Aufsicht des Roten Kreuzes und der Vereinten Nationen" (Timberlake 1990, 25), doch immer weniger Menschen nehmen Anteil an der katastrophalen Ernährungssituation in Afrika. Die Armut, der Hunger und das damit verbundene Elend scheinen Normalität geworden zu sein. Aktuell sind derzeit dreißig Millionen Menschen vom Hungertod bedroht. 1993 wurde die Zahl der Unter- und Mangelernährten von der FAO auf 170 Millionen geschätzt (das sind mehr als ein Drittel der Gesamtbevölkerung). Auch in diesem Jahr leiden in Äthiopien, beispielsweise, drei Millionen Menschen Hunger, obwohl im vergangenen Jahr eine Rekordernte verzeichnet werden konnte: *Die Menschen können die Nahrungsmittel nicht bezahlen.*

In den Medien und in der Fachliteratur wird häufig die *Bevölkerungsentwicklung* als Hauptursache für die miserable Ernährungssituation angeführt. Tatsächlich wächst die Bevölkerung in schwarzafrikanischen Ländern um jährlich 3,2 Prozent (1980-2000, laut Weltbank). Doch ich möchte mich *dieser Argumentation* und der daraus resultierenden Konsequenz, nämlich Bevölkerungspolitik als Lösung zu sehen, *nicht anschließen*. Sie zielt gegen das Selbstbestimmungsrecht von Frauen und stellt einen Eingriff in die kulturelle Autonomie der afrikanischen Völker dar. Darüber hinaus gerät Bevölkerungspolitik angesichts der Besiedlungsdichte in Afrika (29 EinwohnerInnen/qkm.; BRD 245 E/qkm) im Vergleich zu westlichen, europäischen Ländern und dem Rückgang der Geburten in reichen Industriestaaten in den Verdacht, rassistisch motiviert zu sein.

Die *wirtschaftlichen, sozialen und ökologischen Strukturen in Afrika sind ruiniert*, die daraus entstehenden Lebensverhältnisse haben sich in den letzten beiden Jahrzehnten für die Mehrheit der afrikanischen Menschen drastisch verschlechtert. Das „verlorene Jahrzehnt" der achtziger Jahre mit katastrophalen Hungersnöten, anwachsender Verschuldung und gleichzeitigem Rohstoffpreisverfall hat entscheidend zum aktuellen Entwicklungstiefpunkt beigetragen. Doch auch der politische Umbruch hatte tiefgreifende Veränderungen zur Folge.

Statt über eine grundlegende Veränderung bestehender Macht- und Ausbeutungsverhältnisse nachzudenken, werden unter Afrika-ExpertInnen Stimmen laut, die einen neuen „humanitären Neokolonialismus" fordern. „Ist die Zeit reif für einen neuen Imperialismus?" fragt der britische Afrika-Experte James MacManus. Doch Afrika hat nicht, wie oft dargestellt, die derzeitige Situation allein und selbstverschuldet. Sie ist das *Ergebnis des europäischen Kolonialismus und der kapitalistischen Weltwirtschaft*, welche zur Fortdauer kolonialer Strukturen und Machtverhältnisse beiträgt. Die reichen Industriestaaten mit ihren Kontrollorganen IWF und Weltbank und transnationale Konzerne mit ihrer Markt und Technologiekontrolle tragen in entscheidender Weise zur derzeitigen Lebenssituation afrikanischer Menschen bei.

Seit der „Jahrhundertkatastrophe" 1984/85 ist es still geworden um die Hungersnot auf dem afrikanischen Kontinent. Erst der Einsatz US-amerikanischer Truppen in Somalia, der unter dem Deckmantel der humanitäre Hilfe „Operation neue Hoffnung" geführt wurde und die Menschen vor einer todbringenden Hungerkatastrophe bewahren sollte, zeigte die Interessen westlicher Industriestaaten: die Sicherung der somalischen *Rohstoffe* für die Großmächte. In Somalia wurden in den letzten Jahren riesige Erdöl- und Erdgasreserven exploriert. In einer von der Weltbank 1991 veröffentlichten Studie zu den Weltölvorkommen wird Somalia an erster Stelle unter denjenigen acht afrikanischen Ländern geführt, in denen reiche Erdölvorkommen vermutet werden.

Die reichen Industriestaaten haben den Kontinent ruiniert und abgeschrieben, er gilt als hoffnungsloser Fall, für den humanitäre Hilfe nur eine Beschwichtigung des Gewissens bleibt oder, wie am Beispiel von Somalia deutlich wird, humanitäre Hilfe Alibi für ökonomische Interessen darstellt. Die AfrikanerInnen wollen kein Mitleid. Sie wollen Bedingungen, die es ihnen endlich erlauben, sich von westlicher Bevormundung unabhängig auf ihren eigenen Entwicklungsweg zu machen.

4.4 Bevölkerung

Das Thema „Bevölkerung" ist aus zwei Gründen schwer zu diskutieren: (1) Es gibt ein *ideologisches Interpretationsmuster*, das dem Niveau der Stammtische sehr entgegenkommt und in Anklängen auch in wissenschaftlichen Publikationen zu finden ist. Danach sind die Menschen in den weniger entwickelten Gesellschaften nicht in der Lage, ihre Triebe zu beherrschen, die Techniken der Empfängnisverhütung sind ihnen unbekannt, oder was immer sie für Motive haben mögen, immer mehr Kinder in die Welt zu setzen. Jedenfalls ist dieser Zuwachs verantwortlich dafür, daß auch keimende Anfänge gesellschaftlicher Entwicklung und wirtschaftlichen Wachstums einfach „aufgegessen" werden und daher diese Gesellschaften arm bleiben (vgl. z.B. den in vieler Hinsicht kritischen Beitrag von Münz/Ulrich 1995 und Bemerkungen, die sich auf den Seiten 47, 50, 54, 55, 64 eingeschlichen haben – ein Beispiel unter vielen). Die Armen sind einfach zu dumm, um aus eigener Kraft reich zu werden, und die Reichen kämpfen mit Familienplanungsprogrammen wohlmeinend, aber vergeblich gegen solche Rückständigkeit an. Dieses Muster kommt den Interessen der reichen Länder natürlich sehr entgegen und rechtfertigt den paternalistischen Umgang mit den „armen Wilden". (2) *Demographische Daten*, wenn auch nicht selten zweifelhafter Qualität, werden in großer Zahl produziert und zur Verfügung gestellt, und da sie den meisten als zuverlässig gelten und die Zusammenhänge nicht überaus kompliziert erscheinen, lassen sich leicht mathematische Simulationsmodelle konstruieren, mit deren Hilfe sich nach Herzenslust am Computer herumrechnen läßt, wobei die Methode mehr zu faszinieren scheint als das Ergebnis. Tatsächlich werden für mehr als sechzig Länder selbst die Daten für Geburts- und Sterbefälle von der Bevölkerungsabteilung der VN geschätzt. Eine unendliche Zahl von Prognosen macht uns glauben, wir hätten die Wirklichkeit empirisch „im Griff", so daß sich engagiert über Stellen nach dem Komma streiten läßt (wiederum ein Beispiel unter vielen: Birg 1995). Wenn man sich daran erinnert, wie kläglich viele Bevölkerungsprognosen selbst in den wohlhabenden Ländern mit verläßlicher Statistik gescheitert sind, bleibt genug Skepsis auch diesem Ansatz gegenüber. Wir wollen versuchen, in keine dieser beiden Fallen zu tappen, und zunächst einmal die empirischen Phänomene beschreiben, um die es hier gehen soll: die Menge, die innere Zusammensetzung, die räumliche Verteilung der Welt-, europäischen und deutschen Bevölkerung und ihre jeweiligen Veränderungen über Zeit. Daran wollen wir Überlegungen anschließen darüber, was warum „krisenhafte" Züge trägt.

Die *Theorie des demographischen Übergangs* sagt: In agrarischen, vorindustriellen Gesellschaften finden wir eine Bevölkerungsweise vor, die durch hohe Geburtenziffern und hohe Sterbeziffern bei insgesamt relativ stabiler Bevölkerungszahl gekennzeichnet ist. Auch in modernen, industriellen Gesellschaften ist die Bevölkerungszahl relativ stabil, hier aber bei niedrigen Geburten- und niedrigen Sterbeziffern. Dazwischen liegt eine Phase des demographischen Übergangs, in der zuerst die Sterbeziffern, später dann die Geburtenziffern sinken, es folglich in der Zwischenzeit zu einer drastischen Vermehrung der Bevölkerung kommt.

Das Muster ist an der Entwicklung in europäischen Gesellschaften entdeckt worden. Man hat es dann auch auf Entwicklungsländer übertragen, aber da gab es zwei charakteristische Unterschiede:

Je später die Übergangsperiode mit sinkenden Sterbeziffern einsetzt, desto steiler werden die beiden Kurven, d.h. desto dramatischer wird die Phase des Bevölkerungswachstums.

Je mehr die Entwicklungsgesellschaften mit westlicher Medizin und Hygiene in Berührung kamen, desto größer wurde der Abstand zwischen Geburten und Sterbeziffer, und damit wiederum das Bevölkerungswachstum.

In jedem Fall müssen wir davon ausgehen, daß *internationale Beziehungen und Verflechtungen sich auf die natürliche Bevölkerungsentwicklung auswirken.* Daher kann auch nicht erwartet werden, daß die europäische Erfahrung des 19. Jh. sich heute in anderen Teilen der Welt genau wiederholt.

Tabelle 4.10: Demographische Indikatoren

Region/Land	Geburtenrate[1]	Sterberate[2]	Bevölkerungswachstum[3]	Lebenserwartung[4]	Fruchtbarkeitsrate der Frauen[5]	
	1992	1992	1992-2000	1992	1992	2000
Länder mit niedrigem Einkommen	*28*	*10*	*1,7*	*62*	*3,4*	*3,1*
Mosambik	45	21	2,6	44	6,5	6,9
Äthiopien	51	18	2,6	49	7,5	7,3
Niger	52	19	3,3	46	7,4	7,4
Bangladesch	31	11	1,8	55	4,0	3,1
Indien	29	10	1,7	61	3,7	3,1
Sri Lanka	21	6	1,1	72	2,5	2,1
China	19	8	1,0	69	2,0	1,9
Länder mit mittlerem Einkommen	*24*	*8*	*1,5*	*68*	*3,0*	*2,7*
Côte d'Ivoire	45	12	3,5	56	6,6	6,1
Bolivien	36	10	2,4	60	4,7	4,0
Philippinen	32	7	2,3	65	4,1	3,5
Peru	27	7	1,8	65	3,3	2,7
Thailand	20	6	1,3	69	2,2	2,2
Länder mit hohem Einkommen	*13*	*9*	*0,5*	*77*	*1,7*	*1,8*
Ver. Arab. Emirate	22	4	2,0	72	4,5	3,8
USA	16	9	1,0	77	2,1	2,1
Deutschland	10	11	0,1	76	1,3	1,3
Welt	25	9	1,6	65	3,2	2,87

1 unbereinigte Geburtenziffer je 1.000 Einwohner
2 unbereinigte Sterbeziffer je 1.000 Einwohner
3 Weltbank-Projektion in %
4 in Jahren bei Geburt
5 Zusammengefaßte Geburtenziffer = Zahl der kinder, die eine Frau bekäme, wenn sie bis zum Ende ihres gebärfähigen Alters leben und in jeder Altersstufe in Übereinstimmung mit den Altersspezifischen Fruchtbarkeitsziffern Kinder zur Welt bringen würde.
Quelle: Globale Trends 1996, 103

Wir müssen uns also mit den *Determinanten der Bevölkerungsentwicklung* beschäftigen, und das sind auf der Ebene Weltgesellschaft vorerst ausschließlich die Geburten und die Sterbefälle. Auch hier besteht ein Zusammenhang zwischen Welt, Europa und Deutschland. Dabei meint „Welt" hier in erster Linie Dritte Welt, also den Teil der Welt, der 85 Prozent des Bevölkerungszuwachses hervorbringt, Afrika, Lateinamerika und Asien, dazu Mittel- und Osteuropa. „Europa" meint das kapitalistische Westeuropa, die Europäische Union. Dann

223

lautet die Frage also, *wie wir* – d.h. der wohlhabende, industrialisierte Westen – *auf Fruchtbarkeit und Sterblichkeit in der Dritten Welt einwirken* – bzw. *welche Folgen das Bevölkerungswachstum der Dritten Welt für unsere Gesellschaften hat.*

Die Bevölkerungsentwicklung der Dritten Welt müßte, nach der Hypothese des demographischen Übergangs, mit zunehmender „Modernisierung" auch zu einem transformativen Muster führen. Das ist bisher kaum (Afrika) oder nur verzögert (Lateinamerika, Asien) der Fall, während der Übergang in den meisten Transformationsländern vollzogen ist, obgleich man darüber streiten mag, ob sie das entsprechende Modernisierungsniveau erreicht haben. Zwar sind die *Sterbeziffern gesunken* (außer in Afrika) – dazu haben wir, d.h. die „Erste Welt" durch die Bekämpfung der großen Seuchen, durch verbesserte medizinische Versorgung und Hygiene auch beigetragen. Aber *die Fruchtbarkeit ist nicht oder nur wenig zurückgegangen* (am meisten noch in Asien, dort freilich vor allem durch die repressive Bevölkerungspolitik in China), und daher hält das Bevölkerungswachstum an. Ein Ansatz zur Erklärung könnte darin liegen, daß die Kolonialherren sich wenig um eine wirkliche und dauerhafte Modernisierung der Dritten Welt gekümmert haben: In der Kolonialzeit haben sie überwiegend ihre Anstrengungen auf die Ausbeutung der Rohstoffe ausgerichtet, und heute bewirken internationale Wirtschaftsbeziehungen und sog. Entwicklungshilfe in erster Linie eine Polarisierung der Gesellschaften der Dritten Welt in einen kleinen, urbanen, „modernen", formalen Sektor, in dem es durchaus auch materiellen Wohlstand gibt, auf der einen Seite, und in einen großen, ländlichen, traditionalen Sektor, in dem Armut und feudale Besitz- und Herrschaftsverhältnisse vorherrschen, auf der anderen. Auch Kampagnen zur Familienplanung bewirken nichts, wenn sie nicht einhergehen mit besserer Ausbildung der Frauen, Berufs- und Einkommenschancen und sozialer Sicherung – das aber haben die Kolonialmächte nicht oder nur punktuell gefördert. Damit kommt es zu einer Situation, in der nicht nur traditionale Muster der Fruchtbarkeit fortdauern, sondern in der die wachsende Bevölkerung auch die wenigen Ansätze zur Kapitalbildung wieder zunichte macht, die die Schuldenkrise noch erlaubt: Es entsteht ein *Teufelskreis*, der ein Absinken der Fruchtbarkeit sogar verhindert. Dazu haben die Entwicklungspolitiken der reichen Länder ebenso beigetragen wie die Schuldenpolitik, die sie mit Hilfe der Bretton Woods-Institute betreiben.

Abb. 4.3: Eheschließungen, Lebendgeborene und Gestorbene auf 1000 Einwohner, Deutschland 1816–2000

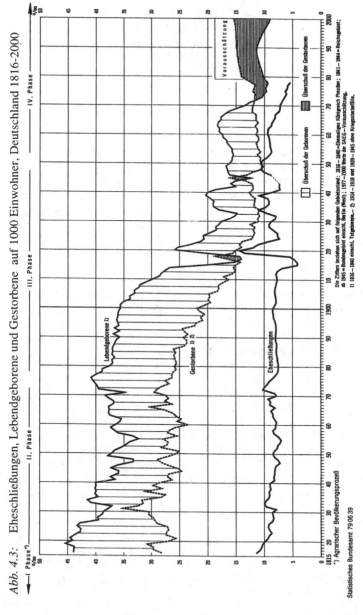

Statistisches Bundesamt 79 06 39

225

Die Fruchtbarkeit wird dann hoch sein, wenn
- Kinder als Arbeitskräfte zum realen Haushaltseinkommen beitragen;
- es keine ausreichende schulische Ausbildung der Kinder gibt;
- die Kindersterblichkeit hoch ist;
- erwartet wird, daß die Kinder die Altersversorgung für die Eltern übernehmen;
- die Familiensysteme – Heiratsalter, Großfamilie usw. – dies begünstigen;
- Verhütungsmittel nicht zugänglich sind (Information, Kosten, Religion usw.)

Auch die *Sterblichkeit* hat primär gesellschaftliche Ursachen. Fast immer sterben Menschen früher, als dies unter den denkbar günstigsten Bedingungen biologisch der Fall sein müßte. Man muß daher durchgehend von „sozialer Mortalität" sprechen, d.h. die Ursachen eines derart „verfrühten" Todes in gesellschaftlichen Umständen suchen. Schmid (1976) diskutiert solche Faktoren ausführlich; wir wollen zur Illustration nur zwei Stellen aus seinem Buch zitieren:

„Der farbige Bevölkerungsteil der USA hat eine deutlich höhere Sterblichkeit, vor allem Säuglings- und Erwachsenensterblichkeit. Ein Blick auf die Todesursachen zeigt, daß die farbige Bevölkerung in allen Altersabschnitten den ‚vermeidbaren Todesursachen' in höherem Grade ausgesetzt ist. Die doppelten Raten an Tuberkulose, Lungenentzündung, Grippe und auch Mord lassen sich ohne Schwierigkeit auf ungünstige Wirtschafts- und Umweltbedingungen der Gettos zurückführen. Ansteckende Krankheiten sind bei Farbigen um ein Mehrfaches häufiger Todesursache als bei Weißen. Die Statistik der Todesursachen bei Kindern in den zehn größten Städten der USA nennt an erster Stelle ‚Unfälle'" (151).

„Nach einer amerikanischen Untersuchung haben bestimmte Berufsgruppen eine äußerst günstige Mortalitätsrate: Universitätsprofessoren, Hauspersonal, Lehrer und Ingenieure zwischen 52 und 61. Sehr hohe Sterblichkeit konzentriert sich dagegen bei Transportarbeitern, Arbeitern in der holzverarbeitenden Industrie, Chemiearbeitern und Bergarbeitern. Auch in Deutschland wurden große Unterschiede in der Lebenserwartung der einzelnen Berufsgruppen festgestellt. So haben die Gastwirte mit 58 Jahren die kürzeste Lebenserwartung. Richter, Anwälte, mittlere Angestellte und sogar Ärzte belegen mit 68 Jahren nur Durchschnittswerte, während leitende Beamte mit 76 und evangelische Geistliche mit 77 Jahren die größten Überlebenschancen haben" (155).

Wiederum müssen wir die Frage nach Zusammenhängen zwischen den drei Ebenen Welt, Europa und Deutschland stellen.

Die bei weitem wichtigste Ursache vorzeitiger Sterblichkeit ist die *Armut* mit ihren Folgen an Mangel- und Fehlernährung, Mangel an Hygiene und gesundheitlicher Versorgung, Belastung durch Konflikte, Gefahren, Umweltschäden.

Wir tun in unseren an eigenen Interessen orientierten Wirtschaftsbeziehungen und Entwicklungshilfen wenig, um die Bedingungen hoher Sterblichkeit zu ändern. Wir tragen im Gegenteil massiv zur Verarmung großer Teile der Bevölkerung der Dritten Welt bei.

In einer Studie, die die Cellule de Prospective für die EG-Kommission im Juni 1990 angefertigt hat, heißt es, „daß die gesamte Weltbevölkerung ein demographisches Schicksal teilt, an dessen Ende die Überalterung steht". Und später: „Erstens wird die Bevölkerung der Erde, die heute auf fünf Milliarden geschätzt wird, vor Ende des Jahrhunderts sechs Milliarden und bis 2020 annähernd acht Milliarden erreichen, d.h. der Rhythmus der Zunahme beträgt absolut gesehen eine Milliarde pro Jahrzehnt. Vom Beginn des nächsten Jahrhunderts an wird diese Zunahme im wesentlichen in den Ländern der Südhalbkugel stattfinden, was bereits einen Vorgeschmack darauf gibt, was man demographische Herausforderung nennen kann. ... Zwar geht die relative Zunahme der Weltbevölkerung seit den siebziger Jahren zurück, was ein Zeichen für das fortgeschrittene Stadium des demographischen Übergangs ist. Im Zeitraum von 1950 bis 1985 hat sich die Weltbevölkerung verdoppelt, von 1985 bis 2020 wird sie um „nur" 65 Prozent zunehmen. Doch ist diese Verlangsamung noch nicht bei der Erwerbsbevölkerung angelangt. ... Zweitens besagen die Bevölkerungsprognosen, daß Afrika eine Ausnahme bildet. In beiden Teilen Afrikas, in Nordafrika und in den Ländern südlich der Sahara, scheint der demographische Übergang auszubleiben: Die Zahl der Kinder pro Frau liegt heute in Afrika bei über 6, weit über der Zahl in Ostasien (2,1), Lateinamerika (3,5) und in Südasien (4,7), wohingegen die Lebenserwartung bei der Geburt von 35 Jahren (1950) auf 52 Jahre (1985) gestiegen ist. Unter diesen Bedingungen wird sich die Bevölkerung Afrikas, die heute auf annähernd 650 Millionen geschätzt wird, bis zum Jahre 2015 wahrscheinlich verdoppeln und damit die Bevölkerungszahl Chinas erreichen. ... Vom Jahr 2010 ab wird sich die Bevölkerung der Länder des Nordens um die 1,3 Milliarden herum einpendeln (gegenüber 1,2 Milliarden heute). Somit wird der Anteil der Weltbevölkerung, der in den Industrieländern lebt, von einem Drittel zu Beginn der 50er Jahre 60 Jahre später auf ein Sechstel gesunken sein".

In Begriffen der Theorie des demographischen Übergangs ausgedrückt, resultiert die „Bevölkerungsexplosion" in der Dritten Welt aus der kumulativen Wirkung dieser beiden Trends – *hohe Fertilität und zurückgehende Mortalität.* Auch wenn wir heute sehen können, daß die Geburtenziffern in den meisten Länder der Dritten Welt zu sinken beginnen, werden wir doch auf viele Jahre und Jahrzehnte hinaus mit den Wachstumseffekten der Übergangsperiode rechnen müssen, ganz unabhängig davon, wie tief in den Industrieländern die Fertilität als die eigentliche problematische Größe fallen mag. Außerdem geschieht dieses Zurückgehen der Geburtenziffern in der Dritten Welt bei weitem nicht so deutlich, wie man es nach der „europäischen Hypothese" hätte vermuten können. Nur China hat mit seiner sehr rigiden Bevölkerungspolitik die Fertilität gesenkt. Manches spricht dafür, daß dies in städtischen Gebieten zum „Erfolg" (wenn man den repressiven Umgang mit Frauen und Mädchen so nennen will) geführt hat, aber in ländlichen Regionen bleibt das Resultat zweifelhaft. So ist es nicht erstaunlich, daß die UNO die Weltbevölkerung für das Jahr 2000 auf 6.2 Milliarden Menschen schätzt, d.h. fast das 2.5fache der Bevölkerung von 1950, und den Zuwachs mit jährlich etwa 85 Prozent den Entwicklungsländern zurechnet.

Das *Bevölkerungsproblem* – der Grund also, aus dem wir uns überhaupt mit demographischen Vorgängen befassen und ihnen eine relativ hohe Bedeutung beimessen, ist einfach definiert: Es gibt bereits jetzt, oder es wird in der näheren oder ferneren Zukunft *„zu viele" Menschen auf der Erde geben.* Der Soziologe und Demograph Kingsley Davis hat das einmal, angeregt durch die Kurve des Bevölkerungswachstums, sehr anschaulich beschrieben: Es sei wie mit einer langsam am Boden dahinglimmenden Zündschnur, die mit einemmal ein Pulverfaß zur Explosion bringe (zit. nach Schmid 1976). „Wenn wir das gegenwärtige Bevölkerungswachstum auf den Takt des Uhrzeigers umrechnen", so schreibt Joseph Schmid, „dann sterben täglich 133.000 Menschen, und 328.000 werden geboren. Die Bevölkerung wächst alle 24 Stunden um fast 200.000 Menschen. Laut Statistik werden durchschnittlich jede Stunde 8.125 und jede Minute 135 Menschen geboren" (1976, 116).

Die Zuwachsraten der Weltbevölkerung vom Jahr 0 bis 1750 lagen bei 0,056 Prozent jährlich, was einer Verdoppelung in 1.200 Jahren entspricht. Heute liegt die jährliche Wachstumsrate bei etwa zwei Prozent – die Verdoppelungszeit liegt bei 36 Jahren. Die Anzahl der Menschen auf der Erde wird heute auf 5,6 Milliarden geschätzt und soll bis zum Jahr 2000 etwa 6,2 Milliarden, bis zum Jahr 2025 etwa 8,5 Milliarden, und 2050 zehn Milliarden betragen (UNFPA 1994).

Selbst wenn man also berücksichtigt, daß die Debatte seit jeher mit ideologischen Verzerrungen belastet war (für einige gab es immer zu wenig Deutsche, ArierInnen, Weiße usw., die warnten vor der gelben, schwarzen oder sonstigen Gefahr), ja sogar wenn man einräumt, daß Hungersnöte mehr mit Verteilungs- als mit Produktionsproblemen zu tun haben, sogar wenn man unterstellt, daß nach einigen Berechnungen bei rationellem Anbau und optimaler Verteilung der Nahrungsmittel ungefähr 13 Milliarden Menschen auf der Erde leben könnten – selbst unter diesen günstigsten aller denkbaren Umstände also wäre bei Fortsetzung der heutigen Bevölkerungsweise die Tragfähigkeit der Erde in spätestens 40 Jahren erschöpft.

In Deutschland liegt die rohe Sterbeziffer bei zwölf Promille, und auch weltweit gilt, mit relativ kleinen Schwankungen, dieser Wert. Am höchsten liegt, der hohen Säuglings- und Kindersterblichkeit wegen, Afrika mit siebzehn Promille. Die Säuglingssterblichkeit zeigt denn auch viel größere Unterschiede: In Deutschland liegt sie bei neun Promille jährlich, in Osteuropa bei siebzehn Promille, in den Nachfolgestaaten der früheren Sowjetunion bei 25 Promille, im Welt-Durchschnitt bei 47 Promille, in Asien bei sechzig Promille, und in Afrika schließlich erreicht sie mehr als das Zehnfache des deutschen Wertes.

In Europa hatte die alte BRD seit den frühen 1970er Jahren die niedrigste Geburtenziffer (etwa zehn Promille jährlich). Die der ausländischen GastarbeiterInnen liegen deutlich höher als die der Deutschen. Die Geburtenziffern in den früher sozialistischen Ländern lagen mit etwa sechzehn Promille relativ hoch. Dagegen sprechen zwar die gute Ausbildung und die weitverbreitete Berufstätigkeit der Frauen, die beengten Wohnverhältnisse und die legale Abtreibung, diese Faktoren wurden aber offensichtlich durch Familienbeihilfen, Sozialsystem und gute Betreuungseinrichtungen mehr als kompensiert.

Zur „Überalterung" der europäischen Gesellschaft schreibt die Cellule de Prospective: „Die erste Aufgabe besteht darin, sich mit dem Problem der Überalterung der europäischen Gesellschaften auseinanderzusetzen und sie nicht als simple Zunahme der alten Menschen, sondern als tiefgreifende Veränderung der gesamten Alterspyramide zu verstehen, die durch drei verschiedene Faktoren zustande kommt. Der erste Faktor ist der Überhang der geburtenstarken Jahrgänge, ein Block von etwa zwanzig Jahrgängen, die aus dem Baby-Boom hervorgegangen und im Durchschnitt dreißig Prozent stärker sind als die vorangehenden und die folgenden Jahrgänge. ... Ein weiterer Faktor ist die gestiegene Lebenserwartung, die sicherlich das dauerhafteste gesellschaftliche Phänomen darstellt. ... Der dritte Faktor schließlich ist das rasche Absinken der konjunkturellen Fruchtbarkeit, das seit einem Vierteljahrhundert in den verschiedenen Ländern der Gemeinschaft beobachtet wird".

Abb. 4.4: Altersgliederung der Bevölkerung, Deutschland 1910-1985

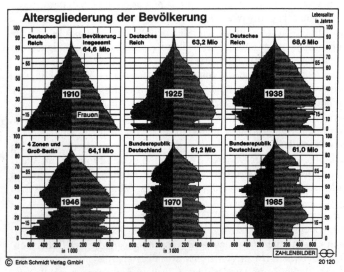

Anteile der Altersgruppen an der Gesamtbevölkerung in %

Jahr	unter 15 Jahren			15 bis unter 45 Jahren			45 bis unter 65 Jahren			über 65 Jahren		
	männl.	weibl.	gesamt	männl.	weibl.	gesamt	männl.	weibl.	gesamt	männl.	weibl.	gesamt
						Deutsches Reich						
1910	34,5	33,3	34,0	46,3	45,3	45,7	14,8	16,0	15,3	4,4	5,5	4,9
1925	27,0	24,6	25,7	48,5	50,0	49,3	19,3	19,2	19,3	5,2	6,2	5,8
1938	24,3	22,3	23,3	48,3	47,3	47,8	20,2	22,1	21,1	7,2	8,3	7,8
				Vier Besatzungszonen Deutschlands und Gesamt-Berlin								
1946	28,0	21,4	24,4	38,3	45,0	42,0	24,1	24,5	24,2	9,6	9,1	9,4
				Bundesrepublik Deutschland einschl. Berlin (West)								
1970	24,9	21,6	23,2	44,6	38,1	41,2	20,0	25,0	22,6	10,5	15,3	13,0
1985	16,0	14,0	15,0	47,7	41,6	44,5	25,6	25,5	25,6	10,7	18,9	15,0

Der Prozentsatz der Menschen über 75 Jahre betrug im Durchschnitt aller EG-Staaten 1960 3,6 Prozent, 1990 6,3 Prozent und wird für das Jahr 2025 auf 9,5 Prozent geschätzt. Jede/r dritte Deutsche wird dann über sechzig sein. Die mittlere Kinderzahl pro Haushalt liegt bei 1,5, die Haushalte sind kleiner geworden und die Zahl der Einpersonenhaushalte hat zugenommen. Es gibt weniger Eheschließungen, das mittlere Heiratsalter steigt an, ebenso die Scheidungen. Betrug 1960 die

Abhängigkeitsquote der alten Menschen (>65/15-64jährige Bevölkerung) im EG-Mittel noch 16,3, so wird sie bis 2000 bei 23,7 und um 2020 bei 29,0 liegen.

Gewiß wird dieser demographische Wandel der europäischen Bevölkerung zu einer Belastung der heutigen Sozialsysteme führen – noch problematischer allerdings wird sein, daß im gleichen Zeitraum die *Beschäftigung noch weiter zurückgehen* wird und damit Beitragsleistungen für die Sozialversicherung ausfallen. Beides wird ohne grundlegende Reform nicht zu bewältigen sein. Die Diskussion, die in der Regel unter dem Stichwort *Überalterung* mit dem Hauptinteresse an der Frage geführt wird, wie denn die sozialen Sicherungssysteme durch so viel „*zu viele*" *alte Menschen* strapaziert werden, hat freilich problematische Züge. Nicht nur ist es abwegig, von „zu vielen" Alten und von ihnen nur im Sinn einer Belastung zu sprechen. Es wird auch übersehen, daß diese Alten ein Leben lang gearbeitet und gelitten haben, daß sie Beiträge aus ihren Arbeitseinkommen geleistet, daß sie den Kapitalstock mit aufgebaut haben, der es heute den Unternehmen erlaubt, Gewinne zu machen und gleichzeitig Menschen zu entlassen, daß sie einen Anspruch auf ihren gerechten Anteil haben und aus dem Verteilungsprozeß nicht einfach hinausdefiniert werden dürfen. Darin vor allem besteht dieser Teil der Krise: daß *ihnen dieser Anspruch verweigert werden soll.*

Die „Bevölkerungsüberschüsse" der Dritten Welt bilden das Reservoir für internationale Wanderungen: In ihrer mobilen Lebensphase, d.h. vor allem als alleinstehende junge Erwachsene, wandern viele Menschen aus relativ armen in Richtung auf relativ reiche Gesellschaften. Das ließe sich nur durch *ausreichende Investitionen dort* verhindern: In jedem Fall betrifft uns die Bevölkerungsentwicklung in den Mangelgesellschaften direkt. Der Anteil der Menschen unter 18 Jahren an der Gesamtbevölkerung liegt z.B. in Nordafrika bei fast fünfzig Prozent!

Nach dem Zweiten Weltkrieg, der Europa etwa 16 Millionen Heimatlose hinterlassen hat, und vor allem seit Beginn der sechziger Jahre, sind in großem Umfang GastarbeiterInnen zum Wiederaufbau angeworben worden. Sie kehren aber nicht nach kurzer Zeit zurück, wie es das „Rotationsprinzip" unterstellt, sondern bleiben. In den siebziger Jahren verfügten die meisten europäischen Länder Einwanderungsstopps, aber durch den Familiennachzug entsteht eine zweite und dritte Generation von EinwandererInnen. In Schwellenländern wird die Beschäftigung von AusländerInnen üblich (z.B. OPEC-Länder).

Die großen Fluchtbewegungen, vor 1961 aus der DDR, aus Ungarn 1956, der CSSR 1968, nach der Teilung von Indien und Pakistan 1947, im Zusammenhang mit Palästina 1948, Korea 1951, Vietnam, den nationalen Befreiungskriegen in Afrika, der Apartheid in Südafrika, umfaßten zusammen in den sechziger Jahren etwa fünf Millionen, in den siebziger Jahren etwa fünfzehn Millionen, heute mehr als zwanzig Millionen Menschen. Ursachen sind vor allem innere Konflikte, die vor 1989 häufig durch die Supermächte geschürt wurden, Armut und Umweltkatastrophen. Nationenbildung, Kolonialgrenzen und die durch sie geschürten ethnischen Rivalitäten, Interventionen der Großmächte, Umweltkatastrophen, Apartheid führen zu Massenfluchten in Schwarzafrika – 5,7 Millionen flohen ins Ausland, 6,8 Millionen blieben Flüchtlinge innerhalb ihres Landes.

Nach dem Ende des Sozialismus übersiedelten rund vier Millionen Menschen aus Ost- nach Westdeutschland. Der sowjetische Botschafter bei den Europäischen Gemeinschaften spricht im Januar 1991 von zwei bis drei Millionen Auswanderungswilligen, der Vorsitzende des russischen Staatskomitees für Arbeit und Sozialwesen von sechs Millionen, bei einer zu erwartenden Arbeitslosigkeit von möglicherweise dreißig Millionen. Der französische Demograph Jean Claude Chesnais rechnet Anfang 1991 in einer Studie für den Europarat mit zwischen drei und zwanzig Millionen Menschen, die aus Ost- nach Westeuropa wandern wollen. Meist sind EmigrantInnen hochqualifiziert, jung, männlich, ledig. Sie erwarten einen höheren Lebensstandard, mehr Lebensqualität, bessere Erziehung ihrer Kinder. Als häufigste Zielländer werden in Umfragen genannt: Deutschland, Österreich, USA, Australien, Kanada, Frankreich. Die Ost-West-Wanderung hat enorm zugenommen: 1951-82 jährlich 200.000; 1983-88 jährlich 280.000; 1989-90 jährlich eine Million.

Tabelle 4.11: Deutsche in Osteuropa

Land	Deutsche 1991	zw. 1945 und 1990 nach BRD
UdSSR	1,7 Millionen	1,9 Millionen
Polen	350.000	10,2 Millionen
CSSR	55.000	3,4 Millionen
Ungarn	197.000	220.000
Jugoslawien	7.500	340.000
Rumänien	160.000	400.000

Quelle: in Die neue Völkerwanderung, World-Media/taz 8. Juni 1991

Für *Deutschland spezifisch* ist die Einwanderung von *AussiedlerInnen*, die juristisch als deutsche Staatsangehörige gelten. Nur Deutschland stützt sein StaatsbürgerInnenschaftsrecht auf dieses völkische Element, während sonst überwiegend das „jus soli", d.h. die StaatsbürgerInnenschaft des Landes gilt, in dem man geboren wird. Seit Jahrhunderten gibt es in Osteuropa von Deutschen besiedelte Gebiete. Für 1991 werden geschätzt:

Seit Inkrafttreten der Drittstaatenregelung im Asylrecht ist ein *Warteraum für Flüchtlinge* entstanden, die nach Westeuropa wollen, und zwar vor allem in Ungarn, Polen und Tschechien („Flüchtlingsstau"). Auch Südeuropa ist zum Ziel von EinwanderInnen geworden, die oft illegal eingereist sind und von Schwarzarbeit leben, vor allem seit Mitteleuropa die Zuwanderung Mitte der siebziger Jahre gestoppt hat: Etwa vierzig Prozent der in Portugal, Spanien, Italien, Griechenland lebenden AusländerInnen werden als illegale geschätzt. Das unterläuft Tarifverhandlungen und Arbeitsbedingungen. Die Menschen nutzen die Infrastruktur und die sozialen Leistungen; sie sind aber auch besonders leicht erpreßbar und für kriminelle Zwecke einsetzbar.

Der Anteil der Frauen an der Emigration ist sehr unterschiedlich. Entweder reisen sie mit Familien aus, oder aus ökonomischer Not wie Männer, aber Frauen werden auch aus der Landwirtschaft vertrieben, nehmen häufig Jobs als Hausmädchen oder ungelernte Arbeiterinnen an und werden im Fall illegaler Einwanderung häufig gequält und zur Prostitution gezwungen (Frauen- und Mädchenhandel). Drei Viertel der Flüchtlinge in aller Welt sind Frauen und Kinder.

Die stärksten Bruchstellen sozio-ökonomischer Disparitäten bestehen in den gemäßigten Zonen, zwischen USA und Mexiko/Karibik, und Europa und Osteuropa und der arabischen Welt. Aus Asien sind in zwanzig Jahren rund zwölf Millionen Menschen ausgewandert; würde China seine Grenzen öffnen – auf viele Millionen wird die Zahl der Ausreisewilligen geschätzt. Die Diaspora nimmt weltweit zu, und damit die „migration chaines", d.h. die Anknüpfungspunkte für ZuwandererInnen. Unter Bedingungen zunehmender Armut entstehen selbstverstärkende Effekte. „Es scheint, daß diese ‚ethnischen Multinationalen` eine Antwort auf die Internationalisierung des Handels, des Kapitals, der Kommunikation und die Schaffung eines Weltsystems sind. Die Netze der Diaspora und ihre Fähigkeit zur Überbrückung internationaler und multipolarer Räume (...) trägt zweifellos dazu bei, die legalen und illegalen Migrationsströme zu unterstützen und oft sogar zu verstärken" (Gildas Simon, in: Die neue Völkerwanderung, World-Media/taz 8. Juni 1991).

Die *Europäische Union liegt im Schnittpunkt der Wanderungsbewegungen*, die von Afrika und Osteuropa ausgehen. Das ist natürlich kein Zufall. Wir schaffen „draußen" ein Image unserer Gesellschaften, das die Menschen zur Migration zu uns veranlaßt, und wir schaffen in ihren Herkunftsgesellschaften Bedingungen, die sie zur Migration zwingen. Gleichzeitig wird in unseren Überflußgesellschaften so getan, als sei eine klare Unterscheidung zwischen politischen und „Wirtschaftsflüchtlingen" (den einen sei Asyl zu gewähren, den anderen die Einreise zu verweigern) möglich und nach humanen Maßstäben sinnvoll. Der angebliche „Asylmißbrauch" suggeriert, daß Fremde zu uns kommen wollen aus dem einzigen Grund, das vom Kleinen Mann hart erarbeitete System von Beschäftigung und sozialer Sicherung zu unterlaufen und zu seinem Schaden zu mißbrauchen. Damit werden eben dieser Kleine Mann und seine Kleine Frau zu Argwohn und Feindschaft denen gegenüber bewegt, die aus eigener Not einwandern müssen, und dabei ist schließlich unerheblich, wer oder was ihr Leben bedroht – während diejenigen, die beides verursachen, nicht mehr wahrgenommen werden können.

Einige Voraussetzungen müssen, bei gegebenem Motiv, erfüllt sein, damit es zur Wanderung kommen kann:
– die Situation am Herkunftsort muß ein *Wegziehen erlauben*, d.h. es dürfen keine unüberwindlichen Hindernisse vorliegen (Familie, Tradition, Kultur, Besitz, Staat usw.);
– es müssen *Informationen über den Zielort* vorliegen, die ein positives Ergebnis der Wanderung erwarten lassen (Medien, touristische Reisen, Literatur, Anwerbebüros usw.);
– es muß möglich sein, die monetären und nichtmonetären *Kosten aufzubringen* (Reise, Transport, Paß, Devisen, Visum usw.).

Das sind bereits so viele Einschränkungen, daß wir etliche Annahmen über Richtung, Umfang und Selektivität treffen können:

Die *Richtung* von Migrationsströmen zeigt im allgemeinen von „schlechten" (ärmeren, monotoneren, bedrückenden, repressiveren) auf „bessere" (wohlhabendere, abwechslungsreiche, freiere usw.) Gebiete. Das gilt weltweit ebenso wie in der BRD. Es gibt gute Gründe, die Wanderungsströme als „Abstimmung mit den Füßen" zu interpretieren.

Der *Umfang* von Wanderungsströmen hängt von verschiedenen Faktoren ab, darunter der Distanz zwischen Herkunfts- und Zielort, dem (vermuteten) Wohlstandsgefälle zwischen beiden Gebieten – eingeschlossen Krisen, Umweltkatastrophen, Hunger oder Kriege am

Herkunftsort, den zu überwindenden Hindernissen, der konjunkturellen Situation (weil Kosten anfallen, die erst im Zielgebiet wieder hereinkommen). Unter sonst gleichen Bedingungen wird der Umfang eines Wanderungsstromes direkt abhängen von den wahrgenommen sozio-ökonomischen Disparitäten zwischen Herkunfts- und Zielgebiet.

Selektivität bedeutet, daß die Wanderungsströme abweichend von der Herkunftsgesellschaft zusammengesetzt sind. Die Wanderungsbereitschaft (Mobilität) ist besonders ausgeprägt unter jungen, unabhängigen Erwachsenen mit – bezogen auf das Herkunftsgebiet – meist guter Ausbildung. Sie können am ehesten die Hindernisse überwinden und die Informationen beschaffen, sie haben wohl auch die stärksten Motive in der Hoffnung, durch die Migration grundlegende Änderungen herbeiführen zu können. Sie sind oft von *den Pushs* besonders betroffen, etwa wenn in Folge der Auslandsverschuldung Schulen und Krankenhäuser geschlossen, Sozialsysteme aufgehoben werden müssen. Und schließlich haben sie infolge ihrer guten Ausbildung am ehesten Zugang zu Informationen über mögliche Zielgebiete. Immer ist Migration für den oder die Wandernden mit Kosten verbunden: Eine alte Wohnung muß aufgelöst, eine neue eingerichtet werden, und dazwischen fallen Transportkosten an. Auch die nichtmonetären Kosten, etwa die Loslösung von einer vertrauten Umgebung und vertrauten Menschen, der Aufbau eines neuen Bekanntenkreises, die Anpassung an neue Bedingungen usw., können erheblich sein.

Auch über die *Folgen* der Wanderung können wir etwas sagen: Das Herkunftsgebiet verliert gerade diese jungen, unabhängigen, gebildeten und produktiven Personen, die zur Verbesserung der Lage dringend gebraucht würden ("brain drain"). Im Zielgebiet "unterschichten" die EinwandererInnen in der Regel die ansässige Bevölkerung, weil sie sich ja erst in der neuen und unbekannten Gesellschaft einrichten, sich ausbilden, Berufschancen finden, Einkommen erwerben müssen. Je nach der Integrations- und Aufnahmefähigkeit und -bereitschaft ist diese Unterschichtung von kürzerer oder längerer Dauer.

In der *BRD* ist, bezogen auf die Bevölkerungszahl, eine *hohe Fluktuation* zu beobachten. 1973 sind beinahe eine Millionen Menschen eingewandert, aber auch fast 600.000 ausgewandert, so daß ein positiver Saldo von 384.000 Menschen, oder etwa sechs auf tausend der Bevölkerung blieb. Dabei ist daran zu erinnern, daß 1973 das letzte Jahr war, in dem von der BRD aus gezielt ausländische

ArbeitnehmerInnen angeworben wurden. 1985 liegen die Zahlen zwar immer noch vergleichsweise hoch, aber sowohl die Fluktuation als auch der Saldo haben deutlich abgenommen. Von Anfang 1989 bis Mitte 1990 sind alleine 1,2 Millionen Aus- und Übersiedler aus den ehemals sozialistischen Ländern zu uns gekommen, zu denen noch die ArbeitsmigrantInnen und ihre Familienangehörigen, die Asylsuchenden, Studierenden usw. zu zählen wären. Der Wanderungsgewinn betrug 1989 rund 930.000 Personen. 1992 hatte Deutschland einen positiven Außenwanderungssaldo von 788.000 (Zuzüge 1.489.500, Wegzüge 701.500) wie bereits im Jahr vorher. Dadurch wird die negative Geburtenbilanz mehr als ausgeglichen.

Die *deutsche Gesellschaft ist keineswegs homogen*, wie oben vermutet. Sie hat immer in ihrer Geschichte EinwanderInnen aufgenommen (Bade 1983; Herbert 1986). Am Beginn der Bundesrepublik steht eine durchaus nicht immer freundliche Diskussion über Flüchtlinge und Vertriebene. Erst ab den späten fünfziger und frühen sechziger Jahren reden wir von GastarbeiterInnen im heutigen Sinn. Wenn heute immer wieder gefragt wird, ob die BRD ein Einwanderungsland sei (Bade 1994), dann wird dreierlei vergessen:
- daß diese Diskussion keineswegs neu ist, sondern uns seit über 100 Jahren begleitet, z.T. mit beschämenden Auswüchsen,
- daß die Bevölkerung der Bundesrepublik von Anfang an zu einem ganz erheblichen Teil aus „AusländerInnen", vor allem Vertriebenen und Flüchtlingen und ihren Kindern bestand,
- daß dieser Frage vorgeordnet die Entscheidung für die Europäische Gemeinschaft ist, die ohne Niederlassungsfreiheit keinen Sinn macht, daß wir also überhaupt keine Wahl haben: *Deutschland ist de facto ein Einwanderungsland*, ohne freilich die daraus resultierenden Aufgaben und Verpflichtungen zu übernehmen oder auch nur zu verstehen. Wir haben im Zusammenhang mit der Behandlung der Wanderungen auch gesehen, daß es so sein muß und sein wird, solange unsere Gesellschaft noch so weit oben auf der Weltrangliste der Wohlhabenden steht und die Abstände noch so groß sind.

Tabelle 4.12: Ausländische Wohnbevölkerung BRD 1986, nach Herkunftsländern, Alter, Familienstand und Aufenthaltsdauer

	Pro-zent	insg. 1000	Türk.	Jugos .	Ital.	Grie-chen	Öster.	Span.	NL	Port.
Alter										
0-15	21	946	438	119	105	55	14	23	7	15
15-35	37	1672	530	136	223	93	63	47	37	26
35-65	39	1776	463	330	198	127	87	78	49	46
65+	3	120	5	7	11	4	11	3	16	1
Familienstand										
ledig	52	2340	796	263	305	139	80	80	41	39
verh.	46	2052	622	310	224	134	84	69	61	39
verw./ gesch.	3	120	17	18	8	5	11	2	7	1
Aufenthaltsdauer										
unt.1 Jahr	6	253	45	11	21	6	6	2	4	2
1-4 Jahre	11	474	106	26	44	16	13	5	8	3
4-8 Jahre	17	785	313	60	75	26	20	9	9	8
8-10 Jahre	7	331	148	33	39	13	9	5	4	5
10-15 Jahre	22	1012	452	152	100	56	30	31	13	32
15+ Jahre	37	1659	370	309	259	163	98	98	71	27

Quelle: Statistisches Jahrbuch der BRD 1987, 68

Fremdenfeindlichkeit erinnert daran, daß eine *völlig offene Einwanderung nicht möglich und nicht wünschenswert* ist. Die Akzeptanz der ansässigen Bevölkerung kann nur um den Preis weiterer Zunahme der Gewalt überfordert werden. Also brauchen wir klare Regeln, mit Einwanderungsquoten (bereits jetzt lassen wir pro Jahr nur 250.000 AussiedlerInnen zu, obgleich die doch als Deutsche Anrecht auf Einwanderung haben) und wahrscheinlich auch mit Auswahlkriterien, damit EinwandererInnen eine *realistische Chance der friedlichen Integration* haben. Aber die kommende multikulturelle Gesellschaft ist auch deswegen keine Idylle, weil die Einwandernden ihre Konflikte zumindest zum Teil mitbringen – die gewalttätigen Aktionen zwischen TürkInnen und KurdInnen belegen das. Viel spricht dafür, daß etablierte ethnische Gruppen auch als Basis für den Aufbau von Strukturen der organisierten Kriminalität verwendet werden (Roth/ Frey 1995). Eine demokratische Gesellschaft muß einerseits die Auseinandersetzung um politische Konflikte aushalten, solange sie mit demokratischen Mitteln geschieht; sie muß andererseits die Möglichkeit haben, sich gegen Straftaten zu wehren. Wir können nicht wollen, daß die Scharia, das moslemische Recht, unter Teilen der Bevölkerung herrscht. Also müssen wir verlangen, daß EinwanderInnen das hier *geltende Recht und die allgemeinen Menschenrechte respektieren.*

Wir müssen aber auch von uns aus sicherstellen, daß diese *Menschenrechte ohne Ansehen der ethnischen Zugehörigkeit oder Herkunft gelten*, auch die Grundrechte der Koalitionsfreiheit und der freien Meinungsäußerung und damit das Recht auf politische Betätigung (Bade 1994, 1995). Daß beides nicht immer garantiert ist, wird auch belegt in den jährlichen *Berichten der Beauftragten des Bundesregierung für die Belange der Ausländer über die Lage der Ausländer in der Bundesrepublik Deutschland.*

In einer Situation der sozialen Polarisierung, wie wir sie seit nunmehr rund fünfzehn Jahren und verstärkt seit 1989 erfahren, sind die *AusländerInnen die ersten Opfer.* „Die objektive Unsicherheit aller Arbeiter wird durch die subjektive Bedrohung verstärkt, daß einheimische Arbeiter mit ausländischen Arbeitern um immer weniger Arbeitsplätze und knappere Sozialausgaben konkurrieren. Arbeitgeber, Politiker und Medien zeichnen das Bild der Migranten als Verursacher der Krise, nicht als deren Opfer" (Castles 1987, 12f.). Viele können nurmehr illegal einreisen, werden über SchlepperInnen eingeschleust und bei uns unter menschenunwürdigen Bedingungen untergebracht und beschäftigt (Wallraff 1985). AusländerInnen sind Opfer von Gewalt und Terror durch perspektivenlose Jugendliche, rechtsextreme Bewegungen und andere kriminelle Banden.

Die *legale Einwanderung in die Europäische Gemeinschaft* lag 1974 bei 0,6 Promille und stieg bis 1980 auf 1,8 Promille; nach einem drastischen Rückgang lag sie 1988 wieder bei diesem Wert und erreichte 1989 bereits 3,7 Promille, das sind 1,2 Millionen Menschen pro Jahr. Die Einwanderung nimmt rasch zu, vor allem aus Nordafrika und aus den osteuropäischen Ländern. Das *Europa der Zwölf* verzeichnet einen zunehmenden Wanderungs- und einen abnehmenden natürlichen Bevölkerungssaldo: 1980 (1990; 1992) lag der Saldo der Migration bei 1,7 (2,8; 3,4) pro 1.000 EinwohnerInnen, der Saldo der natürlichen Bevölkerungsbewegung bei 2,6 (1,8; 1,4) pro 1.000 EinwohnerInnen. Damit ergab sich insgesamt ein ansteigendes Wachstum um 4,3 (4,7; 5,0) pro 1.000 der Wohnbevölkerung.

Die europäischen Gesellschaften werden *ethnisch heterogener*, ein Prozeß, der unumkehrbar scheint. Vor allem als Folge der Einkommensverteilung und der ethnischen Identifikation wird damit auch eine Prozeß der räumlichen Sortierung, der Segregation, einhergehen, sowohl auf der Ebene von Regionen als auch innerhalb städtischer Agglomerationen (Hamm/Neumann 1996).

Jede *Erweiterung der Union nach Osten oder nach Süden* wird zwangsläufig auch eine *Ausdehnung der Niederlassungsfreiheit* bedeuten und damit die Regelung der Zuwanderung erschweren. Solche Regelungen sind nur noch auf europäischer Ebene denkbar. Sie sind erforderlich, um sowohl den Einwandernden realistische Integrationschancen, z.b. Beschäftigung, zu sichern als auch den Einheimischen die Zuwanderung politisch und sozial zumuten zu können. Die Erfahrung von Einwanderungsgesellschaften wie z.b. Kanada zeigt, daß solche *Integration nur dann gute Chancen hat, wenn sie in ökonomischer Prosperität stattfindet und politisch und sozial gewollt* ist. Das Schengener Abkommen schafft eine solche Rechtsgrundlage nicht schon; es ist abwehrend und negativ, statt positiv zu sagen, wie eine Einwanderungspolitik gestaltet werden soll, und es ist – wie die französische Regierung gerade zeigt, jederzeit einseitig kündbar.

Vor fünf Jahren schon hat ein *Untersuchungsbericht des Europäischen Parlaments* die Öffentlichkeit und die PolitikerInnen vor den deutlich ansteigenden Gefahren des Rassismus und der Fremdenfeindlichkeit gewarnt. Als Reaktion darauf haben der Ministerrat, das Europäische Parlament und die Kommission eine „Feierliche Erklärung gegen Rassismus und Fremdenhaß" verabschiedet und darin die EG und die Mitgliedsstaaten verpflichtet, alle Äußerungen von Intoleranz und Feindseligkeiten sowie die Anwendung von Gewalt gegenüber Personen wegen rassistischer, religiöser, kultureller, nationaler und sozialer Unterschiede zu bekämpfen. Nun (1994) liegt ein *zweiter Untersuchungsbericht* vor, verfaßt vom britischen Sozialisten Glyn Ford – Beweis dafür, daß sich die Situation nicht etwa verbessert, sondern im Gegenteil deutlich verschlechtert hat. Er kommt zum Schluß, daß *Rassismus, Antisemitismus und Fremdenhaß* fast überall in Europa – mit Ausnahme von Finnland und Schweden (aber auch da gab es in den letzten Jahren ausländerfeindliche Ausschreitungen), Spanien und Portugal – wieder *auf dem Vormarsch* sind. In vielen Ländern sind rechtsextreme Parteien entstanden, für die Fremdenfeindlichkeit der wichtigste Programmpunkt ist, und daneben gibt es auch, vor allem in Großbritannien, zahlreiche neofaschistische Organisationen, die gewaltsam gegen AusländerInnen vorgehen. Auch die kleinen Länder, Luxembourg, Belgien, Österreich, Schweiz, bilden hier keine Ausnahme, und selbst in Osteuropa sind deutlich anwachsende Tendenzen zu Antisemitismus und Fremdenhaß nicht zu übersehen.

Deutlich komplizierter wird die ethnische Differenzierung dann, wenn wir in unsere Untersuchung zusätzlich zu den EinwandererInnen auch die „autochthonen Minderheiten" unter die ethnisch-kulturellen Minderheiten zählen. Die Problematik wird schnell einsichtig, wenn wir neben den BaskInnen und KatalanInnen in Spanien (lange in

Spanien fest etablierte Minderheiten mit je eigener Kultur und Sprache, in denen es auch Autonomiebewegungen gibt, ähnlich wie bei BretonInnen, OkzitanierInnen und ElsässerInnen in Frankreich) auch die nordirischen KatholikInnen (die sich durch Konfession und sozioökonomischen Status von den ProtestantInnen unterscheiden) oder die FlämInnen und WallonInnen in Belgien nennen. Es ist nur durch historische Analyse zu klären, welche Gruppe in welcher Gesellschaft aus welchen Gründen als Minderheit definiert wird; zudem sind auch hier die Verhältnisse im Zeitverlauf nicht immer gleich und *Definitionen fast immer schwierig*: Die vor 1974 klar als Minderheit mit Autonomiebewegung erkennbaren SüdjurassierInnen haben mit ihrer Abtrennung vom Kanton Bern und der Bildung eines eigenen Kantons Jura den Status verändert – aber was ist in der Schweiz überhaupt eine Minderheit – und gegenüber welcher Mehrheit? Andererseits entsteht in den letzten Jahren mit der Lombardischen Liga in Oberitalien eine Bewegung, die vielleicht irgendwann den Mezzogiorno in den Status einer ethnisch-kulturellen Minderheit drückt, der heute vielleicht, ohne besonders auffällig zu sein, dem Friaul und sicherlich Südtirol zukommt. Die „founding races" der kanadischen Gesellschaft, Anglo- und FrankokanadierInnen, sind in einigen Provinzen schon in der Minderheit. Es gab Versuche, Ukrainisch zur zweiten Amtssprache in Alberta zu erklären, und es dürfte bei fortdauernder Immigration nicht lange dauern, bis Chinesisch zweite Amtssprache in British Columbia wird – durchaus produktive Anwendungen des Gesetzes über die Amtssprachen und der Multikulturalismuspolitik der kanadischen Regierung. Es gibt kaum ein Land auf der Welt, das nicht – wegen der historischen „Zufälligkeiten" von Kriegen, Grenzziehungen, Wanderungen – Minderheiten aufwiese. Das sind nicht Ausnahmen – das ist vielmehr die Regel, und es lassen sich leicht Länder nennen, die eine Vielzahl von Minderheiten kennen, womöglich mit unterschiedlichen Sprachen und Schriften, womöglich mit militanten Autonomiebewegungen (Indien, Nigeria). Immerhin kann für diese Minderheiten festgehalten werden, daß sie sich auch, was immer ihre anderen Unterscheidungsmerkmale sein mögen, regional konzentrieren.

Das ist für Minderheiten nicht immer (vgl. Roma und Sinti oder Afro-Amerikanerinnen in den USA) und oft nur im Verlauf einer längeren Anwesenheitsgeschichte der Fall (die ItalienerInnen in Toronto, die UkrainerInnen in den kanadischen Prärieprovinzen, die Deutschen in Milwaukee, die AlgerierInnen in Frankreich, die AmbonesInnen in den Niederlanden und zunehmend die AussiedlerInnen aus Osteuropa in Deutschland). Die Beispiele ehemaliges Jugoslawien und ehemalige Sowjetunion zeigen auf erschütternde Weise, welcher Sprengstoff sich in der Minderheitenfrage ansammeln kann.

Abb. 4.5: Minderheiten in Europa

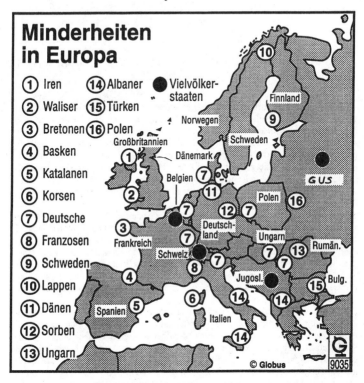

Überall wurden und werden Minderheiten unterdrückt und verfolgt (Ludwig 1990). Sie sind bedroht durch Diskriminierung, Assimilierung oder Völkermord. Der Holocaust der Nazi-Deutschen an den Juden, an den Sinti und Roma, ein schrecklicher Höhepunkt in einer blutigen Geschichte, darf nicht in Vergessenheit geraten. Aber er rechtfertigt nicht die Grausamkeiten von Israelis an PalästinenserInnen, und er darf nicht dazu dienen, vom Völkermord der eigenen Geschichte abzulenken, wie das z.B. in den USA geschieht, wenn mit großem Pomp und weltweitem Aufsehen wieder ein Holocaust-Museum eingeweiht wird, es aber im ganzen Land nicht ein einziges Mahnmal gibt, das die Erinnerung an den Völkermord an den IndianerInnen wachhält. Der *kulturelle Völkermord* dadurch, daß alle Gesellschaften unter das Diktat monetarisierter kapitalistischer Weltwirtschaft gezwungen werden, geschieht dagegen schleichend und nahezu unbemerkt.

Fallstudie: Jugoslawien – Ende eines Vielvölkerstaates (von Sabine Kratz)

Laut Verfassung lebten in Jugoslawien vor Ausbruch des Krieges sechs „staatstragende" Völker (SlowenInnen, KroatInnen, SerbInnen, bosnische Muslime, MontenegrinerInnen und MakedonInnen) sowie mehrere nationale Minderheiten. Offiziell wurden drei Sprachen gesprochen (Serbokroatisch, Slowenisch und Makedonisch) und zwei Schriften verwendet (lateinisch und kyrillisch). Die geschichtliche Entwicklung dieser Völker ist aber über tausend Jahre getrennt verlaufen, was zu unterschiedlichen Traditionen, Kulturen und Religionen geführt hat.

Am 1. Dezember 1918 verkündete der damalige Prinzregent und spätere König Aleksandar Karadjordjevic die Gründung des „Königreiches der Serben, Kroaten und Slowenen", ab 1929 „Königreich Jugoslawien". Geplant als Föderation, entwickelte sich das Königreich rasch zu einem von SerbInnen regierten und dominierten Staat, was zu Konflikten mit KroatInnen und SlowenInnen führte, die diesen Führungsanspruch nicht hinnahmen. Das Ergebnis waren bis 1928 28 Kabinette, die teilweise nur eine Woche lang regierten. König Aleksandar löste 1929 das Parlament auf und regierte von da an, bis zu seiner Ermordung im Jahr 1934, allein. Sein Nachfolger, Prinzregent Paul, ein Onkel des noch zu jungen Thronnachfolgers, versuchte in den folgenden Jahren vergeblich, das Land zusammenzuhalten. Der Zweite Weltkrieg bedeutete jedoch das Ende des Königreichs Jugoslawien. Er bot den KroatInnen Gelegenheit, auf die bisherige serbische Vormachtstellung zu reagieren. Unter deutschem Protektorat – Jugoslawien war besetzt und aufgeteilt – gründeten sie einen eigenen Staat, der von der Ustasa, der faschistischen Vereinigung des Ante Pavelic, geführt wurde. Was dann folgte, wird als die „jugoslawische Tragödie" bezeichnet und bildet mit den Grundstein für den Bürgerkrieg von heute. Die zwischen Kroaten und Serben angestauten Aggressionen brachen in schauderhaften Massakern der Ustasa an der serbischen Minderheit in Kroatien los, für die sich serbische Cetniks an der kroatischen Bevölkerung rächten. Im Verlauf dieser Auseinandersetzungen formierte sich um den Kommunisten Josip Broz, genannt Tito, eine PartisanInnengruppe, die bald zur führenden Widerstandsgruppe in Jugoslawien wurde. Tito kämpfte gegen die Ustasa und gegen die BesatzerInnen. Dieser Kampf gegen äußere Feinde ließ die nationale Konflikte in den Hintergrund treten. Er vereinte SerbInnen, KroatInnen, SlowenInnen, BosnierInnen, MazedonierInnen und AlbanerInnen. Bereits 1943 rief Tito eine provisorische Regierung für einen sozialistischen Einheitsstaat aus: Jugoslawien.

Nach dem Sieg der PartisanInnen wurde am 11. November 1945 offiziell die „Föderative Volksrepublik Jugoslawien" gegründet. Die Verfassung von 1946 teilte Jugoslawien in sechs Republiken (Slowenien, Kroatien, Bosnien-Herzegowina, Montenegro, Serbien, Makedonien) und zwei Serbien angeschlossene autonome Gebiete (Vojvodina, Kosovo). Die Teilrepubliken erhielten ein eigenes Parlament und eine eigene Verfassung, und nach der Bundesverfassung stand ihnen das Recht zum Austritt zu. Doch diese Unabhängigkeit bestand nur auf dem Papier, faktisch lag alle Macht beim Politbüro, an dessen Spitze Tito stand. Zunächst bescherte das „neue" Jugoslawien den BürgerInnen mehr Freiheiten und befriedigende wirtschaftliche Verhältnisse, eine wahre Demokratisierung der Gesellschaft wurde jedoch durch das Machtmonopol der kommunistischen Partei verhindert. Titos vielbeachtetes ArbeiterInnenselbstverwaltungsmodell blieb im Ansatz stecken, in der Wirtschaft legte eine immer weiter wuchernde Bürokratie nach und nach alles lahm, eine wirtschaftliche und soziale Gleichstellung der einzelnen Regionen wurde nicht erreicht, das Nord-Süd-Gefälle bestand weiter.

Diese Entwicklung hat viel zur Entstehung neuer Nationalitätenkonflikte beigetragen. Die einzelnen Volksgruppen schoben sich gegenseitig die Schuld an der Misere in die Schuhe, die „reichen" KroatInnen und SlowenInnen zahlten immer unwilliger für den „armen" Süden. Beide Länder hatten bis zu neunzig Prozent ihrer Deviseneinnahmen an die Zentrale oder an die unterentwickelten Republiken Bosnien, Montenegro, Mazedonien und den Kosovo abzuführen. Hinzu kam, daß sich, trotz der föderalistischen Verfassung, eine zentralistische Einparteienherrschaft etabliert hatte, deren Führung überwiegend serbischer Nationalität war.

Als Tito 1980 mit 87 Jahren starb, ging mit ihm eine ganze Ära und auch der jugoslawische Vielvölkerstaat zu Ende. Bereits ein Jahr später kam es im Kosovo zu den ersten Unruhen. Aus StudentInnenprotesten gegen die schlechte Mensakost entwickelten sich Demonstrationen der AlbanerInnen für ein selbständiges Kosovo. Die serbische Polizei griff brutal ein und holte schließlich noch die Bundesarmee zu Hilfe. Über die Provinz wurde der Ausnahmezustand verhängt.

Jugoslawien war wirtschaftlich und politisch festgefahren. Versorgungsengpässe, Preissteigerungen und Arbeitslosigkeit führten zu einem immer größeren Unmut in der Bevölkerung. Slowenien und Serbien waren die ersten Republiken, die darauf reagierten: Slowenien setzte ab 1986 auf Demokratisierung und Reformen, in Serbien erwachte das nationalistische Bewußtsein. Hier tat sich vor allem ein Serbe hervor, der es in der kommunistischen Hierarchie ganz nach oben gebracht hatte: Slobodan Milosevic. Milosevic belebte die alten Visionen von einem Großserbien, und ernannte sich zum Führer aller SerbInnen. Damit brach er mit Titos Prinzipien, wonach jede Führung an ihr spezielles Territorium gebunden sein sollte. Milosevic gelang es auch, die kommunistische Partei für seine Zwecke einzusetzen. Er begann recht zügig damit, seine Theorie auch in die Praxis umzusetzen: Anfang 1989 hob das serbische Parlament alle wichtigen Autonomierechte der Kosovo-AlbanerInnen auf. Auftretende Widerstände wurden mit Hilfe der Armee bekämpft. Milosevic verstand es sehr geschickt, das serbische Genozid-Trauma wieder zu beleben. Er präsentierte sich als der „Retter" der SerbInnen, der ihnen ihr „heiliges" Kosovo wieder zurückgeben würde („Im 12. Jahrhundert erkämpfte Stefan Nemanja (...) Serbiens Unabhängigkeit von Ostrom. Das Zentrum seines Reiches war Raska, das heutige Kosovo, das in Serbien deshalb als Wiege des Serbentums gilt. ...auch wenn Albaner mittlerweile 90 Prozent der Bevölkerung im Kosovo stellen"; Stiglmayer 1992, 2).

Neben dem Aufstand im Kosovo, der Jugoslawien erschütterte, war es vor allem die immer schwieriger werdende wirtschaftliche Situation in Jugoslawien, die den Staat zerfallen ließ und zum Aufleben nationalistischer Gefühle führte. Der wirtschaftliche Niedergang begann schon zu Titos Zeiten, bereits 1980 betrug die Inflationsrate 27 Prozent. Der sich mit rapider Geschwindigkeit vollziehende Einbruch der jugoslawischen Wirtschaft verschärfte die ökonomischen Interessengegensätze zwischen den einzelnen Republiken und schuf so die sozialen Voraussetzungen für eine Belebung nationaler Konfrontation. „Der Verlust ökonomischer Kompensationsmöglichkeiten besiegelte nämlich endgültig die Delegitimierung des Systems und schuf so Raum für ein Wiedererstarken nationaler Bindungen" (Höpken 1991, 50).

Die Aufhebung der albanischen Autonomierechte im Kosovo war der Anfang des Zerfalls Jugoslawiens. Es gelang Serbien, auch der autonomen Provinz Vojvodina die Unabhängigkeit zu nehmen und in Montenegro eine pro-serbische Regierung zu installieren. Im Juli 1990 wurde das Parlament im Kosovo aufgelöst, worauf die AlbanerInnen mit einem Generalstreik reagierten. Serbien antwortete mit Entlassungen, 20.000 verloren von heute auf morgen ihre Arbeit. Seitdem herrscht im Kosovo eine Militärdiktatur.

Milosevic mobilisierte SerbInnen auch in anderen Republiken, insbesondere in Bosnien-Herzegowina und in Kroatien. Die großserbischen Visionen traten immer deutlicher hervor. Dies führte natürlich in den anderen Republiken zu einem Erwachen alter Ängste.

Slowenien übte schon früh scharfe Kritik an Serbiens politischem Kurs. Slowenien war, neben Serbien, die erste Republik, die die Initiative ergriff und einen eigenständigen politischen Kurs einschlug. Ende 1987 sprach sich der slowenische Parteichef Milan Kucan für marktwirtschaftliche und politische Reformen aus; zwei Jahre später entschloß sich der Bund der Kommunisten (BdK) Sloweniens zur Aufgabe des Parteimonopols und zu freien Wahlen.

In Kroatien war seit dem Aufstand von 1971 eine konservative Parteiführung an der Macht, die Reformen und Demokratiebestrebungen gegenüber nicht so aufgeschlossen war wie die slowenische Regierung. Erst als abzusehen war, daß Slowenien die gesamtjugoslawische kommunistische Partei verlassen und Kroatien mit den serbischen ZentralistInnen zurückbleiben würde, kündigte auch der BdK Kroatiens für 1990 freie Wahlen an. Zur Sitzung des Zentralkomitees im April 1990 erschienen nur noch die serbischen Abgeordneten vollständig – den Bund der Kommunisten Jugoslawiens gab es nicht mehr.

1990 wurden in allen jugoslawischen Republiken erstmals seit dem Krieg freie Wahlen auf der Grundlage des Mehrparteiensystems abgehalten. Vier Republiken schüttelten die kommunistische Herrschaft ab. Nur in Serbien und Montenegro blieben die alten Kräfte am Ruder. Grundsätzlich hatten die kommunistischen Parteien in allen Republiken nur eine Chance bei den WählerInnen, wenn es ihnen gelang, sich als Exponenten und Hüter nationaler Interessen darzustellen. In den vier Republiken, in denen die kommunistische Herrschaft abgelöst wurde, geschah das nicht auf Druck von unten. Die KommunistInnen selbst verabschiedeten Wahlgesetze und bereiteten ihre eigene Entmachtung vor.

Im April 1990 fanden in Slowenien die angekündigten Wahlen statt. Sieger wurde die vereinigte Opposition, DEMOS genannt, in der sich nationale und konservative Kräfte zusammengeschlossen hatten. Der Reformkommunist Milan Kucan wurde zum Staatspräsidenten gewählt. Wenige Monate später verabschiedete die slowenische Regierung eine Deklaration über die volle Souveränität des

Staates, nach Slowenien war Kroatien die zweite jugoslawische Republik, die ihre sozialistische Orientierung über Bord warf. Bei den Wahlen im April und Mai 1990 gewann die „Kroatisch-Demokratische Gemeinschaft" (HDZ) – eine nationalbewußte bürgerliche Partei, geleitet von Franjo Tudjman. Während unter den KroatInnen Freude über dieses Ergebnis herrschte, wurden in der serbischen Bevölkerung Kroatiens, angesichts ihrer Erfahrungen im Ustasa-Staat, alte Ängste wach.

Slowenien und Kroatien entfernten sich immer weiter vom jugoslawischen Bundesstaat, sie drängten auf eine Konföderalisierung Jugoslawiens. Danach sollte Jugoslawien auf eine Wirtschaftsgemeinschaft mit Zollunion und möglicherweise gemeinsamer Verteidigung reduziert werden.

Angesichts des Zerfalls des BdKJ und der Wahlergebnisse in Slowenien und Kroatien änderte Milosevic seine Strategie. War bisher sein einziges Ziel die Aufrechterhaltung des jugoslawischen Gesamtstaates gewesen, schlug er einen neuen Weg ein. Unter der Parole „Sirbija moze sama" – Serbien kann seinen Weg auch allein gehen – verfolgte er nun die Schaffung eines Großserbiens. Bei dieser Kurswende leisteten die gleichgeschalteten Medien hervorragende Arbeit. Sie erinnerten daran, daß von den heutigen jugoslawischen Republiken nur Serbien und Montenegro auf eine Eigenstaatlichkeit vor dem ersten Weltkrieg verweisen können. Sie hoben die Verfassungstradition Serbiens hervor, die bis in die dreißiger Jahre des 19. Jahrhunderts zurückreicht, und entdeckten plötzlich Vorteile in der Idee einer Konföderation, die sie bis dahin einhellig verteufelt hatten.

Im Januar 1991 begannen zwischen VertreterInnen der einzelnen Republiken Verhandlungen über die Zukunft Jugoslawiens. Kroatien und Slowenien verlangten nachdrücklich die Konföderalisierung Jugoslawiens; Milosevic hielt dagegen und erklärte „daß die Republikgrenzen rein ‚administrativ' seien und nicht einfach zu Staatsgrenzen erklärt werden könnten. Über die Zukunft Jugoslawiens müßten die Völker entscheiden, wobei das serbische Volk es aber nicht hinnehmen werde, auf ‚verschiedene souveräne Staaten' verteilt zu werden." (Stiglmayer 1992, 15).

Jugoslawien befand sich bereits zu diesem Zeitpunkt am Rande eines BürgerInnenkriegs. Im Februar 1991 beschloß das slowenische Parlament endgültig den Austritt aus dem jugoslawischen Staatenverband. Einen Tag später verabschiedete auch Kroatien eine Resolution zur Auflösung Jugoslawiens. Anfang April kam es in dem kroatischen Plitvice zu einem serbischen Aufstand. Bei den darauffolgenden Auseinandersetzungen zwischen kroatischer Polizei und von der Bundesarmee unterstützten Aufständischen, den wiedererweckten Cetniks, kam es zu den ersten Toten und zahlreichen Verletzten. Mitte April begann Kroatien mit dem Aufbau der „Nationalgarde" und kündigte an, notfalls mit Gewalt um die Souveränität zu kämpfen.

Ende Juni erklärten Slowenien und Kroatien gleichzeitig ihre Unabhängigkeit. Kurze Zeit später rückten serbische Panzer nach Slowenien ein. Der Krieg gegen Slowenien, den Milosevic befohlen hatte, dauerte nicht lange, kostete aber 67 Menschen das Leben. Auf Intervention der EG wurde bereits wenige Tage später ein Waffenstillstand geschlossen. In Kroatien jedoch ging der Krieg weiter.

Im Januar 1992 entschloß sich die Europäische Gemeinschaft zur Anerkennung Kroatiens und Sloweniens (Deutschland hatte dies im Alleingang schon im Dezember gemacht). Dieser Haltung schlossen sich später auch die USA an. Anerkannt wurden schließlich Slowenien und Kroatien, nicht aber Mazedonien, das auch seine Unabhängigkeit erklärt hatte, da Griechenland unter Hinweis auf die griechische Provinz Mazedonien einen anderen Namen für diesen neuen Staat forderte und weiterhin für die Kontinuität Jugoslawiens eintrat. Die EG beschloß schließlich in einer vom Lissabonner Ratsgipfel bestätigten Erklärung vom 4. Mai 1992, Mazedonien nur anzuerkennen, wenn ein Name gefunden werde, der von allen beteiligten Parteien akzeptiert werden könne.

In Bosnien-Herzegowina setzte der Prozeß der Loslösung vom jugoslawischen Bund später ein. Wegen der stark gemischten Besiedelung durch SerbInnen, KroatInnen und Muslime entwickelte sich dort ein Konflikt, der noch verheerendere Ausmaße annahm als die Auseinandersetzungen in Kroatien.

Die Republik Bosnien-Herzegowina wurde wegen ihres multinationalen und multikonfessionellen Charakters gern als ein „Jugoslawien im Kleinen" bezeichnet. 1991 stellten die Muslime 44 Prozent der Bevölkerung, die Serben 31 Prozent, gefolgt von den Kroaten mit 17 Prozent. Als Jugoslawen bekannten sich sechs Prozent der EinwohnerInnen. Die Besiedelung Bosnien-Herzegowinas war bunt gemischt, deshalb oft der Vergleich mit einem Flickenteppich. Das westliche Bosnien, das an die Republik Kroatien angrenzt, wurde mehrheitlich von SerbInnen besiedelt. Zentralbosnien war das Gebiet mit muslimischer Bevölkerungsmehrheit. Die im Süden der Republik liegende Herzegowina war ethnisch zweigeteilt: Im Westteil leben vor allem KroatInnen, während der Ostteil überwiegend von SerbInnen bewohnt wurde. Dazwischen lagen zahlreiche Streusiedlungen. Gerade diese ethnische Vielfalt erleichterte es den SerbInnen und KroatInnen, Gebietsansprüche zu stellen. Beide verfolgten zunächst die Absicht, Bosnien-Herzegowina unter sich aufzuteilen. Erst die gemeinsame Bedrohung durch die SerbInnen trieb die KroatInnen an die Seite der bosnischen Muslime.

In der Volksabstimmung in Bosnien-Herzegowina vom 1. März 1992, die von der serbischen Bevölkerung boykottiert wurde, stimmten über 99 Prozent (Wahlbeteiligung 63,4 Prozent) für die Unabhängigkeit. Nachdem die SerbInnen schon vorher ihre eigene Republik proklamiert hatten, erklärte das bosnische Parlament nach der Volksabstimmung die Unabhängigkeit der Republik. Schon während der Volksabstimmung begann der BürgerInnenkrieg, in dessen Verlauf es zu Belagerungen mehrere Städte durch die bosnischen SerbInnen, unterstützt durch die serbisch dominierte Bundesarmee, zu Angriffen auf ZivilistInnen und systematischer Vertreibung einzelner Volksgruppen aus ihren angestammten Siedlungsgebieten kam. Serbische Truppen beschossen fast alle Orte im Osten Bosniens. Die Muslime, die hier die Bevölkerungsmehrheit stellten, wurden vollständig vertrieben. Bei diesen Aktionen wurden zahlreiche Menschen getötet, andere gezwungen, Dokumente zu unterschreiben, die ihnen den Anspruch auf ihren eigenen Besitz aberkannten.

Die Art und Weise der serbischen Kriegführung gegen die Muslime – Massaker, ethnische Säuberung, systematische Bombardierung und Zerstörung der alten Moscheen, Baudenkmäler und Friedhöfe – legte den Schluß nahe, daß sie die nationale Identität der Muslime vernichten wollten. Dazu muß auch die Vergewaltigung muslimischer Frauen erwähnt werden – freilich haben auch die Muslime ähnliche Grausamkeiten an serbischen Frauen begangen.

Im April 1992 schlossen sich Serbien und Montenegro zu einer neuen „Föderativen Republik Jugoslawien" zusammen. Die Hoffnung, ohne Aufhebens die völkerrechtliche Nachfolge des alten Jugoslawien antreten zu können, zerschlug sich jedoch. Nach und nach wurden beide Staaten zunächst im Juli 1992 von der KSZE suspendiert, der Europarat beendete den Gaststatus Jugoslawiens, der neue Ministerpräsident durfte nicht an der Londoner Konferenz teilnehmen. Die Vereinten Nationen entzogen dem neuen „Staat" den Platz in der Generalversammlung. Dagegen wurden Slowenien, Kroatien und Bosnien-Herzegowina im Mai 1992 in die UN aufgenommen. Spätestens zu diesem Zeitpunkt erreichte der Konflikt die internationale Ebene. Ab Mai 1992 wurde über eine Entsendung von UN-Truppen nach Bosnien-Herzegowina nachgedacht, nachdem humanitäre Hilfslieferungen nicht an ihre Bestimmungsorte gelangt waren und zudem von den Konfliktparteien beschossen wurden. Der Sicherheitsrat verabschiedete schließlich die Resolution 761 über die Entsendung von UN-Soldaten, die den Betrieb und die Sicherheit des Flughafens von Sarajewo garantieren sollten. In weiteren Resolutionen wandten sich die UN gegen die serbische Einmischung in Bosnien und beschlossen Wirtschaftssanktionen gegen Serbien und Montenegro. Weitere Resolutionen verurteilten die Angriffe auf die Hilfslieferungen sowie die Verletzungen des humanitären Völkerrechts durch die Konfliktparteien, etwa in den Internierungs- und Gefangenenlagern. Ende August 1992 unternahm die internationale Staatengemeinschaft einen erneuten Versuch, den Konflikt auf dem Territorium des zerfallenden jugoslawischen Staates zu schlichten. Der Sicherheitsrat der Vereinten Nationen, die EG und die Präsidentschaft der KSZE sowie VertreterInnen der Konfliktparteien wie auch der Islamischen Konferenz, der Gruppe der Sieben und der unmittelbaren Nachbarstaaten verabschiedeten in London einen Prinzipienkatalog und einen Aktionsplan. An Bemühungen, dem Morden Einhalt zu gebieten, fehlte es nicht, doch keine brachte einen Frieden.

Am 28. Oktober 1992 legten der UN-Sonderbeauftragte Cyrus Vance und der EG-Vermittler Lord Owen einen Verfassungsentwurf für Bosnien-Herzegowina vor (Vance-Owen-Friedensplan), der nach hartem Ringen von allen Konfliktparteien unterschrieben wurde. Danach sollte Bosnien in zehn Provinzen aufgeteilt werden und Sarajewo einen Sonderstatus erhalten. Bosnien selbst sollte als dezentralisierter Staat erhalten bleiben. Das selbsternannte „Parlament" der bosnischen SerbInnen lehnte den Plan ab und führte ein Referendum durch, bei dem die serbische Bevölkerung Bosniens den Vance-Owen-Plan mehrheitlich ablehnte. SerbInnenführer Karadzic fühlte sich dadurch von seiner früheren Einwilligung enthoben, der erste konkrete Friedensplan war gescheitert.

Die Kämpfe gingen weiter und wurden so heftig, daß ein Gesamtstaatenmodell, wie es der Vance-Owen-Plan vorsah, unrealistisch wurde. Daraufhin legten EG-Vermittler Owen und der neue UN-Beauftragte Stoltenberg einen Plan vor, der eine Union dreier ethnischer Staaten vorsah. KroatInnen und SerbInnen akzeptierten den Plan, der bosnische Präsident Izetbegovic lehnte ihn ab.

Im April 1994 traf sich zum ersten Mal eine Internationale Kontaktgruppe, der VertreterInnen aus Frankreich, Deutschland, Großbritannien, Rußland und den USA angehörten. Diese Gruppe legte wenig später einen Plan vor, der diesmal eine Teilung Bosniens vorsah. Die SerbInnen sollten 49 Prozent und die neu entstandene muslimisch-kroatische Föderation 51 Prozent des Landes erhalten. Wieder waren es die bosnischen SerbInnen, die den Plan zum Scheitern brachten, diesmal sogar gegen den Willen der SerbInnen in Restjugoslawien. Die Kämpfe gingen unvermindert weiter und erreichten in der Eroberung der UN-Schutzzonen Srebrenica und Zepa durch die bosnischen SerbInnen ihren Höhepunkt. Daraufhin beschloß der NATO-Rat in Brüssel, massive Luftangriffe gegen die SerbInnen zu fliegen, sollten sie die Schutzzone in Gorazde auch noch angreifen.

Auslöser für NATO-Angriffe war die Explosion einer Granate in Sarajewo, die den SerbInnen zugeschrieben wurde. Die NATO begann daraufhin mit der größten Militäraktion seit Beginn des Krieges. Muslime und KroatInnen nutzten diese Angriffe, um weiter Land zu erobern. Als im Oktober 1995 ein Waffenstillstand vereinbart wurde, hatten sie ziemlich genau die 51 Prozent Land, das für sie im Kontaktgruppenplan von 1994 vorgesehen war.

Am 1. November 1995 begannen die Friedensverhandlungen in Dayton, Ohio. Nach dreiwöchigen Verhandlungen einigte man sich auf ein Friedensabkommen, dessen wichtigste Punkte nachfolgend aufgeführt werden:

Bosnien bleibt als einheitlicher Staat erhalten und wird von der Bundesrepublik Jugoslawien anerkannt.

Bosnien besteht aus zwei Teilen, der muslimischen-kroatischen Föderation (51 Prozent) und der serbischen Republik (49 Prozent).

Sarajewo bleibt Hauptstadt, einige Stadtteile sollen von den SerbInnen autonom verwaltet werden.

Es werden eine Zentralregierung, ein einheitliches Parlament und eine Präsidentschaft geschaffen.

Flüchtlinge erhalten das Recht, in ihre Heimat zurückzukehren.

Eine internationale Friedenstruppe (IFOR) ersetzt die UN-Schutztruppen und überwacht die Einhaltung des Waffenstillstandes.

Auch in diesem Konflikt muß die Rolle der Medien problematisiert werden. Mira Beham (1996, 206ff.) legt unter dem Titel „Medien als Brandstifter" zahlreiche Belege dafür vor, daß die westlichen Medien systematisch auf einen antiserbischen Kurs festgelegt wurden, und sie nennt Hintergründe, die dies plausibel machen.

Chronik

1980   Tod Titos

1990   Freie Wahlen in allen jugoslawischen Teilrepubliken
Juni: Slowenien und Kroatien erklären ihre Unabhängigkeit
Juli: Auflösung des Parlaments im Kosovo durch die SerbInnen
August: Beginn der „Balkan-Revolution" in der Krajina
November: Izetbegovic wird Präsident von Bosnien-Herzegowina
Dezember: Serbien proklamiert Autonomie der Krajina

1991   Juni: Serbisch-slowenischer „Zehn-Tage-Krieg"
Juni: November: Serbisch-Kroatischer Krieg
September: Friedenskonferenz in Den Haag
Mazedonien erklärt Unabhängigkeit
UNO verhängt Waffenembargo gegen Jugoslawien
Dezember: EG beschließt völkerrechtliche Anerkennung Jugoslawiens
Anerkennung Sloweniens und Kroatiens durch Deutschland
Anerkennung Sloweniens und Kroatiens durch die Europäische Gemeinschaft

1992 Januar: Bosnien-Herzegowina erklärt seine Unabhängigkeit
März: Beginn der Stationierung einer UN-Friedenstruppe
April: Anerkennung Bosnien-Herzegowinas durch die EG
Serbien und Montenegro schließen sich zu einer „Föderativen Republik Jugoslawien" zusammen
Mai: Kroatien Slowenien und Bosnien-Herzegowina werden in die UNO aufgenommen
Juni: Luftbrücke nach Sarajewo wird errichtet
August: Friedenskonferenz in London
September: Nachfolgekonferenz in Genf

1993 März: Vance-Owen-Plan
Mai: Bosnische Serben lehnen den Vance-Owen-Plan endgültig ab

1994 März: Kroaten und Moslems vereinbaren eine Föderation Bosnien-Herzegowina und deren Konföderation mit Kroatien
Mai: Neugeschaffene Kontaktgruppe (UNO, EG, D, F, GB, USA, Rußland) trifft sich in London
Juli: Kontaktgruppen-Friedensplan

1995 Januar: Jimmy Carter vermittelt viermonatigen Waffenstillstand
Juli: Angriff der SerbInnen auf die UN-Schutzzonen Sebrenica und Zepa
August: Granate tötet in Sarajewo 37 Menschen
Beginn der Nato-Luftangriffe gegen die SerbInnen
November: Friedensverhandlungen in Dayton/Ohio, USA

4.5 Anomie: Die Erosion zivilisierter Verkehrsformen

Unter dem Begriff „Anomie" ist zu zeigen, daß die eskalierenden *Krisenphänomene allesamt soziale Folgen haben*, die als Erosion zivilisierter Verkehrsformen beschrieben werden können (als Anomie, zuweilen auch als soziale Entropie bezeichnet). Gerade das ist es ja zuerst, was die Notwendigkeit von Wandel so überaus deutlich macht: Das, was nach allgemeiner Überzeugung als recht und richtig gilt, stimmt immer weniger mit dem überein, was sich in der gesellschaftlichen Praxis vorfindet. Dazu gehören Korruption im öffentlichen und privat-unternehmerischen Bereich; Vorteilsnahme z.B. dadurch, daß PolitikerInnen oder BeamtInnen sich Reisen und Vergnügungen von Privaten bezahlen lassen; Versicherungsbetrug; Subventionsschwindel; Konkursvergehen; Schwarzarbeit; Steuervermeidung oder -hinterziehung; Begünstigung; Frauenhandel und Kinderschändung; Vergewaltigung in und außerhalb der Ehe; Mißhandlung von AusländerInnen, Obdachlosen oder Behinderten; Rechtsextremismus; überbordende Spekulation; massenhafte Tierquälereien in der industriellen Fleischproduktion und bei Tierversuchen; Rette-sich-wer-kann- und Raffke-Mentalität; Drogenhandel und Drogenkonsum, wo das relativ ungefährlich Marihuana kriminalisiert wird, aber Kokain als schick gilt; ebenso wie der Versuch der reichen Deutschen Bank, die KleinkundInnen durch Gebühren zu schröpfen, der erst durch Gerichtsurteil wieder zurückgenommen wurde; die faktische Abschließung einer Festung Europa bei gleichzeitig lauthals proklamiertem freiem Welthandel; bis hin zu organisierter Kriminalität, ethnischen Kriegen (Jugoslawien, Kaukasus) und Terrorismus (Aum-Sekte) – eine Grenze ist, der Definition entsprechend, kaum exakt zu ziehen, all das ist bereits alltäglich geworden. Interessant übrigens, daß die Sozialindikatorenbewegung, die gewiß eine Diagnose von Gesellschaft anstrebt, in ihrem Flaggschiff, dem periodisch publizierten „Datenreport", den Begriff Anomie zwar aufnimmt (Datenreport 1994, 611), die empirische Behandlung aber auf der Ebene der Meinungsumfrage beläßt. Es geht dabei aber weder um Meinungen noch um abweichendes Verhalten insofern, als dies eine *individuelle* Reaktion auf die Unmöglichkeit darstellt, legitime Ziele auch mit legitimen Mitteln erreichen zu können (Merton), sondern es geht um die gesellschaftlichen Bedingungen, *Strukturen, unter denen derart abweichendes Verhalten erst massenhaft auftritt.* „Anomie" ist eine Situation, „in welcher herrschende Normen auf breiter Front ins Wanken geraten, bestehende Werte und Orientierungen an Verbindlichkeit verlieren, die Gruppenmoral eine starke Erschütterung erfährt und die soziale Kontrolle weitgehend unterminiert wird. Derartige Erscheinungen sind in Zeiten beschleunigten sozialen Wandels zu beobachten" (Kandil 1995,7). Abweichendes Verhalten ist das Ergebnis anomischer Entwicklungsprozesse.

Robert Merton hat gezeigt, daß es unterschiedliche Möglichkeiten gibt im Fall, daß *legitime Ziele mit legitimen Mitteln nicht erreichbar sind*: den Rückgriff auf illegitime Mittel (Kriminalität), den Verzicht auf das Ziel (z.B. Resignation, Minderwertigkeitsgefühle), Innovation (z.B. Spekulation), Rebellion (z.B. Gewalt gegen Schwächere) oder Rückzug (z.B. Depression, Drogen). Nicht das Auftreten von Fällen abweichenden Verhaltens ist, wie Durkheim gezeigt hat, erklärungsbedürftig, weil die Existenz von Regeln immer zugleich ihre Verletzung in gewissen Graden impliziert. Dagegen ist das *plötzlich stark ansteigende* Auftreten von Formen abweichenden Verhaltens ein Reflex auf strukturelle Veränderungen mit anomischen Übergängen.

Diese Theorie enthält einen *Schlüssel zum Verständnis*, zur Diagnose des Zustandes unserer Gesellschaften. Dem müßte der Nachweis folgen, daß tatsächlich in einem zu bestimmenden Zeitabschnitt das Auftreten devianten Verhaltens massiv zugenommen hat. Wir können diesen Nachweis nicht im Sinn einer gründlich-systematischen Untersuchung erbringen (erstaunlicherweise hat ihn, soweit wir sehen können, auch niemand versucht, auf den/die wir uns berufen könnten), die rigorosen Kriterien der empirischen Sozialforschung standhalten würde. Wir können aber anhand zahlreicher Einzelbeispiele wenigstens Anhaltspunkte nennen, um die Vermutung zur begründeten Hypothese zu machen. Wir wollen an einigen wenigen – aus vielen möglichen – Themen deutlich machen, wo wir anomische Tendenzen ausmachen:

Korruption, Vorteilsnahme, Begünstigung finden sich heute überall in Politik, öffentlicher Verwaltung und Wirtschaft (Roth 1995). Dafür, daß wir hier nicht etwa an „italienischen Verhältnissen" argumentieren, seien Beispiele aus Deutschland genannt. Nicht, daß es sich um bislang unbekannte Phänomene handeln würde: Die großen Affären der Nachkriegsjahrzehnte sind wenigstens ansatzweise dokumentiert und ansonsten über die Zeitungsarchive rekonstruierbar (Hafner/Jacoby 1989, 1994); auch, daß dort mit erstaunlicher Regelmäßigkeit ein bayerischer Politiker, den Post und Bundesbank heute noch mit Briefmarke und Zweimarkstück und die bayerische Staatsregierung mit der Benennung eines Flughafens ehren, eine treibende Rolle gespielt hat, ist nicht von allen vergessen (Roth et al. 1972, Engelmann 1980). Das wurde zwar als abweichendes Verhalten wahrgenommen (und von allzu vielen als erfolgreich beklatscht, auf alle Fälle nicht geahndet), nicht aber als Symptom anomischer Zustände. Das hat sich geändert: Vielleicht war es die Flick-Affäre, aufgedeckt 1982, die für viele Menschen zum Anlaß wurde, nicht mehr nach dem Einzelfall, sondern nach der politischen Kultur generell zu fragen, in der dieser Einzelfall florieren konnte. Die schonungslose Ausplünderung der gewerkschaftseigenen Unternehmen Neue Heimat und Coop durch Teile ihres Managements zerstörte die Illusion derer, die immer noch glaubten, auf der Linken sei so etwas nicht möglich. Ganz sicher wurden die verschiedenen Amigo-Affären nicht mehr primär z.B. als die politisch gedeckte Steuerhinterziehung des Eduard Zwick diskutiert, sie drehten sich um die politische Kultur in Bayern.

Ein paar Zeitungsmeldungen der letzten Wochen, unsystematisch: Eine Tagung der Generalstaatsanwälte in Dresden im Mai 1995 ist dem *Thema Korruption im öffentlichen Dienst* gewidmet. In Frankfurt werden seit 1987 rund 1.500 Fälle von Korruption aus dem öffentlichen Bereich anhängig gemacht, im Juli 1995 sind rund 1.000 abgeschlossen, gegen 164 Beschuldigte laufen noch Verfahren. Führer- und Waffenscheine, Aufenthaltsgenehmigungen, Baugenehmigungen, Beschaffungsaufträge (u.a. bei der Polizei), Bauaufträge der öffentlichen Hand (an einer Podiumsdiskussion in München im Januar 1996 ist von deutlichen Hinweisen auf organisierte Kriminalität die Rede), Grundstücksgeschäfte (wie die der Brüder Beker im Frankfurter Bahnhofsviertel) – überall ist Bestechung im Spiel. In Hessen hat der Landesrechnungshof 2.000 Fälle von Korruption registriert, wobei der Baubereich sich als besonders anfällig erweise. Die Firmen setzen die Bestechungssummen legal als Werbungskosten oder nützliche Aufwendungen von der Steuer ab und beteiligen so die SteuerzahlerInnen an der Finanzierung. Im April 1995 sagt der Frankfurter Oberstaatsanwalt, Korruption und Wettbewerbsabsprachen seien bei der Vergabe öffentlicher Bauaufträge üblich. Nach Einschätzung des Bundeskriminalamtes nimmt die Korruption im öffentlichen Dienst bedrohliche Züge an. Alleine 1994 wurden 7.000 Korruptionsdelikte registriert, das Dunkelfeld sei riesig. Die Zahl der Fälle ist, insbesondere auch im Umkreis der deutschen Einigung, nicht mehr zu überblicken. Erst im März 1996 hat sich die CDU-Mittelstandsvereinigung von ihrem umstrittenen „Spendensammler" getrennt, der gegen ein Honorar von vierzig Prozent jahrelang die Kasse aufgebessert hatte.

Bestechung, Vorteilsnahme und Begünstigung beschränken *sich keineswegs auf den öffentlichen Dienst.* Aus zahlreichen Unternehmen liegen Meldungen über Korruptionsfälle vor, ebenso wie aus Krankenhäusern, aus Arzt- und Zahnarztpraxen. Üblich und von den Krankenkassen nicht einmal kritisiert ist die Praxis, nach der ChefärztInnen Leistungen abrechnen, die sie nicht erbracht haben. Kaum eine Lotto- und Totogesellschaft, die nicht wegen überhöhter Bezüge und Spesen ihrer (in der Regel nach parteipolitischen Kriterien ausgewählten) DirektorInnen von den Rechnungshöfen gerügt worden wäre. Nach einer Meinungsumfrage vom Sommer 1995 glauben 85 Prozent der Deutschen, daß Korruption in der deutschen Wirtschaft der Normalfall sei. BereichsleiterInnen in großen Unternehmen fordern von AuftragnehmerInnen Gewinnbeteiligung und genehmigen dafür überhöhte Rechnungen. Ein Werbechef eines großen Kaufhauskonzerns soll sich auf diese Weise dreißig Millionen DM nebenbei verdient haben.

1992 hat der Leiter des Landeskriminalamtes Hamburg (Sielaff 1992) beschrieben, wie *Korruption auch in die Polizei* eingezogen ist: „Was soll man dazu sagen, wenn Polizeibeamte ihr Privatfahrzeug kostenlos von einem dubiosen Kfz-Händler reparieren lassen; von Kreditvermittlern extrem günstige Darlehen eingeräumt bekommen; eng mit Detekteien und Sicherheitsdiensten zusammenarbeiten; sich von Gewerbetreibenden bei gemeinsamen Lokalbesuchen aushalten lassen; an riskanten Abschreibungsgeschäften beteiligt sind; mit Top-Kriminellen Warentermingeschäfte betreiben; sich als Handwerker bei der Renovierung eines Bordells verdingen; in ihrer Freizeit als ‚Zapfer‘ in einem Milieulokal oder als Mitarbeiter in einem Fitneß- und Saunaklub arbeiten; in Sexclubs verkehren; mit Prostituierten in eheähnlicher Gemeinschaft zusammenleben; in ihrer Freizeit regelmäßig mit Kriminellen verkehren; mit diesen auch ihren Urlaub gemeinsam verbringen; in der Großstadt eines anderen Bundeslandes ein Bordell eröffnen, wobei beim Gewerbeamt betont wird, daß man Polizeibeamter sei; mit Zockern der verbotenen Glücksspielszene liiert sind; in der Rauschgiftszene verkehren? ... Die relativ wenigen bekanntgewordenen Fälle von Korruption in der Polizei dürfen nicht darüber hinwegtäuschen, daß es wahrscheinlich ein auch nicht annähernd zu umreißendes Dunkelfeld gibt. Zwar bin ich davon überzeugt, daß unsere Polizei weitgehend – noch – resistent gegen Korruption ist, aber aufgrund der heraufziehenden Gefahren durch Organisierte Kriminalität müssen wir diesem Gebiet mehr Bedeutung zumessen. Es ist in der Tat erschreckend, wenn eine Untersuchung der nordrhein-westfälischen Polizei zu dem Ergebnis kommt, daß 1990 in jedes 5. Verfahren mit OK-Relevanz Polizisten, Staatsanwälte oder Kommunalpolitiker verstrickt gewesen sind".

Der Gesetzgeber selbst hat *den StrafverfolgerInnen die Arbeit schwer gemacht*: Schon 1953 wurde der Straftatbestand der Abgeordnetenbestechung aufgehoben; 1968 wurde die „Verletzung von Dienstgeheimnissen im besonders schweren Fall" gestrichen; 1974 wurde „schwere passive Bestechung", in den fünfziger Jahren noch als Verbrechen mit bis zu fünf Jahren Zuchthaus bedroht, zu einem einfachen Vergehen mit geringem Strafmaß und kurzen Verjährungsfristen. Als die Opposition im Sommer 1994 die steuerliche Absetzbarkeit von Bestechungsgeldern abschaffen wollte, scheiterte sie an der Regierungskoalition: Ein nationaler Alleingang käme nicht in Frage, weil dies die deutsche Wirtschaft im Wettbewerb empfindlich benachteiligen und Arbeitsplätze gefährden würde.

Ähnliche Fälle lassen sich ohne Schwierigkeiten in allen europäischen Ländern nachweisen; einfache Recherche in den Zeitungsarchiven genügt. Der *Europäische Rechnungshof* hat angesichts zunehmender Betrügereien allen Mitgliedsländern der Kommission unzureichende Kontrolle der Mittelverwaltung vorgeworfen. Vor allem im Agrarbereich, der mehr als die Hälfte aller Etatmittel der EU ausmacht, werde gegen die Grundsätze der Wirtschaftlichkeit und Sparsamkeit verstoßen. Bei vierzig EU-geförderten Projekten in den neuen Bundesländern werden schwerwiegende Mängel festgestellt. Die Subventionskontrolle steht allgemein unter scharfer Kritik. Ende 1990 wartete die EG-Kommission auf Rückzahlungen in Höhe von 258 Millionen DM. Bis Ende 1992 genehmigten die EG-Außenminister für Hilfen an die MOE-Länder rund vier Milliarden DM, von denen ein Großteil auf den Konten westlicher Beraterfirmen verbucht wurde, ohne daß irgendein „Know-how" vermittelt wurde. Aber auch innerhalb der Union fiele es leicht, eine Chronik der Finanzskandale aufzuschreiben, an deren Spitze wahrscheinlich die Agrarpolitik zu finden wäre. Der offizielle und verabschiedete EU-Haushalt ist immer weniger identisch mit dem Geldfluß, der tatsächlich durch die Brüsseler Behörden kontrolliert wird. Allzu oft gehen große Summen an große Unternehmen, die eigene Lobbying-Abteilungen in Brüssel unterhalten und Subventionen mitnehmen, auf die sie keineswegs angewiesen sind.

Ganz besonders muß hier aber die ehemalige DDR nach Öffnung der Mauer erwähnt werden, die von GlücksritterInnen aller Art „abgezockt" wurde, und es muß auf die anderen mittel- und osteuropäischen Länder hingewiesen werden, in denen nicht selten ganze Städte durch eine Koalition aus korrupter Verwaltung und organisiertem Verbrechen beherrscht werden.

(Organisierte) Kriminalität wird immer schwerer definier- und abgrenzbar, so sehr verwischen sich die Grenzen zwischen legalem und illegalem Handeln. „Innerhalb der Europäischen Gemeinschaft wird eine Summe von nahezu 500 Milliarden Dollar durch das organisierte Verbrechen in die Volkswirtschaft eingespeist" (Roth/Frey 1995, 10). Im organisierten Verbrechen gibt es Spitzenreiter: Interessanterweise ist dies nicht das Drogenproblem, sondern der Giftmüll. „Mittlerweile werden innerhalb der Gemeinschaft mehr Gelder über den Vorschub von Giftmüll erwirtschaftet als mit Drogen" (Europäisches Parlament, Sitzungsprotokoll vom 11.5.1992, zit. nach Roth/Frey 1995, 10). „Jeder rechtsradikale Politiker lacht sich ins Fäustchen, weil er nur zuzusehen braucht, wie ihm die Wähler zugetrieben werden. ... In einer Gesellschaft, in der politische Moral nur noch eine Worthülse ist, Politiker käuflich und Korruption etwas Alltägliches geworden sind, da findet das organisierte Verbrechen einen idealen Nährboden" (Roth/Frey 1995, 13). Organisierte Kriminalität entwickelt sich häufig auf der Basis ethnischer Strukturen: sizilianische Mafia, kalabresische Ndrangheta, neapolitanische Camorra, die neue Cosa Nostra in den USA, die russische Mafia, die chinesischen Triaden, die kolumbianischen Drogenkartelle, vietnamesische Zigarettenschmuggler und polnische Autoschieber – all das sind nur Beispiele aus der Vielzahl auch auf ethnischer Grundlage operierender Verbrechersyndikate, die längst weltweit, und nicht selten untereinander koordiniert, operieren. Dies feststellen heißt selbstverständlich nicht, ethnische Gruppen diskriminieren und als kriminell verleumden, die oft genug von ihren jeweiligen Syndikaten drangsaliert und erpreßt werden.

Drogenhandel, Schutzgelderpressung, Menschenhandel, Falschgelddelikte, Prostitution, Waffenhandel, Autodiebstahl, Hehlerei, Kreditkartenbetrug, Geldwäsche, Wohnungseinbrüche – das ist die *Basis des organisierten Verbrechens*. Den *Mittelbau* stellen korrupte PolitikerInnen, BeamtInnen, SteuerberaterInnen, käufliche AnwältInnen, Angehörige der Justiz. Die *Spitze* besteht aus „honorigen“ Geschäftsleuten, die längst ihren Platz in der „guten Gesellschaft“ gefunden haben, weitgehend unangreifbar sind und gewaschene Gelder aus kriminellen Quellen in großem Stil in legale Geschäfte investieren. Es fällt zunehmend schwer, den Unterschied zwischen organisierter Kriminalität auf der einen Seite und z.B. einem Bankensystem, das die Spargroschen der „kleinen Leute“ mit kaum mehr als dem Inflationsausgleich verzinst und riesige Gewinne aus der Zinsdifferenz zieht, aus denen dann nicht selten Parteispenden finanziert werden, auf der anderen Seite zu ziehen. Was für einen Unterschied macht es, ob das Haus, in dem ich wohne, einem „legalen“ Immobilienhai gehört oder einem mafiosen? Wie läßt sich im Auslandsurlaub ein „anständiges“ von einem der Geldwäsche dienenden Wechselbüro unterscheiden? Ist die Lohndrückerei der Industrieverbände etwas so qualitativ Verschiedenes von den Hungerlöhnen, die illegal Eingeschleusten oder LeiharbeiterInnen gezahlt werden? Eine kriminell gesteuerte Gegenstruktur ist dabei, sich zu etablieren. Der Unterschied zur legalen Struktur des Wirtschaftssystems ist deshalb so schwer zu ziehen, weil dieses grundsätzlich nach der gleichen Logik der Bereicherung um jeden Preis funktioniert.

„Mafioses Verhalten wird auch ermöglicht und gefördert durch den Verfall politischer Kultur, die in diesem Staat von Filz zu Filz, von Affäre zu Affäre, von Skandal zu Skandal führt und eine politische Landschaft geschaffen hat, die bisweilen einer Bananenrepublik gleicht. Wo liegt der Unterschied zwischen dem Schutzgelderpresser und dem Bürgermeister einer Gemeinde, der für die wohlwollende Prüfung eines Bauantrages ein Geldkuvert entgegennimmt? Was unterscheidet den Geldwäscher eines Drogenkartells vom Schatzmeister einer Partei, der als Parteispenden deklarierte Unternehmergewinne an der Steuer vorbeischleust?“ (ebd., 28).

Hans Herbert von Arnim, der Speyerer Staatsrechtler, wird nicht müde, auf die Probleme der Parteien- und Abgeordnetenfinanzierung hinzuweisen (1991, 1993); Erwin und Ute Scheuch (1992) haben Begünstigung, Korruption und Vorteilsnahme in der Kölner Kommunalverwaltung aufgedeckt und damit nur auf allgemein übliche Praktiken der Parteien aufmerksam gemacht; der stellvertretende Vorsitzende des Bundes deutscher Kriminalbeamter, Bruckert, hält Teile der organisierten Kriminalität in Deutschland für unangreifbar, weil durch politische Versäumnisse Strukturen entstanden seien, die sich polizeilichem Zugriff entzögen. „Es gibt in allen größeren Städten Deutschlands Strukturen und Personen, die nicht mehr angreifbar sind, obwohl sie selbst namentlich und ihre kriminellen Karrieren der Polizei bekannt sind". Die eigentliche Gefahr liege im Bereich der Wirtschaftsverbrechen (vgl. z.B. auch Ludwig 1992). Die deutsche Innenpolitik beschäftige die Polizei mit der Verfolgung von Kleinkriminellen und decke damit faktisch die organisierte Kriminalität.

Steuerhinterziehung ist die vielleicht häufigste, alltäglichste und gleichzeitig die gesellschaftlich am weitesten akzeptierte Form eben nicht mehr „abweichenden" Verhaltens. Kaum ein Abendessen im Restaurant mit Freund/in oder Ehefrau/mann, das nicht per Spesenbeleg zu Werbungskosten gemacht werden könnte, kaum noch ein/e HandwerkerIn, der nicht danach fragte, ob man denn eine Rechnung brauche, d.h. die Mehrwertsteuer zahlen wolle oder nicht, kaum eine Tätigkeit, für die sich nicht auch ein/e SchwarzarbeiterIn finden ließe, kaum ein Trick beim Ausfüllen der Einkommenssteuererklärung, der ungenutzt bliebe – und auch Menschen, denen ansonsten ein sensibles Bewußtsein für Recht und Unrecht ohne weiteres zu attestieren wäre, sehen sich hier eher in einer Art sportlichen Wettbewerbs, in der das Austricksen der Finanzämter keineswegs als unmoralisches Verhalten, vielmehr als pure Notwendigkeit völlig öffentlich diskutiert wird. „Die Hälfte der 4.500 Hamburger Millionäre zahlt keine Einkommenssteuer" – so zitiert Der Spiegel (12/1996, 22) den Hamburger Bürgermeister Voscherau. Der Spitzensteuersatz von 53 Prozent auf dem Einkommen Verheirateter von mehr als 240.000 DM ist im Steuerbescheid „zur Rarität geworden" – „Die in der Wirklichkeit gemessene durchschnittliche Obergrenze liegt deutlich unter 40 Prozent".

Das Thema hat zwei einander in ihrer Logik ergänzende Seiten: (a) Auf der einen Seite hat der *Gesetzgeber bewußt ausreichend Schlupflöcher gelassen*, um den „Besserverdienenden" eine realistische Chance zu geben, ihre Steuerlast zu verringern. Ergebnis ist ein Steuertarif, der faktisch keineswegs progressiv (also die höheren Einkommen prozentual stärker als die niederen Einkommen besteuernd), sondern faktisch wahrscheinlich degressiv, also umgekehrt, gestaltet ist. Unter den sieben führenden Industriestaaten hat Deutschland, wie der Präsident des Bundesfinanzhofes errechnen ließ, die größte Differenz zwischen nomineller und effektiver Steuerbelastung. Nicht selten schafft der Gesetzgeber erst die Voraussetzungen im Steuerrecht, die dann zu Betrügereien großen Stils führen (Bauherrenmodell, Aufschwung Ost). „Schlichte Geldgier, gepaart mit einer fast pathologischen Abneigung, auf Verdientes auch Steuern zu zahlen, treibt die Besserverdienenden zu Immobilienverkäufern" (Der Spiegel 15/1994, 105). Der Bundesrechnungshof hat darüber hinaus dem Finanzministerium Aufsichtsmängel über die Steuer-Betriebsprüfung vorgehalten. (b) Auf der anderen Seite hat der/die *LohnsteuerzahlerIn,* der/die bereits im Betrieb die Steuer vom Lohn abgezogen bekommt, ohne die Abzugsmöglichkeiten der Einkommensteuererklärung nutzen zu können, *keine Chance, die eigene Steuerschuld zu verringern.* So kann es leicht sein – und der Beispiele, dies zu illustrieren, gibt es hunderte – daß selbst EinkommensmillionärInnen (von den VermögensmillionärInnen gar nicht zu reden, bei denen das beinahe selbstverständlich ist) deutlich weniger (ja zuweilen gar nicht) besteuert werden als Menschen mit geringem Einkommen, die davon auch noch die volle Steuerlast tragen müssen. Dazu kommt, daß BezieherInnen kleiner Einkommen ihre Ersparnisse in der Regel in schlechtverzinsten Sparformen anlegen und damit die Gewinne der Banken zum erheblichen Teil mitfinanzieren. Ein tiefer und zunehmender Widerspruch klafft zwischen der Theorie der „sozialen Marktwirtschaft" und ihrer empirischen Realität.

Der Weg dahin führt über eine dauernde *Komplizierung des Steuerrechts* so weit, daß die Sparkassen jährlich eine Handreichung zum Ausfüllen der Einkommensteuererklärung publizieren, die inzwischen 840 Seiten stark ist (und Handreichungen zum Sparen von Einkommensteuer sind Bestseller auf dem Taschenbuchmarkt). Alleine zwischen 1984 und 1994 sind zu den wichtigsten Steuergesetzen 122 Änderungsgesetze erlassen worden, das Einkommensteuergesetz alleine wurde 64mal geändert. 1993 hat die Regierung fünf Steuergesetze mit insgesamt 130 Seiten in Kraft gesetzt. Die elf wichtigsten Regelwerke umfassen zusammmen 2.506 Paragraphen und 2.892 Druckseiten. Es kann kein Zweifel daran bestehen, daß die *Schlupflöcher für Besserverdienende politisch gewollt sind oder politisch begünstigt* werden (so z.B. die Festsetzung der Einheitswerte von Immobilien, die immer noch auf dem Stand von 1961 bleiben, und selbst nach der klaren Rüge des Verfassungsgerichts scheint die herrschende Koalition das Thema nicht aufnehmen zu wollen). Wem die Lohnsteuer an der Quelle abgezogen wird, der/die hat solche Möglichkeiten nicht. Im Klartext heißt dies nichts anderes, als daß die BezieherInnen kleiner Einkommen benachteiligt sind und die Zeche bezahlen. Wem es gelingt, (mit Hilfe einer SteuerberaterIn) das Dickicht des Einkommenssteuerrechts zu verstehen, der/die zahlt weniger. Der Gesamtumfang der jährlichen Steuerhinterziehung wird auf ungefähr 150 Milliarden DM geschätzt, eine Summe, die in der Tat geeignet wäre, den Bundeshaushalt zu sanieren. Daß sie nicht eingefordert wird, daß statt dessen die Sozialleistungen gekürzt werden, ist *politischer Wille*. Der Bundesrechnungshof hat ausdrücklich im Juli 1995 vom Finanzminister verlangt, es seien sämtliche Steuerquellen auszuschöpfen, also nicht nur die Einkünfte der ArbeitnehmerInnen, sondern auch diejenigen der KapitalbesitzerInnen, Gewerbetreibenden und der selbständig Tätigen gleichermaßen und zutreffend zu erfassen.

Steuervermeidung und Steuerhinterziehung sind keineswegs mehr (abweichende) Ausnahmehandlungen, sie sind weithin *als normal und selbstverständlich begriffener Alltag*. Nach Einführung der Quellensteuer auf Zinserträgen sind 300 Milliarden DM ins Ausland transferiert und damit der Besteuerung entzogen worden. Daß die Dresdner Bank wegen umfangreicher Hilfen zur Steuerhinterziehung durch Verschiebung von Geldern nach Luxemburg kritisiert wird, ist in diesem Zusammenhang nur eine Randerscheinung, und es wäre erstaunlich, wenn es nur dieses Unternehmen beträfe. Einer Finanzarbeitsgruppe in Nordrhein-Westfalen fiel Anfang August 1994 u.a. auf, daß Kreditinstitute großzügig Kredite ohne erkennbare Sicherheiten vergeben haben – die KreditnehmerInnen hatten unversteuertes Schwarzgeld bei Filialen derselben Bank im Ausland angelegt und der Bank als Sicherheit übereignet. Bei Großhändlern der Nahrungs- und Genußmittelbranche seien Schwarzeinkäufe in Höhe von zwanzig bis dreißig Prozent der Umsätze entdeckt worden. In der Gebäudereinigungsbranche würde der Lohn von ständig Beschäftigten durch fingierte Kurzzeitbeschäftigung mit wechselnden Namen nur mit 15 Prozent pauschal versteuert. Lebensmittelmärkte entlassen vollzeitlich beschäftigtes Personal, um die gleichen Menschen anschließend mit 580-Mark-Verträgen wieder einzustellen. All das geht zusammen mit den allgemein bekannten Tatsache, daß GroßverdienerInnen im Sport oder im Showgeschäft Wohnsitze in Monte Carlo unterhalten zum alleinigen Zweck, Steuern zu sparen – die Steueraffäre der Steffi Graf sei darüber nicht vergessen – was die Gunst des Publikums scheinbar nicht mindert. Der Direktor des hessischen Landeskriminalamtes wird im Juli 1994 in der Presse mit der Aussage zitiert, Steuerhinterziehung und Versicherungsbetrug *gefährdeten den inneren Frieden in Deutschland*. Die von der Gesellschaft geduldete Kriminalität lasse das Unrechtsbewußtsein weiter schwinden. „Kriminell sein wird als normales, auch vom Staat geduldetes Verhalten empfunden".

Viel wichtiger ist die *steuerliche Behandlung von Unternehmen*. Mittlere Betriebe werden im Durchschnitt nur alle zehn, Kleinbetriebe nur alle 32 Jahre einer Steuerprüfung unterzogen Da freilich läßt sich zeigen, daß die Gewerbesteuer Schritt für Schritt zur faktischen Ausnahme geworden ist – und daß seit einigen Jahren die Bundesregierung (gegen den Widerstand der Länder und Gemeinden) in Aussicht stellt, die Gewerbesteuer ganz abzuschaffen. „Für die Wirtschaft gilt dasselbe. Handwerker und kleine Mittelständler stöhnen unter einer Steuerlast, die sich auf bis zu siebzig Prozent summieren kann. Banken und Versicherungen, Autoproduzenten und Mineralölkonzerne drücken ihre Verpflichtungen gegenüber dem Fiskus jährlich näher an Null. Heerscharen von Steueradvokaten verhindern, daß der Staat bei den Großen so zulangt wie bei den Kleinen. International operierende Konzerne klagen über hohe Steuern am Standort Deutschland, entrichten tatsächlich aber nur minimale Beträge – oder ergreifen gleich die Steuerflucht: Sie verlegen einzelne Abteilungen oder die ganze Produktion in Länder mit noch geringeren Abgaben" (Der Spiegel 12/1996, 23). Das Aufkommen der Körperschaftssteuer fiel von 1989 bis 1993 um 18,5 Prozent, von rund 34 auf weniger als 28 Milliarden DM. Der Elektrokonzern Siemens zahlte im Geschäftsjahr 1993/94 weniger als 100 Millionen DM an deutschen Steuern – und erhielt im gleichen Jahr 190 Millionen DM an staatlichen Forschungszuschüssen; von BMW wird gemeldet, der Autoproduzent habe zwischen 1989 und 1993 etwa eine Milliarde DM an Abgaben vermieden; und bei Volkswagen fiel die Besteuerung der Geschäftserträge von 37 Prozent im Jahr 1991 auf 25 Prozent im Jahr 1994. Die europäischen Länder sind in *einen Wettlauf um die günstigsten Unternehmenssteuern* eingetreten – den Gewinn haben vor allem die AnteilseignerInnen, die Verluste tragen die LohnsteuerzahlerInnen und die, die ihre Jobs verlieren.

Es wäre ein leichtes und bedürfte keiner großen Anstrengung, diesen Katalog fortzuführen. Das ist hier nicht nötig. Was damit belegt werden soll, ist auch ohne die Nennung weiterer Einzelfälle einleuchtend: In den westlich-kapitalistischen Ländern, und ganz gewiß auch in den Ländern des früheren Ostblocks, hat sich in den letzten Jahren ein Klima durchgesetzt, das durch ein hohes Maß an Regelverletzungen charakterisiert ist. Dabei fällt auf, daß diese Art kriminellen Verhaltens dem/der NormalbürgerIn, LohnsteuerzahlerIn, SparbuchinhaberIn gar nicht zugänglich ist – es handelt sich um die weit verbreitete *Kriminalität der mittleren und oberen Sozialschichten*, die letztlich auf Kosten der „kleinen Leute" geht. Sie sind es auch, die ihre Interessen politisch am ehesten durchsetzen können. Dabei spielen Angehörige der politischen Klasse und der öffentlichen Verwaltungen eine besonders wichtige Rolle. Wenn diese politische Klasse gleichzeitig nicht davor zurückschreckt, die Ärmsten der Gesellschaft weiter zu belasten, die Steuern und Abgaben nach oben zu treiben bzw. die öffentlichen Leistungen zu senken und wenn sie für eine zunehmende Zahl von Menschen deutlich erkennbar in der politischen Auseinandersetzung einseitig Partei für gesellschaftliche Gruppen mit ohnehin großen Privilegien ergreift, dann ist nicht verwunderlich, daß damit das *moralische Klima generell schwer belastet* wird, daß wir also zunehmend einem Zustand der *Anomie* entgegengehen. Ein Großteil der Diskussion um die vermeintlichen Mängel des „Standorts Deutschland" sind vor diesem Hintergrund zu sehen, sind Argument im verschärften Verteilungskampf. So schlecht können die Bedingungen ja nicht sein, wenn Deutschland weiterhin mit an der Spitze aller Exportnationen liegt, und die Einkünfte aus Unternehmertätigkeit und Vermögen seit Jahren überdurchschnittlich gestiegen sind. Auf diese Weise wird das ganze System in Mißkredit gebracht, politisch extremen Gruppierungen in die Hände gespielt, die politische „Mitte" der etablierten Parteien ausgedünnt und am Ende der soziale Friede empfindlich gestört.

4.6 Zusammenfassung

Wir haben an einigen wichtigen Bereichen sozialer Ungleichheit – der Klassenteilung, der aus ihr folgenden Entwicklung regionaler Disparitäten, der Bevölkerungsentwicklung in jung und alt, der Migrationsbewegungen und ethnischen Verschiebungen, am Geschlechterverhältnis – gezeigt, daß sich auf der globalen, der europäischen und der nationalen Ebene Tendenzen sozialer Polarisierung und neue Spaltungen erkennen lassen. Ihre Ursachen sind in dem verschärften Verteilungskampf zu suchen, der in der Weltwirtschaft tobt und von dem alle anderen Bereiche gesellschaftlicher Entwicklung beeinflußt werden. Am Ende des Kapitels haben wir unter dem Stichwort „Anomie" empirische Belege dafür vorgelegt, daß die Wert- und Normorientierung in der deutschen Gesellschaft brüchig geworden ist, daß illegale Praktiken aufsehenerregend zugenommen haben, die Grenze zwischen legalem und illegalem Verhalten oft kaum mehr klar zu ziehen ist.

Weiterführende Literatur

1. *Koch, Max*, 1994: Vom Strukturwandel einer Klassengesellschaft. Münster
2. *Schäfers, Bernhard*, 1995: Gesellschaftlicher Wandel in Deutschland. Ein Studienbuch zur Sozialstruktur und Sozialgeschichte. Stuttgart
3. *Nuscheler, Franz*, 1995: Internationale Migration. Flucht und Asyl. Opladen
4. *Roth, Jürgen, und Marc Frey*, 1995: Die Verbrecher-Holding. Das vereinte Europa im Griff der Mafia. München
5. *Stiftung Entwicklung und Frieden*: Globale Trends 1996, hg. von Ingomar Hauchler. Frankfurt

Übungsaufgaben

1. Wie hängen Bevölkerungsentwicklung (natürliche Entwicklung und Wanderungen) und Verschuldungskrise miteinander zusammepn?
2. Diskutieren Sie die beiden einander entgegengesetzten Thesen:
a. Die völlige Liberalisierung und Öffnung hin zum Weltmarkt wird für alle Beschäftigung und Wohlstand bringen!
b. Die völlige Liberalisierung und Öffnung hin zum Weltmarkt wird für alle Beschäftigung und Wohlstand zerstören!
3. Kann eine „Festung Europa" sich ganz oder zu wichtigen Teilen von Außeneinflüssen abschirmen – unter welchen Bedingungen und mit welchen Folgen?
4. Was würde der gemeinsame Kampf *beider* Geschlechter gegen *alle* Formen von Unterdrückung praktisch bedeuten? Wie könnte er geführt werden? Hätte er unter heute vorherrschenden Bedingungen eine realistische Chance auf Erfolg? Was für eine Gesellschaft würde daraus entstehen?
5. Im Text wird die These vertreten, kapitalistische Wirtschaftsweise und organisiertes Verbrechen folgten einer ähnlichen Logik und seien deshalb immer schwerer auseinanderzuhalten; inwiefern halten Sie diese These für richtig, inwiefern für falsch?

Institutionen

Die Kernfrage unserer Untersuchung ist, *ob und wie die vorhandenen Institutionen dazu beitragen, uns auf den Weg hin zu globaler Zukunftsfähigkeit zu bringen.* Wenn sie dazu nicht in der Lage sind, werden wir sie ändern müssen. Wir werden vier große Bereiche sozialer Institutionen behandeln: Wirtschaft, Politik, Kommunikation, Soziale Sicherung. Damit soll dreierlei erreicht werden: (1) muß deutlich werden, daß die *Selbstinterpretationen* der Institutionen sich grundlegend von ihrem *wirklichen Funktionieren* unterscheiden; vermutlich ist dieser Unterschied zwischen Ideologie und Realität zwischen 1970 und 1996 angewachsen und wird er im Verlauf der Krise weiter anwachsen – darin besteht gerade der Zusammenhang mit Krise; (2) ist zu zeigen, wie die *europäische und die deutsche Gesellschaft mit dem globalen Kontext verwoben* sind; darin wird deutlicher noch als vorher der Nachweis geführt, daß es nur die eine Welt gibt, und daß wir von der abhängen; (3) ist jeweils der *Zusammenhang mit Sustainability* herzustellen.

Es wäre reizvoll gewesen und hätte das Bild vervollständigt, wenn wir auch andere Institutionen in die Untersuchung einbezogen hätten:

- Das Recht, die Prozesse seiner Entstehung und ihr Zusammenhang mit Machtstrukturen, die verhindern, daß nachhaltige Entwicklungen als grundlegendes Menschenrecht („Recht auf Leben und körperliche Unversehrtheit") praktisch durchgesetzt wird;
- Bildung und Wissenschaft, die noch immer in erster Linie an der beruflichen Verwertung von Wissen, am Wirtschaftswachstum und dem Gewinn von Wettbewerbsvorteilen orientiert sind, statt den notwendigen Beitrag zur ökologischen Umstrukturierung unserer Gesellschaft zu leisten;
- den *Sport* und seine Kommerzialisierung (für den Fußball z.B. Klein 1994) bis hin zu einer Meldung im Deutschlandfunk vom Dezember 1995, nach der Juan Antonio Samaranch, der Präsident des Internationalen Olympischen Komitees und begierig auf den Friedensnobelpreis, den Verkauf der Übertragungsrechte für die Olympischen Spiele an die amerikanische TV-Gesellschaft NBC deswegen durchgesetzt haben soll, weil der gute Beziehungen zum Friedensnobelpreiskomitee nachgesagt werden (vgl. auch Jennings 1996);
- die *Kirchen*, ihre wenig transparenten finanziellen Verhältnisse zwischen Kirchensteuer und massiven staatlichen Subventionen (Herrmann 1992) bis hin zu den Verbindungen des Vatikan zu rechtsextremen Kreisen in der italienischen Freimaurerloge P 2, dem Opus Dei und dem Cercle Violet (u.a. Roth/Ender 1995);

- den Gesundheitsbereich, dessen „Kostenexplosion" mit so naturwüchsiger Gewalt die Sozialsysteme erschüttert, daß niemand mehr daran denkt, dahinter eine einträgliche Kumpanei zwischen Krankenhäusern, Pharmaindustrie, Ärzteschaft und Krankenkassen zu Lasten der Patienten zu vermuten;
- die Kultur, die die Kommunen angesichts leerer Kassen zunehmend der Finanzierung und dem Diktat privater „Sponsoren" überlassen, oder den Kunstmarkt mit seinen wechselnden Moden und seinen Mechanismen, Stars und VersagerInnen zu produzieren.

Eine neue Qualität der Erkenntnis hätte dies kaum ergeben, die notwendigen Recherchen wären hier nicht zu leisten gewesen, und das hätte den Rahmen eines noch bezahlbaren Buches gesprengt. Deshalb haben wir darauf verzichtet, erwähnen es aber trotzdem, weil solche Themen in den üblichen Sozialstrukturanalysen nicht vorkommen, obgleich sie für ein vertieftes Verständnis unserer Gesellschaft hilfreich sind.

Daß Handeln durch Institutionen „kanalisiert" wird, soll heißen, daß *Handlungsspielräume definiert* werden. Handeln ist durch Institutionen nicht determiniert, also nicht vollständig bestimmt, und Institutionen verändern sich auch im Handeln. Indem wir uns gemäß erlernter institutioneller Regeln verhalten, bestätigen wir diese Institutionen fortwährend neu. Wenn immer mehr Menschen solche Regeln *nicht* befolgen, dann führt dies irgendwann zur Änderung der Institution (siehe z.B. Reformen der Rechtschreibung, oder die rechtliche Behandlung des Zusammenlebens ohne Trauschein). Institutionen sind also in der Regel nicht starr und unveränderbar, nur ist *institutioneller Wandel in der Regel ein langsamer Prozeß.* Die Frage, wie groß jeweils die Handlungsspielräume sind, die jemand nutzen kann, entscheidet sich an den *Machtressourcen*, die er oder sie mobilisieren kann.

„Macht" wird im allgemeinen nach Max Weber definiert als die Fähigkeit einer Person, *das Handeln anderer Personen auch gegen deren Willen im eigenen Interesse zu lenken.* Macht ist also keine Eigenschaft, die jemandem anhaftet, sondern ein Verhältnis zwischen mindestens zweien. Macht entsteht dadurch, daß eine/r etwas besitzt oder kontrolliert, das der/die andere zu seiner/ihrer Entwicklung oder zu seinem/ihrem Wohlergehen braucht – so insbesondere bei den *Produktionsmitteln.* Der Besitz von oder die Kontrolle über Produktionsmittel ist insofern eine Machtressource. Aber es gibt andere Machtressourcen: Wissen, Geld, Emotionen, Beziehungen, Anweisungs- und Sanktionsbefugnisse (Elias 1970). In der Regel haben beide Seiten solche Ressourcen, die sie unter bestimmten Umständen einsetzen können – womit nicht verschleiert werden darf, daß in der Regel *Machtbeziehungen asymmetrisch*, ungleichgewichtig sind, die Chancen, sich gegen Zumutungen zu wehren, oft nur gering sind. In allen Beziehungen sind die Machtgewichte unterschiedlich verteilt; in vielen Beziehungen, wo es nicht um institutionell festgelegte Machtverteilungen geht, kann die Balance in kurzen zeitlichen Abständen wechseln (z.B. in Liebesbeziehungen). Häufig ist es gerade die Machtbalance, deren Klärung wichtigstes Thema einer Interaktion ist. Wenn ein Vorgesetzter in einer Behörde oder einem Unternehmen sich um die Zuneigung einer Sekretärin bemüht, dann kann sie diese Ressource gegen seine formale Befehlsgewalt einsetzen – der wahrscheinlichere Fall ist freilich, daß der Vorgesetzte seine Macht zu sexueller Nötigung mißbraucht. Wenn eine/r von jemand Mächtigeren Dinge weiß, die ihm/ihr schaden können, dann kann er/sie dieses Wissen als Machtressource z.B. durch Erpressung einsetzen. Machtverhältnisse sind *kaum jemals völlig einseitig*: Ein/e ProfessorIn, der/die Studierende prüfen kann/soll/muß, ist zwar mächtiger als sie und kontrolliert zumindest kurzfristig ihr Verhalten. Wenn aber keine Studierenden mehr in seine/ihre Veranstaltungen gehen, wenn Studierende fortlaufend dem Dekan, dem Präsidenten oder dem Minister Beschwerdebriefe schreiben, dann können sie sehr wohl wirksame Machtressourcen gegen ihn/sie einsetzen. Nur im Fall *totaler Institutionen* – Gefängnisse, psychiatrische Anstalten, Konzentrationslager, manche Sekten – ist eine Seite ganz und gar ohnmächtig, die andere ganz und gar übermächtig. Machtverhältnisse sind also nicht statisch und unveränderbar, man kann auch Macht verlieren. Sie sind an *Kontexte* gebunden. Je mächtiger jemand ist, desto eher wird es ihm/ihr gelingen, Institutionen so zu verändern, daß sie dem eigenen Interesse dienlich sind, d.h. das Handeln anderer auf die eigenen Interessen ausrichten. Das ist im Fall individueller Machtverhältnisse so, aber auch im wichtigeren Fall von Machtverhältnissen zwischen Kollektiven, also z.B. Klassen. Wenn wir uns an das Argument erinnern, nach dem „die Gedanken der herrschenden Klasse gleichzeitig die herrschenden Gedanken sind", wenn die herrschende Klasse ihre Position auch dadurch zu stabilisieren sucht, daß sie eine legitimierende Ideologie hervorbringt und stützt – dann müssen wir erwarten, daß *zwischen objektivem Funktionieren einer Institution und ideologischer Selbstinterpretation ein Widerspruch besteht*. Es wird sich noch zeigen, daß insbesondere die Wissenschaft eine wichtige Rolle bei der Produktion solcher Ideologien spielt.

Ein Durchgang durch die soziologischen Lexika zeigt, daß der Begriff „Institution" zu den schillerndsten, unklarsten und dennoch häufigsten in der Soziologie gehört. Ein allgemeiner Begriff von Institution faßt so viele und so verschiedene Tatbestände, daß er entsprechend abstrakt und inhaltsleer ausfallen muß: Institutionen definieren wir als *gewohnheitsmäßige und verfestigte Verhaltensregeln und Beziehungsmuster, die einen – gegenüber der subjektiven Motivation – relativ eigenständigen Charakter besitzen. Sie sind den Menschen als „soziale Tatsachen" vorgegeben, werden im Sozialisationsprozeß erlernt, sind häufig rechtlich definiert und durch Sanktionen abgesichert.*

Eine große Gruppe von Institutionen sind *rechtlich fixierte Verhaltensvorschriften,* die nach einem bestimmten Verfahren erlassen und dann von Staates wegen überwacht, kontrolliert und im Fall von Verstößen sanktioniert werden. Auch das sind ja Vereinbarungen, Konventionen, wenngleich mit einem hohen Grad an Verbindlichkeit ausgestattet – und auch da ist die Frage angebracht, welche Verhaltensspielräume sie wem einräumen, in wessen Interesse sie formuliert und durchgesetzt werden. Am Beispiel der Verkehrsregeln läßt sich das gut illustrieren: Wir gehen meist davon aus, daß solche Regeln – Geschwindigkeitsbeschränkungen, Parkverbote usw. – für alle gleichermaßen gelten. Das jedenfalls ist die Theorie – in der empirischen Wirklichkeit gibt es davon zahlreiche Ausnahmen: Regelverletzungen, weil es jemandem nichts ausmacht, die im Fall des Erwischtwerdens fällige Strafe zu zahlen, oder weil er/sie dank „guter Beziehungen" darauf zählen kann, daß die verhängte Strafe nicht durchgesetzt wird; Regelverletzungen, die nicht geahndet werden, weil das Ordnungsamt Anweisung hat, bestimmte Fahrzeuge nicht aufzuschreiben; oder die demonstrative Regelverletzung, nicht selten bei Regierungsfahrzeugen, die damit prahlerisch betonen, wie wenig sie sich an solche Vorschriften gebunden fühlen (hier benehmen sich übrigens manche bundesdeutschen PolitikerInnen nur um Nuancen anders als ihre früheren KollegInnen in der DDR). Vor dem Recht sind eben nicht alle gleich.

Auch *soziale Organisationen* sind Institutionen, auch dann, wenn sie sich – wie z.B. Betriebe, Verwaltungen, Schulen, Krankenhäuser, Gefängnisse, Kammern, Parteien, Gesangvereine – nicht an alle Mitglieder einer Gesellschaft in gleicher Weise und in gleicher Rigidität richten. Die in solchen Organisationen geltenden Verhaltensvorschriften hängen in der Regel nachvollziehbar mit dem Zweck der Organisation zusammen. Damit ist noch nicht gesagt, wie verbindlich sie für wen sind, wer ihre Einhaltung kontrolliert und wer in der Lage ist, Verfehlungen auf welche Weise zu sanktionieren. Wichtig ist dabei, in welchem Maß Zugang und Aufenthalt in solchen Organisationen erzwungen werden kann. Die Grenzen, wie gesagt, sind fließend.

Wenn Sie Ihrer Freundin den Mantel halten oder sich von Ihrem Freund die Tür aufhalten lassen, wenn Sie einem älteren Menschen ihren Platz in der Straßenbahn anbieten oder wenn Sie aufstehen, wenn eine Dame an ihren Tisch tritt, so sind das institutionalisierte, verfestigte Verhaltensweisen („Höflichkeit"), die sich in dieser Hinsicht mit dem Abendessen, dem Kirchgang, dem Eigentum, der Ehe und dem Erbrecht vergleichen lassen. Es sind kollektive Vereinbarungen, die es uns ersparen, in jeder Situation neu abzuwägende Entscheidungen zwischen Alternativen zu treffen. Wir lernen und internalisieren solche Vereinbarungen, Regeln, im Prozeß der Sozialisation. Sie sind Teil des Vorgangs, der uns aus „kleinen Tieren" zu Mitgliedern unserer Gesellschaft, uns zu sozialen Wesen und gleichzeitig zu Individuen macht.

Am offenkundigsten und zugleich am wenigsten bewußt geschieht Verhaltenssteuerung durch *physische Objekte*, mit denen wir uns im Verlauf der Geschichte immer dichter umgeben haben. Jeder Gegenstand, jedes Gerät, jedes physische Artefakt, das Menschen geschaffen haben, dient einem Zweck: als „Gebrauchsgegenstand", als Arbeitsmittel, als Gegenstand religiöser Verehrung, als Ausdruck kultureller Entwicklung, als Objekt des Konsums. Es handelt sich damit um die Lösung eines Problems; irgendjemand hat irgendwann einmal eine Lösung für ein Problem gefunden, also z.B. eine Maschine zum Schreiben, um für alle jederzeit lesbare Schriftstücke produzieren zu können. Diese Problemlösung wird dann selbstverständlich und ohne weitere Problematisierung oft über Jahrzehnte weg übertragen, prägt unser Verhalten, bis dann irgendwann jemand anders sich eine neue Lösung ausdenkt und die sich durchsetzt, also z.B. der Personalcomputer. Das sind selten „zufällig" ablaufende Vorgänge: Was sich an sachlicher Ausstattung, an Technologien etwa, durchsetzt, hängt wiederum von Macht- und Interessenstrukturen ab. Die Technikgeschichte ist voll von Erfindungen und Entwicklungen, sie sich niemals massenhaft durchgesetzt haben, auch wenn sie vernünftig sind (das 3-Liter-Auto, Hanfpapier und viele andere). Auch Technologien sind nicht im gesellschaftlichen Sinn neutral, sie dienen Interessen und werden so lange beibehalten, solange sie diese Funktion erfüllen. *Physische Objekte sind gleichzeitig Vereinbarungen über erwartetes Verhalten*, am deutlichsten erkennbar an Objekten, die nur dazu da sind, Verhaltensanweisungen zu vermitteln: Verkehrszeichen etwa. Beim Stuhl ist dies noch trivial; bei einer komplizierten Maschine sind in die Verhaltensvorschrift („Gebrauchsanweisung") oft viele Menschen einbezogen, denen dann auch nur geringe Spielräume für eigene Entscheidungen bleiben (Fabrik, Fließband). Hier ist der Machtaspekt unverkennbar, denn unter den Zwang der Maschine muß ich mich nur beugen, wenn ich sie zur Sicherung meiner Existenz brauche, sie aber einem anderen gehört. Im Sinn unserer Definition sind alle physischen Artefakte in ihrer Qualität als Vereinbarungen über Verhalten soziale Institutionen (zuerst hat darauf Hans Linde 1972 aufmerksam gemacht; das Thema ist dennoch weitgehend vernachlässigt geblieben; Hamm/Neumann 1996 bauen darauf ihre Definition von „Raum" auf). Wir sind, ganz im wörtlichen Sinn „von Institutionen umstellt", und das im historischen Verlauf zunehmend. Damit wird unser Verhalten *immer enger normiert*, immer zuverlässiger vorhersagbar – ganz im Gegensatz zu den Thesen der ModernisierungstheoretikerInnen, die uns von einem Trend zur Individualisierung von Lebensstilen überzeugen wollen.

Gerade ihrer Selbstverständlichkeit wegen ist uns der Charakter von Institutionen als von Menschen geschaffenen, historisch bedingten, Interessen dienenden, prinzipiell veränderbaren Vereinbarungen meist *nicht mehr bewußt* – wir behandeln sie praktisch viel mehr wie festgefügte, nicht mehr zu hinterfragende „Naturgesetze". Wir tragen unsere Gesellschaft in uns, sie ist Teil unserer Persönlichkeit auch in den Aspekten, die wir bei distanzierter Reflektion ablehnen würden. Das ist ein Grund, weshalb der aufmerksame Besuch anderer Gesellschaften uns zuweilen so sehr die Augen für unsere eigene öffnen kann. Es ist aber auch der Grund dafür, daß Institutionen sich so schwer verändern lassen. Da Institutionen nicht interessenneutral sind, sondern mit Macht verbunden, können wir erwarten, daß Änderungen dann leichter sind, wenn entweder neue Mächtige kein Interesse mehr an alten Institutionen haben oder wenn neue Mächtige davon überzeugt werden können, daß neue Institutionen in ihrem Interesse sind – ein Prozeß, den wir in reinster Form gegenwärtig in den früher sozialistischen Ländern beobachten können („Marktwirtschaft", „Demokratie").

Institutionen haben ein *Doppelgesicht*: Auf der einen Seite sind es *praktische Verfahrensregeln*, die der Erfüllung bestimmter notwendiger Aufgaben dienen (Produktionsverhältnisse); auf der anderen Seite haften ihnen gesellschaftstheoretische Interessen, Erklärungen und Begründungen, also *Ideologien* an, die rechtfertigen, warum Institutionen so und gerade so – und d.h. in der Regel im Interesse dieser und nicht einer anderen Bevölkerungsgruppe – funktionieren. Paradebeispiel ist die Institution der Marktwirtschaft, deren wundersam heilsames („Pareto-Optimum") Funktionieren zwar ständig behauptet, aber kaum jemals empirisch geprüft wird.

In der politischen Theorie etwa läßt sich dies am Verständnis von Demokratie gut illustrieren: Die *IntegrationstheoretikerInnen* behaupten die Neutralität demokratischer Institutionen gegenüber gesellschaftlicher Macht, d.h. ihnen ist jede soziale Gruppe gleich. „Demokratie in einer komplexen Gesellschaft kann definiert werden als ein politisches System, das regelmäßige verfassungsrechtliche Möglichkeiten für den Wechsel der Regierenden vorsieht, und als ein sozialer Mechanismus, der dem größtmöglichen Teil der Bevölkerung gestattet, durch die Wahl zwischen mehreren Bewerbern für ein politisches Amt auf wichtige Entscheidungen Einfluß zu nehmen" (Aron 1966, 208). Kennzeichnend für ein solches System ist daher die Konkurrenz zwischen *verschiedenen Machtgruppen*, und zeitlich begrenzte Machtausübung. Die *konflikttheoretische Gegenposition* wird u.a. von C. Wright Mills eingenommen, der – bezogen auf die Analyse der amerikanischen Machtelite – schreibt: „Unsere Konzeption der Machtelite und ihrer Einheit gründet sich darauf, daß sich die Interessen der wirtschaftlichen, politischen und militärischen Organisationen parallel entwickelt haben und dann konvergierten. Sie beruht außerdem noch auf der Gleichheit von Herkunft und Weltanschauung, dem gesellschaftlichen Umgang und den persönlichen Beziehungen in den Führungsgruppen der drei Hierarchien" (Mills 1962, 327). In dieser Sicht gibt es eine „*politische Klasse*", die sich weitgehend selbst rekrutiert, und es gibt keine Chancengleichheit beim Zugang zu Machtpositionen.

Wenn wir vom utopischen Bild einer zukunftsfähigen globalen Gesellschaft im Sinn der früher verwendeten Definition ausgehen, dann wird es gerade entscheidend sein zu verstehen, ob und wie unsere Institutionen geeignet sind, den Weg dorthin zu erleichtern, oder ob sie ihn verschließen, also praktisch mit verantwortlich dafür sind, daß wir uns auf das Überlebensrisiko hin entwickeln konnten. Es wäre dann unerläßlich, dies in *Zusammenhang mit Machtverteilung* zu verstehen.

5. Wirtschaft

5.1 Überblick

Im Kern steht die Frage, auf welche Weise die Wirtschaften der globalen, der europäischen und der deutschen Gesellschaft geregelt werden und ob so mit hoher Wahrscheinlichkeit eine Antwort auf die globale Krise gefunden werden kann. Zunächst werden in Bemerkungen zur Theorie wirtschaftlicher Institutionen einige grundlegende Annahmen und vermeintlich festgefügte und unbestrittene Elemente problematisiert, bevor dann wichtige wirtschaftliche Institutionen auf den Ebenen Welt, Europa und Deutschland diskutiert werden.

5.2 Zur Theorie wirtschaftlicher Institutionen

Wir hatten es hier mit zwei entgegengesetzten, miteinander konkurrierenden Theorien zu tun, *Kapitalismus* und *Sozialismus*. Das erleichterte vieles, denn in den alten Tagen waren die Trümpfe klar verteilt: Kapitalismus war gut, Sozialismus war schlecht (bzw. umgekehrt, wenn man auf der anderen Seite des Eisernen Vorhangs lebte), und alle Begriffe, die sich mit einem der beiden Systeme verbinden ließen, folgten zuverlässig den jeweiligen Orientierungen. Wer meinte, den Kapitalismus kritisieren zu müssen, dem empfahl man, doch nach Moskau auszuwandern. DissidentInnen, die nicht kaltzustellen waren, genossen (auf beiden Seiten) bestenfalls „repressive Toleranz" (Marcuse 1968). Daß der Sozialismus praktisch versagt hat, macht natürlich den Kapitalismus selbst noch nicht besser, menschlicher oder gerechter. Auf jeden Fall aber macht es ihn mächtiger, unentrinnbarer, und es verstellt den nüchtern-analytischen Blick auf die empirische Wirklichkeit des Sozialismus. Die kannte kaum jemand im Westen; vielmehr stammten alle Informationen über Gesellschaften „jenseits des eisernen Vorhangs" aus zweiter und dritter Hand und waren hochgradig gefiltert und ideologisiert. Dennoch haben wir Grund genug,

Fragen, die der Sozialismus anders zu beantworten suchte als der Kapitalismus, nicht einfach schon deshalb für entschieden zu halten, weil der „real existierende" Sozialismus abgewirtschaftet hat.

Die kapitalistische Ideologie beruht auf der Idee, daß die *Maximierung der individuellen Einzelnutzen „automatisch" den Gesamtnutzen, den Nutzen für alle, maximiere* (Adam Smith). Die/der Einzelne möge also, möglichst unbehelligt vom Staat, ihren/seinen egoistischen Interessen nachgehen, die „invisible hand" wird schon dafür sorgen, daß daraus der größtmögliche Vorteil für alle wird. Deswegen braucht man *Rechte gegen den Staat*, vor allem die Handels- und Gewerbefreiheit, die Vertragsfreiheit, die Eigentumsfreiheit, die Niederlassungsfreiheit, die Berufsfreiheit, jene Rechte also, die das BürgerInnentum in der Französischen Revolution dem absolutistischen, im Grunde noch dem feudalen Staat abtrotzte. Der Staat ist nun einzig dazu da, diese Freiheiten zu garantieren. Daneben soll er die gesellschaftlich erwünschten Aufgaben erledigen, die keinen Gewinn abwerfen, also z.B. für öffentliche Ordnung und kollektive Sicherheit sowie für die Infrastruktur sorgen. Tatsächlich herrschte in Europa bis gegen Ende des 19. Jahrhunderts eine nahezu unbeeinträchtigte Ideologie des „laissez faire, laissez aller". Steuern waren unbedeutend, individuelles und kollektives Arbeitsrecht weitgehend unbekannt, Gewerkschaften gab es nicht, von Mindestlöhnen, von sozialer Sicherung war keine Rede. Die frühen Formen des Kapitalismus setzten sich keineswegs durch, weil sie „den Menschen gemäß" gewesen oder allen Wohlstand gebracht hätten; sie wurden gewaltsam durchgesetzt und führten zu *grauenhaftem und massenhaftem Elend* (u.a. Polanyi 1977, Engels 1845, für die USA z.B. Sinclair 1931): Kinderarbeit von zwölf Stunden täglich, mittlere Lebenserwartungen von wenig über dreißig Jahren, acht Menschen in einem Raum, mehr einem finsteren Loch zusammengepfercht, Hunger, Dreck und Seuchen – SozialwissenschaftlerInnen haben sich freilich mehr für den wundersamen Fortschritt interessiert und dafür den/die „freie/n UnternehmerIn" gepriesen und hatten für die Opfer selten viel mehr als ein paar Zeilen (z.B. Claessens 1992, 140). Erst dann kam mit der *Einführung der Sozialversicherung* ein neues Element dazu, zweifellos in erster Linie deshalb, damit die Marx´sche Prognose der Verelendung des Proletariats nicht eintreffe und somit kein Anlaß zu revolutionären Gelüsten bestehe – typischer Fall einer self-destroying prophecy. Damit waren nicht etwa der Klassencharakter der Gesellschaft und die Rolle des Staates darin verändert oder gemildert, sondern im Gegenteil gerade bestätigt.

Nach 1945 hat die Ideologie, den damals vorherrschenden sozialdemokratischen Konzepten folgend, eine wohlfahrtsstaatliche Version erlebt, in Deutschland als „*soziale Marktwirtschaft*" vor allem mit den Namen Müller-Armack und Erhard verbunden. Die neokonservative Richtung (in der ökonomischen Theorie auch Neo-Klassik genannt) vermutet, daß wir mit dem Wohlfahrtsstaat zuviel staatliche Regulierung und Bevormundung eingeführt hätten, sie setzt dagegen auf Entstaatlichung, Deregulierung, Entbürokratisierung, Privatisierung, Flexibilisierung und Abbau von Standortnachteilen, vor allem von „Lohnnebenkosten" – das sind die Mittel, aus denen das soziale Sicherungssystem finanziert wird. Faktisch handelt es sich bisher vor allem um einen *gigantischen Ausverkauf öffentlichen Vermögens* an private ProfiteurInnen gerade in Bereichen der Infrastruktur (Post, Bahn, Bundesbeteiligungen) und um den *Abbau des Sozialstaates*. Damit soll der Wettbewerb gefördert werden, den die einen für den entscheidenden Mechanismus für allgemeinen Wohlstand, Nachdenklichere inzwischen für eine „dangerous obsession" (Krugman 1994) halten.

Auf dem *Markt*, so die Theorie, treffen AnbieterInnen und NachfragerInnen eines Gutes zusammen, um Menge und Preis des geplanten Tausches auszuhandeln. Die AnbieterInnen stehen dabei in Konkurrenz zueinander, ebenso wie die NachfragerInnen. Der auf diesem Weg entstehende Preis lenkt die Produktionsfaktoren zu ihrer optimalen Verwendung. Auf diese Weise kommt der größtmögliche gesamtgesellschaftliche Nutzen zustande. Es ist nicht schwer zu sehen, daß hinter den beschönigenden Worten der *Kampf aller gegen alle* zum wichtigsten Prinzip der wirtschaftlichen, ja der gesellschaftlichen Organisation erhoben wird – ein vulgäres Mißverständnis des Darwin'schen Prinzips des „survival of the fittest".

Wichtigstes Erfolgskriterium ist dieser Wirtschaftstheorie die *Wachstumsrate des Sozialprodukts*. Was nicht wächst, erweist sich dadurch als nicht lebensfähig und geht unter. Die seit der konservativen Wende um 1980 in den USA, Großbritannien und Deutschland populäre wirtschaftspolitische Variante dieser Theorie, die sogenannte *angebotsorientierte Wirtschaftspolitik*, zuweilen auch Reaganomics oder Thatcherismus genannt, nennen wir die *Brosamentheorie*: Der Staat möge nur dafür sorgen, so lautet sie, daß die Reichen sich ungehindert weiter bereichern können, dann wird auch etwas von deren Tisch fallen und damit werden auch die Armen und somit die Gesamtheit daraus Gewinn ziehen. Oder in der Sprache der ApologetInnen und PolitikerInnen: Wenn die UnternehmerInnengewinne steigen, dann wird investiert und es werden Arbeitsplätze geschaffen, so daß am Ende für alle gesorgt ist. Diese wirtschaftspolitische Strategie, gegründet auf die neo-klassische Wirtschaftstheorie, herrscht vor in den internationalen Wirtschaftsinstitutionen (der G 7, dem IWF, der Weltbank, der WTO), sie ist Grundlage der Empfehlungen westlicher BeraterInnen für den Transformationsprozeß in Mittel- und Osteuropa, sie herrscht als dominierende Lehre an den westlichen Universitäten vor und hat ihre wichtigsten VertreterInnen in den USA und wird von dort aus auch den EuropäerInnen eindringlich empfohlen.

Diese ökonomische Theorie macht es sich einfach: *Alles, was ihr nicht in den Bezugsrahmen paßt* – Verteilungsgerechtigkeit, Erschöpfung natürlicher Rohstoffe, Marktversagen, Macht und vieles andere – *definiert sie als „außerökonomisch"* aus ihrem Bezugsrahmen hinaus. Sie argumentiert rein „abstrakt" (der Begriff ist unpräzis, weil keineswegs etwa aus empirischen Beobachtungen „abstrahiert", d.h. auf das Wesentliche konzentriert wird, Bruns 1995), aus Begriffen und Prämissen ableitend, und am liebsten in der Sprache der Mathematik. Um die empirische Wirklichkeit kümmert sie sich kaum. Das hat den schönen Vorteil, daß die Theorie gegen Einwände immunisiert wird, also in sich immer stimmt, sobald man ihre Prämissen akzeptiert. Es hat den unschönen Nachteil, daß sich die ökonomische Theorie immer weiter von der Wirklichkeit entfernt. Im Kern ist es wohl richtig, sie *als Ideologie im Interesse der UnternehmerInnen* zu kennzeichnen. KritikerInnen aus eigenen Reihen, William Kapp etwa oder andere, hat sie als DissidentInnen behandelt und marginalisiert. Die eilfertige Produktion erwünschter Ideologie war so erfolgreich, daß ÖkonomInnen davon nicht nur ganz gut leben können, sondern sich auch niemand mehr verwundert, wenn ihre Denkmuster in Medien und Politik als Wahrheit verkauft werden.

Die neoklassische Argumentation hat ein überragendes Gewicht erhalten – selbst SozialdemokratInnen, die für sich in Anspruch nehmen, etwas „von Wirtschaft zu verstehen", berufen sich darauf. Dennoch ist sie als Hilfe bei der Lösung der hier diskutierten Probleme untauglich. Das soll nachgewiesen werden, und zwar an vier Bündeln von Einwänden:

- die *Prämissen*, von denen die Theorie ausgeht, sind in der Wirklichkeit nicht erfüllt, sondern mehr oder weniger willkürliche Setzungen;
- in Wirklichkeit handelt es sich nicht um eine Theorie im Sinn eines Bündels empirisch bewährter Aussagen, sondern um *tautologische Umformungen*;
- die „Theorie" dient einseitig dem *Gewinninteresse Weniger* und zerstört die Grundlagen einer menschenwürdigen Zukunft;
- die „Theorie" stilisiert ihre Ableitungen zu „*Gesetzen*" und ignoriert dabei, daß die Regeln des Wirtschaftens nicht entdeckt, sondern politisch gesetzt werden.

Die Argumente hängen miteinander zusammen; beginnen wir bei den *Prämissen*:

Bedürfnisse: Alles, wofür jemand bereit ist, Geld zu zahlen, ist ein Bedürfnis. Bedürfnisse sind unbegrenzt, deswegen brauchen wir auch stabiles Wachstum, um die immer zunehmenden Bedürfnisse zu befriedigen. Die Menschen „wollen einfach immer mehr". Zwei Argumente dagegen: (1) Bedürfnisse sind keineswegs unbegrenzt, wie wir alle aus unserer eigenen Erfahrung leicht beweisen können; die Rede von den grenzenlosen Bedürfnissen hat vielmehr die Funktion, unbegrenztes Wachstum zu rechtfertigen; (2) viele Bedürfnisse werden künstlich, durch Werbung, erst hergestellt, damit sie anschließend befriedigt werden können. Die Bedürfnis-Herstellungs-Industrie ist selbst zu einem bedeutenden Wirtschaftszweig geworden.

Wert: Alles, was ein Bedürfnis befriedigt, hat auch einen Wert, so läßt sich die Logik fortsetzen. Das ist zumindest ungenau. Der *Gebrauchswert* einer Sache ist ihre Eignung zur Bedürfnisbefriedigung. Er ist umso höher, je mehr die Sache gerade auf ein ganz bestimmtes, individuelles Bedürfnis zugeschnitten ist. Damit kann man keine standardisierte Produktion absetzen. Das geschieht nicht um des Gebrauchswertes, sondern um des *Tauschwertes* willen – das ist die Menge Geldes, die man für eine Sache bekommen kann. Beide stehen in einem widersprüchlichen Verhältnis zueinander: Je geringer der Gebrauchswert eines Gutes, desto höher ist oft, in der Summe, sein Tauschwert – daher Verschleißproduktion, künstlich verkürzte Lebensdauer, daher immer neue Moden, daher eingebaute Fehler, daher überbordende Werbung. Nicht die Bedürfnisse im Sinn von Gebrauchswert, also aus der Perspektive derjenigen, die Bedürfnisse haben, so zeigt sich, sind unersättlich, sondern Bedürfnisse im Sinn von Tauschwert, also aus der Perspektive derjenigen, die Sachen produzieren und absetzen wollen, die (angeblich) der Bedürfnisbefriedigung dienen. Allein der Tauschwert erhöht die Wachstumsrate des Sozialprodukts. Schon aus diesem Grund ist ein solches Wachstum nicht gleichzusetzen mit zunehmendem Wohlstand.

Angebot und Nachfrage: Im Aufeinandertreffen von *Angebot und Nachfrage* auf einem Markt bilden sich, der Theorie zufolge, die Preise der Güter und Dienstleistungen. Dabei unterstellt die Theorie, (1) daß auf beiden Seiten atomistische Bedingungen herrschen, also eine große Zahl von EinzelanbieterInnen und NachfragerInnen zusammenkommen, die auch untereinander in Konkurrenz stehen und zwischen denen prinzipiell Machtgleichgewicht herrscht; (2) daß es volle Transparenz über die jeweilige Angebots- und Nachfrageseite gebe; (3) daß die Möglichkeit sofortiger Reaktion auf Veränderungen der Marktbedingungen bestehe; (4) daß weder Angebot noch Nachfrage durch außerökonomische Faktoren beeinflußt seien. Nur unter diesen Bedingungen führt die Theorie zu Preisen, die tatsächlich Knappheitsindikatoren sind. Gerade darin, so die marktwirtschaftliche Theorie, besteht ja ihre besondere und fundamental wichtige Steuerungsfunktion, und gerade weil die sozialistischen Gesellschaften diese Gesetzmäßigkeit ignoriert hätten, hätten auch ihre Wirtschaftssysteme nicht funktionieren können und seien schließlich zusammengebrochen. Es ist leicht einzusehen, daß *keine dieser Bedingungen erfüllt* ist. Dabei geht es nicht um geringfügige Abweichungen von einem prinzipiell erfüllten Modell, sondern um qualitative und gewichtige Unterschiede: Die Angebotsseite ist durch Kartelle, Monopole und versteckte Absprachen bestimmt, Transparenz und infinit schnelle Reaktionsfähigkeit sind nicht gegeben, außerökonomische Einflüsse, vor allem des Staates, sind überall wirksam.

Wachstum: Unser System, so die Ideologie, braucht stabiles, beständiges *Wachstum* – nur daraus können wir Sozialsystem und Staat finanzieren, die Umwelt reparieren, Entwicklungshilfe zahlen, und stetig wachsende Bedürfnisse befriedigen. Wir brauchen also Wachstum, um die Fehler des Systems reparieren zu können – ein Paradox. Ökonomisches Wachstum ist zu einem Fetisch, zum Goldenen Kalb, zum Erfolgskriterium von Wirtschaft und Politik, zum Maß aller Dinge geworden. Dabei übersehen wir, daß es gerade dieses blinde Wachstum ist, das unsere Lebensgrundlagen am stärksten bedroht. Drei Fragen stellen sich: (1) Was soll wachsen? (2) Wie soll es wachsen? (3) Warum soll es wachsen? Zur ersten Frage: Wachsen soll, der Ideologie zufolge, das Sozialprodukt (SP), d.h. die Menge aller Güter und Dienstleistungen, die in einer Volkswirtschaft in einem Jahr hervorgebracht wird, ausgedrückt in Geld. Je mehr das SP wächst, desto besser für Wirtschaft und Gesellschaft. Das SP ist jedoch *kein Maß für gesellschaftlichen Fortschritt* oder für Wohlstand. Als rein quantitative Größe unterscheidet es nicht zwischen erwünschten und unerwünschten Leistungen. Verkehrstote, Umweltschäden, Betriebsunfälle gehen positiv darin ein, da sie Reparaturkosten verursachen. Es sagt auch nichts über die Verteilungsverhältnisse. Es gibt keine Auskunft über den Verbrauch sich erschöpfender Ressourcen. Es ist ihm gleichgültig, ob der Zuwachs an Waren durch Maschinen oder durch Menschen hervorgebracht wird. D.h. es ist eher ein Maß für die Hektik des Wirtschaftskreislaufes, berechnet in Begriffen des Tauschwertes, als für irgendeinen gesellschaftlichen Nutzen. Schon gar nicht gilt dies für algebraische Umformungen wie das *Sozialprodukt pro Kopf der*

Bevölkerung. Hier wird suggeriert, es handle sich um einen Wohlstandsindikator, was schlicht falsch ist. Zur zweiten Frage: Wie soll das SP wachsen? Das Wachstum des SP wird immer in Zuwachsraten ausgedrückt, also in prozentualen Abweichungen von der Vorperiode. Ein Wachstum von vier Prozent bedeutet die Verdoppelung der Produktion in nur 17,5 Jahren! Wozu kann, wozu soll das gut sein, und für wen? Exponentielles Wachstum der Produktion bedeutet in der Regel auch *exponentielles Wachstum des Abfalls, der Umweltschäden, Ausbeutung nicht erneuerbarer Rohstoffe* usw. Und schließlich die dritte Frage: Hinter der Behauptung, der Sozialstaat, der Umweltschutz, die Entwicklungshilfe usw. seien nur durch Wachstum zu finanzieren, steht eine unausgesprochene Prämisse: Das ist nur dann richtig, wenn die bestehende ungerechte Verteilung von Einkommen und Vermögen nicht angetastet wird. Selbstverständlich wäre mehr Wohlstand für fast alle Menschen auch bei Null-Wachstum möglich – bei entsprechender Umverteilung. Das aber bedeutet Konflikt, offenen Klassenkampf anstelle des verdeckten. Daraus ergibt sich, daß Wachstum ganz und gar *nicht ein interessenneutraler Maßstab* für den Erfolg eines Wirtschaftssystems ist, sondern solchen Erfolg nur im Interesse und aus der Optik derer anzeigt und mißt, die viel besitzen und sich viel vom Zuwachs aneignen. *Wirtschaftliches Wachstum gehört zur Ideologie der Klassengesellschaft.*

Die Tabelle vermittelt einen (wenn auch groben und vorläufigen) Eindruck davon, in welchem Ausmaß das SP verzerrt erscheint, wenn es nicht um Verschmutzung und Naturkapital bereinigt wird.

Der Anteil der 24 OECD-Länder am Bruttoweltprodukt, üblicherweise mit etwa achtzig Prozent angegeben, *überschätzt* in dieser Annäherung den wahrscheinlichen „richtigen" Wert gewaltig, weil diese Länder weit überproportional zur globalen Verschmutzung beitragen und weil sie ihre Naturpotentiale weitgehend kommerzialisiert (Böden) bzw. reduziert (Arten) haben. Das Gegenteil gilt für Nicht-OECD-Länder, allerdings mit bezeichnenden Ausnahmen: Die Republik Korea z.B. hat zwar nominal einen für ein Entwicklungsland relativ hohen Anteil am BWP, der aber durch hohe Umweltbelastung und schwere Schädigungen des Naturpotentials erkauft wird. Indien oder Brasilien haben nur einen geringen Anteil am BWP, der aber deutlich ansteigt, wenn geringe Verschmutzung und hohe Naturpotentiale in die Rechnung einbezogen werden. Der methodische Ansatz, der zum ersten Mal im Rahmen des Globalen Umweltfonds (GEF) verwendet wurde, wäre fortzuentwickeln, um auch andere Defensivkosten in die Rechnung einzubeziehen.

Tablelle 5.1: BSP (um Verschmutzung bereinigt)

Land	BSP	BSPxVWI	NKI	Anteil am BWP %	BWP-Anteil berichtigt um VWI u. NKI
OECD-Länder				*80.15*	*45.61*
Japan	3.336.960	834.240	565.066	15.62	8.44
USA	5.620.400	632.690	2.611.764	26.31	13.44
Frankreich	1.162.840	389.779	220.005	5.44	3.28
Deutschland	1.895.051	343.514	11.131	8.87	4.07
Italien	1.069.670	337.791	61.915	5.01	2.81
Großbritannien	952.914	209.432	62.854	4.46	2.22
Spanien	485.990	189.347	112.715	2.27	1.48
Türkei	101.967	89.971	75.659	0.48	0.52
Schweiz	228.219	81.507	1.778	1.07	0.62
Kanada	558.014	80.677	338.481	2.61	1.47
Schweden	216.801	76.518	18.266	1.01	0.60
Niederlande	282.941	67.367	5.528	1.32	0.66
Österreich	157.568	44.385	3.583	0.74	0.39
Nicht-OECD-Länder				*19.85*	*54.39*
Indien	282.681	770.948	792.906	1.32	3.71
Brasilien	444.781	684.278	4.030.380	2.08	6.96
China	424.036	424.036	1.745.790	1.98	3.78
Bangladesh	23.814	357.207	13.182	0.11	1.19
Indonesien	111.057	266.537	3.456.310	0.52	4.53
Nepal	3.453	207.193	14.407	0.02	0.68
Äthiopien	6.257	187.714	126.612	0.03	0.74
Pakistan	46.207	184.826	71.608	0.22	0.74
Uganda	2.949	176.928	25.883	0.01	0.60
Zaire	8.123	162.460	476.087	0.04	1.01
Kamerun	10.146	152.192	79.024	0.05	0.58
Sudan	10.107	151.605	151.233	0.05	0.65
Philippinen	46.138	145.698	623.446	0.22	1.17

BSP = Bruttosozialprodukt 1991 in Mio. Dollar; VWI = Verschmutzungsbereinigtes BSP; NKI = Natur-Kapital-Indikator; Nationaler Anteil am Bruttoweltprodukt; BWP-Anteil bereinigt um VWI und NKI; hier: 13 OECD-Länder und 13 Nicht-OECD-Länder;

Quelle: Rodenburg u.a. 1996

Eigentum: Insbesondere das Eigentum an Produktionsmitteln ist von entscheidendem Einfluß nicht nur auf die Wirtschaftsweise einer Gesellschaft, sondern weit darüber hinaus. Dabei ist Eigentum keine Eigenschaft einer Sache oder Person, sondern ein soziales Verhältnis, eine Institution: „Der Eigentümer einer Sache kann ... mit der Sache nach Belieben verfahren und andere von jeder Einwirkung ausschließen" (§ 903 BGB), vor allem aber auch, so ist beizufügen, ausschließen von der Nutzung der Sache. Die politische Diskussion über die Vor- und Nachteile von Privat- versus Kollektiveigentum an Produktionsmitteln hat überwiegend ideologische Funktion. Es erstaunt daher nicht, daß diese Diskussion in der Regel völlig undifferenziert geführt wird, unzulässig verallgemeinernd alles in einen Topf wirft. Selbst der kleinste „Angriff" auf das Privateigentum wirft sofort die ordnungspolitische Grundsatzfrage insgesamt auf. Dadurch wird die viel wichtigere Frage verdeckt, wer denn tatsächlich die wichtigen wirtschaftlichen Entscheidungen über die Produktion von Gütern und ihre Verteilung trifft, nach welchen Kriterien, in wessen Nutzen oder auf wessen Kosten und mit welchen gesellschaftlichen Folgen sie getroffen werden und auf welcher Legitimationsbasis dies geschieht, mit anderen Worten: *Wer wie über Produktionsmittel verfügt*. Das ist nun allerdings eine Frage von höchstem gesellschaftlichem Interesse. Noch ein zweites wird in dieser Diskussion völlig übersehen: Daß *Eigentum nicht ein homogenes Konzept* ist, wie wir es meist behandeln, sondern sehr unterschiedliche Rechte meinen kann: Das Recht, nach Belieben mit einer Sache umzugehen; das Recht, eine Sache zu einem bestimmten Zweck zu verwalten; das Recht, eine Sache zu verkaufen, zu verpachten, zu vererben; das Recht, eine Sache zu zerstören; das Recht, sich den Nutzen aus einer Sache anzueignen oder andere an diesem Nutzen teilhaben zu lassen usw. (Marcuse 1992). So betrachtet, könnte eine *Theorie der Eigentumsrechte* tatsächlich zu fortschrittlichen Lösungen im Sinn von Zukunftsfähigkeit beitragen, z.B. dann, wenn darüber nachgedacht wird, die verschiedenen Bestandteile des Eigentums auch unterschiedlichen EigentümerInnen zuzuordnen (das Nutzungsrecht an einer Wohnung müßte dann nicht zwingend auch das Recht einschließen, sie vererben zu können, oder das Recht, ein Stück Boden zu bebauen, müßte nicht auch das Recht einschließen, auf ihm Gewinn zu erzielen, usw.) – aber das ist nicht die Version dieser Theorie, die von den Neo-KlassikerInnen besonders geschätzt wird.

Geld: Der ökonomischen Theorie gilt *Geld* als Wertaufbewahrungsmittel, Recheneinheit und Tauschmittel. Aber damit wird seine *soziale Funktion* eher verdeckt als geklärt. Natürlich ist Geld nicht schon ein Wert an sich: Es befriedigt kein Bedürfnis, sättigt nicht, macht nicht schön, wärmt nicht, befriedigt nicht sexuell, ja noch erstaunlicher: man kann es nicht einmal sehen, anfassen. Es wird zum Wert nur durch die gesellschaftliche Vereinbarung, daß es für eine Menge an Gütern steht, die sich damit erwerben läßt. Daß dieses Un-

Ding als scheinbar neutrale Größe für den Anspruch auf reale Güter steht, hat ungeheure, geradezu abenteuerliche Folgen für die Gesellschaft, so daß man geneigt sein mag, in der Erfindung des Geldes den *wahren Sündenfall der Menschheit* zu sehen. Der Bedarf an realen Gütern ist begrenzt; niemand käme auf den Gedanken, fünf Schnitzel oder Kühlschränke für fünfmal so wertvoll zu halten wie ein Schnitzel oder einen Kühlschrank. Anders bei Geld, das einen geradezu unersättlichen Hunger auslöst, das immer weiter zusammengerafft werden kann ohne Ende und Ziel. Geld verwandelt alle Dinge in Waren oder Kosten, verwandelt die lebendige Arbeit eines lebendigen Menschen in Lohnkosten, und Lohnkosten muß man senken, will man in der Konkurrenz bestehen, auch wenn man, persönlich befragt, den lebendigen Menschen nicht schädigen oder verhungern lassen wollte. Für Geld scheinen Menschen alles zu tun: sie belügen, bestehlen, betrügen und erpressen sich, vergiften sich und bringen sich um. Und das nicht (nur) etwa in einem kriminellen Untergrund, aus Abartigkeit, Krankheit usw., sondern legal, normal, geachtet, allgemein akzeptiert. Menschen werden gebraucht, verbraucht, weggeschmissen, vielen wird ein Einstieg in das sogenannte normale Leben gar völlig verwehrt – arbeitslosen Jugendlichen etwa. Wenn sie sich wehren, gegen die *strukturelle Gewalt des Geldes* die reale Gewalt der Randale, des Vandalismus, der AusländerInnenfeindlichkeit setzen, dann hängt das unmittelbar mit der Brutalität zusammen, mit der sie als Ware behandelt werden. Geld verwandelt auch die *Natur in Kosten*, macht auch sie zur Ware, bringt Profit durch ihre Zerstörung. Schließlich wird Geld, ein Steuerungsmedium, selbst zu Ware, wird zur Erzielung von Profit gehandelt, verschoben und umkämpft. Das Geldgeschäft, das Geschäft von Geld gegen Geld, läuft 24 Stunden täglich und 365 Tage im Jahr. Indem es von allem nur den Tauschwert übrig und gelten läßt, ist Geld unersättlich, mitleidlos und amoralisch: Was immer einen Preis hat, und sei es auch noch so verlogen, gemein oder schädigend, wird hergestellt und angeboten.

Auch *Kapital*, in der kapitalistischen Ideologie als Produktionsfaktor behandelt, der gleich wie Arbeit und Boden seinen Preis, nämlich den Zins bzw. die Rendite, hat, ist nur unter einem bestimmten Blickwinkel, nämlich dem des Kapitalbesitzes, so zu sehen. Gesellschaftlich betrachtet *zeigt sich im Kapital das Klassenverhältnis*, also das Verhältnis zwischen den EigentümerInnen der Produktionsmittel und den besitzlosen ArbeiterInnen, ein Machtverhältnis. Kapital ist eine Relation, eine Beziehung. Kapital, also Maschinen, bauliche Anlagen, Lager an Rohstoffen und Halbfertigwaren, auch Geld, sofern es dafür zur Verfügung steht oder anderen gegen Zins dafür zur Verfügung gestellt wird, soll Ertrag bringen, d.h. sich vermehren. Nur dafür, d.h. am Ende nur für den Tauschwert, bringt die UnternehmerIn die Produktionsfaktoren zusammen, um eine bestimmte Produktpalette zu erzeugen. Dem freilich gleicht die KleinaktionärIn, die ihr kleines Vermögen in ein paar *Aktien* anlegt, weil sie sich davon einen höheren Ertrag verspricht als vom Sparbuch oder vom Strickstrumpf: Das Interesse am Tauschwert, ganz gleich, aus welchen Produkten der komme, ist beiden gemein. Und daher übt er/sie ja in der Regel die Miteigentümerrechte, die die Aktie ihm/ihr einräumt, nicht persönlich aus, sondern beauftragt ihre Bank, sie als Depotstimmrechte für ihn/sie wahrzunehmen. Höchstens ein paar SpinnerInnen oder notorische QuerulantInnen nehmen dieses Recht persönlich wahr und verlangen zuweilen und meist vergeblich eine andere Unternehmenspolitik. In *Investment- oder Geldmarktfonds* findet die Anonymisierung des Kapitals ihren Höhepunkt: Dort erwirbt man einen Anteil an einem oft nicht einmal bekannten Bündel von Anteilen oder Währungen, und es interessieren in der Tat nun ausschließlich Kursentwicklung und Dividende, woher sie auch stammen mögen. Wenn ein solcher Fonds mit 25 Prozent Rendite im Jahr glänzen kann, verschenkt Geld, wer es auf dem Sparbuch läßt. Das ganze System ist also so gestrickt, daß – ob man die Konsequenzen persönlich will oder nicht – zur Anonymisierung und Amoralisierung des Kapitals direkt oder indirekt beiträgt, wer daran denkt, irgendwelche Mittel ertragbringend anzulegen. Man kann nur betrügen (wenn man eine hohe Rendite erhält) oder betrogen werden (wenn die Rendite gering ist).

Die kapitalistische Ideologie geht von der Idee aus, daß *alle Menschen* sich im Prinzip *gewinnmaximierend* verhalten. Wer mit unselbständiger Arbeit im Vergleich mit anderen Einnahmequellen zu wenig verdient, wird UnternehmerIn, und wer als UnternehmerIn im Konkurrenzkampf nicht besteht, muß aufgeben und wird unselbständige/r ArbeiterIn. Der Auf-, aber auch der Abstieg stehen im Prinzip jedem/r offen, sofern er/sie nur das Profitinteresse aggressiv genug vertritt. Dagegen steht, daß Menschen in Wirklichkeit mit ganz unterschiedlichen Chancen in diesen Kampf um die Karriere eintreten. Außerdem ist der Gewinnmaximierer empirisch wohl eher die Ausnahme als die Regel.

Wettbewerb: Es gelten die Prinzipien der atomistischen Konkurrenz und der Chancengleichheit – so legitimiert sich ja der Kapitalismus als demokratische Wirtschaftsweise. Der Staat hat, durch Wettbewerbs- und Bildungspolitik, dafür zu sorgen, daß beide Prinzipien in Kraft bleiben. Wiederum ist die Realität vollkommen anders: Kartelle und Monopole, Korruption, aber auch der Einfluß krimineller Banden sind die Regel und nicht die Ausnahme. Die Zugangschancen zu Märkten, auch zu Arbeitsmärkten, werden kontrolliert, erkauft und beschränkt, und an alledem ist der Staat kräftig beteiligt. Dieser „ideelle Gesamtkapitalist" ist nicht nur durch Lobbies, Interessenverbände, institutionalisierte Beteiligungsverfahren, personelle Verflechtungen vielfältig an die Interessen der KapitalistInnen gebunden, er ist auch durch Drohungen mit Entlassungen, Betriebsverlagerungen usw. erpreßbar. Er stattet die Kammern mit hoheitlichen Befugnissen aus und hält so MitbewerberInnen vom Markt fern (ÄrztInnen, ArchitektInnen, AnwältInnen, IHK usw.), er stabilisiert mit Aufträgen und Subventionen die Großunternehmen und Konzerne, er liefert sich auch monopolistischen AnbieterInnen aus (Verteidigung, Bahn, Energie), und er fördert – unter dem Vorwand, im zukünftigen europäischen Markt könnten nur Großunternehmen bestehen, selbst aktiv die Konzentration (z.B. Daimler-Benz/MBB). Viele ProduzentInnen sind nur einer VerteilerIn ausgeliefert (Lebensmittelkonzerne), viele HändlerInnen großen ProduzentInnen (Textil-, Autohandel). Das Beispiel der Drücker ist keine Ausnahme, sondern ein Symptom: Sie alle kennen die Anzeigen „Leichter Nebenverdienst, sofort Arbeit, keine Vorkenntnisse" und dergleichen. Vermittelt werden oft Hausierer-Jobs mit festem Umsatzziel, und wenn eine/r das nicht erreicht, wird er/sie mißhandelt oder gar getötet. Pharma- oder TextilvertreterInnen geht es nicht physisch, sondern nur wirtschaftlich ans Leben, aber ansonsten stimmt das Muster.

Die *Preise* sind daher keineswegs „ideale" Knappheitsindikatoren. Preisabsprachen unter AnbieterInnen, Korruption, Dumpingpreise, Monopolsituationen, Externalisierung von Kosten, staatliche Regulierungen und Subventionen verhindern geradezu, daß sie diese Rolle spielen können. Darin liegt nicht ein womöglich vorübergehendes, geringfügiges Abweichen, das leicht korrigiert werden könnte. Die Auto-Industrie, die besonders konsequent nach dem Just-in-time-Prinzip reorganisiert worden ist, also so, daß die ZuliefererInnen ihre Produkte genau in dem Augenblick anliefern, in dem sie am Band gebraucht werden, hat damit lediglich ihre Lagerhaltungskosten externalisiert, d.h. auf die Straße und damit auf die öffentlichen Hände verlagert. Der Einkaufschef von VW, Ignacio Lopez, ist als Kostendrücker bekannt geworden: Wenn er vor die ZuliefererInnen mit der Forderung tritt, ihre Preise um fünf Prozent zu reduzieren, sonst seien sie „draußen", dann ist das ein Ergebnis von Marktmacht, nicht von

Knappheit. Damit wird der Kostendruck nach unten, d.h. auf eine weniger marktmächtige Ebene, weitergegeben. Und wenn die Bahn ihre gesamte Infrastruktur selbst finanzieren und öffentlich auferlegten Pflichten (Beförderungs-, Fahrplanpflicht etc.) genügen muß und daher ständig Defizite einfährt, dann ist sie strukturell benachteiligt gegenüber dem Straßenverkehr, dessen Infrastruktur aus Steuermitteln finanziert wird. Die Folgen tragen wir alle, einmal als SteuerzahlerInnen, zum anderen in der Form von zunehmend vom Güterverkehr belasteten Straßen, Umweltverschmutzung, Waldsterben usw. Im Lebensmittel-Einzelhandel (Umsatz 327 Milliarden DM jährlich) sind die vier Großen Metro (70 Milliarden), Rewe (38 Milliarden), Edeka (37 Milliarden) und Aldi (27 Milliarden) mit inzwischen 53 Prozent Marktanteil fast schon unter sich, die Konzentration hat beängstigend zugenommen. Der Preiskampf wird am Ende auf dem Rücken der kleinen ProduzentInnen, EinzelhändlerInnen und RohstofflieferantInnen ausgetragen. Das sind, wohlgemerkt, nicht Ausnahmen, sondern das ist die Regel. In Wirklichkeit sind *Preise Ergebnisse von Verhandlungen*, und sie spiegeln nicht so sehr Knappheiten als *Machtunterschiede* wieder. Die sympathische, aber ebenso naive Formel, „die Preise müßten die ökologische Wahrheit sagen" (Weizsäcker 1990, 143ff.), verkennt diesen Zusammenhang; sie tut so, als handle es sich um ein technisches Problem, das sich mit einem guten Vorschlag, z.B. einer ökologischen Steuerreform, lösen ließe.

Ein besonders umstrittener Preis ist der für die Zurverfügungstellung von Arbeitskraft, also der *Lohn*. Er wird bei uns bekanntlich in Tarifverhandlungen ausgehandelt. Dabei verweist die Arbeitgeberseite regelmäßig und eindringlich auf die im internationalen Vergleich zu hohen Lohnkosten und droht mit Auslagerung der Produktion. Vor allem wird die Entwicklung der Lohnnebenkosten – also der Beiträge, aus denen das System der sozialen Sicherung finanziert wird – kritisiert. Die Bundesregierung schließt sich dieser Argumentation mit ihrer Auffassung zur „Standortsicherung" an – übrigens auch mit der Streichung von Feiertagen zur Finanzierung des Arbeitgeberanteils an der Pflegeversicherung. Die Argumentation ist widersprüchlich und leicht angreifbar: Wenn der letzte „Aufschwung", gemessen am Sozialprodukt, in erster Linie vom Export getragen wird, dann ist dies gerade ein Beweis *für* die bestehende internationale Wettbewerbsfähigkeit. Schliesslich kommt es für die Wettbewerbsfähigkeit nicht auf die Arbeitskosten pro Arbeitsstunde an, sondern auf die Kosten der Arbeitskraft pro produzierter Gütereinheit, also auf die Lohn*stück*kosten, und die sind „in der Metallindustrie um mindestens sieben Prozent zurückgegangen" (IG-Metall Chef Klaus Zwickel im Spiegel 50/94, 96) und befinden sich nach manchen Schätzungen auf gleicher Höhe wie die Lohnstückkosten in Portugal. Grund dafür ist die hohe Kapitalintensität der Produktion. Die Arbeitslosigkeit wird dazu benutzt, die Reallöhne weiter zu drücken. Da sind die Preise nun ohne Zweifel *mehr Macht- als Marktergebnis.*

Wir haben ausreichend Belege dafür zusammengetragen, daß die *Prämissen, auf denen die Theorie der kapitalistischen Marktwirtschaft aufbaut, empirisch nicht erfüllt sind.* Es gibt keine atomistische Konkurrenz, sondern überwiegend Kartelle und Oligopole, regional differenziert häufig Monopolisituationen. Es gibt keine Markttransparenz auf Seiten der VerbraucherInnen. Es gibt keine Trennung zwischen wirtschaftlichem, politischem und sozialem Bereich. Wenn Esso und Shell miteinander beim Verkauf von Benzin konkurrieren, so sind sie sich doch auch in vielerlei Hinsicht einig: Autos und Flugzeuge müssen gebaut und verkauft, das Straßennetz anstelle des öffentlichen Verkehrs erweitert werden usw. Wenn behauptet wird, man müsse nur das wirtschaftliche Geschehen dem Markt überlassen, um den größtmöglichen Nutzen für alle zu erreichen, dann ist das *entweder naiv oder wider besseres Wissen.* Es ist gerade der Markt, der die bestehenden Bedingungen geschaffen hat – zahlreiche ÖkonomInnen haben dies vorausgesehen. Keine Kartellbehörde ist heute in der Lage, wirklich marktwirtschaftliche Bedingungen herzustellen. Die allseits befriedigende Selbststeuerung, die uns das theoretische Modell so verlockend und überzeugend vorführt, gibt es in der Wirklichkeit nicht.

Die vielleicht problematischste Eigenschaft der Marktsteuerung ist der *eingebaute Wachstumszwang*: Ein/e UnternehmerIn, die heute beschließt, ihre Produktion nicht auszuweiten, nicht zu rationalisieren, nicht die Lohnkosten zu senken, sich am Gebrauchswert statt am Tauschwert zu orientieren – ein/e solche/r UnternehmerIn wäre morgen der Konkurrenz nicht mehr gewachsen und müßte ihren Betrieb schließen oder verkaufen. Ein automatisiertes Fertigungssystem ist, um sich zu amortisieren, auf hohe Stückzahlen ausgelegt, und muß dann möglichst ausgelastet laufen – geeignetes Marketing muß dann die Überproduktion an Mann und Frau bringen. Ein marktgesteuertes System läßt hinsichtlich der Wachstumsorientierung keine Wahlfreiheit. Indem es zu Wachstum und Konzentration zwingt, birgt es den *Keim zur Selbstzerstörung* in sich. Die VertreterInnen der Marktlehre meinen auch gar nicht ein allgemeineres Interesse an gesellschaftlichem Wohlergehen, sie stehen unverblümt im Dienst der AktionärInnen und scheuen sich nicht, dafür auch frühkapitalistische Verhältnisse in Kauf zu nehmen.

Die „Theorie" dient einseitig dem kurzfristigen Gewinninteresse Weniger und zerstört die Grundlagen einer menschenwürdigen Zukunft. Ein Spiegel-Interview mit dem MIT-Ökonomen Rüdiger Dornbusch (15/1996, 92ff.) reizt zum ausführlichen Kommentar, den wir uns hier bis auf wenige Bemerkungen ersparen müssen. Dornbusch empfiehlt den EuropäerInnen und vor allem den Deutschen eine Kur nach amerikanischem Vorbild: rauf mit den Aktienkursen, runter mit den Löhnen, dann können ArbeiterInnen bald „das Wort Streik nicht einmal mehr buchstabieren" – eine offenbar für ihn erstrebenswerte Vision. Abgesehen von dem abstoßenden Zynismus, der hier propagiert wird, sind die Rezepte falsch. Eine massenhaft verarmende Bevölkerung verliert die Kaufkraft, um die Produktion abzunehmen, und gefährdet damit auch die Unternehmen. Hier hofft Dornbusch auf den Export – aber das geht ja nur, wenn die Länder, in die er exportieren will, sowohl Kaufkraft haben als auch an eigener Produktion weiterhin gehindert werden, eine in sich widersprüchliche und unrealistische Vorstellung. Weiter bedeutet massenhafte Verarmung nicht nur soziale Kosten, die heute aufgebracht werden müssen, sondern darüber hinaus Hoffnungslosigkeit, Drogen, Konflikt, Gewalt in der Generation, die unter solchen Bedingungen aufwachsen muß. Dazu geht selbstverständlich, worüber der Ökonom sich nicht äußert, das kurzfristige Gewinninteresse der AktionärInnen nicht nur an die Substanz des Human-, sondern auch an die Substanz des Naturkapitals. Diese Art von Rezeptur beschleunigt den Weg in die globale Katastrophe. Sie wird nicht durch wissenschaftlich fundierte Einsicht genährt, sondern ist Ideologie und Ausfluß imperialistischen Machtgehabes.

Während die *Tendenz zu Kartellen und Monopolen* der Marktwirtschaft ebenso inhärent ist wie die *sukzessive Zerstörung der Kaufkraft* durch fortdauernden Druck auf die Löhne, muß der *staatliche Einfluß* auf Wirtschaftsprozesse auf andere Weise erklärt werden. Da ist einmal eine lange Geschichte obrigkeitsstaatlicher, dabei immer aber auch zur Fürsorge verpflichteter Herrschaft in Europa, aus der heraus das Wildwestmuster und das Hire-and-fire-Modell amerikanischer Prägung zwar neugierig als exotisches Beispiel betrachtet, aber innerlich als unzivilisiert abgelehnt wurden. Da kommt zweitens die seit Bismarck wachsende Einsicht, daß der soziale Friede wertvoller sei als alles, was sich in langen und heftigen Arbeitskämpfen gewinnen ließe, verbunden mit der (bis zum Skandal um die ehemals gewerkschaftseigenen Unternehmen) zunehmenden Macht der Gewerkschaften. Da sind Infrastrukturaufgaben, die dem Staat auch von UnternehmerInnenseite bereitwillig zugeschoben wurden, vor allem im Bereich der Bildung und der sozialen Sicherung, die als Vorleistungen für die Produktion angesehen wurden. Auch sollte die Marktwirtschaft vor drohenden Fehlentwicklungen bewahrt werden. Es war schließlich auch die *Systemkonkurrenz* zu den sozialistischen und kommunistischen Parteien Europas, die Verkehrsformen nach Rambomanier nicht zugelassen hätte. Es gibt also gute, und bis heute keineswegs ausgeräumte Gründe für diesen Staatseinfluß. Die Frage, wer denn anstelle des Staates diese Aufgaben in Zukunft wahrnehmen solle, oder wer denn in der Lage sei, die vulgärdarwinistische Natur des Kampfes aller gegen alle zu zähmen, gar in kultivierte Formen des zwischenmenschlichen Umgangs zu führen, wird von den Neo-Klassikern nicht beantwortet, wohl auch als irrelevant angesehen.

Diese *Mängel der Marktsteuerung* sind seit langem bekannt, und es war nicht nur und nicht zuerst Karl Marx, der auf sie hingewiesen hat (neuerdings z.B. Lindblom 1983). Dagegen steht als Alternative die Steuerung von Produktion und Verteilung durch den *Staat*. Die zentrale Planung einer verstaatlichten Wirtschaft beruht zuerst und vor allem auf der Fiktion, Gesellschaften seien bewußt von einem Zentrum aus gestaltbar und planbar – sie tappt damit zwangsläufig in die *Komplexitätsfalle*: Es ist ganz einfach nicht möglich (selbst wenn es aus irgendeinem Grund für sinnvoll gehalten würde), die nahezu unendlich vielfältigen wechselseitigen Abhängigkeiten in einer Volkswirtschaft in ihrem realen Zusammenspiel analytisch zu durchschauen und planend zu kontrollieren. Ineffizienz, Produktivitätsverluste, Fehlsteuerung, Fehl- und Unterversorgung, Innovationsfeindlichkeit u.a. sind die beobachtbaren Folgen. Übrigens standen auch sozialistische Systeme unter Wachstumszwang, nämlich dann, wenn sie im Bestreben, den Kapitalismus zu überholen, sich dessen Kriterien zu eigen machten. Gerade *weil* sie anders konstruiert waren, konnten sie dann dieses Ziel umso weniger erreichen und operierten daher regelmäßig mit gefälschten Erfolgsmeldungen – ganz so wie im Märchen von Hase und Igel. Auch im Sozialismus waren Theorie und Praxis nicht identisch. Faktisch wurde nur bedingt geplant: Die informellen Ökonomien, die durch wechselseitigen Tausch, Diebstahl, Korruption und Improvisieren usw. gebildet wurden, retteten diese Volkswirtschaften oft gegen den Plan vor dem totalen Zusammenbruch.

Auf der anderen Seite ist nicht zu übersehen, daß es in sozialistischen Ländern durchaus gelungen ist, Verfassungsrechte auf Arbeit, Wohnung, Gesundheit und Bildung nicht nur zu postulieren, sondern *für alle zu verwirklichen*, wenn auch auf bescheidenem Niveau, gemessen an westlichen Mittelschichtidealen. Der Westen hat dies als Ergebnis geringer Produktivität und massiver Unterdrückung denunziert und gleich nach der Wende alle Kräfte mobilisiert, um das System zu demontieren, noch bevor irgend jemand in die Lage kam zu fragen, ob da nicht Bewahrenswertes zu schnell zerstört werde. Eine nüchtern-historiographische, dokumentarische Beschäftigung mit den sozialistischen Systemen hätte z.B. akzeptieren können, daß dort – und heute ist schon kaum mehr vorstellbar, daß die DDR einmal das fremdeste aller Länder für BundesbürgerInnen gewesen ist! – eine andere Verteilungslogik herrschte, die zwar auch mit Fehlern behaftet war, aber immerhin funktionierte. Aus professioneller Perspektive ist es schlicht liederlich, wie ignorant und arrogant westliche SozialwissenschaftlerInnen mit den Erfahrungen dieses immerhin größten gesellschaftlichen Experimentes der Geschichte umgehen.

Auch der Sozialismus hat *gegen eigene theoretische Prinzipien verstoßen* (vor allem gegen das Grundprinzip der Dialektik, die vorwärtstreibende Kraft des Widerspruchs), auch der Sozialismus ist an einer zunehmend verknöcherten Machtelite gescheitert. Keines der beiden System funktioniert so, wie seine Ideologie uns das glauben machen will. Selbstverständlich wird auch in kapitalistischen Gesellschaften geplant, nicht nur auf der Seite des Staates, sondern auch auf der Seite der privaten Unternehmen. Mehr noch: Der am weitesten beplante Wirtschaftsbereich, die Landwirtschaft, unterliegt staatlicher Planung bereits seit dem letzten Jahrhundert und hat jeden Rest von Marktsteuerung konsequent eliminiert. Wer Schwierigkeiten hat, dafür Belege zu finden, dem/der empfehlen wir ein Gespräch mit LandwirtInnen oder WinzerInnen – es ist geradezu unglaublich, wie hier jedes Detail vorgeschrieben und meldepflichtig ist – von Marktwirtschaft keine Spur.

Es gibt in der Praxis keinen Bereich der europäischen Ökonomien mehr, der nicht hochgradig reguliert wäre, sei es von innen oder durch den Staat. Die Rede von marktwirtschaftlicher Steuerung bewegt sich oft jenseits von gutem Glauben in den *Gefilden der platten Unwahrheit*. Wiederum handelt es sich bei der Gegenüberstellung von Markt- oder Plansteuerung um eine gänzlich übergeneralisierende, *ideologische Diskussion*, darüber hinaus von erbärmlichem intellektuellen Niveau, die am wirklichen Problem vorbeigeht. Die wirkliche Aufgabe beginnt mit der Einsicht, daß *keineswegs a priori festliegt, welcher Steuerungsmechanismus in welchem Bereich für wen die besten Resultate hervorbringt und das allgemeine Wohl am meisten fördert.* Es gibt Bereiche, in denen tatsächlich so etwas wie ein Markt sich als Steuerungsmechanismus eignet – dann müßte dort Markt hergestellt werden. In anderen mag so etwas wie staatliche Planung sinnvoll sein – dann ist zu untersuchen, welche Ebene sich dafür eignet und welche Ressourcen und Entscheidungsverfahren sie dafür benötigt. Sehr viel häufiger werden wir neue Wege, z.B. Verhandlungssysteme zwischen KonsumentInnen und ProduzentInnen, vertraglich vereinbarte Formen der Zusammenarbeit zwischen AnbieterInnen und NachfragerInnen finden müssen. Nicht zu vergessen ist hier das weite Feld möglicher Betätigung für *genossenschaftliche Organisationsformen* (vgl. auch die „Modelle" bei Hamm/Neumann 1996, 355ff.). Ein *Dritter Weg* (Ota Sik) zwischen Kapitalismus und Sozialismus, eine Synthese im dialektischen Sinn, muß gefunden werden, und es ist denkbar, daß diese Aufgabe zu einer Überlebensfrage wird. Der historische Moment, der eine Lösung dieser Aufgabe verlangt, ist zweifellos gekommen.

5.3 Zusammenhang der drei Gesellschaften

5.3.1 Weltwirtschaftsordnung

Unter Weltwirtschaftsordnung wollen wir hier die Gesamtheit der Regelungen und Institutionen verstehen, die für die wirtschaftlichen Beziehungen der Staaten untereinander bestehen (oftmals auch als Regime bezeichnet, z.B. Zündorf 1994). Dabei soll die Perspektive weltweit, global sein, d.h. regionale Institutionen bleiben an dieser Stelle außer Betracht. Natürlich hat die Weltwirtschaftsordnung ihre historischen Wurzeln in Kolonialismus und Imperialismus – die dort bereits angelegten ungleichen Wirtschaftsbeziehungen sind weiterhin ein wichtiges Problem der internationalen Diskussion (zur Einführung empfiehlt sich Datta 1993). Wir wollen jedoch die Betrachtung auf die heutige Weltwirtschaftsordnung und ihre unmittelbare Vorgeschichte einschränken.

Hatte bis zum ersten Weltkrieg der *Goldstandard*, der in Wirklichkeit ein Pfund-Sterling-Standard war, für feste Wechselkurse gesorgt, so kam es in der Zwischenkriegszeit, insbesondere infolge der Wirtschaftskrise der dreißiger Jahre, zu häufigen Währungsunruhen und Abwertungen. Ein internationales Währungskurssystem konnte nicht entstehen. Entsprechende Bemühungen des Leitwährungslandes Großbritannien blieben erfolglos, Deutschland und Japan suchten den Ausweg in der Bildung eigener protektionistischer Wirtschafts- und Währungsblöcke. Auf Initiative der USA und Großbritanniens verhandelten die Alliierten über eine Neustrukturierung des Weltwirtschaftssystems, gedacht als eine liberale, marktwirtschaftliche Ordnung, die vertraglich abgesichert und durch neue internationale Institutionen zumindest ansatzweise international gesteuert werden sollte. 1944 wurden in *Bretton Woods* Abkommen über das internationale Währungssystem und die langfristige Kapitalhilfe für Wiederaufbau und Entwicklung geschlossen und dabei der Internationale Währungsfonds (IWF) und die Weltbank (mit vollem Namen Internationale Bank für Wiederaufbau und Entwicklung) gegründet. Der IWF war das Ergebnis amerikanisch-britischer Verhandlungen. Die übrigen TeilnehmerInnen der Bretton Woods-Konferenz wurden vor vollendete Tatsachen gestellt. Geschaffen wurde ein System, das die nationale Währung *eines* Landes, den amerikanischen Dollar, in der Funktion der Reservewährung, d.h. einer globalen „Parallelwährung", festschrieb und damit die Lasten des Ausgleichs von Zahlungsbilanzungleichgewichten einseitig den Defizit-Ländern aufbürdete und den USA eine Quelle zinsloser Kredite (in Form der von anderen Ländern gehaltenen Dollars) verschaffte. Gegenvorschläge von Keynes, die dem IWF mehr den Charakter einer an globaler Stabilität orientierten Weltwährungsbehörde gegeben und auch vom Leitwährungsland USA und von späteren Überschußländern wie Deutschland und Japan Anpassungsmaßnahmen verlangt hätten, wurden von der amerikanischen Seite nicht akzeptiert. Die Teilnehmerländer dieser Abkommen banden ihre Währungen an den *durch Gold gedeckten Dollar* und verpflichteten sich, bei Kursschwankungen über gewisse Breiten hinaus in Dollar zu intervenieren, d.h. Dollar zu kaufen oder zu verkaufen, um die Wechselkurse zu stabilisieren. Auf diese Weise trugen alle Beteiligten dazu bei, die USA zur Wirtschaftsmacht Nr. 1 zu machen. Durch den Status des Dollar als Leitwährung wurden nicht nur die amerikanischen Währungsrisiken reduziert, sondern die amerikanische Regierung auch in den Stand versetzt, eine sehr viel freiere Geldmengenpolitik zu treiben.

Mit ihrem Aufstieg zur führenden Industrienation vollzogen die USA einen *Wandel vom Protektionismus zur Freihandelspolitik.* Auf der Grundlage des Free Trade Act von 1934 bereiteten sie schon während des Krieges mittels der Abkommen über Hilfe an ihre Alliierten (lend-lease-programs), durch die Gründung der United Nations Reconstruction and Relief Agency (UNRRA), im Rahmen der alliierten Kriegskonferenzen sowie durch bilaterale Handelsabkommen den Weg für eine liberale Welthandelsordnung der Nachkriegszeit. Die bilateral erzielten Handelserleichterungen wurden im Rahmen des Allgemeinen Zoll- und Handelsabkommens (GATT 1948) festgeschrieben und ein Verfahren geschaffen, um künftig weitere Zollsenkungen und die Beseitigung von Handelshemmnissen für die Gesamtheit der GATT-Mitgliedsstaaten auszuhandeln. Das Prinzip des Multilateralismus wurde zum ersten Male in der Geschichte des Weltsystems auf Handelsfragen angewandt. Von *Universalismus* konnte allerdings *keine Rede* sein. Das GATT war ebenso wie der IWF so konzipiert, daß eine Mitgliedschaft für nicht-kapitalistische Länder ausgeschlossen oder erschwert war. Insbesondere die Sowjetunion wurde nicht Mitglied dieser Institutionen. Schließlich kam es auch nicht zur Gründung einer Sonderorganisation der Vereinten Nationen für Handel, der im GATT vorgesehenen International Trade Organisation (ITO), weil der amerikanische Senat ihr nicht zustimmte. Zwar entstanden aufgrund des GATT-Vertrages gleichwohl die Organe einer GATT-Organisation, eine jährliche Generalversammlung der Mitgliedsstaaten und ein internationales Sekretariat. Aber es blieb bei dieser sonderbaren Form der globalen Institutionalisierung, weil sie *der Abschottung reiner Handelsinteressen* diente – und zwar nicht nur gegen die „politisierten" Vereinten Nationen, sondern auch gegen die Einflußnahme nationaler Parlamente. Die am Ziel des Wachstums des Welthandels orientierte Weltorganisation wurde von der Berücksichtigung anderer Ziele wie sozialer Gerechtigkeit, Förderung der Wettbewerbsfähigkeit wirtschaftlich rückständiger Gebiete, Umweltschutz usw. auf diese Weise schon institutionell von vornherein freigestellt.

Damit standen die Institutionen des Weltwirtschaftssystems von Anfang an *unter der Kontrolle der westlich-kapitalistischen Industriestaaten.* Weltbankgruppe und Internationaler Währungsfonds sind zwar heute Sonderorganisationen der Vereinten Nationen, unterstehen aber nicht deren Weisungen und Kontrolle. Das ist vor allem deswegen wichtig, weil in den VN die Entscheidungsregel „One nation, one vote" gilt, die „Gruppe der 77" mit heute etwa 130 Staaten, d.i. die „Gewerkschaft" der Dritten Welt (Nuscheler 1995, 49), dort also die Mehrheit hat, während in IWF und in der Weltbankgruppe ein *nach Kapitalbeteiligung gewichtetes Stimmrecht* gilt, nach dem die USA über etwa achtzehn Prozent der Stimmen, Deutschland über sechs Prozent verfügen usw., die *kapitalistischen Industrieländer daher eine absolute Mehrheit* haben (alle OECD-Länder zusammen 61 Prozent; Nuscheler 1995, 318), Auch wenn nach 1989 beide Institutionen für neue Mitglieder geöffnet worden sind, hat dies doch an den Stimmrechten nichts geändert. Die Entwicklungsländer haben mehrfach im Rahmen der

UNO ihre Unzufriedenheit über die bestehenden Institutionen artikuliert und vor allem die UNCTAD (UN Conference on Trade and Development) zu ihrem Forum gemacht.

1973 ist das in Bretton Woods vereinbarte Weltwährungssystem mit freier Konvertibilität und festen Wechselkursen zerbrochen, die USA haben die Golddeckung des Dollar aufgekündigt. Das hat die Wirtschaftsmacht der USA nicht beeinträchtigt. Die Rüstungspolitik der amerikanischen Regierung in den Jahren des Vietnamkrieges führte zu einem phantastischen Haushaltsdefizit mit einer höheren Staatsverschuldung als in irgendeinem anderen Land. Dadurch wurden die Zinsen in die Höhe getrieben, was ausländisches Spekulationsgeld anzog und in Europa ebenfalls zu Zinserhöhungen führte, um die Abflüsse in Grenzen zu halten. Damit wurde die durch die Energiekrise einsetzende Rezession in Europa verstärkt. Verlierer waren insbesondere die Länder der Zweiten und der Dritten Welt, deren Schulden ins Unermeßliche stiegen. Die *sieben wichtigsten westlichen Industriestaaten* (G 7 – USA, Kanada, Japan, Deutschland, Frankreich, Großbritannien, Italien) haben auf die Kündigung des Bretton Woods-Systems 1975 die *jährlichen Weltwirtschaftsgipfel* eingeführt, eine Art internationaler konzertierter Aktion, die aber das Steuerungsdefizit auf globaler Ebene nicht ausgleichen kann. Internationale Vorkehrungen gegen den Mißbrauch wirtschaftlicher Macht etwa durch einzelne Regierungen (die USA wurden z.B. immer wieder erfolglos gemahnt, ihr Haushaltsdefizit abzubauen) oder durch multinationale Konzerne gibt es bisher ebenso wenig wie das erforderliche Mindestmaß an internationaler wirtschaftspolitischer Steuerung, z.B. in Zusammenhang mit der Ausbildung supranationaler Finanzmärkte, oder ein Minimum demokratischer Kontrolle.

Die reichen Länder erklären aus ihrer Sicht und mit der von ihnen beanspruchten Definitionsmacht, *was Unterentwicklung ist und wer als entwickelt und wer als unterentwickelt gilt* (so zuerst der amerikanische Präsident Harry S. Truman in seiner Antrittsrede vom 20. Januar 1944; vgl. Sachs 1993, 9). Daß darin eine tiefe Mißachtung anderer Kulturen liegt, ist die eine Seite. Daß die so definierten Entwicklungsländer selbst sich diese Definition zu eigen machen und daraus Ansprüche ableiten, ist die andere. Die Debatte wird so geführt, als hätten die Gesellschaften des Nordens den Gipfel der menschlichen Entwicklung erreicht, zu dem die anderen, wenn das überhaupt möglich ist, heraufgehoben werden sollen. Daß eine solche Position in Form der Modernisierungstheorie auch wissenschaftlichen Status beansprucht, wurde schon erwähnt. „Unterentwicklung" hat sowohl exogene (Kolonialismus, wirtschaftliche Abhängigkeit, politische Kontrolle usw.) als auch endogene Ursachen (Korruption, übertriebene Rüstungskosten, traditionale Wirtschafts-, Wert- und Normensysteme, die nicht an sich, sondern nur unter der Definitionsmacht des Nordens als unterentwickelt erscheinen), die sich wechselseitig bedingen. Unterentwicklung hat sozio-ökonomische, sozio-kulturelle und politisch-institutionelle Dimensionen, ist also ein Merkmal der *Struktur* der in Frage stehenden Gesellschaften. Schließlich ist das mit „Unterentwicklung" bezeichnete Problem auch in der nunmehr vierten Entwicklungsdekade der UNO nicht etwa gelöst, sondern es hat sich im Gegenteil verschärft (Nuscheler 1995, 43ff.).

Der *Abschluß der Entkolonisierung* in den späten sechziger Jahren hat etwa achtzig Ländern zwar formal die politische Selbständigkeit und Unabhängigkeit gebracht, sie aber gleichzeitig einer *ökonomischen, politischen und militärischen Abhängigkeit* unterworfen. Die einseitige Abhängigkeit von der Kolonialmacht wurde ersetzt durch die abstraktere, aber nicht weniger spürbare Abhängigkeit von Weltmarkt und Weltpolitik. *Ökonomisch* abhängig sind sie meist in dreierlei Hinsicht:

Sie sind im allgemeinen auf ein einziges oder ganz wenige Agrarprodukte und/oder Rohstoffe spezialisiert (worden) und damit abhängig von der Entwicklung der Austauschverhältnisse am Weltmarkt und an den internationalen Rohstoffbörsen;

Sie sind finanziell abhängig von Krediten der Zentren oder der globalen Institutionen wie Weltbank und IWF und stehen damit, wenn sie ihre Kreditwürdigkeit nicht gefährden wollen, unter deren Diktat („Strukturanpassung").

Ihre wirtschaftlichen und politischen Eliten, meist in den westlich-kapitalistischen Ländern ausgebildet und deren Eliten verpflichtet, stehen häufig an der Spitze eines modernen, formalisierten, bürokratisierten Wirtschaftssektors mit Befehlshierarchien, Terminbindung, Steuern und strikter Trennung von Arbeiten und Wohnen, der kleiner, aber einflußreicher ist als der traditionale, nicht bürokratisierte, meist stark subsistenzwirtschaftlich orientierte Sektor.

Politisch und militärisch abhängig sind diese Gesellschaften einmal durch die Abhängigkeit ihrer Eliten von den Regierungen der Geberländer („Entwicklungshilfe"), dann aber auch durch die innere Instabilität mit häufigen Regierungswechseln, Staatsstreichen und militärischen Interventionen, und schließlich durch die Rüstungspolitik der militärisch-industriellen Komplexe des Westens – immerhin wird heute für Rüstung in der Dritten Welt wesentlich mehr ausgegeben als durch Entwicklungshilfe eingenommen (1991 beliefen sich die Militärausgaben der Dritten Welt insgesamt auf rund 240 Milliarden Dollar, das sind 23 Prozent der Weltmilitärausgaben, während – 1992 – an Entwicklungshilfe 32,1 Milliarden Dollar überwiesen wurden).

Ergebnis dieser Abhängigkeit ist, daß die *Kapitalrückflüsse an die Geberländer gesichert* sind, daß sie aus den Entwicklungsländern mehr abziehen, als durch Entwicklungshilfe und Investitionen in sie hineingeflossen ist: „Zusätzlich zu den Tilgungsleistungen mußten die Entwicklungsländer 1988 ca. 59 Milliarden. US-Dollar an Zinsen aufbringen. Die Entwicklungsländer haben somit im Jahr 1988 43 Milliarden US-Dollar mehr an ihre Gläubiger in den Industriestaaten gezahlt als sie an neuen Mitteln erhalten haben" (BMZ 1989, 219). Sabet (1992) schätzte den Netto-Mittelfluß vom Süden zum Norden auf insgesamt fünfzig Billionen Dollar – eine Rechnung, die Nuscheler (1995, 309) allerdings für „unseriös" hält. Die Unterschiede hängen davon ab, was in die Zu- und Abflüsse jeweils eingerechnet wird. Opitz (1995, 28) nennt für 1993 als Höhe des Schulden*dienstes* 156 Milliarden Dollar, „eine Summe, die fast dreimal so hoch liegt wie die öffentliche Entwicklungshilfe der OECD-Länder und fast so hoch wie deren finanzielle Gesamtleistungen in Höhe von 167,4 Mrd. US$".

Diese *externen Abhängigkeiten produzieren die sozialen Verhältnisse der Unterentwicklung im Inneren*, Armut, Diktatur, Korruption. Aber sie treffen auf jeweils spezifische innere Bedingungen nicht nur im Sinn von Ressourcen, sondern auch im Sinn endogener kultureller oder durch den Kolonialismus entwickelter Traditionen und Bewegungen. Deutlichstes Beispiel dafür ist der Prozeß der Re-Islamisierung in den meisten der etwa vierzig islamischen Länder der Welt, allen voran im Iran.

Die *Verschärfung des Nord-Süd-Konflikts* während der siebziger und achtziger Jahre, auf die schon früh die Brandt-Kommission aufmerksam gemacht hatte (Brandt 1981, 1983), ist u.a. durch die steigenden Ölpreise, die Verschlechterung der Terms of Trade und durch die in der Hochzinsphase rapide zunehmende Verschuldung der Dritten Welt zu erklären. Der strukturelle Wandel der Weltgesellschaft nach der Entkolonialisierung hat dazu geführt, daß die Dritte Welt in den VN immer wieder eindringlich Reformen angemahnt hat. 1974 wurde auf der 6. Sonder-Generalversammlung der UNO die *„Erklärung über die Errichtung einer neuen Weltwirtschaftsordnung"* verabschiedet, im gleichen Jahr noch folgte eine „Charta der wirtschaftlichen Rechte und Pflichten der Staaten" (abgedruckt u.a. in Opitz/Rittberger 1986). In der Erklärung heißt es einleitend:

„Wir, die Mitglieder der Vereinten Nationen,... verkünden feierlich unsere gemeinsame Entschlossenheit, nachdrücklich auf die Errichtung einer neuen Weltwirtschaftsordnung hinzuwirken, die auf Gerechtigkeit, souveräner Gleichheit, gegenseitiger Abhängigkeit, gemeinsamem Interesse und der Zusammenarbeit aller Staaten ungeachtet ihres wirtschaftlichen und gesellschaftlichen Systems beruht, die Ungleichheit behebt und bestehende Ungerechtigkeiten beseitigt, die Aufhebung der sich vertiefenden Kluft zwischen den entwickelten Ländern und den Entwicklungsländern ermöglicht und eine sich ständig beschleunigende wirtschaftliche und soziale Entwicklung in Frieden und Gerechtigkeit für heutige und künftige Generationen sicherstellt". Die westlichen Industrieländer, auch die BRD, haben der Erklärung und der Charta zugestimmt, aber bisher alles getan, um die Realisierung einer NWWO zu verhindern, ja sie zu einem Non-Issue erklärt: ein typisches Beispiel für *symbolische Politik*, die es bei großen Erklärungen beläßt, daraus aber keine Konsequenzen zieht. Zu den 1974 verabschiedeten Forderungen gehören u.a.

– gerechte und faire Preisrelationen im Handel zwischen Industrie- und Entwicklungsländern,
– Stärkung der Zusammenarbeit mit den Entwicklungsländern,
– Beseitigung von Handelsschranken,
– Schaffung eines Verhaltenskodex für Technologietransfer,
– Schaffung eines Verhaltenskodex für multinationale Unternehmen,
– Demokratisierung der Weltbankgruppe und des IWF,
– Souveränität jedes Landes über die Rohstoffe auf seinem Gebiet.

In der Zwischenzeit *vertieft sich der Graben zwischen Industrie- und Entwicklungsländern* weiter, vergrößert sich das Elend, nehmen die Ungerechtigkeiten im Weltmaßstab zu. Der niederländische Ökonom und Nobelpreisträger Jan Tinbergen hat eine Arbeitsgruppe des Club of Rome geleitet, die Grundzüge einer NWWO und mögliche Strategien zu ihrer Implementation untersucht und daraus Pakete für anstehende internationale Verhandlungen formuliert (1976). Die *gegenwärtig beobachtbaren Trends der Weltwirtschaft* jedenfalls laufen der Philosophie der NWWO diametral entgegen:

Es gibt, diskutiert unter dem Begriff *Neue internationale Arbeitsteilung*, zwar eine Tendenz unter transnationalen Unternehmen, Teile der Produktion in Länder der Zweiten oder Dritten Welt auszulagern. Damit sind aber, der hohen Kapitalintensität wegen, nur *geringe Beschäftigungseffekte* verbunden. Beste Chancen für solche Investitionen haben Länder mit disziplinierter und qualifizierter Arbeitskraft, geringen Löhnen, geringen arbeits- und sozialrechtlichen Sicherungen und möglichst ohne Gewerkschaften, entwickelter Infrastruktur, geringen Umweltauflagen, kooperationswilligen öffentlichen Behörden, staatlichen Garantien für Kapitalanlagen und freien Gewinntransfer, ohne Behinderung durch Steuern und Zölle, und politischer Stabilität. Somit ist es wenig wahrscheinlich, daß diese „verlängerten Werkbänke" der Aufnahmegesellschaft wirklichen Nutzen bringen. Sie verdrängen nationale Unternehmen, transferieren ihre Gewinne ins Ausland, statt sie zu investieren, produzieren nur für eine kapitalkräftige Minderheit, akzeptieren politische Repression, und schädigen oft massiv die Umwelt im Gastland (Nuscheler 1995, 493) – Shell in Nigeria ist nur ein Beispiel unter zahllosen anderen. Zudem helfen solche Investitionen, die sozial-, arbeits- und tarifrechtlichen Errungenschaften der Beschäftigten in den Industrieländern zu unterminieren.

Bedingt durch die Steigerung der Produktivität und den Rückgang der Beschäftigung haben viele Unternehmen große Mengen an flüssigen Mitteln anhäufen können. *Finanztransaktionen* machen einen zunehmenden Anteil am Geschäftsergebnis aus – ein Vorstandsmitglied von Siemens nannte den Konzern einmal „eine große Bank mit einem kleinen Elektroladen". Diese Mittel werden zunehmend in Währungs- und Rohstoffspekulation sowie in Firmenaufkäufe im In- und Ausland investiert. Zunehmend *gewinnen Banken, Versicherungen und Investmentgesellschaften Kontrolle über die Unternehmen*, sei es durch eigene Aktienkäufe, sei es durch die Wahrnehmung von Aufsichtsratsmandaten oder durch die Ausübung von Depotstimmrechten im Auftrag von KleinaktionärInnen. Beides trägt dazu bei, daß *reale und monetäre Wirtschaftskreisläufe immer mehr auseinanderklaffen* und voneinander unabhängig werden, wobei der Monetarisierung zunehmendes Gewicht zukommt. Das Interesse ist anonym und rein quantitativ, ohne Rücksicht auf lokale und regionale Loyalitäten, auf Umweltqualität, auf Beschäftigte. Das *Verhältnis der Währungen* zueinander, der Wechselkurs, definiert sich nicht mehr allein durch den Vergleich der Kaufkraft in den beiden Ländern, sondern zunehmend durch das spekulativ bestimmte Verhältnis von Angebot von und Nachfrage nach Währungen (was ja im Zusammenhang mit der Golfkrise wieder sehr deutlich zu beobachten war – im Radio sagte ein Frankfurter Börsenmakler, für ihn sei ein kurzer, heftiger Krieg am Golf ungefähr ebenso gut wie ein Rückzug der Irakis aus Kuwait, nur ein lange sich hinziehender Krieg schade der Börse wirklich).

Diese Entwicklungen lassen sich besonders deutlich im Prozeß der *Kolonisierung Osteuropas* beobachten. Westliche Regierungen mit dem Zuckerbrot von NATO- und EU-Mitgliedschaft und der Peitsche der Kreditverweigerung, westliche Unternehmen im Verein mit zumeist amerikanischen WirtschaftsberaterInnen und begleitendem Druck des IWF haben überall (außer in Ungarn, das 1989 schon erheblich auf dem kapitalistischen Weg fortgeschritten war) die „Schocktherapie" gegenüber gradualistischen Vorschlägen zur Reform durchgesetzt. Die zwangsweise Öffnung der Märkte erhöht den Exportdruck und erleichtert, daß auch die letzten Vermögenswerte der ehemals staatlichen Wirtschaften vom Westen aufgekauft werden. Rasch steigende Preise bei nur langsam steigenden Löhnen haben eine *dramatische sozio-ökonomische Polarisierung* zur Folge. Die Verelendung großer Teile der Bevölkerung in Polen, Bulgarien, Rumänien, der früheren Sowjetunion begünstigt Kriminalität, politische Radikalismen und Bürgerkriege, die wir schon kaum noch zur Kenntnis nehmen. Der frühere Rußland-Korrespondent der ARD, Gerd Ruge, hat kürzlich über die drohende Situation im Kaukasus gesprochen und gesagt, dazu nehme sich der Krieg im früheren Jugoslawien wie ein Vorspiel aus. Eine der Folgen werden zunehmende Flüchtlingsströme sein.

Die *Motoren dieser Entwicklung sind die Transnationalen Konzerne* (UN 1992). „Indem sie aus verschiedenen Ländern Ressourcen und Komponenten beziehen, Produktions- und Distributionsprozesse länderübergreifend organisieren, ihre Produkte und Dienstleistungen in verschiedenen Ländern gleichzeitig anbieten und ihre Gewinne und Investitionen zwischen verschiedenen Ländern hin- und herschieben, haben sich die multinationalen Unternehmen immer mehr von ihren nationalen Wurzeln gelöst, ihre Loyalitäten gegenüber Kommunen, Regionen und Ländern abgelegt und sich in nicht-territoriale Akteure verwandelt, die offenbar niemand anderem als ihren Aktionären verantwortlich sind. Städte und Staaten sind gegenüber multinationalen Unternehmen immer mehr in die Rolle von Bewerbern und Wettbewerbern für Investitionen geraten und sehen sich zunehmend gezwungen, ihren oft übermächtigen Verhandlungspartnern als Gegenleistung für die Schaffung oder Erhaltung von Arbeitsplätzen weitgehende Konzessionen zu machen, z.B. in Form umfangreicher Subventionen. Ohne allzu große Übertreibung kann man multinationale Unternehmen als die wirklichen Souveräne der modernen Weltwirtschaft betrachten" (Zündorf 1994, 153f.). Ihre *Auslandsinvestitionen*, die sich im Jahr 1990 auf 225 Milliarden Dollar beliefen und einen Bestand von insgesamt 1.700 Milliarden Dollar erreicht haben, aber auch der zwischen ihren Tochtergesellschaften abgewickelte internationale Handel, der etwa ein Drittel des gesamten Welthandels ausmacht, treiben das Wirtschaftswachstum an. Die Regierungen der Nationalstaaten sind von den transnationalen Konzernen politisch abhängig und mit dem Arbeitsplatz-Argument erpreßbar geworden. Sie sorgen denn auch dafür, daß die nationalen Bedingungen (Deregulierung, Privatisierung, Steuer- und Umweltpolitik), aber auch die internationale Handels- und Finanzpolitik den Interessen dieser Unternehmen so weit wie möglich entgegenkommt. Die Entwicklungsländer und die Länder Mittel- und Osteuropas werden zwangsweise dem Zugriff dieser Unternehmen geöffnet ("Strukturanpassung").

Tabelle 5.2: Die 25 größten Industrie-TNCs

TNC	Herkunftsland	Umsatz in Mrd. US-$	Profit in Mrd. US-$	Hauptaktivität
General Motors	USA	133,6	2.466	Fahrzeugbau
Ford Motor	USA	108,5	2.529	Fahrzeugbau
Exxon	USA	97,8	5.280	Öl
Shell	NL/GB	95,1	4.505	Öl
Toyota	Japan	85,3	1.474	Fahrzeugbau
Hitachi	Japan	68,6	605	Elektro
IBM	USA	62,7	8.101	Computer
Matsushita	Japan	61,4	227	Elektronik
Gen. Electric	USA	60,8	4.315	Elektro
Daimler-Benz	Deutschland	59,1	364	Fahrzeugbau
Mobil	USA	56,6	2.084	Öl
Nissan	Japan	53,8	806	Fahrzeugbau
BP	Großbritannien	52,5	924	Öl
Samsung	Republik Korea	51,3	520	Elektronik
Philip Morris	USA	50,6	3.091	Zigaretten
IRI	Italien	50,5	n. v.	Metall
Siemens	Deutschland	50,4	1.232	Elektro
Volkswagen	Deutschland	46,3	1.323	Fahrzeugbau
Chrysler	USA	43,6	2.551	Fahrzeugbau
Toshiba	Japan	42,9	113	Computer
Unilever	NL/GB	41,8	1.946	Nahrungsmittel
Nestlé	Schweiz	38,9	1.953	Nahrungsmittel
Elf Aquitaine	Frankreich	37,0	189	Öl
Honda	Japan	35,8	220	Fahrzeugbau
ENI	Italien	34,8	267	Öl

n. v. = nicht verfügbar

Quelle: ICDA 1995

Quelle: Globale Trends 1996, 164

5.3.2 Europäische Union

Der Staat – auf der Ebene der Europäischen Union also der *Rat* und die *Kommission*, wenn wir uns auf die Exekutive beschränken – hat Bedeutung als wirtschaftliche Institution insofern, als er

- als Gesetzgeber die Rahmenbedingungen für wirtschaftliche Aktivität definiert,
- als Investor selbst unternehmerisch tätig ist und
- Geld einnimmt und ausgibt, um bestimmte Ziele zu erreichen.

Tatsächlich ist die Europäische Union nach wie vor und vor allem anderen eine *Einrichtung zur Förderung des Wirtschaftswachstums.*

Der *Auftrag zur aktiven Wirtschaftspolitik* ist in den Verträgen enthalten: Art. 2 EWG-Vertrag, Art. 102a, 103, 104-16, 130a-e Einheitliche Europäische Akte (EEA). Der Art. 2 EWGV nennt eine beständige und ausgewogene Wirtschaftsausweitung, größere Stabilität, beschleunigte Hebung der Lebenshaltung und Förderung enger Beziehungen zwischen den Gemeinschaftsländern. Die EEA umfaßt die Zusammenarbeit in der Wirtschafts- und Währungspolitik, die Konjunkturpolitik, Zahlungsbilanz- und Handelspolitik im Dienste der Ziele hoher Beschäftigungsstand, stabiles Preisniveau und Zahlungsbilanzgleichgewicht („magisches Dreieck"). Durch die EEA werden zudem die Mitgliedsländer zu einer Wirtschaftspolitik verpflichtet, die auf einen Ausgleich der regionalen Wohlfahrtsunterschiede hinwirken soll. Dazu dienen die Mittel der Strukturfonds der EU (161 Milliarden ECU für 1993 bis 1999). Die Koordinierungsaufgabe auf einem Gebiet, das schon auf nationaler Ebene kontrovers ist, löst die EU mit Hilfe von Ausschüssen: Währungsausschuß seit 1958, Ausschuß der Zentralbankpräsidenten seit 1964, Ausschüsse für Konjunkturpolitik, mittelfristige Wirtschaftspolitik und Haushaltspolitik, 1974 zum *Ausschuß für Wirtschaftspolitik* zusammengefaßt. Dieser Kooperationsansatz war jedoch wirklichen Bewährungsproben nicht gewachsen (erkennbar z.B. am Scheitern der beabsichtigten vorgezogenen Wirtschafts- und Währungsunion 1980). Erst die Schaffung des *Europäischen Währungssystems* (EWS) 1979 brachte hier mehr Stabilität, wenn auch nur vorübergehend: Wie eine Ironie der Geschichte mutet es an, daß das EWS ausgerechnet in dem Augenblick zusammenbrach, als im Vertrag über die Europäische Union die Entwicklung hin zu einer gemeinsamen europäischen Währung beschlossen wurde. Die *Wirtschafts- und Währungsunion* (WWU) soll 1999 in Kraft treten. Die Mitgliedsländer haben sich verpflichtet, ihre Wirtschaftspolitik im

Rat zu koordinieren. Dafür werden Grundsätze erarbeitet und als Empfehlungen verabschiedet. Die Koordinierungs- und Überwachungstätigkeit der Union richtet sich in erster Linie auf die *Haushaltspolitiken der Mitglieder*, die einem schrittweise strengeren Abstimmungsprozeß unterworfen werden sollen. Anhand von „Konvergenzkriterien" soll 1998 darüber entschieden werden, welche Länder der WWU beitreten können. Allerdings lassen diese Kriterien noch so viel Interpretationsspielraum, daß eine ausreichende „kritische Masse" in jedem Fall zugelassen werden dürfte.

Tabelle 5.3: Indikatoren der Staatstätigkeit, Mitgliedsstaaten der EG, 1986
(für das Jahr 1986 liegen die meisten vergleichbaren Daten vor)

	B	DK	D	F	G	GB	IR	I	L	NL	P	E
Staatseinnahmen	12,9	19,2	14,4	14,9	5,5	11,7	7,4	11,2	19,4	15,9	5,2	7,3
Staatsausgaben je Einw./TDM/1986	15,3	18,2	14,8	15,8	7,2	12,4	9,3	14,5	17,3	17,6	6,3	8,4

Staatsausgaben 1986 nach Aufgabenbereich in % der Gesamtausgaben

	B	DK	D	F	G	GB	IR	I	L	NL	P	E
Verteidigung	.	3,6	5,9	6,4	.	11,2	.	3,9	.	.	..	
Allg. Verwaltung	.	7,2	6,3	7,4	.	3,5	.	7,9	.			
Justiz/Polizei	.	2,0	3,5	1,8	.	3,9	.	3,2	.	.	..	
Wirtschaft	.	3,8	4,4	4,5	.	5,3	.	4,9	.			
Verkehr/Energie	.	4,0	5,0	2,7	.	3,9	.	4,9	.	.	..	
Soziale Sicherung	.	37,0	40,8	35,4	.	32,2	.	31,6	.			
Wohnen	.	1,8	2,6	5,3	.	5,7	.	3,2	.	.	..	
Bildung	.	11,6	9,8	10,3	.	11,2	.	9,9	.	.		
Sonstige	.	19,9	7,9	7,4	.	11,8	.	16,2	.	.	..	
Beschäftigte im öffentlichen Sektor 1986 in % der Erwerbstätigen	20,8	29,2	16,1	23,1	21,8	16,0	15,2	11,7	15,8	12,8		14,6

Steuern und Sozialabgaben 1986 in % des BIP

	B	DK	D	F	G	GB	IR	I	L	NL	P	E
Indirekte Steuern	11,9	19,6	12,3	15,5	.	16,1	18,4	9,9	16,9	12,5	17,6	10,8
Direkte Steuern	19,3	29,3	12,3	9,3		14,6	15.3	12.9	18.7	13.4	7,3	8,2
Sozialabgaben	15,7	1.5	15.4	18,8		7,2	5,9	12.4	12.4	19.6	9,5	11.7
Steuern u.Abgaben	47,3	50,8	40,1	44,0		38,1	39,7	35.3	48,1	45,8	34.7	30,9

Staatliche Gesamtausgaben 1986 in % des BIP

	B	DK	D	F	G	GB	IR	I	L	NL	P	E
Staatliche Gesamtausgaben 1986 in % des BIP	.	54,4	45,8	52,4	.	45,0	.	51,0	.	.		.

Quelle: Die EG-Staaten im Vergleich, hrsg. von O.W. Gabriel, Bonn 1994 (dort aus EUROSTAT bzw. OECD)

Die Tabelle illustriert die *Rolle der Mitgliedsstaaten als „Unternehmerinnen"* mit zwischen zwölf (Luxemburg) und dreißig Prozent (Dänemark) der Beschäftigten und rund fünfzig Prozent des Bruttoinlandsproduktes. Die Angaben über Steuern und Sozialabgaben zeigen

301

die wichtigsten Quellen der Finanzierung dieser Großunternehmen, die Angaben über Staatsausgaben 1988 nach Aufgabenbereichen die wichtigsten Kategorien der Verwendung – darunter sticht die Soziale Sicherung als wichtigster Aufgabenposten deutlich hervor.

Die EG selbst hat mit 73 Milliarden ECU, etwa 142 Milliarden DM (1995), d.h. ungefähr zwölf Prozent des Ausgabenvolumens der öffentlichen Hände in der Bundesrepublik, *relativ bescheidene Eigenmittel*. Sie stammen zu zwei Dritteln aus einem Anteil von 1,4 Prozent des Mehrwertsteueraufkommens der Mitgliedsländer, dazu aus Zöllen (25 Prozent, rückläufig) und kleineren Einnahmen. Etwas mehr als die Hälfte aller Mittel werden für die *Gemeinsame Agrarpolitik* aufgewendet, elf Prozent für die Regionalpolitik (Europäischer Fonds für regionale Entwicklung EFRE), neun Prozent für die Europäischen Sozialfonds (ESF); dazu kommen der Europäische Ausrichtungs- und Garantiefonds für die Landwirtschaft (EAGFL) und neu der Kohäsionsfonds, der ebenfalls zur Milderung regionaler Disparitäten beitragen soll. Für allgemeine Verwaltung werden fünf Prozent, für Zusammenarbeit und Entwicklung drei Prozent, für Forschungs-, Energie- und Industriepolitik vier Prozent aufgewendet.

Schaltzentrale der EG ist die Kommission. Sie kann weder vom Ministerrat noch von den Mitgliedsstaaten abgesetzt werden, nur ein Mißtrauensvotum des Europäischen Parlaments kann sie zum Rücktritt zwingen. Sie ist die „Hüterin der Verträge". Nur die Kommission hat das Recht, dem Ministerrat Gesetzesinitiativen zur Verabschiedung vorzulegen. Sie ist an der Entscheidungsfindung in allen Gremien beteiligt und kann bei Verstößen gegen das Gemeinschaftsrecht beim Europäischen Gerichtshof klagen. Die Kommission hat rund 16.000 BeamtInnen in 23 mit nationalen Ministerien vergleichbaren Generaldirektionen (zum Vergleich: Die Stadtverwaltung Köln hat etwa 24.000 Bedienstete). Bei der Erarbeitung ihrer Vorschläge an den Rat wie auch bei der Kontrolle der Einhaltung des Gemeinschaftsrechts ist die Kommission *auf enge Zusammenarbeit mit nationalen Ministerien sowie mit Interessengruppen angewiesen*, von denen sich inzwischen rund 2.000 auf europäischer Ebene organisiert haben. Die Zusammenarbeit geschieht praktisch in mehreren hundert Ausschüssen („Comitologie", seit der Kommission vom Rat in der EEA exekutive Befugnisse übertragen wurden, Art. 145 EGV). Dennoch wird dadurch die abschließende Entscheidungsbefugnis des Rates nicht beeinträchtigt.

Im Zusammenhang mit der europäischen Integration wird oft davon gesprochen, daß Europa auf dem neuen Markt und in der Konkurrenz gegen Nordamerika und Japan nur mit neuen Dimensionen in den Unternehmensgrößen bestehen könnte. *Skalenerträge* sind ein Argument, steigende *Aufwendungen für Forschung und Entwicklung* ein anderes, um Übernahmen (friedliche oder unfriedliche) oder Gemeinschaftsunternehmen zwischen großen Konzernen zu rechtfertigen. Damit entsteht die Furcht vor *Monopolen und Kartellen*, die ihre Marktmacht zum Schaden des/der VerbraucherIn mißbrauchen. Eklatant ist das etwa in der Zementindustrie, die in einem europäischen Kartell rund drei Viertel des gesamten Marktes unter sich aufgeteilt hat. „Seit Jahren, schätzen Insider, haben private und staatliche Bauherren viele hundert Millionen Mark zuviel gezahlt, weil das Kartell zu hohe Preise verlangte" (Spiegel 42/1992, 166). Preisbrecher, vor allem aus früheren Ostblockstaaten, werden schikaniert oder aufgekauft. Natürlich sehen die Konzerne das nicht so. À. Peisl, Mitglied des Vorstandes der Siemens AG, hat die These vertreten: „Wettbewerb ist die Basis unseres wirtschaftlichen Wohlstands; ein Unternehmen strebt nicht nach Größe und Marktmacht, um den Wettbewerb auszuschalten, sondern um in ihm zu bestehen" (Unternehmensstrukturen im europäischen Binnenmarkt, 1990, 121). An der gleichen Tagung sprach der damalige Präsident des Bundeskartellamtes, Wolfgang Kartte, über „Europa – Ein Rollfeld für Konzerne?", und aus diesem (sehr gemäßigt formulierten) Beitrag wollen wir einige Daten und Gedanken mitteilen, die für unseren Zusammenhang bedeutsam sind. Zunächst stellt er fest, daß seit einigen Jahren, vorwiegend im Blick auf den europäischen Binnenmarkt, in Deutschland wie in der EG die Unternehmenszusammenschlüsse stark zugenommen haben. Zwischen 1982/83 und 1987/88 haben sich die Übernahmen und Fusionen mehr als verdreifacht, die Minderheitsbeteiligungen gar versechsfacht. – besonders spektakulär in den Bereichen Telekommunikation, Schienenfahrzeuge, Dampfkessel zur Stromerzeugung. Auch unter den Automobilherstellern gab es in jüngster Zeit europäische Großfusionen: VW-SEAT, FIAT-Alfa Romeo, Ford-Jaguar oder VW-Skoda. Dazu ist die Automobilindustrie inzwischen weltweit durch ein Netz von Kooperationen und Gemeinschaftsunternehmen verflochten, insbesondere um die Kosten für Forschung und Entwicklung zu verteilen und die Stückkosten bei einzelnen Aggregaten (Motor, Getriebe) zu senken. Kartte: „Aus wettbewerblicher Sicht ist diese Entwicklung auch mit gemischten Gefühlen zu sehen. Ein weltweites Anbieteroligopol in einer so bedeutenden Branche, das aufgrund zahlreicher Kooperationen eher zu ‚friedlichem' als zu ‚kompetitivem' Verhalten neigt und das durch relativ hohe technische Marktzutrittsschranken geschützt ist, wäre eine wettbewerbspolitische Horrorvorstellung" (ebd., 115). Dagegen bedeuten Fusionen der großen Markenartikelkonzerne eher, daß der

Marktzugang in einem anderen Land durch Übernahme einer eingeführten Marke erkauft statt daß ein echter Marktzugang versucht wird – auch so gehen für den/die VerbraucherIn Alternativen verloren. In der Unterhaltungselektronik gibt es heute in der EG nur noch zwei große Anbietergruppen (Philips, Thomson) – ohne die Japaner hätten die NachfragerInnen kaum mehr eine echte Wahl. „Erfahrungsgemäß ist es quasi ein Grundgesetz der Ökonomie, daß die Gegenmächte, wenn sie erst einmal hoch genug konzentriert sind, sich zu Lasten der Verbraucher miteinander verbünden. Irgendwann drängt sich ihnen nämlich auf, daß der verlustreiche Kampf gegeneinander betriebswirtschaftlich unsinnig ist. Dann aber hätten wir weltweite, die einzelnen Blöcke übergreifende Kartelle und Monopole, die niemand mehr aufhalten könnte" (116), und Kartte verweist hier auf die (ablehnende) Stellungnahme seiner Behörde zum Fusionsantrag Daimler-Benz/MBB, die jedoch eine Ministererlaubnis nicht verhindern konnte. Ein erhebliches Problem für eine nationale Behörde sei die internationale Verflechtung. Erst mit dem 1989 eingeführten *europäischen Kartellrecht* und der dort vorgesehenen Fusionskontrolle wird es in dem dann gegebenen Rahmen möglich sein, auf europäischer Ebene wettbewerbsschädliche Konzentrationen zu verhindern. Allerdings werden mit dem *europäischen* Argument nicht selten (Handel, Bauwirtschaft) Unternehmenszusammenschlüsse gutgeheißen, die dann zu marktbeherrschenden Stellungen auf *nationaler* Ebene führen können, auf europäischer Ebene aber gar nicht konkurrieren. Daß das europäische Wettbewerbsrecht und sein Vollzug unzulänglich sind, bestätigt wiederum, daß *Europa insbesondere im Interesse der Konzerne* gestaltet wird.

Wer wird unter welchen Bedingungen eine gute Chance haben, die jeweils eigenen Interessen in Brüssel zu Gehör zu bringen? Das wichtigste Instrument dafür sind die *Interessenverbände.* Sie sind auf vier Ebenen wirksam:

– im *Wirtschafts- und Sozialausschuß* (WSA): der besteht aus 189 Mitgliedern, die auf Vorschlag der Mitgliedsstaaten vom Rat ernannt und als „besoldete Lobbyisten" von den sie entsendenden Interessenorganisationen direkt abhängen. Der WSA ist in drei Gruppen organisiert: ArbeitgeberInnen, ArbeitnehmerInnen, verschiedene Interessen (HandwerkerInnen, LandwirtInnen, FreiberuflerInnen, VerbraucherInnen usw.) und erarbeitet in neun Fachgruppen Stellungnahmen zu Händen der Kommission. In einigen Fällen *muß* der WSA, in anderen *kann* er gehört werden; er kann Stellungnahmen auch auf eigene Initiative abgeben. „Der Wirtschafts- und Sozialausschuß der EG ist von seiner Aufgabenstellung her gesehen eine Ständevertretung oder auch eine ständige Lobby-Konferenz: Durch den WSA können die in ihm vertretenen Interessenverbände dort Einfluß auszuüben versuchen, wo auf Gemeinschaftsebene Entscheidungen getroffen werden. ... Eine Konkurrenz erhält der WSA allerdings zunehmend dadurch, daß sich die einzelnen Interessenorganisationen direkt an Kommission und Rat wenden und so außerhalb des offiziellen Entscheidungsprozesses ein beachtliches Lobby-Netzwerk entsteht" (Brüske 1995, 345).

- in den derzeit 430 *Ausschüssen* (Beratungs-, Durchführungs- und Regelungsausschüsse), die die Kommission bei der Durchführung von Beschlüssen unterstützen („Comitologie"), zu denen weitere unter verschiedenen Forschungsprogrammen kommen; dort sind zwar nationale Beamte vertreten, die aber häufig Verbandsinteressen mitverfolgen und von heimischen Verbänden dabei unterstützt werden;
- in *Anhörungen*: Kommission und Parlament führen zunehmend Anhörungen zu bestimmten Themen durch, zu denen VertreterInnen interessierter Verbände eingeladen werden; nicht selten werden Europäische Interessenverbände offiziell zur Mitarbeit eingeladen, um für die Kommission Stellungnahmen auszuarbeiten
- auf *informellem Weg*: Schließlich besteht ein enges Netzwerk informeller Verbindungen zwischen BeamtInnen der Kommission und VertreterInnen von Interessenverbänden, in dem selbstverständlich ebenfalls Meinungen und Politik gemacht werden. Selbstverständlich ist dabei im Vorteil, wer es sich leisten kann, in Brüssel ein gut organisiertes Büro zu unterhalten. Informell besteht auch oft ein enger Kontakt zu den nationalen Ministerien, die dann im Ministerrat Entscheidungen treffen.

Unter den europäischen Verbänden ragen diejenigen der *UnternehmerInnen* (UNICE = Union der Industrie- und Arbeitgeberverbände Europas, gegründet 1958), der *Landwirtschaft* (COPA = Ausschuß der Berufsständigen Landwirtschaftlichen Organisationen der EWG, gegründet 1958) und der *Gewerkschaften* (EGB = Europäischer Gewerkschaftsbund, gegründet 1973) heraus. Diesen „europäischen Dachverbänden" gehören die nationalen Dachverbände als Mitglieder an. „Als stärkster Europaverband gilt die COPA. Sie verfügt über den größten Etat, den größten Mitarbeiterstab in Brüssel und hat die besten politischen Kontakte. An zweiter Stelle erst steht die UNICE, und der EGB bringt unter den großen wirschaftlichen Europaverbänden das geringste politische Gewicht auf. Die Rangfolge in der Bedeutung der nationalen Verbände der EG-Staaten kehrt sich auf europäischer Ebene um. Die Erklärung liegt in der Tatsache, daß die Gemeinsame Agrarpolitik der EG bis zur Realisierung des Gemeinsamen Binnenmarktes der einzige vollständig integrierte Politikbereich war: Brüsseler Entscheidungen wurden seit Mitte der sechziger Jahre wichtiger für die Einkommenssituation der Landwirte als agrarpolitische Entscheidungen der nationalen Parlamente und Regierungen. Demgegenüber gibt es nicht einmal in Ansätzen eine europäische Industriepolitik und keinerlei substantielle europäische Sozialpolitik, immerhin aber eine gemeinsame Außenhandelspolitik" (Hartmann, in: Gabriel 1995, 275).

An dieser Stelle sei an die berühmte Untersuchung von Mancur Olson (1968) erinnert, der nachgewiesen hat, daß verhältnismäßig kleine Gruppen eine größere Chance haben, zu Interessenkonsens und zu einer schlagkräftigen Interessenvertretung zu kommen, und daß sie dabei immer im Vorteil gegenüber großen Gruppen sind. Benachteiligt bleiben freilich immer die unorganisierten und unorganisierbaren Gruppen, die jedoch die Mehrheiten der Bevölkerung darstellen.

Schließlich die Interessenvertretung der *ArbeitnehmerInnen*: „Ende der achtziger Jahre sind die Gewerkschaften von zwei epochalen Ereignissen betroffen. Durch zahlreiche Deregulierungsmaßnahmen wie Flexibilisierung der Arbeit, Sozialstaatsabbau, Privatisierung und direkt antigewerkschaftliche Maßnahmen wird ihre Bedeutung in den jeweils nationalen Arbeitsbeziehungen zwischen Staat und Unternehmerverbänden angegriffen. Dazu kommt der verschärfte ökonomische Integrationsdruck in der EG, der von ihnen ein soziales Gegensteuern und völlig neue Problemlösungsmuster auf der bisher sträflich vernachlässigten internationalen bzw. übernationalen Ebene verlangt" (Lecher 1989, 171). Damit räumt Lecher ein, daß eine Europapolitik der Gewerkschaften bislang faktisch nicht existiert bzw. ganz in ihren Anfängen steht, und dies in einem Augenblick, wo es ihnen offenbar nicht mehr gelingt, den Mitgliederschwund aufzuhalten und wo eine globale Wirtschafts- und Gesellschaftskrise mit hoher Arbeitslosigkeit bevorsteht. Das ist angesichts der großen nationalen Unterschiede in Wohlstand, Lohnkosten und arbeitsrechtlichen Regelungen in der Tat eine *bestürzende Diagnose*, muß doch damit gerechnet werden, daß der Binnenmarkt den Unternehmen in erster Linie dazu dienen wird, in Regionen mit möglichst vorteilhaften Bedingungen auszuweichen und damit die bestehenden sozialpolitischen Errungenschaften in anderen Regionen zu zerschlagen.

Am Beispiel der *betrieblichen Mitbestimmung* läßt sich die Breite der Möglichkeiten gut illustrieren: In *Deutschland* ist die betriebliche

Mitbestimmung gesetzlich garantiert, und die Mitwirkungs- und Mitbestimmungsrechte der ArbeitnehmerInnen und der Gewerkschaften sind gesetzlich geregelt. Die Bundesregierung hat zugesagt, im Rahmen der Harmonisierung der nationalen Rechte darauf zu bestehen, daß die deutschen Mitbestimmungsregelungen nicht eingeschränkt werden. Ganz im Gegensatz dazu will *Großbritannien*, das selbst keine gesetzliche Mitbestimmung kennt, sich jeder weitergehenden Regelung auf europäischer Ebene widersetzen. Der „Vorschlag der EG-Kommission für eine Richtlinie des Rates über die Einsetzung Europäischer Betriebsräte zur Information und Konsultation der Arbeitnehmer in gemeinschaftsweit operierenden Unternehmen und Unternehmensgruppen" vom 12. Dezember 1990 ist entsprechend umstritten (der Vorschlag ist, zusammen mit einer ablehnenden Stellungnahme von BDI und BDA, abgedruckt in Niedenhoff 1991 – dort auch eine Übersicht über die Mitbestimmungsregelungen und über die Lage der Gewerkschaften in den europäischen Mitgliedsländern).

Das *Vertragswerk von Maastricht* markiert eher das *Ende der technokratischen Epoche der europäischen Integration* als den Beginn einer neuen. Bis zu jenem ersten dänischen Referendum vom 2.6.1992, an dem eine knappe Mehrheit den Beitritt abgelehnt hatte, war Europa im wesentlichen Angelegenheit einer kleinen Insider-Gruppe. Erst als nun unübersehbar wurde, daß auch die *Bevölkerungen* begannen, sich kritisch mit dem Integrationsprozeß zu beschäftigen, und daß dies Folgen haben könnte, setzte eine heftige Propaganda für den Vertrag ein bis hin zu der Behauptung, wenn Maastricht nicht ratifiziert werde, falle der ganze Einigungsprozeß um Jahrzehnte zurück und sei womöglich irreparabel geschädigt. Das war natürlich maßlos übertrieben. Der Vertrag enthält deutlich zwei unterschiedliche Teile: einen ersten über die *Wirtschafts- und Währungsunion*, der sorgfältig ausgearbeitet und formuliert und durch zahlreiche Konsultationen vorbereitet war, und einen weit weniger überzeugenden zweiten Teil, in dem es um die *Gemeinsame Außen- und Sicherheitspolitik* (GASP), die *Zusammenarbeit in der Innen- und Rechtspolitik* (ZIRP), die *Unionsbürgerschaft* geht. Dazu kommen Subsidiarität, Ausschuß der Regionen, neue Kompetenzen in den Bereichen Forschung, Bildung, Jugend, Kultur, Gesundheit, VerbraucherInnenschutz. Schließlich wurden die Rechte des Europäischen Parlaments wenigstens geringfügig verbessert. Das Ungleichgewicht zwischen diesen beiden Teilen ist selbstverständlich nicht zufällig, es zeigt deutlich die Dominanz der Wirtschaftsinteressen. Daß es auch denen, die ihn ausgehandelt hatten, nicht völlig wohl bei der Sache war, läßt sich an der Tatsache ablesen, daß der Vertrag bereits die „*Regierungskonferenz ,96*" vorsieht, in der er evaluiert und überarbeitet werden soll – nur vier Jahre nach seinem Inkrafttreten. Auch Werner Weidenfeld räumt ein, daß Maastricht nicht zu der beabsichtigten politischen und psychologischen Stärkung der Gemeinschaft geführt hat. „Der Vertrag von Maastricht hat in seiner nahezu mythologischen Undurchschaubarkeit wie ein Magnet die diffusen Befürchtungen, Vorbehalte und Ängste der Menschen auf sich gezogen", so schreibt er in einem Leitartikel im Parlament (20.5.1994).

Der Vertrag von Maastricht wollte auf dem Weg zum Bundesstaat Europa durchstarten. Es scheint nun, daß dieses Ziel in eine weite Zukunft hinausgeschoben worden ist. Das ist auch *ganz vernünftig*: Nichts spricht dagegen, in einer längeren Phase als Staatenbund analog dem Muster z.B. der skandinavischen Länder die Friedenssicherung in der Gemeinschaft mit der sorgfältigen Pflege kultureller Eigenheit und Anstrengungen zum Ausgleich regionaler Disparitäten zu verbinden. Das von der Europäischen Kommission 1994 veröffentlichte *Weißbuch* über „Wachstum, Wettbewerbsfähigkeit, Beschäftigung – Herausforderungen der Gegenwart und Wege ins 21. Jahrhundert" jedenfalls widmet sich wieder ganz den Fragen der wirtschaftlichen Entwicklung (im Sinn des neo-klassischen Modells und der Triadendiskussion) und ist insofern ein Rückschritt. Es enthält auf der anderen Seite im Kapitel 10 „Gedanken zu einem neuen Entwicklungsmodell", in denen zum ersten Mal Skepsis über diesen Weg aufkommt, die übermäßige Nutzung natürlicher Ressourcen und die zunehmende Arbeitslosigkeit angesprochen werden. Sustainable Development taucht als Problem auf. Das wirkt angehängt, wie ein Nachtrag des scheidenden Präsidenten Jacques Delors – aber immerhin, es ist da.

5.3.3 Deutschland

Wir wenden uns zuerst dem Problem der *Verfügung über Produktionsmittel* zu, das sich als ein Schlüsselproblem für das Verständnis der Sozialstruktur herausgestellt hat und das für das Funktionieren der Institution Wirtschaft zentral ist. In der BRD haben wir *keine dafür ausreichend aussagekräftige Vermögensstatistik*. Aus den wenigen Untersuchungen ergibt sich für das *Eigentum an Produktionsmitteln*: 1970 befanden sich 56 Prozent des gesamten Produktivvermögens im Eigentum privater InländerInnen, 27 Prozent im Eigentum der öffentlichen Hand und 17 Prozent im Eigentum von AusländerInnen. „Für die Verteilung des Produktivvermögens bei den inländischen Haushalten kamen Krette/Schmuck/Siebke für das Jahr 1960 zu dem Ergebnis, daß 1,7 Prozent aller Haushalte über 70 Prozent des Produktivvermögens verfügen. Für das Jahr 1966 errechnete Siebke, daß sich 74 Prozent des Produktivvermögens bei 1,7 Prozent der Haushalte konzentrierten (...). Für das Jahr 1973 schätzen Mierheim/Wicke zwar einen geringeren Konzentrationswert als Krelle und Siebke, sie stellten aber gleichzeitig fest, daß von allen Vermögensarten die Vermögensart Produktivvermögen am stärksten konzentriert ist" (Granados/Gurgsdies 1985, 322f). Eine Untersuchung der Arbeitsgruppe Alternative Wirtschaftspolitik (1988) ist dem Thema Unternehmenskonzentration gewidmet. Stichwortartig einige Ergebnisse: „Auf die 10 größten Industriekonzerne der BRD entfallen zwischen einem Fünftel und einem Viertel des Gesamtumsatzes der bundesdeutschen Industrie" (29). „Für die Gruppe der 10 größten Unternehmen im Einzelhandel liegt der Marktanteil 1983 mit 40 Prozent um mehr als 10 Prozentpunkte oder um mehr als ein Drittel höher als fünf Jahre zuvor" (35) (inzwischen liegt der Konzentrationsgrad deutlich über fünfzig Prozent, und er wird weiter steigen, wenn es tatsächlich zur Fusion der beiden Einzelhandelsriesen Metro und Asko kommt, B.H.). „Im Jahre 1984 gab es in der BRD 1,858 Millionen umsatzsteuerpflichtige Unternehmen mit einem Gesamtumsatz von 3.765 Milliarden DM ... Die 100 größten Unternehmen erwirtschafteten 1984 rund 19 Prozent der gesamtwirtschaftlichen Wertschöpfung – allerdings entfällt mehr als ein Drittel ihrer Gesamtwertschöpfung auf die ersten 10, mehr als die Hälfte auf die ersten 20 Unternehmen" (49). „Mehr als die Hälfte der von Kreditinstituten gehaltenen Aktien befinden sich im Besitz der drei Großbanken" (59). „Die Deutsche Bank ist auf dem Weg, sich als das zentrale privatwirtschaftliche Macht-, Koordinations- und Steuerungszentrum in der BRD zu etablieren" (72).

Auch Pappi et al. (1987, 713) kommen nach einer Untersuchung der Unternehmensverflechtungen in Deutschland zu einem ähnlichen Ergebnis: „1. Die größten Unternehmen der Bundesrepublik zerfallen in eine große Teilgruppe der privatwirtschaftlichen Unternehmen und eine kleinere Gruppe, in der Unternehmen im Eigentum des Bundes oder anderer öffentlicher Eigentümer eine entscheidende Rolle spielen. 2. Die Privatwirtschaft ist in der Art einer Machtstruktur organisiert mit Unternehmen an der Spitze, die direkt zur Machtdomäne der Deutschen Bank und der Dresdner Bank gehören. 3. Dieses Machtzentrum ist aber intern differenziert. Neben einer Anzahl von Überlappungen in den Einflußsphären der beiden Banken zeigen sich nämlich deutlich unterschiedene ,Hinterhöfe' „.

Windolf/Beyer (1995) haben *die Kapital- und Personalverflechtungen der 623 größten Unternehmen in Deutschland* und der 520 größten Unternehmen in Großbritannien untersucht. Für Deutschland wurde ein *hoher Konzentrationsgrad des Eigentums* nachgewiesen, dazu ein hoher Deckungsgrad zwischen Kapital- und Personalverflechtung, und insbesondere eine hohe horizontale Verflechtungsdichte, d.h. potentielle Konkurrenten sind miteinander verflochten (das gilt so nicht in Großbritannien). Der Finanzsektor (Banken, Versicherungen, Investmentfonds) hält (1992) zusammen 24,2 Prozent aller Anteile (1950: 2,7 Prozent; 1979: 13,2 Prozent), während 36,1 Prozent sich im Besitz anderer Nichtbanken-Unternehmen (22 Prozent bzw. 40,4 Prozent), 18,9 Prozent im Besitz von Einzelpersonen und Familien (stiftungen) (42 Prozent bzw. 19,2 Prozent) befinden. Der Anteil privater Eigentümer hat also stark ab-, *derjenige des Finanzsektors deutlich zugenommen* („institutioneller Kapitalismus"). Windolf/Beyer stellen fest, daß der hohe Verflechtungsgrad innerhalb der gleichen Wirtschaftszweige („Konzernstruktur") in Deutschland Tradition hat: In der Zwischenkriegszeit wurden fast alle Wirtschaftszweige durch Kartelle kontrolliert, deren „modernisierte" Form nun in den Beteiligungsverflechtungen sichtbar wird (selbstverständlich bestehen auch weiterhin und zusätzlich Kartellabsprachen). „In Deutschland wird die Personalverflechtung zur Verstärkung und Durchsetzung der Eigentümermacht eingesetzt. Die Präsenz in den Entscheidungsgremien der Unternehmen, an denen man Eigentum hat, gewährt einen direkten Einfluß auf die strategischen Entscheidungen. Durch Personalverflechtung werden im Konzern alle verbundenen Unternehmen auf die gemeinsame Konzernpolitik verpflichtet" (ebd., 19). „Banken entsenden überdurchschnittlich häufig ihre Vertreter in die Aufsichtsräte anderer Unternehmen" (ebd.). Ein „*Verflechtungszentrum*" umfaßt die größten Unternehmen aus verschiedenen Wirtschaftszweigen; dazu gehören die Allianz, die Deutsche Bank, Volkswagen, Thyssen, Hochtief und MAN. Das Führungspersonal der formalen Interessenorganisationen (BDA und BDI) rekrutiert sich zum großen Teil aus dem Kreis der Personen, die im Netz der Personalverflechtung von Großunternehmen zwei oder mehr Positionen einnehmen. Sie bündeln die Einzelinteressen zum Gesamtinteresse der Großunternehmen, sie übernehmen in erster Linie die „Interessenartikulation gegenüber dem politischen System" (ebd., 22). Es wird interessant sein zu sehen, *ob und wie sich diese Wirtschaftselite im Kapitel über die politischen Institutionen wiederfindet.*

Von besonderer und zunehmender Bedeutung in diesem Zusammenhang ist die *Macht der Banken*. Mit der Entwicklung ihres Beteiligungsbesitzes und ihrer personellen Verflechtung mit anderen Unternehmen waren bereits wichtige Themen angesprochen. Ebenso bedeutend ist das Depot-Stimmrecht, das Banken im Namen zahlreicher KleinaktionärInnen ausüben und das ihnen eine zusätzliche Macht an den Hauptversammlungen verleiht. Das Problem ist nicht neu, wenngleich wenig untersucht (Pfeiffer 1993). Ein neuer Versuch, den Bankeneinfluß zu begrenzen, wie ihn schon die Monopolkommission in ihrem ersten Gutachten 1976 gefordert hatte, ist wieder gescheitert (Gesetzentwurf der SPD zur „Verbesserung von Transparenz und Beschränkung der Machtkonzentration in der deutschen Wirtschaft" vom Januar 1995). Wenn eine Bank ein Unternehmen kontrolliert, dann wird sie an vorderster Stelle an der Maximierung des kurzfristigen Gewinns dieses Unternehmens interessiert sein und ihren Einfluß dafür nutzen. Lokale oder regionale Loyalitäten interessieren dabei ebenso wenig wie Auswirkungen von Unternehmensentscheiden auf Beschäftigung oder Umwelt. Diese an Bedeutung zunehmende Konstellation steht vielen Versuchen einer ökologisch und sozial verantwortlichen Unternehmensführung entgegen.

Der Vorstellung, das wirtschaftliche, das politische und das soziale System würden sich mit dem Fortschritt einer Gesellschaft als zunehmend eigenständige Institutionenbündel ausdifferenzieren, herauskristallisieren oder wie dergleichen Formulierungen sonst lauten mögen, ist entschieden zu widersprechen. Vielmehr trägt sie selbst zur isolierenden Betrachtung gesellschaftlicher Teilaspekte und damit zur Verschleierung und Ideologisierung der sozialen Wirklichkeit bei. Wirtschaftliche Macht ist eben *gerade nicht* auf den Bereich des Wirtschaftens eingeschränkt, Geld ist *gerade nicht* ein ausschließlich ökonomisches Phänomen usw. Das wird schon in der Tatsache zweifelsfrei deutlich, daß die Staatsquote, d.h. der Anteil am Bruttosozialprodukt, der durch staatliche Hände geht, in Deutschland bei fünfzig Prozent liegt (1960 waren es noch etwa 35 Prozent) – der Staat ist als Arbeitgeber, Investor, Auftraggeber und Konsument weiterhin die bei weitem stärkste Wirtschaftsmacht in der Gesellschaft, selbst dann noch, wenn er eigene Beteiligungen an Unternehmen weitgehend abgestoßen und frühere Bundesunternehmen weitgehend privatisiert hat. Selbstverständlich muß deshalb die private Wirtschaft ein ganz entschiedenes Interesse daran haben, staatliche Entscheidungen auf allen Ebenen und in nahezu jeder Hinsicht zum eignen Vorteil zu beeinflußen.

Abb. 5.1: Beteiligungen deutscher Großbanken

Starkes Geld
Beteiligungen deutscher
Großbanken

Deutsche Bank

Klöckner-Humboldt-Deutz	32%
Philipp Holzmann	26%
Hutschenreuther	25%
Daimler-Benz	24%
Südzucker	13%
Metallgesellschaft	11%
Karstadt	10%
Continental	10%
Fuchs Petrolub	10%
Hapag-Lloyd	10%
Heidelberger Zement	10%
Leifheit	10%
Linde	10%
Phoenix	10%
Salamander	10%
Schmalbach-Lubeca	10%

Dresdner Bank

Brau und Brunnen	26%
Bilfinger+Berger	25%
Heidelberger Zement	24%
Oppermann	17%
Metallgesellschaft	13%
Buderus	10%
Dyckerhoff	10%
Hapag-Lloyd	10%

Westdeutsche Landesbank WestLB

Thomas Cook	90%
LTU-Gruppe	34%
Preussag	30%
TUI	30%
Harpener	20%
Fuchs Petrolub	11%
Asko	10%
Deutsche Babcock	10%
Gerresheimer Glas	10%
Hoesch-Krupp	7%
VEW	6%

Commerzbank

Kühnle, Kopp & Kausch	20%
Heidelberger Druckmaschinen	14%
Salamander	11%
Buderus	10%
Karstadt	10%
Linde	10%

Quelle: Der Spiegel 5/95, 80

Das wird am deutlichsten dort, wo Staat und Wirtschaft am intensivsten ineinander verflochten sind, in den sogenannten *„staatsmonopolistischen Komplexen"*. Die AG Alternative Wirtschaftspolitik nennt deren vier:

– den *militärisch-industriellen Komplex* (MIK), der mit der Fusion von Daimler-Benz mit MBB einen bedeutenden Schub bekommen hat (mit gewaltigen staatlichen Subventionen und besonders stark ausge- prägtem Einfluß der Deutschen Bank), selbstverständlich eng ver- bunden dem Bundesminister der Verteidigung (Etat 1996: 48,4 Mil- liarden DM). Mit dem Ende der Systemkonkurrenz haben zwar die weltweiten Militärausgaben um jährlich etwa vier Prozent abgenommen (1994 immerhin noch 900 Milliarden Dollar), noch deutlicher in der NATO; aber auch bei Kürzung nationaler Verteidigungshaushalte ist nicht zu verkennen, daß ein Trend zu kleineren, „effizienteren" Waffensystemen anhält und Ausfälle der Inlandsnachfrage durch Waffenverkäufe ins Ausland kompensiert werden;

- den *Luft- und Raumfahrt-Komplex* (LRK), der mit dem MIK eng verbunden ist und der seine Macht zeigt in der unsinnigen raumfahrtpolitischen Großmannssucht der Bundesregierung, die im Herbst 1987 mit dem Beschluß zum Einstieg in die bemannte Raumfahrt erneut demonstriert wurde und nur langsam zurückgenommen wird; Verhandlungspartner ist hier der Bundesminister für Bildung, Wissenschaft, Forschung und Technologie (Etat 1996: 15,5 Milliarden DM);
- den *Energie-Komplex*, der uns insbesondere die Atomwirtschaft beschert hat – die Namen Siemens, RWE, KWU, die Hanauer Atombetriebe, alle aufs engste miteinander verflochten, mögen hier als Stichworte genügen; zuständig auf Bundesebene ist der Bundesminister für Wirtschaft (Etat 1996: 18,7 Milliarden. DM);
- den *Telekommunikationskomplex*, der unter aktiver Mithilfe des Bundespostministers (Etat 1992: 541 Millionen DM) die Aufteilung und Privatisierung der Bundespost durchgesetzt hat. Die Gründungsurkunden der drei neuen Unternehmen sind am 20. Dezember 1994 unterzeichnet worden. Wenn 1998 alle Monopole wegfallen, muß sich die Telekom endgültig der nationalen und internationalen Konkurrenz stellen; von den 230.000 Stellen sollen 60.000 abgebaut werden. Im November 1996 geht das Unternehmen an die Börse.

Die *Verflechtung zwischen Staat und Privatwirtschaft* kommt hier ja nicht mit dem Ziel zustande, eine Kontrolle der Großunternehmen so durchzusetzen, daß ihre Geschäftspolitik dem Gemeinwohl dient. Vielmehr entsteht der umgekehrte Eindruck, daß die *Großunternehmen den Staat benutzen*, um möglichst ungestört ihre egoistische Unternehmenspolitik durchzusetzen. Der Gesamtbetrag der Subventionen des Bundes wird vom Finanzminister für 1996 auf 42,7 Milliarden DM beziffert. Der Staat wirkt auf so vielfältige Weise auf die Wirtschaft ein, daß es auch aus diesem Grund *nur mit Einschränkungen sinnvoll ist, von einer Marktwirtschaft zu sprechen.* Das wird hier nicht kritisiert, nur festgestellt; für viele Eingriffe gibt es gute, d.h. vom Gemeinwohl ableitbare Gründe. Sie alle beruhen auf der Einsicht, daß „der Markt", würde er funktionieren, keineswegs für alles und jedes das geeignete Steuerungssystem ist, daß er im Gegenteil zahlreiche unerwünschte Auswirkungen hätte und daher der Regulierung bedarf.

Staatsfunktionen im Wirtschaftssystem

Ordnungsfunktion: Durch seine „Ordnungspolitik" sorgt der Staat dafür, daß die Marktwirtschaft funktionieren kann. Dazu gehören die Bestimmungen des Vertragsrechts einschließlich der Unternehmensverfassung, die Bestimmungen, die ein funktionsfähiges Geldsystem gewährleisten sollen, und nicht zuletzt die Wettbewerbspolitik. Auch die mannigfachen Aufsichtsfunktionen, die der Staat gegenüber der Wirtschaft übernommen hat, gehören hierher, etwa die Aufsicht über Banken und Versicherungen.

Schutzfunktion: Durch Gebote und Verbote sucht der Staat zu verhindern, daß bestimmte hochrangige Güter und Interessen durch die wirtschaftliche Tätigkeit der Unternehmen verletzt werden. Das Spektrum reicht von Bau- und Sicherheitsvorschriften bis zu Gesundheits-, Arbeits- und Umweltschutz.

Wachstumssteuerungsfunktion: Durch seine Strukturpolitik sucht der Staat die Entwicklung einzelner Sektoren der Wirtschaft oder bestimmter Regionen zu beeinflussen. Andere Sektoren schirmt er durch „Erhaltungssubventionen" vom internationalen Wettbewerb ganz oder teilweise ab und verhindert oder verlangsamt Schrumpfungsprozesse. Auch bemüht er sich, das regionale Wohlstandsgefälle.

Globalsteuerungsfunktion: Da die realen Wirtschaftssysteme zu „makroökonomischen Instabilitäten" neigen, bemüht sich der Staat durch seine Geld- und Fiskalpolitik, auf Stabilität und Vollbeschäftigung hinzuwirken. Auch die Währungs- und Außenwirtschaftspolitik muß in einem Lande von hoher Außenhandelsabhängigkeit dem Stabilitäts- und Vollbeschäftigungsziel entsprechen.

Umverteilungsfunktion: Soweit die Einkommensverteilung, wie sie sich am Markt ergibt, als sozial nicht vertretbar angesehen wird, betätigt sich der Staat als Umverteiler. Dazu benutzt er das Steuer- und Sozialleistungssystem sowie Subventionen. Von der Umverteilung werden keineswegs nur die einkommensschwachen Schichten begünstigt. Nicht zu unterschätzen sind die Wirkungen, die sich aus der Steuerbegünstigung bestimmter Anlageformen ergeben; sie kommen durchweg Personen mit relativ hohem Einkommen zugute.

Produktionsfunktion: Der Staat produziert durch seine Behörden und durch öffentliche Unternehmen Güter und Dienste selber. Teilweise handelt es sich dabei um Monopole oder Beinahe-Monopole, die sich der Staat selber vorbehält. Teilweise handelt es sich um staatliche Unternehmen, die mit privaten Unternehmen am Markt konkurrieren.

Nachfragefunktion: Der Staat kauft von Unternehmen Güter und Dienste, deren Wert 1975 beinahe ein Sechstel des Bruttosozialprodukts erreichte. Allein dadurch übt er einen gewichtigen Einfluß auf die gesamtwirtschaftliche Aktivität aus, den er in den Dienst der „Globalsteuerung" stellen könnte. Noch stärker wirkt sich die Nachfrage des Staates auf die Unternehmen aus, die ganz oder zu einem beträchtlichen Teil von Staatsaufträgen abhängig sind.

Quelle: Andersen/Bahro/Grosser/Lange 1985, 4f.

Fehlt noch ein Blick auf die *Interessenverbände* auf deutscher Ebene: Auf der Seite der UnternehmerInnen sind hier zu nennen der

– *Deutsche Industrie- und Handelstag* (DIHT) als Dachorganisation von 69 Industrie- und Handelskammern (gegründet 1861), die Körperschaften des öffentlichen Rechts sind, teilweise hoheitliche Aufgaben erfüllen, eine Zwangsmitgliedschaft kennen und durch Beiträge der Mitgliedsunternehmen finanziert werden. Sie sollen die Gesamtinteressen der gewerblichen Wirtschaft formulieren und gegenüber Politik und Verwaltung vertreten. Der DIHT unterhält außerdem über vierzig Auslandsvertretungen zur Förderung des Exports. Der DIHT hat sich in letzter Zeit ganz besonders hervorgetan, wenn es darum ging, den Abbau von ArbeitnehmerInnenrechten zu fordern;

– die *Bundesvereinigung der deutschen Arbeitgeberverbände* (BDA), der rund 800 fachlich oder regional organisierte Einzelverbände als Mitglieder angehören. Sie vertritt die Interessen aller privaten ArbeitgeberInnen, ist privatrechtlich organisiert und wird aus Beiträgen der Mitglieder finanziert;

– der *Bundesverband der Deutschen Industrie* (BDI), ebenfalls ein privatrechtlicher Verein mit Verbänden als Mitglieder, vertritt die Interessen von rund 80.000 Industrieunternehmen.

– Auf der Seite der ArbeitnehmerInnen stehen dem die Gewerkschaften gegenüber:

– der *Deutsche Gewerkschaftsbund* (DGB) als Dachverband von 17 Einzelgewerkschaften mit insgesamt jetzt unter 10 Millionen Mitgliedern mit deutlich abnehmender Tendenz;

– die *Deutsche Angestellten-Gewerkschaft* (DAG) mit über einer halben Million Mitgliedern,

– der *Christliche Gewerkschaftsbund* (CGB) mit 310.000 Mitgliedern, und

– der *Deutsche Beamtenbund* (DBB) mit über 1.000.000 Mitgliedern.

Die Machtbalance zwischen den großen Kontrahenten wird bestimmt durch die *Beschäftigungssituation*. Das ist vor allem problematisch für die Gewerkschaften. Sie werden sowohl in der Überbeschäftigung Mitglieder verlieren, weil hier individuelle Arbeitsverträge über Tarif abgeschlossen werden können, als auch bei Unterbeschäftigung, weil jetzt Beschäftigte wegen ihrer Mitgliedschaft entlassen werden können. Für viele ArbeitgeberInnen erweisen sich die Flächentarifverträge als Argument, ihren Verband zu verlassen und mit ihren Belegschaften betriebliche Vereinbarungen auszuhandeln. Ebenfalls bedeutend ist, daß die großen Verbände direkte oder indirekte Verbindungen zu den großen politischen Parteien haben und ihre VertreterInnen oft unmittelbar in den Exekutiven und Parlamenten unterbringen. Die Frage ist daher nicht mehr so sehr, *ob oder wie* die Interessenverbände staatliches Handeln beeinflussen, sondern vielleicht eher, *welche Interessen dabei unartikuliert und unvertreten bleiben*, und ob es sich dabei nicht gerade um die Interessen der Mehrheit der Bevölkerung handelt. Das ist in der Tat der Fall.

5.4 Zusammenfassung

Die wirtschaftlichen Institutionen sind auf allen drei Ebenen nach den Interessen der westlich-kapitalistischen UnternehmerInnen ausgerichtet und faktisch kaum kontrolliert. Die marktwirtschaftliche Theorie, die sie vertreten, dient viel mehr der Verschleierung ihrer Partikularinteressen denn der Erklärung wirklicher Wirtschaftsabläufe. Faktisch ist reine Marktsteuerung die Ausnahme, und da wo sie existiert (internationale Finanzmärkte), führt sie zu gesellschaftlich unerwünschten Ergebnissen. Die zunehmende Anonymisierung des Kapitals, der zunehmende Einfluß der Banken und die zunehmende Trennung monetärer von realen Wirtschaftskreisläufen führt zu einer inhaltlich gleichgültigen Tauschwertorientierung, die erheblich dazu beiträgt, unsere Lebensgrundlagen zu zerstören. Unser Wirtschaftssystem ist blind und macht blind gegen das menschliche Elend und gegen die Schädigungen der natürlichen Umwelt und damit gegen die kollektive Bedrohung des Überlebens, die es verursacht. Von dort her ist kaum Unterstützung für Strategien für eine zukunftsfähige Entwicklung zu erwarten. Es scheint vielmehr, als ob es gerade die zunehmende Trennung monetärer von realen Wirtschaftskreisläufen und die zunehmende Durchsetzung kapitalistischer Wirtschaftsprinzipien seien, die in ganz besonderem Masse für die Schädigung der Lebensgrundlagen verantwortlich gemacht werden müssen. Denk- und Handlungsweisen, die Europa im Wettbewerb mit Nordamerika und dem pazifischen Raum sehen und die Zukunft an den relativen Positionen dieser drei Kontrahenten zu bestimmen sucht, sind unangemessen. Damit betrachten wir die Dritte Welt und die ehemals sozialistischen Länder, also die noch „unterentwickelten" im Sinn von „unterkommerzialisierten" Regionen der Erde, nur als Absatzmärkte für unsere Überproduktion mit dem Ziel, das westliche Konsummodell überall durchzusetzen. Diese Vorstellung ist eine ökologische und soziale Horrorvision. Viel wichtiger wäre das Nachdenken darüber, wie wir unsere Überflußökonomien auf ein global verträgliches und gerechtes Maß zurückbauen können und welche alternativen Modelle der Entwicklung es für die Befriedigung der Grundbedürfnisse aller Menschen gibt. Auf solche Fragen gibt weder die ökonomische Theorie noch die Praxis eine befriedigende Antwort.

Weiterführende Literatur

1. *Altvater, Elmar*, 1991: Die Zukunft des Marktes. Ein Essay über die Regulation von Geld und Natur nach dem Scheitern des „real-existierenden Sozialismus". Münster
2. Arbeitsgruppe Alternative Wirtschaftspolitik 1995: Memorandum ,95: Stärkung des Sozialstaates – Wirtschaftspolitik für Arbeit und ökologischen Umbau. Köln
3. *Caesar, Rolf, und Hans-Eckart Scharrer* (Hg.) 1994: Maastricht: Königsweg oder Irrweg zur Wirtschafts- und Währungsunion? Bonn
4. *Coote, Belinda*, 1994: Der unfaire Handel. Die Dritte Welt in der Handelsfalle, und mögliche Auswege. Stuttgart
5. *Lindblom, Charles E.*, 1983: Jenseits von Markt und Staat. Eine Kritik der politischen und ökonomischen Systeme. Frankfurt
6. *Reich, Robert B.*, 1993: Die neue Weltwirtschaft. Das Ende der nationalen Ökonomie. Frankfurt

Übungsaufgaben

1. Wie müßte eine Neue Weltwirtschaftsordnung gestaltet sein, wenn sie im Dienst globaler Zukunftsfähigkeit stehen sollte?
2. Ist „Null-Wachstum" eine sinnvolle, d.h. auf einen Beitrag der Industrieländer zu globaler Zukunftsfähigkeit hin orientierende Zielgröße?
3. Untersuchen Sie den Entscheidungs- und Implementationsprozeß im Zusammenhang mit der EG-Richtlinie über die Umweltverträglichkeitsprüfung vom Juli 1988!
4. Welche Auswirkungen erwarten Sie von der Europäischen Wirtschafts- und Währungsunion auf die Umwelt?
5. Untersuchen Sie die Haushaltsdebatte 1996 im Deutschen Bundestag daraufhin, ob und wie Argumente ökologischer, ökonomischer und sozialer Zukunftsfähigkeit eine Rolle spielten!

6. Politik

6.1 Überblick

Nach einleitenden Bemerkungen zur Theorie politischer Institutionen wird für die globale Ebene das System der Vereinten Nationen dargestellt, für die europäische Ebene die wichtigsten Institutionen OECD, Europarat, ECE und Organisation für Sicherheit und Zusammenarbeit in Europa, mit Schwergewicht auf der Europäischen Union, sowie die NATO und kurz der Warschauer Pakt. Für Deutschland werden, nach einer kurzen Skizzierung des institutionellen Rahmens, die Rekrutierung des politischen Führungspersonals und die Elitefrage und das Thema „Staatsversagen" behandelt. Eine Fallstudie über den Golfkrieg von 1991 wurde eingefügt, um das Funktionieren der Vereinten Nationen zu beleuchten.

6.2 Zur Theorie politischer Institutionen

„Vorrangige Aufgabe der Politik wird es sein, gegen die Zentrifugalkräfte der Weltwirtschaft anzugehen, die die nationale Bürgerschaft zu zerreißen drohen – indem diejenigen mit den besten Fachkenntnissen und Fertigkeiten reichlich belohnt und die weniger ausgebildeten Hilfskräfte zu einem stetig sinkenden Lebensstandard verurteilt werden." (Reich 1993, 9). „Die eigentliche Schwierigkeit liegt nicht darin, sich Lösungen einfallen zu lassen und sie in die Tat umzusetzen. Die größte Herausforderung besteht vielmehr darin, erst einmal den politischen Willen zu haben, damit überhaupt anzufangen" (ebd., 281) – dieser Diagnose des Arbeitsministers der Clinton-Administration schließen wir uns an, aber das ist nicht mehr als ein Ausgangspunkt für die Überlegungen in diesem Kapitel. Immerhin verweist er auf den bedeutenden Stellenwert der Politik, des Staates. Wenn „die Wirtschaft" aus Gründen ihres theoretischen Selbstverständnisses wie ihres praktischen Funktionierens nicht in der Lage ist, uns auf den Weg der global zukunftsfähigen Entwicklung im ökologischen, ökonomischen und sozialen Sinn zu bringen, wenn die Verfolgung der jeweiligen individuellen Eigennutzen in Wirklichkeit gar nicht „automatisch" zur Maximierung des Gesamtnutzens, wenn sie uns vielmehr mit hoher Wahrscheinlichkeit in eine globale Krise führt – dann *benötigen wir Institutionen, die dieser Wirtschaft solche Rahmenbedingungen schaffen, daß sie in die richtige Richtung wirkt.* Da geht es ums *Gemeinwohl*, um die öffentlichen Angelegenheiten, die uns alle angehen. Denn nach der Untersuchung der Krisenhaftigkeit der gegenwärtigen Gesellschaftsentwicklung scheint es uns nur schwer bestreitbar, daß Gemeinwohl zu definieren ist als die Herstellung ökologischer, ökonomischer und sozialer Zukunftsfähigkeit. Folglich *ist der Staat gefragt* und es ist zu untersuchen, wie die politischen Institutionen arbeiten und ob sie zu diesem Ziel beitragen.

Die *positivistische, empirisch-analytische Wissenschaftsauffassung* beschreibt politische Institutionen wie mechanische oder physikalische Systeme, stellt die Bedingungen ihres Funktionierens fest, macht dieses Wissen verfügbar und perfektioniert und stabilisiert damit den politischen Apparat. Dieser Position ist die historische Entstehung politischer Institutionen im Kern belanglos, allenfalls hübsche Beigabe, farbige Illustration. Die Verwendung ihrer Einsichten geht sie nichts an, ist ein außerwissenschaftlicher Vorgang, für den sie selbst nicht verantwortlich ist. Herrschaft und politischer Zwang sind da einfach schon deshalb nicht aufhebbar, weil sie anthropologische Konstanten sind, Bedingungen, die dem Menschsein inhärent sind – aber eigentlich ist auch das nebensächlich, trägt zur Erkenntnis nicht bei. Implizit oder explizit *ist das Bestehende auch das Richtige.* Nicht weit entfernt davon ist die verbreitete, durch Wissenschaft und Medien täglich aufs neue bestätigte Haltung, der das Hiesige gleichzeitig auch der Maßstab alles Guten und der Fluchtpunkt aller anzustrebenden „Entwicklung" ist: „Wie im Westen, so auf Erden", wie der Titel eines von Wolfgang Sachs herausgegebenen Buches lautet. Da werden die „liberalen Demokratien" schlicht und pauschal den „totalitären Machtstaaten" gegenübergestellt (so z.B. Schwarz 1995, 17), und so wird ein ebenso ethnozentrisches wie infantiles Schwarz-Weiß-Schema mit seinen Denk- und Frageverboten aufgebaut. An die Perversionen, die mit diesem Schema vor allem während des Kalten Krieges begründet worden sind, indem grausamste Diktaturen vom Westen unterstützt und gefördert wurden, solange sie nur vorgaben, antikommunistisch zu sein, sei hier nur erinnert.

Entschieden dagegen steht die *dialektische Position.* Sie erkennt in politischen Institutionen eine historisch-konkrete Form der Ausübung von Macht und Herrschaft, die nur aus ihrer geschichtlichen Entwicklung und in ihrem Zusammenhang mit den Produktionsverhältnissen verstanden werden kann. Eine „wertfreie" Sicht auf das Bestehende ist da nicht möglich, zumal der/die AnalytikerIn seinem/ihrem Gegenstand nicht, wie nach dem positivistischen Verständnis, von außen entgegentritt, sondern vielmehr selbst Teil dieses Gegenstandes, selbst betroffen ist. *Das Bestehende trägt immer seine Antithese in sich.* Das wird selten deutlicher als im Begriff der Demokratie: Während für PositivistInnen Demokratie primär ein empirisch feststellbarer, regelmäßig auftretender Ablauf von Entscheidungsprozessen (Wahlen) ist, ist sie für DialektikerInnen gleichzeitig immer auch Aufgabe, Idealbild, Antithese zum Bestehenden, Utopie. Er/sie kann also nicht anders, als das Gegebene an seinem Ideal zu messen, das Gegebene immer am Maßstab des Möglichen zu kritisieren. Daß dieses Grundprinzip von den Eliten der früher sozialistischen Länder im Interesse der Absicherung ihrer Herrschaft unterdrückt worden ist, hat mit zum Untergang dieser Systeme beigetragen.

Politische Institutionen als Mechanismen der Herrschaftssicherung müssen sich mit der wirtschaftlichen und gesellschaftlichen Entwicklung verändern und sind prinzipiell als Mechanismen der Ausübung und Sicherung von Herrschaft aufhebbar. Das ist der Sinn der Lehre vom Absterben des Staates im Kommunismus: Wenn im „Reich der Freiheit" die Klassengegensätze überwunden sind, dann sind auch politische Institutionen zur Sicherung der Herrschaft einer Klasse über die andere nicht mehr nötig. Der Staat wird zu einer Verwaltung von Sachen, die Besorgung gemeinsamer Angelegenheiten steht dann in keinem Zusammenhang mehr mit der Ausübung von Herrschaft im Interesse einer Klasse (Marx, MEW 4, 459-93). Der Staat ist damit nicht eine anthropologische Konstante wie im Positivismus, sondern er wird in der alltäglichen Praxis der Menschen immer wieder neu bestätigt so lange, bis Veränderungen in Technik, Wirtschaft und Gesellschaft qualitative Veränderungen auch der Politik erzwingen. Die wissenschaftliche Aufgabe besteht darin, *das Vorhandene immer am Möglichen zu kritisieren* und den historischen Prozeß durch die Aufdeckung dieses Widerspruchs beständig voranzutreiben.

Wir wollen auch hier einige Grundbegriffe der Theorie politischer Institutionen genauer untersuchen, bevor wir uns ihrem praktischen Funktionieren zuwenden:

Demokratie: Das aus dem Griechischen abgeleitete Wort „Demokratie" bedeutet „Herrschaft des Volkes" oder, nach der berühmten Formulierung von Abraham Lincoln, „Herrschaft des Volkes, durch das

Volk, für das Volk". Das sagt noch nichts über die Form der Ausübung solcher Herrschaft. Die *sozialistischen Gesellschaften* gingen von einer wesensmäßigen Einheit von Regierung und Volk aus, die sich in der Einheitspartei oder in der Nationalen Front als politische Kraft organisiert. Nach dieser Philosophie kann die Regierung nicht gegen das Volk handeln. Deshalb ist die Wahl auch weniger als Auswahl zwischen Alternativen konzipiert, sondern mehr als ritueller Akt, der diese Einheit regelmäßig bestätigt. Dagegen *gehen pluralistische Systeme* grundsätzlich davon aus, daß Macht mißbraucht werden kann, weil es eine solche Identität zwischen Herrschenden und Beherrschten nicht gibt. Daher muß politisches Handeln transparent und kontrollierbar sein, es muß erkennbar sein, wer für welche Entscheidung verantwortlich ist, die politische Verantwortung wird nur auf Zeit erteilt und die Wahl muß es erlauben, die Regierenden auszuwechseln. In der *repräsentativen Demokratie* beschränkt sich die Herrschaft des Volkes darauf, seine Repräsentanten zu wählen, die dann in Parlament und Regierung die öffentlichen Angelegenheiten im Auftrag erledigen. In der *plebiszitären Demokratie* kann das Volk darüber hinaus über Sachfragen entscheiden, die ihm von der Regierung oder aus den eigenen Reihen zur Entscheidung vorgelegt werden. Der demokratische Anspruch richtet sich also auf das *Verfahren*, nach dem Entscheidungen von allgemeinem Interesse getroffen und durchgesetzt werden, nicht aber auf den Inhalt solcher Entscheidungen. Die reiche Literatur zur politischen Ideengeschichte (z.B. Möbus 1964, 1966, Gablentz 1963, Salomon-Delatour 1965) gibt Zeugnis davon, daß die damit aufgeworfenen Probleme seit jeher zentral für alle politische Philosophie gewesen sind.

Daß das *reale Funktionieren der Demokratie weit entfernt ist von seinem Ideal*, daß darüber hinaus die politischen Entscheidungsprozesse in den demokratischen Systemen wenig geeignet sind, zu globaler Zukunftsfähigkeit beizutragen, das sind zumindest plausible Hypothesen, für die empirische Belege beizubringen wären. Aber es läßt sich auch schon hier festhalten, daß die Gesellschaften, die sich selbst als demokratisch verfaßt darstellen, überall weite Sektoren umfassen, die selbst von demokratischen Anflügen weit entfernt sind: die Unternehmen, die Schulen und Universitäten, die Verwaltungen. „*Das Projekt Demokratie*" ist mit der historischen Entwicklung zum Parlamentarismus, es ist auch mit der Wahl politischer RepräsentantInnen *nicht zu Ende*. Es geht aus von der Überzeugung, daß alle Menschen fähig sind und in der Lage sein sollen, über ihre Lebensumstände selbst zu entscheiden. Auf diesem Erbe der Aufklärung gilt es aufzubauen, wenn es gelingen soll, Wege zur ökologischen, ökonomischen und sozialen Zukunftsfähigkeit zu gehen.

Freiheit: Freiheit ist das Recht, die *eigenen Lebensumstände selbst zu gestalten* und an der Entscheidung über gemeinsame Angelegenheiten mitzuwirken, soweit dadurch *nicht dieses gleiche Recht anderer* beeinträchtigt wird. „Menschen sind im liberalen Verständnis frei, soweit sie sich innerhalb möglichst weit gezogener Grenzen frei bewegen können, durch die die Freiheiten anderer Individuen geschützt werden" (Fetscher 1995, 170). Der Staat hat die Aufgabe, die Spielräume für die Ausübung solcher Freiheit zu schützen, und ihren Mißbrauch zu verhindern. Dieses ist auch die Auffassung, die z.B. der Allgemeinen Erklärung der Menschenrechte zu Grunde liegt.

Was ist diese Freiheit in der *empirischen Wirklichkeit*? Zunehmend spalten sich unsere Gesellschaften in eine kleine Minderheit, die frei ist, unbeirrt und rücksichtslos ihren eigenen Vorteil zu verfolgen, und eine übergroße Mehrheit, deren Freiheit durch die so verursachten Existenzängste und -nöte empfindlich eingeschränkt ist. Ist die Freiheit, die wir (zumal den „befreiten" Menschen in den früher sozialistischen Ländern) gerne so emphatisch preisen, nicht die *Freiheit des Fuchses im Hühnerstall*? Welche Institution ist in der Lage, dagegen das Gemeinwohl zu schützen oder gar durchzusetzen?

Gleichheit: Gleichheit bedeutet, daß alle Menschen ungeachtet ihres Geschlechts, ihrer Hautfarbe, ihres Einkommens oder sonstiger Unterschiede *gleichwertig* sind und daher das *gleiche Recht* auf individuelle Entfaltung ihrer Persönlichkeit, auf gleiche Behandlung vor dem Gesetz und auf politische Teilhabe haben. Der Staat soll diese Gleichheit schützen. Normative Basis aller Gleichheitsforderungen sind die Grund- und Menschenrechte, auf die sich Völker in ihren Verfassungen und in internationalen Vereinbarungen verbindlich verständigt haben. Auch hier gilt, daß diese Gleichheit in der empirischen Realität in vielfältiger Hinsicht eingeschränkt ist, etwa zum Nachteil von Frauen, von Armen, von Minderheiten. Wahre Menschlichkeit beginnt erst dort, wo auch der/die/das Schwächere in eigenem Recht anerkannt, geschützt und geachtet wird.

Gemeinwohl: Die wichtigste Aufgabe des Staates besteht darin, das Gemeinwohl zu fördern, das „größtmögliche Glück für die größtmögliche Zahl" (Bentham). Das Gemeinwohl ist einerseits untrennbar verknüpft mit Freiheit und Gleichheit; es fügt diesen formalen Kriterien aber noch etwas Inhaltliches hinzu, nämlich das „Wohl", soweit es die BürgerInnen nicht im Rahmen ihrer Freiheitsrechte selbst besorgen können. Im Begriff Gemeinwohl steckt der Gedanke der „Fraternité", der Geschwisterlichkeit, der mitmenschlichen Solidarität, die keineswegs nur Aufgabe des Staates sein, für die der Staat aber förderliche Bedingungen schaffen kann. Die positivistische Theorie lehnt normative Festlegungen des Gemeinwohls ab; für sie ist Gemeinwohl das, was aus dem politischen Prozeß entsteht. Unsere Untersuchungen im Teil „Krise" dieses Buches zwingen zu einem anderen Schluß: Es *gibt ein inhaltlich definierbares Gemeinwohl*, nämlich die Sicherung der Überlebensbedingungen für die Menschheit, die Herstellung von Zukunftsfähigkeit.

Staat: Folglich soll der Staat in erster Linie Freiheit und Gleichheit der BürgerInnen schützen und die Angelegenheiten besorgen, die im gemeinsamen Interesse aller liegen, also im Gemeinwohl. Das geschieht etwa dadurch, daß er für Rechtssicherheit sorgt oder daß er Einrichtungen für den sozialen Ausgleich schafft oder fördert. „Hinter und jenseits ... der Sozialstaatlichkeit zeichnet sich bereits eine neue Dimension von Ansprüchen und Gewährleistungsforderungen ab: Umwelt- und Lebensrechte, ökologische und lebensweltliche Unversehrtheitsansprüche gegenüber den Imperativen des ökonomischen Wachstums und der sozialen wie militärischen Sicherheit; hinzu treten Forderungen globaler Geltung und weltgemeinschaftlicher Verbindlichkeit" (Guggenberger 1995, 82).

Diese Eigenschaften erscheinen in einem anderen Licht, wenn man den Staat als historisches Gebilde auffaßt, das sein Bestehen in der Form des Nationalstaates den fundamentalen Umbrüchen des 18. und 19. Jahrhunderts (Industrialisierung, Urbanisierung, demographischem Übergang, Entfeudalisierung) verdankt. Ständig verändert er seine Form und seinen Charakter. In Europa gibt der Nationalstaat im Verlauf der transnationalen Integration zunehmende Teile seiner Souveränität ab und verliert auch wegen der Einbindung in die Weltwirtschaft an Autonomie, gleichzeitig aber verliert er im Inneren trotz – oder gar wegen – der Erweiterung der Staatstätigkeit an Steuerungsfähigkeit (Offe 1987, 311). Der These vom Bedeutungs*verlust* des Nationalstaates steht die – nicht notwendigerweise konträre – These vom Bedeutungs*wandel* des Staates gegenüber: So wird, unter Hinweis auf die abnehmende Bedeutung sowohl äußerer Souveränität als auch innerer hierarchischer Steuerungskompetenz, die Zukunft des Staates im Sinn eines Moderators, mehr noch eines Teilnehmers an nationalen und internationalen Verhandlungssystemen gesehen (Scharpf 1988, 1991, 1993).

Der Staat kann sich nur unter *zwei Bedingungen* am Gemeinwohl orientieren: Erstens muß dieses *Gemeinwohl verbindlich festgestellt* werden können, und zweitens muß die *Regierung in der Lage und willens* sein, ihr Handeln auch an dem so festgestellten Gemeinwohl auszurichten. Die Feststellung des Gemeinwohls bedarf der Einsicht in Entwicklungen und Zusammenhänge. Diese Einsicht muß die Regierung einerseits möglich machen, sie muß sie andererseits aber auch der Bevölkerung mitteilen, indem sie an der öffentlichen Diskussion um das, was zu tun sei, aktiv teilnimmt. Faktisch geschieht dies im Gesetzgebungsverfahren, in Parlamentsdebatten und Verhandlungen. Das gilt freilich nur, wenn wirklich „alle" mit am Verhandlungstisch sitzen und wenn sie alle auch mit gleicher Macht an den Verhandlungen teilnehmen. Drittens setzt die These voraus, daß das Spektrum möglicher Verhandlungslösungen *nicht durch äußere Bedingungen eingeschränkt* ist. Schließlich gilt: „Wenn (die InhaberInnen der Staatsgewalt) den eigenen Vorteil statt des Gemeinwohls verfolgen, entartet die hierarchische Koordination zur räuberischen Herrschaft" (Levi 1988). Der hierarchische Staat und die Mehrheitsdemokratie sind normativ überhaupt nur dann diskutabel, wenn man von der Unterstellung ausgeht, daß Regierende und demokratische Mehrheiten im Prinzip zu gemeinwohl-orientiertem Handeln fähig und bereit sind (Scharpf 1991, 625).

Die Frage ist daher in jeder dieser Hinsichten bedeutend, ob der *Staat Klassencharakter trage*, d.h. die Interessen einer Klasse gegen eine andere vertrete. Claus Offe (1972, 65ff.) hat diese Frage behandelt, und wir wollen sein Argument kurz zusammenfassen: Gewisse TheoretikerInnen gehen davon aus, daß der Staat deswegen zu einem Instrument der herrschenden Klasse werde, weil die AgentInnen dieser Klasse (institutionelle Einflußchancen, Lobbies usw.) den Staatsapparat im Sinn ihrer Interessen beeinflussen. Das ist zwar richtig, aber da die einzelnen Interessen untereinander in Konkurrenz stehen, gibt es unter ihnen keine einheitliche, gemeinsame Strategie, sondern nur das anarchische Handeln einzelner Sonderinteressen, und daraus kann kein einheitliches Klasseninteresse als Handlungsmaxime für den Staat resultieren. Offe entwickelt dann folgende These: „Das gemeinsame Interesse der herrschenden Klasse kommt am genauesten in legislatorischen und administrativen Strategien des Staatsapparates zum Ausdruck, die nicht von artikulierten Interessen„von außen' also, in die Wege geleitet werden, sondern den eigenen Routinen und Formalstrukturen der staatlichen Organisation entspringen" (72). Der Staat tritt also den „partikularen und bornierten Interessen einzelner Kapitalisten und ihrer politischen Organisationen als eine beaufsichtigende, bevormundende, jedenfalls hoheitlich-fremde Gewalt gegenüber, weil nur durch diese Verselbständigung des Staatsapparates die Mannigfaltigkeit partikularer und situationsgebundener Sonderinteressen zum Klasseninteresse zu integrieren ist (73)... Wir können deshalb sagen, daß staatliche Herrschaft dann und nur dann Klassencharakter hat, wenn sie so konstruiert ist, daß es ihr gelingt, das Kapital sowohl vor seinem eigenen falschen wie vor einem antikapitalistischen Bewußtsein der Massen in Schutz zu nehmen (77)". Offe führt den Nachweis dafür, indem er zeigt, daß staatliches Handeln, bevor es praktisch wird, vier Filter durchlaufen muß:

– Zuerst muß geklärt werden, *was* überhaupt Gegenstand staatlicher Politik werden darf – liberale Freiheitsrechte, vor allem das Eigentumsrecht, liegen außerhalb seines Zugriffsrechtes;

– dann unterliegt der Staat selber dem vorherrschenden *ideologisch-kulturellen Normensystem*, also etwa der kapitalistischen Ideologie;

– Prozeß und *Verfahren* bestimmen weiter den Stellenwert und die Durchsetzungschancen bestimmter Anliegen (Anhörung der Interessenverbände, deren Vertretung in Parlament, Ausschüssen und Verwaltung), und schließlich

– bleiben dem Staat *repressive Akte* (Polizei, Militär, Justiz), um unerwünschte Gegenstände fernzuhalten (79ff.).

Das Instrument, mit dem aus den konkurrierenden Interessen einzelner KapitalistInnen ein Klasseninteresse geschmiedet wird, ist in den *Interessenverbänden* und den mit ihnen verbundenen *Parteien* zu finden. Sie artikulieren das Klasseninteresse auf der politischen Bühne und dienen als Rekrutierungsbasis für politisches Personal.

Ein Strukturproblem des kapitalistischen Staates besteht darin, daß er seinen Klassencharakter zugleich praktizieren *und* unsichtbar machen muß. Die koordinativen und repressiven Selektions- und Steuerungsleistungen, die den Inhalt seines Klassencharakters ausmachen, müssen durch eine dritte Kategorie von gegenläufigen, verschleiernden Selektionsleistungen dementiert werden. Nur der gewahrte *Anschein der Klassenneutralität* erlaubt die Ausübung politischer Herrschaft als Klassenherrschaft (92 f.): Der „Wohlstand für alle" ist die Parole für eine Wirtschaftspolitik, die die Einkommens- und Vermögensverteilung immer ungleicher werden läßt (96). Immer noch wird behauptet, Wachstum schaffe Arbeitsplätze, obgleich längst nachgewiesen ist, daß dieser Zusammenhang in einer kapitalintensiven Produktion eher die Ausnahme als die Regel ist („jobless growth"). Die Arbeitslosigkeit soll dadurch bekämpft werden, daß die Unternehmergewinne steigen, und was dergleichen Figuren mehr sind. „Arbeiter, die SPD will Euch Eure Villen im Tessin wegnehmen", so las sich das früher mal auf einem Plakat von Klaus Staeck. In George Orwell´s utopischem Roman „1984" heißt diese Technik der Verschleierung „Neusprache". Allerdings genügt es heute nicht mehr, den Klassencharakter des kapitalistischen Staates nachzuweisen; wichtig ist vielmehr, daß dieser Staat im Klasseninteresse so konstruiert ist, daß er unser aller Überleben in Frage stellt, also im Interesse Einzelner *gegen die globale ökologische, ökonomische und soziale Zukunftsfähigkeit aller handelt.*

6.3 Zusammenhang der drei Gesellschaften

6.3.1 Weltgesellschaft: Das System der Vereinten Nationen[1]

„Das Völkerrecht soll auf einem Föderalismus freier Staaten gegründet sein" – so die berühmte Forderung Immanuel Kants in seiner kleinen Schrift „Zum ewigen Frieden" von 1795. Die Staaten sollten voneinander fordern, heißt es weiter, „...in eine der bürgerlichen ähnliche Verfassung zu treten, wo jedem sein Recht gesichert werden kann. Dies wäre ein Völkerbund, der aber gleichwohl kein Völkerstaat sein müßte". Die Utopie der föderal organisierten Menschheit entstand im 18. Jahrhundert. Die Aufklärung verstand die Menschheit zum ersten Male als soziale Einheit. Der Utopie entsprach die Realität der seit dem 16. Jahrhundert entstehenden Weltwirtschaft. Die Eigentümlichkeit der kapitalistischen Wirtschaftsweise bestand darin, auch geographisch über sich selbst hinauszuwachsen. Ihre Tendenz ist die *Herstellung des Weltmarkts.* Doch der moderne Staat kontrolliert *nur ein Segment* dieses Prozesses der Globalisierung von Zahlungen, Gütern, Leistungen und Produktionsketten. Er ist nur Teil eines internationalen Staatensystems, das sich durch Rivalitätskonflikte in ständig veränderten Machtkonstellationen, aber stets als ein hierarchisches System von Machtzentren immer wieder reproduziert.

Utopie und Realität des institutionell verfaßten Staatensystems sind in der Entwicklung des 500jährigen modernen Weltsystems etwas Neues. Aber stellen sie nur eine logische, systemkonforme Weiterentwicklung dar? Oder sind sie vielleicht ein Element der Veränderung

---

1 Grundlage für diesen Text war ein Arbeitspapier von Klaus von Raussendorff

im Hinblick auf die Art und Weise, wie der moderne Staat die produktiven Prozesse intern und grenzüberschreitend reguliert?

Die Stunde der konkreten Utopie war gekommen, nachdem der Ausdehnungsdrang konkurrierender nationaler Staaten und ihrer Bourgeoisien in die Katastrophe des *ersten Weltkrieges* geführt hatte. Im Jahre 1919 entstand der *Völkerbund*. Seither gibt es diese neuartige Organisationsform der Staatengemeinschaft. Damals sollten auf verschiedene Herausforderungen Antworten gefunden werden: Die meisten der Millionen von KriegsteilnehmerInnen vermochten den Verwüstungen keinen zivilisatorischen Sinn mehr zu geben. Große Teile der Weltbevölkerung hatten sich in massenhaftem Tod und Elend als globale Schicksalsgemeinschaft erlebt. Viele Menschen verlangten nach wirksamen Garantien gegen künftige Kriege. In Rußland, dem schwächsten unter den führenden Ländern, war 1917 in der Erwartung der proletarischen Weltrevolution eine radikale Abkehr vom Kräftespiel der Großmächte vollzogen worden. Lenin hatte gleich nach seiner Übernahme der Macht einen sofortigen Frieden ohne Annexionen und ohne Reparationen gefordert. Die Schwächung der europäischen Kolonialmächte machte den nationalen Bewegungen in den abhängigen Gebieten Hoffnung auf mehr eigene Rechte. Schließlich wollte sich Deutschland nicht mit seiner Niederlage abfinden. Auch dagegen wollten seine europäischen KonkurrentInnen Vorkehrungen treffen.

Zwischen 1919 und 1945, der Zeit, in der der Völkerbund in Genf bestand, wurde auf keines dieser Probleme eine Anwort gefunden. Auf den ersten folgte der zweite noch viel schrecklichere Weltkrieg. Statt einer Abkehr von hegemonialer Weltpolitik geriet die Sowjetunion auf die Bahn des westlichen Kriegsalliierten, aus dem dann der Gegenspieler in einer *bipolaren Pax Americana* wurde, der seinerseits weltmachtstrategische Ziele verfolgte. Die Kolonialherrschaft wurde durch das Mandatssystem des Völkerbundes eher stabilisiert und mit den Überfällen von Japan auf China 1932 und von Italien auf Abessinien 1935 sogar noch weiter ausgedehnt. Und schließlich gelang mit der Aufnahme Deutschlands in den Völkerbund 1925 weder die Einbindung des Deutschen Reiches noch nach dessen Wiederaustritt 1933 die Eindämmung seiner kontinentalen Hegemonialpolitik.

Dagegen ließen sich viele Leistungen des Völkerbundes aufzählen. Nichts ist so bezeichnend wie die Tatsache, daß 1945 unter dem neuen Namen „*Vereinte Nationen*" und mit neuem Hauptsitz in New York eine Organisation mit im wesentlichen gleichen Zielen und gleichen konstitutionellen Elementen gegründet wurde, auf welche auch die Aufgaben und Vermögenswerte der Vorgängerorganisation übergingen. Nicht der Völkerbund war gescheitert, wie oft gedankenlos behauptet wird. Aber hatten dann vielleicht die Staaten bei der Verwirklichung einer großen Idee versagt?

Was war eigentlich der Sinn des Völkerbunds? Ging es vielleicht nicht nur um eine Anwort auf die genannten Herausforderungen? 1945 gingen die *Vereinigten Staaten* endgültig und mit weitem Abstand *wirtschaftlich und militärisch als Weltmacht Nummer eins* aus dem zweiten Weltkrieg hervor. Sie hatten am Anfang, bei der Gründung des Völkerbundes, außerordentliche Tatkraft gezeigt, waren dann aber der Organisation selbst nicht beigetreten, was ihnen gleichwohl einen wenig sichtbaren, aber nicht zu unterschätzenden Einfluß beließ. Diese halbe Beteiligung der USA, formell als assoziiertes Mitglied, wird gewöhnlich als Auseinandersetzung zwischen „InternationalistInnen" und „IsolationistInnen" interpretiert. Beiden Richtungen, die im übrigen die außenpolitische Diskussion der USA von den Anfängen bis heute prägen, geht es nicht, wie EuropäerInnen gerne glauben, um theoretische Prinzipien, sondern um die *beste Strategie hegemonialer Weltpolitik*. Eine Welt nach den Ideen des Präsidenten Wilson, in der es nicht auf die Überlegenheit der Waffen, sondern auf wirtschaftliche Konkurrenzfähigkeit ankommen sollte, entsprach völlig den Interessen der USA, die dabei waren, Großbritannien als führende Industrienation zu überrunden. Solange der „europäische Bruderkrieg" jedoch nicht beendet war, solange Europa mit dem Bolschewismus allein fertig zu werden schien, solange der japanische Ausdehnungsdrang nicht auf Widerstand stieß, kurz: solange die USA den Völkerbund nicht dominieren konnten, war es für ihren Aufstieg vorteilhafter, abseits zu stehen. Das Ergebnis gab ihnen Recht.

Erst als die USA im Ergebnis des Zweiten Weltkrieges ihren Aufstieg zur globalen Hegemonialmacht vollendet hatten, übernahmen sie auch bei der Entwicklung der globalen Institutionen nach 1945 unwiderruflich die *Führung*. Die Vereinten Nationen wurden auf amerikanischem Boden gegründet und angesiedelt. Eine Mehrheit nord- und südamerikanischer Staaten prägte die ersten Jahre der Organisation. Die Herausforderungen der Nachkriegszeit waren aus US-amerikanischer Sicht folgende:

– Die europäischen *Kolonialmächte* waren nachhaltig geschwächt. Die Abhängigkeit der unterentwickelten Gebiete war in den Formen alter Kolonialreiche nicht mehr aufrechtzuerhalten. Außerdem stellte die Verwaltungshoheit der europäischen Metropolen ein Hindernis für amerikanischen Einfluß in den Kolonialgebieten dar. Künftig sollten die auf staatliche Unabhängigkeit drängenden Völker Asiens und Afrikas ebenso wie diejenigen Lateinamerikas in einen kohärenten globalen Rahmen westlicher Normen eingebunden werden.

- Die *Sowjetunion* war wirtschaftlich ausgeblutet, aber militärisch zur zweiten Weltmacht aufgestiegen, und hatte ihren Einfluß auf Europa bis zur Elbe ausgedehnt. Sie würde allerdings, davon gingen die Washingtoner Planungsstäbe aus, ihren ideologischen Führungsanspruch im globalen Klassenkampf den eigenen Großmachtinteressen stets unterordnen, sofern nur der Preis, den das Land für die Unterstützung sozialer oder antikolonialer Bewegungen im Westen in Form seiner militärischen Einkreisung und wirtschaftlichen Boykottierung zu zahlen hatte, vom Westen hoch genug angesetzt war.

- Drittens erlaubte die Herausforderung des kapitalistischen Weltsystems durch das seine Regeln in Frage stellende „sozialistische Lager" den Vereinigten Staaten, sowohl gegenüber den alten Kolonialmächten England und Frankreich sowie gegenüber den ehemaligen Feindstaaten Deutschland und Japan eine Führungsrolle zu übernehmen, die ihnen als Verbündeten keineswegs aufgezwungen werden mußte. Die bipolare Weltordnung wurde somit das *geeignete Vehikel militärischer und wirtschaftlicher Dominanz* der USA.

- Schließlich mußte aus westlicher Sicht unter allen Umständen verhindert werden, daß aus der sowjetischen Unterstützung des Dekolonisierungsprozesses ein „*natürliches Bündnis*" (Fidel Castro) der Dritten Welt mit den realsozialistischen Ländern hervorging. Hierzu bedurfte es sowohl gegenüber dem Osten wie auch gegenüber dem Süden nicht nur der Machtprojektion, sondern auch des Angebots der Zusammenarbeit, der Peitsche sowohl wie des Zuckerbrots. Die von Präsident Roosevelt verkündete „One World", in deren Namen sich die anfängliche kreative Begeisterung der US-AmerikanerInnen für die neuen Vereinten Nationen entfaltete, verhieß *auch anderen* die Erfüllung ihrer tiefsten Wünsche, den „Verdammten dieser Erde" (Fanon 1961) nationale Würde und staatliche Unabhängigkeit, den Sowjetmenschen die Anerkennung ihres mit unendlichen Opfern errungenen Status einer zweiten Hegemonialmacht.

Die *egalitäre Verfassung der Staatengemeinschaft* war für die Errichtung der amerikanischen Hegemonialordnung durchaus geeignet – aber eben nur bedingt. Das lag daran, daß ihre Mechanismen nun doch so beschaffen sind, daß im Kontext einer globalen Organisation die

Dominanz einzelner Staaten natürlich auch beschränkt wird. Zwar verfügen globale Organisationen nicht über Macht im politischen Sinne, um wie eine übergeordnete Instanz ordnend auf die nationalen Regierungen, die eigentlichen AkteurInnen, einwirken zu können. Es gibt jedoch eine Reihe von Strukturelementen globaler Organisationen, die zur Folge haben, daß die ihrer Ideologie nach unabhängigen und souveränen Staaten die Grenzen ihrer Macht noch stärker zu spüren bekommen, als dies in den vorausgehenden vier Jahrhunderten im sogenannten „Gleichgewicht" zwischen den mächtigsten Staaten des Staatensystems bereits der Fall war. Dazu mußte das *Prinzip des Egalitarismus gleichzeitig durchgesetzt und durchbrochen* werden. Das geschah durch die Absicherung der Großmachthegemonie in der Charta der Vereinten Nationen; durch institutionelle Abtrennung der für Währung, Finanzen und Handel zuständigen globalen Organisationen sowie durch Abkoppelung regionaler Prozesse der Staatenföderation, wie z.B. der europäischen Integration von der globalen Institutionalisierung.

Das *Vetorecht der fünf Großen im VN-Sicherheitsrat* ist im wesentlichen das Ergebnis eines auf der Konferenz von Yalta besiegelten amerikanisch-russischen Kompromisses. Stalin wurde zugestanden, daß die Großmächte auch in Angelegenheiten, in denen sie Partei waren, von ihrem Vetorecht Gebrauch machen konnten. Dafür verzichtete er auf die Aufnahme aller 16 Sowjetrepubliken als Mitglieder der Vereinten Nationen (die der föderalen Idee in der Sowjetunion vermutlich viel früher Auftrieb hätte geben können). Übrig blieb das Kuriosum der separaten VN-Mitgliedschaft der Ukraine und Weißrußlands.

Vor allem aber wurden die *globalen Organisationen für Währung, Finanzen und Handel* nur zum Schein dem System der Vereinten Nationen eingegliedert, in Wirklichkeit aber gegen „Politisierung", d.h. gegen universalistische Tendenzen, welche den Wirtschaftsinteressen der führenden Schichten westlicher Industriestaaten entgegenstanden, institutionell abgeschottet. Hatte Kant nicht davon gesprochen, daß die Staaten „in eine der bürgerlichen ähnliche Verfassung" treten sollten? Genau dies geschah. Globale Institutionen sollten wie die territorial-staatlichen die kollektiven Interessen der oberen Gesellschaftsschichten formieren, nicht aber diese im Interesse der unteren Schichten beschränken. Dabei waren die auf der Konferenz von Bretton Woods ausgehandelte Gründung des Internationalen Währungsfonds, der Weltbank und der International Finance Corporation sowie das in bilateralen Verhandlungen der USA vorbereitete Allgemeine Zoll-

und Handelsabkommen (GATT) anders als die Vereinten Nationen echte Neuerfindungen.

Doch nicht einmal diese Einschränkungen der globalen Institutionen reichte aus, dem amerikanischen Unilateralismus den gewünschten Spielraum zu verschaffen. Das institutionelle Schwergewicht war darüber hinaus auf *regionale Bündnissysteme* zu legen. Europa war in diesem Zusammenhang am wichtigsten, da hier die Linie, bis zu der die sowjetischen Truppen beim Sieg über die Hitler-Armeen vorgedrungen waren, die Systemgrenze der bipolaren Welt bildete. Wäre es darum gegangen, diese Grenze zu überwinden, hätte es selbstverständlich nahegelegen, die regionale europäische Architektur der Nachkriegszeit unter dem Dach der Vereinten Nationen zu errichten. Da jedoch eine die *amerikanische Hegemonie optimal sichernde Nachkriegsordnung* geschaffen werden sollte und da dazu die Zweiteilung der Welt das geeignete Vehikel war, wurde mit dem European Recovery Program, besser bekannt als *Marshallplan*, ein Rahmen vorgegeben, welcher dann auch die europäische Integration auf die neue Bahn kollektiver Großmachtpolitik lenkte. Im Ergebnis der bisherigen inkohärenten Föderalisierung des zwischenstaatlichen Systems ist die globale Position der USA gleichwohl nicht stärker, sondern schwächer geworden.

Ein Indiz für Verschiebungen in der multipolaren Staatenhierarchie und für größere amerikanische Abhängigkeit von Koordinierung mit anderen wirtschaftlichen Großmächten sind die als „*Weltwirtschaftsgipfel*" bezeichneten, jährlich seit 1975 stattfindenden Treffen der politischen FührerInnen von USA, Japan, Deutschland, Frankreich, Italien, Großbritannien und Kanada. Diese „Gruppe der Sieben (G 7)" distanziert sich mit der bisherigen Art des Gipfelspektakels zugleich von den Mechanismen der globalen Organisationen. Sie setzt insofern als Gruppe das manipulative Verhalten der USA zu den Vereinten Nationen fort.

In der *Peripherie* der kapitalistischen Weltwirtschaft haben in den letzten fünfzig Jahren *dramatische Differenzierungen* stattgefunden. Länder wie Südkorea, Taiwan, Singapur, Hongkong konnten konkurrenzfähige Positionen in den internationalen Warenketten aufbauen. In den ölreichen Golfstaaten stieg der Konsum auf westliches Spitzenniveau, und in Iran, Irak, Indonesien, Venezuela schmierten Petrodollars nicht nur den Rüstungswahnsinn, sondern auch die gesamtwirtschaftliche Entwicklung. Doch in anderen Regionen, vor allem in Lateinamerika, fanden Prozesse der Entindustrialisierung und Entkapitalisierung statt. Für die meisten abhängigen Gebiete ist die Weltmarktabhängigkeit zu Lasten der Binnenmärkte größer geworden. Das *Scheitern des Konzepts der nachholenden industriellen Entwicklung* wird heute auch von der Weltbank eingestanden. So fiel der Anteil von 75 Prozent der Weltbevölkerung, der Dritten Welt, am globalen Bruttosozialprodukt von 1980 bis 1990 von 23 auf 19 Prozent. Während sich die Zahl der Staaten der Erde durch Entkolonialisierung von 51 auf 170 mehr als verdreifachte und auch seither durch den Zerfall weiterer Staaten (Sowjetunion und Jugoslawien) noch weiter gewachsen ist (derzeit 184), sind die Möglichkeiten zum Aufbau stabiler staatlicher Gebilde infolge weltwirtschaftlicher Marginalisierung für immer mehr Gebiete immer geringer geworden. Dies hat für die verfaßte Staatengemeinschaft zur Folge, daß die automatischen Mehrheiten der Dritten Welt in den Vereinten Nationen kaum noch mit wirklicher Verhandlungsmacht verbunden sind. Nach der Anerkennung nationaler Selbstbestimmung, nach materieller und ideeller Hilfe bei der Bildung von Nationalstaaten wird heute von den Vereinten Nationen vorübergehend die *Aufrechterhaltung eines Minimums staatlicher Ordnung* erwartet, z.B. in Kambodscha, wo die UNO bis zu Wahlen die gesamte zivile Verwaltung stellen muß, z.B. in Somalia, wo die Verteilung von Lebensmitteln an die verhungernde Bevölkerung nur nach Ausschaltung bewaffneter Verbände möglich war.

Die *zweite Herausforderung*, das „sozialistische Weltsystem" unter sowjetischer Führung, hat sich von 1989 bis 1991 in derart kurzer Zeit verflüchtigt, daß man sich im Rückblick fragen muß, wie realistisch es ist, für die Zeit von 1945 bis 1990 überhaupt von einer bipolaren Weltordnung zu sprechen. War nicht vielmehr der reale Sozialismus ein *Gegenspieler, der die Pax Americana eher stabilisierte* als unterminierte? Wie dem auch sei, sollte es die Absicht der Vereinigten Staaten gewesen sein, den Kalten Krieg im Wechsel von Hochrüstung und Gesten friedlicher Koexistenz nicht nur zu bestehen, sondern wirklich zu gewinnen, so kann dieses Ziel mit der Selbstaufgabe des Staatssozialismus als erreicht angesehen werden. Doch kaum minder folgenreich scheint nun der Verlust des kommunistischen Feindbildes, das weltweit disziplinierend wirkte und dem amerikanischen Führungsanspruch auf militärischem Gebiet kräftig in die Hände spielte.

Was die *dritte Herausforderung*, das Verhältnis der USA zu den konkurrierenden Mächten des kapitalistischen Weltsystems, angeht, so kam es von 1945 bis 1990 zu einer eigenartigen Rollenverteilung. Wirtschaftlich stellten nämlich japanische und europäische Unternehmen die amerikanische MarktführerInnenschaft immer mehr in Frage. Doch trotz relativen wirtschaftlichen Abstiegs wuchs das *militärische Übergewicht der USA* weiter, und zwar selbst bei zunehmender rüstungstechnologischer Abhängigkeit vor allem von Japan. Die übrige

Welt kam für den von den USA zur Verfügung gestellten globalen „Schutz" dadurch auf, daß das wachsende amerikanische Defizit durch immer größere vom Ausland aufgenommene Dollarmengen finanziert wurde. Dagegen hielten Japan und Deutschland die Kosten ihres eigenen militärisch-industriellen Komplexes in Grenzen. Obgleich diese Rollenverteilung latente Rivalitäten verdeckt, ist es auch nach dem Wegfall der solidarisierenden „Gefahr aus dem Osten" unwahrscheinlich geworden, daß Auseinandersetzungen zwischen den drei Wirtschaftsregionen Nordamerika, Pazifisches Becken und Europa noch einmal militärische Formen in ähnlicher Konstellation wie während des zweiten Weltkrieges annehmen werden, sind doch die Weltunternehmen an friedlichen trilateralen Weltmarktstrategien orientiert. Zudem würde die Zerstörungskraft hochtechnologischer Großkriege jeden erdenklichen Vorteil zunichte machen. Dagegen spricht aber auch die Situation außerhalb der Wohlstandszonen des Globus. Der „westliche" Lebensstil ist auf die Peripherie des kapitalistischen Weltmarktes nicht übertragbar. Als Begründung dafür werden im Norden gewöhnlich nur die inzwischen jedem/r einleuchtenden ökologischen Belastungsgrenzen des Systems Erde angeführt. Im Süden neigt man dagegen eher zu der Auffassung, daß der nördliche Reichtum ein Ergebnis fünfhundertjährigen Wohlstandstransfers aus dem Süden ist, daß die Umweltzerstörung im Süden aus der aufgezwungenen Armut folgt und daß die 25 Prozent der Weltbevölkerung, die bereits einen Teil der globalen Ressourcen aufgebraucht haben und davon ständig weiter drei Viertel für sich beanspruchen, ihre gewaltige Verschwendung zu verringern haben. Was aber, wenn der Norden sein subtiles Bewußtsein des drohenden globalen Kollaps durch immer ausgefeiltere Rituale weiterhin verdrängt und auf seiner Änderungsunwilligkeit trotzig beharrt? Muß dann die *Konfrontation mit dem Süden* nicht zwangsläufig militärische Formen annehmen? Der Golfkrieg wurde bereits von vielen als erster Weltkrieg der Reichen gegen die Armen verstanden. Er hat allerdings auch gezeigt, daß in den wirtschaftlich selbstbewußteren Ländern wie Japan und Deutschland die PazifistInnen relativ stärker waren als in den USA, England und Frankreich, wo mit militärischen Unternehmungen leichter nationales Hochgefühl zu inszenieren ist. Kann der Süden hoffen, daß das Kartell des amerikanischen Weltpolizisten, der vielen Hilfssherifs und der paar KriegszahlmeisterInnen keinen Bestand hat, insbesondere dann nicht, wenn sie künftig untereinander stärker mit Handelskriegen beschäftigt sein werden?

Das kapitalistische Weltsystem hat nun *viertens* in der Tat seiner bisher größten Herausforderung standgehalten, die in dem zeitweiligen *Zusammenwirken von Sozialismus und Antikolonialismus* lag. Daß es zu dem „natürlichen Bündnis" nicht kam, hat viele Gründe. Stark vereinfacht gesagt: Die Konfrontationen, welche die Staaten des sozialistischen Lagers einerseits und die Staaten der Blockfreienbewegung andererseits von 1945 bis 1990 gegen die Pax Americana aufbauten, waren immer überlagert von den Anstrengungen dieser Staaten, die jeweils *eigene Position* innerhalb der von den USA dominierten globalen Staatenhierarchie zu festigen. Die Hauptakteure des antiwestlichen Widerstands waren sowohl im Osten wie im Süden diktatorische, zentralistische Staaten und ihre dazugehörigen Staatsbourgeoisien. Die Realität der von ihnen praktizierten internationalen Solidarität bestand vor allem in Wirtschaftsaustausch, Militärhilfe und politischer Unterstützung der Forderungen der Dritten Welt an den Westen. Die Vorstellungen über „Entwicklung" gingen weit auseinander. Die Bevölkerungen blieben letztlich unbeteiligt. Entsprechend konfus waren die Dritte-Welt-Bewegungen in den westlichen Industrieländern.

Mit dem Entkolonialisierungsprozeß wurden immer mehr *Länder der Dritten Welt formell unabhängig,* und sie veränderten die Mehrheiten in der Generalversammlung entscheidend („Gruppe der 77", der heute 129 Länder angehören). Häufig wurden nun die USA kritisiert, das Schwergewicht der VN-Tätigkeit verlagerte sich auf *Entwicklungsprobleme.* Präsident Trumans „Vier-Punkte-Programm" von 1949 leitet diese Entwicklung ein. Dort ist zum ersten Mal von „unterentwickelten Ländern" die Rede, deren „primitive und veraltete Wirtschaftsformen" dem Stand der „entwickelten Länder" angenähert werden sollen. Die USA sollen in diesem Prozeß die Führung übernehmen. Dagegen steht das erwachende Selbstbewußtsein der gegen die Kolonialherrschaft kämpfenden Völker, deren Schriften (allen voran Fanon 1961, aber auch Mao Tse-tung 1963, Ho Chi Minh 1965, Ernesto ‚Che' Guevara 1968) wichtige Anstöße für die StudentInnenbewegung der späten sechziger Jahre gegeben haben.

Die Geschichte der globalen Institutionen ist die Entfaltung ihrer katalytischen Funktion im Weltsystem des 20. Jahrhunderts. Daher kann sich das Wesen der universellen Staatenorganisationen auch nicht in der akribischen Beschreibung ihrer institutionellen Mechanismen offenbaren. Zu fragen ist vielmehr, *wie sich dieser globale Katalysator* auf die hegemoniale Rolle der Vereinigten Staaten und der von ihnen geführten Koalition, die aus den Kernstaaten des Weltsystems besteht, bisher ausgewirkt hat und weiter *auswirken wird.* Dabei fällt ins Auge, daß die Globalisierung dessen, was die amerikanische

Nation so treffend als ihr „manifest destiny", ihre geschichtliche Berufung, bezeichnet, ohne den legitimierenden und regulierenden Rahmen der VN-Organisationen nicht zu verwirklichen gewesen wäre. Man kann die globalen Organisationen zugespitzt, aber treffend *als Schöpfung des Welthegemons* bezeichnen. Manche träumen von einem Weltstaat. Aber wer sollte den schaffen? Der Welthegemon? Als ob der nicht bisher alles unternommen hätte, um sich *gerade nicht* wie „normale" Staaten den globalen Mechanismen unterwerfen zu müssen, die bereits geschaffen wurden, um kollektive Sicherheit, Währungsstabilität, umwelt- und sozialverträgliche Entwicklung zu gewährleisten. Manche sehen daher bereits eine neue Weltbourgeoisie am Werke, der die FührerInnen der Weltunternehmen, die internationalen WirtschaftspolitikerInnen, die SicherheitsexpertInnen usw. angehören und die sich bereits in Zirkeln wie der Trilateralen Kommission zu globalen Beratungen treffen. Als ob es nicht gerade diese Spitzen der nationalen Bourgeoisien sind, die bisher keine Neigung zeigten, sich auf die egalitären Tendenzen einzulassen, die universellen Staatenorganisationen nun einmal innewohnen. Alle Weltstaatutopien haben bisher nur dazu beigetragen, den eigentlichen *Konflikt zwischen Hegemonismus und Staatenföderalismus zu verschleiern*. Auch die in allen globalen Organisationen seit den siebziger Jahren verstärkt in Gang gekommenen Reformanstrengungen waren bisher nur von bescheidenen Erfolgen gekrönt, wie z.B. die Verbesserung der Haushaltsberatungen in den Vereinten Nationen, der Programmaufstellung in der UNESCO, der Einführung der Sonderziehungsrechte im IWF.

Es ist auch nicht gerade ermutigend, sich daran zu erinnern, daß es die Katastrophen zweier Weltkriege waren, welche den Prozeß der Föderalisierung des Staatensystems in Gang setzten und damit ein institutionelles Gegengewicht gegen den zerstörerischen Egoismus vor allem der großen Staaten möglich machten. Wir haben keine Zeit, bis zum Eintreffen der prognostizierten globalen Umweltkatastrophe zu warten, um diesem Föderalisierungsprozeß den Schub zu geben, der nötig wäre, um ein globales Management von Entwicklung und Umwelt zu ermöglichen.

Für viele BeobachterInnen (z.B. Eckert 1996) erwächst in dieser Situation neue Hoffnung aus der Internationalisierung und Neuorientierung der *Nichtregierungsorganisationen* (NRO), die vor allem seit der Weltkonferenz für Umwelt und Entwicklung festzustellen ist. Zumindest sollten sie erzwingen, daß Themen auf der politischen Agenda bleiben, die von den politischen Gremien sonst abgenickt und dann vergessen werden könnten. Das ist sicherlich in mancher Hinsicht erfolgreich und verdienstvoll. Es verdeckt aber nicht, daß diese NRO nicht etwa die Schwachen und Benachteiligten dieser Erde vertreten, daß ihre Internationalisierung *auch* zur Entstehung eines Jet-Set geführt hat, der überall auftritt und sich trifft, wo es etwas zu verhandeln gibt, und der dabei nicht zuletzt die finanziellen Interessen der eigenen Organisation im Auge behält. Die *Professionalisierung des Protests* gleicht manche NRO den Verhandlungs- und Politikmustern der internationalen Politik an (so u.a. Schmidt 1996, 2).

Hauptorgane der Vereinten Nationen

1. *Generalversammlung* (General Assembly). In ihr hat jedes der heute 184 Mitglieder eine Stimme („one nation – one vote"), unabhängig von Bevölkerungsgröße, Militärmacht oder Beitrag. Die Mitglieder des Systems der Vereinten Nationen sind souveräne Staaten, vertreten durch ihre Regierungen. Die UNO kann also nur in dem Ausmaß funktionieren, in dem diese Regierungen zur Zusammenarbeit bereit sind. Die GV tagt einmal jährlich. Die GV kann nur Empfehlungen aussprechen. Abgestimmt wird in der Regel nach dem Konsensprinzip, d.h. es wird so lange debattiert, bis keine erheblichen Widerstände mehr gegen eine Beschlußvorlage vorgebracht werden.

2. *Sicherheitsrat* (Security Council). Er hat 15 Mitglieder, nämlich 5 ständige (VR China, Frankreich, Großbritannien, UdSSR und USA) und 10 nichtständige, die alle zwei Jahre nach einem regionalen Schlüssel von der GV gewählt werden. Nur der SR kann bindende Beschlüsse fassen. Für alle Entscheidungen, die sich nicht auf Verfahrensfragen beziehen, ist eine qualifizierte Mehrheit erforderlich, die faktisch den ständigen Mitgliedern ein Veto-Recht einräumt.

3. *Wirtschafts- und Sozialrat* (ECOSOC). Seine 54 Mitglieder werden von der GV gewählt, jedes Jahr werden 18 seiner Sitze neu besetzt. Er tagt zweimal im Jahr und erarbeitet Berichte, spricht Empfehlungen aus und stellt Anträge an die GV zu wirtschaftlichen und sozialen Angelegenheiten der internationalen Gemeinschaft. Vor allem koordiniert er die Tätigkeit der 16 selbständigen UN-Sonderorganisationen, der sog. „UN-Familie", und die regionalen Wirtschaftskommissionen.

4. Der *Treuhandrat* hat mit dem beinahe vollständigen Abschluß des Entkolonierungsprozesses – nur die USA verwalten noch Inseln im Pazifik – seine Rolle weitgehend eingebüßt.

5. Das *Sekretariat* mit dem/der auf Empfehlung des SR von der GV gewählten GeneralsekretärIn, seit 1992 Butros Butros Ghali aus Ägypten. Als internationales, nur der GV verpflichtetes Organ unterstützt es die Arbeit der UNO und führt ihre Beschlüsse aus. Dort arbeiten rund 16.000 MitarbeiterInnen, die auf einer möglichst breiten geographischen Basis ausgewählt werden.

6. Der *Internationale Gerichtshof* in Den Haag, bestehend aus 15 ständigen, von der GV und dem SR auf neun Jahre gewählten RichterInnen, die alle we-

sentlichen Rechtssysteme der Welt repräsentieren sollen. Seinem Urteil müssen sich freilich die Streitparteien formell unterstellen.

Die VN und ihre Sonderorganisationen (außer Weltbank und IWF) werden durch Mitgliedsbeiträge finanziert, die nach nationalen Quoten, nach Bevölkerung und Wirtschaftskraft festgelegt, berechnet werden. Der Haushalt der VN beläuft sich auf etwa 2,6 Milliarden Dollar, die Mittel für friedenssichernde Operationen (Blauhelme) lagen bis 1995 auf ähnlicher Höhe – zusammen etwas über fünf Milliarden Dollar, das ist weniger als der Jahresetat der New Yorker Feuerwehr und Polizei (Kühne 1995, 380). Allerdings haben die USA schon seit Jahren keine Beiträge an die VN mehr geleistet und damit die gesamte Organisation in große Schwierigkeiten gebracht. es gibt auch andere Beispiele dafür, wie die westlichen Länder Kontrollrechte über die VN beanspruchen (z.B. wurde der Kapitalentwicklungsfonds der VN von ihnen boykottiert).

Sonderorganisationen der Vereinten Nationen

1. ILO = Internationale Arbeitsorganisation (Genf)
2. FAO = Organisation für Ernährung und Landwirtschaft (Rom)
3. UNESCO = Organisation der VN für Erziehung, Wissenschaft und Kultur (Paris)
4. WHO = Weltgesundheitsorganisation (Genf)
5. IMF = Internationaler Währungsfonds (Washington)
6. IBRD = Internationale Bank für Wiederaufbau und Entwicklung (Weltbank) (Washington)
7. IDA = Internationale Entwicklungsagentur (Washington)
8. IFC = Internationale Finanzkorporation (Washington)
9. ICAO = Internationale Zivilluftfahrt-Organisation (Montreal)
10. UPU = Weltpostverein (Bern)
11. ITU = Internationale Fernmeldeunion (Genf)
12. WMO = World Meteorological Organisation
13. IMO = Internationale Seeschiffahrts-Organisation (London)
14. WIPO = Weltorganisation für geistiges Eigentum (Genf)
15. IFAD = Internationaler Fonds für landwirtschaftliche Entwicklung (Rom)
16. UNIDO = Organisation der VN für industrielle Entwicklung (Wien)

Die 16 Sonderorganisationen sind ähnlich aufgebaut wie die UNO, d.h. sie haben als oberstes Beschlußorgan eine Generalkonferenz mit „one nation, one vote" als Stimmrechtsprinzip, und ein Sekretariat als Exekutivorgan. Davon gibt es zwei Ausnahmen:
Die Weltbankgruppe (Internationale Bank für Wiederaufbau und Entwicklung/Weltbank, International Development Agency, International Finance Corporation) und der Internationale Währungsfonds kennen ein nach Einlagen abgestuftes Stimmrecht. Die westlich-kapitalistischen OECD-Staaten verfügen über 61 Prozent der Stimmen, die G 7-Staaten über rund 45 Prozent der Stimmen. Die fünf größten BeitragszahlerInnen haben das Recht, je eine/n ExekutivdirektorIn zu stellen. Die Mitgliedschaft im IWF ist Voraussetzung für die

Mitgliedschaft bei der Weltbank. Beide sind Sonderorganisationen der VN, dennoch verfügt die VN über keinerlei Weisungsrechte ihnen gegenüber. Die ILO (International Labor Organization) ist dreigliedrig organisiert: In ihren Gremien sitzen immer zur Hälfte RegierungsvertreterInnen, zu einem Viertel GewerkschaftlerInnen und zu einem Viertel ArbeitgebervertreterInnen.

Ständige UN-Hilfsorganisationen

1. UNICEF = Kinderhilfswerk der VN (New York)
2. UNHCR = Hoher Kommissar der VN für Flüchtlinge (Genf)
3. UNRWA = Hilfswerk der VN für Palästinaflüchtlinge (Wien)
4. UNDP = Entwicklungsprogramm der VN (New York)
5. UNFPA = Bevölkerungsfonds der VN (New York)
6. WFP = Welternährungsprogramm (Rom)
7. WFC = Welternährungsrat (Rom)
8. UNCTAD = Handels- und Entwicklungskonferenz der VN (Genf)
9. UNITAR = Ausbildungs- und Forschungsinstitut der VN (New York)
10. UNU = United Nations University (Tokyo)
11. UNV = EntwicklungshelferInnenprogramm der VN (Genf)
12. UNEP = Umweltprogramm der VN (Nairobi)
13. HABITAT = Zentrum der VN für Wohnungs- und Siedlungswesen (Nairobi)
14. INSTRAW = Internationales Forschungs- und Ausbildungsinstitut zur Förderung der Frau (Santo Domingo)

Fallstudie: Golfkrieg[1]

Chronologie: Ende Juli 1990 marschieren irakische Truppen entlang der irakisch-kuwaitischen Grenze auf. Am 2. August 1990 besetzen sie Kuwait. Der Herrscherfamilie gelingt die Flucht zusammen mit vielen wohlhabenden Kuwaitis. Der VN-Sicherheitsrat verhängt auf amerikanischen Antrag ein Wirtschaftsembargo und verabschiedet mehrere Resolutionen, in denen Irak aufgefordert wird, seine Truppen zurückzuziehen und den Status quo ante wieder herzustellen. Die USA und einige europäische Staaten beginnen, Truppen nach Saudi-Arabien zu verlegen, ein Minensuchverband der Bundesmarine läuft am 16. August aus ins östliche Mittelmeer. Irak erklärt am 28. August Kuwait zu seiner 19. Provinz. Am 15. September sagt die deutsche Bundesregierung den USA eine Soforthilfe von 3,3 Milliarden DM zu. Der Sicherheitsrat beschließt am 25. September eine Blockade des Luftfrachtverkehrs. Am Golf stehen sich inzwischen ca. 1,8 Millionen irakische SoldatInnen und Hilfstruppen und 500.000 SoldatInnen einer aus 28 Ländern gebildeten Streitmacht unter militärischer Führung der USA gegenüber. Am 29. November verabschiedet der Sicherheitsrat auf amerikanischen Antrag jene 11. Resolution zur Golfkrise, in der das Ultimatum zum 15. Januar enthalten ist. Da-

---

1 Die Fallstudie beruht auf einem Arbeitspapier von Bernd Hamm und Gertrud Zimmer.

nach sei die Anwendung von militärischer Gewalt möglich. Kurz vor Ablauf des Ultimatums kündigt der französische Präsident Mitterrand eine Friedensinitiative an, die die Durchführung einer Nahost-Konferenz nach dem Rückzug der IrakerInnen vorsieht. Die EG-Mitglieder stimmen dem rasch zu, die USA und vor allem Israel lehnen ab. Präsident Bush hält sowohl einen Vermittlungsversuch des UN-Generalsekretärs als auch die Friedensinitiative von Mitterrand für überflüssig und schädlich. Ohne weitere diplomatische Schritte abzuwarten, greifen die amerikanischen Truppen an, genau in der Nacht, die nach der Meinung von MeteorologInnen am günstigsten dafür ist, und genau zu der Stunde, da im US-Fernsehen die Abendnachrichten beginnen: Am 17. Januar, 0.30 Uhr MEZ beginnen die amerikanischen Angriffe auf Bagdad. Schon in der ersten Nacht, so ein amerikanischer General, sei die anderthalbfache Sprengkraft der Hiroshima-Bombe über Kuwait und dem Irak abgeworfen worden. Am 15. Februar, nach einem Video-Luftkrieg mit vollständiger Pressezensur, akzeptiert Saddam Hussein die UN-Resolution über die Räumung Kuwaits. Am 24. Februar beginnt die alliierte Bodenoffensive, am 26. Februar gibt Hussein den Rückzug aus Kuwait bekannt, am 27. Februar akzeptiert der Irak alle UN-Resolutionen, am 28. Februar, nach genau 100 Stunden, wird das Ende der Kampfhandlungen verkündet.

So weit die Chronologie des Krieges. Was waren die Hintergründe?

Für das Verständnis der *irakischen Position* ist wichtig: Dem Irak, dessen Haupteinnahmequelle Erdöl ist, droht durch den Preisverfall (wegen dauernder Überproduktion in Kuwait und den Vereinigten Arabischen Emiraten war der Ölpreis im ersten Halbjahr 1990 von 22 auf 14 US-Dollar pro Barrel gesunken) der Bankrott. Ohnehin ist das Land als Folge des achtjährigen Krieges gegen den Iran wirtschaftlich ruiniert. Irak hat achtzig Milliarden Dollar Schulden im Ausland. Dagegen erreichten die Erlöse aus dem Ölexport 1989 nur 15,4 Milliarden. Folge: Die Inflationsrate liegt bei dreißig Prozent. Grundnahrungsmittel werden immer knapper und sind selbst in der Hauptstadt Bagdad oft nur nach stundenlangem Warten zu erhalten. Kuwait habe durch solches Dumping dem Irak einen Schaden in Höhe von 14 Milliarden Dollar, darüber hinaus durch das Anbohren eines irakischen Ölfeldes im Grenzgebiet noch einmal einen Schaden von 2,4 Milliarden Dollar zugefügt.

Als die AmerikanerInnen sich von dem Einmarsch Iraks überrascht zeigen, läßt Saddam Hussein die Mitschrift eines Gespräches veröffentlichen, das er am 25. Juli, also eine Woche vor dem Einmarsch, mit der amerikanischen Botschafterin Glaspie darüber geführt hatte. Darin wird deutlich, daß die USA nicht nur rechtzeitig informiert und gewarnt waren, sondern daß die Botschafterin sogar den Eindruck vermittelte, die USA würden sich aus einem irakisch-kuwaitischen Konflikt heraushalten. In dem Gespräch, das Hussein als Botschaft an Präsident Bush verstanden wissen wollte, machte er deutlich, daß er entschlossen sei, Kuwaits Wirtschaftskrieg gegen den Irak zu beenden. Die Antwort der Botschafterin muß er als Hinweis auf die stillschweigende Duldung seines Vorhabens verstanden haben.

Saddam Hussein verknüpfte ab dem 10. August den Einmarsch in Kuwait mit der *Palästinafrage*. Er sagt den Rückzug aus Kuwait unter der Bedingung zu, daß Israel die besetzten Gebiete räume, und verlangt eine internationale Nahostkonferenz, auf der alle offenen Fragen, insbesondere das PalästinenserInnenproblem, behandelt werden müßten. Die USA und Israel widersetzen sich dem sofort und kompromißlos; es müsse alles vermieden werden, was geeignet sei, eine Verbindung zwischen dem irakischen Einmarsch in Kuwait und der Palästinafrage herzustellen. In den arabischen Ländern gewinnt Hussein mit seiner Forderung viel Sympathie in der Bevölkerung. Ein weiteres Problem, das die arabischen Länder spaltet, besteht in den *extremen Wohlstandsunterschieden* zwischen den und innerhalb der einzelnen Gesellschaften. Am 10. August erklärt der irakische Vizepremier am Gipfeltreffen der arabischen Länder in Kairo: „Heute hören wir, daß Kuwait über mehr als 220 Milliarden Dollar Auslandsinvestitionen verfügt. Aber es gibt arabische Länder, die sich kaum ernähren können. Ist das gerecht? Das Öl, das in unserem Land vorhanden ist, gehört doch allen Arabern und nicht nur einer Familie, einem Stammeshäuptling. Glauben Kuwaitis und Saudis im Ernst, daß es Liebe und Frieden zwischen einem unvorstellbar reichen und einem unvorstellbar armen Bruder geben kann? Wenn die Verschwörung der Kuwaitis so weit geht, daß sie uns in die Knie zwingen und die Familien unserer Märtyrer verhungern lassen, dann gibt es kein Pardon. Wir betrachten die Existenz fremder Truppen auf arabischem Boden als Aggression gegen den Irak". Während dieses Gipfeltreffens landeten die ersten amerikanischen SoldatInnen in Saudi-Arabien – das bedeutet das Ende aller Versuche zu einer „arabischen Lösung" auf dem Verhandlungsweg. Am 8. Oktober meldet der Spiegel, „nervös gewordene Anleger aus den Golfstaaten" hätten, den Schätzungen von FinanzexpertInnen zufolge, „in den vergangenen beiden Monaten fünf bis zehn Milliarden Dollar in die Schweiz geschafft". Der irakische Informationsminister Jassim sagte zum Spiegel, es sei eine Lüge, daß der Irak plane, Saudi-Arabien anzugreifen. „Nach der Krise in Kuwait hat König Fahd uns angerufen und eine Gipfelkonferenz von fünf arabischen Staaten vorgeschlagen. Wir haben dem sofort zugestimmt." Spiegel: „Und warum kam es dann nicht dazu?" Jassim: „Weil die Saudis plötzlich nicht mehr wollten und statt dessen die Amerikaner holten." Er spricht dann von einer *Verschwörung* der AmerikanerInnen, Kuwaitis und Israelis gegen den Irak. Sein Land habe sich mit dem Einmarsch dagegen wehren wollen und im übrigen nur vollzogen, was seit 1913 historisch verbrieftes Recht sei: Kuwait heimzuholen. Die USA wollten sich in den Besitz der Ölquellen bringen, Israel einen starken arabischen Gegner loswerden, beide hätten sich Kuwaits bedient, das mit seiner Dumpingpolitik die irakische Wirtschaft ruinieren sollte.

Die *Position Kuwaits* ist im Nahen Osten sehr umstritten. Die Erdölreserven haben dem Land großen Reichtum beschert. Die geringe Bevölkerungszahl und das kleine Territorialgebiet haben zu einem hohen Wohlstandsniveau der gesamten kuwaitischen Bevölkerung geführt, neben dem Import von überwiegend palästinensischen, ägyptischen und asiatischen FremdarbeiterInnen für die minder geachteten Tätigkeiten. Mangels guter Anlagemöglichkeiten im eigenen Land wurde dieses Geld im westlichen europäischen und amerikanischen Ausland, nicht aber in der Golfregion angelegt. Die ausländische Kapitalreserve wird auf etwa 220 Milliarden US-Dollar geschätzt.

Die *irakische Interpretation* zur Erklärung des Krieges lautet also: Es gibt ein Komplott von Israel, den USA und Kuwait mit dem Ziel, den Irak wirtschaftlich zu ruinieren und damit seine Ölvorkommen der Kontrolle westlicher Ölmultis zu übereignen. Kuwait spielte dabei mit seiner Dumpingpolitik eine instrumentelle Rolle. Je mehr der Irak verschuldet ist, desto größer ist die Wahrscheinlichkeit, daß er entweder Förderkonzessionen verkaufen muß oder schließlich durch IWF-Auflagen zu solchen Verkäufen gezwungen wird. Das amerikanische Engagement zielt insbesondere auf die Kontrolle über die Ölfelder, zumal die amerikanischen Vorräte, Alaska eingeschlossen, für höchstens zwanzig Jahre ausreichen und die USA der bei weitem größte Verbraucher von Erdöl und Erdölprodukten auf der Welt sind.

Die *amerikanische Interpretation* des Krieges: Der irakische Diktator Saddam Hussein ist ein machtbesessener, *größenwahnsinniger Aggressor*, der in die Schranken gewiesen werden muß. Er muß zur Sicherung von Demokratie und Völkerrecht aus Kuwait vertrieben werden, und sein Militärpotential ist zu vernichten. Dann kommt entweder die frühere Regierung der Sabbahs zurück, oder es finden Wahlen statt. Es gibt keine Kriegsziele darüber hinaus. Diese Position wird im Westen, zumindest in offiziellen Stellungnahmen, geteilt. Die amerikanische Interpretation geht also von der Rolle des *Weltpolizisten* aus, von der moralischen Verpflichtung, einem kleinen überfallenen Land beizustehen. Saddam Hussein wird als verrückt und gewalttätig geschildert, ein arabischer Hitler (ein Vergleich, der im Auftrag der kuwaitischen Regierung von der amerikanischen PR-Agentur Hill & Knowlton verbreitet und so weitgehend von westlichen Medien übernommen wurde), der den Krieg aus purer Machtgier angezettelt hat. Der *Konflikt wird individualisiert* und damit aus dem strukturellen Zusammenhang, der einzig ihn verständlich machen könnte, herausgelöst. Kaum ein Wort über die wirtschaftliche Bedrohung des Irak, kein Wort über die arabischen Feudalstaaten, über die Spaltung von Arm und Reich in und zwischen den arabischen Gesellschaften, kein Wort über Ölinteressen. Einen Hitler, der gewissermaßen schon in seiner genetischen Programmierung böse ist, kann man nur physisch unschädlich machen. Diese Position wird nicht nur von westlichen Medien, sondern auch von der Mehrzahl der westlichen PolitikwissenschaftlerInnen eingenommen.

Widersprüchlich ist, daß die USA nun die UNO für ihre Zwecke einsetzen, obgleich sie in letzter Zeit immer wieder der Meinung waren, die Organisation sei schlecht organisiert, ineffizient, politisiert etc. Seit Jahren versuchen sie, die UNO ihren Wünschen gefügig zu machen; indem sie z.B. ihre Beitragszahlungen verweigern, aus der UNESCO ausgetreten sind und bei ihren Interventionen in Libyen, Nicaragua und Panama UN-Resolutionen mißachtet und sich um andere, etwa gegen Israel gerichtete, nicht gekümmert haben und den Internationalen Gerichtshof nicht anerkennen. Der Widerspruch wird verständlich, wenn die US-Regierung die internationale Koalition benutzt hat, um sich *durch einen „Auftrag" des Sicherheitsrates zu legitimieren*, und wenn dieser Auftrag dazu diente, den Krieg am amerikanischen Kongreß vorbei anzufangen.

Im Herbst 1990 wachsen im Kongreß Zweifel an der Richtigkeit des vorgezeichneten Weges. Die Anti-Hussein-Koalition gerät ins Wanken. Frankreich und die Sowjetunion (beide ständige Mitglieder des UN-Sicherheitsrates) suchen Wege, zwischen den Konfliktparteien zu vermitteln. Syrien ist erbost über die Fortsetzung amerikanischer Waffenlieferungen an Israel, in den USA hat Bush Schwierigkeiten wegen des Haushaltsdefizits und geplanter Steuererhöhungen. Der Aufmarsch am Golf hat mittlerweile Dimensionen angenommen, die alleine durch Abschreckung nicht mehr zu rechtfertigen sind. Dennoch sind klare Kriegsziele, Strategien, ein überzeugender Plan nicht erkennbar. All dies läßt eine Flucht nach vorne, einen militärischen Schlag, aus der Sicht des Präsidenten angeraten erscheinen. Der amerikanische Außenminister geht auf Nahost- und Europareise, um die Verbündeten einzuschwören.

Der amerikanische Nahost-Experte, demokratischer Abgeordneter im Repräsentantenhaus und Vorsitzender des Unterausschusses für Europa und den Nahen

Osten, Lee Hamilton, im Spiegel (34/90, 119): „Vielen Amerikanern ist nicht klar, warum der Einsatz am Golf notwendig ist. Schließlich sind wir nicht dort um der Demokratie willen. Saudi-Arabien und Kuwait kann man kaum als demokratische Staaten bezeichnen. Der Grund für unseren Einsatz am Golf ist viel alltäglicher: Geld und Öl – und wer die Kontrolle darüber ausübt". In der International Herald Tribune wird Ex-Präsident Nixon mit der Aussage zitiert, natürlich ginge es dort nicht um Demokratie, sondern in erster Linie um amerikanische Arbeitsplätze – er sehe nicht, weshalb sich die USA entschuldigen sollten, wenn sie ihre lebenswichtigen Interessen verträten. Die militärische Aufrüstung unter Reagan hatte das Land in eine *ökonomische Krise* getrieben – auch ohne den Irakkrieg. Es gibt deutliche Anzeichen für einen konjunkturellen Abschwung – 1990 ist das Bruttosozialprodukt um 2,1 Prozent gesunken, während in Europa die Wirtschaft noch auf Hochtouren läuft. Die steigenden Benzinpreise können nicht substituiert werden. Die hohe Treibstoffrechnung muß aber an anderer Stelle eingespart werden, z.B. im Konsumgüterbereich. Hinter all dem klafft das große schwarze Loch von drei Billionen US-Dollar Staatsverschuldung. In den USA lenkt der Golfkrieg zumindest temporär von der innenpolitischen Lage ab. Staatliche Verschuldung, steigende Zinsen und Steuererhöhungen rücken an die zweite Stelle. Die *Militärs* sind an dem Konflikt interessiert, weil er Kürzungen des Verteidigungshaushalts unwahrscheinlich macht. Gleiche Interessen hat die Rüstungsindustrie. Während einer Anhörung vor dem Kongreß deutet Außenminister James Baker die Möglichkeit einer zeitlich unbegrenzten Anwesenheit amerikanischer Truppen am Golf an: Eine neue regionale Sicherheitsstruktur mit dauernder amerikanischer Beteiligung könne den Despoten genauso wirkungsvoll abschrecken, wie die NATO in Europa die Sowjets abgeschreckt habe.

Für das Verständnis der UNO und des Zusammenkommens der Koalition ist wichtig:

Die US-Regierung will einerseits die Interessen ihrer großen Ölmultis schützen, andererseits die immer noch enorm hohen Militärausgaben rechtfertigen und vom inneren Zerfall der Gesellschaft und dem Niedergang der Wirtschaftsmacht Amerika ablenken. Wie aber ist die *Kriegskoalition*, vor allem die Mehrheit im Sicherheitsrat, der alleine verbindliche Entscheidungen treffen kann, zustandegekommen, die erst den USA erlaubte, hinter dem Schild der Vereinten Nationen diesen Krieg zu führen? Die Koalition ist buchstäblich *zusammengekauft* worden: Die *Sowjetunion* erhielt für ihr Stillschweigen zum amerikanischen Vorgehen im Sicherheitsrat die Rückkehr auf die internationale Szene in einer neuen, international akzeptierten Rolle (die ihr nach dem Einmarsch in Afghanistan erschwert worden war); die Aufhebung der 1974 verhängten amerikanischen Kreditsperre zum Kauf von Lebensmitteln; die Zusage, bald wieder die Meistbegünstigung zu erhalten; die Zusage, die USA unterstützten zunächst die Assoziation, später die Vollmitgliedschaft der UdSSR in Weltbank und Internationalen Währungsfonds; und schließlich ein (durch die USA angeregtes) Kreditangebot von Saudi-Arabien in Höhe von vier Milliarden Dollar. Dennoch zeigt die Sowjetunion zumindest nach außen auch Ansätze zu einer eigenen Position, etwa, indem sie keine Truppen an den Golf schickt. *China* erhält für den Nichtgebrauch des Veto im Sicherheitsrat die „Wiederanerkennung" der USA nach dem Massaker auf dem Platz des Himmlischen Friedens, die USA geben ihren Widerstand gegen Weltbank-Kredite auf. Großbritannien, bis zum 22. September noch unter der Thatcher-Regierung, war ohnehin der treueste Verbündete. Frankreichs Versuch, vor Kriegsausbruch noch eine eigenständige Rolle zu spielen, scheiterte aus Gründen, die wir nicht rekonstruieren konnten.

Auch die Zustimmung und Unterstützung einiger *anderer Länder* ist nachweisbar erkauft oder durch politischen Druck erreicht worden: Gleich nach dem irakischen Einmarsch in Kuwait überzeugten Verteidigungsminister Richard Cheney und General Norman Schwarzkopf den saudischen König Fahd und Kronprinz Abdullah davon, daß die Iraker *Saudi-Arabien* angreifen wollten. Die stimmten, seit 1945 die engsten amerikanischen Verbündeten im arabischen Raum, der Entsendung amerikanischer „Schutztruppen" zu, um den angeblichen Aggressor von einem Schlag gegen ihr Land abzuhalten. Telefonisch unterrichtet Cheney Präsident Bush davon, daß das „Hilfsgesuch" des saudischen Königs nun vorliege. Die USA versprechen den Saudis Waffenlieferungen in Höhe von 21 Milliarden Dollar. *Ägypten* erhält, zusammen mit *Jordanien* und der *Türkei*, Hilfszusagen von 24 wohlhabenden Ländern, um ihre Schäden aus dem Golf-Konflikt auszugleichen. Dazu erlassen die USA ägyptische Schulden in Höhe von sieben Milliarden Dollar, die Golfstaaten verzichten auf die Rückzahlung von neun Milliarden, Saudi-Arabien sagt zusätzliche Mittel zu. Die Türkei erhält von der kuwaitischen Exilregierung 3,5 Milliarden Dollar. Präsident Bush sagt zu, die Einfuhrquote für türkische Textilien um vierzig Prozent zu erhöhen. *Syrien* erhält von den Saudis und von der kuwaitischen Exilregierung eine Milliarde Dollar für Waffenkäufe.

Israel ist hier ein natürlicher Verbündeter der USA. Es fürchtet eine friedliche Lösung am Golf und will auf keinen Fall eine internationale Nahost-Konferenz akzeptieren, in der die PLO mit am Verhandlungstisch sitzt – dann müßten die Israelis aus einer Minderheitsposition heraus für ihre Politik den PalästinenserInnen gegenüber verantworten. Vor allem aber will Israel die militärisch stärkste und bedrohlichste Macht im arabischen Lager ausschalten.

Wenig transparent sind die Interessen und die Haltung der *EuropäerInnen.* Zwar sind sie von Anfang an klar auf der Seite der USA, aber doch mit deutlichen Nuancen. Uneingeschränkte Zustimmung zeigt nur *Großbritannien. Frankreich* sucht Wege zu einer eigenen Vermittlerrolle, gibt aber seinen Vorschlag überraschend schnell und ohne Widerstand mit dem Ablauf des Ultimatums wieder auf, obgleich die EuropäerInnen ihm mehrheitlich zugestimmt hatten. *Deutschland* ist einerseits sehr mit sich selbst beschäftigt, Einigung und Koalitionsverhandlungen stehen im Vordergrund, die Opposition der Bevölkerung gegen ein militärisches Engagement ist stark. Die USA fordern eine finanzielle und eine zumindest symbolische militärische Beteiligung als Preis für ihre Zustimmung zur deutschen Einigung (17 Milliarden Dollar und Minenräumschiffe im Golf). Wir sind, als Westen und ganz besonders als Bundesrepublik, den AmerikanerInnen zu Dank verpflichtet, weil sie uns 45 Jahre lang vor den KommunistInnen geschützt und schließlich gar die deutsche Einigung erlaubt haben, wir schulden ihnen deswegen Solidarität und Beistand, wenn schon nicht militärisch, dann doch wenigstens in Form von umfangreichen Waffenlieferungen und Geld – so argumentiert Bundeskanzler Kohl. Daher wird den Menschen, die gegen diesen Krieg demonstrieren, zuerst „Anti-Amerikanismus" vorgeworfen.

Die *Medien* haben seit Anfang August auf den Krieg vorbereitet. Die kuwaitische Regierung hatte bei einer großen amerikanischen Werbeagentur („die auf solche Fälle spezialisiert sei", nämlich Hill & Knowlton) für zehn Millionen Dollar eine Kampagne in Auftrag gegeben, in der (fälschlicherweise) behauptet wurde, die irakischen SoldatInnen töteten systematisch kuwaitische Babys – zuvor war in einer Meinungsumfrage festgestellt worden, daß dies die AmerikanerInnen am meisten beeindrucken und am ehesten zur Zustimmung zu einem Krieg bewegen würde. Die vorgeführte „Zeugin" erwies sich später als Nichte des kuwaitischen Botschafters in den USA (vgl. zur medienmäßigen Inszenierung Schuster 1995; Beham 1996, 101ff.).

Der Krieg ist, den Medien zufolge, „clean", ein *High-Tech-War wie in einem Videospiel*, präzis wie ein chirurgischer Eingriff. Präzis ist vor allem die *Zensur der Berichterstattung*. Die AmerikanerInnen ziehen damit nach eigenem Eingeständnis eine Lehre aus der Berichterstattung über den Vietnamkrieg. Dort sei, so glaubt die Regierung immer noch, die Unterstützung der Bevölkerung deswegen immer schwächer geworden, weil sie zu viel Blut und Tote im Fernsehen gesehen hätte. Daher gibt es jetzt *keine einzige Meldung über Kriegsopfer*, es wird zunächst lediglich behauptet, es gelänge hervorragend, nur militärische Einrichtungen zu treffen und die Zivilbevölkerung zu schonen. Das ist Teil der Propaganda, die alles versucht, die Loyalität für die amerikanische Kriegsführung nicht in Frage zu stellen. Nur ganz selten und spät kommen vereinzelte Meldungen wie die, daß in Bagdad Zehntausende zivile Opfer zu beklagen seien, die Außenbezirke der Stadt in Schutt und Asche lägen, die Infrastruktur zerstört sei. Am 22. Januar war von 300.000 toten ZivilistInnen die Rede und davon, daß trotz inzwischen weit über 10.000 Einsätzen der Luftwaffe die militärischen Einrichtungen der IrakerInnen, offenbar selbst ihre Kommunikations-Infrastruktur, weitgehend funktionierten. Erst im Juni 1991, lange nach Ende des Krieges, sickert eine Meldung durch, nach der amerikanische Panzer zu Beginn der Bodenoperationen systematisch irakische SoldatInnen in ihren Schützengräben zu Tode gequetscht haben – das sei vorher sogar geübt worden. Eine ganze Reihe von *Ungereimtheiten* ist niemals aufgeklärt worden, u.a. die, weshalb die irakische Armee trotz Drohung kein Giftgas eingesetzt hat, oder die Frage nach Saddam Husseins Verbindungen zur CIA, die zumindest zeitweise in seiner Biographie bestanden haben – immerhin ist merkwürdig, daß keine erkennbaren Anstrengungen unternommen wurden, den „Verrückten" dingfest zu machen und vor ein internationales Gericht zu stellen. Bis unmittelbar vor dem Einmarsch nach Kuwait haben westliche, auch amerikanische und deutsche, Firmen den Irak in großem Umfang mit Waffen und waffenfähigen Einrichtungen und Materialien versorgt.

Ergebnis: Die amerikanische Regierung wurde zu Hause mit breiter Zustimmung bedacht, General Schwarzkopf und die zurückkehrenden Truppen wurden begeistert gefeiert. Diese Seite der Rechnung war aufgegangen. Es gibt keinen Grund anzunehmen, daß der Golfkrieg Präsident Bush im Wahlkampf geschadet hätte. Der Krieg, der alleine die USA, England und Frankreich nach Angaben der US-Regierung 66 Milliarden Dollar gekostet habe (eine Zahl, die niemals belegt wurde), ist vollständig von den Verbündeten finanziert worden – einige Quellen sprechen sogar von Gewinnen: Saudi-Arabien 21,5 Milliarden Dollar, Kuwait 19,2 Milliarden Dollar, Japan und Deutschland je 20 Milliarden Dollar, die Vereinigten Arabischen Emirate vier Milliarden Dollar. Der Golfkrieg beschert den USA das größte Waffengeschäft ihrer Geschichte: Militärausrüstungen im Wert von 21 Milliarden Dollar werden allein an Saudi-Arabien verkauft, und größere Aufträge anderer Staaten der Region waren angekündigt. Der Krieg ist verschiedentlich als Demonstration neuer Waffensysteme für mögliche KäuferInnen dargestellt worden. Kuwait hat den größten Teil der

Aufträge für den Wiederaufbau des Landes, darin eingeschlossen für das Löschen der Ölquellen, an amerikanische Firmen vergeben. Die AmerikanerInnen waren also finanziell Netto-Gewinner des Krieges, möglicherweise in erheblichem Umfang. Eine „Abrechnung" der Kosten hat es mit den Verbündeten nie gegeben.

6.3.2 Europa

Die europäische Integration im Sinn eines einzigen Vertragswerkes, das alle europäischen Länder wechselseitig zu bestimmten Leistungen und Verhaltensweisen verpflichtete, gibt es nicht. Es handelt sich hier um ein *kompliziertes System von Verträgen und Vereinbarungen*, die sich in Inhalt und Bedeutung unterscheiden und gewandelt haben. Am wichtigsten sind dabei heute die EU und die NATO.

Abb. 6.1: Organisationen für Europa

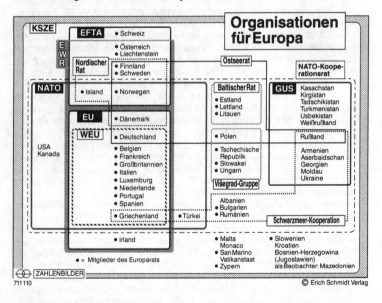

1948 wurde in Paris eine Organisation mit dem Namen *Organization for European Economic Cooperation* (OEEC) gegründet. Die Initiative dazu ging von den USA aus, 16 nichtkommunistische Länder Europas gehörten ihr als Gründungsmitglieder an, 1949 auch die BRD;

346

die USA und Kanada waren assoziierte Mitglieder. Die Organisation sollte einerseits dazu dienen, den Marshallplan durch enge wirtschaftliche Zusammenarbeit unter den Empfängerländern optimal zu nutzen, andererseits damit aber auch zu einer politischen Einbindung Westeuropas vor dem Hintergrund des Ost-West-Konfliktes führen. Gegen Ende der fünfziger Jahre waren diese Ziele weitgehend erreicht. Die Organisation wurde 1961 grundlegend reformiert: Der neuen Organisation, OECD (*Organization for Economic Cooperation and Development*), traten neben den inzwischen 18 Vollmitgliedern der OEEC auch die USA und Kanada, Japan, Australien und Neuseeland bei, so daß damit die wichtigsten kapitalistischen Länder einbezogen waren. Ihre wichtigsten Ziele sind: Förderung der wirtschaftlichen Entwicklung der Mitglieder, vor allem auch wechselseitige Abstimmung ihrer Wirtschaftspolitiken; Hilfe bei der wirtschaftlichen Entwicklung der Dritten Welt, insbesondere durch Kapitalexport; und Unterstützung der Ausweitung des Welthandels. Die OECD hat im Laufe der Jahre eine Reihe eigener Institutionen ins Leben gerufen. Die wichtigste Funktion bleibt, auch wenn die OECD mit der Entwicklung der EG an Bedeutung eingebüßt hat, die Koordinierung der Wirtschaftspolitiken.

Der *Europarat* wurde am 5.5.1949 von zehn westeuropäischen Staaten in London gegründet. Heute gehören ihm 36 Länder an, darin eingeschlossen Länder des früheren Ostblocks, die nach 1989 aufgenommen worden sind. Der Europarat war das Forum, auf dem in den Nachkriegsjahren über Möglichkeiten der europäischen Einigung gesprochen wurde. Allerdings stand damals noch eine Konföderation, ein europäischer Staatenbund im Vordergrund, erkennbar etwa daran, daß die Parlamentarische Versammlung aus ParlamentarierInnen der Mitgliedsstaaten gebildet wird und daß ihre Beschlüsse der Ratifikation durch die nationalen Parlamente bedürfen. Faktisch hat sie beratende Funktion und spricht Empfehlungen aus. Mit dem Fortschreiten des Einigungsprozesses im Rahmen der Europäischen Gemeinschaften hat der Europarat seine Tätigkeit konzentriert auf Bereiche wie: Schutz der Menschenrechte (Europäische Konvention zum Schutz der Menschenrechte und Grundfreiheiten 1950), Verbesserung der sozialen Lage der Arbeitnehmer (Europäische Sozialcharta 1961), Harmonisierung nationaler Gesetze und ihrer Anwendung; gemeinsamer Schutz und gemeinsame Nutzung natürlicher Reichtümer; Bewahrung des kulturellen Erbes (Europäische Kulturkonvention 1954); Angleichung der Erziehungs- und Bildungspolitik u.ä. Ohne Zweifel hat der Europarat mit der fortschreitenden Integration in der EU und mit dem Ende der Ost-West-Konfrontation erheblich an Bedeutung verloren.

Ganz anderer Art ist die ECE, die *Economic Commission for Europe*, eine UN-Organisation, die 1947 vom ECOSOC analog zu entsprechenden Organisationen in anderen Weltregionen gegründet wurde. Ihr gehören alle ost- und westeuropäischen UN-Mitglieder plus Schweiz, Israel, USA und Kanada an. Wir wollen sie hier nur erwähnen, weil Verwechslungsmöglichkeiten mit den anderen europäischen Institutionen bestehen, auf ihre Aufgaben und Arbeitsweise aber nicht weiter eingehen. Auch die EFTA, die European Free Trade Association, wird hier nicht weiter behandelt, zumal sie mit dem Beitritt zum Europäischen Wirtschaftsraum EWR (abgesehen von der Schweiz und Norwegen) das Vorzimmer zur Vollmitgliedschaft in der EG bereits durchschritten hat bzw. drei ihrer sieben Mitglieder, Schweden, Finnland und Österreich, seit dem 1.1.1995 Vollmitglieder der EU sind.

Schon bald nach dem 2. Weltkrieg wurde auch den VisionärInnen klar, daß Europa nicht in einem Akt, einem großen Wurf zu schaffen sein würde. Schon das Ziel war umstritten: Sollte es ein loser Staatenbund (Konföderation) mit koordinierenden Institutionen, aber im wesentlichen unangetasteter nationaler Souveränität, oder sollte es ein Bundesstaat (Föderation) werden, in dem die Nationalstaaten sukzessive Souveränitätsrechte an eine gemeinsame Regierung übertragen? Die Gründung des Europarates stand für die erste Lösung, die Gründung der *Europäischen Gemeinschaft für Kohle und Stahl* (EGKS, Montanunion) markiert den Beginn der zweiten Variante. Damit wurde erstmals eine supranationale Institution mit der Aufgabe geschaffen, einen gemeinsamen Markt für Kohle, Stahl und Eisen zu schaffen. Der Pariser Vertrag wurde am 23.7.1952 von Belgien, der Bundesrepublik, Frankreich, Italien, Luxemburg und den Niederlanden unterzeichnet. Im Hintergrund standen die britische Kontrolle über das Ruhrgebiet und Bestrebungen innerhalb der britischen Regierung, die Schwerindustrie zu verstaatlichen – beides mißfiel den USA. Andererseits war Frankreich daran interessiert, seine eigene Stahlproduktion durch Begrenzung der deutschen Kapazitäten zu fördern (Reif 1962, 29). Die EGKS-Staaten gründeten mit den Römer Verträgen vom 1.1.1958 dann die *Europäische Gemeinschaft für Atomenergie* (EAG, EURATOM) und die *Europäische Wirtschaftsgemeinschaft* (EWG). Damit sollten eine gleichgewichtige Wirtschaftsentwicklung, kontinuierliches Wachstum, die Erhöhung der Realeinkommen und die Förderung der wechselseitigen Beziehungen erreicht werden. 1973 treten nach langen Verhandlungen Dänemark, Irland und das Vereinigte Königreich bei, 1981 Griechenland, 1986 Spanien und Portugal, und schließlich zum 1. Januar 1995 Schweden, Finnland und Österreich – damit ist die Union bei fünfzehn Mitgliedsstaaten angelangt.

1967 wurden die Organe der drei Gemeinschaften zusammengelegt – seither spricht man auch von der Europäischen Gemeinschaft, der EG. Der Vertrag über die europäische Union strebt die Fortentwicklung zu einer Wirtschafts- und Währungsunion und langfristig zu einer politischen Union an. Die korrekte Bezeichnung seit dem 1. November 1993 (dem Datum des Inkrafttretens des Vertrages) lautet „Europäische Union" (EU).

Die der EU mit den Verträgen übertragenen Aufgaben werden von vier Organen ausgeführt: dem Rat, der Kommission, dem Europäischen Parlament und dem Gerichtshof. Dem Rechnungshof obliegt die Finanzkontrolle.

Wichtig in unserem Zusammenhang ist vor allem, in welcher Hinsicht und in welchem Ausmaß der Prozeß der europäischen Integration die künftigen Entwicklungsmöglichkeiten der deutschen Gesellschaft und die Chancen ihres ökologischen Umbaus bestimmt. Und das ist nun in der Tat sehr weitgehend der Fall. Faktisch setzen Rat und Kommission, also 31 Personen, mit ihrem Verwaltungsunterbau gemeinsam europäisches Recht, das auch die nationalen Rechte, selbst solche im Verfassungsrang (siehe Einheitliche Europäische Akte oder Vertrag von Maastricht) bindet, ohne dabei dem für diesen Zweck vorgesehenen Verfahren unterworfen zu sein. Die Teilnahme Deutschlands an der europäischen Integration war nach Art. 24 Abs. 1 GG allein durch Bundesgesetz herbeizuführen, selbst wenn es sich materiell um Verfassungsänderungen, nämlich Souveränitätsverzichte, handelte. Einer Zustimmung des Bundesrates und damit der Länder bedürfen solche Akte erst seit dem 21.12.1992, als der neue Art. 23 GG der Verfassung eingefügt wurde (Badura 1993). Bisher jedenfalls, und daran ändert auch der Vertrag von Maastricht nichts, ist die EU ein Gebilde auf exekutiver Grundlage.

Bereits heute sind *wesentliche Politikbereiche* in die Verantwortung der EU übergegangen, allen voran (und mit schlechtem Beispiel) die Agrarpolitik. Mit der Schaffung eines einheitlichen Zollgebietes 1977 kam die Außenhandelspolitik dazu, mit der Europäischen Politischen Zusammenarbeit (EPZ) seit 1970 wesentliche Teile der Außenpolitik, mit der Schaffung des Europäischen Währungssystems (EWS) seit 1979 auch Teile der Währungspolitik. Der *Maastrichter Vertrag* hat den Katalog der Kompetenzen erheblich ausgeweitet: Mit der Wirtschafts- und Währungsunion gehen Teile der Wirtschafts- und Finanzpolitik auf die EU über, dazu die Gemeinsame Außen- und Sicherheitspolitik (GASP), die Zusammenarbeit in der Innen- und Rechtspolitik, und schließlich sind Kompetenzen bis hin in die Bereiche Forschungs- und Bildungspolitik geschaffen worden. Die *Regierungskon-*

ferenz 1996, deren Arbeit am 29. März 1996 in Turin begann, ist einberufen worden, um die Erfahrungen mit den Regelungen des Maastrichter Vertrages zu überprüfen und insbesondere institutionelle Fragen voranzubringen.

Organe der Europäischen Union

Der (MinisterInnen-) *Rat*, das höchste Entscheidungsgremium, besteht aus einem Mitglied je Mitgliedsstaat. Je nach Sachgebiet wechselt die Zusammensetzung (Rat der Europäischen Union). Die AußenministerInnen werden als die „HauptvertreterInnen" angesehen, der „Gipfel" bleibt den RegierungschefInnen vorbehalten (Europäischer Rat). Der Vorsitz wechselt alle sechs Monate.

Die *Kommission* besteht aus 20 Mitgliedern, die von den Regierungen einvernehmlich ernannt werden. Die Mitglieder handeln unabhängig sowohl vom Rat als auch von ihren Regierungen. Nur das Parlament kann durch ein Mißtrauensvotum den Rücktritt der Kommission erzwingen; seit dem Vertrag von Maastricht muß die Kommission insgesamt, nicht aber ihre einzelnen Mitglieder, vom EP gebilligt werden. Sie ist die eigentliche Exekutive, das Initiativorgan und sie vertritt das Gemeinschaftsinteresse im Rat. Die Kommission kann gemeinsam mit dem Rat für alle unmittelbar verbindliche Entscheidungen treffen (Verordnungen) und Richtlinien erlassen (die von den nationalen Regierungen in nationales Recht überführt werden müssen), sie kann Empfehlungen und Stellungnahmen abgeben.

Das erste *Europäische Parlament* ist im Juni 1979 von den BürgerInnen der Mitgliedsländer direkt gewählt worden. Die Amtsdauer der Mitglieder beträgt fünf Jahre. Das EP ist ein völlig integriertes Organ, d.h. es gibt keine nationalen Gruppierungen, sondern Fraktionen. Das EP „kontrolliert" die Tätigkeit der Kommission. Sein stärkstes Instrument ist sein Recht, den Haushalt zurückzuweisen. Am Gesetzgebungsverfahren ist es lediglich beteiligt – das letzte Wort hat hier der Rat. Das EP hat 626 Mitglieder, davon (seit dem Gipfel von Edinburgh, Dezember 1992) 99 aus Deutschland. Im Vorfeld der ersten Wahl zum EP haben sich Mitte der siebziger Jahre Zusammenschlüsse politischer Parteien auf der europäischen Ebene gebildet, am wichtigsten (a) Sozialdemokratische Partei (198 Sitze nach der 4. Direktwahl vom Juni 1994), (b) Europäische Volkspartei, ChristdemokratInnen (157), (c) Liberale und DemokratInnen (43). Dazu gibt es Fraktionen der Grünen (23); Vereinigte europäische Linke (EurokommunistInnen) (28); Sammlungsbewegung der europäischen DemokratInnen (u.a. französische GaullistInnen) (26) und einige kleinere.

Der *Europäische Gerichtshof* in Luxemburg (EuGH) besteht aus dreizehn RichterInnen, die von den Regierungen in gegenseitigem Einvernehmen auf sechs Jahre ernannt werden.

Der *Wirtschafts- und Sozialausschuß* (WSA) mit 219 vom Rat auf Vorschlag der Regierungen ernannten Mitgliedern dient als Beratungsorgan der organisierten wirtschaftlichen Interessengruppen, also als Forum der europäischen Lobbies. Der WSA muß vom Rat und von der Kommission in allen ihn betreffenden Fragen gehört werden.

Bereits 1984 hatte das erste allgemein gewählte Europäische Parlament den „Entwurf eines Vertrages zur Gründung der Europäischen Union" beschlossen, faktisch den *Entwurf einer europäischen Verfassung*. Anfang 1986 ist die „Einheitliche Europäische Akte" beschlossen worden mit der Verpflichtung, bis Ende 1992 den europäischen Binnenmarkt mit freiem Waren-, Dienstleistungs-, Personen- und Kapitalverkehr zu verwirklichen. Die Konferenz der EG-Staats- und RegierungschefInnen von Rom, 14.-16.12.1990, hat Beschlüsse gefaßt, die zu einer Wirtschafts- und Währungsunion und schließlich zu einer politischen Union führen sollen (Maastrichter Vertrag).

Die Debatte um den Vertrag von Maastricht war ein *Paradebeispiel taktischer Politik*: In einer Situation, in der die Nationalstaaten immer weniger in der Lage sind, drängende Probleme ihrer Gesellschaften – Arbeitslosigkeit, Umweltschutz, sozio-ökonomische Polarisierung in arm und reich, Einwanderung, um nur einige zu nennen – zu lösen, werden Kompetenzen unter einer Orientierung an der produktiven Funktion freier Konkurrenz für das Wirtschaftswachstum auf die EG-Ebene verlagert. Dabei hatte vor dem *dänischen Referendum vom 2. Juni 1992* wohl kaum jemand mit ernsthafter Opposition gerechnet. Wenn die Bundesregierung, wie nach diesem Referendum, dem knappen Abstimmungsergebnis in Frankreich und der Ankündigung der britischen Regierung, sie werde den Vertrag erst nach einem zweiten Referendum in Dänemark ratifizieren, die Ratifikation trotz negativer Mehrheiten in den Meinungsumfragen nur im Parlament vornimmt, und wenn dann mit dem Argument gedroht wird, wenn der Vertrag nicht jetzt in Kraft gesetzt werde, sei der europäische Integrationsprozeß auf viele Jahre, womöglich gar endgültig am Ende – dann entsteht der Verdacht, daß *Politik mit den Mitteln des Marketing* betrieben wird. Die Diskussion um Maastricht war zum Glaubenskrieg geworden. Kaum jemand kannte die Texte des Vertrages und der Protokolle. Jenseits aller Argumente wurde als borniert und rückständig etikettiert, wer auch nur leise Vorbehalte anbringen wollte, während sich die BefürworterInnen als die wahrhaft Fortschrittlichen feierten. Interessanterweise zeigten Meinungsumfragen, daß die DänInnen sich innerhalb der Gemeinschaft am besten über Maastricht informiert fühlten – und ganz am Ende standen, wenn es um die Zustimmung zur Gemeinschaft geht. Das *norwegische Abstimmungsergebnis* vom Dezember 1994 gegen den Beitritt zur Union kann ähnlich verstanden werden.

Der Vertrag ebnet den *Weg zur Wirtschafts- und Währungsunion bis 1999* – das ist sein eigentliches Anliegen. Die hat in erster Linie zum Ziel, *den Unternehmen größere Absatzmärkte* und damit Gewinne aus Skalenerträgen zu verschaffen. Wir haben freilich gesehen, daß dies nur unter bestimmten Bedingungen zu mehr Beschäftigung und Einkommen oder gar zu mehr Umweltschutz führen wird. Die *politische Union* ist bislang nicht mehr als ein *Anhängsel*. Sie macht nur Sinn, wenn sie *demokratisch von der Bevölkerung getragen und kontrolliert* wird (Erne et al. 1995; Gross 1995a). Dazu gehört nicht nur die Stärkung des Europäischen Parlaments – es gehört auch der Aufbau Europas *von unten*, von den Regionen her, dazu. Der Regionalausschuß, den der Vertrag vorsieht, ist dafür ein höchst ungenügender und zunächst noch ganz unpräziser Einstieg (besser ist schon der neue Europaartikel 23 des GG, der die Beteiligung der Länder an Entscheidungen mit europäischer Tragweite regelt). Was diese Regionen sein könnten, ist noch völlig im Nebel, zumal es da ja auch noch beträchtliche Widerstände in den Mitgliedsstaaten, vorab in Großbritannien, gibt.

In den internationalen Organisationen stimmen die Mitgliedsstaaten der EG im Rahmen der Europäischen Politischen Zusammenarbeit bzw. jetzt der GASP ihre Positionen ab. Faktisch war die EPZ Vorstufe einer gemeinsamen Außenpolitik der EU (Auswärtiges Amt 1991). Allerdings ist die GASP noch immer nicht integrierter Bestandteil der Union.

Europa ist auf dem Weg, die *größte Wirtschafts- und Handelsmacht der Erde* zu schaffen. Die EU ist zu 17 Prozent am Gesamtvolumen des Welthandels beteiligt, unter Einschluß ihres Binnenhandels gar mit 32 Prozent. Die USA liegen bei zwölf Prozent (Nordamerikanische Freihandelszone), Japan bei sieben Prozent, die frühere Sowjetunion lag bei vier Prozent. Die EG finanziert zusammen mehr als ein Viertel des UN-Systems, mehr als die USA. Die BRD exportiert die Hälfte ihrer Gesamtausfuhr in die EG (und nur sieben Prozent nach USA und Kanada), und sie bezieht die Hälfte ihres Gesamtimports aus der EG. Kurz: Die BRD ist in jeder Hinsicht, politisch, wirtschaftlich, institutionell, rechtlich schon so eng eingewoben in die europäische Struktur, daß *eine davon unabhängige Entwicklung in kaum einem Bereich vorstellbar* ist. Damit löst sie sich aber gleichzeitig auch, wenn auch in einem langwierigen Prozeß, zunehmend mit Europa aus dem amerikanischen Diktat. Daß dies nicht ohne Konflikte geht, zeigen beinahe täglich die Nachrichten, z.B. die über die GATT-Verhandlungen oder über das militärische Engagement in Ex-Jugoslawien. 1988 hatte die EG den Import hormonbehandelten amerikanischen Fleisches gestoppt, woraufhin die AmerikanerInnen alle

Nahrungsmittelimporte aus der EG mit 100 Prozent Strafzoll belegten. Diesem Druck hat die EG, freilich mit wenig überzeugenden Argumenten, nachgegeben. Andere Handelskriege gab es zuvor und nachher, und damit können wir auch in Zukunft rechnen. Es gibt sie, wie die Kontroversen über BSE-gefährdetes britisches Rindfleisch zeigen, auch innerhalb der Gemeinschaft.

Wir möchten, bevor wir zum *KSZE-* (=Konferenz über Sicherheit und Zusammenarbeit in Europa*) Prozeß* kommen, kurz Geschichte und Aufbau der *beiden Militärbündnisse* beschreiben, um so den Hintergrund zu entwickeln, vor dem der Höhepunkt dieses Prozesses, die „Charta von Paris für eine neues Europa" vom 21. November 1990, nur verstanden werden kann.

Die *North Atlantic Treaty Organization (NATO)*, gegründet am 4. April 1949 in Washington, umfaßt heute 16 Staaten. Gründungsmitglieder sind Großbritannien, Frankreich, die drei BENELUX-Staaten, Norwegen, Dänemark, Island, Portugal, Italien, USA und Kanada. 1952 traten Griechenland und die Türkei, 1955 die BRD (die damit gleichzeitig formal ihre Souveränität wieder erhielt) und 1982 Spanien bei. Derzeit wird verhandelt über die Aufnahme von Polen, Tschechien, der Slowakei und Ungarn – dagegen stellt sich die Russische Föderation, die darin eine neue Bedrohung an ihrer Westgrenze sieht. Die NATO ist ein Produkt des Kalten Krieges. Sie beruht in ihrer existentiellen Ratio ganz auf der Prämisse der *sowjetischen Aggressivität* – gäbe es die nicht, brauchten wir auch keine NATO. Daher begann mit dem Zerfall des Warschauer Paktes die Debatte um den weiteren Sinn, die weitere Aufgabe der NATO.

Oft wird übersehen, daß die NATO nicht nur ein militärisches Bündnis, sondern auch eine *politische Organisation* ist und daß sie im Zusammenhang mit Marshallplan und OECD in der Absicht geschaffen wurde, die westlich-kapitalistische Demokratie amerikanischen Musters in Europa durchzusetzen und die amerikanische Vorherrschaft nicht nur militärisch, sondern auch politisch und ökonomisch zu sichern. So sieht der NATO-Vertrag neben der militärischen auch die politische, *soziale, ökonomische und kulturelle Zusammenarbeit* vor. Der politischen NATO gehören alle 16 Mitgliedsländer, der militärischen NATO aber Frankreich (1966-96), Island und Spanien nicht an. Oberbefehlshaber der militärischen Organisation ist der SACEUR (Supreme Allied Commander Europe), bisher immer ein amerikanischer General. Oberstes Organ der zivilen Organisation ist der NATO-Rat, der zweimal jährlich auf der Ebene der Außen- und VerteidigungsministerInnen zusammentritt, auf der Ebene anderer FachministerInnen zusammentreten kann und sich auf der Ebene der NATO-BotschafterInnen wöchentlich trifft und somit eine außerordentlich enge Abstimmung gewährleistet. Die BRD ist das einzige Land im Bündnis, das seine *gesamten Streitkräfte* der NATO unterstellt hat. Sie kann daher ihre Verteidigungspolitik nur in engem Verbund mit der NATO betreiben. Daß darüber hinaus Souveränitätsrechte durch das NATO-Truppenstatut und das geheime Zusatzabkommen eingeschränkt waren, ist erst durch den 2+4-Vertrag aufgehoben worden. Auch in dieser Hinsicht unterscheidet sich die Situation der BRD von der anderer Vertragspartner.

Die Entwicklung der NATO war wesentlich durch drei Problemkreise bestimmt:

- ihre heterogene Mitgliedschaft (USA neben Minimächten, Dänemark und Norwegen lehnen Stationierung von Atomwaffen in Friedenszeiten ab, Frankreich war vor 1996, Island und Spanien sind an der militärischen Organisation nicht beteiligt),
- das Kernwaffenmonopol der USA, also die fehlende nukleare Mitbestimmung, wegen der Frankreich seine Force de Frappe aufgebaut hat, auf die es auch nicht verzichten will, und
- die bis zum Pariser Gipfel zunehmend unterschiedlichen Einschätzungen des Ost-West-Konfliktes durch EuropäerInnen und AmerikanerInnen und das zunehmende Bewußtsein, daß es wesentliche Interessendifferenzen zwischen beiden gibt.

Von diesen Ausgangspunkten her bewegte sich die NATO in den KSZE-Prozeß hinein.

Der *Warschauer Pakt*, am 14.5.1955 als Antwort auf den Beitritt der BRD zur NATO (9.5.1955) gegründet, glich dem nordatlantischen Bündnis in mancher Hinsicht. Er diente wie die NATO der Gewährleistung militärischer Sicherheit und verbesserter politischer Zusammenarbeit und Kontrolle, er betrachtete sich wie die NATO als ein Bündnis zwischen Staaten gemeinsamer Wertorientierung, er hatte eine militärische und eine zivile Organisation, diente der Koordination vor allem der Außenpolitik. Die Mitgliedsländer verpflichteten sich im Vertrag auf eine europäische Friedensordnung, mit der das Bündnis ungültig würde, auf Abrüstung und das anzustrebende Verbot von Massenvernichtungswaffen und auf Gewaltfreiheit. An der Spitze der militärischen Organisation stand das Vereinigte Oberkommando unter einem sowjetischen General, ihm waren in Friedenszeiten die sowjetischen Truppen in der DDR (380.000 – doppelt so stark wie die Nationale Volksarmee), in Polen (40.000), der CSSR (80.000) und Ungarn

(65.000) sowie die DDR-Truppen ständig unterstellt. Oberstes Organ der zivilen Organisation war der Politisch Beratende Ausschuß (PBA). Ihm unterstanden Komitees der Außen- und Verteidigungsminister, der Militärrat und das Technische Komitee. Alle Mitgliedsländer hatten untereinander bilaterale Beistandsverträge abgeschlossen. Der Geltungsbereich des Abkommens war übrigens auf Europa beschränkt. Von hier aus bewegten sich die osteuropäischen Staaten in den KSZE-Prozeß hinein.

Die Anregung zu Gesprächen über ein europäisches Sicherheitssystem gingen schon in den fünfziger Jahren von der Sowjetunion aus. Sie hoffte, auf diesem Weg einerseits den Status quo, also die Trennung der zwei Einflußsphären, formell festzuschreiben, und andererseits die Bindung Westeuropas an die USA zu schwächen – diese beiden Argumente nannte jedenfalls der Westen zur Begründung seiner ablehnenden Haltung. Erst im Zusammenhang mit der neuen Ostpolitik der Regierung Brandt, die ja die Anerkennung des Status quo voraussetzte, kam Bewegung in die Angelegenheit: Von November 1972 bis Juni 1973 fanden in Helsinki Vorbereitungsgespräche über die Organisation der Konferenz, die Tagesordnung und die Verfahrensregeln statt. Die Konferenz selbst fand vom 18. September 1973 bis zum 21. Juli 1975 in Genf statt. An ihrem Ende stand die Schlußakte, die in Helsinki unterzeichnet wurde (daher zuweilen auch Helsinki-Prozeß). Diese Schlußakte ist weder ein einklagbarer Rechtstitel noch entstehen daraus Institutionen; sie enthält lediglich politisch-moralische Verpflichtungen. Die Ergebnisse der Verhandlungen waren in „Körben" verpackt:

– Korb 1 regelt Fragen der *Sicherheit*. Er umfaßt zehn Prinzipien, die die Beziehungen zwischen den Teilnehmerstaaten regeln sollen, und ein Dokument über vertrauensbildende Maßnahmen.

– In Korb 2 werden Richtlinien für die „Zusammenarbeit in den Bereichen der *Wirtschaft, der Wissenschaft und der Technik sowie der Umwelt*" festgelegt. Dieser Teil war am wenigsten problematisch, weil bereits zahlreiche bi- und multilaterale Abkommen existierten, auf die man sich stützen konnte.

– Korb 3 enthält die Vereinbarungen *über „Zusammenarbeit im humanitären und anderen Bereichen*": menschliche Kontakte, Information (dies die wichtigsten Interessen des Westens), Zusammenarbeit und Austausch in Bereichen der Kultur und der Bildung (dies die wichtigsten Interessen des Ostens).

– Am Ende, in einem „Korb 4", fanden sich Vereinbarungen über *die Folgen der Konferenz*. Der Osten wünschte hier institutionalisierte

Folgegespräche, der Westen wollte erst Erfahrungen mit der Umsetzung der jetzt erzielten Ergebnisse gewinnen, bevor er sich auf mögliche Folgen festlegen wollte.

Verschiedene Folgetreffen spiegelten in erster Linie *die wechselhaften Entwicklungen des Ost-West-Verhältnisses* wieder. Am Pariser KSZE-Gipfel am 19. November 1990 ist die „*Charta von Paris für ein neues Europa*" verabschiedet worden. Der Gipfel kann als der *Beginn eines Kollektiven Sicherheitssystems für Europa* gelten, sind doch auch neue Mechanismen für die Aufklärung ungewöhnlicher militärischer Aktivitäten, umfassender Informationsaustausch bis hinein in die Militärhaushalte und -planungen und erste institutionelle Regelungen vereinbart und in einer gemeinsamen Erklärung der Ost-West-Konflikt für beendet erklärt worden. Vor allem sollen sich die Staats- und RegierungschefInnen als Rat der KSZE mindestens einmal jährlich treffen (angelehnt an die EU), die KSZE erhält ein ständiges Sekretariat in Prag, in Wien wurde ein Konfliktverhütungszentrum eingerichtet, in Warschau ein Büro für freie Wahlen und in Den Haag das Hochkommissariat für nationale Minderheiten. Damit die Parlamente stärker in den KSZE-Prozeß einbezogen werden, soll eine parlamentarische Versammlung geschaffen werden (vgl. dazu auch die Vorschläge von Dieter Senghaas 1990). Die EG wird als institutioneller Kern und als Modell für die praktische Fortentwicklung der Vision der europäischen Einheit betrachtet (so Bundeskanzler Kohl in seiner Regierungserklärung vom 22.11. 1990). Am vierten Gipfeltreffen in Budapest (Dezember 1994, nunmehr 53 Mitgliedsstaaten) wird die Konferenz umbenannt in *Organisation für Sicherheit und Zusammenarbeit in Europa* (OSZE), sie bleibt aber bei allgemeinen Erklärungen. Im Jugoslawien- wie im Kaukasus-Konflikt hat sie lediglich eine Außenseiterrolle gespielt. Ihre Aufgabe zwischen NATO und EU scheint noch nicht abschließend definiert, die wechselseitige Abstimmung noch nicht geleistet (Auswärtiges Amt 1993).

Die europäische Integration ist bisher, bei aller Vielfalt der Verträge und Instrumente, die zu ihrer Förderung geschaffen worden sind, bestimmt gewesen von sicherheits- und wirtschaftspolitischen Interessen. Sie hat sich über dieses enge Themenspektrum nur ansatzweise hinausbewegt. Führt man diese Linie in die Zukunft fort, dann sind *Beiträge zu globaler ökologischer, ökonomischer und sozialer Zukunftsfähigkeit von dort her kaum zu erwarten.* Das zeigt sich auch am Beispiel der europäischen Umweltpolitik.

Fallstudie: Umweltpolitik der Europäischen Union

Europa zählt neben den USA zu den *Hauptverursachern der Umweltkrise*, sowohl was die Nutzung globaler Ressourcen, aber auch was die Belastung der Senken angeht. Es gehört zu den am dichtesten besiedelten, verkehrsintensivsten und am stärksten industrialisierten Regionen der Erde. Die letzte europäische Waldschadenserhebung ergab, daß in den meisten Mitgliedsländern der EU der Anteil der Wälder, die schwach oder deutlich geschädigt sind, über dreißig Prozent liegt, eine Zahl, die u.a. deshalb einen unteren Wahrscheinlichkeitswert angibt, weil kranke Bäume gefällt werden und so in die Statistik nicht mehr eingehen. Die europäischen Staaten haben einen Anteil von 21 Prozent (früher sozialistische Länder) bzw. 15 Prozent (Westeuropa) an den globalen CO_2-Emissionen. Europa liegt über das Doppelte über dem durchschnittlichen Weltenergieverbrauch.

Mit der Vollendung des *Binnenmarktes* sind die „vier Freiheiten" verwirklicht worden: die freie Bewegung von Personen, Gütern, Kapital und Dienstleistungen innerhalb der Grenzen der EG. Damit fallen die Grenzkontrollen weg. Während dies der Industrie hilft, an den Standorten mit den jeweils günstigsten Bedingungen zu produzieren, und unter Bedingungen der Just-in-time-Produktion daraus insbesondere enormer Güterverkehr entsteht, sind vor allem negative Auswirkungen zu erwarten:

- bei den grenzüberschreitenden *Abfallexporten* – gefährliche Abfälle können im Binnenmarkt frei transportiert werden, und einem Mitgliedsstaat ist es im allgemeinen unmöglich, Abfälle aus anderen Mitgliedsstaaten zurückzuweisen;
- im *Artenschutz* – die Einhaltung und Überwachung der internationalen Artenschutzabkommen (Washingtoner Artenschutzabkommen von 1973, das auch in der EG seit 1984 einheitlich gilt) ist ohne Grenzkontrollen schwer vorstellbar. Wenn man bedenkt, daß nach Schätzungen des WWF jährlich etwa eine Million Orchideen, 40.000 Primaten, Elfenbein von wenigstens 90.000 afrikanischen Elefanten, 4 Millionen Vögel, 10 Millionen Schlangenhäute, 15 Millionen Häute von Pelztieren, 300 Millionen exotische Fische, dazu Känguruhleder, Trinkbecher aus Schildkrötenpanzern und andere geschmackvolle Dinge gehandelt werden und daß rund 40 Prozent aller wildlebenden Wirbeltiere allein durch die Jagd für gewerbliche Zwecke vom Aussterben bedroht sind, wird die Dimension des Problems bewußt;
- bei der Lebensmittelüberwachung;
- im veterinären (Tiertransporte) und pflanzenhygienischen Bereich (Hey 1994).

Im Bereich der *Landwirtschaftspolitik* förderte die EU durch die Orientierung ausschließlich an Produktionswachstum, mehr Wettbewerb, Preissenkungen und grenzüberschreitenden Märkten den Wandel zur Agro-Industrie. Erst jetzt wird mit der Reform der Gemeinsamen Agrarpolitik ein Weg hin zur Extensivierung gesucht. Von ökologischen Gesichtspunkten aus wäre freilich eine Regionalisierung der Landwirtschaft mit Stärkung des regionalen Selbstversorgungspotentials bei weitem sinnvoller. In der *Verkehrspolitik* geht es ebenfalls um einen möglichst unbeschränkten Wettbewerb zwischen den Verkehrsträgern und den einzelnen Anbietern. Jede europäische Fluggesellschaft soll künftig jedes europäische Ziel anfliegen dürfen, zu welchen Preisen und Konditionen auch immer – und das bei einem Luftverkehr, der sich bis zum Jahr 2000 beinahe verdoppeln soll. Im Gütertransport wird die Straße bevorzugt, Bahn und Binnenschiffahrt werden relativ benachteiligt. Der private Personenverkehr soll nach vorliegenden Schätzungen in Westeuropa bis 2010 um siebzig Prozent, in Südeuropa um 500 Prozent, in Osteuropa gar um 1.000 Prozent zunehmen. Trotz der Einführung strengerer Abgasnormen werden wir also alleine aus dem zunehmenden Verkehr mit deutlich höheren Umweltbelastungen rechnen müssen. Anstatt auf Energieeinsparung, technische Erhöhung der Energie-Effizienz und erneuerbare Energieträger zu setzen, fördert die *Energiepolitik* der EG auch hier die Großversorger. In Deutschland ist die installierte Leistung in zentralen Kraftwerkblöcken von über 500 Megawatt zwischen 1970 und 1989 um 420 Prozent gestiegen – diese Kraftwerke liefern heute mehr als 65 Prozent des gesamten Strombedarfs. Das bedeutet längere Transporte und damit eine Abnahme des Wirkungsgrades, also eine erhöhte Energieverschwendung. Wenn darüber hinaus, wie in der EU-Philosophie, die Tarifbildung allein dem Spiel von Angebot und Nachfrage überlassen werden soll, werden politische Energiepreise unmöglich. Aber nur sie begünstigen Energieeinsparung und die verstärkte Förderung und Nutzung regenerativer Energiequellen.

Auch im Bereich der *Nahrungsmittelproduktion* setzt die EU *auf Standardisierung, Massenproduktion und Abbau von Handelsschranken.* Auch hier gilt das Prinzip der wechselseitigen Anerkennung. Die Richtlinie des Rates über die amtliche Lebensmittelüberwachung hält fest: „Die bei der Lebensmittelüberwachung bestehenden Unterschiede zwischen den nationalen Rechtsvorschriften sind geeignet, den freien Warenverkehr zu beeinträchtigen. Diese Rechtsvorschriften müssen deshalb angeglichen werden". Da aber ein einheitliches Kontrollsystem erst noch aufgebaut werden muß, entstand durch den Wegfall der Grenzkontrollen 1993 eine große Lücke im Verbraucherschutz. Radioaktive Bestrahlung und gentechnische Manipulation von Lebensmitteln, aber auch die kriminelle Fälschung und Vergiftung sind damit erheblich erleichtert. Die EG fördert damit außerdem die ohnehin schon bedenkliche Unternehmenskonzentration in diesem Bereich, den Zwang zu Monokulturen, zur Überdüngung und damit zur Auslaugung der Böden und den Transport über weite Strecken.

Mit Blick auf die USA und Japan sollen *Wettbewerbsvorteile für Europa* geschaffen werden, die sich dann in Zuwächsen zum Bruttosozialprodukt niederschlagen sollen. Diesem Ziel dient die Vollendung des Binnenmarktes. Die Sozialpolitik ist in dieser Logik ebenso hinderlich wie die Umweltpolitik – im Gegensatz zum umweltpolitischen Eigenlob, mit dem die Kommission nicht spart (Commission 1992). Man könnte gar einen Schritt weitergehen und sagen, daß in der EU im wesentlichen Interessen der Großindustrie sich durchsetzen. Das Weißbuch der Kommission über Wachstum, Wettbewerbsfähigkeit und Beschäftigung von 1994 läßt zwar in seinem zehnten Kapitel Zweifel an der Richtigkeit des vorgeschlagenen Weges erkennen – dennoch steht dort ein klares Bekenntnis zu einer Strategie weiterer Wachstums. Das aber führt in der Realität weniger zu Beschäftigung als zu weiterer Belastung der natürlichen Ressourcen.

In der EG taucht der Schutz der Umwelt erstmals in der *Einheitlichen Europäischen Akte* von 1986 auf (Art. 130 r) – obgleich es vorher bereits Aktionsprogramme für den Umweltschutz gab (1973, 1977, 1982, 1987), die aber kaum mehr als politische Absichtserklärungen waren. Die Europäische Umweltagentur, 1990 durch Beschluß des Ministerrates geschaffen und jetzt nach Kopenhagen verlegt, wird wegen ihrer geringen Kompetenzen kritisiert, ist sie doch vor allem mit dem

Sammeln von Daten beschäftigt. Im Weißbuch von 1985, das in 279 Einzelmaßnahmen den Fahrplan bis zur Vollendung des Binnenmarktes enthält, fehlte die ökologische Dimension vollständig. Im Weißbuch von 1994 spielt sie mehr die Rolle einer Garnitur. Obgleich die EG erst 1986 eine formelle Kompetenz für den Umweltschutz eingeräumt bekam, war sie bereits seit den siebziger Jahren in umweltrelevanten Bereichen aktiv und hat dort rund 400 Richtlinien, Verordnungen, Entscheidungen oder Entschließungen mit Relevanz für den Bereich des Umweltschutzes verabschiedet. Sie lassen sich in vier Kategorien einteilen:

- solche, die ein Land daran hindern, national schärfere Bestimmungen durchzusetzen;
- solche, die zwar auf der EG-Ebene weniger scharfe Bestimmungen enthalten als auf nationaler Ebene, die aber strengere nationale Regelungen nicht behindern – tatsächlich wird von dieser Möglichkeit selten Gebrauch gemacht;
- solche, bei denen europäische und nationale Regelung ungefähr übereinstimmen;
- solche, die auf europäischer Ebene so ehrgeizig sind, daß sie national faktisch nicht umgesetzt werden (Frühauf/Giesinger1992).

Zwar kann ein Land vom Europäischen Gerichtshof (EuGH) wegen Mißachtung europäischer Verordnungen oder Richtlinien verurteilt werden, erzwingen kann das Gericht die Einhaltung aber nicht. Deutschland gehört zu den säumigen Mitgliedern, gemessen an der nationalen Umsetzung von EU-Richtlinien. Der EuGH selbst schätzt, daß in etwa 45 Prozent aller Fälle seine Urteile von den Mitgliedsstaaten entweder zu spät oder gar nicht beachtet werden.

Der freie Warenverkehr, der mit der Vollendung des Binnenmarktes realisiert worden ist, verlangt nach einer *Vereinheitlichung nationaler Normen*. Zunächst hatte die Kommission die Absicht, etwa 10.000 der rund 120.000 nationalen Normen zu harmonisieren und die entsprechenden Gegenstände ebenfalls bis ins Detail zu regeln. Nachdem es sich aber nach einigen Jahren als beinahe unmöglich erwies, gemeinsame Standards zu vereinbaren, ist ein neues Verfahren gewählt worden. Man einigte sich auf drei Prinzipien: (1) *gegenseitige Anerkennung*, (2) *gegenseitige Unterrichtung*, und (3) *gemeinsame Rahmenrichtlinien*. Nach dem Prinzip der gegenseitigen Anerkennung muß das in einem Mitgliedsland zugelassene Produkt freien Zugang zu den Märkten aller anderen Mitgliedsstaaten erhalten. Lediglich Gründe des Gesundheits-, VerbraucherInnen- und Umweltschutzes werden akzeptiert für Zulassungsbeschränkungen. Der EuGH kann angerufen werden, um die jeweilige Praxis zu überprüfen. Das ist in zahlreichen Fällen auch geschehen (Reinheitsgebot beim deutschen Bier, Zutaten zur italienischen Nudel usw.). In der Abwägung zwischen freiem Warenverkehr und VerbraucherInnenschutz hat der EuGH regelmäßig ersterem den Vorzug gegeben. Rahmenrichtlinien sind Minimalanforderungen an technische Produkte; *wie* sie erfüllt werden, bleibt der Industrie überlassen. In der Praxis ist auch hier dem Umweltschutz regelmäßig geringe Bedeutung (z.B. Abwasserrichtlinie) eingeräumt worden. Zur Vermeidung technischer Handelsschranken schreibt z.B. die EU-Kennzeichnungsrichtlinie vor, daß es illegal ist, wenn ein Hersteller freiwillig eine bestimmte Substanz als karzinogen kennzeichnet, bevor die EU dazu einen Standpunkt bezogen hat.

Die Mitgliedsstaaten der EU haben auf sehr unterschiedliche Weise *steuerliche Maßnahmen zum Schutz der Umwelt* ergriffen; Umweltsteuern und -abgaben stellen sich in der Tat als ein wirksames Instrument zu diesem Zweck heraus, wenn sie richtig konzipiert sind. In seiner Sitzung von Dublin im Juni 1990 hat der Europäische Rat der Kommission Auftrag gegeben, konkrete *Vorschläge* für ein Umweltsteuer-Konzept vorzubereiten, ein Ansatz, der auch vom Europäischen Parlament unterstützt wird. 1992 hat die Kommission die Erhebung einer CO_2-Steuer vorgeschlagen, die allerdings nur dann in Kraft gesetzt werden soll, wenn die USA und Japan mitziehen – damit ist jedenfalls in den USA nicht zu rechnen; das Vorgehen entlarvt aber auch die Denkweise in der Kommission. *Vereinheitlichung im Bereich der Umweltpolitik wird vielmehr zu einer Einigung auf niedrigem Niveau* führen, die sich z.B. in Deutschland, den Niederlanden oder Skandinavien als Senkung bereits erreichter Standards, als Öko-Dumping, auswirken wird; so die neue Verpackungsrichtlinie, oder die Trinkwasserrichtlinie. Das wird sich auf die Bedingungen, unter denen neue Industrieanlagen gebaut werden dürfen, auf die Emission von Treibhausgasen oder auf Importkontrollen für bedrohte Tiere und Pflanzen ebenso auswirken wie auf die Zulassung von Hilfs- und Zusatzstoffen in oder die Genmanipulation von Nahrungsmitteln (z.B. Katalyse 1995, dort S. 453ff. auch eine Liste der EU-genehmigten Zusatzstoffe samt nachgewiesenen gesundheitlichen Auswirkungen). Die Normierungsausschüsse unterliegen keiner Kontrolle, die 10.000 in Brüssel tätigen LobbyistInnen haben leichtes Spiel, vor allem, wenn sie Verbündete in verschiedenen Generaldirektionen finden. Der Europäische Gerichtshof hat sich bisher eher vom Grundsatz, es seien „Wettbewerbsverzerrungen" zu vermeiden und nationale Alleingänge daher zu unterbinden, leiten lassen als vom Umweltschutz.

6.3.3 Deutschland

Die Verfassungen der beiden deutschen Staaten sind nicht in autonomer Selbstbestimmung, sondern unter starkem äußeren Einfluß zustandegekommen (Uffelmann 1988). Die mit der deutschen Einigung zeitweise *erwogene Schaffung einer neuen Verfassung* ist bereits in wesentlichen Punkten in der Gemeinsamen Verfassungskommission, der Rest im Streit zwischen den Fraktionen gescheitert – für viele deutlichstes Symbol dafür, daß es sich nicht um die Wiedervereinigung zweier gleichwertiger, selbstbewußter Partner handelte, sondern vielmehr um eine einseitige „Kolonisierung" (der Ausdruck stammt von dem verstorbenen Ost-Berliner Soziologen Manfred Lötsch). Nach der Staatsform ist Deutschland ein *föderativer, demokratisch-parlamentarischer und sozialer Rechtsstaat* – föderativ, weil auch die Länder „Staaten" mit eigenem Gebiet, eigenem Volk, eigener Verfassung sind; demokratisch-parlamentarisch, weil die Staatsgewalt vom Volk ausgeht, indem es seine Vertretungen in allgemeinen, unmittelbaren, freien, gleichen und geheimen Wahlen bestimmt; die Gesetzgebung im Bund und in den Ländern ist ausschließlich Sache dieser Volksvertretungen; sozial, weil der Staat verpflichtet ist, durch geeignete Maßnahmen die Grundlagen der sozialen Gleichheit und Gerechtigkeit fortzuentwickeln; und Rechtsstaat ist er, weil die Grundrechte die BürgerInnen vor staatlicher Willkür schützen sollen, weil die Grundsätze der Gewaltenteilung und der Gesetzmäßigkeit der Verwaltung gelten und weil Regierung und Verwaltung durch unabhängige Gerichte auf allen Stufen kontrolliert werden können. Dies jedenfalls ist die Theorie, wie sie dem Grundgesetz entnommen werden kann.

Zum Verständnis des *praktischen Funktionierens* der politischen Apparate sollen zwei Fragen genauer untersucht werden: Die Rekrutierung des politischen Führungspersonals, und strukturelle Mängel der Problemlösungsfähigkeit, wie sie unter dem Thema „Staatsversagen" diskutiert werden. Das erste Problem ist bedeutsam im Zusammenhang mit der Kontroverse, ob es sich um ein pluralistisches System mit realistischen Chancen zum Machtwechsel, oder ob es sich nicht viel mehr um eine politische Klasse handle, die sich weitgehend aus eigenen Reihen erneuere und sich somit den Staat angeeignet habe. Beim zweiten Problem steht im Vordergrund, ob solches Versagen, wenn es denn nachzuweisen wäre, dem Gemeinwohl, also einer zukunftsfähigen Entwicklung, nützt oder schadet.

Zur *Rekrutierung des Führungspersonals*: Das gesamte politische System wird beherrscht durch die *politischen Parteien* (die demzufolge auch gemeinsame Interessen, jenseits aller sonstigen Unterschiede, daran haben, daß dies so bleibt und Alternativen nicht diskutiert werden, oder daß sie aus der Bundeskasse Zuschüsse erhalten). Das Grundgesetz formuliert zwar sehr zurückhaltend: „Die Parteien wirken bei der politischen Willensbildung des Volkes mit" (Art. 21 Abs. 1 GG), aber das grundlegende Verständnis der repräsentativen Demokratie legt die *tragende Rolle* der Parteien nahe. Sie sind das Nadelöhr, durch das jedes Anliegen gehen muß, bevor es eine Chance hat, zu einem politischen zu werden. Sie sind aber auch der Filter für potentielles politisches Führungspersonal: Über die Rekrutierung von Führungspersonal in Politik (und Verwaltung, aber auch in zahlreichen Beratungs- und Kontrollgremien, z.B. Rundfunkräten, Stadtwerken, Landesbanken, Wohnungsbaugesellschaften, obersten Gerichten, Rechnungshöfen, Energieversorgungsunternehmen usw.) wird in den Parteispitzen entschieden, und nicht selten in der Form von „Paketlösungen" in trauter Eintracht zwischen Mehrheitspartei und Opposition (Scheuch/Scheuch 1992). Dabei kommt es faktisch weniger auf aufgabenbezogene Qualifikation als auf Loyalität zur Spitze der Parteihierarchie an. Da politische AspirantInnen meist schon während der Schulzeit, sicher aber während des Studiums einer Partei beitreten, bietet die „Ochsentour" durch alle Ebenen der politischen Laufbahn ausreichend Gelegenheit, Neulinge zu begutachten, für weitergehende Aufgaben auszuwählen und bei entsprechenden Verdiensten entsprechend zu belohnen. Die kommunale Ebene, die bei wenig Lohn besonders hohen Einsatz verlangt, ist hier von hervorragender Bedeutung. Faktisch werden schon dort die zu besetzenden Ämter von den Parteispitzen als Pfründe behandelt, die an Leute mit „besonderen Verdiensten" vergeben werden können. Die Beispiele, an denen sich dies belegen läßt, sind Legion (u.a. Scheuch/Scheuch 1992, Arnim 1993). Vor der Sachkompetenz kommt die Kompetenz im politischen Geschäft, im Beherrschen des Machthandwerks („Bei uns ist ein Berufspolitiker weder ein Fachmann noch ein Dilettant, sondern ein Generalist mit Spezialwissen, wie man politische Gegner bekämpft", so Richard von Weizsäcker). In manchen Kommunalverwaltungen hat der Parteienproporz die Besetzung von Stellen bis hinunter zum/r SachbearbeiterIn bestimmt, in Bundesministerien soll er bis auf die Ebene von HilfsreferentInnen durchgedrungen sein. Immerhin geht es dabei um bedeutende und wohldotierte Positionen, von der Mitgliedschaft im Europäischen Parlament angefangen über die Bundes- und Landes- bis auf die kommunale Ebene. Hier *gleichen sich die Parteien. Die „Feudalisierung des politischen Systems"* (Scheuch/Scheuch 1992, 116ff.) *hat strukturelle Ursachen*: „Heute beherrschen auf allen Ebenen des politischen Systems Berufspolitiker die Szene – ob dies nun gesetzlich so geregelt ist wie bei Landtagen oder für den Bundestag oder nur faktisch so ist wie auf der Ebene der Kommune" (50). Für deren Erfolg ist dreierlei wichtig: die Unterstützung durch eine Seilschaft, um die Wiedernominierung als KandidatIn zu erreichen; das über die Medien vermittelte Ansehen; und drittens ein Kapital von Gefälligkeiten, vor allem erwiesen den politischen GegnerInnen und einflußreichen BürgerInnen. „Auf Bundesebene und in einer Anzahl von Kommunen, auch größerer Städte, haben sich die Seilschaften zu Feudalsystemen fortentwickelt. Zentral für ein jedes Feudalsystem ist der Tausch von Privilegien gegen Treue. Treue ist im Feudalsystem immer personenbezogen, wenngleich sie rechtlich dem Amt gilt" (ebd., 117). „Für die Entwicklung zu einem Feudalsystem spricht die solide Finanzierung des Systems. Auf der Bundesebene bedeutet eine Existenz als Berufspolitiker, neben guten Einkünften von jährlich ca. 130.000 Mark und Ausstattung mit Apparaten, noch sehr gute Privilegien zu genießen (Freifahrt mit der Bundesbahn und der Lufthansa, selbstverständlich erster Klasse; bis zu drei Mercedes zum Stückpreis von über 100.000 Mark, freie Weltreisen in der Form eines Besuches einer selbstgewählten Botschaft oder eines Konsulates; weitgehende Sicherheit vor Strafverfolgung). In einer Reihe von Gebietskörperschaften können Bezüge als MinisterIn oder StaatssekretärIn kumuliert werden. Die Altersversorgung ist nach acht, spätestens zwölf Jahren exzellent" (ebd., 118). Bundeskanzler Kohl wird überaus großes Geschick in der Schaffung feudaler Gefolgschaften nachgesagt (z.B. Spiegel 31/1994, 30ff.). Ganz besonders eingehend – und kritisch, bis hin zum Vorwurf der Ausbeutung des Staates durch die Abgeordneten – hat sich der Staatsrechtler Hans Herbert von Arnim (1991) mit der Abgeordnetenentschädigung beschäftigt.

Die Frage nach der Rekrutierung des Führungspersonals führt hin zur allgemeineren Problematik der *politischen Klasse* oder der Elite. Die läßt sich nicht auf die im formalen Sinn politischen Ämter einschränken, worauf schon hinweist, daß etwa zwanzig Prozent der Abgeordneten des Bundestages VerbandsfunktionärInnen sind, die für die Wahrnehmung des politischen Mandats freigestellt werden. „Ideologisch gesehen, ist die bundesdeutsche Elite partiell homogen (monistisch) und partiell heterogen (pluralistisch). ... Homogen ist sie in bezug auf zentrale Werte, die alle Elitemitglieder teilen. Zu diesem Grundkonsens gehört z.B. die Bejahung von technischem Fortschritt, kapitalistischer Marktwirtschaft, repräsentativer Demokratie, sozialem Pluralismus, Europäischer Gemeinschaft und Atlantischem Bündnis. Ungeteilte Zustimmung finden auch die wesentlichen Werte der freiheitlich-demokratischen Grundordnung. ... Darüber hinaus sind den Elitemitgliedern bestimmte ,codes of conduct' ... gemeinsam, wie z.B. die Einigung auf eine Politik der Verhandlungen und Diskurse, der Kompromisse und Reformen, der Fairneß gegenüber dem politischen Gegner, der Anerkennung des Mehrheitsprinzips bei Entscheidungen und des Minderheitenschutzes sowie der Ablehnung von Gewalt gegen politische Gegner oder des Extremismus, von Alles-oder-nichts-Lösungen und Revolutionen. ... Weiter haben die Eliteangehörigen ein Interesse daran, ihre Eliteposition zu bewahren, und damit ein Interesse daran, die bestehenden Institutionen und Organisationen, auf denen ihre Macht beruht, zu erhalten; diesem Interesse werden notfalls alle anderen Interessen geopfert, falls diese jenem zuwiderlaufen. ... Heterogen ist die bundesdeutsche Elite bei im Vergleich zu zentralen Werten peripheren issues" (so in seinem Überblick über die deutsche Eliteforschung Felber 1986, 88). „In bezug auf die soziale Herkunft ist sie relativ integriert: die Elitemitglieder stammen i.d.R. aus der Mittel- und Oberschicht, gehören fast gänzlich dem männlichen Geschlecht und weitgehend derselben Generation an, kommen meist aus urbanisierten Gebieten, sind überdurchschnittlich protestantisch und haben eine lange formale Ausbildungszeit sowie immer noch zu 50 % ein Jurastudium hinter sich (...). In die Spitzenpositionen gelangen die Elitemitglieder auf verschiedenen Wegen: durch Wahl im politischen Bereich, durch Vererbung und Anstellung in der Wirtschaft und durch Selbstergänzung in der Bürokratie (...). Die Verweildauer in diesen Spitzenpositionen beträgt im Mittel 4 – 8 Jahre; sie ist bei militärischen, wissenschaftlichen, administrativen und parteipolitischen Positionen kurz, bei massenmedialen, gewerkschaftlichen, wirtschaftlichen, kirchlichen und kulturellen Positionen lang. Die Rotationsquote ist in der bundesdeutschen Elite mit 8 % äußerst niedrig" (ebd., 89 f.). „Auch für die Elite der Bundesrepublik wurde eine Netzwerkanalyse durchgeführt. Die Ergebnisse dieser Netzwerkanalyse bestätigen die Resultate der bisherigen Untersuchungen über Elitenetzwerke. Der zentrale Zirkel der bundesdeutschen Elite setzt sich zu 47 % aus Angehörigen von Politik und Verwaltung und zu 35 % aus Mitgliedern der wirtschaftlichen Elite (Unternehmen, Unternehmensverbände, Gewerkschaften) zusammen, während die Massenmedien nur 10 % und die Wissenschaft nur 5 % der Mitglieder des zentralen Zirkels stellen" (ebd., 91ff.). „Im Machtzentrum steht die Bundesregierung (inklusive Ministerialbürokratie), was sich darin zeigt, daß im 8. Bundestag 66,4 % aller eingebrachten und 81,4 % aller verabschiedeten Gesetze von ihr stammten. ... Zum Machtzentrum gehören aber auch die gesellschaftlichen Spitzenverbände, die über Stellungnahmen zu Gesetzesentwürfen, die Teilnahme an ministeriellen Hearings, die Mitgliedschaft in vielerlei ministeriellen Gremien und eine öffentlichkeitsorientierte Druckpolitik auf die Gesetzgebung der Bundesregierung Einfluß nehmen. Da die Spitzenverbände, die verschiedene Interessen besitzen und meist miteinander um die Einflußnahme auf Gesetze konkurrieren, Klientelbeziehungen zu ‚ihren‘ Ministerien unterhalten, bilden sich im Machtzentrum i.d.R. verschiedene Koalitionen aus Verbands- und Regierungsvertretern heraus, die oft in informellen Gesprächsrunden außerhalb des Kabinetts und ohne Einbeziehung des Bundestages und seiner Fraktionen die wesentlichen Kompromißformeln der Gesetzesentscheidungen untereinander aushandeln und sowohl die Entscheidungen des Kabinetts als auch die des Bundestages präjudizieren" (ebd., 93f.). „Im Bereich der Wirtschaftsgesetzgebung dominiert das BMW (Bundesministerium für Wirtschaft, B.H.) zusammen mit BDI (Bundesverband der deutschen Industrie, B.H.) und DIHT (Deutscher Industrie- und Handelstag, B.H.). Auch der BGA (Bundesverband des deutschen Groß- und Außenhandels, B.H.) hat eine starke Stellung inne. Diese Akteure wirken zusammen mit dem Wirtschaftsausschuß an den meisten Wirtschaftsgesetzen entscheidend mit, während die Gewerkschaften oder die AGV (Arbeitsgemeinschaft der Verbraucherverbände, B.H.) nur eine periphere Rolle spielen und nur in der Strukturpolitik Einfluß gewinnen konnten. Das BMW nimmt unter den anderen Ministerien eine Führungsrolle ein; ... BDI und DIHT, die i.d.R. eng zusammenarbeiten, besitzen unter den anderen Wirtschaftsverbänden eine zentrale Führungsposition. Sie bilden das allgemeine wirtschaftliche Machtzentrum" (ebd., 99).

Wie Felber selbst anmerkt, folgen die wenigen empirischen Untersuchungen – so wie auch die in Deutschland wichtigste: die Mannheimer Elitestudie (Hoffmann-Lange 1992), aus der ein Großteil der Daten bei Felber stammt – im allgemeinen dem Verfahren der Positionsmethode (Hunter 1953), die formale Machtpositionen und eingipflige Elitestrukturen bevorzugt (im Gegensatz etwa zur Methode der Entscheidungsprozeßanalyse, vgl. Dahl 1961; die klassische Kontroverse wird u.a. aufgearbeitet bei Siewert 1979). Leider sind auch die Daten hoffnungslos veraltet: Die Mannheimer Studie von 1968 realisierte 808 Interviews (vom Bundeskanzleramt finanziert), die von 1972 schon 1.825 Interviews (Konrad-Adenauer-Stiftung), die von 1981 gar 3.580 Interviews (Deutsche Forschungsgemeinschaft). Sie identifizierte *559 Personen als Mitglieder des zentralen Elitezirkels der Bundesrepublik*, von denen vierzig Prozent PolitikerInnen und weitere vierzehn Prozent VertreterInnen der Ministerialbürokratie sind; VertreterInnen von Wirtschaftsunternehmen und Wirtschaftsverbänden machen rund zwanzig Prozent aus, solche der Gewerkschaften, der Massenmedien und der Wissenschaft je acht Prozent. Wandlungen der deutschen Elite etwa für die Zeit nach der konservativen Wende 1982 sind daraus nicht auszumachen.

Der hier entscheidende Punkt ist, daß die Rekrutierung von Personal für politische Führungspositionen *von den Parteien monopolisiert* ist und als Reservoirs vor allem die Parteien und Verbände (unter denen die Wirtschaftsverbände hervorragen) und die großen Unternehmen nutzt. Es ist naheliegend, dies im Sinn der *Herrschaft einer politischen Klasse* zu interpretieren, die neue Mitglieder eher von innen kooptiert, als daß eine Chance bestünde, einen wirklichen Wechsel im Sinn der Pluralismustheorie herbeizuführen. Danach scheint es empirisch belegt, die deutsche Elite in einer relativ kleinen Gruppe von PolitikerInnen und WirtschaftsvertreterInnen zu suchen, die mit dem Begriff „politische Klasse" zwar nicht präzis, aber einigermaßen zutreffend bezeichnet wird. Auch daß der Austausch von Gefälligkeiten zu den wichtigen Bindemitteln dieser Klasse gehört, darf als ausreichend belegt angenommen werden.

Bezogen auf das Problem einer *zukunftsfähigen Entwicklung* wird nun deutlich, daß die Erwartung falsch ist, die Information und Einsicht in die Krise und in die zukunftsfähigen Handlungsoptionen von den InhaberInnen von Machtpositionen einfordert. Es ist in der Tat unbegreiflich, wie unwissend, blind und unverantwortlich solche Menschen angesichts des Übermaßes an Information erscheinen – es genügt, die Bundestagsdebatten zu verfolgen, um sich davon zu überzeugen. Die Schwierigkeit liegt vielmehr umgekehrt darin, daß die *Kanäle der Eliterekrutierung* und die Filter, die Menschen durchlaufen müssen, um in Machtpositionen zu gelangen, mit hoher Wahrscheinlichkeit gerade diejenigen ausfiltern, die dafür nötig wären, und *nur die MachthandwerkerInnen* durchlassen. Es nützte daher wenig, die „Mächtigen" aufklären und überzeugen zu wollen, solange die Kanäle der Eliterekrutierung so funktionieren, wie wir das beobachten können.

Staatsversagen: Martin Jänicke, auf dessen Buch „Staatsversagen" (1986) wir uns hier u.a. stützen, definiert wie folgt: „Staatsversagen im ökonomischen Sinne ist die Versorgung eines Landes mit öffentlichen Gütern, deren Preis zu hoch und deren Qualität zu niedrig ist – beides aus strukturellen Gründen. Mit Staatsversagen im politischen Sinne bezeichnet man die gleichfalls nicht zufällige Unfähigkeit, Entscheidungen zu fällen, deren Notwendigkeit weithin unbestritten ist" (Jänicke 1986, 11). Beispiele dafür werden uns täglich vorgeführt – man denke nur an das Gerangel unter dem Stichwort „Finanzierung der deutschen Einheit" – und sie sind weitgehend unabhängig von der Regierungspartei, was wiederum strukturelle Ursachen vermuten läßt.

Jänicke (vgl. dazu auch Ellwein 1976, Mandel 1972, Andersen u.a.. 1985) nennt vier Staatsfunktionen:

– die *regulative Ordnungsfunktion*: Da bei wachsender Spezialisierung die wechselseitigen Abhängigkeiten der Wirtschaftssubjekte voneinander und die Komplexität ihrer Beziehungen zunimmt, muß der Staat hier regelnd und rechtsetzend tätig werden;

– die *Legitimationsfunktion*: Der Staat muß, insbesondere durch Wahlen, legitime Willensbildungsprozesse in Parlament und Regierung organisieren;

– die *Infrastrukturfunktion*: Die Voraussetzungen, die für ein befriedigendes Funktionieren von Wirtschaft und Gesellschaft in Form von Sicherheit, Bildung, Straßen, Kommunikationsnetzen usw., also von Infrastruktur, erfüllt sein müssen, werden vom Staat produziert oder bereitgestellt;

– die *Entsorgungsfunktion*, also gewissermaßen der Reparaturbetrieb: Der Staat muß die externen Effekte einzelwirtschaftlicher Produktion, also etwa Umweltverschmutzung, Arbeitslosigkeit, Krankheit, Kriminalität usw., beseitigen oder zumindest ihre Auswirkungen mildern.

Die Untersuchung, wie diese Funktionen erfüllt werden, kann nur an wenigen Beispielen erfolgen (Jänicke 1986):

Im *Gesundheitswesen* sind drei Mängel von Bedeutung: die *unzulängliche Vorbeugung*, die *unwirtschaftliche Produktion der Gesundheitsleistungen*, und die *mangelnde Qualität des Produkts*. In der BRD betrugen die Gesundheitsleistungen aus dem öffentlichen Sozialbudget im Jahr 1965 etwa 31 Milliarden DM – im Jahre 1983 waren es 171 Milliarden DM, 1991 bereits 379 Milliarden DM, das entspricht einer jährlichen Steigerung von über dreißig Prozent! Dabei sind hier die privaten Kosten und einige staatliche Ausgaben für Gesundheitszwecke, die unter anderen Konten verbucht werden, gar nicht enthalten. Etwa sechzehn Prozent des BSP werden für Gesundheitsleistungen aufgewendet, trotz mehrerer Kostendämpfungsübungen. Dennoch blieb der Gesundheitszustand der Bevölkerung nahezu stabil: Der Anteil der kranken und unfallverletzten BundesbürgerInnen lag 1982 bei sechzehn Prozent, wie schon 1974. 1983 wurden ganze sechs Prozent, 1991 sieben Prozent der Gesundheitsausgaben für präventive Maßnahmen ausgegeben. Dabei hat sich die Zahl des medizinischen Personals gewaltig erhöht. Im internationalen Vergleich kann kein Zusammenhang zwischen gestiegener Lebenserwartung und Gesundheitsausgaben nachgewiesen werden. Die „Kostenexplosion im Gesundheitswesen" hat sich weiter verschärft, trotz spektakulärer Dämpfungsaktionen. Ohne daß wir den Nachweis an dieser Stelle führen könnten, neigen wir der Annahme zu, daß unser Gesundheitssystem deswegen so teuer ist, weil es als Umverteilungsinstrument zur Bereicherung der Pharma-Multis, der ÄrztInnen und KrankenhausbetreiberInnen dient. Die waren ja denn auch die ersten, die darauf gedrängt haben, das staatliche Gesundheitswesen der DDR mit seinem weit verzweigten Netz der Polykliniken zu zerschlagen und durch das privatwirtschaftliche und gewinnorientierte System des Westens zu ersetzen – interessanterweise mit dem (falschen) Argument, das DDR-System erlaube kein persönliches Vertrauensverhältnis zwischen Arzt/Ärztin und PatientIn.

Im Bereich des *Umweltschutzes* zieht Jänicke aus seiner Untersuchung folgendes Fazit: „Nach fünfzehn Jahren ist das Scheitern des symptombezogenen Umweltschutzes offensichtlich: Wirkungen, die erzielt wurden, kamen teils in hohem Maße durch Schadstoffumverteilungen zustande, teils waren sie in erheblichem Umfang nicht das Ergebnis von Umweltschutzmaßnahmen, sondern durch die Krise der Schornsteinindustrien, die hohen Energiepreise und das verringerte Wirtschaftswachstum verursacht. Im Hinblick auf die ungelösten und die neu hinzutretenden Umweltprobleme waren die Kosten viel zu hoch. Es spricht nicht viel dafür, daß sie wenigstens zu einer Verringerung der hohen Schadenskosten geführt hätten" (79). Die zwar nach 1971 schrittweise entstehende Umweltgesetzgebung vor allem des Bundes wurde einerseits von großen Einflußgruppen – der Stromwirtschaft, der Automobil- und der chemischen Industrie – behindert, andererseits litt sie unter erheblichen Vollzugsdefiziten (Mayntz 1978). 1983 zogen „Die Grünen" in den Bundestag ein. Erst nach der Katastrophe von Tschernobyl im April 1986 wurde die umweltpolitische Kompetenz vom Innenministerium einem eigenen Umweltministerium übertragen. Erst ein äußerer Anstoß – die EG-Richtlinie von 1985 – bewirkte den Erlaß des Gesetzes zur Umweltverträglichkeitsprüfung (1990). 1991 wurde das Umwelthaftungsrecht neu geregelt und eine verschuldensunabhängige Gefährdungshaftung eingeführt. Auch hier hat der Bund die wichtigsten Kompetenzen zur Gesetzgebung, die Länder vor allem die Vollzugshoheit. Über den Bundesrat und die UmweltministerInnenkonferenz wirken sie an der Bundesgesetzgebung mit. Außerdem spielen ExpertInnengremien (Ständiger AbteilungsleiterInnenausschuß, Facharbeitsgemeinschaften, Sachverständigenrat) eine wichtige Rolle bei der umweltpolitischen Konsensfindung (Jänicke/Pöschk 1995, 585). Im Rahmen ihrer Selbstverwaltungshoheit haben die Gemeinden Aufgaben in der Abfallbeseitigung, Wasserver- und -entsorgung, Energieversorgung, Bauleitplanung und Verkehr. „Der Weg eines vorsorgenden, verursacherbezogenen Umweltschutzes ist in den 80er Jahren aber auch von der BRD nur langsam beschritten worden. Umweltpolitik ist auch heute noch überwiegend entsorgende Spezialpolitik und nicht ökologische Energie-, Verkehrs- oder Industriepolitik. Kritikpunkte sind hier: der Vorrang für eine angebotsorientierte Energiepolitik, das Fehlen eines Tempolimits auf Autobahnen oder eher strukturkonservative Subventionen" (ebd., 588).

Jänicke untersucht weiter Verkehrs- und Energiepolitik, Wirtschaftsstrukturpolitik, die Staatsverschuldung, um seine These zu belegen. Wir könnten dem die Wohnungsbaupolitik (es sei nicht vergessen, daß die Bundesregierung Ende 1983 die Förderung des sozialen

Wohnungsbaus eingestellt hat), die Raumordnungspolitik (die nach allen bekannten Evaluierungsstudien mehr Mitnahmeeffekte als beabsichtigte Wirkungen produziert hat), und manches andere zufügen. Besonders wichtig erscheint die Staatsverschuldung.

Der Begriff *Staatsverschuldung* wird für die gesamte Kreditaufnahme des Staates, der der „Neuverschuldung" für die jährliche Kreditaufnahme verwendet. Ökonomisch wird geltend gemacht, daß durch die Staatsverschuldung spätere Generationen mit der Finanzierung heutiger Aufgaben belastet werden. Fiskalische Probleme ergeben sich aus der Zins- und Tilgungslast, die den politischen Spielraum empfindlich beschränken kann. Politisch schließlich schränkt eine hohe Verschuldung die Fähigkeit des Staates zur antizyklischen Globalsteuerung mittels eigener Investitionen ein. Während der Staat in der Rezession notfalls auch auf Kredit investieren soll, hat sich die Rückführung von Schulden in der Boomphase wegen zu großer Widerstände regelmäßig als kaum realisierbar erwiesen. Der Staat hat 1996 *über zwei Billionen Mark Schulden*, – 25.000 DM pro Kopf der Bevölkerung; die Staatsschuld hat sich seit 1990 verdoppelt, seit 1982 verdreifacht. 100 Milliarden Mark macht die Zinslast 1995 aus, ein Fünftel der gesamten Steuereinnahmen. Die staatliche Neuverschuldung ist so groß geworden, daß sie die gesamte private Geldvermögensbildung für sich beansprucht. Die oft wiederholte Behauptung, die *Vereinigung* und die für die Sanierung der früheren DDR nötigen Aufwendungen seien dafür verantwortlich, ist nur sehr eingeschränkt stichhaltig: Etwa ein Viertel des aufgelaufenen Defizits ist vereinigungsbedingt, drei Viertel werden verursacht durch immer üppigere Subventionen im Westen. Die Beispiele von öffentlicher Verschwendung und Mißwirtschaft, die jedes Jahr von den Rechnungshöfen oder vom Bund der Steuerzahler gerügt werden, sind ohne Zahl (u.a. Möntmann 1994); für 1994 wird eine Größenordnung von sechzig Milliarden DM genannt. Gleichzeitig hat der Bund in großem Umfang *Vermögen privatisiert* und zur Haushaltssanierung verwendet, Vermögen, das sowohl späteren Generationen entgeht als auch als Manövriermasse für politische Steuerung ausfällt. „Bis März 1991 haben Bund und Bundesbahn sieben Beteiligungen vollständig (VEBA, VW, VIAG, DIAG, Salzgitter, Prakla Seismos, Deutsche Pfandbrief- und Hypothekenbank) und sechs Beteiligungen teilweise privatisiert (Industrieverwaltungsgesellschaft, Treuarbeit, Deutsche Siedlungs- und Landesrentenbank, Lufthansa, Schenker, Deutsche Verkehrs-Kreditbank). Der Bund hat aus diesen Verkäufen über 10 Mrd. DM erlöst. Bis Ende 1994 wurden u.a. die Industrieverwaltungsgesellschaft, die Treuarbeit, die Industrieanlagen-Betriebsgesellschaft und die Rhein-Main-Donau AG vollständig privatisiert. Die Zahl der unmittelbaren Beteiligungen des Bundes und seiner Sondervermögen hat sich trotz der Privatisierungen von 1982 bis 1994 von 170 auf 209 erhöht, die Zahl der mittelbaren Beteiligungen ist im gleichen Zeitraum von 856 auf 335 zurückgegangen" (Lange 1995, 544).

Die Staatsverschuldung, vor allem resultierend aus *Subventionen, Überadministration, Verschwendung*, wird verschärft durch *nicht eingetriebene Steuern* (faktisch eine Subvention an die Wohlhabenden), *nicht oder ungenügend verfolgte Wirtschaftskriminalität*, und schließlich den wahrscheinlich verfassungswidrigen Griff in die Kassen der Sozialversicherung (58 Milliarden DM jährlich). Privatisierung von staatlichen Beteiligungen entlastet nur momentan; mittelfristig nimmt sie dem Staat auch Einnahmequellen. Grundsätzlich wäre es möglich, alle diese Fehlleistungen deutlich zu korrigieren. Das wäre auch dringend erforderlich, denn nur so erhielte der Staat die notwendigen Mittel für eine antizyklische Wirtschaftspolitik, die Beschäftigung schaffen, die Sozialsysteme entlasten könnte. Das Gegenteil wird erreicht durch die fortgesetzte Umverteilung von unten nach oben: Wachsendes Elend und soziale Spannungen werden den „Standort Deutschland" weit mehr belasten, die Jugend um Zukunftsperspektiven betrügen und die Gesellschaft schädigen. Daß dies nicht im nationalen Alleingang möglich ist, ist offensichtlich. Die Regierungskonferenz ‚96 der Europäischen Union, die OECD und die G-7-Gipfel bieten Gelegenheit genug, transnationale Lösungen in Gang zu setzen (Afheldt 1995).

Die Prioritäten und das Verständnis der Bundesregierung werden in einem *aktuellen Beispiel* deutlich: Im Februar 1996 hat die Regierung, allen Sparappellen zum Trotz, der Volksrepublik China einen Kredit über 780 Millionen DM zugesagt, der bei einer Laufzeit von vierzig Jahren mit nur 0,75 Prozent zu verzinsen ist – die ersten fünfzehn Jahre sind tilgungsfrei. Mit diesem Kredit soll die U-Bahn der Stadt Shanghai finanziert werden. Aufträge in Höhe von 450 Millionen DM gehen an Siemens und Daimler-Benz und werden aus Mitteln des Bundesministers für wirtschaftliche Zusammenarbeit finanziert – es handelt sich also um Mittel, die für andere Entwicklungsprojekte, insbesondere in den ärmsten Ländern, nicht zur Verfügung stehen. Die Absicht ist klar: den Riesenmarkt China für deutsche Firmen offenzuhalten.

Wir wollen noch ein paar einfache, handgreifliche Indikatoren nennen, die zeigen, daß unsere Gesellschaft keineswegs so in Ordnung ist, wie politische Sonntagsreden das vorgaukeln, und daß dies in der Tat etwas mit *Staatsversagen* zu tun hat:

- 13.000 Drogentote pro Jahr, und weder von Ansätzen zu Kausaltherapie, noch von Metadonprogrammen, noch von einer echten Verfolgung der Hinterleute, z.B. durch Blockierung verdächtiger Konten, ist ernsthaft die Rede;
- im Strafvollzug herrscht eine repressive Haltung vor, die Haftanstalten sind weiterhin Brutstätten der Rückfallkriminalität, von Resozialisierung keine Spur;
- rund die Hälfte derer, die Anspruch auf Sozialleistungen hätten, erhalten die nicht, sei es, weil sie um ihren Anspruch nicht wissen, sei es, weil sie die diskriminierende Behandlung scheuen;
- eine Million Obdachlose und Nichtseßhafte;
- Gewalt, Armut und Diskriminierung gegenüber AusländerInnen, AsylbewerberInnen, Flüchtlingen;
- und immer wieder inzwischen rund sieben Millionen Arbeitslose.

Woran liegt das? Lassen sich Gründe ausfindig machen? Hat das mit mehr oder weniger zufälligen Fehlleistungen in einem im Ganzen intakten System zu tun, oder geht es um *strukturell bedingtes Staatsversagen*? Wir werden die Theorie des Staatsversagens hier nicht systematisch darstellen können, wollen aber doch ihre wichtigsten Argumente nennen, damit zumindest Konturen dieser Theorie sichtbar werden:

PolitikerInnen in den Parlamenten sind LaienspielerInnen, die Profis sitzen in den Verwaltungen, in den bürokratischen Apparaten. Obgleich sie politisch nicht verantwortlich sind, treffen sie die wesentlichen Entscheidungen, sind sie die AdressatInnen für die Einflußnahme durch Lobbies und Interessengruppen. Die Arbeitsteilung innerhalb der Bürokratien erweist sich geradezu als der Schlüssel für gezielte Einflußnahme, zumal die Verwaltungen ja angewiesen sind auf den Sachverstand und die Informationen aus der privaten Wirtschaft, und dies ganz besonders dort, wo der Staat Nachfragemonopole hat (Rüstung, Energie, Telekommunikation u.a.). PolitikerInnen haben in diesem Prozeß zwei Aufgaben: Sie *legitimieren die von der Verwaltung getroffenen Entscheidungen*, und sie sind die *Sündenböcke*, falls der Verwaltung Fehler nachgewiesen werden. Zwei Drittel der ParlamentarierInnen sitzen in Verbandsvorständen, Aufsichtsräten oder Stiftungskuratorien und sind damit selbst Teil der organisierten Interessen geworden. Aus BeraterInnenverträgen werden nach dem Ausscheiden aus dem politischen Amt nicht selten wohldotierte Posten in der Wirtschaft – viele nutzen die frühere Erfahrung als LobbyistInnen. In diesem Spiel hat kaum eine Chance auf Interessenwahrung, wer nicht organisiert und damit diskussions- und konfliktfähig ist: die RentnerInnen, Hausfrauen, Kinder, AusländerInnen, Arbeitslosen, Kranken, SozialhilfeempfängerInnen, Studierende, MieterInnen, KonsumentInnen, kurz: die weitaus überwiegende Mehrheit der Bevölkerung.

Die Tätigkeit von PolitikerInnen besteht vor allem aus zweierlei: *verhandeln* und *Akten studieren*. Das Ziel von Verhandlungen sind mehrheitsfähige Entscheidungen in den Parlamenten. Die müssen in Verhandlungen mit der Verwaltung, der Parteizentrale, den Fraktionen und Ausschüssen und natürlich auch in Verhandlungen mit privaten InteressenvertreterInnen hergestellt werden. Dem dient auch das Studium der Akten, die überwiegend aus den Verwaltungen, aber natürlich auch von allen anderen VerhandlerInnen kommen. Die Menschen, die da in Bonn, in unseren Landtagen und zum Teil auch in unseren Stadträten unentwegt mit anderen professionellen VerhandlerInnen verhandeln, begegnen relativ selten anderen Menschen außerhalb dieser Zirkel. Als wir uns amüsierten über die DDR-Kommandozentrale in Wandlitz, jenem mauergeschützten kleinen Dorf nördlich von Berlin, in dem die Politprominenz residierte, und über die daraus folgende Wirklichkeitsfremdheit jener Politiker, da ist uns entgangen, daß *auch Bonn Wandlitz ist*, eines freilich, das wirkliche Mauern aus Beton gar nicht braucht, weil die Mauern in den Köpfen schon hoch genug sind.

Der Staat reagiert auf Druck, und zwar – wie Mancur Olson in seiner berühmten Untersuchung über „Die Logik kollektiven Handelns" (1968) gezeigt hat, am ehesten auf den gezielten Druck kleiner, gut organisierter Interessengruppen. Beim Bundestag sind rund 2.000 LobbyistInnen eingetragen – 380 Konzerne, vor allem aus Automobil- und Rüstungsindustrie sowie Banken, und fast 1.500 Verbände. Jedem/r Abgeordneten des Bundestages stehen zwanzig LobbyistInnen gegenüber. Die wollen Besitzstände wahren, den Status quo erhalten, Reformen verhindern, und am Ende vor allem eines: *Geld*, Geld in Form von Aufträgen, Subventionen, Gesetzen und Verordnungen. Spitzenreiter ist die Landwirtschaft, die mehr an Subventionen erhält, als die Bauern/Bäuerinnen zum Sozialprodukt beitragen: dreißig Milliarden Mark jährlich. Pharmaindustrie und ÄrztInnenverbände, Automobilclubs und Energieversorgungsunternehmen sind ebenfalls erfolgreich – alle, die leichten Zugang zu Medien haben und mit dem Entzug von Wahlstimmen drohen können. Ein erheblicher Teil von Politik wird mit dem *Verteilen von Geld* gemacht. Darum dreht sich das alljährliche Haushaltsgerangel, und jährlich wieder erleben wir, wie verzweifelt die Regierung Mittel sucht, und wie sie die nur in den Taschen der BürgerInnen, und hier bevorzugt der Schwächeren, der Unorganisierten, finden kann. Dieses *System tendiert dazu*, wie wir gerade erleben, *sich selbst zu paralysieren*, sich selbst jede Bewegungsfreiheit zu nehmen. Darum geht es in der Theorie des Staatsversagens, um einen strukturellen Konflikt, der von dem Können und Wollen einzelner Personen weitgehend unabhängig ist.

Wir haben um jedes auf der politischen Bühne akzeptierte Problem *eine Bürokratie gebaut*, die nun ihrerseits an dem Problem in erster Linie deswegen interessiert ist, weil seine Existenz *Voraussetzung für ihr Überleben* darstellt. Folglich werden Probleme nur ausnahmsweise gelöst, auch wenn sie lösbar wären; sie werden vielmehr aufwendig verwaltet. Der Staat ist in vieler Hinsicht überbürokratisiert. Viel spricht dafür, daß es nicht etwa die Bequemlichkeit der Menschen ist, die dem Staat ständig neue Aufgaben aufbürdet, sondern vielmehr die *Unersättlichkeit der staatlichen Apparate selbst*, die immer weitere Bereiche unter ihre Kontrolle bringen wollen und damit ihre Privilegien sichern. Auch das trägt zum Staatsversagen bei.

Gängige Theorie beschreibt Politik im demokratischen System als Konkurrenzkampf von Machtgruppen, bei dem jede die Chance hat, gegen andere in der Wahl anzutreten und sich in einem legitimen Verfahren durchzusetzen. Unsere Untersuchung spricht für eine andere Interpretation: daß es diese Konkurrenz gar nicht gibt, sondern vielmehr eine politische Klasse, die in schöner Eintracht und wechselseitiger Unterstützung ihre Vorteile sichert. Während die Problemlösungsfähigkeit des Staates abnimmt, bleiben die Privilegien, die sich die Elite zubilligt, ebenso ungeschoren wie die Subventionen ihrer Klientel. Dieser Staat ist strukturell nicht in der Lage, die Gesellschaft auf den Weg hin zu globaler Zukunftsfähigkeit zu führen.

Fallstudie: Politik der Bundesregierung nach der VN-Konferenz über Umwelt und Entwicklung 1992[1]

Die Bereitschaft und der Wille der Bundesregierung, zu einer Politik globaler Zukunftsfähigkeit beizutragen, wird zu einer Testfrage, an der Gemeinwohlorientierung versus Klassencharakter überprüft werden kann. Wir haben die Weltkonferenz für Umwelt und Entwicklung (UNCED, Juni 1992, Rio de Janeiro) als Er-

---

1 die Fallstudie beruht auf der Diplomarbeit von Andreas Prim und Bernd Stilz (1996)

eignis ausgewählt, das – Gemeinwohlorientierung unterstellt – Änderungen in der deutschen Politik hätte bewirken müssen. Sollten dagegen keine oder allenfalls minimale Änderungen dieser Politik nachgewiesen werden, dann halten wir dies für ein weiteres Indiz, das die *Hypothese vom Klassencharakter des Staates* bestätigt.

UNCED wurde in einem zweijährigen Prozeß vorbereitet. Insbesondere die amerikanische Regierung hat bereits in dieser Phase alles unternommen, um klar formulierte *Verpflichtungen der Industrieländer*, die auch mit einem Zeitrahmen versehen wären, *zu verhindern*. Sie hat im Interesse ihrer Biotechnologie-Unternehmen schließlich auch die Unterzeichnung des Artenschutzabkommens verweigert. Schon während der Vorbereitung haben amerikanische Wirtschaftsverbände deutlich gemacht, daß Übereinkünfte, die zu finanziellen Belastungen der Wirtschaft führen könnten, nicht akzeptiert würden. Präsident Bush befand sich im Wahlkampf und war nicht bereit, irgendwelche Zugeständnisse zu machen. Es ist nicht bekannt, ob und wie weit das Vorgehen z.B. im Rahmen der G 7 abgesprochen wurde, aber ganz ohne Zweifel hat es entsprechende Konsultationen gegeben. Die amerikanische Position hat einerseits dazu geführt, die Abschlußdokumente der UNCED so weit zu entschärfen, daß auch die anderen Industrieländer ihnen zustimmen konnten. Sie hat es andererseits z.B. der Bundesregierung erlaubt, mit einer relativ fortschrittlichen Haltung an der Konferenz aufzutreten.

Anfang Mai 1991 – zu einem Zeitpunkt also, an dem schon zwei (der insgesamt vier) mehrwöchige Sitzungen des internationalen Vorbereitungskomitees abgeschlossen waren – berief die Bundesregierung ein *Nationales Komitee zur Vorbereitung der UN-Konferenz Umwelt und Entwicklung* unter dem Vorsitz von Umweltminister Klaus Töpfer. 35 VertreterInnen umwelt- und entwicklungspolitischer Organisationen, aus Wissenschaft und Forschung, Industrie und Handel, Kirchen und Gewerkschaften, Jugend-, Landwirtschafts- und Frauenverbänden, Kommunen, Parteien und Parlamenten berieten in vier Sitzungen Themen und Vorschläge zur Konferenz. Die deutsche Haltung wird am besten sichtbar in den Reden des Bundeskanzlers und des Delegationsleiters vor dem Plenum der Konferenz, deren wichtigste Inhalte wir hier zusammenfassen:

–   Die Industrieländer müssen sorgsamer als bisher mit den natürlichen Ressourcen umgehen, technologische Möglichkeiten besser ausschöpfen, neue umweltgerechte Technologien entwickeln und ihre Kenntnis den Entwicklungsländern zur Verfügung stellen.

–   Ausdrücklich begrüßt wird die Verabschiedung der Klimarahmenkonvention. In den nächsten Jahren müßten weitere Schritte zur Reduzierung der Treibhausgase erfolgen. Deutschland habe beschlossen, über den mageren Stabilisierungsbeschluß der Konvention hinaus auf nationaler Ebene eine Verminderung des CO_2-Ausstoßes um 25 bis 30 Prozent, bezogen auf das Jahr 1987, bis ins Jahr 2005 zu erreichen.

–   Deutschland habe bereits in der Vergangenheit auf Forderungen in Höhe von neun Milliarden Mark an Schulden verzichtet; weitere Entschuldungen würden gegen entsprechende Umweltschutzmaßnahmen der Entwicklungsländer vorgenommen.

–   Deutschland werde versuchen, das Ziel, 0,7 Prozent des BSP für Entwicklungszusammenarbeit bereitzustellen, so bald wie möglich zu erreichen. Jedoch solle dabei auch der deutsche Beitrag für die Transformationsländer Osteuropas mitberücksichtigt werden.

- Deutschland schlägt die Aufstockung der Globalen Umweltfazilität (GEF) um drei Milliarden Sonderziehungsrechte vor und erklärt die Bereitschaft, seinen Anteil am Globalen Umweltfonds der Weltbank von 250 Millionen bis 1996 auf 750 Millionen zu verdreifachen. Es setze sich ferner für eine Umstrukturierung der GEF ein, um den Entwicklungsländern größeren Einfluß auf die Entscheidungen einzuräumen.
- Deutschland spricht sich für die Verabschiedung einer Waldkonvention aus; Schutz und Erweiterung des Waldbestandes stellen bereits wesentliche Elemente der nationalen Umwelt- und Forstpolitik sowie der entwicklungspolitischen Zusammenarbeit dar.
- Zum Artenschutz wurde angekündigt, Deutschland werde die Konvention unterzeichnen und sofort mit der Implementation beginnen, d.h. die nationalen Berichtspflichten erfüllen, die Entwicklungsländer technisch und finanziell bei dieser Aufgabe unterstützen, sich auf die erste Vertragsstaatenkonferenz vorbereiten und auf die Einhaltung der Verpflichtungen der Industrieländer und die baldige Erarbeitung von Umsetzungsprotokollen hinwirken.
- Darüber hinaus benötigten die Industrieländer umweltverträgliche Produktionsprozesse und Produkte, so daß die natürlichen Ressourcen nachhaltig genutzt und Schadstoffemissionen soweit wie möglich vermieden werden; die externen Kosten der Produktion seien zu internalisieren, so daß die ökologische Belastung sich in den Preisen wiederfinde; und das umweltverträgliche Verhalten jedes/r einzelnen solle gefördert werden.

In ihrem Bericht über die Konferenz (Bundesregierung 1992) nennt die Regierung die Verpflichtungen, die sie im Rahmen der beiden Konventionen und der vierzig Kapitel des Aktionsprogramms Agenda 21 eingegangen ist. Sie machen *Umweltschutz und Ressourceneinsparung* zu Aufgaben, die in allen Ressorts mit hoher Priorität bearbeitet werden sollten. Sie müßten insbesondere die Entwicklungs-, Umwelt- und Wirtschaftspolitik der Bundesregierung in der Zukunft prägen. Nach ihrer ausführlichen Untersuchung kommen Prim/Stilz (wohl bedenkend, daß sich in einem laufenden Prozeß kein abschließendes Fazit ziehen läßt) zu folgenden Befunden:
- Die Bundesregierung kommt ihren Pflichten aus den beiden Konventionen, soweit es sich um Berichtspflichten handelt, nach. Weitergehende Einflüsse auf die deutsche Politik sind schwer festzustellen.
- Es ist kein Wille erkennbar, die Verpflichtungen aus der Artenschutzkonvention in die relevanten Ressorts zu integrieren.
- Obwohl die Bundesregierung bei der Verabschiedung der (unverbindlichen) Walderklärung zu den treibenden Kräften gehörte, übernimmt sie im Folgeprozeß keine führende Rolle und bemüht sich auch nicht um die Verabschiedung einer verbindlichen Waldkonvention.
- Agenda 21 und Rio-Deklaration haben ebenfalls keinen Eingang in die deutsche Politik gefunden. Die umfassende Sichtweise der Agenda 21 ist nicht aufgegriffen worden. Es gibt in der Bundesregierung keine Stelle, die Aktivitäten unter der Agenda 21 koordinieren oder wenigstens registrieren würde.
- Das CO_2-Reduktionsziel existierte bereits vor der UNCED. Seine Einhaltung ist unwahrscheinlich. Die Reduktion, die nachgewiesen werden kann, geht auf die Schließung von Betrieben in der ehemaligen DDR zurück und nicht auf

aktive Maßnahmen des Bundesregierung. Das CO_2-Reduktionsprogramm, das die Umweltministerin auf der ersten Vertragsstaatenkonferenz in Berlin ankündigte, besteht lediglich in einer geringen Zinsverbilligung für Kredite, mit denen Haushalte Heizungen erneuern und Wärmedämmung verbessern wollen. Es ist kaum bekannt und für die Mehrzahl der Haushalte unattraktiv.

– Nach der UNCED sind Schuldenerlasse in nennenswertem Umfang nicht vorgenommen worden.

Es entsteht der Eindruck, daß die Bundesregierung bzw. die untersuchten Ressorts nur geringes Interesse daran haben, die über die reinen Berichtspflichten hinausgehenden Ergebnisse der UNCED umzusetzen. Dies war zweifellos bereits vor der Konferenz der Fall und bekannt. Auch die Einbeziehung von Nichtregierungsorganisationen in den Vorbereitungsprozeß hat an dieser politischen Linie nichts geändert. Gewiß hängt dieser Befund auch mit der politischen Ausrichtung der derzeitigen Bundesregierung zusammen. Wichtiger aber ist, und dafür haben wir in diesem Kapitel Argumente zusammengetragen, daß es sich um strukturelle Defizite eines politischen Systems handelt, die auch eine andere Regierung nur unwesentlich würde ändern können.

6.4 Zusammenfassung

Die Untersuchung hat gezeigt, daß es keine „autonome" politische Einheit in dem Sinn gibt, daß hier unbeeinflußt von anderen und abschließend Entscheidungen gefällt werden könnten. Die Abhängigkeit ist nicht einseitig von oben oder unten, sondern wechselseitig, zumindest für Deutschland als relativ reiches Land. Wir sind gleichzeitig mächtig und eingebunden. Arme Länder sind dagegen einseitig abhängig, ohne eigene Handlungsspielräume. Die Vereinten Nationen sind, obgleich formal demokratisch organisiert, außerordentlich anfällig für Mißbrauch durch die letzte verbleibende Supermacht, wenn es der gelingt, auf irgendeinem Weg Verbündete (vor allem im Sicherheitsrat) zu gewinnen bzw. andere davon zu überzeugen, daß Interessenidentität bestehe. Die Weltmachtrolle, die die USA beanspruchen, auch die Rolle des einzigen Weltpolizisten, hat zu einer weitgehend unkontrollierten und unkritisierten, dazu von manipulierten Medien unterstützten Politik im reinen Eigeninteresse geführt. Die politische Klasse in westlichen Ländern tendiert mehr und mehr dazu, sich abzuschließen, sich auf Macht- und Privilegienmaximierung zu konzentrieren und im übrigen symbolische Politik zu betreiben. Sie reagiert auf Meinungsumfragen mit den Mitteln des Marketing. Eine Schlüsselrolle nehmen dabei die politischen Parteien ein, insbesondere dadurch, daß sie Kontrolle über die Besetzung der Führungspositionen in Politik, Verwaltung und politiknahen Bereichen ausüben. Über sie, aber auch zusätzlich zu ihnen, wirken sich Wirtschafts- und Verbandsinteressen aus. Die Interessen der Mehrheit, das Gemeinwohl, gehen dabei unter. An die Stelle fachlicher Kompetenz und Problemorientierung tritt bei der Rekrutierung des Personals für solche Führungspositionen immer mehr die persönliche Loyalität zur Führungsspitze und die Vertrautheit mit dem Machthandwerk. Korruption innerhalb und außerhalb der politischen Apparate wird zum Normalfall. Dazu kommt, daß strukturelle Faktoren die Problemlösungskapazität des Staates stark einschränken: Staatsverschuldung und Überbürokratisierung als die wichtigsten. Dem kommt die Forderung nach Deregulierung und Privatisierung entgegen, die allerdings vorab im Interesse kurzfristiger Gewinnmaximierung erhoben wird. Damit hat eine Politik für Sustainability, für globales Überleben, für ökologische, ökonomische und soziale Zukunftsfähigkeit und für die Entwicklung der dafür erforderlichen Institutionen kaum eine realistische Chance.

Weiterführende Literatur

1. *Kaiser, Karl, und Hans-Peter Schwarz* (Hg.) 1995: Die neue Weltpolitik. Baden-Baden
2. *Dror, Yehezkel*, 1995: Ist die Erde noch regierbar? Ein Bericht an den Club of Rome. München
3. *Strübel, Michael*, 1992: Internationale Umweltpolitik. Entwicklungen, Defizite, Aufgaben. Opladen
4. *Galtung, Johan*, 1993: Eurotopia. Die Zukunft eines Kontinents. Wien
5. *Steinkühler, Franz* (Hg), 1992: Europa ,92. Industriestandort oder sozialer Lebensraum. Hamburg
6. *Jänicke, Martin*, 1986: Staatsversagen. Die Ohnmacht der Politik in der Industriegesellschaft. München
7. *Gerlach, Irene, und Norbert Konegen, Armin Sandhövel*, 1996: Der verzagte Staat. Policy-Analysen. Sozialpolitik, Staatsfinanzen, Umwelt. Opladen

Übungsaufgaben

1. Untersuchen Sie, auf welche Weise auf der Ebene der Vereinten Nationen und der Europäischen Union versucht wird, die Ergebnisse der UNCED in die jeweilige Politik umzusetzen.

2. Diskutieren Sie, ob und wie mit „weniger Staat" ökologische, ökonomische und soziale Zukunftsfähigkeit erreicht werden könnte. Welcher Ebene würden Sie welche Aufgaben zuweisen?

3. Im Weißbuch der Europäischen Kommission von 1994 läßt sich ein Widerspruch zwischen Bemerkungen zur Nachhaltigen Entwicklung im Kapitel 10 und den vorangehenden Kapiteln erkennen. Hat ein aktiver europäischer Beitrag der Union zu globaler Zukunftsfähigkeit unter den gegebenen politischen Konstellationen eine Chance, die europäische Politik stärker zu bestimmen? Was müßte geändert werden?

4. Untersuchen Sie das System der Parteienfinanzierung in Deutschland; wie würden Sie es reformieren wollen, und warum?

5. Die Agenda 21 gibt in verschiedenen Kapiteln der lokalen Ebene besonderes Gewicht (vor allem Kap. 7 und 28): Was ist dazu in deutschen Städten und Gemeinden praktisch geschehen?

7. Kommunikation[1]

7.1 Überblick

Die Untersuchung beginnt mit der Feststellung, daß nahezu unsere gesamte Information aus zweiter Hand stammt. Damit wird wichtig, wer aus welchen Gründen in welchen Strukturen solche Informationen herstellt und zugänglich macht, und es stellen sich Probleme wie Relevanz und Gültigkeit von Informationen, die wir nicht zuverlässig für uns beantworten können. Diese „Bewußtseinsindustrie" ist Gegenstand dieses Kapitels. Wir gehen auf der globalen Ebene vor allem auf die Welt-Nachrichtenmärkte ein und auf der europäischen Ebene auf die Konzentration im Bereich der elektronischen Medien. Genauer geschildert wird die Lage in Deutschland.

7.2 Theorie

Es lassen sich *zwei Arten von Erfahrung* unterscheiden: (1) die *unmittelbare sinnliche Wahrnehmung* mittels unserer physiologischen Ausstattung – riechen, tasten, hören, sehen, schmecken. Unsere Sinnesorgane informieren uns über die alltägliche *Nahwelt*. Sie ist vor allem für die frühkindliche Sozialisation wichtig, nimmt aber schon bald stetig ab, ja wir lernen, ihr zu mißtrauen. (2) die *Information aus zweiter Hand* – durch Gespräche, Erzählungen, Briefe, vor allem aber durch die Massenmedien (Printmedien, elektronische Medien, Filme). Sie nimmt an Bedeutung stetig zu und deckt alles ab, was der *unmittelbaren Wahrnehmung nicht mehr zugänglich* ist. Je mehr wir auf Kenntnisse angewiesen sind, die über den Nahbereich hinausgehen, desto mehr hängen wir von solchen Informationen ab. Es hat einmal jemand gesagt, 99 Prozent unserer Welt bestünden aus Papier – und wenn man das so auffaßt, daß 99 Prozent aller unserer Informationen

1 Für zahlreiche Hinweise danke ich Lars Hartkopf und Michael Jaeckel.

aus zweiter Hand stammen, ist die Aussage zweifellos richtig. Was wir wissen, was wir denken, wie wir uns in der Welt orientieren, was wir glauben, was wir wollen, unsere Einstellungen, Überzeugungen, Werte – alles das sind *Produkte aus zweiter Hand*. Es ist deswegen ungeheuer wichtig, welche Art von Informationen uns erreicht, was wir davon wahrnehmen und was wir schließlich davon speichern und aufheben und für unsere Meinungsbildung und die Orientierung unseres Handelns verwenden. Immerhin konsumieren alle BundesbürgerInnen über 14 Jahre im Verlauf ihres Lebens durchschnittlich eine halbe Stunde täglich, oder insgesamt 520 volle Tage Zeitungen, über 2 Stunden täglich oder 3.000 volle Tage Radio und noch einmal so viel Fernsehen – von Filmen, Büchern, Magazinen oder gar dem „Surfen" im Internet nicht zu reden! „Das Fernsehen ist bei den Jugendlichen und jüngeren Erwachsenen nicht nur mit Abstand das wichtigste, sondern auch deutlich das glaubwürdigste Medium. Und es scheint in der Tat immer wichtiger zu werden: Immer mehr Freizeit, so jüngste empirische Forschungen, verbringen gerade junge Menschen zu Hause, wobei Fernsehen zur Hauptbeschäftigung geworden ist. ... Eine Umwelterfahrung von zwanzig bis dreißig Stunden Dauer pro Woche, schon durch die Gitter des Laufstalls hindurch, *muß* Konsequenzen für die geistige Entfaltung der Menschen haben, selbst wenn sich diese nicht millimetergenau mit dem Zollstock bemessen lassen" (Schuster 1995, 60). Was nicht in den Medien erscheint, geschieht nicht. Und was in den Medien ständig auftaucht und oft genug wiederholt wird, sedimentiert zu Bewußtsein. „Eine ‚äußerst starke positive Beziehung' haben amerikanische Forscher zwischen der Höhe des Fernsehkonsums und der Unterstützung der Menschen für den Golfkrieg festgestellt. Selbst erhöhte Steuern waren eine Mehrzahl der Befragten bereit für den Krieg in Kauf zu nehmen. Und ... bei den starken Fernsehkonsumenten unter zweiunddreißig Jahren fand sich kein einziger, der gegen den Krieg gewesen wäre oder zumindest seine Zweifel daran gehabt hätte" (Morgan/Lewis/Jhally 1992, zit. nach Schuster 1995, 63).

Dies bleibt auch dann richtig, wenn man berücksichtigt, daß wir durchaus nicht alles ungeprüft ins eigene Wissen übernehmen, was an Informationen auf uns einstürmt. Zuerst einmal sind wir gezwungen, aus dem übergroßen Angebot *auszuwählen*. Wir können nicht alle Zeitungen lesen, sondern höchstens eine oder zwei. Wir können nicht alle Fernsehsender sehen, sondern nur einen zur gleichen Zeit. Es mag von FreundInnen und NachbarInnen abhängen, wofür wir uns entscheiden, von ArbeitskollegInnen, von der Gruppe, an der wir unser

Verhalten orientieren, von Moden, von Zufällen. Das ist die *erste Wahlhandlung.* Dann nehmen wir aus den Medien, für die wir uns entschieden haben, bei weitem nicht alles wahr. Oft liest man in der Zeitung nur die Schlagzeilen, um so an einem Artikel hängenzubleiben, der eine/n gerade interessiert. Wie oft laufen Radio oder Fernseher nahezu unbeachtet, während wir gerade etwas anderes machen! Es scheint z.B., daß immer mehr Menschen „werberesistent" werden, d.h. geradezu eine Abneigung gegen Werbung entwickeln, und zwar umso mehr, je mehr und je raffinierter die Werbewirtschaft sich bemüht, uns einzufangen. Das Wegzappen beim Werbeblock ist häufig und nimmt zu. Das ist die *zweite Wahl,* die wir treffen. Aber auch von dem, was durch diese Filter hindurchgegangen ist, bleibt bei weitem nicht alles hängen. Oft entscheidet ein aktuelles Interesse darüber, ob wir eine Nachricht im Gedächtnis speichern oder nicht. Häufig ist es auch das Gefühl, etwas wissen zu sollen, damit man „mitreden kann", informiert ist, etwas beizutragen hat im Gespräch mit KollegInnen oder FreundInnen. Und manchmal werden wir auf etwas angesprochen, über das wir uns *anschließend* genauer informieren. Das ist die *dritte Wahlhandlung.* Wir sind also aktiv beteiligt und keineswegs passiv ausgeliefert. Das ist die *eine Seite.*

Die *andere Seite* aber ist, daß diese aktive Beteiligung in Wahlakten besteht, die sich *nur auf das beziehen können, was insgesamt an Information geliefert wird.* Manche glauben, durch möglichst geschickte Wahlhandlungen „der Wahrheit" näherkommen zu können. Aber dies setzt voraus, daß die Gesamtmenge an Informationen etwas mit „der Wahrheit" zu tun hat. Wenn eine Regierung in der Lage wäre, alle Medien so zu zensieren, daß sie nicht über Verbrechen berichten, dann nützt auch die geschickteste Wahl nichts: Man wird die eigene Gesellschaft für nicht kriminell und nicht gewalttätig halten, und selbst wenn man überfallen wird, dazu tendieren, dies als eine Ausnahme anzusehen.

Kommunikation ist Gesellschaft, Gesellschaft ist Kommunikation. Kommunikation ist soziale Institution ganz im wörtlichen Sinn der Definition: *gewohnheitsmäßige und verfestigte Verhaltensregeln und Beziehungsmuster, die einen – gegenüber der subjektiven Motivation – relativ eigenständigen Charakter besitzen,* bestimmen weitgehend unser Informationsverhalten. Wir wechseln nicht täglich die Zeitung, verlassen uns auf die Nachrichten eines bestimmten Senders, richten uns nach der Meinung bestimmter Personen. Deshalb muß hier davon die Rede sein, freilich in einem sogleich eingeschränkten Sinn: nämlich von *Massen*kommunikation. Aber Vorsicht: Massen*kommunikation* gibt es nicht, weil Kommunikation *per definitionem* immer zweiseitig ist. Präziser reden wir also von Massenmedien und ihrer Nutzung.

Wer Informationen kontrolliert, der/die übt Macht aus, der/die hat *Zugang zu unseren Gehirnen*, der kann uns versichern, Ghaddafi sei ein internationaler Terrorist, den man bestrafen, Saddam Hussein ein Hitler, dessen Machtgier man in die Schranken weisen müsse, Pinochet sei ein Vorkämpfer der Freiheit, auf Grenada werde die Weltrevolution vorbereitet, in Nicaragua ginge es um die Verteidigung der Demokratie, Boris Jelzin sei ein Radikalreformer und Umweltschutz schade der Wirtschaft – also die eigenen Ideologien in unsere Köpfe pflanzen, unsere Meinungen im Sinn seiner/ihrer Interessen steuern.

Darum geht es im Kern: Ob die Medien, die einen so erheblichen Teil der uns zugänglichen Wirklichkeit kontrollieren, uns im Sinne der Interessen anderer *manipulieren* oder ob sie uns durch ihre Vielfalt und sachliche Berichterstattung bei der *eigenen Meinungsbildung helfen* und uns die dafür geeigneten Materialien an die Hand geben; ob sie uns selbständig oder ob sie uns abhängig machen; ob sie uns die für unsere eigenen Zukunftsentscheidungen wichtigen Informationen geben oder ob sie uns in die Irre leiten.

Darüber läßt sich Genaueres nur herausfinden, wenn wir die *Strukturbedingungen* untersuchen, unter denen diese Medien arbeiten, also ihre Produkte herstellen und verbreiten. Es geht um die industrielle Herstellung von Bewußtsein, um *Bewußtseinsindustrie* (Enzensberger 1962). Das Problem ist, wie die Fallstudie Golfkrieg gezeigt hat, weiterhin (so wie vor Jahren die Berichterstattung über den Vietnamkrieg, z.B. Jaeggi et al. 1966, und seither viele andere, Beham 1996) ungeheuer aktuell und wichtig, auch wenn es – wieder einmal – wenig diskutiert wird. Dies selbst ist natürlich ein Symptom für den Zustand unserer Gesellschaft.

In unserer Gesellschaft, genauer: In den kapitalistischen Gesellschaften westlich-demokratischer Prägung herrscht die Überzeugung vor, daß wir Manipulation nicht zu fürchten haben: Eine vielfältige, von staatlicher Zensur freie Medienlandschaft garantiert von sich aus schon einen *Meinungspluralismus*, in dem eher die KonsumentInnen die Medien als umgekehrt die Medien die KonsumentInnen beeinflussen. So sagt z.B. Art. 5 des deutschen Grundgesetzes:

(1) „Jeder hat das Recht, seine Meinung in Wort, Schrift und Bild frei zu äußern und zu verbreiten und sich aus allgemein zugänglichen Quellen ungehindert zu unterrichten. Die Pressefreiheit und die Freiheit der Berichterstattung durch Rundfunk und Film werden gewährleistet. Eine Zensur findet nicht statt.

(2) Diese Rechte finden ihre Schranken in den Vorschriften der allgemeinen Gesetze, den gesetzlichen Bestimmungen zum Schutze der Jugend und in dem Recht der persönlichen Ehre".

Dadurch ist es dem Staat u.a. untersagt, die Verbreitung ausländischer Zeitungen zu unterbinden, das Hören und Sehen bestimmter Sender zu untersagen, gezielt und selektiv Zeitungspapier oder Rundfunkfrequenzen zuzuteilen, eine Vorzensur für Druckerzeugnisse, in elektronischen Medien oder bei Theateraufführungen auszuüben usw. Trotzdem war es in Westdeutschland nicht möglich, sich vor 1989 aus dem „Neuen Deutschland" über die DDR zu informieren. Das Zensurverbot richtet sich ausdrücklich nur *gegen den Staat*. Wenn ein/e VerlegerIn Zensur nach *innen* gegen die RedakteurInnen seiner/ihrer Zeitung oder seines/ihres Senders ausübt, ist das durch Art. 5 nicht untersagt. Das Grundrecht auf freie Meinungsäußerung wird vor allem von den großen Medienkonzernen für ihre Zwecke reklamiert. Bisher wird es weder in Anspruch genommen, um die Konzentrationsprozesse auf diesem Markt zu kontrollieren, noch um die Menschen vor deren Einfluß zu schützen. Faktisch ist eine solche Kontrolle, auch wenn Regierungen in vielen Staaten der Erde sie versuchen, gar nicht mehr möglich: Die technischen Möglichkeiten erlauben dem/der, der/die über sie verfügt (z.B. Satellitenfernsehen) einen ungehinderten Zugang über alle nationalen Grenzen hinweg. Daß aber, wer sich unter den Bedingungen des westlich-kapitalistischen Medienangebotes ernsthaft informieren will, dies alleine schon zu einer Ganztagsbeschäftigung machen müßte, sei nur erwähnt. Das Grundgesetz bindet nur den Staat. Es gibt niemandem die erforderlichen Mittel, das stipulierte Recht auch selbst wahrzunehmen. Insofern ist gerade der bedeutende Anfang des Absatz 1 eine *wirklichkeitsfremde Fiktion*, genauer: eine Bestimmung, die einer kleinen Minderheit nützt, die für die große Mehrheit aber bedeutungslos ist.

Wir alle werden von einer ungeheuren Flut von Informationen bedrängt, der nicht zu entkommen ist. Drei fundamentale Probleme im Umgang mit dieser Flut sind nicht gelöst:

– Wie lassen sich Informationen, die für mich *wichtig* sind, von unwichtigen trennen? Wir scheinen zu glauben, daß eine Vergrößerung der Menge an Informationen auch einen qualitativen Fortschritt bedeute – und sind ganz stolz, wenn es uns gelungen ist, eine neue Datenbank anzuzapfen, 500 Fernsehkanäle empfangen zu können oder irgendwann den deutschen Zeitungsmarkt seit 1945 auf CD-ROM zu Hause verfügbar zu haben. Da die Zukunft offen ist, gibt es kein vernünftiges Kriterium, die Datenmenge zu begrenzen. Da die Miniaturisierung der Speicherkapazitäten in vollem Gange ist, ist das auch gar nicht nötig. Nur: Wozu ist das gut? Offenbar steht zwischen der *Menge der verfügbaren Informationen* und unserer *Fähigkeit, Probleme zu lösen*, eine kaum bewältigbare Aufgabe, nämlich die *wichtigen von den unwichtigen Informationen zu trennen.*

- Wie können wir entscheiden, welche Informationen *richtig* sind und welche nicht? Was ist das überhaupt: eine richtige Information? Läßt sich nicht zu jedem Satz ein zweiter formulieren, der das Gegenteil behauptet? Läßt sich nicht für jede Position ein/e GutachterIn finden? Gibt es eine Idee, die hirnrissig genug ist, um nicht von einem/r ProfessorIn vertreten zu werden? Wo ist der Fixpunkt, von dem aus sich über die Richtigkeit von Informationen urteilen ließe? Das war für frühere Generationen einfacher, die an Gott, die Nation, die Überlegenheit der Rasse, das freie UnternehmerInnentum glauben konnten. Das alles haben wir als Ideologie entlarvt, und zu Recht. Jetzt haben wir keinen Boden mehr unter den Füßen. Das öffnet unsere Hirne für eine große Zahl fremder Einflüsse, die nur plausibel, einfach, verführerisch genug daherkommen müssen, um unsere Sehnsucht nach „Objektivität" befriedigen zu können. Aber offensichtlich gelingt es uns nicht, mit Hilfe von Information unser Leben sinnvoller und humaner, und uns selbstbewußter und kritischer für die Teilnahme am politischen Prozeß zu machen (Postman 1985, 1990).

- *Wer* sendet und *wer* empfängt welche Information, und in welchem Verhältnis steht dies zu unserer Vorstellung von einer guten, demokratischen zukunftsfähigen Gesellschaft? Immerhin formieren sich Informationsmärkte mit riesigen Kartellen, die keiner demokratischen Kontrolle unterliegen. Sie führen sogar, wie der Fall Berlusconi zeigt, direkt zur politischen Macht. Ähnliches ließe sich auch, wenngleich weniger offensichtlich, von der Bundestagswahl 1994 zeigen – die die CDU u.a. deswegen gewonnen hat, weil ein wirtschaftlicher Aufschwung von der Bundesbank und den Medien bereits am Horizont ausgemacht, aber dann gleich nach der Wahl wieder dementiert wurde.

Wir befassen uns in diesem Kapitel vor allem mit den *Nachrichtenmärkten*. Das reduziert große Bereiche auf Nebenbemerkungen, was hier nur aus Gründen der zwangsläufigen Begrenzung zu rechtfertigen ist: Medien der Unterhaltung, wie z.B. Filmindustrie, aber auch Verlags-, Bibliotheks- und Dokumentationswesen, Telekommunikation oder neue Entwicklungen vom Internet bis hin zu NII/GII (National

Information Infrastructure/Global Information Infrastructure), die gegenwärtig in den USA heiß diskutiert werden.

Alle Medien manipulieren. Sie können auch gar nicht anders, weil sie aus einem bereits gesiebten Nachrichtenangebot auswählen müssen. Wir können dem nur theoretisch entgehen, indem wir mehrere Medien zur Meinungsbildung nutzen. Die Ost-Medien unterlagen einer Zensur, die West-Medien nicht. Dennoch läßt sich argumentieren, daß im Westen ein ähnlicher Effekt erreicht wird durch gänzlich andere Mittel: die Abhängigkeit der RedakteurInnen und JournalistInnen von ihren ArbeitgeberInnen, die Abhängigkeit der Medien von den Werbeeinnahmen, das Überangebot, die erdrückende Vielfalt, aus der nur wenige VerbraucherInnen bewußt und gezielt auswählen können. Ein einfacher Beleg für diese These liegt darin, wie undifferenziert, ja wie gezielt manipulierend die Golf-Krise in praktisch allen Medien behandelt wurde. Auch der amerikanische Einmarsch in Somalia (Dezember 1992), gedeckt durch eine Resolution des Sicherheitsrates und unterstützt durch SoldatInnen aus zwanzig Ländern, wurde durchgehend als humanitäre Aktion dargestellt („Operation Restore Hope") – als eine der seltenen Ausnahmen berichtete das ZDF-Magazin Frontal (30.3.1993) darüber, daß es in erster Linie um amerikanische Ölinteressen gegangen sei. Es würde sich an vielen Beispielen zeigen lassen, und das ist ja z.T. auch schon geschehen (Beham 1996), wie die öffentliche Meinung auf Positionen hin manipuliert wird, die im Interesse der westlich-kapitalistischen Länder und ihrer herrschenden Kreise liegen. Dazu bedarf es nicht einmal einer dirigierenden und koordinierenden Zensurbehörde. Alternativen und alternative Interpretationen der Wirklichkeit gibt es nicht oder selten, und wenn, dann erreichen sie kleine Gruppen, die politisch und ökonomisch kaum von Belang sind. „Über dem Marktplatz der Medien flattern die Fahnen des Bankrotts einer demokratischen Idee, die auf der Möglichkeit des Zugriffs zur Wahrheit bestand und die Medien in diesem Auftrag bestätigte. So aber degeneriert das Prinzip der Medienfreiheit zur Freiheit der Produktion und des Marktes, die sich jeglicher Form einer moralischen Kontrolle entzieht, aber weiterhin ihre rechtliche Existenz mit einem Anspruch auf das öffentliche Interesse begründet" (Hardt 1995).

Wenn die Kommunikationsforschung jetzt den/die „mündige/n KonsumentIn", den/die „aktive/n MediennutzerIn" in den Vordergrund stellt, dann handelt es sich nicht selten um das „Produkt eines faktisch unbegründeten Wunschdenkens: Das Endresultat vieler derartiger Analysen ist die völlige Überbetonung der Autonomie der Konsumenten gegenüber der Macht der Medien, womit sie den Grundkonsens der Wirkungsforschung der positivistischen Soziologie widerhallen und gegen die von der kritischen Theorie inspirierten Studien der Kulturindustrie gerichtet zu sein scheinen. Es ist wohl mehr als nur ein historischer Zufall, daß diese Theorien gerade in einer Periode der neo-konservativen Hegemonie zu wissenschaftlicher Prominenz gelangten. ... Über die industrielle Produktion der kommunikativen Inhalte und die Strukturierung der Konsumbedingungen durch die Kulturindustrie haben sie so gut wie nichts zu sagen" (Schuster 1995, 64). Es kann kaum erstaunen, daß gute Vorbildung, intellektuelle Übung, umfangreiches Vorwissen und eine ausgeprägte eigene Meinung die besten Voraussetzungen für einen aktiven Umgang mit Medieninformationen sind (Früh 1994) – was gleichbedeutend damit ist, daß dort, wo diese Voraussetzungen nicht erfüllt sind, Medien eher passiv hingenommen werden.

Die *Mediaforschung* steht ganz im Dienst der Werbung. „Der immer schärfere Wettbewerb der verschiedenen Werbeträger um Werbeetats zwingt die Medien zu immer verfeinerteren Nachweisen ihrer Leistung als Werbeträger" (Schulz 1995, 188). Darin werden zunehmend auch die vermeintlich „redaktionellen" Teile einbezogen. Nicht selten werden die Seifenopern des Vorabendprogramms genau so konzipiert, daß sie dem anschließenden Werbeblock genau das gewünschte Publikum „anliefern". Medien sind zuerst und vor allem *kommerziell ausgerichtete Unternehmen*, und selbst, wo sie das nicht sind bzw. sein sollten (die öffentlich-rechtlichen Rundfunkanstalten), richten sie sich der Finanzierung aus Werbeeinnahmen wegen nach ähnlichen Kriterien. Wer von Einnahmen einer Industrie abhängig ist, deren Zweck es ist, dem Publikum zu suggerieren, daß materieller Konsum die Bedingung für Glück und Wohlstand sei – der kann nicht für Konsumverzicht eintreten, zumindest nicht über längere Zeit.

Während die Medien in den *kapitalistischen* Ländern zuerst einmal fürs eigene ökonomische Überleben (Tauschwert: Auflagenhöhe, Einschaltquote) sorgen und dem der politische Inhalt (Gebrauchswert) nicht nur untergeordnet, sondern am Ende sogar Werkzeug ist, müssen die Massenmedien in den ehemals *sozialistischen* Gesellschaften wegen ihrer rigiden Kontrolle und formalen Zensur erwähnt werden. Die Wirkungen sind trotz unterschiedlicher Ursachen ähnlich, und wir sollten uns hüten, die Manipulation immer nur auf der anderen Seite zu vermuten. Die Manipulation der Medien entsteht nicht so sehr durch das, was sie berichten. In aller Regel stimmen die Fakten, die mitgeteilt werden. Aber daß diese einzelnen Fakten zusammengenommen noch keine Information oder gar ein richtiges Bild ergeben, weiß jede/r, die/der einmal mit offenen Augen und Ohren durch ein ehemals sozialistisches Land oder durch ein Entwicklungsland gereist ist. Die Medien manipulieren *durch das, was sie weglassen*: Hintergrundberichte, Zusammenhänge, Strukturen, die alleine den gemeldeten Ereignissen Sinn geben könnten, sind die Ausnahme. Und das gilt zunehmend unter dem Diktat des Infotainment, der Gewichtsverlagerung auf den Unterhaltungswert unter dem Druck, Auflagen und Einschaltquoten und mit ihnen Werbeeinnahmen zu steigern.

Dabei dürfen wir zunehmend selbst *unseren Sinnen nicht mehr trauen*: Fotos, Filme, Bildmaterial werden heute bereits zu einem hohen Prozentsatz manipuliert – selbstverständlich und durchgehend in der Werbung, zunehmend im Film und vermutlich bald einmal regelmäßig in den Nachrichten. Mehr und mehr entstehen Bilder im Computer. Die Medienwelt wird zum Cyberspace. „Gewonnen hat (den Golfkrieg) neben der Rüstungsindustrie nicht zuletzt die Profession der Fernsehgrafiker: Wohl nie zuvor gab es mehr Sendezeit mit weniger handfester Information und nichtssagenderen Bildern zu füllen. An der Paintbox, dem Arbeitsinstrument der Videodesigner, mußte der Golfkrieg darum animiert werden, um zu verhindern, daß der Bildschirm (infolge der Zensur, B.H.) schwarz blieb" (Schuster 1995, 13).

Ganz unkontrollierbar sind Wichtigkeit, Richtigkeit und AbsenderIn von Nachrichten auf den Datenautobahnen. Die Menge der im *Internet* – das nur eines der weltweiten Kommunikationsnetzwerke darstellt – verfügbaren Informationen ist ungeheuer groß – aber: Durch welche Brillen sind sie gefiltert? Wer kann etwas mit ihnen anfangen? Wem nützen sie? Nur, wer bereits über viel Information verfügt, kann sinnvoll mit diesem Werkzeug umgehen. Daher werden diejenigen, die sich Gewinn aus dem Zugang zu solchen Informationen versprechen, d.h. vor allem transnationale Unternehmen, eigene SpezialistInnen dafür anstellen. Den Laien aber bleibt wenig davon, außer vertaner Zeit. Die Mehrheit der Bevölkerung auch in den westlichen Ländern bleibt vom Zugang zu solchen Medien faktisch ausgeschlossen. Die Informationsungleichgewichte nehmen auch in den westlichen Ländern zu. Die massive Unterstützung der Informationsinfrastrukturen durch die Regierungen wirkt sich faktisch wie eine *zwangsweise Markteinführung von Hard- und in der Folge auch Software* und für Teile der Bevölkerung als *Zwangscomputerisierung* aus, zumal, wenn Telebanking, Teleshopping und Computer-Demokratie sich in größerem Umfang durchsetzen sollten (vgl. auch Wetzstein et al. 1995). Die Benachteiligung derer, die sich an diesem Prozeß nicht beteiligen können oder wollen, wird zunehmen.

7.3 Zusammenhang der drei Gesellschaften

7.3.1 Weltgesellschaft

Rund 75 Prozent des Weltnachrichtenmarktes werden durch nur fünf Nachrichtenagenturen kontrolliert: Associated Press (AP) und United Press International (UPI, beide USA), Reuters (Großbritannien), Agence France Presse (AFP, Frankreich) und ITAR-TASS. TASS (UdSSR), früher ein regionaler Monopolist, ist privatisiert worden und hat an Bedeutung verloren, die amerikanische Agentur UPI ist nach allerlei Turbulenzen und schwerer Verschuldung im Juni 1992 an die Herrscherfamilie Saudi-Arabiens verkauft worden und wird heute von einer saudiarabischen Fernsehgesellschaft mit Sitz in London betrieben, Reuters hat den Schwerpunkt der Tätigkeit auf Wirtschafts- und Börseninformation verlagert. Mit Cable News Network (CNN, Ted Turner, USA) hat der erste weltweit zu empfangende Sender, der ausschließlich Nachrichten bringt, die Arbeit aufgenommen. Aber wenn sich auch Größenordnungen verändert haben mögen, bleibt doch das Kernproblem, die *Herrschaft Weniger über die Nachrichtenmärkte*, bestehen. Konzentration und Kommerzialisierung in der Kommunikation nehmen weltweit zu. Das ist u.a. deshalb von Bedeutung, weil nahezu alle politischen Meldungen von den wenigen Agenturen aufbereitet und gefiltert werden. Die „großen Vier" des Westens produzieren täglich zusammen rund 34 Millionen Wörter, die Hälfte davon, 17 Millionen, alleine AP, 14 Millionen UPI, 1 Millionen AFP und 1,5 Millionen Reuters. Unter diesen großen Vier werden also *fünfzig Prozent von einer einzigen amerikanischen Agentur kontrolliert*. Im Vergleich dazu produzieren die nationalen Agenturen der BRD, Italiens, Spaniens, Jugoslawiens sowie die Dritte Welt-Nachrichtenagentur Inter-Press-Service (IPS) in Rom *zusammengenommen* nur rund 1 Millionen Wörter täglich. Der Nachrichten-Pool der blockfreien Länder produziert pro Tag nur 100.000 Wörter, die Pan-Afrikanische Nachrichtenagentur (PANA) gerade mal 20.000. Associated Press, der unbestrittene Marktführer, hat in 64 Ländern 180 eigene Büros und KorrespondentInnen und rund 3.000 journalistische und technische MitarbeiterInnen (Globale Trends 1991, 251f.). Der bei weitem überwiegende Teil der KundInnen dieser Agenturen stammt aus den westlich-kapitalistischen Ländern – 82 Prozent aller Fernsehgeräte der Welt und 75 Prozent der Radiogeräte stehen in USA oder Europa, fast siebzig Prozent der Tageszeitungen erscheinen hier. Der Nachrichtenverkauf an Entwicklungsländer ist nur ein kleines Nebengeschäft. Daher herrscht westlicher Ethnozentrismus vor, kulturelle Perzeptionen und Wertmuster anderer Weltregionen spielen keine Rolle, die Berichterstattung aus der Dritten Welt behandelt vor allem Katastrophen. Überall, so läßt sich etwas überspitzt sagen, nehmen wir die Welt durch amerikanische Augen wahr.

Abb. 7.1.: Die Reuters Holding

Im Jahre 1850 von Baron Julius Reuters gegründet, widmete sich die Reuterssche Nachrichtenagentur ursprünglich dem Sammeln und Verteilen von Nachrichten aus Politik und Finanzwesen. Nachdem sie dann ein Jahrhundert lang als eine der großen Weltnachrichtenagenturen überwiegend im Pressegeschäft tätig war, kehrte sie Anfang der 70er Jahre mit dem Aufbau eines EDV-gestützten Finanzdatenservice zu ihren Ursprüngen zurück.

Zur Zeit macht die Reuters Holding mehr als 90 % ihres Umsatzes mit elektronischen Finanzinformationssystemen und anderen Finanzprodukten. Der Umsatz betrug 1987 rund 2,7 Mrd. DM; 1993 erreichte er 4,7 Mrd. DM, der Gewinn vor Steuern lag im selben Jahr bei 1,1 Mrd. DM. Mit solch enormen Gewinnen rüstet sich die Reuters Holding zur Zeit für den Einstieg in das Multimedia-Geschäft. 1993 und 1994 erwarb Reuters folgende Firmen und Beteiligungen:

▶ 18 % am englischen Fernsehsender ITN und zwei englische Rundfunkstationen

▶ Beteiligung an Capital Press, einem der größten Verlagshäuser in Bulgarien

▶ Kooperation mit dem japanischen Pressekonzern Mainichi Newspapers

▶ Gründung des panamerikanischen TV-Satellitenkanals Telemundo in Miami zusammen mit zwei Banken (Rothschild und Reliance Group Holding) und der spanischen Fernsehgesellschaft Antenna 3

▶ Gründung eines Fernsehprogramms für Finanzmärkte (RFTV) in Europa

▶ Kauf der US-Werbeagentur AdValue Media

▶ Kauf des früheren Konkurrenten Quotron, eines Börsensystems der US-Bank Citicorp

▶ Kauf des englischen Computerinformationssystems für Ärzte VAMP Health

▶ Kauf des US-On-line-Dienstes für private Finanzmärkte Reality Technologies.

Die Reuters Holding hat gegenwärtig weltweit rund 11.000 Mitarbeiter in 120 Büros. Tausend von ihnen arbeiten als Journalisten für allgemeine Printmedien oder Finanzinformationsdienste.

Globale Trends 1996, 461

„In diesem Zusammenhang ist die These Kenichi Ohmaes über die *Homogenisierung der materiellen Zivilisation* in den Ländern der ‚Triade' relevant. Ohmae beurteilt die jüngeren Generationen in Europa, Nordamerika und Japan in Hinblick auf Ausbildung, Einkommen, Lebensstil, Freizeitverhalten, Ziele und Wünsche als so ähnlich, daß sie gemeinsam als „Triader" oder „OECD-Bürger" bezeichnet werden könnten (1985, 9, 35ff.). Allen tief verwurzelten kulturellen Unterschieden der drei Triade-Regionen zum Trotz seien die Unterschiede im

Lebensgefühl und in der Lebensweise der jüngeren Generationen zwischen diesen Ländern geringer als zwischen den jüngeren und älteren Generationen innerhalb eines jeden dieser Länder. ... Damit würden die 600 Millionen Triade-Einwohner mit ihrem fast identischen Nachfrageverhalten praktisch zu einer homogenen Zielgruppe für die internationale Konsumgüterindustrie und ... auch für den angeschlossenen, überwiegend amerikanisch geprägten internationalen Werbe- und Medienkomplex, der über ca. 500 Satelliten uniforme Bilder mit identischen Botschaften in die Triade-Regionen und darüber hinaus weltweit auf eine Milliarde Fernsehschirme übermittelt und damit zu einer höchst problematischen globalen Vergesellschaftung bzw. Vergemeinschaftung (sic!) beiträgt" (Zündorf 1994, 154f.).

Die *westlichen Medienimperien* – Time Warner, Bertelsmann, Murdoch usw. – kaufen sich in die Medienmärkte Asiens und Osteuropas ein und verdrängen dort die öffentlichen Anstalten. Im Fernsehen wird überwiegend amerikanisches und westeuropäisches Filmmaterial gezeigt. Im Hörfunk haben westliche Auslandssender (Voice of America, BBC, Deutsche Welle etc.) an Bedeutung und Einfluß gewonnen. Der enorme Zuwachs an Werbung alleine begünstigt eine *westliche Dominanz*: Überwiegend transnationale Werbeagenturen werben für Konsumgüter aus den USA oder Europa. Fast alle kommerziellen Fernsehsender gehören westlichen Medienkonzernen. Selbst in China haben fünf Millionen Haushalte Zugang zum Hongkonger Satellitenfernsehen des Rupert Murdoch (Becker 1995, 449ff.). Die Telekommunikation, der Ausbau nationaler Informationsinfrastrukturen werden von westlichen Konzernen kontrolliert.

Welche Art von Nachrichten wird so verbreitet? Die Nachrichtenagenturen lehnen sich eng an *Regierungsverlautbarungen* an, ihre Berichterstattung richtet sich nach den *Bedürfnissen der politischen und wirtschaftlichen Eliten*. Sie konzentrieren sich auf die Meldung von Einzelereignissen, während strukturelle Nachrichten selten sind. Die Süd-Süd-Kooperation, also die Zusammenarbeit zwischen Entwicklungsländern, ist selten, die Abhängigkeit auch technisch, ökonomisch und in der Ausbildung, von den westlichen Agenturen ist überwältigend. Und natürlich ist der Zugang zu den Medien in den Entwicklungsländern (wie auch im Westen) hochgradig sozial selektiv mit dem Ergebnis, daß unterschiedliche Gruppen von Menschen mit höchst unterschiedlichen Informationen bedient werden.

Nachrichtenagenturen verbreiten den Stoff, der dann zu den alltäglichen Meldungen in den Print- und elektronischen Medien aufbereitet wird. Die JournalistInnen der großen Nachrichten-Agenturen sind es in erster Linie, die darüber entscheiden, *was wann auf die Tagesordnung kommt* („agenda-setting function"), eine Aufgabe, die im Zeitalter symbolischer Politik, in dem es vor allem darum geht, positiv in den Medien zu erscheinen, umso wichtiger geworden ist. Die einseitige Verteilung der Nachrichtenagenturen wird durch eine einseitige Verbreitung der Medien noch verschärft. Unter dem Druck der Werbeeinnahmen wird agenda-setting zur Sensationssucht, zur immer rascheren Abfolge unreflektierter Probleme – heute Saurer Regen, morgen Jugendarbeitslosigkeit, übermorgen Staatsverschuldung, und dann wieder Asyl, Ex-Jugoslawien oder Tanker-Unglücke, und dazwischen die Ehekrise im britischen Königshaus – eigentlich ist das ja auch egal, Hauptsache, die Auflagenhöhen und Einschaltquoten stimmen, und mit ihnen die Werbeeinnahmen. Damit wird kontinuierliche Informationen, und in der Folge auch fundierte eigene Meinungsbildung, geradezu verhindert. Es gibt auch ein „teile und herrsche" durch Informationshäppchen.

In den *Printmedien* sind ähnliche Trends zu beobachten. Die Konzentration nimmt weiter zu. Ganz besonders in den früheren RGW-Staaten sind die Auflagen der Tageszeitungen dramatisch zurückgegangen; was geblieben oder neu entstanden ist, wird überwiegend von westlichen Unternehmen kontrolliert. In Chile, aber auch in Portugal gibt es nur noch zwei Pressekonzerne (Becker 1995, 459).

Selbst vermeintlich unpolitische *Unterhaltungssendungen* spielen hier eine wichtige Rolle, prägen sie doch in vielen Bereichen die Wirklichkeitsinterpretationen, Konsumstandards und Einstellungen derer, die sie empfangen. Insofern wird die amerikanische Dominanz auf dem Weltnachrichtenmarkt noch einmal verstärkt durch die amerikanische Dominanz beim Verkauf von Serien und Unterhaltungssendungen, vor allem Spielfilmen. Auch das spielt eine Rolle bei der Trivialisierung und Brutalisierung der Weltbilder, die z.B. das Fernsehen zunehmend vermittelt. Hier zeigt sich ebenfalls die überwältigende Abhängigkeit der Dritten Welt, während die Europäer immerhin eine bedeutende Eigenproduktion haben. Die weitaus überwiegende Mehrheit der in deutschen Fernsehsendern verbreiteten Spielfilme stammt aus amerikanischer Produktion. Zwischen 1984 und 1992 sind die Programmexporte der USA nach Europa von 330 Millionen auf 3,6 Milliarden Dollar angestiegen; das Handelsdefizit der EU gegenüber den USA im Bereich der audiovisuellen Medien liegt bei 3,5 Milliarden Dollar. Im Gegensatz dazu werden nur ein Prozent der französischen Filme in USA gezeigt (Hans-Bredow-Institut 1994, 11).

Tabelle 7.1: Marktanteile einheimischer und amerikanischer TV-Filme
in Europa 1989-92

Land	Fernsehhaushalte mit Star TV		Haushalte mit Kabelfernsehen	
	in Mio.	in % aller TV-Haushalte	in Mio.	in % aller TV-Haushalte
China	4.800.000	3	n. v.	n. v.
Hongkong	304.809	19	n. v.	n. v.
Indien	3.300.500	17	4.116.000	21,2
Indonesien	36.211	n. v.	n. v.	n. v.
Israel	410.000	41	414.150	40,9
Kuwait	12.780	5	n. v.	n. v.
Pakistan	61.239	3	n. v.	n. v.
Philippinen	137.141	4	n. v.	n. v.
Südkorea	18.945	n. v.	n. v.	n. v.
Taiwan	1.980.140	41	2.125.028	43,9
Thailand	32.393	n. v.	n. v.	n. v.
Vereinigte Arabische Emirate	72.809	18	n. v.	n. v.
n. v. = nicht verfügbar				
Quelle: Media Asia 3/1993				

Globale Trends 1996, 450

Die westlichen Agenturen sehen *Nachrichten als Waren* an, die auf
kapitalistischen Märkten gewinnbringend verbreitet werden. Unter
den weltweit etwa 180 Nachrichtenagenturen stehen 50 unter direkter
Kontrolle eines Staates; am Weltnachrichtengeschäft sind höchstens
20 beteiligt (Koszyk, Pruys 1981, 197f.). Der Umfang der weltweiten
Informations- und Kommunikationsindustrie wird für 1986 auf etwa
1.100 Milliarden US Dollar geschätzt – das entspricht zehn Prozent
der globalen Industrieproduktion (Globale Trends 1991, 258f.). Was
immer ihre sonstigen Einstellungen sein werden: Ganz gewiß werden
sie in jeder Hinsicht für ihren *eigenen Einfluß* und, da sie selbst kapitalistisch organisiert sind, *für kapitalistische Wirtschaftsprinzipien
eintreten.* Da sich ihre AbnehmerInnen – die Massenmedien – zunehmend aus Werbeeinnahmen finanzieren, gelten immer mehr verkaufte
Auflage bzw. Einschaltquote als die entscheidenden Erfolgskriterien.
Sie nehmen die Welt durch die Brille hochentwickelter kapitalisti-

scher Länder wahr, und ganz gewiß werden die Regierungen ihrer „Heimatländer" das politische Gewicht und den politischen Einfluß der Agenturen nicht unterschätzen. Bei TASS ist das offizielles Programm gewesen – die staatlich kontrollierte Agentur war regional auf die sozialistischen Länder beschränkt, betrachtete Information als ein Mittel zu politischer Erziehung und hatte ein unangefochtenes Monopol. Im Westen war und ist dies zwar nicht deklariert, aber Faktum. Die oligopolistische Stellung der westlichen Agenturen ist bereits 1870 (damals noch ohne die Amerikaner) durch einen Kartellvertrag mit regionaler Marktaufteilung befestigt worden (Schulz 1995, 315).

„In den Nord-Süd-Beziehungen stehen die Zeichen auf Sturm. Während die Industrieländer ihre Fördermittel für den Aufbau eigenständiger Mediensysteme in der Dritten Welt kürzen und gleichzeitig ihre in diese Länder gerichteten Hörfunk- und Fernsehprogramme technisch und finanziell aufrüsten, brechen in vielen Ländern der Dritten Welt die ‚alten' Medieninfrastrukturen zusammen (Verlags- und Pressewesen, Bibliotheks- und Dokumentationswesen). Parallel dazu erlebt die Dritte Welt gegenwärtig eine höchst unzusammenhängende, ungleiche und ungerechte Marktdurchdringung mit ‚neuen' Medien. So bleiben Milliarden armer Menschen in Entwicklungsländern vom Zugang zu medialer Kommunikation völlig ausgeschlossen. Nur Teile ihrer jeweiligen Staatseliten kommen in den Genuß aller verfügbaren Formen technisch unterstützter Kommunikation. Diese sich immer weiter öffnende Kluft zwischen informationsreichen und informationsarmen Bevölkerungsteilen birgt ein zusätzliches nationales und internationales Konfliktpotential von hoher Brisanz" (Becker 1995, 466).

7.3.2 Europa

Der Kampf um die ökonomische *Dominanz im europäischen Medienmarkt* hat früh begonnen, und er ist natürlich nicht unabhängig vom Kampf um politische Vorherrschaft und Kontrolle. Er wird vor allem durch die großen Medienkonzerne, wie Bertelsmann und Springer, Gruner & Jahr, Bauer, Berlusconi, Maxwell, Murdoch, Hersant ausgetragen. Interessanterweise herrscht in der Literatur das Interesse an *Telekommunikation* vor, von den Imperien im Bereich der Printmedien ist deutlich seltener die Rede. Immerhin sind unterschiedliche Größenordnungen und Strukturen auffällig: Gegen die großen Märkte in Großbritannien, Deutschland und Frankreich fallen die anderen

Länder Europas deutlich ab; der Dominanz *nationaler* Qualitätszeitungen in Großbritannien stehen deutlich *regional* definierte Märkte in Frankreich gegenüber, während in Deutschland beide Segmente zu finden sind. Bei insgesamt stagnierenden Auflagen und in der Tendenz abnehmenden Werbeeinnahmen finden weiterhin starke *Konzentrationsprozesse* statt, geprägt durch die Vorherrschaft der bereits genannten GroßverlegerInnen (Gellner 1992, 283 f.).

Dabei spielt die *technische Entwicklung* eine enorme Rolle: Um den Markt für das kommende „interaktive Fernsehen" zu kontrollieren, wollen sich drei Riesen zusammenschließen: Die Telekom (der die Leitungsnetze und Satelliten gehören), Bertelsmann (heute schon Europas größter Medienkonzern), und die Kirch-Gruppe haben zusammen im Frühjahr 1994 die Media-Service GmbH gegründet – am Bundeskartellamt vorbei, das die Verbindung für schädlich hält. Inzwischen hat auch die EU-Kommission die Pläne gestoppt. Aber das wird noch nicht das Ende dieser Geschichte sein.

In den *Rundfunksystemen* der europäischen Länder hat sich eine Zweiteilung zwischen öffentlich-rechtlichen (finanziert durch Gebühren und Werbung) und privatwirtschaftlichen (finanziert ausschließlich durch Werbung) Programmanbietern durchgesetzt. Die öffentlich-rechtlichen Rundfunkanstalten haben sich in der *European Broadcasting Union* (EBU) zusammengeschlossen, die den Nachrichtenaustausch organisiert, gemeinsam die rapide angestiegenen Kosten für die Übertragung von Sportveranstaltungen aufbringt, Koproduktionen und die Eurovision organisiert und nun mit einem eigenen Nachrichtenkanal gegen die Konkurrenz des CNN antreten will. Sieben Rundfunkanstalten haben sich in *der Europäischen Produktionsgemeinschaft* zusammengeschlossen, die helfen soll, die Kosten zu senken: Immerhin kostet ein Fernsehfilm im Mittel rund 1,5 Millionen DM. Darin liegt auch der Vorteil der AmerikanerInnen: Produktionen, die – z.T. subventioniert – ihre Kosten längst eingespielt haben, werden auf dem europäischen Markt verkauft – bei der zunehmenden Zahl der Sender, die alle ihre Programmlücken füllen müssen, zu insgesamt steigenden Preisen. Immerhin wurden von den 136.000 Stunden europäischen Fernsehprogramms 1986 rund 50 Prozent importiert, bei steigendem Anteil. Interessant ist der Zusammenhang zwischen *Finanzierungsform* auf der einen, Anteil an *US-produzierten Programmen* auf der anderen Seite: Je höher der Werbeanteil an den Einnahmen der AnbieterInnen, desto höher ist auch der aus USA importierte Anteil am Programm – und desto höher ist auch der Anteil an Unterhaltungssendungen – gemeint sind die kommerziellen AnbieterInnen (Gellner

1992, 295). Je mehr FernsehveranstalterInnen in einem Land vorhanden sind, desto höher sind die Preise eingekaufter Programme – der Wettbewerb wirkt also preistreibend.

Der Kampf der MediengigantInnen dreht sich um *Werbeeinnahmen* und um die im *Pay-TV* erwarteten phantastischen Gewinne. Der technische Engpaß liegt derzeit noch bei den Übertragungskapazitäten der Satelliten. Allein das marktbeherrschende Luxemburger Unternehmen Société Européenne des Satellites (SES) bedient mit zur Zeit vier Satelliten (Astra 1 A bis 1 D) sechzehn Millionen europäische Haushalte. SES wollte die Übertragungskapazitäten zweier neuer digitaler Satelliten im Block an vier große Medienfirmen geben, was nur durch den Einfluß einiger Banken verhindert werden konnte. Alleine die Familie des Filmhändlers Leo Kirch verfügt über 80.000 Stunden TV-Programm, samt einem weiten Netz von Beteiligungen und eigenen Firmen. In unserem Zusammenhang nicht uninteressant: Die großen MediengigantInnen gehören durchgehend dem *rechten politischen Spektrum* an.

Daß Hörfunk und Fernsehen auch zu einer kritischen Meinungsbildung beitragen können, wird dadurch bestätigt, daß sie häufig negative Bewertungen fast aller Institutionen und Organisationen abgeben, die sie behandeln. Das gilt natürlich insbesondere für die politischen Magazine, deren eigentliche Aufgabe solche Kritik ist. Interessanterweise gilt es mehr für die öffentlich-rechtlichen als für die privat-kommerziellen Anbieter, die es wohl mit keinem verderben wollen (Faul, Gellner 1986, 575ff.). Allerdings gilt auch, „daß Politik immer mehr in unterhaltendem Licht erscheint, „sie wird stärker personalisiert, als dies ohnehin im Fernsehen schon immer der Fall war, wird konsensbetonter, gewinnt einen *human touch*, konzentriert sich auf die zentralen Akteure des Systems und entspricht damit noch weniger als bei den öffentlich-rechtlichen Anstalten der prozessualen Komplexität und Realität von Politik. Mit einem Wort: Politik wird noch stärker als in der Vergangenheit vereinfacht und entpolitisiert" (Kaase 1989, 110, hier zit. nach Gellner 1992, 292). Mit diesem „Infotainment" entsprechen die Medien einem zentralen Charakteristikum symbolischer Politik: So, wie diese personale Selbstdarstellung und lautes So-Tun-als-ob der wirklichen Problemlösung vorzieht, so personalisieren die Medien Politik und schneiden sie von ihrem strukturellen Hintergrund ab. Dies gilt eher für die kommerziellen als für die öffentlich-rechtlichen AnbieterInnen. Es ist u.E. nicht ausgemacht, ob das Publikum gerade diese Darstellung mit hohen Auflagen und Einschaltquoten belohnt – oder ob es die Medien sind, die umgekehrt das Publikum mit weniger aufwendigen Programmen entmündigen. Stark deregulierte Fernsehordnungen lassen kaum erwarten, daß die politischen und kulturellen Funktionen des Fernsehens erhalten bleiben (Gellner 1992, 295).

Die *Medienpolitik der Kommission der EU* beruht auf der Idee, wettbewerbsbeschränkende Regelungen der Mitgliedsstaaten zu untersagen und jedem/r in einem Mitgliedsstaat zugelassenen VeranstalterIn zu erlauben, sein/ihr Programm in jedem anderen Mitgliedsstaat senden zu lassen. Die Alternative, gemeinsame Fernsehprogramme zu produzieren, wurde nicht weiter verfolgt. Eine Richtlinie „Fernsehen ohne Grenzen", 1989 nach zähen Verhandlungen mit qualifizierter Mehrheit vom Ministerrat verabschiedet, wird vor allem von den kleineren Ländern kritisiert. Ein Ansatz, der die Herstellung eines möglichst ungehinderten Wettbewerbs zum Ziel hat, konterkariert ihrer Auffassung nach die kulturpolitischen Bemühungen um die Bewahrung kultureller Identitäten. Konsequenterweise hat die Kommission in ihrer ökonomistischen Ausrichtung (die Medien als Dienstleistungen betrachtet) bisher keine Anstalten gemacht, die Unternehmenskonzentration im Medienbereich zu kontrollieren. Im Gegensatz dazu betont eine ebenfalls 1989 verabschiedete *Konvention des Europarates* die kulturelle Funktion der Medien und ist zudem weniger verbindlich (wenn auch darüber hinaus der EG-Richtlinie ähnlich), so daß sie etwa von den deutschen Bundesländern bevorzugt wird (Hillenbrand 1995, 270f.). In der Uruguay-Runde des GATT spielte die Medienpolitik eine wichtige Rolle. Die amerikanische Regierung verlangte die Öffnung des europäischen Marktes (was auf Opposition insbesondere Frankreichs stieß) und wollte US-Filmfirmen selbst Zugang zu den Filmförderungsprogrammen europäischer Länder verschaffen.

Die *Medienmärkte in Osteuropa* werden gerade neu formiert, wie nicht anders zu erwarten unter kräftiger westlicher Beteiligung. „In Polen bringen deutsche Zeitschriftenverleger 20 Millionen Exemplare unter die Leute, bei 50 Millionen Gesamtauflage. In Tschechien besitzen Ausländer mehr als die Hälfte der Zeitungen. In Ungarn kontrollieren sie bei den Medien 80 Prozent der Kapitalanteile" (Spiegel 50/94, 142). Besonders verlockend sind dabei die für die Zukunft erwarteten *Werbeeinnahmen* von geschätzten achtzehn Milliarden DM jährlich – angenehmer und gewollter Nebeneffekt ist der *Einfluß auf die öffentliche Meinung.*

7.3.3 Deutschland

Im Massenkommunikations-System der BRD spielen die privatwirtschaftlich organisierten Zeitungs-, Zeitschriften- und Buchverlage sowie die öffentlich-rechtlichen Rundfunk- und Fernsehanstalten wirtschaftlich und politisch die wichtigste Rolle. Wichtigste Informationsquelle für alle Massenmedien in Deutschland ist, neben den internationalen Agenturen, die Deutsche Presse-Agentur (dpa). Ihre EigentümerInnen sind VerlegerInnen und Rundfunkanstalten; obgleich kein/e GesellschafterIn mehr als 1,5 Prozent des Stammkapitals besitzen darf, beherrschen die großen Verlagsgruppen die Agentur – das beweist die Zusammensetzung des Aufsichtsrates (Meyn 1992, 171).

Printmedien: Bei den Printmedien wurden 1994 381 Tageszeitungen (Auflage rund 25 Millionen Exemplare), 33 Wochen- und Sonntagszeitungen (6,3 Millionen Ex.) sowie rund 20.000 Publikums-, KundInnen-, Werks-, Fach- und konfessionelle Zeitschriften mit einer Gesamtauflage von über 200 Millionen Exemplaren gezählt. Der Umsatz von Zeitungen und Zeitschriften (ohne Fachzeitschriften) von rund zwölf Milliarden DM wurde zu etwa *drei Vierteln* durch *Anzeigenwerbung* erzielt. Die größte Zeitschrift ist mit über elf Millionen Exemplaren je Ausgabe die Mitgliederzeitschrift des ADAC – ein verkehrspolitisch interessanter Tatbestand. Die größten Tageszeitungsverlage sind die Springer AG (etwa dreißig Prozent Marktanteil), gefolgt von der Gruppe Stuttgarter Zeitungsverlag GmbH (sieben Prozent) und der Gruppe Westdeutsche Allgemeine Zeitung (sechs Prozent) – d.h. *43 Prozent der Tageszeitungen werden durch nur drei Verlagshäuser kontrolliert.* Noch größer ist die Konzentration bei den Publikumszeitschriften: auf die vier größten Verlagskonzerne (Bauer, Burda, Springer, Gruner+Jahr/Bertelsmann) fallen fast zwei Drittel der gesamten Auflage. Ein großer Teil der Tageszeitungen erscheint als Nebenausgabe größerer Blätter (mit gemeinsamem allgemeinen und speziellem Lokalteil). Vollkommen selbständige Redaktionen finden sich nur noch bei etwa 130, d.h. bei etwa einem Drittel der Tageszeitungen. Rund die Hälfte aller BundesbürgerInnen erhalten lokale Informationen durch eine *Monopolzeitung*, ergänzt nur durch kostenlose Anzeigenblätter. „Die Zeitungen mit einer Monopolstellung in der lokalen Berichterstattung beschäftigen sich in Kommentaren weniger mit den örtlichen Politikern, Amtspersonen, Gremien und Behörden und gehen tendenziell eher schonender mit ihnen um als die Zeitungen ohne Monopolstellung" (Noelle-Neumann 1968, hier zit. nach Meyn 1992, 52). und weiter: „Die Lokalberichterstattung ist ein Instrument der lokalen Honoratiorengesellschaft. Diese erwartet von den Zeitungen, so dargestellt zu werden, wie sie selbst sich sieht. Das impliziert ein Verbot jeder Kritik, die sich auf sie selbst bezieht, eine großzügige Repräsentation der Leistungen, die sie sich zuschreibt, und die Gleichbehandlung der Institutionen, die den Anspruch erheben, von gleichem Rang zu sein" (Haenisch, Schröter 1976, hier zit. nach Meyn 1992, 52). Nicht selten degeneriert der Lokaljournalismus zum Vehikel vorproduzierter Informationen, zum Sprachrohr der Public-Relations-Abteilungen des Rathauses, der Kammern und der großen Betriebe (Langenbucher 1976, Meyn 1992, 53). Die Parteipresse ist die Ausnahme, die parteinahe (d.h. in der Regel CDU-nahe) Presse die Regel. Kostenlose *Anzeigenblätter*, vollständig aus Werbeeinnahmen finanziert und mit einem redaktionellen Teil, der journalistisch meist stümperhaft ist, erschienen 1991 mit über 1.000 Titeln und einer Gesamtauflage von über sechzig Millionen Exemplaren. Die Tageszeitungs-VerlegerInnen halten davon einen Anteil von siebzig Prozent.

Unter den *überregionalen Tageszeitungen* ragt mit einer Auflage von fünf Millionen Exemplaren die *Bild-Zeitung* hervor. Rund ein Drittel der BundesbürgerInnen informiert sich ausschließlich daraus. Nach einer Infratest-Umfrage glauben 91 Prozent der Bild-LeserInnen, sie würden durch die Zeitung „kurz und bündig über alles, was passiert", unterrichtet (Meyn 1992, 66) – ein zweifellos schichtabhängiger Befund. Die *Süddeutsche Zeitung* (Auflage 390.000) tendiert nach ihrem Redaktionsstatut zu einer linksliberalen Position – das gilt auch für die *Frankfurter Rundschau* (195.000). Deutlich auf CDU-CSU-FDP-Kurs und im Interesse der UnternehmerInnen argumentiert die *Frankfurter Allgemeine Zeitung* (392.000), während *Die Welt* (230.000) wegen ihrer guten Kontakte zum Kanzler und zur CDU-Parteizentrale auch den Beinamen „Bonner Prawda" erhielt. Wegen ihrer eher „grünen" und linken Haltung, aber auch wegen ihrer besonderen EigentümerInnenstruktur (MitarbeiterInnen und LeserInnen) sei hier noch die *„tageszeitung taz"* erwähnt.

Bei den Wochenzeitungen gilt *Die Zeit* (500.000) als Blatt der eher linksliberalen Intelligenz, *Der Spiegel* (eine Million) als regierungskritisch, das Konkurrenzmagazin *Focus* (680.000) als regierungsfreundlich, *Das Parlament* (100.000), herausgegeben von der Bundeszentrale für politische Bildung, dokumentiert vor allem das Geschehen auf der politischen Bühne in Bonn. Konfessionell orientiert und subventioniert sind *Das Deutsche Allgemeine Sonntagsblatt* (evangelisch) und der *Rheinische Merkur* (katholisch, beide ca. 100.000).

„Stille Riesen" wie die Stuttgarter *Holtzbrinck-Gruppe* haben dennoch beachtlichen Einfluß- ihr gehören Handelsblatt und Tagesspiegel, Saarbrücker Zeitung und Trierischer Volksfreund, Lausitzer Rundschau, Main-Post und Südkurier, Börsen-Zeitung und VDI-Nachrichten. Weniger bekannt dürfte sein, daß die wichtigsten Taschenbuchverlage – Fischer, Rowohlt, Kindler, Droemer Knaur, Schroedel –, dazu einige Zeitschriften und 15 Radiostationen, praktisch flächendeckend in Ostdeutschland, ebenfalls dieser Gruppe gehören. Sie hat 1996 auch Die Zeit übernommen. Mit Hilfe von CDU und Kirchen (Spiegel 21/1994, 53) ist da ein nahezu völlig unbekanntes Medienreich entstanden, das im Jahr immerhin mehr als 2,3 Milliarden DM umsetzt.

„Über Vorgänge im Ausland informiert die Presse teilweise nur dürftig und überwiegend einseitig" (Glotz, Langenbucher 1969, hier zit. nach Meyn 1992, 87). Der Vorwurf einer Berichterstattung *überwiegend aus amerikanischer Perspektive* ist den deutschen Medien gegenüber seit dem Vietnam-Krieg mehrfach erhoben und belegt worden; auch die Vorgänge in Chile 1973, in Nicaragua, Panama sowie der Golfkrieg eignen sich hier als Testfälle. Das ist bei der Dominanz amerikanischer Nachrichtenagenturen auch leicht nachvollziehbar. Die Dritte Welt jedenfalls kommt in unserer Presse nur als Ort von Kriegen und Katastrophen und als Heimat aggressiver oder skurriler PotentatInnen vor.

Die *Konzentration* ist in den letzten Jahren, gefördert durch technische, steuerliche und Marketing-Bedingungen, rasch fortgeschritten. Größter Zeitungsverleger des europäischen Kontinents ist der Axel-Springer-Verlag (Jahresumsatz 3,5 Milliarden. DM), größter Medienkonzern Europas die Bertelsmann AG (14,5 Milliarden. DM).

Elektronische Medien: In der BRD gibt es mit dem Staatsvertrag der sechzehn Bundesländer von 1991 nun elf Landesrundfunkanstalten. Sie werden jeweils von einem/r IntendantIn geleitet und von Rundfunk-/Fernsehräten, Verwaltungsräten und z.T. von Programmbeiräten kontrolliert und beraten. Die elf sind in der „Arbeitsgemeinschaft der öffentlich-rechtlichen Rundfunkanstalten Deutschlands" (ARD) zusammengeschlossen. Daneben besteht seit 1961 das durch Staatsvertrag der Länder gegründete ZDF. Zur ARD gehören auch die Deutsche Welle und der Deutschlandfunk. Dazu muß man die etwa 200 privaten HörfunkanbieterInnen erwähnen. Die öffentlich-rechtlichen elektronischen Medien finanzieren sich zum größeren Teil aus Gebühren, zum kleineren Teil aus Werbeeinnahmen. Seit 1984 hat sich daneben der Privatfunk, unter kräftiger Beteiligung von Verlegern und Medienkonzernen, entwickelt, der sich ausschließlich durch Werbeeinnahmen finanziert (sog. „duale Rundfunkordnung"). Dazu sagt das Bundesverfassungsgericht, die *Grundversorgung* sei Sache der öffentlich-rechtlichen Anstalten, weil deren Programme fast die ganze Bevölkerung erreichen könnten und weil sie durch Gebühren teilfinanziert und daher nicht so sehr auf Einschaltquoten fixiert seien.

Die *Rundfunkanstalten* sind selbständige Anstalten des öffentlichen Rechts, föderalistisch die ARD, zentralistisch das ZDF. „Auf zwei Wegen haben die Parteien von den Landesfunkhäusern Besitz ergriffen: Sie haben die ursprünglich liberalen Landesrundfunkgesetze so lange novelliert, bis ihr Zugriff Gesetz wurde. Und sie haben aus den Vertretern der Allgemeinheit in den Rundfunkräten Zug um Zug Parteienvertreter gemacht, auch wenn die nicht immer ein Parteibuch in der Tasche oder Handtasche haben. Gesetzlich darf in keinem Rundfunkrat mehr als ein Drittel der Mitglieder von Parteien entsandt werden, aber in Wahrheit sind es meist zwei Drittel oder sogar fast alle" (Spiegel 45/1989, 93). Wir stoßen hier auf dieselbe Erscheinung, die Erwin und Ute Scheuch aus der Kölner Kommunalpolitik berichtet haben – ein Sitz im Rundfunkrat wird von den Parteien als Pfründe behandelt, und daher spielen die Parteien in der Personalpolitik eine entscheidende Rolle. Tatsächlich geht der Parteien-Proporz bis weit in die Funkhäuser hinein, bei klaren Mehrheiten auch die Alleinherrschaft einer Partei. Generell wird ein zunehmender Druck von Parteien und Verbänden vor allem auf die elektronischen Medien beklagt, zusammen mit einem immer enger werdenden Meinungsspektrum. Das betrifft insbesondere die politischen Magazine. Der Fall *Franz Alt*, ehemals Moderator des Magazins „Report" im Südwestfunk und als politisch mißliebig gemaßregelt und abgesetzt, hat übrigens Vorgänger: Schon in den sechziger Jahren wurde *Gert von Paczensky*, der engagierte Moderator von „Panorama", auf politischen Druck entlassen, während der schon penetrant kanzlertreue *Heinz Klaus Mertes* (Report, München) erst nach heftigen öffentlichen Protesten seinen Posten im Bayerischen Rundfunk aufgab und eine vergleichbare Rolle im Privatsender SAT.1 (Eigentümer: Leo Kirch) übernahm. Immer wieder versuchen PolitikerInnen, *Einfluß auf die Medienberichterstattung* zu nehmen und unliebsame JournalistInnen zu maßregeln. Das *Bundespresseamt* (750 MitarbeiterInnen, Jahresetat rund 50 Millionen DM) aber verwendet Steuermittel zur (indirekten, anonymen) Wahlwerbung für die Regierungsparteien und zur gezielten Herabsetzung von OppositionspolitikerInnen, entgegen klaren Aussagen des Bundesverfassungsgerichts, das 1977 festgestellt hat, öffentliche Mittel dürften nicht dazu dienen, Mehrheitsparteien zu helfen oder Oppositionsparteien zu bekämpfen. Die Besetzung solcher Ämter nach Kriterien persönlicher Loyalität ermöglicht solchen Mißbrauch und dient der Herrschaftssicherung, gewiß aber nicht der demokratischen Kultur.

Ein faszinierender und gespenstischer Prozeß zugleich spielt sich auf den *Werbemärkten* ab: „Die Zielgruppen sind auf der Flucht" (Spiegel 52/1992), die Zuschauer werden werberesistent, und umso werbeintensiver werden die Konzerne. In den letzten zehn Jahren haben die deutschen Reklameetats um 134 Prozent zugenommen; die Branche setzt heute etwa 44 Milliarden DM um und beschäftigt 400.000 Mitarbeiter. Dabei gilt die Weisheit, die Hälfte der Werbung sei hinausgeworfenes Geld – man wisse nur nicht welche. „Integriertes Marketing" geht denn auch schon zu erheblichen Teilen an den Massenmedien vorbei in Product Placement, Briefkampagnen, Public Relations, Sponsoring. Dabei sind, wie gezeigt, alle Medien von der Werbung abhängig. „Die Reklamisierung der Politik ist der unangenehmste Sieg der Werbung. Nicht, daß Spitzenpolitiker auf Plakaten und in Spots für sich werben wie Windelfabrikanten, ist das Problem, sondern, daß sie so geworden sind, wie sie in ihren Wahlkampfspots feilgeboten werden. Sie verkaufen Argumente, statt sie zu finden; sie benutzen Probleme, statt sie zu lösen. ‚Asyl' ist für sie seit Jahren das, was ‚Karies' für die Zahnpasta-Produzenten ist: Angst hilft verkaufen. Wie zwei Konkurrenten im Kampf um Marktanteile haben die beiden großen Parteien die Kampagne um die Asylbewerber geführt – und nicht wie Volksvertreter, denen es darum geht, die Zuwanderung von Hunderttausenden zu regeln ... In den achtziger Jahren ist dieser Symbolismus, der Handeln zum Wohle der Wähler ersetzt durch Handlungen, die dieses Handeln vortäuschen, zum Dauerzustand geworden, zum wahren Sinn von Politik. Hier ein Bäumchen gepflanzt, dort ein Asylantenkind auf den Arm genommen, hier ein Fußballspiel besucht, dort ein Gipfeltreffen abgehalten" (ebd.). Immerhin 32,3 Milliarden DM betrugen die Nettowerbeerlöse 1993 aller Medien zusammen in Deutschland!

Um im *Kampf um Einschaltquoten* Aufmerksamkeit zu erregen, ist nichts zu brutal, zu pervers, zu primitiv – nur sensationell muß es sein. Auch hier sind die amerikanischen Medien Spitze: 4.000 Tote und rund 600 Gewaltverbrechen haben MedienforscherInnen in einer normalen Fernsehwoche gezählt. Auch wenn es keinen Beweis für einen kausalen Zusammenhang gibt: Die *Brutalisierung des Fernsehens und die Brutalisierung der Wirklichkeit scheinen parallel zu laufen.* So wird Gewalt als soziale Selbstverständlichkeit, aggressive Problemlösung als angemessen propagiert. Wir können darin keinen Zuwachs an Freiheit, an Aufklärung, an Menschlichkeit entdecken – wohl aber einen Verlust an Mitgefühl, an Solidarität, an Kultur. Das trifft nicht alle gleichermaßen. Die VielseherInnen, das sind vorab die Armen und Abgespannten, die Einsamen, die Alten, die sich selbst überlassenen Kinder und Jugendlichen. Sprachstörungen bei Vorschulkindern haben dramatisch zugenommen, was die Mainzer Universitätsklinik für Kommunikationsstörungen zum wesentlichen Teil auf Fernsehkonsum zurückführt. Ihr Wirklichkeitsbild entwickelt sich am Fernsehen, und so auch ihre Ängste und Abwehrreaktionen.

Sicherlich hat die glückliche Mittelschichtfamilie mit Haus, Hund, Auto und Urlaub, die uns die Werbespots als den Normalfall unserer Gesellschaft vorgaukeln, die Hoffnungen der Ostdeutschen und der OsteuropäerInnen auf ein anderes Leben genährt und die Revolutionen von 1989 befördert. Umso größer sind Ernüchterung und Frustration jetzt. Nach Merton's Theorie abweichenden Verhaltens sind Rückzug, übergroße Anpassung, Rebellion, Aggressivität plausible Reaktionen auf diese Diskrepanz zwischen gesellschaftlich akzeptierten Zielen und den fehlenden legitimen Mitteln, sie zu erreichen. Dies alles kann man in erschreckendem Ausmaß jenseits der Elbe besichtigen.

7.4 Zusammenfassung

Die Massenmedien produzieren das, was in unseren Köpfen als Wirklichkeit aus zweiter Hand Realität wird. Deshalb ist es so wichtig, sich mit den Strukturbedingungen ihres Operierens zu beschäftigen. Dazu gehört vor allem, sie in profitorientierten Strukturen kapitalistischer Gesellschaften, also in technischen, ökonomischen, politischen und sozialen Bedingungen zu verstehen. Die Massenmedien werden – grob gesagt – für globale Zukunftsfähigkeit nur dann etwas tun, wenn es ihnen Profit bringt und sich das Thema profitabel vermarkten läßt (das war z.B. vor der VN-Konferenz über Umwelt und Entwicklung in Rio de Janeiro kurzzeitig 1992 der Fall) – der darin angelegte Widerspruch ist nicht zu übersehen. Tatsächlich sind sie selbst enorme Ressourcenverschwender, sowohl was Material als auch was Kreativität angeht. Sie sind in ihren politischen Inhalten weitgehend kontrolliert nicht nur durch die USA, sondern auch durch das Gesellschaftsbild westlicher Mittelschichten und durch den Zwang, wegen der Werbeeinnahmen ständig neue Sensationen produzieren zu müssen. Sie pervertieren das Bild von Gesellschaft, weil sie um des vermeintlichen

Aufmerksamkeitswertes willen immer neue Sensationen melden müssen. Damit tragen sie erheblich zur Trivialisierung von Politik und zur Brutalisierung unserer Wirklichkeitsbilder bei. Selbst die Öffentlichrechtlichen spielen den Kampf um Werbeeinnahmen mit. Alle Medien werden beherrscht durch die Menschen- und Gesellschaftsbilder der Mittelschicht; das bedeutet gleichzeitig, daß die Wirklichkeitserfahrungen der Mehrheit der Bevölkerung in den Massenmedien einfach nicht vorkommen.

Weiterführende Literatur

1. *Alscheid-Schmidt, Petra*, 1991: Die Kritik am internationalen Informationsfluß. Beurteilung der politischen Diskussion anhand wissenschaftlicher Untersuchungsergebnisse. Frankfurt
2. *Bismarck, Klaus von, und Günter Gaus, Alexander Kluge, Ferdinand Sieger*, 1985: Industrialisierung des Bewußtseins. Eine kritische Auseinandersetzung mit den „neuen" Medien. München
3. *Heinrich, Jürgen*, 1994: Medienökonomie. Bd. 1: Mediensystem, Zeitung, Zeitschrift, Anzeigenblatt. Wiesbaden
4. *Meckel, Miriam*, 1994: Fernsehen ohne Grenzen? Europas Fernsehen zwischen Integration und Segmentierung. Wiesbaden
5. *Mettler-Meibom, Barbara*, 1994: Kommunikation in der Mediengesellschaft. Tendenzen, Gefährdungen, Orientierungen. Berlin
6. *Meyn, Hermann*, 1992: Massenmedien in der Bundesrepublik Deutschland. Alte und neue Bundesländer. Berlin
7. *Schuster, Thomas*, 1995: Staat und Medien. Über die elektronische Konditionierung der Wirklichkeit. Frankfurt

Übungsaufgaben

1. Untersuchen Sie, auf welche Weise ein aktueller internationaler politischer Konflikt in verschiedenen Medien der Bundesrepublik behandelt wird. Vergleichen Sie damit die Behandlung in ausländischen Medien!
2. Welche Gesellschaftsbilder und Konsumstandards werden in Vorabendserien des deutschen Fernsehens vermittelt? Vergleichen Sie Serien aus deutscher und aus amerikanischer Produktion miteinander.
3. Wie unterscheiden sich die Hauptnachrichtensendungen der öffentlich-rechtlichen Anstalten von denen der kommerziellen Fernsehsender?
4. Verfolgen Sie einen Monat lang das Abendprogramm der ARD, die Frankfurter Allgemeine Zeitung und tagsüber die Wortsendungen im Deutschlandfunk: Was haben Sie am Ende dieses Monats über Afrika erfahren?
5. Welches Bild von Helmut Kohl vermitteln (a) die taz? (b) Die Welt? (c) Der Spiegel? (d) Focus? (e) die ARD? (f) SAT.1?

8. Soziale Sicherung

8.1 Überblick

Das Kapitel beginnt mit der idealtypischen Gegenüberstellung zweier Modelle: dem der Grundversorgung und dem der Risikosicherung, und diskutiert die Rolle des Staates darin. Auf der globalen Ebene werden der Weltsozialgipfel 1995 und der Einfluß von IWF/Weltbank auf Systeme der sozialen Sicherung in der Dritten Welt beleuchtet. Für Europa stellen wir die Grundlagen der Sozialpolitik dar und fragen danach, weshalb sie auf so bescheidenem Niveau geblieben ist. Für Deutschland werden die Grundzüge und die Entwicklung des Systems der sozialen Sicherung sowie die wichtigsten Ursache seiner Krise behandelt.

8.2 Theorie

Institutionen der sozialen Sicherung sind solche, die die Aufrechterhaltung der materiellen Existenz in dem Fall garantieren, daß ein ausreichendes Einkommen aus Erwerbstätigkeit oder Vermögen nicht gegeben ist. Das ist etwas anderes als die „Sicherung des sozialen Status", die z.B. Hentschel (1983, 7) in die Obhut des Staates gelegt sehen will. Im Unterschied zwischen beiden Definitionen spiegeln sich zwei grundsätzlich verschiedene Orientierungen: das Prinzip der Grundversorgung auf der einen, das Prinzip der Risikosicherung auf der anderen Seite. *Grundversorgung* bedeutet idealtypisch, daß ein Grundeinkommen, das mindestens zur Existenzsicherung ausreicht, garantiert wird, unabhängig davon, was und wie viel und ob überhaupt jemand Erwerbseinkommen erzielt. Grundversorgung ist danach nicht aus geleisteten Versicherungsbeiträgen, sondern aus allgemeinen Steuermitteln zu finanzieren. *Risikosicherung* meint idealtypisch, daß kaum vorhersehbare Wechselfälle des Lebens wie Invalidität, Krankheit, Arbeitslosigkeit in einem *besitzstandswahrenden* Rahmen abgesichert werden. In dieser Logik soll der Staat dafür sorgen, daß jemand, der/

die von solchen Schicksalsschlägen getroffen wird, im wesentlichen seinen/ihren bisherigen Lebensstandard beibehalten kann. Zur Finanzierung solcher Leistungen werden in erster Linie Versicherungsbeiträge herangezogen. Der Staat übernimmt nach diesem Modell eine organisatorische Rolle, die aber grundsätzlich auch von anderen übernommen werden könnte, und allenfalls eine Defizitgarantie.

Reale Systeme stehen *zwischen* diesen beiden Idealtypen. Deutschland etwa handelt nach den Prinzipien der Risikosicherung, kennt aber auch gewisse Elemente der Grundversorgung. Theoretisch ist das mit der Sozialhilfe der Fall – nur zeigt die empirische Wirklichkeit, daß hier Theorie und Praxis besonders weit auseinanderklaffen. Die *Solidarleistung*, nach der Wohlhabende relativ mehr zum Sicherungssystem beitragen sollen als Arme, in der also bewußt ein gewisses Maß an Umverteilung beabsichtigt ist, tritt genau genommen nur im Modell der Grundversorgung ein: Wenn Wohlhabende für die höheren Versicherungsbeiträge auch höhere Leistungen (und die in der Regel auch noch über längere Zeit, z.B. wegen höherer Lebenserwartung) beziehen, dann spielt der Gesichtspunkt der Umverteilung keine oder nur eine geringe Rolle.

Die *Rolle des Staates* ist nicht von vornherein festgelegt, vielmehr muß ihm diese Aufgabe nach Art und Umfang ausdrücklich zugewiesen werden. Historisch ist dieses Verfahren relativ neu – im deutschen Mittelalter waren Aufgaben der sozialen Sicherung insbesondere den Zünften und Nachbarschaften übertragen – und auch im interkulturellen Vergleich ist es keineswegs die Regel. *Für* die soziale Sicherung als Staatsaufgabe spricht die Erfahrung der Frühindustrialisierung und die Einsicht, daß das kapitalistische Wirtschaftssystem nicht von sich aus proletarische Verelendung verhindert und menschenwürdige Lebensbedingungen für alle herstellt. *Dafür* spricht auch, daß Verelendung den sozialen Frieden, die Rechts- und Gesellschaftsordnung gefährdet. Und *dafür* spricht schließlich der Gesichtspunkt des gerechten Ausgleichs, da die Ungleichverteilung der Einkommen nicht nur (wenn überhaupt) durch den ungleichen Beitrag zum gemeinsamen Produkt zu begründen ist. Der Staat soll daher in dem bei uns vorherrschenden Verständnis als Reparaturbetrieb die sozialen Schäden mildern, die das kapitalistische System anrichtet. Diese „sozialdemokratische" Auffassung stellt sich den *Staat als neutralen Mittler* zwischen den Interessen vor, der willens und in der Lage ist, den angestrebten Ausgleich herzustellen. Und sie unterstellt, daß in einem tatsächlich für Zwecke der Umverteilung gestalteten Steuer- und Beitragssystem die notwendigen Mittel bereitgestellt werden.

Gegen diese Staatsaufgabe spricht vor allem, daß durch staatliche Absicherung die eigenverantwortliche Vorsorge und Initiative behindert und dem Staat der Ausbau von Herrschaftsfunktionen und Bürokratie ermöglicht wird. Diese „neo-liberale" Auffassung unterstellt, daß alle Menschen grundsätzlich in gleicher Weise in der Lage seien, solche Vorsorge eigenverantwortlich zu treffen. Diese Vorstellung ist ebenso fiktiv und geht ebenso an der Wirklichkeit vorbei wie die von der Neutralität des Staates.

Die einfache Lösung, nach der staatliche Leistungen die Grundversorgung sichern, die besitzstandswahrende Risikovorsorge aber der Versicherung durch die privaten Haushalte überlassen bleiben sollte, ist derzeit besonders umstritten. Aber damit sind die möglichen Alternativen ja auch noch nicht zu Ende gedacht (vgl. auch die Diskussion bei Hamm/Neumann 1996, 341ff.).

Die Definition von Zukunftsfähigkeit schließt ausdrücklich *die soziale neben der ökonomischen und ökologischen Dimension* ein. Es ist auch leicht einzusehen, daß soziale Notlagen wie Armut oder langandauernde Arbeitslosigkeit die Möglichkeiten der Bedürfnisbefriedigung gegenwärtiger und künftiger Generationen beeinträchtigen. Wenn ein Kind in Armut aufwächst, dann wird es mit hoher Wahrscheinlichkeit schlecht ernährt, gesundheitlich anfällig, ungenügend ausgebildet und mit weniger Erfahrung eigenbestimmter Lebensgestaltung ausgestattet – denkbar ungünstige Bedingungen für ein selbstbestimmtes Leben in eigener Verantwortung. Ein/e Jugendliche/r, der/ die weder Ausbildung noch ausreichende Lebensperspektive hat, wird eher zur Gewalt oder zum Drogenkonsum neigen als eine/r, der/ die mit dem Aufbau einer beruflichen und familiären Karriere beschäftigt ist.

„Die Herstellung sozialer Gerechtigkeit und sozialer Gleichheit gelten als wesentliche Legitimationsgrundlagen des Sozialstaats. Ergänzt durch das Prinzip der sozialen Sicherheit handelt es sich um jenes Dreigestirn, in dem alle historischen Wurzeln (des bonum commune, des Wohlfahrtsstaats), alle sozialethischen Imperative und alle staats- und verfassungsrechtlichen Grundlagen (und Probleme) des Sozialstaats beschlossen liegen" (Schäfers 1990, 215). „Sozialstaatlichkeit verstößt aus Prinzip gegen die Marktgesetze. Dies ist nicht etwa ein zu korrigierendes Defizit, sondern explizite Grundlage und Inhalt von Sozialstaatlichkeit. Insofern beruht die Forderung nach Einführung marktwirtschaftlicher Prinzipien in die Sozialpolitik auf einem grundsätzlichen Mißverständnis ihrer Existenzbedingung. Das gleiche gilt von der Klage über das ‚Anspruchsdenken', das im Sozialstaat zum Ausdruck komme: In der Tat erhebt das Sozialstaatsprinzip den Anspruch, daß die Früchte der Arbeit in hohem Maße den von Arbeit Abhängigen zugutekommen – und daß sie nicht allein nach konkurrenzbedingter Leistung, sondern auch nach individueller Bedürftigkeit verteilt werden" (Arbeitsgruppe Alternative Wirtschaftspolitik 1995, 631).

8.3 Zusammenhang der drei Gesellschaften

8.3.1 Weltgesellschaft

Eine Sozialpolitik im expliziten Sinn, also eine auf sozialen Ausgleich und soziale Sicherung bedachte Politik globaler Institutionen, gibt es auf der Ebene der Weltgesellschaft kaum. Lediglich die ILO, die Internationale Arbeitsorganisation (gegründet 1919, seit 1946 eine Sonderorganisation der VN), hat ihrer Verfassung nach einen sozialpolitischen Auftrag: Sie bemüht sich, Arbeits- und Lebensbedingungen durch den Abschluß *internationaler Konventionen* und Empfehlungen zu verbessern, in denen Minimalstandards für Löhne, Arbeitszeiten, Arbeitsbedingungen und soziale Sicherheit formuliert werden. Solche Konventionen werden von der Internationalen Arbeitskonferenz beschlossen und bedürfen der Ratifizierung durch die Parlamente der Mitgliedsstaaten. Bis Ende 1994 hat die ILO 175 solcher Konventionen beschlossen. Für die ratifizierenden Staaten stellen sie bindendes Recht dar. Die Kontrolle darüber, ob die damit eingegangenen Verpflichtungen auch eingehalten werden, erfolgt primär über nationale Berichtspflichten. Eine Verletzung kann förmlich festgestellt werden – weitergehende *Sanktionsmöglichkeiten hat die ILO nicht.* Von allen ILO-Konventionen hat, um wenige Beispiele zu nennen, Spanien 124, Frankreich 115, Italien 102, Norwegen 99, Uruguay 97, Niederlande 94, Kuba und Finnland 86, Schweden 84, Deutschland 75 – die USA aber nur 11 ratifiziert (ILO 1995).

Immerhin hat der *Weltsozialgipfel* („Weltgipfel der Vereinten Nationen für soziale Entwicklung", 6. bis 13. März 1995 in Kopenhagen) gezeigt, daß mehr denn je die Existenzsicherung von Menschen, auch in den Industrieländern, von Entwicklungen auf der globalen Ebene abhängt. Der Gipfel hat den inzwischen üblichen „Doppelpack" von Abschlußerklärung und Aktionsprogramm verabschiedet. Im Mittelpunkt der Abschlußerklärung standen die „Zehn Verpflichtungen von

Kopenhagen", die in ihrer Zielsetzung nicht umstritten, jedoch an Allgemeinheit der Formulierung kaum zu überbieten waren und faktisch zu nichts verpflichten.

Die zehn Verpflichtungen von Kopenhagen

1. Wir verpflichten uns, wirtschaftliche, politische, soziale, kulturelle und rechtliche Rahmenbedingungen zu schaffen, die die Menschen in die Lage versetzen, eine soziale Entwicklung zu verwirklichen.

2. Wir verpflichten uns zu dem Ziel, durch entschlossenes nationales Handeln und internationale Zusammenarbeit die Armut in der Welt auszurotten; dies ist ein ethischer, sozialer, politischer und wirtschaftlicher Imperativ der Menschheit.

3. Wir verpflichten uns, das Ziel der Vollbeschäftigung als grundlegende Priorität unserer Wirtschafts- und Sozialpolitik zu fördern und alle Männer und Frauen in die Lage zu versetzen, eine sichere und nachhaltige Lebensperspektive durch frei gewählte produktive Beschäftigung und Arbeit zu verwirklichen.

4. Wir verpflichten uns, die soziale Integration durch die Förderung von Gesellschaften voranzutreiben, die stabil, sicher und gerecht sind sowie auf der Förderung und dem Schutz der Menschenrechte, der Nichtdiskriminierung, der Toleranz, der Achtung der Diversität, Chancengleichheit, Solidarität, Sicherheit und Partizipation aller Menschen, einschließlich der benachteiligten und gefährdeten Gruppen und Personen, beruhen.

5. Wir verpflichten uns, die volle Achtung der menschlichen Würde zu fördern, Gleichheit und Gleichberechtigung von Männern und Frauen zu verwirklichen und die Partizipation sowie die führende Rolle der Frauen im politischen, zivilen, wirtschaftlichen, sozialen und kulturellen Leben und in der Entwicklung anzuerkennen und voranzutreiben.

6. Wir verpflichten uns, die Ziele des allgemeinen und gerechten Zugangs zu einer guten Bildung, des höchsten erreichbaren körperlichen und geistigen Gesundheitszustands und des Zugangs aller Menschen zur gesundheitlichen Grundversorgung zu fördern und zu verwirklichen, indem wir besondere Anstrengungen unternehmen werden, um Ungleichheiten im Hinblick auf soziale Verhältnisse zu beheben, ohne Unterschied nach Rasse, nationaler Herkunft, Geschlecht, Alter oder Behinderung; unsere gemeinsame Kultur wie auch unsere jeweilige kulturelle Eigenart zu achten und zu fördern; danach zu trachten, die Rolle der Kultur in der Entwicklung zu stärken; die unabdingbaren Grundlagen für eine bestandfähige Entwicklung, in deren Mittelpunkt der Mensch steht, zu erhalten; und zur vollen Erschließung der Humanressourcen und zur sozialen Entwicklung beizutragen. Das Ziel dieser Aktivitäten besteht darin, die Armut zu beseitigen, eine produktive Vollbeschäftigung zu fördern und die soziale Integration zu begünstigen.

7. Wir verpflichten uns, die Entwicklung der wirtschaftlichen, sozialen und menschlichen Ressourcen Afrikas und der am wenigsten entwickelten Länder zu beschleunigen.

8. Wir verpflichten uns sicherzustellen, daß dort, wo Strukturanpassungsprogramme verabschiedet werden, diese soziale Entwicklungsziele beinhalten sollten, vor allem die Ausrottung der Armut, die Förderung von Voll- und produktiver Beschäftigung und die Förderung der sozialen Integration.

9. Wir verpflichten uns, die für die soziale Entwicklung bereitgestellten Ressourcen signifikant zu erhöhen und /oder effektiver einzusetzen, um die Ziele des Gipfels durch nationales Handeln sowie regionale und internationale Zusammenarbeit zu verwirklichen.

10. Wir verpflichten uns, in partnerschaftlichem Geist und durch die Vereinten Nationen und andere multilaterale Institutionen einen verbesserten und gestärkten Rahmen für internationale, regionale und subregionale Zusammenarbeit für soziale Entwicklung zu schaffen.

Quellen: Informationsbrief Weltwirtschaft und Entwicklung SD 3/95; Internationaler Bund Freier Gewerkschaften 1996: Gebrauchsanleitung zum UN-Sozialgipfel. Brüssel

Das *Aktionsprogramm*, mit dessen Hilfe diese allgemeinen Verpflichtungen praktisch umgesetzt werden sollen, bleibt ebenfalls überwiegend unpräzise und enthält keine Zeitangaben. Gänzlich unbeeinflußt von der Weltkonferenz für Umwelt und Entwicklung und der dort verabschiedeten Agenda 21 wird undifferenziert ein *anhaltendes Wirtschaftswachstum* („sustained economic growth") als Voraussetzung für die Reduzierung von Armut und die Schaffung von Arbeitsplätzen gefordert. Sozialklauseln in Vereinbarungen über den internationalen Handel, die soziale Verantwortung Transnationaler Unternehmen, die Verabschiedung eines Verhaltenskodex für TNU, die Reform der Politik des Internationalen Währungsfonds und der Weltbank – diese Themen sind im Verlauf der Verhandlungen an den Interessengegensätzen *gescheitert* oder wurden als *Tabuthemen* gar nicht behandelt. Andere Gegenstände wurden bis zur *Unkenntlichkeit verwässert*: die Friedensdividende, die Tobin-Steuer auf spekulative Währungstransaktionen, das Ziel, 0,7 Prozent des BSP für Entwicklungsländer aufzuwenden, die „20/20-Initiative", angeregt vom Entwicklungsprogramm der VN (UNDP) (die Entwicklungsländer sollten mindestens zwanzig Prozent ihrer nationalen Haushalte, und die Geberländer zwanzig Prozent ihrer Entwicklungshilfeetats für die Belange menschlicher Entwicklung einsetzen). Dagegen wurden im Aktionsprogramm u.a. verabschiedet: Die Konsum- und Produktionsweisen der Industrieländer seien zu ändern, weil sie eine Hauptursache für globale Umweltzerstörung darstellen; es seien nationale Pläne zur Armutsbekämpfung aufzustellen und es sei darüber zu berichten; Strukturanpassungsprogramme sollten künftig soziale Entwicklungsziele enthalten und die grundlegenden Sozialausgaben sollten von Kürzungen verschont werden; es seien zusätzliche und innovative Maßnahmen zur Entschuldung zu entwickeln.

„Für viele BeobachterInnen stand schon vor Kopenhagen fest, daß das Parallelforum der sozialen Bewegungen und Nichtregierungsorganisationen (NGOs) gegenüber dem offiziellen Gipfel das wichtigere Ereignis sein würde. Über 5.000 VertreterInnen solcher Gruppen versammelten sich in der dänischen Hauptstadt. Über 600 Organisationen – von kleinen Basisgruppen bis zu mitgliederstarken globalen Netzwerken – unterzeichneten die ‚Alternative Deklaration von Kopenhagen‘. In scharfer Abgrenzung zu den offiziellen Konferenzdokumenten formuliert diese Erklärung eine gemeinsame Vision sozialer Entwicklung von unten. Sie markiert zugleich einen Konsens, der sich der alltäglichen Gipfel- und Konferenzdiplomatie mit ihren Vereinnahmungsmechanismen und ihrer Fixierung auf das unmittelbar ‚Machbare‘ verweigert und auf die eigene Kraft zur gesellschaftlichen Mobilisierung setzt" (Informationsbrief Weltwirtschaft und Entwicklung SD 4/95; dort ist auch diese Alternative Deklaration abgedruckt).

Für die sozialen Schäden, die weiterhin durch die *Weltökonomie* angerichtet werden, sind nach wie vor *nationale Reparaturbetriebe* zuständig. Aber auch die sind gefährdet: Bis zum Ende der achtziger Jahre gehörten z.B. die Renten und Pensionen in *Argentinien* zu den besten der Welt: ein staatliches Rentensystem, in dem fast drei Viertel der ArbeiterInnen versichert waren und das durch Beiträge der ArbeitgeberInnen, der ArbeitnehmerInnen und durch das Finanzministerium finanziert wurde. Das staatlich garantierte Rentenversicherungssystem Argentiniens war typisch für die meisten Rentensysteme in Lateinamerika und für viele andere Länder des Südens bis zum Ende der achtziger Jahre. 1989 wurde von der Regierung unter dem *Druck von Weltbank, IWF und internationalen GläubigerInnen* ein strenges Strukturanpassungsprogramm durchgesetzt und Anfang 1992 die Zahlungen für die Mehrheit der drei Millionen RentnerInnen auf 150 Dollar im Monat gekürzt – das ist weniger als die Hälfte des für Nahrung und Wohnung benötigten Mindestbetrages. Etwa zwei Millionen der 3.220.000 RentnerInnen in Argentinien bekamen diesen Mindestsatz. Die meisten anderen bekamen nur wenig mehr. ... Die Alten aus der Mittelschicht – ehemalige LehrerInnen, Regierungsangestellte, Beschäftigte bei Großunternehmen – befanden sich plötzlich als „Neue Arme" am Rande des Existenzminimums. Nominal achtzig Prozent der Gehälter, lagen die Renten in Argentinien in den frühen achtziger Jahren bei sechzig Prozent der Löhne – ein noch ausreichendes Niveau. 1989 sanken sie auf vierzig Prozent der Reallöhne ab, und 1992 war die Quote auf weniger als zehn Prozent gefallen (Nash 1992; Golbert/Fanfani 1993). „Als Folge der gestiegenen Lebenserwartung und der steigenden Zahl von Alten nahmen in Lateinamerika Anfang der achtziger Jahre Renten und andere Sozialversicherungsleistungen wie die Krankenversicherung, ein Drittel des Staatshaushalts in Anspruch, wenn nicht sogar mehr." (Paul/Paul 1994). Die VN-Wirtschaftskommission für Lateinamerika und die Karibik gab eine vergleichende Studie über die Sozialversicherungssysteme in den lateinamerikanischen Ländern in Auftrag. Darauf ließ die Weltbank eigene Studien anfertigen, um die Möglichkeit von Kürzungen zu untersuchen. Die Sozialversicherungseinrichtungen wurden gezwungen, vertrauliche Daten herauszugeben, und die Weltbank drohte, dringend *benötigte Kredite nicht zu bewilligen, wenn die Renten nicht drastisch gekürzt würden.* Zuerst geschah dies im Chile des Augusto Pinochet (McGreevy 1991). Am Beispiel Chile unterziehen Paul/Paul die Argumentation der Weltbank einer eingehenden Kritik und weisen nach, daß ihre Argumentation im Kern falsch und irreführend ist. „Die Weltbank weiß sehr wohl um die Probleme, die durch die Reformen entstanden sind, vor allem die Härten für die derzeitigen Rentenbezieher. Behauptungen, daß die ‚Armutsbekämpfung' höchste Priorität habe, erscheinen in diesem Licht geradezu grotesk. Trotz zahlreicher Nachweise in ihren eigenen Veröffentlichungen, daß die neuen Systeme für die Ärmsten und Schwächsten ein Schlag ins Genick sind, hat die Weltbank sie durchgepeitscht. Private Aneignung finanzieller Mittel statt mehr soziale Gerechtigkeit und das Allgemeinwohl scheint das einzige Leitmotiv dieser Politik gewesen zu sein. Die Umstrukturierung der Rentensysteme insgesamt muß als großangelegte Enteignung zugunsten ausländischer Gläubiger gesehen werden. Unseres Wissens hat niemand die Summen, um die es dabei geht, ausgerechnet, aber vorsichtig geschätzt müßte es sich mit Verzinsung um mindestens 56 Milliarden Dollar handeln" (Paul/Paul 1994).

Argentinien stand hier nur als Beispiel für das, was als Folge von SAP in vielen Schuldnerländern geschehen ist und geschieht. Neben Weltbank und IWF sind die *TNU* der wichtigste Motor zur Unterminierung der Sozialsysteme, auch in den „entwickelten" Ländern. Sie bringen kaum Beschäftigung, können aber dank ihrer Strategie, Unternehmensfunktionen so aufzuspalten und über Standorte zu verteilen, daß sie von den jeweils günstigsten Bedingungen profitieren, nationale Regierungen und Gewerkschaften unter Druck setzen. Die Liberalisierung zur Verbesserung des Investitionsklimas, die sie verlangen und mit der Drohung verbinden, notfalls in Länder mit niedrigeren Produktionskosten auszuwandern, stellen eine stärkere Einbindung der Binnenmärkte in die Weltwirtschaft sicher – mit der Tendenz einer weltweiten Angleichung der Einkommen und der Sozialsysteme, aber auch der Umweltschutzregelungen, auf unterem Niveau.

Selbst in *internationalen Handelsabkommen* wie dem GATT ist es 1993 nicht mehr gelungen (wie z.B. noch in der Havanna-Charta von 1948), minimale Sozialklauseln (die ILO fordert z.B. die Garantie der Vereinigungsfreiheit, also die Möglichkeit, Gewerkschaften zu gründen; das Recht auf Tarifautonomie, ein Verbot der Kinder- und Zwangsarbeit und ein Diskriminierungsverbot) durchzusetzen. Aber selbst wenn dies gelungen wäre: Die Kontroll-, Klage- und Verfahrenswege wären langwierig und umständlich und würden nur von wenigen Organisationen beschritten werden können, so daß ein Erfolg mehr als unsicher wäre.

Dramatisch sind die Ausfälle der sozialen Sicherungssysteme in den Ländern des früheren RGW. Wo vor der „Samtrevolution" Sozialsysteme nach dem Grundsicherungsmodell nicht nur intakt, sondern wesentliches Organisationsprinzip für sozialistische Gesellschaften waren, da zerbrachen sie mit der Transformation zum Kapitalismus, nicht selten unter massivem Druck von IWF und Weltbank und unter dem Einfluß amerikanischer BeraterInnen und der von ihnen propagierten *Schocktherapie*. Die Folge sind bedrückende Arbeitslosigkeit, rapide und massenhafte *Verarmungs- und Verelendungsprozesse*. Innerhalb weniger Jahre werden im wesentlichen egalitäre Gesellschaften – mit Arbeitsplatzsicherheit, subventioniertem Grundbedarf, billigen und faktisch nicht kündbaren Wohnungen, Sozial- und Kultureinrichtungen in den Betrieben usw. – zwangsweise umgebaut und in *extreme Einkommensunterschiede* getrieben. Die Nachteile solcher Transformation vermischen sich mit den noch bestehenden Erblasten aus sozialistischer Zeit und nun überwiegend extern, meist aus dem westlichen Ausland kontrollierten Betrieben. WissenschaftlerInnen werden zu „bussinessmen", IngenieurInnen stehen am Grill bei McDonalds, Kulturschaffende werden zu StraßenverkäuferInnen. Die Gesundheitssysteme brechen zusammen, die Importflut aus dem Westen verhindert die wirtschaftliche Reform und die Entwicklung eines lebensfähigen privatwirtschaftlichen Sektors. Die Ausplünderung durch den Westen wird begleitet vom Eindringen der *organisierten Kriminalität* in den Staatsapparat, die Kommunalverwaltungen, die Parlamente, die Unternehmen (für Rußland z.B. Fischer-Ruge 1995).

8.3.2. Europa

Dagegen gibt es ¬ine europäische Sozialpolitik, wenn man Europa hier im engen Sinn der Europäischen Union definiert, zumindest im Ansatz. Sie beginnt mit dem *EGKS-Vertrag* von 1952, der u.a. vorsah:

- „die Durchführung von Untersuchungen und Konsultationen zur Erleichterung der Wiederbeschäftigung von Arbeitskräften, die durch die Marktentwicklung oder die technische Umgestaltung freigesetzt worden sind, und zur Beurteilung der Verbesserungsmöglichkeiten für die Lebens- und Arbeitsbedingungen der Arbeitnehmer (Art. 46 bis 48);
- die Förderung der Forschung im Interesse der Betriebssicherheit (Art. 55);
- die Finanzierung von Programmen zur Schaffung neuer Betätigungsmöglichkeiten und die Gewährung von Beihilfen zur Umschulung, Umsiedlung und Wiedereinstellung von Arbeitnehmern (Art. 56);
- die Gewährleistung der Zahlung angemessener Löhne an die Arbeitskräfte der EGKS (Art. 68);
- die Herstellung der Freizügigkeit der Arbeitnehmer unter Wahrung ihrer sozialversicherungsrechtlichen Ansprüche (Art. 69)" (Kommission der EG 1983).

Der EWG-Vertrag enthält ähnliche, wenn auch zum Teil nicht so weitgehende Sozialvorschriften wie der EGKS-Vertrag – „wie der Name sagt, geht es in erster Linie um eine Wirtschaftsgemeinschaft" (ebd., 8). Es geht um Freizügigkeit (Art. 48, 49, 51), Förderung des Austauschs junger Arbeitskräfte (Art. 50), Angleichung der Sozialsysteme (Art. 117 und 118), gleiches Entgelt für Männer und Frauen (Art. 119), die Errichtung eines Europäischen Sozialfonds, „dessen Zweck es ist, innerhalb der Gemeinschaft die berufliche Verwendbarkeit und die örtliche und berufliche Freizügigkeit der Arbeitskräfte zu fördern (Art. 123-127)" (ebd.); sowie die Aufstellung allgemeiner Grundsätze zur Durchführung einer gemeinsamen Politik in bezug auf die Berufsausbildung (Art. 128). Die Einheitliche Europäische Akte hat die bestehenden materiellen Befugnisse der Gemeinschaften kaum geändert, allerdings das Verfahren der Zusammenarbeit (Art. 118b und 130e) eingeführt und den Dialog der SozialpartnerInnen auf europäischer Ebene vorgeschlagen. „Durch die Entschließung vom 21. Juni 1974 wurde ein erstes sozialpolitisches Aktionsprogramm angenommen. Zehn Jahre später, am 22. Juni 1984, bekräftigte der Rat sei-

nen politischen Willen, bei der Schaffung eines europäischen Sozialraums fortzuschreiten und die bereits eingeleiteten Aktionen, insbesondere im Bereich der Freizügigkeit der Arbeitnehmer, der Beschäftigung, der neuen Technologien, der Berufsberatung und Berufsausbildung, der Gleichbehandlung von Männern und Frauen, der Aktion
zugunsten benachteiligter Gruppen, der Sicherheit und Gesundheit am
Arbeitsplatz, fortzusetzen und zu verstärken, jedoch auch die Möglichkeiten für neue Initiativen im Bereich des sozialen Schutzes, der
Bevölkerung und der Familienpolitik zu prüfen. Schließlich sollte der
europäische Sozialdialog verstärkt und in seinen Modalitäten angepaßt werden, um die Sozialpartner besser an den wirtschafts- und sozialpolitischen Entscheidungen der Gemeinschaften zu beteiligen"
(Europäisches Parlament 1988). Seither wird allgemein eine Befugnis
der EU zum Erlaß von Vorschriften im Sozialbereich angenommen.
Zur besseren Beteiligung der SozialpartnerInnen an den Entscheidungen freilich müßten erst noch arbeits- und verhandlungsfähige europäische Gewerkschaften geschaffen werden. Der in Art. 118b EWGV
geforderte „soziale Dialog" ist bisher über erste Ansätze nicht hinausgekommen.

Die Einheitliche Europäische Akte hat die Kompetenzen der EG in
diesem Bereich nur unwesentlich erweitert: Art. 118a sieht vor, daß
Bestimmungen über Gesundheit und Sicherheit am Arbeitsplatz mit
qualifizierter Mehrheit beschlossen werden können, was die Verabschiedung einiger Richtlinien erleichtert hat; Art. 130a stellt fest, daß
die wirtschaftliche und soziale Kohäsion entscheidend für eine gedeihliche Entwicklung der Gemeinschaft sei; und die Art. 130b, c und
d bereiteten die vollständige Reorganisation der Strukturfonds vor. Im
Auftrag des Präsidenten der Kommission legte der Wirtschafts- und
Sozialausschuß im April 1989 den Entwurf einer „Sozialcharta" vor.
Auf dieser Grundlage präsentierte die Kommission im Laufe des Jahres 1989 dem MinisterInnenrat mehrere Vorschläge für eine Europäische Sozialcharta. Aus dem ursprünglichen Plan, eine Charta rechtlich
verbindlicher, einklagbarer Sozialrechte zu schaffen, wurde im MinisterInnenrat – unter dem Druck vor allem Großbritanniens – schließlich ein *inhaltsleerer, unverbindlicher Text*, der als „Gemeinschaftscharta der sozialen Grundrechte" vom Europäischen Rat am Straßburger Gipfel im Dezember 1989 gutgeheißen wurde („Zum anderen beinhalten diese Programme keine grundlegenden rechtlichen und institutionellen Neuerungen und bleiben teilweise sogar hinter den Zielen
und Inhalten der Sozialcharta des Europarates und des Übereinkommens der IAO (=Internationale Arbeitsorganisation, B.H.) zurück";

Acker 1994, 216). Großbritannien lehnte auch diese Version ab und wählte das „opting out", d.h. akzeptiert die Charta nicht für sich. Da die Einzelmaßnahmen, die das darauf aufbauende Aktionsprogramm vorsieht, gemäß Art. 100a EWGV ebenfalls einstimmig verabschiedet werden müssen, können sie von jedem Mitgliedsstaat verhindert werden. „Während der Regierungskonferenz zur Europäischen Union drohte die Sozialpolitik zum größten Hindernis für eine Einigung zu werden, da sich die britische Regierung weigerte, einer EG-Sozialpolitik zuzustimmen" (Engel 1995, 310).

Der *Unionsvertrag* legt fest, daß eine *Sozialpolitik der Union eingeführt werden soll*; ein Protokoll über die Vereinbarung zur Sozialpolitik wurde dem Vertrag beigegeben. Die Regierungskonferenz ,96 wird sich nur am Rand mit dem Thema beschäftigen. Dabei wird es vor allem darum gehen, ob und wie die Inhalte der Charta und der Sozialvereinbarung in den Vertrag integriert werden können, und das Entscheidungsverfahren in sozialen Angelegenheiten wird überprüft. Die wichtigsten Positionen sind bekannt: So hat z.B. die Bundesregierung deutlich gemacht, daß sie eine Verwässerung der in Deutschland erreichten sozialen Standards nicht hinnehmen werde – gleichzeitig spricht sie sich für eine Harmonisierung minimaler Sozialstandards in der Union aus. Vor allem die *neuen Mitglieder* votieren für eine Stärkung der Sozialpolitik und der Rechte des Europäischen Parlaments (das seinerseits die sozialpolitischen Anliegen voranbringen möchte) (Task Force 1996).

Die *soziale Dimension des Binnenmarktes* ist damit noch immer mehr Schlagwort, vielleicht ein Projekt auf lange Frist, als Wirklichkeit. Da es den Unternehmen erlaubt, die „vier Freiheiten" auch dazu zu nutzen, hohen Sozialstandards auszuweichen, besteht die Gefahr, daß eine Harmonisierung schließlich auf unterem Niveau zustandekommt. Das soll wohl mit der Verzögerung auch angestrebt werden. Die BremserInnen sitzen vor allem im MinisterInnenrat, während bislang die Kommission und noch mehr das Parlament den Prozeß weiter vorantreiben wollten.

Man kommt nicht umhin festzustellen – und wir könnten hier noch eine Weile mit Zitaten fortfahren – daß die Sozialpolitik der EG nicht nur ausschließlich darauf ausgerichtet ist, *Arbeitskräfte für die Wirtschaft verfügbar zu halten*, sondern daß sie auch auffällig zögerlich und zurückhaltend behandelt wird. Es handelt sich hier genau genommen nicht um Sozialpolitik, sondern um eine *Art Strukturanpassungspolitik*, die der des IWF nicht so fremd ist, auch wenn sie nicht unter dem Schuldendruck durchgesetzt wird. Das wird auch bestätigt durch die Leitlinien, die die Kommission im Februar 1988 für die gemeinsame Sozialpolitik der kommenden Jahre festgelegt hat. Wir wollen diesem generellen Eindruck lediglich noch einige Bemerkungen über den europäischen Sozialfonds hinzufügen:

Der *europäische Sozialfonds* (1960) geht zurück auf den EWG-Vertrag (Art. 123 bis 127) und die Ergänzung durch die Einheitliche Europäische Akte (Art 130b, d und e). Zunächst war die Mittelzuteilung für den ersten Fonds mit nicht ganz 800 Millionen Mark (1992 waren es mit rund zehn Milliarden DM knapp über acht Prozent des Gesamthaushalts der EG) *gänzlich unzureichend* und zudem die Zuweisung so geregelt, daß die BRD bis 1972 mit rund 44 Prozent die Hauptnutznießerin war. Gefördert wurden vor allem Maßnahmen zur Umsiedlung und Umschulung von ArbeitnehmerInnen. Das Europäische Parlament hat denn auch seit 1963 die unzulängliche Arbeitsweise des Fonds kritisiert. Erst 1971 hat der Rat den Tätigkeitsbereich des Sozialfonds erweitert und die Arbeitsweise reformiert, wobei der *Kommission* die Befugnis zur Beurteilung der Projekte übertragen wurde. Die Mittelvergabe orientierte sich dann an *nationalen Quoten.* Hauptnutznießer wurde Italien, der Katalog der zu unterstützenden Maßnahmen wurde erweitert um die berufliche Bildung von Frauen, die Eingliederung von Behinderten usw. Der neue Fonds wird seither aus Eigenmitteln der Gemeinschaft und nicht mehr aus speziellen Beiträgen der Mitgliedsländer finanziert, und nun konnten neben öffentlich-rechtlichen Institutionen auch privatrechtliche Einrichtungen und juristische Personen Förderungsanträge stellen. 1983 ist der Sozialfonds erneut gründlich revidiert worden, mit folgendem Ergebnis: Die Mitgliedsstaaten unterbreiten der Kommission die Beihilfeanträge zur Finanzierung von beruflichen Anpassungsvorhaben. Der aus VertreterInnen der Regierungen, der Gewerkschaften und der ArbeitgeberInnenverbände bestehende *Ausschuß des Sozialfonds* muß eine Stellungnahme zu diesen Anträgen abgeben. Über die Gewährung der Beihilfen entscheidet die Kommission in letzter Instanz. Durch den Sozialfonds werden nur fünfzig Prozent der Maßnahmen finanziert, während die andere Hälfte von den nationalen Behörden übernommen wird. Im Vordergrund stehen jetzt Maßnahmen zur beruflichen Eingliederung Jugendlicher. Dabei legt die Kommission zum 1. Mai jeden Jahres Leitlinien zur Verwaltung des Fonds fest. Mit der letzten Revision 1993 ist die *regionalpolitische Orientierung* des Sozialfonds noch deutlicher geworden. Er ist jetzt, zusammen mit dem Regionalfonds und dem „Ausrichtungs- und Garantiefonds für die Landwirtschaft", Teil der Strukturpolitik der Gemeinschaft, für die Mittel nach regionalen Kriterien vergeben werden. Die Mittel aller Strukturfonds zusammen sollen auf 25 Prozent des EG-Haushaltes angehoben werden.

Zum Vertragswerk von Maastricht gehört auch ein *Protokoll über die Sozialpolitik*, das sehr zögerlich und unter Vorbehalt einzelstaatlicher Gepflogenheiten und der Wettbewerbsfähigkeit sowie unter Ausschluß Großbritanniens folgende Ziele verfolgt: „Die Förderung der Beschäftigung, die Verbesserung der Lebens- und Arbeitsbedingungen, einen angemessenen sozialen Schutz, den sozialen Dialog, die Entwicklung des Arbeitskräftepotentials im Hinblick auf ein dauerhaft hohes Beschäftigungsniveau und die Bekämpfung von Ausgrenzungen" (Art. 1). Der Eindruck von oben bestätigt sich also weiter.

Großbritannien könnte als Paradebeispiel dafür herhalten, wie ein in vieler Hinsicht gutes und interessantes Sozialsystem unter der Anleitung neo-klassischer Ökonomie, dem Druck von Interessengruppen und konservativer Politik zerstört worden ist. Der National Health Service, 1942 von Lord Beveridge zur Reform des unzureichenden Versicherungssystems der Vorkriegszeit vorgeschlagen, gehörte zu den Innovationen in der Sozialpolitik westlicher Länder. Nach zahlreichen Reformen und wiederkehrenden Budgetkürzungen – noch immer werden über achtzig Prozent aus Mitteln des Staatshaushalts finanziert – ist das System heute weitgehend verrottet. Auch die 1946 eingerichtete National Insurance ist durch hohe Belastungen aus der Arbeitslosigkeit in eine Finanzkrise geraten, die der Regierung Thatcher die Argumente lieferte, es schrittweise zu demontieren. Nach Inkrafttreten des Social Security Act 1988 wurde gar ein Teil der Sozialhilfe nur mehr als rückzahlbarer Kredit ausgezahlt, und die Regierung empfahl in Not geratenen Personen, sich zuerst an wohltätige Organisationen um Hilfe zu wenden, bevor sie sich um staatliche Hilfe bemühen (Sturm 1991, 143).

8.3.3 Deutschland

Nach deutschem Sozialstaatsverständnis (die überaus magere verfassungsrechtliche Grundlage findet sich in Art. 20 Abs. 1 GG: „Die Bundesrepublik Deutschland ist ein demokratischer und sozialer Bundesstaat" und einer Erwähnung des „sozialen Rechtsstaates" in Art. 28 Abs. 1 GG) soll *jedem Menschen ein sozio-kulturelles Existenzminimum sicher* sein. Auf welche Weise das erreicht werden kann, ist damit nicht festgelegt. Der Staat soll die sozialen Schäden mildern, die das Wirtschaftssystem verursacht. Diese „sozialdemokratische"

Auffassung sieht den *Staat als neutrale Instanz* zwischen den Interessen. Sie unterstellt weiter, daß in einem für Zwecke der Umverteilung gestalteten Steuer- und Beitragssystem die *notwendigen Mittel* bereitgestellt werden. Wir haben schon gezeigt, daß dies zwar theoretisch beabsichtigt, praktisch aber nicht der Fall ist. Das Sozialstaatsprinzip und die soziale Marktwirtschaft waren eingeführt worden, um sozialistischen Anwandlungen der Nachkriegsparteien Wind aus den Segeln zu nehmen und die neue Gesellschaftsordnung gleichzeitig für die Siegermächte akzeptabel zu machen. Es war auch bis zu Beginn der Wirtschaftskrise unbestritten. Erst die konservative Regierung hat sich entschlossen an seinen Umbau gemacht.

Nach ihrer Logik dienen die Systeme sozialer Sicherung in kapitalistischen Gesellschaften in erster Linie dazu, Risiken aufzufangen, Krankheit etwa, oder Arbeitslosigkeit, Invalidität, Alter, Armut. Das ist nicht ihre einzige, wohl aber ihre wichtigste Rechtfertigung. Vorherrschend ist dabei das *Versicherungsprinzip*, d.h. der/die Einzelne kommt mit seinen/ihren Beiträgen für die Abdeckung solcher Risiken auf – das kann er/sie nur, wenn er/sie Beiträge zahlt, also Einkommen bezieht. Die Orientierung der Beitragshöhe am Einkommen führt dazu, daß nicht nur eine Grundsicherung, sondern daß vielmehr ein *sozialer Status versichert* wird (z.B. die Rente mit durchschnittlich rund sechzig Prozent des Einkommens). Die Beiträge werden in der Regel durch ArbeitnehmerInnen und ArbeitgeberInnen aufgebracht. Wer kein Arbeitseinkommen hat, aus dem die Beiträge finanziert werden können, bleibt auf die Sozialhilfe angewiesen.

Anders war das in der *DDR*. Dort war das System sozialer Sicherung subsidiär zu den sozialen Grundrechten zu sehen, die – wie z.B. das Recht auf Arbeit oder das Recht auf Wohnung – das Entstehen solcher Risiken verhindern wollten. Versicherungsbeiträge deckten dort nur einen kleinen Teil der gesamten Kosten, der größte Teil wurde aus den Gewinnen der staatlichen Unternehmen und aus allgemeinen Steuern gedeckt. Dabei herrschte eine *Orientierung am Grundbedarf* (statt am sozialen Status) vor. So waren die Wohnkosten subventioniert, aber es verlor auch niemand die Wohnung, der/die diese Kosten aus irgendwelchen Gründen nicht aufbringen konnte. Faktisch bestand ein System der Grundsicherung – das macht den Übergang zu einer gar schocktherapeutisch verordneten neuen Sozialpolitik für die Menschen so schwer erträglich.

Die Grundzüge der deutschen Sozialversicherung stammen aus der Bismarckschen Gesetzgebung zur Kranken-, Unfall- und Altersversicherung von 1881. Die Reichsversicherungsordnung von 1911 faßte den damaligen Stand zusammen. 1927 trat das Gesetz über Arbeitsvermittlung und Arbeitslosenversicherung hinzu. Das System ist nach 1945 verschiedentlich verändert und ergänzt worden. Im Deutschen Sozialgesetzbuch wird seit 1975 schrittweise das gesamte Sozialrecht zusammengefaßt und dabei revidiert.

Das *erste gesamtdeutsche Sozialbudget* hatte 1992 einen Umfang von über einer Billion Mark, fast 900 Milliarden für Ausgaben zur sozialen Sicherung in den alten und nahezu 200 Milliarden in den neuen Bundesländern, oder 34 Prozent des BSP, oder 13.100 DM pro Kopf der Bevölkerung und Jahr. Es wird finanziert zu etwa vierzig Prozent durch Unternehmen (ArbeitgeberInnenbeiträge, Lohnfortzahlung bei Krankheit), zu rund dreißig Prozent durch die öffentlichen Haushalte und zu weiteren etwa dreißig Prozent durch die privaten Haushalte (Beitragszahlungen). Der Ausbau des Systems stammt im wesentlichen aus den Jahren *der Großen, später der sozialliberalen Koalition*, erfolgte also überwiegend noch in Zeiten voller Kassen. Die konservative Koalition hat seitdem eine Reihe von Sozialleistungen drastisch gekürzt (BAföG, vor allem für SchülerInnen, Arbeitslosengeld und Arbeitslosenhilfe, ABM-Mittel, Renten) bzw. Beiträge erhöht (u.a. Krankenversicherung für RentnerInnen, Beiträge zur Arbeitslosenversicherung). Zusammen mit der wirtschaftlichen Lage hat dies zu einer Verschlechterung der materiellen Situation vor allem der unteren Einkommensgruppen und vor allem wieder der Frauen geführt.

Bei den Leistungen werden „allgemeine Systeme" und „Sondersysteme" des Sozialbudgets unterschieden. Die ArbeitgeberInnenleistungen (Lohnfortzahlung bei Krankheit, betriebliche Altersversorgung, Zusatzversorgung im öffentlichen Dienst) betrugen 1990 knapp siebzig Milliarden DM, d.h. beinahe zehn Prozent. Das beamtenrechtliche System, vor allem die Altersversorgung, liegt bei gut sechzig Milliarden oder neun Prozent. Indirekte Leistungen, vor allem Steuerermäßigungen (Ehegattensplitting, Wohnungsbau) beliefen sich auf 55 Milliarden DM oder acht Prozent. Sozialhilfe, Jugendhilfe, Ausbildungsförderung, Wohngeld, öffentlicher Gesundheitsdienst und Beiträge zur Vermögensbildung zusammen liegen bei etwa 65 Milliarden DM. Etwa zwei Millionen Haushalte erhalten Wohngeld. Dagegen sind die Aufwendungen für Vermögensbildung in den letzten Jahren deutlich zurückgegangen. Zu den allgemeinen Systemen gehören die gesetzliche Renten-, Kranken-, Unfall- und Arbeitslosenversicherung, seit dem 1.1.1995 auch die Pflegeversicherung.

Die *Rentenversicherung* finanziert sich seit der Rentenreform von 1957 nach dem sogenannten *Umlageverfahren*. Das bedeutet, daß die

ArbeitnehmerInnen von heute im Rahmen des „Generationenvertrages" die Renten der ArbeitnehmerInnen von gestern, d.h. die der Elterngeneration zahlen. Es gibt kein Vermögen, aus dem die Renten finanziert werden. Die Beiträge von ArbeitnehmerInnen und ArbeitgeberInnen (über 19 Prozent des Bruttolohnes) machen rund drei Viertel aller Einnahmen aus, der Bund zahlt etwa zwanzig Prozent. Daraus wird deutlich, daß dieses Finanzierungssystem nur dann befriedigend funktionieren kann, wenn *das Verhältnis zwischen BeitragszahlerInnen und BeitragsempfängerInnen* ungefähr konstant bleibt. Dieses Verhältnis hängt u.a. von der demographischen Entwicklung ab. Daher ja auch die große Aufregung darüber, daß wir bei fortgesetztem demographischen Wandel hin zu längerer Lebenserwartung bald die Renten nicht mehr werden finanzieren können. Das Problem liegt freilich nur zum kleineren Teil dort: Die zunehmende Kapitalintensität der Produktion und die abnehmende Bedeutung menschlicher Arbeit, also die *steigende Arbeitslosigkeit* bei gleichzeitig *wachsendem Sozialprodukt* zeigen, daß die Logik des Systems den sich vollziehenden Wandel nicht ohne Änderungen überstehen kann. Die Prämisse „Vollbeschäftigung", auf der das System aufgebaut wurde, gilt nicht länger. Da die Beschäftigung abnimmt, die Produktivität des/der einzelnen Beschäftigten aber steigt, wäre es sinnvoll, den Finanzierungsmodus zu ändern, eine Überlegung, der sich freilich derzeit noch die meisten Beteiligten heftig widersetzen.

Die „Kanzlerrunde", die im April 1996 versprach, die Arbeitslosigkeit bis im Jahr 2000 um die Hälfte zu reduzieren, wird ebenfalls keine Lösung des Problems bringen. Abgesehen davon, daß gar nicht erkennbar ist, wie ein solches Versprechen eingehalten werden soll, würde eine „amerikanische Lösung", d.h. *mehr Beschäftigung zu drastisch verringerten Einkommen*, wegen der entsprechend geringen Beiträge den Sozialsystemen auch nicht viel helfen. Sie hat sich auch vorgenommen, den Kündigungsschutz zu lockern, angeblich, um damit den Betrieben Neueinstellungen zu erleichtern. Das ist – da die Betriebe zeitlich befristete Verträge abschließen können – nicht überzeugend und wird auch keine Arbeitsplätze bringen. Der wirkliche Zweck ist, ArbeitnehmerInnen unter Druck zu setzen, ihnen die Arbeit in den Gewerkschaften und Betriebsräten zu verbauen und jederzeit willfährige, von der Angst vor Entlassung disziplinierte Beschäftigte zu schaffen.

Zuweilen wird hier auf die *Einwanderung* verwiesen. Da die ZuwanderInnen im Mittel jung sind und erst hier ihre Familien- und Berufskarrieren beginnen, sind sie gerade potente BeitragszahlerInnen, ohne im gleichen Umfang Leistungen nachzufragen. Ausländische ArbeitnehmerInnen zahlen etwa fünfzehn Milliarden DM in die Rentenversicherung ein, während an AusländerInnen Renten in Höhe von lediglich fünf Milliarden DM ausbezahlt wurden. Deshalb wird zuweilen argumentiert, wir seien schon aus Gründen der Rentensicherung auf weitere Zuwanderung angewiesen. Dagegen gibt es Einwände, insbesondere verbunden mit dem Hinweis auf die bestehende und wachsende Arbeitslosigkeit (vgl. u.a. Hof 1993, Schmähl 1995). Die EinwanderInnen müßten erst einmal Beschäftigung finden, um Beiträge zahlen zu können. Selbstverständlich aber sollte die Einwanderungsproblematik nicht allein unter Gesichtspunkt der bloßen Nützlichkeit behandelt werden.

Probleme der Rentenfinanzierung entstehen jedoch nicht nur auf der Einnahmenseite. „Seit Jahren verjüngen die Unternehmen ihre Belegschaften, schicken Hunderttausende Ältere in den *Frühruhestand*, auf Kosten der Versichertengemeinschaft. Diese Verjüngungskur trieb den Beitrag zur Arbeitslosen- und Rentenversicherung und damit auch die Lohnnebenkosten in die Höhe. 100.000 Beschäftigte, die statt mit 63 Jahren schon mit 58 aus den Betrieben ausscheiden, kosten allein die Arbeitslosenversicherungen 2,8 Milliarden Mark. Hinzu kommt noch eine Milliardenbürde bei den Rentenversicherungen" (Spiegel 43/94, 118).

Die Sozialversicherungen haben zwischen 1991 und 1995 mit rund 113 Milliarden Mark zu den *Transfers in die neuen Bundesländer* beigetragen, zusätzlich zu den steigenden Lasten der Beschäftigungskrise im Westen. Die Gesamtsumme der „versicherungsfremden Leistungen", die den Sozialsystemen aufgebürdet worden sind, wird auf etwa 58 Milliarden DM jährlich geschätzt. Argumente wie: Die Zeit der Transformation und der Ausnahmezustände sei vorbei, Ostdeutschland müsse sich nun an die Normalität der Marktwirtschaft gewöhnen, die dann die verbleibenden Probleme schon lösen werde, „sind falsch, ihre Verbreitung ist reine politische Propaganda" (Arbeitsgruppe Alternative Wirtschaftspolitik 1995, 628). „In Ostdeutschland beträgt die Zahl der fehlenden Arbeitsplätze 2,5 Mio. Das entspricht einem knappen Drittel der Erwerbspersonen. Von der dramatischen Arbeitsplatzvernichtung seit 1990 sind in ganz besonderer Weise Frauen betroffen. ... Von einer sich selbst tragenden, wenn auch bescheidenen, wirtschaftlichen Entwicklung kann in Ostdeutschland nicht die Rede sein: Nach wie vor wurden 1994 fast zwei Fünftel (38,8 %) der Nachfrage im Osten durch Transfers aus dem Westen finanziert. ... Dieser Zustand ist weder primär auf die zweifellos rückständigen wirtschaftlichen Strukturen der ehemaligen DDR zurückzuführen noch naturwüchsig entstanden. Er ist vielmehr das absehbare Ergebnis einer Entwicklung, die

durch rücksichtslose Verdrängung und verantwortungslose Wirtschaftspolitik gekennzeichnet war. Die übergangslose Einführung der DM hat
die ostdeutschen Unternehmen in eine Konkurrenz geworfen, in der nur
sehr wenige überhaupt eine Chance hatten. Die überstürzte und wesentlich ideologisch motivierte Liquidierungs- und Privatisierungspolitik hat
zu einer historisch einmaligen Vernichtung und Umverteilung von Vermögen geführt: Der Teil der ehemaligen volkseigenen Betriebe und
Kombinate, der nicht vernichtet wurde, befindet sich heute weitgehend
in westdeutscher oder ausländischer Hand. Es dürfte heute keine größere
Region in Europa geben, deren Produktionsmittel in einem derartig hohen Grad Eigentum externer Unternehmen sind" (Arbeitsgruppe Alternative Wirtschaftspolitik 1995, 628).

1989 wurden für Sozialhilfe etwa 32 Milliarden DM ausgegeben,
1993 fast 43 Milliarden DM (alte Bundesländer) plus 5,2 Milliarden
DM (neue Bundesländer) – in zehn Jahren haben sich die Aufwendungen fast verdreifacht. Grundlage ist das *Bundessozialhilfegesetz*
(BSHG), das unterscheidet zwischen der „Hilfe zum Lebensunterhalt"
(dauernd, meist bei zu geringer Rente oder Arbeitslosigkeit, wenn
kein Anspruch auf Arbeitslosengeld oder -hilfe mehr besteht; 1995
betrug der Regelsatz für den Haushaltsvorstand durchschnittlich 525
DM in West- bzw. 506 DM in Ostdeutschland, dazu das Wohngeld
und einmalige Beihilfen, zusammen unter tausend DM) und der „Hilfe
in besonderen Lebenslagen" (vorübergehend bei Krankheit oder Notlagen). Die Finanzierung der Sozialhilfe, obgleich durch Bundesgesetz vorgeschrieben, muß durch die Kommunen aufgebracht werden –
ein wichtiger Grund für die dramatisch sich verschärfende Finanzkrise
auf der kommunalen Ebene. Die wichtigsten Gründe für die Sozial-
hilfebedürftigkeit waren 1989 der Verlust des Arbeitsplatzes (33 Prozent, 1980 waren das nur knapp zehn Prozent), unzureichende Versi-
cherungsansprüche, vor allem bei älteren Frauen (18 Prozent), der
Ausfall des/der ErnährerIn durch Arbeitslosigkeit, Krankheit oder Tod
(zwanzig Prozent), Pflegebedürftigkeit.

Die Leistungen wurden auf zweierlei Art *gekürzt*: Zum einen blieb
die Erhöhung des Regelsatzes seit 1982 unter der Inflationsrate; zum
zweiten wurde 1984 der „Warenkorb", nach dem die Leistungen berechnet werden, neu definiert, und zwar zuungunsten der SozialhilfeempfängerInnen. Wichtiger noch ist jedoch die große Zahl von BürgerInnen, die in materieller Not leben und gleichwohl ihren Rechtsan-
spruch auf Sozialhilfe nicht geltend machen. Etwa die *Hälfte* derer,
die Anspruch auf Sozialhilfe hätten, also noch einmal rund zwischen
drei und vier Millionen, *erhalten diese nicht*. Das hängt u.a. damit zu-

sammen, daß der Gang zur Behörde bereits beschämend und diskriminierend ist. Sozialhilfe muß monatlich beantragt werden, dazu gehört ein Nachweis der Bedürftigkeit, es wird „wirtschaftliches Verhalten" verlangt und überprüft und der/die Bedürftige muß sog. „zumutbare Arbeit" leisten, z.b. Straßen und Parks reinigen für einen nur symbolischen Stundenlohn. Dazu kommt, daß die Kommunen, die für die Sozialhilfeleistungen aufkommen müssen, weder dazu in der Lage sind noch eigene Anstrengungen unternehmen werden, um Sozialhilfeberechtigte über ihre Rechte aufzuklären und sie bei der Wahrnehmung dieser Rechte aktiv zu unterstützen.

Nach Angaben des Deutschen Mieterbundes sind Mitte 1996 rund zwölf Millionen Haushalte von ihrer Einkommenssituation her berechtigt, Antrag auf Zuteilung einer *Sozialwohnung* zu stellen. Insgesamt gibt es aber in Deutschland nur 2,4 Millionen Sozialwohnungen, von denen vierzig Prozent fehlbelegt sind, d.h. von Haushalten bewohnt werden, deren Einkommen höher liegt als das, welches zu einer Sozialwohnung berechtigt. Zwar gibt es eine Fehlbelegungsabgabe – aber nur etwa sechzig Prozent der Pflichtigen zahlen sie, vor allem wegen lascher Kontrollen. Faktisch handelt es sich wiederum um eine Subvention an Besserverdienende.

Daraus wird deutlich, daß die Systeme sozialer Sicherung, theoretisch im Sinn der Grundversorgung konstruiert, *in der empirischen Praxis diese Aufgabe nicht übernehmen* und daß politisch auch nichts dafür getan wird, daß sie sie übernehmen können.

Gesetze und Erlasse mit Kürzungen im System der sozialen Sicherung 1982 bis 1994 (Auswahl)

1. Änderungen im Bereich des Arbeitsförderungsgesetzes (AFG)
Arbeitsförderungs-Konsolidierungsgesetz 1982
Haushaltsbegleitgesetz 1984
Gesetz zur Änderung von Vorschriften des AFG und der gesetzlichen Rentenversicherung 1985
Gesetz zur Sicherung der Neutralität der Bundesanstalt für Arbeit bei Arbeitskämpfen 1986
Gesetz zur Ergänzung der arbeitsmarktpolitischen Instrumente und zum Schutz der Solidargemeinschaft vor Leistungsmißbrauch 1988
Gesetz zur Änderung des Arbeitsförderungsgesetzes und zur Förderung eines gleitenden Übergangs älterer Arbeitnehmer in den Ruhestand 1989
Gesetz zur Anpassung von Eingliederungsleistungen für Aussiedler und Übersiedler 1990
Gesetz zur Änderung von Förderungsvoraussetzungen im Arbeitsförderungsgesetz und in anderen Gesetzen 1993

Der Präsident der Bundesanstalt für Arbeit verfügt am 26. Februar 1993 einen Bewilligungsstopp für neue AB-Maßnahmen im gesamten Bundesgebiet Maßnahmen zur beruflichen Fortbildung und Umschulung – Anordnung 1993 Gesetz zur Änderung von Vorschriften des AFG und der gesetzlichen Rentenversicherung 1985

Erstes Gesetz zur Umsetzung des Spar-, Konsolidierungs- und Wachstumsprogramms, Gesetz zur Änderung von Vorschriften des AFG und der gesetzlichen Rentenversicherung 1985

2. Änderungen im Bereich der Rentenversicherung
Arbeitsförderungs-Konsolidierungsgesetz 1982
Rentenanpassungsgesetz 1982
Haushaltsbegleitgesetz 1983
Haushaltsbegleitgesetz 1984
Gesetz zur Änderung von Vorschriften des AFG und der gesetzlichen Rentenversicherung 1985
Gesetz zur Stärkung der Finanzgrundlagen der gesetzlichen Rentenversicherung 1985
Gesetz zur Neuordnung der Hinterbliebenenrente sowie zur Anerkennung von Kindererziehungszeiten in der gesetzlichen Rentenversicherung 1986
Gesetz zur Reform der gesetzlichen Rentenversicherung 1989

3. Änderungen im Bereich der Krankenversicherung
Kostendämpfungs-Ergänzungsgesetz 1982
Haushaltsbegleitgesetz 1983
Haushaltsbegleitgesetz 1984
Gesundheitsreformgesetz 1989
Gesundheitsstrukturgesetz 1993

4. Änderungen im Bereich der Sozialhilfe
2. Haushaltsstrukturgesetz 1982
Haushaltsbegleitgesetz 1983
Haushaltsbegleitgesetz 1984
Gesetz zur Umsetzung des Föderalen Konsolidierungsprogramms 1993
Asylbewerberleistungsgesetz 1993
2. Gesetz zur Umsetzung des Spar-, Konsolidierungs- und Wachstumsprogramms 1994

Quellen: Arbeitskammer Bremen, 1994: Die wesentlichen Änderungen in den Bereichen Arbeitslosenversicherung, Rentenversicherung, Krankenversicherung und Sozialhilfe in den vergangenen Jahren; Nachrichtendienst des Deutschen Vereins für öffentliche und private Fürsorge; Zeitschrift für das Fürsorgewesen

Mit ihrem „Programm für mehr Wachstum und Beschäftigung" will die Regierungskoalition die Summe der Sozialbeiträge bis zum Jahr 2000 auf unter vierzig Prozent zurückführen. Mit Steuerreformen sollen Impulse für mehr Beschäftigung gegeben werden. So sind geplant:

– Kürzung der Lohnfortzahlung bei Krankheit,

- Verringerung des Kündigungschutzes für ArbeitnehmerInnen,
- Leistungskürzungen in der Rentenversicherung,
- Verschärfung der Regelungen bei Kuren,
- Kürzungen beim Arbeitslosengeld und bei der Arbeitslosenhilfe,
- Kürzungen bei der gesetzlichen Krankenversicherung,
- Nullrunde für den öffentlichen Dienst,
- Aufschiebung der zugesagten Erhöhung des Kindergeldes.

Dafür sollen andererseits:

- der Solidaritätszuschlag gesenkt,
- die Verpflegungspauschale bei Dienstreisen angehoben,
- die Erbschafts- und Vermögenssteuer reduziert,
- der Dienstbotenabzug verdoppelt,
- die Gewerbekapitalsteuer aufgehoben und die Ertragssteuer gesenkt werden.

Selbst der Sachverständigenrat für die Beurteilung der gesamtwirtschaftlichen Entwicklung kritisiert in einem Sondergutachten dieses
Programm als kurzatmiges Herumkurieren an Symptomen, das die
strukturellen Probleme weder versteht noch angeht. Das Paket ist noch
nicht verabschiedet. Es wird ohne Zweifel in wichtigen Teilen im
Bundesrat blockiert werden. Aber weitere Versuche dieser Art werden
folgen.

Argumente für und gegen den Abbau des Sozialstaates

*1. Die Beiträge zur Sozialversicherung insgesamt seien in den letzten Jahren
so rapide gestiegen, daß die Leistungsfähigkeit der Wirtschaft und die Lei-
stungsbereitschaft der Arbeitnehmer dadurch überfordert würden. Ein Ende
dieses Anstieges sei ohne einen radikalen Schnitt bei den Leistungen nicht absehbar.*

Richtig ist, daß die Sozialbeiträge insgesamt von 32,4 % der Bruttolohn- und
Gehaltssumme im Jahre 1980 auf 39,3 % in 1995, insgesamt also um fast 7 %
gestiegen sind. Hierfür sind aber nicht der „überbordende Sozialstaat", sondern
vorrangig die gestiegene Arbeitslosigkeit und die Kosten der deutschen Einheit
verantwortlich, die zu einem großen Teil auf die Sozialversicherungsträger ab-
gewälzt worden sind. Die Aufwendungen für Maßnahmen der aktiven Ar-
beitsmarktpolitik in Deutschland sind etwa von 6,7 Mrd. DM im Jahre 1980
auf über 33 Mrd. DM im Jahre 1994 gestiegen, davon entfielen 1994 etwa 17
Mrd. DM auf die neuen Bundesländer. Hierbei handelt es sich vorrangig um
die Finanzierung gesamtgesellschaftlicher Aufgaben, die eigentlich aus allgemeinen Steuermitteln zu leisten wäre.

2. Das System sozialer Leistungen sei so üppig und leicht zugänglich, daß es in hohem und steigendem Maße von Menschen mißbraucht werde, die sich dadurch einer normalen Arbeit entziehen und als Schmarotzer die Allgemeinheit schädigen.

Die Hartnäckigkeit dieser Behauptung steht in bemerkenswertem Gegensatz zu den empirischen Belegen für einen Mißbrauch des Sozialsystems. An ihre Stelle tritt die ausgiebige Schilderung horrender Einzelfälle. Dazu im Gegensatz steht nun wieder die Tatsache, daß die politischen Schlußfolgerungen hieraus sich nicht präzise auf solche Einzelfälle, sondern auf die Senkung des Leistungsniveaus insgesamt richten. (Zynismus)... zeigt sich z.B. darin, daß der regelmäßige Rückgang der Krankmeldungen in Zeiten der ökonomischen Krise von den Sozialstaatskritikern als Beleg für einen durch die Lohnfortzahlung im Krankheitsfall angeregten Mißbrauch des Sozialsystems angeführt und die Einführung von Karenztagen gefordert wird. In Wirklichkeit dürften die Zusammenhänge eher umgekehrt sein: In der Krise treibt die Angst vor Entlassungen auch kranke ArbeitnehmerInnen an den Arbeitsplatz. Nicht die Gesunden mißbrauchen das Sozialsystem, sondern der Druck der Krise führt zum Mißbrauch der Kranken. Völlig ausgeblendet bei der Mißbrauchsdebatte bleibt die Nichtinanspruchnahme von Sozialleistungen. Bei der Sozialhilfe etwa beträgt diese Dunkelziffer rund 50 % der Anspruchsberechtigten. Schließlich: Das Netz der Kontrollen, Sperren, Zumutbarkeitsregelungen und Bedürftigkeitsprüfungen ist im Verlauf des letzten Jahrzehnts bereits so dicht geknüpft worden, daß die Chancen des Mißbrauchs äußerst gering sind.

3. Die Anspruchsmentalität derer im sozialen Netz behindere – auch ohne Mißbrauch – die wirtschaftliche Entwicklung und gefährde damit die gesamte finanzielle Basis des Sozialsystems. Aus diesem Grunde liege die Sozialleistungsquote in der Bundesrepublik mittlerweile über einem Drittel des Sozialprodukts.

Auch dieses Argument stellt einen Mißbrauch der Fakten dar. Die Sozialleistungsquote Westdeutschlands lag bereits 1982 bei 33,3 % und sank bis 1993 auf 30,3 %. 1991 lag sie mit 28,9 % auf dem niedrigsten Stand seit 1973, einem Jahr mit annähernder Vollbeschäftigung. Allerdings zählen bekanntlich seit 1991 die fünf neuen Bundesländer zur Bundesrepublik, deren Sozialleistungsquote im Jahre 1993 bei 70,0 % lag. Das hat ... mit dem durch schnelle Währungsunion und falsche Wirtschaftspolitik forcierten Zusammenbruch der dortigen Wirtschaft zu tun. Die Sozialpolitik hat die Konsequenzen dieser Politik nun zu tragen. Für die Zeit zwischen 1982 und 1992 belegt die westdeutsche Sozialleistungsquote jedoch das Gegenteil eines ausufernden, nämlich den schrumpfenden Sozialstaat. Während dieses Jahrzehnts stiegt die Zahl der RentenempfängerInnen um knapp ein Fünftel, die der Arbeitslosen um ein Viertel und die der Armen um drei Viertel. Dennoch wurden 1993 für die Finanzierung der Sozialleistungen in Westdeutschland vier Prozentpunkte des Sozialprodukts weniger aufgewendet als 1982. Dies belegt auch statistisch die Verschlechterung der sozialen Leistungen durch Sozialabbau.

4. Der Umfang der sozialen Sicherungssysteme habe zur Etablierung einer verkrusteten, ineffizienten, egoistischen, verschwenderischen und nur an eige-

ner Machterhaltung interessierten Sozialbürokratie geführt, die Antragstelle-
rInnen hinhalte, schikaniere und demütige.
... Die naheliegende Konsequenz aus solcher Kritik liegt in der Schaffung von
mehr Transparenz, Flexibilität und Bürgernähe, in der Demokratisierung des
Apparates. Derartige Schlußfolgerungen liegen der Sozialstaatskritik jedoch
fern. Sie will die sozialen Leistungen nicht demokratisieren, sondern einschränken und teilweise abschaffen. Die Bürokratiekritik ist in dieser Konzeption nichts als ein populistischer Vorwand.

5. ...

6. Hohe soziale Standards hemmten den Leistungswillen der Menschen und ih-
re Bereitschaft, anstrengende Arbeiten zu verrichten und bescheidene Löhne
zu akzeptieren.
(Diese Kritik) ... reflektiert und kritisiert nämlich eine ... Wirklichkeit, in der
die Menschen nicht gezwungen sind, sich jederzeit, an jedem Ort und zu jeden
Bedingungen den Ansprüchen der Unternehmen – oder den „Zwängen des
Marktes" – zu unterwerfen. Wer krank ist, braucht sich nicht zum Arbeitsplatz
zu schleppen und erhält trotzdem Geld; wer arm ist, braucht darum doch nicht
jeden ungeschützten, gefährlichen und schlecht bezahlten Arbeitsplatz anzunehmen und erhält dennoch einen – wenn auch sehr geringen – Unterhalt. Diese marktwidrige Struktur ist in der Tat die Existenz- und Legitimationsgrund-
lage des Sozialstaates – und sie ist es, die den Kritikern ein Dorn im Auge ist.
... Hierdurch soll der Druck auf Arbeitslose erhöht werden, auch noch so
schlecht bezahlte Arbeiten anzunehmen und sich den Unternehmen vollständig
zu unterwerfen.

Quelle: Arbeitsgruppe Alternative Wirtschaftspolitik, 1995

Wir sollten über Systeme sozialer Sicherung nicht sprechen, ohne neben den staatlichen Leistungen auch die Rolle der freien *Wohlfahrts-*
verbände und der *Kirchen* wenigstens zu erwähnen. Diese handeln insofern in öffentlichem Auftrag, als die kreisfreien Städte und Land-
kreise, die im Rahmen ihrer Selbstverwaltungsaufgaben das BSHG
nicht nur vollziehen, sondern auch finanzieren, ihnen Aufgaben übertragen und ihre Einrichtungen in Anspruch nehmen können – selbstverständlich gegen Kostenerstattung. Es gibt in Deutschland sechs
Spitzenverbände der freien Wohlfahrtspflege, drei konfessionelle und
drei nichtkonfessionelle:
1. den Deutschen Caritasverband, in dem sich die katholischen Einrichtungen und Vereine zusammengeschlossen haben,
2. das Diakonische Werk auf der Evangelischen Seite,
3. die Zentralwohlfahrtsstelle der Juden in Deutschland,
4. den Hauptausschuß für Arbeiterwohlfahrt,
5. das Deutsche Rote Kreuz, und

6. den Deutschen Paritätische Wohlfahrtsverband, in dem sich die Vereine und Einrichtungen zusammengeschlossen haben, die weder einer Partei noch einer Kirche nahestehen.

Sie alle sind in der *Bundesarbeitsgemeinschaft der Freien Wohlfahrtspflege Deutschlands* zusammengeschlossen. Sie erhalten aus öffentlichen Kassen Mittel für bestimmte Wohlfahrtsausgaben zur Verteilung an ihre fast 70.000 Mitgliedseinrichtungen. Sie sind an die Regeln der Gemeinnützigkeit gebunden, steuerbegünstigt und werden vom Bundesrechnungshof geprüft.

Gewiß tun diese Einrichtungen viel in der Wohlfahrtspflege. Wir wollen nur darauf hinweisen, daß darin auch eine Dialektik liegt: Immer dort, wo sich eine formale Organisation bildet, zumal eine, die mit fest angestelltem Personal (in Deutschland immerhin etwa 750.000 hauptamtliche, 1,5 Millionen ehrenamtliche MitarbeiterInnen), mit FunktionärInnen und LobbyistInnen, mit öffentlichen Geldern und Vergünstigungen rechnen kann, tritt neben den eigentlichen Organisationszweck, in unserem Fall also neben die Wohlfahrtspflege, auch ein *Interesse am Überleben der Organisation selbst*, an ihrer materiellen Sicherheit, ihrem Einfluß, der Sicherheit der Arbeitsplätze. Mit anderen Worten: Die Organisationen der freien Wohlfahrtspflege und ihre FunktionärInnen haben durchaus ein Interesse daran, daß es soziale Hilfsbedürftigkeit gibt, weil sie nur so ihr eigenes Überleben sichern können. Das hat zuweilen fatale Folgen. So dürfen etwa Obdachlose nur eine geringe Zahl von Nächten in den vorhandenen Wohnheimen übernachten und werden dann wieder auf die Straße geschickt. Oder sie bekommen oft kein Geld, sondern Warengutscheine mit der Folge, das sie die Fähigkeit, das eigene Leben zu bewältigen, zunehmend verlieren. Weit entfernt also davon, das Problem wirklich zu lösen (was ohne Zweifel in vielen Fällen möglich ist), könnte das Organisationsinteresse dazu beitragen, daß es faktisch nicht gelöst wird. Bei der *katholischen Kirche* kommt hinzu, daß sie trotz Finanzierung aus öffentlichen Mitteln und trotz Tätigkeit im öffentlichen Auftrag beharrlich darauf besteht, ein kirchliches Arbeitsrecht anzuwenden, das z.B. Geschiedene diskriminiert.

Dann gibt es ein breites *Dunkelfeld* von vermeintlich wohltätigen, tatsächlich sehr lukrativen Unternehmen, die alles zu Geld machen, was das Herz rührt. Die private Spendenfreudigkeit, die wohl auch mit der Möglichkeit des Steuerabzugs zu tun hat, ist bereits so in den Strudel der Profitschinderei (Kinderpatenschaften, Behinderte, Kleidersammlungen, Projekte in der Dritten Welt und vieles andere) verquickt, daß man einfach nicht wissen kann, wem man guten Gewissens spenden darf. Also besser, man spendet nichts?

Die Überzeugung ist weit verbreitet, daß *das gesamte System der sozialen Sicherung in der Krise ist* und grundlegend reformiert werden muß. Strittig ist weniger die Diagnose als die Therapie, die Art der notwendigen Reformen. Es sind verschiedene Elemente, die die Tauglichkeit des Systems beeinträchtigen:

(1) Der *demographische Wandel* führt nach heutigem Recht dazu, daß die Rente für immer mehr Alte von immer weniger Beschäftigten finanziert werden muß. Das ist im Grundsatz, wenn auch nicht immer in den verwendeten Zahlen, richtig. Der Trend ist langfristig stabil, also nützen Symptomkorrekturen nur momentan. In einem Gutachten für den Verband der Rentenversicherer erwartet die Prognos AG zum Jahr 2025 etwa 6,4 Millionen RentnerInnen bei weniger Beschäftigten und eine Beitragsbelastung der Einkommen für die Rente von mindestens 26, höchstens 28 Prozent der Einkommen; für 2030 sollen 119 RentnerInnen von 100 BeitragszahlerInnen getragen werden.

(2) Die *Arbeitslosigkeit* verringert die Zahl der BeitragszahlerInnen, erhöht aber die Zahl der LeistungsempfängerInnen. Rationalisierung und Automatisierung der Produktion von Gütern und Dienstleistungen werden zusammen mit dem Kostendruck aus dem internationalen Wettbewerb die Zahl der Arbeitslosen, und insbesondere die der Langzeitarbeitslosen, weiter erhöhen. Die reale Kürzung des Arbeitslosengeldes unter das Existenzminimum, das vom Bundesverfassungsgericht auf DM 1000 pro Monat festgelegt wurde, ist rechtlich nicht zulässig und würde zu unwürdigen Lebensbedingungen führen; da es sich um Ansprüche aus Beiträgen handelt, ist das so auch nicht zu machen. Die Beschränkung der Arbeitslosenhilfe auf fünf Jahre verschiebt das Problem nur vom Bund hin zur Sozialhilfe und damit zu den kommunalen LeistungsträgerInnen, die ohnehin übermäßig belastet sind. Die Gewinne aus Rationalisierung und Automatisierung werden bisher für die soziale Sicherung nicht herangezogen.

(3) Wenig beachtet wird, daß die Kosten der deutschen Einigung – in Form von Sozialleistungen, Arbeitsbeschaffungs- und Qualifikationsmaßnahmen, Vorruhestand usw. – weitgehend aus dem durch Beiträge finanzierten Sozialfonds, also durch die abhängig Beschäftigten, bezahlt worden sind. Das macht bis 1996 immerhin eine Größenordnung von insgesamt 230 Milliarden DM aus, die so von West nach Ost transferiert wurde (Spiegel 43/94, 117).

(4) Die *Verwaltungsverfahren* im gesamten Sozialbereich sind zu kompliziert und teilweise diskriminierend für die Leistungsempfänge-

rInnen, und zu personal- und kostenintensiv für das gesamte System. Dazu gehört auch, daß dem System der sozialen Sicherung versicherungsfremde Leistungen abverlangt werden, die vom Institut der deutschen Wirtschaft auf eine Grössenordnung von inzwischen hundert Milliarden Mark jährlich geschätzt werden. Das Kindergeld z.B. wird durch die ArbeitgeberInnen bzw. die Bundesanstalt für Arbeit ausbezahlt, statt einfach mit der Lohn- und Einkommenssteuer verrechnet zu werden. Einsparungen ließen sich durch organisatorische Reformen und Rationalisierungen in allen Bereichen des Sozialsystems erzielen.

(5) Schließlich sind zwar die Einkommen aus unselbständiger Arbeit real gesunken, aber gleichzeitig die *Einkünfte aus Kapital und Vermögen kräftig angestiegen*. Die aber werden für die Finanzierung der sozialen Sicherung nicht herangezogen.

Das alles macht deutlich, daß die theoretischen Grundlagen, auf denen unser System der sozialen Sicherung aufgebaut worden ist – d.h. vor allem Vollbeschäftigung und volle Beitragsleistung – nicht mehr erfüllt sind und es so nicht in die Zukunft erhalten werden kann. Eine Reform ist unumgänglich. Trotz der Warnung der Enquête-Kommission, die im Auftrag des Deutschen Bundestages das Sozialsystem durchleuchtet hat: „Das immer wieder geforderte ‚System aus einem Guß‘, dies lehrt die Geschichte der Sozialreform seit den frühen fünfziger Jahren, muß ohnehin Wunschdenken bleiben. Soziale Reformen sind ein sehr langfristiger Prozess, der sich nur in kleinen Schritten vollziehen kann" (zit. nach Spiegel 43/94,117), ist eine umfassende Reform nötig. Darum also geht der Streit, in dem die GroßverdienerInnen verlangen, die Sozialhilfe zu kürzen. Wir zitieren, der Brisanz wegen, ein paar Sätze aus jenem berüchtigten Interview, das der „Stern" mit dem Präsidenten des Deutschen Industrie- und Handelstages Hans-Peter Stihl geführt und im Juli 1994 veröffentlicht hat:

„*Stern*: Herr Stihl, seit vier Jahren verzichten die Arbeitnehmer auf reale Lohnsteigerungen. Jetzt fordern Sie auch noch Sozialabbau.

Stihl: Ja. Unser Wohlfahrtsstaat ist zu teuer geworden. Wir geben mittlerweile schon jede dritte Mark, die in Deutschland erwirtschaftet wird, für Soziales aus. Damit sind wir am Ende der Leistungsfähigkeit.

Stern: Wo wollen Sie denn die Axt zuerst anlegen?

Stihl: Alles gehört auf den Prüfstand – von der Sozialhilfe bis zum Rentensystem. Die Eingriffe müssen so umfassend sein, daß im Ergebnis jeder davon betroffen sein wird.

Stern: Dann hätte die Politik nach Ihrer These in den letzten Jahren ja total versagt?

Stihl: Die Fehlentwicklungen sind ja nicht, wie oft behauptet wird, erst seit der Wiedervereinigung evident. In den vergangenen 20 Jahren sind die Gesundheitsausgaben um das Vierfache gestiegen, bei den Renten um das Sechsfache, bei der Sozialhilfe um das 14fache, und die Ausgaben für Arbeitslose stiegen um das 16fache. Gleichzeitig stiegen Steuern und Sozialabgaben auf Rekordniveau. Der Staat ist zu einer riesigen Umverteilungsmaschinerie geworden, die uns schlicht zu viel kostet.

Stern: Und da wollen Sie mit den Streichungen ausgerechnet bei den Sozialhilfeempfängern anfangen?

Stihl: Das Lohnabstandsgebot, die Differenz zwischen Sozialhilfe und unteren Arbeitseinkommen, muß wiederhergestellt werden.

Stern: Die Sozialhilfe soll also real gekürzt werden?

Stihl: Das ist aus ganz rationalen Gesichtspunkten unverzichtbar. ..."

Stihl vergaß zu erwähnen – und darin gleicht er seinen KollegInnen aus befreundeten Verbänden –, worin denn sein Beitrag zur Lösung des Problems bestehen könnte.

8.4 Zusammenfassung

Das System sozialer Sicherung steht unter dem ethischen und dem politischen Postulat, jedem Menschen ein sozio-kulturelles Existenzminimum zu garantieren. Aber seine Konstruktion beruht auf Grundlagen, die heute und auf absehbare Zukunft hinaus nicht mehr erfüllt sind. Das eröffnet sofort den Verteilungskampf, in dem die mächtigere Seite der ArbeitgeberInnen/UnternehmerInnen nicht zögert, selbst das Existenzminimum zur Disposition zu stellen, während die Einkommen der GroßverdienerInnen und vor allem die Einkünfte aus Kapital und Vermögen nicht angesprochen werden. Das ist gleichermaßen der Fall auf globaler, europäischer und deutscher Ebene. Hier zeigt sich die häßliche Fratze des Kapitalismus, der nur vermeintlich seit dem 18. und 19. Jahrhundert menschlicher geworden ist. Der Verteilungskampf bricht sofort los, noch bevor das mögliche Einverständnis über die Grundfrage, daß nämlich das gesamte System der sozialen Sicherung reformbedürftig ist, hergestellt ist und die möglichen Optionen für eine solche Reform auf dem Tisch liegen.

Gewiß wird eine solche Auseinandersetzung nur im europäischen Rahmen sinnvoll zu führen sein. Wenn es gelingen sollte, die in

Deutschland bislang fest etablierten Grundsätze des Systems der sozialen Sicherung aufzubrechen, dann wird das bedeuten, daß europäische Regelungen nur vom untersten Niveau ausgehen und folglich eine Anpassung nach unten erzwungen wird. Das wird erhebliche negative Konsequenzen für den sozialen Frieden und für die politische Kultur nach sich ziehen, die an historische Vorläufer in der Wirtschaftskrise 1929-32 und den anschließenden Nationalsozialismus erinnern. Auch da haben die GroßverdienerInnen zunächst profitiert – aber zu welchem Preis!?!

Weiterführende Literatur

1. *Bauer, Rudolph* (Hg.), 1992: Sozialpolitik in deutscher und europäischer Sicht. Rolle und Zukunft der Freien Wohlfahrtspflege zwischen EG-Binnenmarkt und Beitrittsländern. Weinheim
2. *Borchert, Jürgen*, 1993: Renten vor dem Absturz. Ist der Sozialstaat am Ende? Frankfurt
3. *Bubach, Karl-Jürgen, und Helga Milz* (Hg.), 1995: Neue Armut. Frankfurt
4. *Döring, Diether, und Richard Hauser*, 1995: Soziale Sicherheit in gefahr. Zur Zukunft der Sozialpolitik. Frankfurt
5. *Hanesch, Walter*, u.a., 1994: Armut in Deutschland. Der Armutsbericht des DGB und des Paritätischen Wohlfahrtsverbandes. Reinbek
6. United Nations Department of Economic and Social Information and Policy Analysis, 1994: The World Social Situation in the 1990s. New York

Übungsaufgaben

1. Untersuchen Sie die in Ihrer Stadt tätigen Verbände der freien Wohlfahrtspflege: Wo sind sie aktiv? Mit welchem Personal, welcher Finanzierung arbeiten sie? Welche Probleme stehen für sie im Vordergrund? Wie stehen sie zu ihren Dachorganisationen?
2. Sprechen Sie mit Obdachlosen und SozialhilfeempfängerInnen über Entstehung und Verlauf ihrer Armut, über ihre Wahrnehmung von Hilfsangeboten, über ihre eigene Vorstellung, wie ihnen zu helfen sei.
3. Verfolgen Sie die Politik der Bundesregierung und versuchen Sie herauszufinden, ob und auf welche Weise sich ihre Politik nach dem Weltsozialgipfel in Kopenhagen verändert hat.
4. Untersuchen Sie, wie das System der sozialen Sicherung in der früheren DDR funktioniert hat, und vergleichen Sie es mit dem der BRD. Wo sehen Sie Vor-, wo Nachteile? Warum?
5. Untersuchen Sie auf einer globalen Ebene die Zusammenhänge zwischen internationaler Migration und Armut. Welche Entwicklungen erwaten Sie für die kommenden zehn Jahre?

Zukunft

9. Trends

9.1 Überblick

Zunächst werden die wichtigsten Ergebnisse der ganzen Untersuchung noch einmal zusammengefaßt. Dies bestärkt den Eindruck, daß ohne tiefgreifende institutionelle Reform auf allen Ebenen die globale Krise nicht zu bewältigen sein wird. Das wird in dem anschließenden Szenario deutlich, welches die bestehenden Tendenzen in die Zukunft verlängert. Wenn es nicht gelingt, diese Trends zu brechen, ist die Wahrscheinlichkeit groß für eine zunehmend konfliktreiche und in der Folge repressive Entwicklung, in der die VerliererInnen des Verteilungskampfes mit gewaltsamen Mitteln diszipliniert werden.

9.2 Ergebnisse der Untersuchung

Die Untersuchung hat sich zunächst fünf Aspekten der *Umweltbelastung* zugewandt, die von Menschen ausgehen: der Nutzung und Belastung von Rohstoffen, dem Verlust biologischer Arten, den Klimaveränderungen, gesundheitlichen Folgen von Umweltschädigungen, und regionaler Tragfähigkeit. Sie alle sind eng ineinander verflochten. Die Entwicklungstendenzen deuten durchgehend auf zunehmende Verschlechterung der Umweltbedingungen hin. Während die Länder des Südens am meisten unter den Lasten zu leiden haben, sind die Verursacher in erster Linie in den Ländern des Nordens zu suchen. Änderungen müssen daher, wenn sie wirksam sein sollen, von den Ländern des Nordens ausgehen.

Wir haben dann einige wichtige Bereiche der *weltwirtschaftlichen Entwicklung* – die Internationalisierung von Produktion, Handel, Finanzbeziehungen, die Schuldenkrise – untersucht und sind dabei zur Einsicht gekommen, daß es in erster Linie die Transnationalen Unternehmen und die Verselbständigung monetärer gegenüber realen Wirtschaftskreisläufen sind, die nicht nur für die zunehmenden sozio-ökonomischen Disparitäten, sondern auch für die Zerstörung natürlicher und menschlicher Ressourcen in großem Umfang verantwortlich sind. An der Krisenhaftigkeit einer solchen Entwicklung im Sinn der Definition kann schon deshalb kein Zweifel bestehen, weil dieses System den Keim der Selbstzerstörung in sich trägt: Derzeit ist nichts erkennbar, das in der Lage wäre, die alles verheerende Aggressivität dieser Wirtschaftsweise zu bändigen – im Gegenteil deutet alles darauf hin, daß sie nicht eher ruhen wird, bis auch der letzte Winkel menschlichen Daseins überall auf der Erde ihren Regeln gehorcht. Wenn sie die natürlichen Lebensgrundlagen endgültig vernichtet, die Menschen aufs bloße physische Existenzminimum gedrückt hat – und eben dies ist die Richtung, in der es wirkt – dann werden auch die ProfiteurInnen einsehen müssen, daß man „Geld nicht essen kann".

Die Tendenzen in der Entwicklung *sozialer Ungleichheit* – die Klassenteilung, die aus ihr folgende Entwicklung regionaler Disparitäten, die Bevölkerungsentwicklung hin zu vielen Jungen in der Dritten Welt und vielen Alten in den Industrieländern, die Migrationsbewegungen und ethnischen Verschiebungen – zeigen, daß sich auf der globalen, der europäischen und der nationalen Ebene Tendenzen sozialer Polarisierung und neue Spaltungen erkennen lassen. Ihre Ursachen sind in dem verschärften Verteilungskampf zu suchen, der in der Weltwirtschaft tobt und von dem alle anderen Bereiche gesellschaftlicher Entwicklung beeinflußt werden. Unter dem Stichwort „Anomie" wurden empirische Belege dafür vorgelegt, daß die Wert- und Normorientierung in der deutschen Gesellschaft brüchig geworden ist, daß illegale Praktiken aufsehenerregend zugenommen haben, die Grenze zwischen legalem und illegalem Verhalten oft kaum mehr klar zu ziehen ist.

Es hat sich herausgestellt, daß die ökologische Problematik so eng und untrennbar mit der wirtschaftlichen und sozialen zusammenhängt, daß *alle drei ohne einander nicht verstanden, geschweige denn gelöst werden können.*

Der zweite Teil hat sich der Untersuchung der gesellschaftlichen *Institutionen* gewidmet, um herauszufinden, ob die vorhandenen gesellschaftlichen Regulationsmechanismen sich auf die bedrohliche Krisenlage einstellen und sie entschärfen, womöglich gar lösen können, oder ob sie nicht vielmehr selbst Ursache dieser Krisenentwicklung sind.

Die *wirtschaftlichen Institutionen* sind auf globaler, europäischer und deutscher Ebene nach den Interessen der westlich-kapitalistischen UnternehmerInnen ausgerichtet und faktisch kaum kontrolliert. Die marktwirtschaftliche Theorie, die sie vertreten, dient mehr der Verschleierung ihrer Partikularinteressen denn der Erklärung wirklicher Wirtschaftsabläufe. Faktisch ist reine Marktsteuerung die Ausnahme, und da wo sie existiert (internationale Finanzmärkte), führt sie zu gesellschaftlich unerwünschten Ergebnissen. Die zunehmende Anonymisierung des Kapitals, der zunehmende Einfluß der Banken und Finanzinstitutionen und die zunehmende Trennung monetärer von realen Wirtschaftskreisläufen führen zu einer inhaltlich gleichgültigen Tauschwertorientierung, die erheblich dazu beiträgt, unsere Lebensgrundlagen zu zerstören. Unser Wirtschaftssystem ist blind und macht blind gegen das menschliche Elend und gegen die Schädigungen der natürlichen Umwelt und damit gegen die kollektive Bedrohung des Überlebens, die es verursacht. Von dort her ist kaum Unterstützung für Strategien für eine zukunftsfähige Entwicklung zu erwarten. Denk- und Handlungsweisen, die Europa im Wettbewerb mit Nordamerika und dem pazifischen Raum sehen und die Zukunft an den relativen Positionen dieser drei Kontrahenten zu bestimmen suchen, sind unangemessen. Damit betrachten wir die Dritte Welt und die ehemals sozialistischen Länder, also die noch „unterentwickelten" im Sinn von „unterkommerzialisierten" Regionen der Erde, lediglich als Absatzmärkte für unsere Überproduktion mit dem Ziel, das westliche Konsummodell überall durchzusetzen. Diese Vorstellung ist eine ökologische und soziale Horrorvision. Viel wichtiger wäre das Nachdenken darüber, wie wir unsere Überflußökonomien auf ein global verträgliches und gerechtes Maß zurückbauen können und welche alternativen Modelle der Entwicklung es für die Befriedigung der Grundbedürfnisse aller Menschen gibt.

Die Untersuchung *politischer Institutionen* führte zu folgenden Schlüssen: Die formale Beschreibung hat gezeigt, daß es keine „autonome" politische Einheit in dem Sinn gibt, daß hier unbeeinflußt von anderen und abschließend Entscheidungen gefällt werden könnten. Die Abhängigkeit ist nicht einseitig von oben oder unten, sondern wechselseitig, zumindest für Europa und Deutschland als Teile der (noch) wohlhabenden Welt. Wir sind gleichzeitig einflußreich und eingebunden. Arme Länder sind dagegen einseitig abhängig, ohne eigene Machtressourcen und Handlungsspielräume. Die Vereinten Nationen sind, obgleich formal demokratisch organisiert, außerordentlich anfällig für Mißbrauch durch die letzte verbleibende Supermacht, wenn es der gelingt, auf irgendeinem Weg Verbündete (vor allem im Sicherheitsrat) zu gewinnen bzw. andere davon zu überzeugen, daß Interessenidentität bestehe. Die Weltmachtrolle, die die USA beanspruchen, auch die Rolle des einzigen Weltpolizisten, hat zu einer weitgehend unkontrollierten und unkritisierten, dazu von manipulierten Medien unterstützten Politik im reinen Eigeninteresse geführt. Sie stützt sich in erster Linie auf militärische Stärke und steht in einem Mißverhältnis zur inneren wirtschaftlichen Krise. Die politische Klasse in westlichen Ländern tendiert mehr und mehr dazu, sich abzuschließen, sich auf Macht- und Privilegienmaximierung zu konzentrieren und im übrigen symbolische Politik zu betreiben. Sie reagiert auf Meinungsumfragen mit den Mitteln des Marketing. Eine Schlüsselrolle nehmen dabei die politischen Parteien ein, insbesondere dadurch, daß sie Kontrolle über die Besetzung der Führungspositionen in Politik, Verwaltung und politiknahen Bereichen ausüben. Sie wirken faktisch als Kartell, das in der Lage ist, die Gesetzgebung in ihrem Interesse zu prägen. An die Stelle fachlicher Kompetenz und Problemorientierung immer mehr die persönliche Loyalität zur Führungsspitze und die Vertrautheit mit dem Machthandwerk. Korruption innerhalb und außerhalb der politischen Apparate wird zum Normalfall. Dazu kommt, daß strukturelle Faktoren die Problemlösungskapazität des Staates stark einschränken: Staatsverschuldung und Überbürokratisierung als die wichtigsten. Dem kommt die Forderung nach Deregulierung und Privatisierung entgegen, die allerdings vorab im Interesse kurzfristiger Gewinnmaximierung erhoben wird.

Die *Massenmedien* produzieren das, was in unseren Köpfen als Wirklichkeit aus zweiter Hand Realität wird. Deshalb ist es so wichtig, sich mit den Strukturbedingungen ihres Operierens zu beschäftigen. Dazu gehört vor allem, sie in profitorientierten Strukturen kapitalistischer Gesellschaften, also in den technischen, ökonomischen, politischen und sozialen Bedingungen dieser Wirtschaftssyteme zu verstehen. Die Massenmedien werden – grob gesagt – für Sustainability nur dann etwas tun, wenn es ihnen Profit bringt und sich das Thema profitabel vermarkten läßt. Sie sind in ihren politischen Inhalten weitgehend kontrolliert nicht nur durch die amerikanischen Nachrichtenagenturen und Filme, sondern auch durch das Gesellschaftsbild unserer Mittelschichten und durch den Zwang, wegen der Werbeeinnahmen ständig neue Sensationen produzieren zu müssen. Sie pervertieren das Bild von Gesellschaft, weil sie um des vermeintlichen Aufmerksamkeitswertes willen immer neue Sensationen melden müssen. Damit tragen sie erheblich zur Trivialisierung von Politik und zur Brutalisierung unserer Wirklichkeitsbilder bei. Alle Medien werden beherrscht durch die Menschen- und Gesellschaftsbilder der Mittelschicht; das bedeutet gleichzeitig, daß die Wirklichkeitserfahrungen der Mehrheit der Bevölkerung in den Massenmedien nicht vorkommen.

Das System *sozialer Sicherung* steht unter dem ethischen und politischen Postulat, jedem Menschen ein sozio-kulturelles Existenzminimum zu garantieren. Aber seine Konstruktion beruht auf Grundlagen, die heute und auf absehbare Zukunft hinaus nicht mehr erfüllbar sind. Das eröffnet sofort den Verteilungskampf, in dem die mächtigere Seite der ArbeitgeberInnen/UnternehmerInnen nicht zögert, selbst das Existenzminimum zur Disposition zu stellen, während die Einkommen der GroßverdienerInnen und vor allem die Einkünfte aus Kapital und Vermögen nicht angesprochen werden. Der Verteilungskampf bricht sofort los, noch bevor das mögliche Einverständnis über die Grundfrage, daß nämlich das gesamte System der sozialen Sicherung reformbedürftig ist, hergestellt ist und die möglichen Optionen für eine solche Reform auf dem Tisch liegen. Gewiß wird eine solche Auseinandersetzung nur im europäischen Rahmen sinnvoll zu führen sein. Wenn es gelingen sollte, die in Deutschland bislang fest etablierten Grundsätze des Systems der sozialen Sicherung aufzubrechen, dann wird das bedeuten, daß europäische Regelungen nur vom untersten Niveau ausgehen und folglich eine Anpassung nach unten erzwungen wird. Das wird erhebliche negative Konsequenzen für den sozialen Frieden und für die politische Kultur nach sich ziehen, die an historische Vorläufer in der Wirtschaftskrise 1929-32 und den anschließenden Nationalsozialismus erinnern.

Es gibt viele gute Gründe, die Krisensymptome überaus ernst zu nehmen. Wir haben Krise definiert als ein Stadium in einem Entwicklungsprozeß, in dem die Verhältnisse sich tiefgreifend und qualitativ ändern müssen, wenn nicht für viele Menschen katastrophale Zustände in Kauf genommen werden sollen. Wir haben dann untersucht, ob die vorhandenen Institutionen geeignet sein könnten, die globale, europäische und deutsche Gesellschaft auf den Weg hin zur Zukunftsfähigkeit zu bringen. Ergebnis dieser Untersuchung war, daß die Wahrscheinlichkeit dafür sehr gering ist, die vorhandenen Institutionen mehr Teil des Problems als Teil seiner Lösung sind. Es gibt kaum Grund zu der Annahme, daß wir mit „Weiter so!" aus der Sackgasse herausfinden werden. Diese Einsicht ist weder neu noch von uns erfunden; ist gibt auch innerhalb der bestehenden Strukturen Zweifel an der Richtigkeit des Weges und Fragen nach Alternativen. Selbst unter denen, die am meisten von den bestehenden Verhältnissen profitieren, gibt es Menschen, die sensibel und aufmerksam genug sind, um von den vorgetragenen Argumenten nicht gänzlich unbeeindruckt zu bleiben. Trotzdem sind die Selektionsprozesse, durch die Menschen in Elitepositionen hineingebracht werden, so konstruiert, daß solche Zweifel in den alltäglichen wirtschaftlichen und politischen Entscheidungen, die solche Menschen treffen, keine bedeutende Rolle spielen, daß sie vielmehr ausgefiltert werden, „privat" bleiben.

9.3. Szenario: Status quo[1]

Die Zukunft entsteht aus den *heute bereits angelegten Entwicklungen und den Entscheidungen*, mit denen wir sie zu beeinflussen suchen. Wenn wir 1995 hörten, daß die Automobilindustrie im kommenden Jahr rund 100.000 Arbeitsplätze abbauen will (und die Folgen für die ZulieferInnen bedenken), die Montanindustrien, die chemische Industrie, der Bankensektor, und viele andere Entlassungen großen Umfangs angekündigt haben, selbst der Staat unter Spardruck Stellenabbau großen Umfangs anmeldet, dann gehört keine visionäre Kraft dazu vorherzusagen, daß die Arbeitslosigkeit deutlich ansteigen wird. Da zudem die Kapitalintensität der Industrie steigt und auch im Dienstleistungssektor rasch rationalisiert wird, auf der anderen Seite aber nicht erkennbar ist, woher neue Beschäftigung eines Umfangs kommen könnte, der diese Arbeitslosigkeit absorbierte, spricht viel für die Vermutung, daß unsere Gesellschaft *mit zunehmender Arbeitslosigkeit wird leben müssen*. Dazu kommen der international steigende Konkurrenz- und Kostendruck und die zurückgehende inländische Kaufkraft, die in die gleiche Richtung wirken.

Dies spricht dafür, daß wir *mit dem gegenwärtigen Gesellschaftskonzept*, das auf Arbeit, Gelderwerb und daraus resultierenden Steuern und Sozialabgaben beruht, nicht mehr weiterkommen können. *Die Arbeitsgesellschaft ist am Ende.* Das ist der Trend, wie er sich aus den derzeit erkennbaren Daten ergibt. Wir kommen mit den alten Modellen nicht weiter. Das bedeutet, daß wir vor tiefgreifenden Änderungen stehen, Änderungen, von denen häufig vermutet wird, daß sie an Tiefe und Reichweite jenen der großen Revolution des 18. und 19. Jahrhunderts nicht nachstehen werden. Was wird aus heutiger Sicht geschehen, wenn unterstellt wird, daß die Mechanismen weiterwirken, die wir jetzt am Werk sehen?

---

1 Das Szenario entspricht – mit geringfügigen Kürzungen – dem in Hamm/Neumann 1996, 326-40.

Aus Gründen des verschärften globalen Wettbewerbs, aber auch der wachsenden Dominanz des Finanzkapitals, wird der *Druck auf kurzfristige Gewinnmaximierung zunehmen*. Das wird die weitere Konzentration fördern und die Bildung immenser Konzerne und weiterer zumindest regionaler Monopole begünstigen. Weiterhin wird ein erheblicher Teil der Kartell- oder Monopolgewinne für Firmenaufkäufe, finanzielle Transaktionen und Spekulationsgeschäfte verwendet. Wenn es zu Investitionen in den Produktions- und Dienstleistungsbetrieben kommt, dann werden sie trotz weiter sinkender Realeinkommen der abhängig Beschäftigten der Rationalisierung und Automatisierung dienen, wozu die technologische Entwicklung die Voraussetzungen liefern wird. Selbst bei schon weit gesunkenen Löhnen wird dies begründet werden mit dem Verweis auf die noch tieferen Löhne in Osteuropa und in der Dritten Welt. Viele kleinere Unternehmen werden dem Konkurrenzdruck nicht standhalten können und entweder aufgeben oder von einem Konzern als Filiale übernommen werden (wobei die feste Bindung an nur eine/n AuftraggeberIn selbst bei rechtlicher Selbständigkeit einen ähnlichen Charakter hat – vgl. etwa die ZuliefererInnen der Autoindustrie oder des Lebensmittelhandels). Allerdings werden diese „verlängerten Werkbänke" nun nicht mehr primär in den peripheren Regionen angesiedelt werden, weil deren Infrastruktur nicht mehr ausreichen wird, sondern in den urbanen Wachstumsgürteln, vor allem der „Blauen Banane", zu finden sein. Sie sind nicht weniger anfällig für und abhängig von kurzfristigen Entscheidungen ihrer Zentralen.

Es wird also zu weiterer *regionaler Polarisierung* kommen – in Europa werden sich im urbanen Gürtel der „Blauen Banane" und in den Großräumen Paris und Berlin die Wachstumsbranchen konzentrieren, und zwar auf Kosten der anderen, zunehmend peripheren Regionen. Solange das noch finanzierbar ist, werden diese Regionen mit Subventionen des Typs der Europäischen Strukturfonds bedient, dann werden sie zunehmend sich selbst überlassen. Im Wachstumsgürtel wird keineswegs allgemeiner Wohlstand herrschen. Einige wenige Zentren – in Deutschland vielleicht Düsseldorf, Frankfurt, Stuttgart, München – denen es gelungen ist, wichtige Headquarters samt den entsprechenden Dienstleistungen anzusiedeln, werden relativ prosperieren. Aber auch dort wird es *wachsende Arbeitslosigkeit, Einkommensrückgänge, Armut und folglich Polarisierung* geben. Die Verarmung der öffentlichen Haushalte wird staatliche Korrekturen unmöglich machen. Die übrigen Gebiete des Wachstumsgürtels werden starken Konjunktur- und Nachfrageschwankungen ausgesetzt sein, so daß auch dort die sozialen Probleme sich häufen und wegen ihrer Konzentration zu ständigen Eruptionen führen werden.

Die Wirtschaftsverbände werden im Verein mit den transnationalen Unternehmen und den ihnen nahestehenden Parteien und Einfluß- gruppen alles versuchen, um *den Staat zu schwächen* (Deregulierung, Entbürokratisierung, Entstaatlichung, Privatisierung). Dabei geht es vorrangig darum, die *Umverteilungsfunktion des Staates zu reduzie- ren*, Arbeits- und Umweltschutz, Gewerbeaufsicht, Lebensmittelkon- trolle einzuschränken und weitere gewinn- oder imageträchtige Teile der heutigen Staatsaufgaben im Infrastrukturbereich (z.B. Straßen, öf- fentlich-rechtliche Medien, Wasserversorgung, Kultur) zu privatisie- ren. Der Staat wird reduziert auf drei Funktionen: die nicht gewinn- versprechenden Infrastrukturleistungen zu erbringen, das Eigentum zu sichern und die dafür nötigen Justiz-, Polizei- und Militärkräfte zu unterhalten und günstige Rahmenbedingungen für die Gewinnerzie- lung einheimischer Konzerne („Standortsicherung Deutschland"), so- weit sie von politischen Entscheidungen abhängen, zu schaffen. Dar- über hinaus reduziert sich Politik, gleich von welcher Mehrheitspartei getragen, zunehmend auf *symbolische Veranstaltungen in den Medien.*

Die *Arbeitslosigkeit wird weiter zunehmen.* Unter dieser Bedingung kommt es zu weiterer Polarisierung zwischen arm und reich und damit zu fortschreitender Verelendung großer Teile der Bevölkerung, wäh- rend die EigentümerInnen von Kapitalvermögen weiterhin kräftig verdienen werden. Die öffentlichen Sozialsysteme werden nicht mehr in der Lage sein, die Not aufzufangen. Es wird zu umfangreichen und infolge der räumlichen Segregation auch *großräumigen Proletarisie- rungen* kommen. Die Folge werden Gewalt, Kriminalität, Konflikte, Rassismus, Korruption, Drogen, Prostitution, Krankheit, Alkoholis- mus sein. Der (reduzierte und zunehmend mittellose) Staat wird sol- che Spannungen als Aufgabe des Konfliktmanagements begreifen und dafür *Polizei und Militär stärken und spezielle Eingreiftruppen* auf- bauen, die vor allem das Übergreifen solcher Spannungen auf die Wohl- standsinseln verhindern sollen. Diese *Wohlstandsinseln* (dazu könnten z.B. wie schon heute, so in Zukunft noch verstärkt die Schweiz, Lu- xemburg, Monaco, aber auch Singapur, die Bahamas, Long Island und andere gehören) werden Räume anderen Rechts (vor allem anderen Steuerrechts) und besonderen militärischen Schutzes sein. Kultur und Sport, zunehmend auch Bildung und Wissenschaft, werden vollstän- dig unter die Kontrolle der *privaten SponsorInnen* fallen, die selbst- verständlich auch die Medien kontrollieren. Sie werden also zuneh- mend auch das *Bewußtsein der Menschen konfektionieren* – was bedeuten könnte, daß die Ursachen der bedrückenden Lebenswirklichkeit nicht mehr so sehr als Folgen der *gesellschaftlichen* Struktur identifizierbar sein, sondern primär als *individuelles* Ungenügen, als Minderwertigkeit gedeutet werden. Die Wohlstandsinseln werden mit den Entscheidungszentralen und untereinander eng vernetzt und mit den peripheren Regionen vor allem über engmaschige Überwachungs- und Frühwarnsysteme verbunden sein. Mehr noch als heute werden Bildung und Kultur wenigen vorbehalten sein. Privatisierung wird auch hier den faktischen Ausschluß der großen Mehrheit und den exklusiven Genuß durch kleine Minderheiten fördern.

Umwelt wird nicht geschont, sondern im Interesse weiteren Wachstums stärker belastet. Nachsorgender Umweltschutz herrscht vor, selbst er wird unter dem Druck der Lobbies zurückgenommen. Lediglich die Wohlstandsinseln werden sorgfältig vor Umweltschäden und möglicherweise gesundheitsschädlichen Importen abgeschirmt und bewahrt, soweit das technisch machbar ist. Die Dritte Welt und Osteuropa bleiben in erster Linie Lieferanten für Rohstoffe und Massenprodukte mit der Folge, daß auch deren Umwelt endgültig zerstört wird, Armut, Kriminalität, Krankheit und Konflikte dort aber nicht behoben werden. Der Auswanderungsdruck wird also nicht gemildert, sondern eher verstärkt. Schwellenländer werden nur dann im Club der Reichen akzeptiert, wo sie denen unmittelbar nützen, zumal ihr Schicksal – siehe Mexiko – höchst ungewiß und manipulierbar ist. Wenige große Naturreservate dienen dem Schutz und der Pflege der biologischen Artenvielfalt, deren genetische Codes bereits weitgehend patentiert sind und vermarktet werden. Kurzlebige Massenprodukte, automatisiert herstellbar, werden die Märkte der Peripherie beherrschen. Die Peripherie bleibt der Ort der umweltbelastenden Industrien, der genetischen Freilandexperimente, der Atomkraftwerke, der bestrahlten und gentechnisch manipulierten Lebensmittel, der industrialisierten und hoch chemisierten Landwirtschaft, der Manöverübungsplätze, der Lebensraum jener „unfreiwilligen Versuchsmehrheit" (Beck), an der die Grenzwerte für allerlei Gifte getestet werden.

Das ist der weitere Weg der „Sicherung des Standortes Deutschland bzw. Europa", der Weg, der gegenwärtig propagiert wird, die „amerikanische Variante". Da in den USA bzw. der NAFTA die großen sozialen Reformprojekte (Gesundheitsreform in den USA, aber auch die kanadische Sozialpolitik) scheitern und eine weitere konservative Wende droht, die weltwirtschaftliche Verflechtung mit den USA an der Spitze weiter zunehmen wird, ist damit zu rechnen, daß dieses Szenario von außen massiv gefördert und gestützt wird. Es ist gut vorstellbar, daß zu diesem Zweck das *System der Vereinten Nationen* entweder so reformiert wird, daß es ganz unter dem Diktat der großen BeitragszahlerInnen steht (Deutschland und Japan als neue ständige Mitglieder im Sicherheitsrat), oder daß es zunehmend leerläuft mit viel Bürokratie, wenig Kompetenzen und wenig Mitteln und durch eine andere Entscheidungszentrale (z.B. in Form einer dazu ausgebauten G 7, zu der Währungsfonds, Weltbank, OECD und Europäische Union sich gesellen könnten) ersetzt wird.

Beinahe drei Millionen *Haushalte* mit insgesamt etwa acht Millionen Menschen, d.h. rund zehn Prozent der bundesdeutschen Bevölkerung, leben heute schon *unterhalb der Armutsschwelle*, beziehen also ein Einkommen, das weniger als die Hälfte des Durchschnittseinkommens beträgt. Die generelle Tendenz: Der Anteil der Armen nimmt zu. Aufgrund des Altersaufbaus der Gesamtbevölkerung nimmt der relative Anteil der Personen im Rentenalter (über 65 Jahre alt – allerdings nehmen auch die FrührentnerInnen zu, so daß die wirklichen Verhältnisse unterschätzt werden) zu. Bei abnehmender Geburtenhäufigkeit und zunehmender Lebenserwartung wird der relative Anteil der über 65jährigen in den kommenden Jahren noch einmal deutlich ansteigen. Nun sind natürlich nicht alle RentnerInnen arm, aber der Anteil der Armen wird zunehmen, vor allem, weil Sozialleistungen und Renten real laufend gekürzt werden. Auch wenn die politische Verantwortung für die Bekämpfung der Armut primär von der Bundesregierung zu übernehmen ist, hat sie doch die Aufgaben zur Bewältigung der Armutsfolgen auf die Länder und vor allem auf die Gemeinden abgeladen.

Auch wenn noch immer geburtenschwächere Jahrgänge nachrücken: Die steigenden Importe aus Entwicklungsländern und Osteuropa, die Rationalisierungs- und Automatisierungsmaßnahmen im Produktions- und Bürobereich, die Auslagerung von Produktionsbetrieben in Billiglohnländer, die weitgehende Sättigung des Marktes mit langlebigen Gebrauchsgütern, der durch die Niederlassungsfreiheit innerhalb der Europäischen Gemeinschaft und mögliche Erweiterungen der EU anhaltende Zustrom ausländischer ArbeitnehmerInnen werden die *Arbeitslosenziffern unausweichlich in die Höhe* treiben. Selbst wenn man eine drastische Verkürzung der Arbeitszeit bei vollem Lohnausgleich annähme, würde dies den Trend zunehmender Arbeitslosigkeit zwar abschwächen, aber nicht grundsätzlich ändern.

Damit geht ein tiefgreifender *Wandel der Sozialstruktur* einher, der – da der überwiegende Teil der Wohnbevölkerung des Landes in Städten lebt – zuerst und vor allem die Städte betreffen wird. Er wird aller Wahrscheinlichkeit nach zu einer erheblichen *Verschärfung der*

Klassengegensätze führen. Zunehmende Konflikte sind absehbar: zwischen Erwerbstätigen und Arbeitslosen, zwischen Armen und Reichen, zwischen Einheimischen und AusländerInnen, zwischen „rechten" und „linken" politischen Bewegungen. Konnte in der Vergangenheit ein großer Teil dieser Konflikte durch staatliche Umverteilungs- und Sozialpolitik befriedet werden, so sind doch die Grenzen dieser Ausgleichspolitik deutlich geworden: Der Handlungsspielraum des Staates wird damit immer mehr auf reaktive Auffangpolitik eingeschränkt, und das schlägt auf alle staatlichen Ebenen durch. Zunehmende soziale *Ungleichheit* wird sich räumlich in zunehmender sozialer *Segregation* niederschlagen: auf der Ebene des Bundes (Süd-Nord-Gefälle, West-Ost-Gefälle), auf der Ebene der Länder (regionales Entwicklungsgefälle) wie auf der Ebene der Städte.

In der BRD sind derzeit (1995) rund sieben Millionen *AusländerInnen* gemeldet – die wirkliche Zahl kennt niemand, weil die Zahl der „Illegalen" nicht bekannt ist. Bezogen auf die Gesamtbevölkerung scheint ein Anteil von *acht Prozent* nicht eben hoch, und er bewegt sich in einem Rahmen, den wir auch in anderen europäischen Ländern beobachten können. Nur: Weltweit nimmt die Zahl ausländischer ImmigrantInnen in raschem Tempo zu, und Europa gehört zu den bevorzugten Einwanderungsregionen. Dabei spielen mehrere Faktoren zusammen: die zunehmende internationale Ungleichheit, die zunehmende Information durch Massenmedien, die zunehmende Mobilität, nationale und internationale Krisen. Der geringe Anteil der AusländerInnen an der Gesamtbevölkerung verdeckt die großen *regionalen Unterschiede:* In vielen deutschen Großstädten liegt der AusländerInnenanteil bei etwa dreißig Prozent (Frankfurt, Offenbach), in einzelnen Stadtquartieren schon deutlich über fünfzig Prozent. Auch das gilt nicht nur für die BRD, sondern ebenso für Frankreich, England, Schweden oder die Niederlande. Allein die europäische Integrationspolitik läßt erwarten, daß die *Zuwanderung anhalten*, sich wahrscheinlich verstärken wird, insbesondere wenn die Osterweiterung der EU Wirklichkeit wird.

Die ausländische Wohnbevölkerung wird zunehmend zur Zielscheibe *rechtsextremer Gruppierungen* in den Aufnahmeländern. Was sich gegenwärtig noch in vereinzelten Terroranschlägen äußert, kann sich schon bald zu einem regelrechten Kleinkrieg entwickeln. Aber selbst wenn das nicht der Fall wäre, wenn die AusländerInnenfeindlichkeit sich im Rahmen demokratischer Politik hielte: Die Schweiz hat schon in den sechziger Jahren demonstriert, wie viele SympathisantInnen eine Bewegung wie die Nationale Aktion des James Schwarzenbach zu mobilisieren vermag. Wenn die Arbeitslosigkeit weiter zunimmt, dann wird sich der „Krieg" gegen die AusländerInnen verschärfen, und er wird vor allem durch Angehörige der einheimischen Unterschicht, die am stärksten durch Armut bedroht ist, geführt werden. Bereits jetzt vergeht kaum eine Woche ohne entsprechende Meldungen, nur daß sie jetzt nicht mehr auf der ersten Seite wie bei den Anschlägen von Hoyerswerda, Mölln und Rostock stehen, sondern als kleine Notiz unter „Unglücksfälle und Verbrechen".

Die AusländerInnen *unterschichten* die einheimische Bevölkerung. Sie gehören zu denen, die am wenigsten in der Lage sind, den Konsum- und Lebensstandard zu erreichen, den Massenmedien und Werbung als „normal" und erstrebenswert darstellen. Schon jetzt wird von gut organisierten Banden berichtet, die es in Deutschland bis zu den siebziger Jahren kaum gab. AusländerInnen mit entsprechender Heimaterfahrung spielen beim Aufbau solcher Organisationen eine wichtige Rolle. Drogenhandel und Prostitution, Waffen- und Menschenhandel werden zunehmend durch AusländerInnen kontrolliert, ausländische Geschäfts- und RestaurantbesitzerInnen werden von Banden systematisch erpreßt und zur Zahlung von „Schutzgebühren" gezwungen. Aus Angst vor weiterem Terror zahlen und schweigen sie. Damit soll nicht behauptet werden, AusländerInnen seien eher kriminell als Deutsche. Die in Deutschland ansässigen AusländerInnen sind es, wenn man soziale Lage und Stellung im Lebenszyklus kontrolliert, eher weniger. Die illegalen Praktiken von SchlepperInnen, LeiharbeiterInnenfirmen und VermieterInnen führen zur gnadenlosen Ausbeutung vor allem der illegal Eingewanderten und vieler Asylsuchender. Die haben, wenn sie nicht ausgewiesen werden wollen, meist keine Chance, sich zu wehren. Angst und mangelnde Vertrautheit im Umgang mit Behörden liefern sie schutzlos aus.

Der Handlungsspielraum der Städte wird von der Einnahmenseite her gesehen aller Wahrscheinlichkeit nach deutlich geringer. Auf der Ausgabenseite zeigt sich ein Trend in ähnlicher Richtung:

- Die Verpflichtungen an *Betriebs- und Unterhaltskosten* der aufgebauten Infrastruktur nehmen zu, sofern sie nicht reduziert wird.
- Wenn die Konkurrenz um die Ansiedlung tertiärer Nutzungen sich verstärkt, können die Städte nur bestehen, wenn sie attraktive *Vorleistungen* anbieten: Die finanzielle Belastung nimmt zu.
- Die Arbeitslosigkeit, die Einwanderung und die absehbaren sozialen Spannungen belasten die Städte zusätzlich durch *Verwaltungsaufwand* und *Sozialleistungen* sowie Maßnahmen zur Sicherung der öffentlichen Ordnung.

- Die Maßnahmen zur *Integration* der ZuwanderInnen im Bildungs- und Sozialbereich werden zunehmen und Kosten verursachen.
- Die *Infrastrukturlasten* werden durch die Abwanderung der Wohnbevölkerung nicht geringer, sondern nehmen wegen der beabsichtigten Zunahme der Arbeitsplätze eher noch zu.

Im ganzen: Abgesehen von anderen Faktoren, die in die gleiche Richtung wirken, werden der finanzpolitische Spielraum und damit die politische *Handlungsfähigkeit* der Städte immer enger begrenzt. Für indikative Planung bleibt da wenig Raum, die knappen Mittel zwingen die Städte zur Beschränkung auf Auffangplanung und lassen auch da nur das Nötigste zu.

Die Entwicklung, in der wir stehen, läßt sich also allgemein so kennzeichnen: *Wachsen der Aufgaben bei abnehmenden Mitteln und zunehmende Abhängigkeit* von externen Einflußfaktoren. Die einzelnen Trends, die dazu beitragen, können von der lokalen Ebene aus nicht und von der nationalen Ebene aus kaum kontrolliert und gesteuert werden. Aber selbst wenn man sich darauf beschränkte, den Städten die Rolle der Auffangplanung zuzuteilen, selbst wenn ihre Funktion darin bestünde, nur die schwierigsten Probleme der BewohnerInnen zu mildern, selbst dann steigt damit der Verwaltungsaufwand und steigen die Kosten.

Gegenstände, Prioritäten und Zeitpunkte kommunaler Politik werden zunehmend von *außen* diktiert. Bei knapper werdenden Ressourcen bleibt den Städten keine Wahl mehr, sie werden schon durch die unumgänglich notwendigen Maßnahmen oft überfordert sein. Das bedeutet – unabhängig von der rechtlichen Situation – das faktische Ende eigenständiger kommunaler Politik: die Unregierbarkeit der Städte.

Die Städte sind zwar besonders anfällig für überlokale Einflußfaktoren, aber als Zentren der Macht haben sie immer wieder die Möglichkeit, einige ihrer Probleme auf untere Stufen der Dominanzhierarchie, in die ländlichen Räume, abzuschieben. Die mangelhafte Ausstattung mit öffentlicher und privater *Infrastruktur* (Bahn, Post, Ärzte, Schulen, Verkehrserschließung usw.) ist nur einer der dabei wichtigen Aspekte. Ebenso bedeutsam ist die *interregionale Arbeitsteilung*. Die relativ geringen Lohnkosten haben dazu geführt, daß Produktionsbetriebe großer Unternehmungen in den ländlichen Raum ausgelagert worden waren – sie sind inzwischen vielfach wieder geschlossen worden. Die vormals landwirtschaftlichen Dörfer erhielten damit vorübergehend industrielle *Monostrukturen* und wurden von der Entwicklung eines oder ganz weniger Betriebe abhängig: Alle Konjunkturschwankungen, alle Investitions- und De-Investitionsentscheidungen, die in den städtischen Zentralen getroffen wurden, alle Rationalisierungsmaßnahmen und alle Schwankungen der Renditeerwartung wirkten sich dort viel massiver aus als in den Städten, die wenigstens einige Ausweichmöglichkeiten bieten (vgl. Forschungsgruppe Produktivkraftentwicklung 1978, Richter/Schmals 1981) – aber selbst das niedrige Lohnniveau war für viele noch Anlaß zum Bleiben. Was den Betroffenen nach der Schließung solcher Betriebe übrigbleibt, ist die Abwanderung oder das Hinnehmen langer Pendlerwege; und schon die Antizipation dieser Möglichkeit verstärkt die *Abwanderung*. Die Abwärtsspirale dreht sich weiter: Abwanderung, Aufgabe von Geschäften und Betrieben, keine Arbeitsplätze bzw. sinkende Einkommen, abnehmendes Steueraufkommen, Vernachlässigung der Infrastruktur, weitere Abwanderung. Hier vollzieht sich ähnliches, was schon über die weltweiten Peripherien gesagt worden ist: *kumulative Unterentwicklung* bis hin zur *passiven Sanierung:* das Gebiet wird sich selbst überlassen. Viele Regionen träumen vom umweltfreundlichen, sanften Tourismus – aber so viel Nachfrage gibt es gar nicht, wie da befriedigt werden soll, dazu ist er extrem konjunkturabhängig. Es scheint angemessen, das interregionale Entwicklungsgefälle mit Hilfe ähnlicher theoretischer Instrumente zu beschreiben wie die weltweiten Disparitäten: Dependenztheorie, Theorie des ungleichen Austausches u.ä. (Schilling-Kaletsch 1980).

Das Szenario beschreibt eine allgemeine Entwicklungsrichtung, ohne angeben zu können, wann wir welche Phase wo erreicht haben werden. Die Entwicklung dahin wird schrittweise, oft kaum merklich, vor sich gehen, und manches Symptom werden wir kaum erkennen, weil es unserer Wahrnehmung entgeht. Wir wollen aber noch einmal betonen, daß die Trends seit langem erkennbar sind, daß darüber ausreichend publiziert wurde, daß die Daten bekannt sind, daß auch über Handlungsoptionen im Grund alles Nötige gesagt ist.

Wenn die natürlichen Überlebensressourcen knapp sind, dann werden die Verteilungskämpfe um diese Ressourcen wahrscheinlich schärfer und brutaler. Das muß uns als überproportional großen Ressourcenverzehrer besonders betreffen. Wenn wir zu dieser Verknappung und Schädigung der natürlichen Umwelt besonders beitragen, dann ist das nur möglich, weil wir im Verhältnis zu anderen mächtiger sind. Wir können, im Sinn einer Metapher, durchsetzen, daß ein überproportional hoher Anteil des Welteinkommens auf dem Konto „Deutschland" landet. Das ist die äußere Seite. Dem steht eine innere Seite gegenüber, und das ist die Verteilungsrelation innerhalb der deutschen Gesellschaft. Auch sie hängt von der Machtbalance zwischen den InteressentInnen ab, und da können wir feststellen, daß die Verteilungskämpfe seit etwa 15 Jahren an Intensität und Schärfe zugenommen haben. Die Reichen sind reicher geworden, die Armen ärmer. Daher haben Gewalt, ethnische Konflikte, Korruption, Kriminalität zugenommen. Wir hatten uns an den Gedanken gewöhnt, Umverteilung aus dem Zuwachs finanzieren zu können. Nun, da die Machtverhältnisse sich verschoben haben und die Zuwächse fraglich werden, sind die Relationen umgedreht worden, es findet Umverteilung in großem Ausmaß statt, aber von unten nach oben. Dies berührt alle sozialen Verhältnisse. Die GewinnerInnen sind in erster Linie diejenigen, die ihr Einkommen aus Vermögen beziehen, die VerliererInnen sind diejenigen, die ihr Leben aus nichts als aus ihrer Arbeit finanzieren können. Innerhalb dieser Klassenproblematik verstärken sich die Benachteiligungen noch einmal in der Geschlechterrelation.

In dieser Situation setzen die herrschenden Kreise in Politik und Wirtschaft auf die Mechanismen der Marktsteuerung und empfehlen, Staat abzubauen. *Wenn es aber gerade die Markt- und Wachstumslogik selbst sind, die uns in die Krise getrieben haben – dann sitzen wir in der Falle.*

Weiterführende Literatur

1. *King, Alexander, und Bertrand Scheider*, 1991: Die globale Revolution. Ein Bericht des Rates des Club of Rome. (Kurzfassung erschienen als Spiegel-Special 2/1991)
2. *Kreibich, Rolf, und Weert Canzler, Klaus Burmeister*, 1991: Zukunftsforschung und Politik in Deutschland, Frankreich, Schweden und der Schweiz. Weinheim
3. *Mayer, Lothar*, 1992: Ein System siegt sich zu Tode. Der Kapitalismus frißt seine Kinder. Oberursel
4. *Toffler, Alvin*, 1980: Die Dritte Welle. München
5. *Mackensen, Rainer, und Eberhard Umbach, Ronald Jung*, 1984: Leben im Jahr 2000 und danach. Perspektiven für die nächsten Generationen. Berlin

Übungsaufgaben

1. Variieren Sie die Annahmen, auf denen das hier entworfene Szenario beruht, und untersuchen Sie die Änderungen, die sich daraus für die Europäische Union und Deutschland ergeben dürften.
2. Führen Sie eine Delphi-Befragung unter den HochschullehrerInnen Ihres Fachbereichs über die wahrscheinliche Weltentwicklung der nächsten zehn Jahre durch.

3. Was ist die „Festung Europa", welches sind ihre wichtigsten Merkmale, welche sind bereits realisiert – und kann sie dazu beitragen, die europäische Entwicklung von der Weltentwicklung unabhängig zu machen?
4. Wie wird sich die Stadt, in der Sie leben, in den nächsten zehn Jahren voraussichtlich entwickeln: (a) wenn eine Strategie des wirtschaftlichen Wachstums, (b) wenn eine Strategie ökologischer, ökonomischer und sozialer Zukunftsfähigkeit verfolgt wird?
5. Schreiben Sie für sich selbst einen „Lebenslauf in die Zukunft" für die nächsten fünfzig Jahre. Von welchen äußeren Bedingungen hängt die Entwicklung Ihres Lebens ab? Welchen Einfluß haben Sie auf diese Bedingungen? Wie können Sie diesen Einfluß maximieren und zu einem Höchstmaß an Selbstbestimmung kommen?

10. Alternativen

10.1 Überblick

Bei der Suche nach Alternativen gibt es zwei Möglichkeiten: ein Vorgehen „von oben nach unten", das auf eine Änderung der Makrostrukturen insbesondere mit Hilfe der Politik hofft, oder ein Vorgehen „von unten nach oben", das mehr auf die Kraft der Zivilgesellschaft, der kleinen Netze, der selbstgesteuerten Projekte setzt. Wir wollen zum Abschluß solche Alternativen daraufhin untersuchen, ob und wo sie Ansätze zur Zukunftsfähigkeit erkennen lassen. Auf der Ebene der Weltgesellschaft soll das an der laufenden Diskussion über „Global Governance" geschehen, an der Frage also, ob eine Weltregierung in der Lage sein würde, langfristig vernünftiger mit der Problématique umzugehen. Auf der europäischen Ebene werden wir uns mit dem Vertrag von Maastricht und der derzeit laufenden Regierungskonferenz '96 befassen, und auf der Ebene der deutschen Gesellschaft mit den Vorschlägen des Berichts „Zukunftsfähiges Deutschland", der vor wenigen Monaten vom Wuppertal-Institut veröffentlicht worden ist. Anschließend wird auf generelle Orientierungen eines des „bottom-up"-Ansatzes verwiesen.

10.2 Ansätze „von oben nach unten"

10.2.1 Global Governance

„Mindestens gemessen an der Zahl der internationalen Konferenzen scheint der weltweite Regelungsbedarf selten so groß gewesen zu sein wie heute. Noch nie gab es so viele Weltgipfel, die sich der Bearbeitung globaler Probleme widmeten. Von Rio (Umwelt) nach Wien (Menschenrechte), von Wien nach Marrakesh (Handel), von dort nach Kairo (Bevölkerung) und Kopenhagen (Sozialgipfel), und schließlich weiter nach Peking (Frauen) – diese Abfolge von Konferenzen und

Themen verweist darauf, daß neben ‚neuen' Fragen auch ‚alte' Problemkomplexe auf die internationale Agenda zurückgekehrt sind" (Falk, WEED SD 6-7/94)

Die erkennbare Aussichtslosigkeit nationaler Lösungsansätze, aber auch die *Hoffnung auf eine Weltregierung*, schon von Immanuel Kant als Bedingung für den Ewigen Frieden formuliert, steht hinter zahlreichen Forderungen nach einer besseren Kontrolle der internationalen Finanz- und Wirtschaftsbeziehungen, der Friedenssicherung, des globalen Umweltschutzes. In der Regel verbindet sich diese Hoffnung mit der Vorstellung, die *Vereinten Nationen* seien der „natürliche Kern" einer solchen Weltregierung, der *Sicherheitsrat* demzufolge der Nukleus einer künftigen Exekutive. Vorschläge für Reformen des VN-Systems müssen daher unter diesem Gesichtspunkt gesehen werden (neben einigen VN-internen Arbeitsgruppen haben zahlreiche Einzelpersonen und Kommissionen solche Vorschläge vorgelegt, vgl. u.a. Commission on Global Governance 1995; Independent Working Group on the Future of the United Nations, 1995; Open-ended Working Group on the Question of Equitable Representation on and Increase in the Membership of the Security Council; Open-ended Working Group on the Review of Arrangements for Consultations with Non-governmental Organizations; South Centre 1995; Global Commission to Fund the United Nations 1995; Bertrand 1988; King/ Schneider 1991; Dror 1995; Messner/Nuscheler 1996).

Im Kern der Reformvorschläge steht die Forderung nach *Demokratisierung* – freilich ein sehr unbestimmtes Schlagwort, das je nach Interesse höchst unterschiedlich bestimmt wird: Öffnung des Sicherheitsrates; Ende des Alleinvertretungsanspruchs der Regierungen und stärkere Einbeziehung der Nichtregierungsorganisationen; Übertragung der Entscheidungskompetenz auch in bedeutenden wirtschafts- und finanzpolitischen Fragen an die VN usw. Der bis Mitte 1995 amtierende deutsche UNO-Botschafter hält dem Sicherheitsrat in ungewöhnlicher Schärfe vor, von den nationalen Interessen einzelner Mitglieder manipuliert zu sein und sich gegenüber den Ländern der Dritten Welt mit „nicht zu überbietender Arroganz" zu verhalten (zit. nach Martens 1995). Die *Erweiterung des Sicherheitsrates* wird häufig empfohlen. Eine Aufnahme Deutschlands und Japans als Ständige Mitglieder würde freilich die westliche Dominanz festigen, die Aufnahme von Entwicklungsländern wie Indien, Brasilien oder Nigeria als Ständige Mitglieder die Unterrepräsentation der Dritten Welt nicht beheben, einer Mitgliedschaft von Regionalorganisationen wie der Europäischen Union widersetzen sich Großbritannien und Frankreich, und das alles würde am grundsätzlich problematischen Vetorecht der Ständigen Mitglieder und am intransparenten Entscheidungsverfahren nichts ändern. Zudem ist der Rat der Generalversammlung nicht rechenschaftspflichtig, und auch dem Internationalen Gerichtshof fehlt eine Normenkontrollkompetenz – der Sicherheitsrat agiert in einem rechtsfreien, demokratisch nicht kontrollierbaren Raum.

Aber auch die *Generalversammlung* entbehrt einer demokratischen Kontrolle. Die Delegationen der Mitgliedsländer und die Ständigen Vertretungen bei den VN sind weder von ihren Heimatparlamenten noch auf der VN-Ebene wirkungsvoll kontrollierbar. Daher kommt die Forderung nach Einrichtung einer eigenen *Parlamentarischen Versammlung*, wie sie etwa beim Europarat besteht. Freilich garantiert dies noch nicht, daß die Mitglieder einer solche Versammlung auch in einem demokratischen Prozeß bestellt würden. Auch die Einrichtung eines „Forums der Zivilgesellschaft" (Commission on Global Governance) ist ins Gespräch gebracht worden, in dem die akkreditierten Nichtregierungsorganisationen vertreten wären. Es hätte beratende Aufgaben für die Generalversammlung. Dagegen steht der Vorschlag, die NGOs in allen VN-Gremien mitwirken zu lassen. „Die Bereitschaft zur Demokratisierung ist bei den (westlichen) Regierungen dort besonders ausgeprägt, wo es weder um Geld noch um Macht geht. Oder umgekehrt: Bei sicherheits-, wirtschafts- und finanzpolitisch relevanten Entscheidungsprozessen war bisher eher ein Trend zur Entdemokratisierung zu verzeichnen" (Martens 1995). Die Großmächte, die transnationalen Unternehmen, die internationalen Finanzmärkte zeigen bisher keinerlei Neigung, sich freiwillig demokratischen Kontrollmechanismen zu unterwerfen. Diesem Ziel soll die von der Weizsäcker/Qureshi-Arbeitsgruppe vorgeschlagene Ersetzung des ECOSOC durch einen *Wirtschafts- und einen eigenen Sozialrat* dienen – allerdings ist sie nicht so weit gegangen, Weltbankgruppe und IWF etwa deren Kontrolle unterstellen zu wollen. Gegen die Einrichtung eines Wirtschaftsrates sprechen sich die Entwicklungsländer in der Befürchtung aus, damit würden die Ungleichheiten, wie sie mit dem Sicherheitsrat gegeben sind, nur verstärkt. Die G 7-Länder haben umgekehrt die Befürchtung, damit würde ihr exklusiver Kreis für andere Mitglieder geöffnet. Andere Vorschläge wollen demgegenüber den ECOSOC aufwerten und ihm eine gewisse Aufsichts- und Koordinierungsfunktion gegenüber den (zu reformierenden) Bretton-Woods-Institutionen einräumen – was diese freilich strikt zurückweisen.

Wer die Reform der VN unter den Bedingungen der heutigen Machtkonstellationen anstrebt, muß dreierlei in Betracht ziehen:

Die VN sind dem *Bankrott* nahe, und zwar in erster Linie deshalb, weil die Regierung der *Vereinigten Staaten sich seit Jahren weigert, ihre Beiträge zu zahlen* (der Zahlungsrückstand belief sich Ende 1995 auf über eineinhalb Milliarden Dollar; die gesamten Rückstände belaufen sich auf 2,5 Milliarden Dollar). Darüber hinaus hat der Kongreß im „National Security Revitalization Act" beschlossen, ab 1.10.1995 die amerikanischen Beiträge zu Blauhelmeinsätzen der VN drastisch zu reduzieren. Dies deutet darauf hin, daß die USA keineswegs daran interessiert sind, die VN zu stärken, zumindest nicht unter heutigen Bedingungen, unter denen sie von der Mehrheit der 185 Mitgliedsstaaten leicht überstimmt werden können. Es zeigt aber auch, daß die anderen westlichen Länder, die die Finanzkrise der VN ohne Schwierigkeiten abwenden könnten, daran kein Interesse haben.

Die *Regierung der USA nutzt aber sehr wohl die VN*, um sich Legitimation für kriegerische Handlungen nach innen dem Kongreß gegenüber zu verschaffen und ihre Rolle als Weltpolizist nach außen zu betonen. Sie benutzen zu diesem Zweck den Sicherheitsrat, nicht aber die Generalversammlung. Dieser Nutzen ist höchst selektiv, erkennbar daran, daß die USA die Zuständigkeit des Internationalen Gerichtshofes nur dann anerkennen, wenn es eigenen Machtinteressen nützt, und auch ihr Vetorecht im Sicherheitsrat entsprechend gebraucht haben. Die Fallstudie Golfkrieg hat keinen Zweifel daran gelassen, daß die USA die Rolle des Weltpolizisten ausschließlich im eigenen nationalen Interesse und zum Zweck der innenpolitischen Machtsicherung nutzen; eine ganze Reihe anderer Fälle hätte es erlaubt, dies ebenfalls zu belegen.

Die Regierung der USA hat seit Mitte der siebziger Jahre damit begonnen, ein *alternatives Machtzentrum aufzubauen*, das sie von Zustimmung und Kontrolle durch andere weitgehend unabhängig macht: die *Gruppe der Sieben*, in der sie allenfalls von Frankreich eine gemäßigte Opposition zu erwarten hat. Da diese Sieben auch in den Bretton Woods-Institutionen Weltbank und IWF dominierende Stimmrechte haben, liegt es im hegemonialen Interesse der USA nahe, hier den Kern einer neuen Weltregierung aufzubauen.

Messner/Nuscheler (1996) sehen in Global Governance „geradezu ein Kontrastprogramm zu hegemonialen Weltordnungskonzepten"; vielmehr sei damit das „Zusammenwirken von staatlichen und nichtstaatlichen Akteuren von der lokalen bis zur globalen Ebene" gemeint. Sie folgen damit weitgehend den Vorschlägen der Commission on Global Governance (der von deutscher Seite Kurt Biedenkopf angehörte). Sie ermahnen die Bundesregierung, ihren Beitrag in der G 7 und der Union dahin geltend zu machen, daß

- die *VN reformiert und handlungsfähig* werden, u.a. durch Aufstockung der Finanzmittel und Ausbau des UNEP zu einer globalen Umweltbehörde;
- der *Internationale Gerichtshof* in Den Haag gestärkt und ein Internationaler Strafgerichtshof zur Verfolgung von Menschenrechtsverletzungen aufgebaut wird;
- eine neue *Weltordnungsstruktur* mit den Elementen Welthandelsordnung, Wettbewerbs-, Währungs- und Finanzordnung und Weltsozialordnung entwickelt wird, um den Kasino-Kapitalismus zu bändigen, das internationale Wohlstandsgefälle zu verringern, und zu einer ökologischen und sozialen Welt-Marktwirtschaft beizutragen;
- *internationale Regime* vor allem zu Klima- und Artenschutz, Kontrolle von Rüstungsexporten und Migration aufgebaut werden als „Keimzellen, aus denen sich international tragfähige Säulen der Welt-Ordnungspolitik entwickeln" können.

Eine solche außenpolitische Leitlinie verlange auch nach einer *neuen Arbeitsteilung zwischen Staat, Wirtschaft und gesellschaftlichen Organisationen*, in der „deutsche Unternehmen erheblich zu Global Governance beitragen, indem sie zusammen mit ihren Auslandsinvestitionen auch fortschrittliche Sozial- und Umweltstandards exportieren".

Bei aller Sympathie diesem Vorschlag gegenüber, der sehr viel eher als die Vorschläge der USA zur Reform der VN – u.a. Abschaffung des ECOSOC und der UNCTAD, den Abbau des Wirtschafts- und Sozialbereiches – verspricht, einen Weg hin zu globaler Rechtsstaatlichkeit, Gerechtigkeit, Zukunftsfähigkeit und Demokratie zu befördern, bleiben Zweifel: Werden die G 7-Staaten, vorab die USA, bereit sein, eine so konstruktive Rolle zu übernehmen – oder werden sie weiterhin auf einer Politik im puren Eigeninteresse beharren?

10.2.2 Europa: Vertrag von Maastricht, Regierungskonferenz '96

Wenn „Krise" ein Zustand in einem Prozeß ist, zu dem bestimmte Variable Werte angenommen haben, die nicht für akzeptabel gehalten werden, dann signalisierte ganz gewiß die *Ratifizierung des Unionsvertrages* einen Zustand der Krise im Prozeß der europäischen Integration. Bis zum 2. Juni 1992, dem Tag des dänischen Referendums, an dem 50,7 Prozent der Abstimmenden gegen den Vertrag votierten, war Europa die Angelegenheit einer kleinen Gruppe von (fast nur)

Männern, die sich vor übermäßigem öffentlichen Interesse sicher fühlen und die Integration weitgehend nach ihrem Gutdünken vorantreiben konnten: der Kommission und dem Rat, samt den an den inneren Zirkeln beteiligten Interessengruppen. Der Vertrag war nur noch für InsiderInnen verständlich: An *zwei Regierungskonferenzen* – der zur Wirtschafts- und Währungsunion (WWU) und der zur Politischen Union – ausgehandelt, wollte er nur den erreichbaren Minimalkonsens der zwölf VerhandlungspartnerInnen festschreiben. Dabei war schon in der Vorbereitung eine Differenz sichtbar geworden, die sich am 2.6.1992 auswirken sollte: Während die *WWU* von den Finanzministerien der Mitgliedsstaaten im Glauben, es handle sich um eine technische Materie, die ohnehin niemand verstehen würde und die folglich auch kaum in Gefahr sei, sorgfältig vorbereitet wurde, kam die *politische Union* erst relativ spät auf Druck des Europäischen Parlaments und viel weniger gründlich diskutiert in den Vertrag. Die „zwei Geschwindigkeiten", von denen so oft die Rede ist, finden sich bereits im Vertrag. Nur unter der Vermutung, es handle sich um ein nur für SpezialistInnen relevantes Papier, ist auch die *Form* des Vertragswerkes zu verstehen: Es besteht aus einer veränderten und aktualisierten Fassung der Römischen Verträge und dem als „Mantel" angelegten „Vertrag über die Europäische Union". Die angefügten 17 Protokolle und eine Schlußakte mit 33 Erklärungen machten die Angelegenheit *vollends undurchschaubar*. Seither besteht die Europäische Union aus „drei Säulen": den Europäischen Gemeinschaften, der Gemeinsamen Außen- und Sicherheitspolitik (GASP), und der Zusammenarbeit in der Innen- und Rechtspolitik (ZIRP). GASP und ZIRP sind deshalb *nicht* als Teil der Gemeinschaften konzipiert worden, weil die Mitgliedsstaaten einem so weitgehenden Verzicht auf Kernbereiche nationaler Souveränität nicht zustimmen wollten. Dazu kommen nicht endende Diskussionen über eine oder zwei Geschwindigkeiten, über ein Kern- und ein Randeuropa oder allerlei Kreisvariationen, dazu die verschiedenen Entscheidungsverfahren, neue Kompetenzen, selbst die Numerierung der Artikel des Vertrages war für Laien nur noch schwer nachvollziehbar – kurz: Mit Maastricht ist *endgültig jede Transparenz* auch für wohlmeinende und sich informierende EuropäerInnen *abhanden gekommen*.

Das erste dänische Referendum hat dem einen Denkzettel verpaßt. Nun plötzlich wurden die BerufseuropäerInnen aufgeschreckt und daran erinnert, daß es vielleicht doch nicht nur um die Angelegenheiten eines inneren Zirkels gehe. Die Reaktion war hektisch und wenig überzeugend: Der *Propagandaapparat* wurde angeworfen, die „Zehn

Argumente für Maastricht" flatterten allen EuropäerInnen mehrfach, unter verschiedenen Absendern, in die Briefkästen, schnell wurden zahlreiche öffentliche Veranstaltungen geplant, die Regierung kündigte das Ende der europäischen Integration überhaupt an für den Fall, daß der Vertrag nicht ratifiziert würde, die Nervosität nahm beträchtlich zu. Der Kollaps des Europäischen Währungssystems (2.8.1993), ein ironisches Augenzwinkern der Geschichte angesichts dieser überbordenden Hektik, zeigte zudem, daß sich die Realität nicht so glatt nach dem Belieben der MacherInnen zu strecken geneigt ist. Die schwierige Ratifikation im britischen Parlament (10.6.1993), das nur knapp zustimmende Referendum in Frankreich (20.9.1992), die ablehnende Volksabstimmung zum Europäischen Wirtschaftsraum in der Schweiz (6.12.1992), die Verfassungsklage in Deutschland (12.10.1993), das „Opting-out" Großbritanniens und Dänemarks und schließlich die zweite dänische Abstimmung (18.5.1993) waren überaus deutliche Zeichen allgemeiner Verunsicherung.

Der Unionsvertrag hatte im Artikel N Absatz II vorgesehen, es sei im Jahr 1996 eine *Regierungskonferenz* einzuberufen, „um die Bestimmungen dieses Vertrages, für die eine Revision vorgesehen ist (...) zu prüfen" – ein überschaubares Unterfangen, denn es handelt sich nur um vier Gegenstände:

– Ist das gegenwärtige *Rechtsetzungssystem* aus Verordnungen, Richtlinien und Entscheidungen noch angemessen?

– Soll das Mitentscheidungsrecht des *Europäischen Parlaments* auf weitere Bereiche ausgedehnt werden?

– Geben die Erfahrungen und Fortschritte in der *Gemeinsamen Außen- und Sicherheitspolitik* dazu Anlaß, die Bestimmungen zu Fragen der Sicherheit, der gemeinsamen Verteidigung und der Rolle der Westeuropäischen Union zu revidieren?

– Sollen Katastrophenschutz, Energie und Fremdenverkehr als *neue Gemeinschaftsaufgaben* in den Vertrag aufgenommen werden?

Würde sich die Regierungskonferenz ,96 nur mit diesen Themen befassen, dann müßte sie sich wohl den Vorwurf des Verhältnisblödsinns gefallen lassen: Am 29. Mai 1996 in Turin begonnen und auf mindestens zwölf Monate angelegt, würde es den Entscheidungsgremien schwerfallen zu begründen, wozu ein derartiger Aufwand erforderlich ist. Tatsächlich aber ist die *Tagesordnung* dieser Regierungskonferenz längst *über diese vier Punkte hinaus angewachsen* (z.B. Task Force 1995), teils, weil Beschlüsse der Europäischen Institutionen dies bei unterschiedlichen Gelegenheiten so festgelegt haben, teils aber auch, weil nun plötzlich angesichts möglicher Wünsche der BürgerInnen gar nicht mehr klar ist, wie der zu behandelnde Themenbereich denn eingegrenzt werden solle. Bis heute (19. Juni 1996) gibt es keinen verabschiedeten Katalog der zu revidierenden Gegenstände, so wenig wie es einen Zeitplan gibt, nach dem sie abgearbeitet werden sollen. Die Kommission jedenfalls tendiert zu einem *sehr zurückhaltend formulierten Mandat*, in dem die UnionsbürgerInnenschaft, die GASP und eine mögliche Erweiterung der Union außer den im Vertrag genannten Themen, aber sicherlich keine Erweiterung der Kompetenzen, behandelt werden sollen. Die bisher vorliegenden Dokumente zeigen, daß wohl über das „Demokratiedefizit" (im Sinn einer verstärkten Beteiligung des Parlaments), nicht aber über das soziale, das ökologische Europa, nicht über Europas Verantwortung für die Weltgesellschaft und nicht über Arbeitslosigkeit verhandelt werden soll.

Viel spricht dafür, daß die „Öffnung" der Regierungskonferenz für Argumente verschiedener Seiten die allgemein *spürbare Frustration nicht beheben* wird; wahrscheinlicher ist, daß die BürgerInnen Europas nicht einzusehen vermögen, weshalb bei relativ begrenztem Auftrag und überwiegend technisch-administrativen Fragestellungen der Aufwand „Regierungskonferenz" nötig ist, zumal am Ende die für die europäische Entwicklung entscheidenden Fragen gar nicht angesprochen werden. Die Übung wird also vermutlich dazu beitragen, das Desinteresse und das Mißtrauen zu verstärken, Europa weiter in Verruf bringen – und am Ende wird sie das Gegenteil dessen erreichen, was sie erhofft hatte.

Gewiß sind institutionelle Fragen wichtig: Die Verträge müssen konsolidiert und in eine verständliche Form gebracht werden, die Entscheidungsverfahren müssen vereinheitlicht und transparenter werden, GASP und ZIRP gehören in den Vertrag, die Aufgabenteilung zwischen den Ebenen (Subsidiarität) ist genauer zu klären, die Rechte des Europäischen Parlaments sind zu stärken, das Verhältnis Rat-Kommission-Parlament muß überprüft und es muß geklärt werden, was denn Europa in Zukunft sein soll, geographisch, politisch, staatsrechtlich. Die neuen Mitglieder der Union, Schweden, Finnland und Österreich, werden, wie sich an ihren Stellungnahmen zur Regierungskonferenz erkennen läßt, den Reformdruck steigern.

Aber dem vorausgehen sollten Klärungen darüber, *was Europa denn inhaltlich in Zukunft sein soll*, wie es sich darauf vorbereiten will, mit den bedeutenden Zukunftsproblemen umzugehen:

– *Ökonomisch* wird u.a. zu entscheiden sein, ob die Union, immerhin neben China der größte geschlossene Wirtschaftsraum der Erde, sich weiterhin unter den globalen Konkurrenzkampf der transnationalen Unternehmen beugen und sich dessen Bedingungen aufzwingen lassen will, anstatt die Innenorientierung zu verstärken; wie sie Bedingungen schaffen kann, die es für die TNU weniger attraktiv machen, ihre Vorteile durch Betriebsverlagerungen zu erreichen; wie internationale Kapitalbewegungen kontrolliert und besteuert werden können; wie die regionale Ausgleichspolitik verbessert werden kann; wie ein System ökologisch vernünftiger Gesamtrechnung zu konzipieren und einzuführen und wie welche Form ökologischer Steuerreform durchzusetzen ist.

– *Ökologisch* muß geprüft werden, wie über alle Maßnahmen zur Schonung natürlicher Ressourcen im Sinn der Effizienzrevolution hinaus Wege zur Suffizienz, also zur Reduzierung unnötiger Produktion und fragwürdiger „Bedürfnisse", beschritten werden können; was getan werden kann, um Abfälle aller Art zu reduzieren und die Absorptionsfähigkeit der Senken zu erhalten; wie durch Maßnahmen der Wiederaufforstung und der Extensivierung der Schutz der Vielfalt natürlicher Arten verbessert werden kann; wie die Abhängigkeit von Rohstoffimporten verringert und wie – wo nötig – Substitute für solche Rohstoffe entwickelt werden können; wie regionale Kreisläufe gestärkt und geschlossen und subsistenzwirtschaftliche Formen insbesondere in peripheren Regionen, und wie Modelle ökologischer Stadtentwicklung gefördert werden können; wie die Anwendung regenerativer Energien vorangebracht werden kann; wie gesundheitsgefährdende Stoffe konsequent aus Nahrungsmitteln und Umwelt verbannt werden können; wie insgesamt ein ökologisches Management entwickelt werden kann, das die Tragfähigkeit der Region nicht überfordert und künftigen Generationen akzeptable Überlebensbedingungen hinterläßt.

– *Sozial* müssen Wege gefunden werden, einen Katalog individueller, sozialer und politischer Grundrechte in die Verträge aufzunehmen; die existentielle Grundsicherung aller EuropäerInnen zu garantieren, darin eingeschlossen den Zugang zu Einrichtungen des Gesundheits- und Bildungswesens; gleiche Rechte für Frauen sicherzustellen; die Einwanderung zu regeln; die innere Sicherheit zu gewährleisten. Europa braucht Mittel für den Ausgleich regionaler Disparitäten: Das können einerseits, wie heute schon, Mittel im Rahmen der Strukturfonds sein, die allerdings besser vor Mißbrauch und bloßer Mitnahme geschützt werden sollten, es müssen aber andererseits auch Mittel für die Abgeltung „gemeinwirtschaftlicher Leistungen" z.B. im Natur- und Landschaftsschutz sein.

– *Europas Rolle in der Weltgesellschaft* verlangt einerseits, die Gesellschaften des Ostens und des Südens (vor allem AKP-Länder) bei der Entschuldung und beim Umbau zu Self-reliance zu unterstützen und den konzeptionellen und praktischen Übergang zu ökologisch, ökonomisch und sozial zukunftsfähigen Systemen zu fördern; es gebietet andererseits, daß Europa seinen großen Einfluß in den Internationalen Organisationen in diesem Sinn geltend macht und bei der Reform der VN und der Internationalen Finanzinstitutionen, aber auch im Rahmen der Welthandelsorganisation und vor allem der Gruppe der Sieben sich für die Schaffung von Rahmenbedingungen einsetzt, die diesem Ziel dienen. Schließlich soll Europa eine aktive Rolle bei der präventiven Konfliktbearbeitung spielen, wo immer möglich seine Guten Dienste als Vermittlerin zwischen Konfliktparteien anbieten und alles unternehmen, um Konflikte unterhalb der gewaltsamen Schwelle zu lösen.

– *Dann, und dann ganz besonders*, macht es Sinn, die institutionellen Reformen so zu konzipieren, daß sie diesem Aufgabenkatalog nicht nur genügen, sondern seinen Vollzug kräftig unterstützen. Dann wird die weitgehende Aufgabendelegation nach unten – mit entsprechender Ressourcenausstattung und plebiszitären Entscheidungsverfahren einerseits, angemessener Repräsentation nach oben andererseits (Regionalausschuß) – machbar, dann werden auch die anderen jetzt für die Regierungskonferenz diskutierten Fragen lösbar. Erst wenn die inhaltliche Aufgabe bekannt ist, läßt sich ein institutionelles System dafür maßschneidern. Das behindert den andauernden Evaluierungs- und Reformbedarf keineswegs.

Bisher ist nicht zu erkennen, daß diese Themen an der Regierungskonferenz angesprochen werden sollen. Zumindest wäre zu verlangen, daß sie im Sinn eines *Kataloges künftig zu leistender Entwicklungsschritte* behandelt werden und ein Arbeitsplan erkennen läßt, auf welche Weise und nach welchem Zeitplan sie abgearbeitet werden sollen. Dann bietet sich auch eine enge Verzahnung der europäischen mit den globalen Reformen (Global Governance) an.

10.2.3 Zukunftsfähiges Deutschland

Die Frage, was denn unsere eigene deutsche Gesellschaft zu globaler Zukunftsfähigkeit beizutragen hätte, wird hier natürlich nicht zum ersten Mal gestellt. Immer wieder haben „grüne" PolitikerInnen und

BürgerInneninitiativen sich hier engagiert und entsprechende Forderungen formuliert. Aber erst mit dem Bericht „Sustainable Netherlands" (Friends of the Earth Netherlands 1992, vorgestellt am Rio-Gipfel) entstand ein Vorbild dafür, wie die zahlreichen Einzelforderungen zu einem Bild integriert werden können. Es ist Beispiel für viele andere geworden, die derzeit an ähnlichen Studien arbeiten oder sie abgeschlossen haben. Die Studie „Zukunftsfähiges Deutschland", von BUND (Bund für Umwelt und Naturschutz Deutschland) und Misereor 1993 beim Wuppertal Institut für Klima, Umwelt, Energie in Auftrag gegeben und nach aufwendiger Public-Relations-Vorarbeit im Januar 1996 veröffentlicht (BUND/Misereor 1996), soll nach Absicht der AuftraggeberInnen „der Frage nachgehen, wie das Leben in einem ‚Zukunftsfähigen Deutschland' aussehen könnte, wenn nachhaltige Entwicklung mehr sein soll als Bestandteil der Rhetorik internationaler Konferenzen und politischer Sonntagsreden. Die Studie vereint verschiedene Themenfelder: Es werden die Grenzen der ökologischen Belastbarkeit benannt, Umweltziele formuliert, Reduktionsziele errechnet und schließlich Wege aufgezeigt, wie diese Ziele erreichbar sind. Doch der Kern der Studie sind die Leitbilder. Sie umreißen Antworten auf grundlegende Fragen, die in der tagespolitischen Diskussion vergessen werden. Wie kann sich ein demokratisch verfaßter Industriestaat so verändern, daß ökologische Grenzen eingehalten werden? Daß die Verhältnisse zwischen Nord und Süd gerechter werden? Welche politischen und wirtschaftlichen Rahmenbedingungen sind nötig?" (ebd., 10). Die AutorInnen machen deutlich, daß sie durchaus um sich abzeichnende Zukunftsprobleme wissen, auch wenn deren Zusammenhang mit der ökologischen Problematik im Verlauf der Studie immer weiter verschwindet: „Wie kann die weitere Aufspaltung der Gesellschaft in oben und unten, reich und arm verhindert werden? Wie müssen die sozialen Sicherungssysteme in Zukunft aussehen, um auch für eine im Durchschnitt ältere Gesellschaft tragfähig zu sein? Was ist erforderlich, um eine gesunde Wirtschaft zu erreichen, die möglichst vielen Menschen die eigene Existenzsicherung ermöglicht? Was kann und soll der Staat leisten? Wie soll die Arbeitswelt gestaltet werden? Welche politischen Veränderungen sind erforderlich und welche institutionellen Anpassungen? Auf all diese Fragen sind Antworten zu finden. Aber es bleiben Scheinantworten, solange sie nicht mit den Erfordernissen der Ökologie und der globalen Gerechtigkeit in Deckung gebracht werden" (ebd., 11 f.). Das ist gewiß richtig, wenn auch nur gut gemeintes Postulat, nicht analytische Einsicht. „Unternehmen könnten auch in Zukunft Geld verdienen, aber nicht mit dem Durchsatz immer größerer Massen- und Warenströme, sondern mit der Bereitstellung eleganter und ressourceneffizienter Produkte und Dienstleistungen. Techniker und Ingenieure erführen eine völlig neue Wertschätzung durch die Gesellschaft, würden sie nicht Menschen arbeitslos machen, sondern Kilowattstunden, Tonnen und Ölfässer; nicht menschliche Gene verändern, sondern Ressourcen schonen; nicht Atomkerne spalten, sondern die Sonnenkraftnutzung vorantreiben. Verbraucherinnen und Verbraucher könnten mit gutem Gewissen kaufen, was in Herstellung, Verarbeitung und Nutzung ökologischen Anforderungen entspricht und gefällt. Soziale Anerkennung würde erfahren, wem es gelänge, sein legitimes Streben nach Glück nicht auf Kosten anderer und der Natur auszuleben. Kurz: Es wäre ein aufregender Fortschritt, der tatkräftiger und einsichtsfähiger Menschen bedürfte, die die Herausforderung annehmen. ... Zweitens zahlen die Industriestaaten bereits heute einen hohen Preis für die einseitige Orientierung von Wirtschaft und Politik an Wachstum, Globalisierung und Beschleunigung. Der Preis reicht von Umweltzerstörung bis zu Krankheiten aller Art, von Orientierungslosigkeit bis zur Aufspaltung der Gesellschaft, von Sinnleere bis zur Zunahme der Gewalt – nicht nur die Naturressourcen erodieren, auch die sozialen Ressourcen. ... Drittens ist ökologische Politik im eigenen Land praktizierte Friedens- und Sicherheitspolitik zu vergleichsweise niedrigen Kosten und mit positiven Nebeneffekten. ... Soviel Abhängigkeit (von Rohstoffimporten) ist problematisch: Sie macht anfällig für Willkür und trägt ... den Keim militärischer Konflikte in sich. ... Sie hat aber auch einen positiven Effekt auf die bundesdeutsche Binnenökonomie selbst: Ökonomisch gesprochen geschieht nämlich nichts anderes als die Substitution von Energie- und Rohstoffimporten durch Ingenieursverstand, Industrieproduktion, Beratungs- und Handwerksleistungen, wenn Häuser gedämmt, Effizienzautos gebaut oder Kraftwerke ‚weggespart' werden. So können neue und umweltfreundliche Arbeitsplätze entstehen" (ebd., 16ff.).

Die Studie behandelt zunächst konzeptuelle Fragen des Verständnisses von Sustainability, Zukunftsfähigkeit, und lehnt sich hier an die von der niederländischen Gruppe entwickelte Konzeption des „Umweltraumes" an, mit dem für alle Menschen gleiche Rechte für die Nutzung der Natur innerhalb ihrer Tragfähigkeitsgrenzen angenommen werden. So werden Indikatoren entwickelt, mit denen das *Umweltbelastungspotential menschlicher Aktivitäten* ausgedrückt werden kann. Mit Hilfe dieser Indikatoren wird dann nach Wirtschaftssektoren und für die Nachfrage untersucht, welcher Ressourcenverbrauch und welche Emissionen so entstehen, und es wird festgestellt, daß *Deutschland die globalen Umweltgüter und Ressourcen um ein Vielfaches übernutzt*. Anschließend daran werden „Leitbilder" formuliert, die „sowohl kulturell einladend als auch ökologisch tragfähig" sind. Durch die Ergänzung mit „Wendeszenarien" soll gezeigt werden, daß „die Leitbilder keine Luftschlösser sind, sondern in die Tat umgesetzt werden können" (ebd., 21). Von da ausgehend wird gefragt, ob die angestrebten Umweltziele – immerhin eine Verringerung des Energie- und Materialverbrauchs und der Schadstoffemissionen um *achtzig bis neunzig Prozent* bis zum Jahr 2050! – erreichbar sind und welcher Maßnahmen es dazu, bezogen auf die Etappenziele 2010 und 2020, bedarf. Drei Szenarien werden entwickelt: Ein *Referenzszenario*, für das keine Maßnahmen des ökologischen Strukturwandels angenommen werden; ein *Szenario „Offensive Energiepolitik"* mit tiefgreifenden sektoralen Änderungen, und ein *Szenario „Zukunftsfähiges Deutschland"*, in dem umfangreiche Änderungen angenommen werden. Am Ende diskutiert die Studie eine Reihe von Einwänden, die im Verlauf der Erarbeitung vorgetragen worden sind. Dort wird deutlich, daß tatsächlich eine *grundlegende Reform von Wirtschaft, Politik und Gesellschaft* Voraussetzung für das Erreichen der gesteckten Ziele ist.

„Leitbilder" eines Zukunftsfähigen Deutschland

1. Rechtes Maß für Zeit und Raum: Wenn zu viel Verkehr das Problem ist, dann steht die Suche nach einem Verkehrsapparat an, der funktional, sozial angepaßt und zukunftsfähig ist. Das Herzstück einer solchen Verkehrs- und Raumordnungspolitik ist die Verkehrsvermeidung. Sie wird nur gelingen, wenn die Geschwindigkeiten gedrosselt und keine zusätzlichen Magistralen gebaut werden. Beispiele für Projekte: Stadtentwicklung, die auf Urbanität und kurze Wege setzt und Bodenspekulation unterbindet, um so die Flucht ins grüne Umland zu beenden; eine maßvoll motorisierte Automobilflotte, die anspruchsvollstes Design bietet, Spartechnologien zum Einsatz bringt und zunehmend erneuerbare Antriebsenergie nutzt; eine Flächenbahn mit dichtem Schienennetz und bedarfsgerechten Bahnhöfen, Haltepunkten und Güterumschlagsanlagen; die ökologische Gestaltung der Kommunikationstechnologien, so daß physischer Verkehr zunehmend durch elektronischen Datenverkehr ersetzt werden kann.

2. Eine grüne Marktagenda: So wie die soziale Marktwirtschaft aus der Erkenntnis geboren wurde, daß der Markt selbst keine Gerechtigkeit hervorzubringen vermag und ihm deshalb ein sozialer Rahmen gegeben werden muß, so ist auch die ökologische Blindheit des Marktes durch Gesellschaft und Politik zu korrigieren. Schlüsselprojekte für eine ökologischen Marktwirtschaft: Abbau offener und verdeckter Subventionen, die umweltschädlich wirken; ökologische Steuerreform; Etablierung von Haftungsregelungen für risikoträchtige

Aktivitäten; Umorientierung der Wettbewerbspolitik auf Ziele der Ökologie und der Ressourceneffizienz.

3. Von linearen zu zyklischen Produktionsprozessen: Da das ökonomische Teilsystem die beiden anderen, Gesellschaft und Ökologie, zu zerstören droht, sind neue Wirtschafts- und Managementformen erforderlich. Das wird nur mit den Unternehmen und wirtschaftlichen Institutionen gehen. Prinzipien für die Um- und Neugestaltung unserer bisherigen Wirtschaftsweise: Die Natur kennt keine Abfälle; ebenso können in einer zukunftsfähigen Wirtschaftsweise sehr viele Abfälle wertvolle Stoffe für andere Produktionsvorgänge sein. Natürliche Prozesse werden von der Sonnenenergie angetrieben; ebenso muß die Wirtschaft allmählich auf eine solarenergetische Grundlage gestellt werden. Zusammenarbeit und Wettbewerb sind verkettet und werden in einer dynamischen Balance gehalten – auch für Einzelunternehmen und die Gesamtwirtschaft eine vernünftige Balance. So wie die Natur für ihr Funktionieren von Vielfalt abhängig ist, gilt es, menschliche Lebens- und Wirtschaftsweisen ähnlich vielfältig auszugestalten.

4. Gut leben statt viel haben: Immer mehr BürgerInnen sind bereit, auch beim Konsum an einer zukunftsfähigen Gesellschaft mitzuwirken, die ohne Naturausbeutung und in Fairneß gegenüber der Dritten Welt existieren kann. Vier Kriterien spielen dabei eine Rolle: Sparsamkeit, Regionalorientierung, gemeinsame Nutzung, Langlebigkeit.

5. Für eine lernfähige Infrastruktur: Ein modernes Verständnis von Infrastruktur setzt vor allem auf menschliche Fähigkeiten und die Ausschöpfung regionaler Innovationspotentiale. Ziel ist die Sicherung der ökologischen, sozialen und technologischen Basis eines Standortes. Beispiele dafür, wie eine dematerialisierte Infrastrukturpolitik aussehen könnte: sichere Energieversorgung mit weniger Kraftwerken (Energiedienstleistungen); Mobilität mit weniger Straßen (Wiederbelebung und Begrünung der Städte; Mobilitätsdienstleistungen); Wohnen mit weniger Umweltverbrauch (Sanierung, Verdichtung, Flächenrecycling, Solararchitektur, Öko-Baustoffe).

6. Stadt als Lebensraum: Die Stadt der Zukunft ist eine Stadt der kurzen Wege. Die Funktionen Wohnen, Arbeiten, Versorgung und Freizeit werden, wo immer möglich, schrittweise zusammengeführt.

7. Regeneration von Land und Landwirtschaft: Die Rahmenbedingungen für die Nutzung der ländlichen Räume werden durch Bundesregierung und Europäische Union neu gestaltet: durch Festlegung einer Obergrenze für die Zahl der Nutztiere pro Fläche, durch Maßnahmen zur Eindämmung der Überproduktion, strikte Wasser-, Boden- und Tierschutzgesetze. Tragender Pfeiler der Landbauwende ist die ökologische Landwirtschaft. Ziel der Waldwende ist der Übergang vom Holzacker zum naturnahen Wald.

8. Internationale Gerechtigkeit und globale Nachbarschaft: Gerechtigkeit ist die zentrale Kategorie für friedensfähige Nord-Süd-Beziehungen. Die Industrieländer schädigen die Armen im Süden weniger durch das, was sie ihnen vorenthalten, als durch das, was sie für sich selbst in Anspruch nehmen. Wenn sich das Tempo fortsetzt, mit dem sich die Schwellenländer industrialisieren, werden bereits in wenigen Jahrzehnten die Länder des Südens zwei Drittel der klimaverändernden Spurengase in die Atmosphäre schicken. Engagierte Menschen aus den Industriestaaten können den Aufbau sozial-ökologischer Gegenmacht unterstützen.

BUND/MISEREOR (Hg.): Zukunftsfähiges Deutschland, Kurzfassung 1995

Die Studie hat fleißig und gewiß auch nützlich Daten zusammengetragen, die Vielen in der weiteren Ökologiedebatte willkommen sein werden. Das wollen wir gar nicht kritisieren. Aber gerade weil sie sich auf dem Klappentext damit beloben läßt, sie habe „gute Chancen, zur grünen Bibel der Jahrtausendwende zu werden", ist es angebracht, die zentralen Einwände, die gegen sie vorgetragen worden sind, zu nennen. Kritik ist, das hat niemand schärfer als der Bundeskongreß entwicklungspolitischer Aktionsgruppen (BUKO) deutlich gemacht, nötig am ganzen Denkansatz, der „jede Auseinandersetzung mit den Ursachen und Bedingungen unserer gegenwärtigen Wirtschafts- und Lebensweise vermissen läßt. Warum hat ,unsere' vermeintliche ,Marktwirtschaft' denn überhaupt die gegenwärtige öko-soziale Krise hervorgerufen? Was ist der Nährboden für die Ausbreitung wirtschaftsfundamentalistischer Einstellungen? Wenn ,ökologische Schutzziele' erreichbar sind, warum werden sie dann nicht schon längst umgesetzt? Die ,Umweltkrise' ist hierzulande schließlich seit über zwanzig Jahren in der öffentlichen Diskussion. Diese ,Warum-Fragen' verlangen nach einer Analyse der ökonomischen Funktionsprinzipien der Gesellschaft, ihrer Herrschaftsstrukturen und ihrer kulturellen Prinzipien. Es sind genau diese Fragen, die vom WI (Wuppertal Institut, B.H.) tabuisiert werden". So „leben die AutorInnen zudem im Glauben, daß Manager locker davon überzeugt werden können, das Profit- und Effizienzmotiv künftig doch nicht mehr so in den Vordergrund zu stellen und stattdessen die Nützlichkeit der Waren stärker zu berücksichtigen. ... Dieselbe Chemieindustrie, die z.B. über ihren Dachverband VCI in doppelseitigen Werbeanzeigen ihre ,Nachhaltigkeit' beteuert, hat inzwischen ... eine ,Standortdebatte' entfacht, um auch die *derzeit* gültigen Umweltstandards loszuwerden. Mit Erfolg: Ins Trinkwasser dürfen nun wieder mehr Schadstoffe, und auch das Gesetz zur Regelung der Abwasserabgabe – das erste Gesetz, mit dem durch finanzielle Anreize eine Schadstoffverminderung angestrebt wurde – ist gekippt; die Abwassereinleitung wird wieder billiger. Während wir uns also am Diskurs der Nachhaltigkeitsideologen kritisch abarbeiten, geht der vielleicht letzte Amoklauf des Rentabilitätsprinzips unvermindert weiter – mit umweltfreundlich-nachhaltigem Image selbstverständlich. ... Hätte sich das WI bei seinen Berechnungen wenigstens konsequent an die Definition der ‚letzten Verwendung' gehalten, so bliebe im vorgelegten Zahlenmaterial noch ansatzweise erkennbar, welcher Anteil des hierzulande verbrauchten natürlichen Reichtums von Staat und Wirtschaft vernutzt, und was demgegenüber in der Tat dem privaten Endverbrauch zugeführt wird. Wünschenswert wäre dabei selbstverständlich eine genauere Aufschlüsselung etwa des Staatsverbrauchs – wieviel verbraucht z.B. das Militär, wieviel der Polizeiapparat?" Der Trend zur Dienstleistungsgesellschaft z.B. „gilt aber gegenwärtig ausschließlich für die kapitalistischen Zentren im Norden wie auch im Süden und hat die Auslagerung ‚schmutziger' Grundstoffindustrien in die südlichen Peripherien der Weltwirtschaft zur Bedingung. Die fehlende Analyse weltkapitalistischer ‚Arbeitsteilung' führt die AutorInnen hier zu fragwürdigen Annahmen über den bloßen Nachvollzug einer ‚zukunftsfähigen Entwicklung' des ‚Nordens' durch den ‚Süden'. ... Es fehlt der Studie nicht einfach nur ‚wissenschaftlicher Sachverstand', sondern hier wird durchaus bewußt Ideologie produziert. Und dies ist auch der eigentliche Kern unserer Kritik: Die vom WI initiierte ‚Zukunftsdebatte' ist ein ideologisches Scheingefecht, das nichts zur Lösung gegenwärtiger öko-sozialer Probleme beiträgt. Ziel der Studie ist vielmehr die Politikberatung der auftraggebenden ‚Nicht-Regierungs-Organisationen' (NGOs) BUND und Misereor, die beim WI Orientierungen für ihre Lobbypolitik nachgefragt und vertragsgemäß erhalten haben" (BUKO 1995; darauf antwortet Schepelmann 1995; vgl. auch Falk 1995).

Während der BUKO völlig zu recht auf die *analytischen Fehlleistungen* der WI-Studie hinweist, liegen schwerwiegende Mängel auch in der vorgeschlagenen *Handlungskonzeption*. Da ist einmal der geradezu skandalös-liederliche Umgang mit vermeintlichen „Handlungsoptionen", wenn mit „Wertewandel" und „notwendigen Umorientierungen in der Industrie" jongliert wird als handle sich um Schräubchen, an denen sich beliebig drehen ließe. Schlimmer noch ist der Umstand, daß die Studie sich weder um die wahrscheinlichen Folgen des von ihr empfohlenen Handelns (z.B. auf die Beschäftigung, die von einer Reduktion des Ressourcenverbrauchs um neunzig Prozent kaum unbeeinflußt bleiben wird!), noch um die Chancen der wirtschaftlichen und politischen Durchsetzung ihrer Empfehlungen kümmert.

Das alles geht nach dem Motto: Wenn die Menschen gut und einsichtig wären, dann würden sie sich so verhalten. Das wäre auch ohne zweijährige Forschungsarbeit leicht festzustellen gewesen. Nur: Wären sie gut und einsichtig, dann würden sie sich schon immer so verhalten haben. Die Aufgabe besteht also vielmehr darin zu verstehen, warum dies nicht der Fall war und ist – und an dieser Aufgabe geht die Studie vorbei. „Zukunftsfähiges Deutschland" hat unsere pessimistische Einschätzung der Realisierungschancen eines „ökologischen Umbaus der Industriegesellschaft" leider nicht korrigiert, weil es von u.E. falschen Fragestellungen ausgeht. Ergebnis: Gut gemeint, das ist das Gegenteil von gut.

10.3 Ansätze „von unten nach oben"[1]

Es gibt eine Alternative, wenn auch nicht als fertig ausgearbeitetes theoretisches Modell, sondern als praktischer Entwurf, der freilich weit genug gediehen ist, daß sich um ihn streiten läßt. Er läßt sich durch drei Begriffe charakterisieren: Selbstorganisation fördern, Abkoppeln, Ressourcen schonen:

Selbstorganisation fördern bedeutet eigentlich einen Weg zurück in die Marktwirtschaft, freilich eine, die nicht durch eine unendliche Zahl von Vorschriften und Abgaben geknebelt, die nicht durch Monopole und Finanzjongleure pervertiert ist. Das kreative Potential der Menschen ist enorm, wenn sie nicht ständig gegängelt und eingegrenzt werden, es braucht wenig, um es fördern und um es sich entwickeln zu lassen, da muß entstaatlicht und dereguliert werden. Heute nennen wir das einen informellen Wirtschaftssektor, im Anschluß an die „Dualwirtschaften" der Dritten Welt, und meinen damit vor allem, daß dieser Bereich keine Steuern und Sozialabgaben zahlt und nicht selten auch weniger Lohn- als Naturaleinkommen bezieht, und wir diskriminieren und kriminalisieren diese im Umfang zunehmende Wertschöpfung. Hernando de Soto (1992) nennt das „Marktwirtschaft von unten" und sieht darin ein bedeutendes Potential für Entwicklungsprozesse. Die Frage wird sein, wie sich dieser, der eigentlichen Marktwirtschaft, vernünftige Bedingungen schaffen und erhalten lassen. Es gibt ausreichend gute Vorschläge für Regelungen, die nicht auf Konkurrenz aufbauen und die nicht zu Ausbeutungsverhältnissen führen, und die verdienen mehr Aufmerksamkeit und Förderung.

---

1 dieser Abschnitt stützt sich, wenngleich in stark gekürzter Form, auf die Darstellung in Hamm/Neumann 1996, 355 ff. Da bottom-up-Ansätze auf kommunaler und regionales Ebene angelegt sind, sind die strukturellen Entwicklungsbedingungen dieser Ebene unentbehrlich.

Abkoppeln soll bedeuten, daß wir Wege suchen sollten, die uns weniger abhängig machen vom weltwirtschaftlichen Prozeß, von seiner realen ebenso wie von seiner monetären Seite. Statt dessen muß die sichere Basis wirtschaftlicher Entwicklung in der Befriedigung der Bedürfnisse der heimischen, der regionalen Bevölkerung liegen. Das heißt *nicht Autarkie*, die unter heutigen Bedingungen ohnehin nicht möglich wäre. Es gibt viele Rohstoffe, die wir schlicht importieren müssen, unabhängig von der wirtschaftspolitischen Philosophie. Wir sollten da reduzieren, soweit es geht, und Substitute entwickeln, aber eine gewisse Abhängigkeit wird bleiben. Auf das Niveau dieses unerläßlichen Minimums sollten wir auch die Exporte reduzieren. Nach innen kann nur eine sorgfältige Ausbalancierung von Angebot und Nachfrage Bedingungen allgemeinen Friedens, freilich auf langsam sinkendem materiellen Niveau (wegen der Ressourcenschonung), schaffen. Nicht Autarkie also, sondern *mehr Autonomie*, mehr Chancen zu autonomer Selbstbestimmung sind gefragt.

Ressourcen schonen heißt zunächst einmal, den für nötig gehaltenen materiellen Wohlstand durch einen minimalen Einsatz natürlicher Ressourcen zu realisieren („*Effizienz*revolution"). Das ist möglich, und dafür gibt es zahlreiche Ansätze und Vorschläge (Schmidt-Bleek 1994). Aber das reicht noch nicht aus. Wir brauchen auch eine „*Suffizienz*revolution", d.h. eine Überprüfung unseres Wohlstandsmodells daraufhin, ob denn alles das, was wir uns unter Einsatz natürlicher Ressourcen leisten, wirklich nötig ist, oder ob nicht etliches davon verzichtbar wäre. Hier spielen Überlegungen zu einem „Neuen Wohlstandsmodell" eine große Rolle (u.a. Weizsäcker 1990), die richtigerweise davon ausgehen, daß wirklicher Wohlstand nicht im Erwerb von Gütern, sondern letztlich in mehr Freiheit und Selbstbestimmung, in politischer Teilhabe, Bildung, Kultur und sinnlichen Genüssen liegt. Neben Effizienz und Suffizienz, die keinen räumlichen Bezug haben, muß schließlich *Subsistenz* treten, die die Versorgung aus der Region betont und die damit auch ein Schlüssel ist zu der Förderung und Wertschätzung regionaler Kultur, die auch ein neues Wohlstandsmodell anstrebt.

Wir denken zuerst und vor allem an die *kommunale und regionale Ebene*, auf der viele Dinge heute schon möglich sind, ohne daß man auf die anderen Ebenen warten muß. Global denken, lokal handeln wollen wir auch hier, und daher konzentrieren sich die Ideen und Erfahrungen, die wir gesammelt haben, auf die lokale/regionale Ebene. Wir denken, daß „Abkoppeln", also Eigenständigkeit und Selbständigmachen, daß „Ressourcen schonen" und daß „Selbstversorgung und Selbstorganisation" insbesondere auf der lokalen Ebene nötig und möglich sind, und daß sie auch die höheren Ebenen entlasten und in die Lage versetzen würden, entsprechende Reformen auf den Weg zu bringen. Wir dürfen *nicht auf den Staat warten*, bis dort der Einstieg in die nötigen Reformen gefunden wird; wir müssen die Angelegenheit *in viele eigene Hände nehmen*. Parallel zum Funktionsverlust der offiziellen Ebene wird die *civil society* sich aufbauen und nach Selbständigkeit drängen. Sie braucht freilich Handlungsspielräume und Rahmenbedingungen, die ihrer Entwicklung hin zu einer friedfertigen, sozial gerechten und ökologisch tragfähigen Gesellschaft Chance, Inhalt und Richtung geben.

10.4 Ausblick

Es ging uns hier selbstverständlich nicht darum, notwendige Änderungen auf der Makro-Ebene gegen solche auf der lokalen Ebene, den Ansatz „von oben nach unten" gegen den „von unten nach oben" gegeneinander auszuspielen. Das sind keine Alternativen, die sich gegenseitig ausschließen, sondern sich wechselseitig ergänzende und vielfach bedingende Strategien. Allerdings haben wir im Verlauf dieser Untersuchung den Eindruck gewonnen, daß die strukturellen Bedingungen auf den höheren Ebenen schwerer zu bewegen und zu verändern sind als die auf der lokalen/regionalen, wo Projekte schneller angegangen und realisiert werden können. Die Abhängigkeit von politischen und wirtschaftlichen Apparaten, die nicht bereit sind, den dringend nötigen ökologischen, ökonomischen und sozialen Umbau einzuleiten und zu unterstützen, lähmt und kostet Zeit und Energie, die besser für selbstbestimmte Vorhaben eingesetzt werden. Es ist falsch und unnötig, auf den Staat, oder auf die Marktkräfte, oder auf den Bewußtseinswandel zu warten. Von dort wird der Wandel nicht kommen. Es wäre richtig, selbst mit dem Wandel zu beginnen, ihn in die eigenen Hände zu nehmen.

Dazu fehlt es nicht an Ideen, Vorschlägen und Beispielen, dazu ist keine weitere Forschung nötig, es müssen keine neuen Gesetze durchgebracht werden, es fehlt nicht einmal am Geld: Es fehlt nur an der Entschlossenheit und dem Willen, mit dem Umbau anzufangen, selbst, mit anderen, bei sich, sofort.

Weiterführende Literatur

1. BUND/Miseriur, 1996: Zukunftsfähiges Deutschland. Basel
2. Commission on Global Governance, 1995: Our Global Neighborhood. Oxford (dt. Bonn 1995)
3. *King, Alexander und Betrand Schneider*, 1991: Die globale Revolution. Hamburg
4. *Soto, Hernando de*, 1992: Marktwirtschaft von unten. Zürich
5. *Weidenfeld, Werner* (Hg.), 1994: Europa '96: Reformprogramm für die Europäische Union. Gütersloh.

Übungsaufgaben

1. Entwerfen Sie eine Skizze für ein globales Forschungsprogramm „Sustainable Development und Global Governance". Bedenken Sie dabei die unterschiedlichen Sichtweisen der Industrie- und der Entwicklungsländer. Formulieren Sie zehn Themen, deren Erforschung Sie für besonders wichtig halten, und markieren Sie eine Prioritätenfolge, indem Sie jedem Thema eine fiktive Geldsumme zuweisen.
2. Befragen Sie HochschullehrerInnen, Angehörige des Mittelbaus und Studierende verschiedener Fächer Ihrer Universität danach, was sie jeweils für die vordringlichste Aufgabe der Forschung halten. Lassen sich in den Antworten Hinweise auf globale Zukunftsfähigkeit erkennen? Welche Unterschiede stellen Sie fest zwischen Fächern? Zwischen Gruppen? Wo bestimmen top-down, und wo bottom-up-Ansätze das Bild?
3. Welche Fragestellungen sind Ihrer Meinung nach besonders wichtig, wenn ein europäischer Beitrag zur globalen Zukunftsfähigkeit vorbereitet werden sollte? Welchen Maßnahmenkatalog würden Sie der Europäischen Union empfehlen? Schicken Sie Ihr Ergebnis an dieKommission der Europäischen gemeinschaften, Céllule de prospective, 200 rue de la Loi, B 1040 Brüssel.
4. Untersuchen Sie Ihren Studiengang danach, welche Kenntnisse und Anregungen er Ihnen über Probleme globaler Zukunftsfähigkeit vermittelt. Legen Sie ihren Befund schriftlich nieder und diskutieren Sie ihn mit den HochschullehrerInnen Ihres Faches.
5. Entwerfen Sie ein Programm für eine autonimes Seminar „Globale Zukunftsfähigkeit" samt Themenliste, Literaturverzeichnis, Unterrichtsmaterialien usw. Für Studierende welcher Fächer soll das Seminar zugänglich sein? Wie würden Sie didaktisch vorgehen? Bemühen Sie sich in Ihrer Universität darum, für ein solches Seminar Anerkennung und finanzielle Unterstützung zur Anschaffung fehlender Materialien o.ä. zu gewinnen.

Literatur

Vorwort

Atteslander, Peter, und Bernd Hamm (Hg.), 1974: Materialien zur Siedlungssoziologie. Köln

Chombart de Lauwe, et Paul-Henri, 1952: Paris et l'agglomération parisienne. Paris

Dunlap, Riley E., and W.Z. Cotton, 1994: Toward an Ecological Sociology: The development, current status, and probable future of environmental sociology, in: Ecology, Society, and Quality of Social Life, hg. von William V. d'Antonio, Masamichi Sasaki und Yoshio Yonebayashi. New Brunswick

Friedrichs, Jürgen, 1995: Stadtsoziologie. Opladen

Hamm, Bernd, 1982: Einführung in die Siedlungssoziologie. München

Hamm, Bernd, und Gertrud Zimmer, Sabine Kratz (Hg.), 1992: Sustainable Development and the Future of Cities. Trier

Hamm, Bernd, und Ingo Neumann, 1996: Siedlungs-, Umwelt- und Planungssoziologie. Ökologische Soziologie Bd. 2. Opladen

Jungk, Robert, und Norbert Müllert, 1992: Zukunftswerkstätten. München

Kruse, Lenelis, und Carl-Friedrich Graumann, Ernst-Dieter Lantermann (Hg.), 1990: Ökologische Psychologie. Ein Handbuch in Schlüsselbegriffen. München

Lynd, Robert, 1959: Knowledge for What? New Haven

Marcuse, Peter, und Fred Staufenbiel (Hg.), 1991: Wohnen und Stadtpolitik im Umbruch. Berlin

Mayer-Tasch, und Peter Cornelius, 1985: Aus dem Wörterbuch der Politischen Ökologie. München

Mayer-Tasch, und Peter Cornelius, 1991: Natur denken. Eine Genealogie der ökologischen Idee, 2 Bände. Frankfurt

Meyer, Sibylle, und Eva Schulze (Hg.), 1994: Ein Puzzle, das nie aufgeht. Stadt, Region und Individuum in der Moderne. Festschrift für Rainer Mackensen. Berlin

Saunders, Peter, 1981: Social Theory and the Urban Question. London (dt. Soziologie der Stadt, Frankfurt 1987)

Smith, Michael P., 1979: The City and Social Theory. New York

Wallerstein, Immanuel, 1995: Die Sozialwissenschaften „kaputtdenken". Die Grenzen der Paradigmen des 19. Jahrhunderts. Weinheim

Wehling, Peter, 1989: Ökologische Orientierung in der Soziologie. Frankfurt

Vorklärungen

Adorno, Theodor W. u.a., 1968: Der Positivismusstreit in der deutschen Soziologie. Darmstadt

Autorenkollektiv am Institut für Soziologie der FU Berlin 1973: Klassenlage und Bewußtseinsformen technisch-wissenschaftlicher Lohnarbeiter. Zur Diskussion über die „Technische Intelligenz". Frankfurt

Barbier, Edward B., 1987: The Concept of Sustainable Economic Development, Environmental Conservation 14, 2, 101-110

Beck, Ulrich, 1986: Risikogesellschaft. Frankfurt

Beckermann, Wilfred, 1995: Small is Stupid. Blowing the Whistle on the Greens. London

Berger, Peter, und Thomas Luckmann 1969: Die gesellschaftliche Konstruktion der Wirklichkeit. München

Berndt, Heide, 1978: Die Natur der Stadt. Frankfurt/M.

Bogue, Donald, 1948: The Structure of the Metropolitan Community: A Study of Dominance and Subdominance. Diss. Ann Arbor, Mich.

Böhme, Gernot, und Engelbert Schramm (Hg.), 1984: Soziale Naturwissenschaft. Wege zu einer Erweiterung der Ökologie. Frankfurt

Bookchin, Murray, 1985: Die Ökologie der Freiheit. Wir brauchen keine Hierarchien. Weinheim

Boulding, Kenneth E., 1978: Ecodynamics. A New Theory of Societal Evolution. Beverly Hills

Bourdieu, Pierre, 1983: Die feinen Unterschiede. Kritik der gesellschaftlichen Urteilskraft. Frankfurt

Bühl, Walter L., 1988: Institution, in: Lexikon zur Soziologie, hg. von Werner Fuchs u.a. Opladen

Büschges, Günter, 1989: Gesellschaft, in: Wörterbuch der Soziologie, hg. von Günter Endruweit und Gisela Trommsdorff. Stuttgart

Capra, Fritjof, 1985: Wendezeit. Bern

Carson, Rachel, 1962: Silent Spring. Boston (Dt. München 1963)

Claessens, Dieter, und Karin Claessens, 1992: Gesellschaft – Lexikon der Grundbegriffe. Reinbeck

Constanza 1992

Daly, Herman, 1989: Sustainable Development: From Concept and Theory Towards Operational Principles. Washington (verv.)

Daly, Herman, und John Cobb, 1989: For the Common Good. Boston

Datenreport 1994. Zahlen und Fakten über die Bundesrepublik Deutschland. Hg. vom Statistischen Bundesamt in Zusammenarbeit mit dem Wissenschaftszentrum Berlin für Sozialforschung und dem Zentrum für Umfragen, Methoden und Analysen Mannheim. Bonn

Duncan, Otis D. 1959: Human Ecology and Population Studies, in: The Study of Population, hg. von Philipp M. Hauser. Chicago

Durkheim, Emile, 1897/8: Morphologie sociale. Année sociologique 2, 520

Endruweit, Günter, 1995: Gesellschaft, Kultur, und multikulturelle Gesellschaft, in: Wissenschaft, Literatur, Katastrophe. Festschrift zum sechzigsten Geburtstag von Lars Clausen, hg. von Wolf R. Dombrowsky und Ursula Pasero. Opladen

474

Engelhardt, Wolfgang, und Hubert Weinzierl, 1993: Der Erdgipfel. Perspektiven für die Zeit nach Rio. Bonn

Enquête-Kommission „Schutz des Menschen und der Umwelt", 1994: Die Industriegesellschaft gestalten. Perspektiven für einen nachhaltigen Umgang mit Stoff- und Materialströmen. Bonn

Fischer-Kowalski, Marina, and Helmut Haberl, 1996: Sustainability Problems and Historical Transitions. A Description in Terms of Changes in Metabolism and Colonization Strategies, in: Sustainable Development and the Future of Cities, hg. von Bernd Hamm und Pandu K. Muttagi. Paris (in Vorb.)

Gabor, Denis, und Umberto Colombo, Alexander King, Riccardo Galli, 1976: Das Ende der Verschwendung. Zur materiellen Lage der Menschheit. Stuttgart

Galtung, Johan, 1973: The European Community: a superpower in the making. Oslo

Galtung, Johan, 1993: The European Union – are there alternatives? Eco-logic and polito-logic – are they compatible? Two papers. Trier

Geißler, Rainer, 1992: Die Sozialstruktur Deutschlands. Ein Studienbuch zur Entwicklung im geteilten und vereinten Deutschland. Opladen

Georgescu-Roegen, Nicholas, 1975: Energy and Economic Myths. Southern Economic Journal 41, 347-81

Gibbs, Jack P., and Walter T. Martin, 1959: Towards a Theoretical System of Human Ecology, in: Pacific Sociological Review 2, 29-36

Glatzer, Wolfgang, 1989:Sozialstruktur, in: Wörterbuch der Soziologie, hg. von Günter Endruweit und Gisela Trommsdorff. Stuttgart

Goffman, Erving, 1971: Verhalten in sozialen Situationen. Strukturen und Regeln der Interaktion im öffentlichen Raum. Gütersloh

Goodland, Robert, und Herman Daly, Salah El Serafy, Bernd von Droste, 1992: Nach dem Brundtland-Bericht: Umweltverträgliche wirtschaftliche Entwicklung. Bonn

Halbwachs, Maurice, 1970: Morphologie sociale. Paris

Haller, Max 1990: The Challenge for Comparative Sociology in the Transformation of Europe, in: International Sociology 5,2,183-204; *Bernd Hamm* 1991: Comparative Versus Evolutionary Approaches to European Society, in: International Sociology 6,1,111-15; *Max Haller* 1991: Reply to Bernd Hamm´s Critique, in: International Sociology 6,1,117-21

Hamm, Bernd (Hg.), 1994: Globales Überleben. Sozialwissenschaftliche Beiträge zur global nachhaltigen Entwicklung. Trier

Hamm, Bernd, und Bohdan Jalowiecki (Hg.), 1992: The Social Nature of Space. Warszawa

Harborth, Hans-Jürgen, 1991: Dauerhafte Entwicklung statt globaler Selbstzerstörung. Berlin

Hartfiel, Günter, 1972: Wörterbuch der Soziologie. Stuttgart

Hawley, Amos H., 1950: Human Ecology. New York

Hawley, Amos H., 1971: Urban Society. New York

Helfrich, Christian, 1990: Das neue Management denkt ökologisch, in: io Management Zeitschrift 59, 10, 50-53

Henderson, Hazel, 1992: Paradigms in Progress. Life Beyond Economics. Indianapolis

Herder Lexikon Soziologie, 1976. Freiburg

Horkheimer, Max, und Adorno, Theodor W., 1947: Dialektik der Aufklärung. Philosophische Fragmente. Amsterdam

Hortleder, Gerd, 1970: Das Gesellschaftsbild des Ingenieurs. Zum politischen Verhalten der technischen Intelligenz in Deutschland. Frankfurt

Hortleder, Gerd, 1973: Ingenieure in der Industriegesellschaft. Zur Soziologie der Technik und der naturwissenschaftlich-technischen Intelligenz im öffentlichen Dienst und in der Industrie. Frankfurt

Hradil, Stefan, 1987: Sozialstrukturanalyse in einer fortgeschrittenen Gesellschaft. Von Klassen und Schichten zu Lagen und Milieus. Opladen

Hradil, Stefan, 1994: Sozialstruktur und gesellschaftlicher Wandel, in: Die EU-Staaten im Vergleich. Strukturen, Prozesse, Politikinhalte, hg. von Oscar W. Gabriel und Frank Brettschneider. Opladen

Jaeggi, Urs, 1969: Macht und Herrschaft in der Bundesrepublik. Frankfurt

Jänicke, Martin, 1994: Ökologisch tragfähige Entwicklung: Kriterien und Steuerungsansätze ökologischer Ressourcenpolitik, in: Globales Überleben. Sozialwissenschaftliche Beiträge zur global nachhaltigen Entwicklung, hg. von Bernd Hamm. Trier

Jevons, William S., 1879: The Theory of Political Economy. London

Kapp, K. William, 1950: The Social Costs of Private Enterprise. Cambridge (dt. Frankfurt 1988)

Kapp, K. William, 1983: Erneuerung der Sozialwissenschaften. Ein Versuch zur Integration und Humanisierung. Frankfurt

Kapp, K. William, 1987: Für eine ökosoziale Ökonomie. Entwürfe und Ideen – Ausgewählte Aufsätze, hg. von Christian Leipert und Rolf Steppacher. Frankfurt

Kern, Horst, und Michael Schumann, 1977: Industriearbeit und Arbeiterbewußtsein. Frankfurt

King, Alexander, und Bertrand Schneider, 1991: Die globale Revolution. Ein Bericht des Rates des Club of Rome. Hamburg (Kurzfassung erschienen als Spiegel-Special 2/1991)

Koch, Max, 1994: Vom Strukturwandel einer Klassengesellschaft. Münster

Korte, Hermann, und Bernhard Schäfers (Hg.), 1992ff.: Einführungskurs Soziologie, 4 Bände. Opladen

Krysmanski, Hans-Jürgen, 1982: Gesellschaftsstruktur der Bundesrepublik. Soziologische Skizzen zum Zusammenhang von Produktionsweisen, Produktivkräften und Produktionsverhältnissen. Köln

Kuhn, Thomas S., 1962: The Structure of Scientific Revolutions. Chicago

Laszlo, Ervin, 1994: The Choice. New York

Laszlo, Ervin, 1994: Vision 2020 – Reordering Chaos for Global Survival. Amsterdam

Lerner, Daniel, 1958: The Passing of Traditional Society. Glencoe

Linde, Hans, 1972: Sachdominanz in Sozialstrukturen. Tübingen

Lipp, Wolfgang, 1989: Institution, in: Wörterbuch der Soziologie, hg. von Günter Endruweit und Gisela Trommsdorff. Stuttgart

Lipp, Wolfgang, 1995: Institution, in: Grundbegriffe der Soziologie, hg. von Bernhard Schäfers. Opladen

Luhmann, Niklas, 1988: Gesellschaft, in: Lexikon zur Soziologie, hg. von Werner Fuchs u.a. Opladen

476

Marx, Karl, 1890: Das Kapital. Kritik der politischen Ökonomie. Erster Band. MEW 23, 1986. Berlin

Marx, Karl, und Friedrich Engels, 1932: Die deutsche Ideologie. MEW 3, 1983. Berlin

Mayer-Tasch, Peter Cornelius, 1991: Natur denken. Eine Genealogie der ökologischen Idee, 2 Bände. Frankfurt

McHale, John, 1970: Der ökologische Kontext. Frankfurt

McKenzie, Roderick D., 1925: The Ecological Approach to the Study of the Human Community, in: The City, hg. von Robert E. Park and Ernest W. Burgess. Chicago

McNamara, Robert S., 1995: In Retrospect. The Tragedy and Lessons of Vietnam. New York

Meadows, Dennis, 1972: Die Grenzen des Wachstums. Stuttgart

Meadows, Donella, und Dennis Meadows, Jorgen Randers, 1993: Die neuen Grenzen des Wachstums. Reinbek

Mesarovic, Mihajlo, und Eduard Pestel, 1974: Menschheit am Wendepunkt. Stuttgart

Meyer, Lothar, 1992: Ein System siegt sich zu Tode. Oberursel

Müller, Hans-Peter, 1992: Sozialstruktur und Lebensstile. Zur Neuorientierung der Sozialstrukturforschung, in: Zwischen Bewußtsein und Sein, hg. von Stefan Hradil. Opladen

Nolte, Hans-Heinrich, 1982: Die eine Welt. Abriß der Geschichte des internationalen Systems. Hannover

Park, Robert E. and Ernest W. Burgess, 1921: Introduction to the Science of Sociology. Chicago

Pfeil, Elisabeth, 1965: Die Familie im Gefüge der Großstadt. Hamburg

Popper, Karl, 1969: Das Elend des Historizismus. Tübingen

Pross, Helge, und Karl W. Boetticher, 1971: Manager des Kapitalismus. Untersuchung über leitende Angestellte in Großunternehmen. Frankfurt

Redclift, Michael, 1987: Sustainable Development. Exploring the Contradictions. London

Rees, William E., 1992: Understanding Sustainability, in: Sustainable Development and the Future of Cities, hg. von Bernd Hamm. Trier

Rowe, S., 1989: Implications of the Brundtland Commission Report for Canadian Forest Management. The Forestry Chronicle, February, 5-7

Sachs, Ignacy, 1995: Searching for New Development Strategies. UNESCO-MOST-Policy Paper 1. Paris

Sachs, Wolfgang (Hg.), 1993a: Global Ecology: A New Arena of Political Conflict. London

Sachs, Wolfgang, 1993b: Wie im Westen, so auf Erden. Frankfurt

Schäfers, Bernhard (Hg.), 1994: Soziologie in Deutschland. Entwicklung, Institutionalisierung und Berufsfelder, theoretische Kontroversen. Opladen

Schäfers, Bernhard (Hg.), 1995: Grundbegriffe der Soziologie. Opladen

Schäfers, Bernhard, 1985: Sozialstruktur und Wandel der Bundesrepublik Deutschland. Ein Studienbuch zu ihrer Soziologie und Sozialgeschichte. Stuttgart

Schäfers, Bernhard, 1995: Gesellschaftlicher Wandel in Deutschland. Ein Studienbuch zur Sozialstruktur und Sozialgeschichte. Stuttgart

Schelsky, Helmut, 1965: Die Bedeutung des Schichtungsbegriffs für die Analyse der gegenwärtigen Gesellschaft. in: H. Schelsky: Auf der Suche nach Wirklichkeit. Gesammelte Aufsätze. Düsseldorf (org. 1954)

Schmidt-Bleek, Friedrich, 1994: Wieviel Umwelt braucht der Mensch? Basel

Schwanhold, Ernst, 1994: Stoffpolitik als Operationalisierungsansatz von Sustainable Development, in: Globales Überleben. Sozialwissenschaftliche Beiträge zur global nachhaltigen Entwicklung, hg. von Bernd Hamm. Trier

Shepard, Paul, and Daniel McKinley, 1969: The Subversive Science. Essays Toward an Ecology of Man. New York

Simmel, Georg, 1908: Der Raum und die räumlichen Ordnungen der Gesellschaft, in: Soziologie, hg. von dems. Berlin, S. 460-526

Stiftung Entwicklung und Frieden (Hg.), aktuelle Jahrgänge: Globale Trends. Düsseldorf bzw. Frankfurt

Strange, Susan, 1986: Casino Capitalism. Oxford, New York

Tenbruck, Friedrich H., 1989: Gesellschaftsgeschichte oder Weltgeschichte, Kölner Zeitschrift für Soziologie und Sozialpsychologie 29, 417-39

Tenbruck, Friedrich H., 1992: Was war der Kulturvergleich, ehe es den Kulturvergleich gab? in: Zwischen den Kulturen, hg. von Joachim Matthes, Soziale Welt, Sonderband 8, 13-35

Theodorson, George A. (Hg.), 1982: Urban Patterns. University Park

Toffler, Alvin, 1970: Der Zukunftsschock. Bern

Toffler, Alvin, 1980: Die Dritte Welle. München

Toffler, Alvin, 1990: Machtbeben. Stuttgart

Victor, P.A., 1990: Indicators of Sustainable Development: Some Lessons from Capital Theory. Ottawa (verv.)

Voigt, Dieter, und Werner Voss, Sabine Meck, 1987: Sozialstruktur der DDR: eine Einführung. Darmstadt

Wackernagel, Mathis, und William E. Rees, 1995: Our Ecological Footprint. Reducing Human Impact on the Earth. Gabriola

Wallerstein, Immanuel, 1984: Gesellschaftliche Entwicklung oder Entwicklung des Weltsystems? in: Soziologie und gesellschaftliche Entwicklung, Verhandlungen des 22. Deutschen Soziologentages in Dortmund 1984, hg. von Burkhart Lutz. Frankfurt

WCED (= World Commission for Environment and Development), 1987: Our Common Future, New York. (dt. Greven 1987)

Weizsäcker, Ernst-Ulrich von, 1994: Erdpolitik. Ökologische Realpolitik an der Schwelle zum Jahrhundert der Umwelt. Darmstadt

Werlen, Benno, 1988: Gesellschaft, Handlung und Raum. Grundlagen handlungstheoretischer Sozialgeographie. Stuttgart

Wienold, Hanns, 1988. Gesellschaft, in: Lexikon zur Soziologie, hg. von Werner Fuchs u.a. Opladen

Worldwatch Institute, jährlich: Zur Lage der Welt. Frankfurt

Wörterbuch der marxistisch-leninistischen Soziologie, 1983, hg. von Georg Assmann u.a. Opladen

Zapf, Wolfgang und Roland Habich, Gunnar Winkler, 1986: Die deutsche Version des Wohlfahrtsstaates, in: Wirtschafts- und Sozialstatistik (Angewandte Statistik und Ökonometrie 29). Göttingen

Zapf, Wolfgang, 1995: Lebenslagen im Wandel: Sozialberichterstattung im Längsschnitt. Frankfurt

Zapf, Wolfgang, 1995: Sozialberichterstattung in und für Deutschland – ein Ziel, zwei Wege. Berlin

Zapf, Wolfgang, und Roland Habich, 1995: Die stabilisierende Transformation – ein deutscher Sonderweg, in: Geplanter Wandel, ungeplante Wirkungen. Berlin

Krise

Albert, Hans, 1963: Modell-Platonismus. Der neo-klassische Stil des ökonomischen Denkens in kritischer Beleuchtung, in: Sozialwissenschaft und Gesellschaftsgestaltung, hg. von Friedrich Karrenberg und Hans Albert. Berlin

Altner, Günter, und Barbara Mettler-Meibom, Udo E. Simonis, Ernst U. v. Weizsäcker (Hg.), jährlich seit 1992: Jahrbuch Ökologie. München

Altvater, Elmar, 1984: Das Ende vom Anfang der Verschuldungskrise, WSI-Mitteilungen 4, 198-207.

Altvater, Elmar, 1987: Sachzwang Weltmarkt. Verschuldungskrise, blockierte Industrialisierung, ökologische Gefährdung – der Fall Brasilien. Hamburg

Altvater, Elmar, 1992: Der Preis des Wohlstands oder Umweltplünderung und neue Welt(un)ordnung. Münster

Altvater, Elmar, und Kurt Hübner, 1988: Ursachen und Verlauf der internationalen Schuldenkrise, in: Die Armut der Nationen, hg. von Elmar Altvater u.a. Berlin

Altvater, Elmar, und Kurt Hübner, Jochen Lorentzen, Raul Rojas (Hg.), 1988: Die Armut der Nationen. Handbuch zur Schuldenkrise von Argentinien bis Zaire. Berlin

Amin, Samir, 1994: Die neue kapitalistische Globalisierung. Herrschaft des Chaos, epd-Entwicklungspolitik,15, h-k

Amin, Samir, 1994: Die Zukunft der globalen Polarisierung. Informationsbrief Weltwirtschaft und Entwicklung, 6-7/1994

Arnim, Hans Herbert von, 1991: Die Partei, der Abgeordnete und das Geld. Mainz

Arnim, Hans Herbert von, 1993: Demokratie ohne Volk. München

Arnold, Heinz, 1995: Disparitäten in Europa: Die Regionalpolitik der Europäischen Union. Basel

Arthur, Wallace, 1992: Der grüne Planet. Ökologisches System der Erde. Heidelberg

Aseffa, Abreha, 1991: Umweltkrise und nachhaltige Entwicklung, in: Afrika, der vergessene Kontinent, hg. von Werena Rosenke und Thomas Siepelmeyer. Münster

Atteslander, Peter, 1971: Die letzten Tage der Gegenwart. Bern

Axt, Heinz-Jürgen, 1978: Staat, multinationale Konzerne und politische Union in Westeuropa. Köln

Bachtler, John, 1992: Socio-economic Situation and Development of the Regions in the Neighboring Countries of the Community and Eastern Europe. Final Report to the European Commission. Brüssel

Bade, Klaus (Hg.), 1995: Menschen über Grenzen – Grenzen über Menschen. Die multikulturelle Herausforderung. Herne

Bade, Klaus, 1983: Vom Auswanderungsland zum Einwanderungsland? Deutschland 1880-1980. Berlin

Bade, Klaus, 1994: Das Manifest der 60. Deutschland und die Einwanderung. München

Baran, Paul A., und Paul M. Sweezy, 1967: Monopolkapital. Ein Essay über die amerikanische Wirtschafts- und Gesellschaftsordnung. Frankfurt

Barnet, Richard J., 1993: The End of Jobs. Harper´s Magazine, Sept., 47-52

Barnet, Richard J., und Roland E. Müller, 1975: Die Krisenmacher: die Multinationalen und die Verwandlung des Kapitalismus. Reinbek

Beck, Ulrich, 1986: Risikogesellschaft. Frankfurt

Bericht der Beauftragten der Bundesregierung für die Belange der Ausländer über die Lage der Ausländer in der Bundesrepublik Deutschland, jährlich. Bonn

Betz, Joachim, 1987: Nord-Süd-Beziehungen, in: Pipers Wörterbuch zur Politik Bd.6: Dritte Welt. Gesellschaft – Kultur – Entwicklung, hg. von Dieter Nohlen. München

Betz, Joachim, 1989: Soziale Folgen von IWF- und Weltbank-Programmen, in: Jahrbuch Dritte Welt 1990, hg. vom Deutschen Übersee-Institut Hamburg. München

Betz, Joachim, 1990: Soziale Auswirkungen der Sparprogramme von Weltbank und IWF in Entwicklungsländern. Aus Politik und Zeitgeschichte 40, B 30-31

BfLR (=Bundesforschungsanstalt für Landeskunde und Raumordnung) 1995: Laufende Raumbeobachtung. Bonn-Bad Godesberg

Binswanger, Mathias, 1994: Wirtschaftswachstum durch ,Profits without Production'?, in: Binswanger, Hans Christoph von, Paschen von Flotow: Geld & Wachstum: Zur Philosophie und Praxis des Geldes. Stuttgart, Wien

Birckenbach, Hanne, und Uli Jäger, Christian Wellmann (Hg.), 1994: Jahrbuch Frieden 1995. München

Birg, Herwig, 1995: World Population Projections for the 21st Century, in: Population, Environment and Sustainable Livelihood, hg. von Herwig Birg, Bruno Fritsch und Vittorio Hösle. Bielefeld

Bischoff, Joachim, 1996: Globalisierung. in: Sozialismus, Supplement 1/1996

Boris, Dieter, und Nico Biver, Peter Imbusch, Ute Kampmann (Hg.), 1987: Schuldenkrise und Dritte Welt. Stimmen aus der Peripherie. Köln

Bornschier, Volker, 1980: Multinationale Konzerne, Wirtschaftspolitik und nationale Entwicklung im Weltsystem. Frankfurt, New York

Bornschier, Volker, 1982: The World Economy in the World-System: Structure, Dependence and Change. International Social Science Journal 91, 37-59

Braasch, Bernd, 1996: Zur Abkoppelung des finanziellen Sektors von der Realwirtschaft. Zeitschrift für Sozialökonomie 33, 108, 2-4

Breckner, Ingrid, 1992: Innovative Strategien der Armutsbekämpfung mit Hilfe der EG in der Bundesrepublik Deutschland. Aus Politik und Zeitgeschichte B 49/92

Brock, Lothar, 1992: Die Dritte Welt in ihrem fünften Jahrzehnt. Aus Politik und Zeitgeschichte 42, B 50

BUND (=Bund Umwelt und Naturschutz Deutschland) und Misereor (Hg.), 1996: Zukunftsfähiges Deutschland. Basel

Bundesregierung, 1992: Antwort der Bundesregierung auf die Große Anfrage der SPD-Abgeordneten Dr. Hauchler u.a. zur Internationalen Verschuldungskrise und wirtschaftlichen Strukturanpassung in der Dritten Welt und Osteuropa. Bt.-Dr. 12/3300. Bonn

Bundesregierung, 1993: Bericht der Bundesregierung über die Konferenz der Vereinten Nationen für Umwelt und Entwicklung, Bt.-Dr.12/3380. Bonn

Bundesregierung, 1996: Antwort der Bundesregierung auf die Große Anfrage der Abgeordneten Ottmar Schreiner u.a. und der Fraktion der SPD zur Entwicklung der Vermögen und ihrer Verteilung, Bt.-Dr. 13/3885. Bonn

Bunz, Axel R., und Caroline Neuenfeld, 1994: Europäische Asyl- und Zuwanderungspolitik. Aus Politik und Zeitgeschichte B 48/94

Büschgen, Hans E., 1995: Die Deutsche Bank von 1957 bis zu Gegenwart, in: Die Deutsche Bank 1870 bis 1995. München

Capra, Fritjof, 1985: Wendezeit. Bern

Castles, Stephen, 1987: Migration und Rassismus in Westeuropa. Berlin

Chahoud, Tatjana, 1988: Geschäftsbanken und IWF – das Imperium schlägt zurück: Funktionswandel des Internationalen Währungsfonds und der Weltbank, in: Die Armut der Nationen, hg. von Elmar Altvater u.a. Berlin

Chomsky, Noam, 1993: Wirtschaft und Gewalt. Vom Kolonialismus zur Neuen Weltordnung. Lüneburg

Chossudovsky, Michel, 1995: Nach dem Scheitern des Liberalismus: Die nachhaltige Plünderung des Staates. Le Monde diplomatique/die tageszeitung, WoZ, Juli, 12

Cohn-Bendit, Daniel, und Thomas Schmid, 1992: Heimat Babylon. Das Wagnis einer multikulturellen Demokratie. Hamburg

Commission of the European Communities, 1992: Report to the United Nations Conference on Environment and Development. Luxemburg

Cornehl, Eckhard, und Rolf Schinke, 1991: Zur Neugestaltung der Weltwährungsordnung: Ein Beitrag zur Entschärfung der Spannungen zwischen den hochverschuldeten Entwicklungsländern und den Industrieländern. Göttingen

Dannecker, Gerhard (Hg.), 1993: Die Bekämpfung des Subventionsbetrugs im EG-Bereich. Köln (Europäische Rechtsakademie Trier Bd. 3)

Datenreport 1994. Zahlen und Fakten über die Bundesrepublik Deutschland. Hg. vom Statistischen Bundesamt in Zusammenarbeit mit dem Wissenschaftszentrum Berlin für Sozialforschung und dem Zentrum für Umfragen, Methoden und Analysen Mannheim. Bonn

Datta, Asit, 1993: Welthandel und Welthunger. München

Dembo, David, und Ward Morehouse, 1993: The Underbelly of the U.S. Economy: Joblessness and the Pauperization of Work in America. New York

Deppe, Frank, 1991: Jenseits der Systemkonkurrenz. Überlegungen zur neuen Weltordnung. Marburg

Deppisch-Hubmann, Michael, 1986: Die Rolle des IWF in der Schuldenkrise. Zeitschrift für das gesamte Kreditwesen 39, 20, 942-946; und 39, 21, 985-988

DIW (=Deutsches Institut für Wirtschaftsforschung), 1996: Keine Dienstleistungslücke in Deutschland. Wochenbericht 14, 4. April 1996

Döhring, Diether, und Walter Hanesch, Ernst-Ulrich Huster, 1990: Armut im Wohlstand. Frankfurt

Dziobek, Claudia, 1988: Die Rolle der USA in der internationalen Schuldenkrise, in: Die Armut der Nationen, hg. von Elmar Altvater u.a. Berlin

Eatwell, John, 1993: The global money trap: Can Clinton master the markets? in: The American Prospect, 12/120 (Winter), zit. nach ILO, World Employment 1995/196.

481

Ekins, Paul, 1993: Umweltschutz vor Freihandel, Informationsbrief Weltwirtschaft und Entwicklung SD 11-12. Bonn

Endres, Alfred, und Immo Querner, 1993: Die Ökonomie natürlicher Ressourcen. Eine Einführung. Darmstadt

Engelhardt, Wolfgang, und Hubert Weinzierl, 1993: Der Erdgipfel. Perspektiven für die Zeit nach Rio. Bonn

Engelmann, Bernt, 1980: Das neue Schwarzbuch Franz Josef Strauß. Köln

Enquête-Kommission „Demographischer Wandel" des Deutschen Bundestages (Hg.), 1994: Herausforderungen unserer älter werdenden Gesellschaft an den einzelnen und die Politik. Bonn

Enquête-Kommission „Schutz der Erdatmosphäre" des Deutschen Bundestages (Hg.), 1992: Klimaänderung gefährdet globale Entwicklung. Bonn

Enquête-Kommission „Schutz des Menschen und der Umwelt" des Deutschen Bundestages (Hg.), 1994: Die Industriegesellschaft gestalten. Perspektiven für einen nachhaltigen Umgang mit Stoff- und Materialströmen. Bonn

Erbslöh, Barbara, und Thomas Hagelstange, Dieter Holtmann, Joachim Singelmann, Hermann Strasser, 1988: Klassenstruktur und Klassenbewußtsein in der Bundesrepublik Deutschland. Kölner Zeitschrift für Soziologie und Sozialpsychologie 40, 245-261

Erdmenger, Christoph, 1995: Derivative Finanzinstrumente: Von der Risikoabsicherung zur Spekulation. Informationsbrief Weltwirtschaft und Entwicklung 5, 3-4

Europarat, 1991: Frankfurter Erklärung. Für eine neue kommunale Politik der multikulturellen Integration in Europa. Straßburg

EUROSTAT, 1995: Frauen und Männer in der Europäischen Union. Ein statistisches Portrait. Luxemburg

Fachinger, Uwe, und Jürgen Falk, 1994: Die Veränderung der personellen Einkommensstruktur in der Bundesrepublik Deutschland. Frankfurt (EVS-Projekt, Arbeitspapier 4, Universität Frankfurt)

Falk, Rainer, 1992: Wo bleibt die Dritte Welt? Entwicklungspolitik nach Maastricht, Informationsbrief Weltwirtschaft und Entwicklung SD 10

Falk, Rainer, 1994: Armut und Arbeitslosigkeit in der Weltgesellschaft: Globale Apartheid oder neue soziale Strategie? Informationsbrief Weltwirtschaft und Entwicklung 6-7

Falk, Rainer, 1995: Schöne Aussichten für die Multis: Vom Freihandel zur Freiheit der Investoren. Informationsbrief Weltwirtschaft und Entwicklung, Januar

Felix, David, 1995: Die Tobin-Steuer: Gegen Devisenspekulation, für einen internationalen Entwicklungsfond. in: Entwicklung und Zusammenarbeit 36, 4, 105-107

Ferdowsi, Mir A., 1995: Sicherheit und Frieden jenseits der Bipolarität: Entwicklungstendenzen – Probleme – Perspektiven, in: Weltprobleme, hg. von Peter J. Opitz. Bonn

Ford, Glyn, 1994: Xenophobia and Racism in Europe. Strasburg

Frank, André Gunder, 1980: Abhängige Akkumulation und Unterentwicklung. Frankfurt

Frank, André Gunder, 1989: Weltverschuldungskrise, Europäische Herausforderung und 1992. Das Argument 177, 31, 759-66.

Franzmeyer, Fritz, 1995: Vom GATT zur WTO – Multilateralismus und Regionalismus im Welthandel, in: Weltprobleme, hg. von Peter J. Opitz. Bonn

Freedman, Lawrence, 1995: Warum der Westen scheiterte. Blätter für deutsche und internationale Politik, 40, 2, 156-69

Fröbel, Folker, Jürgen Heinrichs, Otto Kreye, 1986: Umbruch in der Weltwirtschaft. Hamburg

Fröbel, Folker, Jürgen Heinrichs, Otto Kreye, 1988: Für den Süden nichts Neues? Die Entwicklungsländer in der internationalen Arbeitsteilung, in: Die Armut der Nationen, hg. von Elmar Altvater u.a. Berlin

Frühauf, Wolfgang, und Thomas Giesinger, 1992: Europa ohne Grenzen – Alarm für die Umwelt. Hamburg (Spiegel-Special 1/1992)

Furkes, Josip (Hg.), 1991: Jugoslawien: ein Staat zerfällt. Der Balkan – Europas Pulverfaß. Hamburg

Gaber, Harald, und Bruno Natsch, 1989: Gute Argumente: Klima. München

Gaisbacher, Johann u.a. (Hg.), 1992: Krieg in Europa: Analysen aus dem ehemaligen Jugoslawien. Linz

Galtung, Johan, 1992: Global Migration: A 1492-2492 Perspective. verv.

Garrett, Laurie, 1994: The Coming Plague. New York

GATT (=General Agreement on Tariffs and Trade*)*, 1992: Trade and the Environment. International Trade 1990-91. Genf

Gauer, Karin, und Marie-Agnes Heine, Christina Röper (Hg.), 1987: Umwelt am Ende? Umweltproblematik der Dritten Welt. Saarbrücken

Geißler, Rainer, 1992: Die Sozialstruktur Deutschlands. Ein Studienbuch zur Entwicklung im geteilten und vereieten Deutschland. Opladen

Gelhard, Susanne, 1992: Ab heute ist Krieg. Der blutige Konflikt im ehemaligen Jugoslawien. Frankfurt

George, Susan, 1988: Sie sterben an unserem Geld. Die Verschuldung der Dritten Welt. Reinbek

George, Susan, 1993: Der Schulden-Bumerang. Reinbek

Gordon, David M., 1989: Die Weltwirtschaft: Neues Bauwerk auf bröckelnden Fundamenten. Prokla, 77, 109-148

Gourlay, Ken A., 1993: Deponie Erde. Wachstum in den Müllnotstand. Berlin

Grimm, Klaus, 1979: Theorien der Unterentwicklung und Entwicklungsstrategien. Opladen

Gück, Martin 1995: Die Multis und die globale Beschäftigungskrise: Internationalisierung ohne Arbeitsplätze. Informationsbrief Weltwirtschaft und Entwicklung 1

Gundlach, Erich; und Peter Nunnenkamp, 1994: The European Union in the Era of Globalization. Konjunkturpolitik, 40, 3-4, 202-225

Haber, Heinz, 1989: Eiskeller oder Treibhaus? Zerstören wir unser Klima? München

Hafner, Georg M., und Edmund Jacoby, 1989: Die Skandale der Republik. Frankfurt

Hafner, Georg M., und Edmund Jacoby, 1994: Neue Skandale der Republik. Reinbek

Halbach, Axel J. 1995: Wieviele Welten haben wir? Ein Kommentar zur unterschiedlichen regionalen Wirtschaftsdynamik. IFO-Schnelldienst (15.12.), 35/36

Hamm, Bernd, und Ingo Neumann, 1996: Siedlungs-, Umwelt- und Planungssoziologie. Ökologische Soziologie Bd. 2. Opladen (UTB 1884)

Hanak, Ilse, 1995: Frauen in Afrika. Frankfurt

Hanappi, Gerhard, 1989: Die Entwicklung des Kapitalismus. Gibt es lange Wellen der Konjunktur? Frankfurt

Hanesch, Walter, u.a. 1994: Armut in Deutschland. Der Armutsbericht des DGB und des Paritätischen Wohlfahrtsverbandes. Reinbek

Heinelt, Hubert, und Anne Lohmann, 1992: Immigranten im Wohlfahrtsstaat. Rechtspositionen und Lebensverhältnisse. Opladen

Heininger, Horst, und Lutz Maier, 1987: Internationaler Kapitalismus. Berlin

Helm, Carsten, 1995: Handel und Umwelt. Für eine ökologische Reform des GATT. Berlin (WZB – Forschungsprofessur Umweltpolitik FS II 95-402)

Henseling, Karl Otto, 1992: Ein Planet wird vergiftet. Der Siegeszug der Chemie: Geschichte einer Fehlentwicklung. Reinbek

Herbert, Ulrich, 1986: Geschichte der Ausländerbeschäftigung in Deutschland 1880 bis 1980. Saisonarbeiter. Zwangsarbeiter. Gastarbeiter. Bonn

Hey, Christian, 1994: Umweltpolitik in Europa. Fehler, Risiken, Chancen. München

Hirsch, Joachim, 1995: Der nationale Wettbewerbsstaat. Frankfurt

Hochschild, Arlie Russell, 1990: Das gekaufte Herz: Zur Kommerzialisierung der Gefühle. Frankfurt

Hoffmann, Ulrich 1988: Die Außenverschuldung der Entwicklungsländer und ihre Ursachen, in: Handbuch Entwicklungsländer, hg. von Peter Stier, Peter Jegzentis, Volker Wirth, Köln

Holbrook, Stewart, 1954: Cäsaren der Wirtschaft. Die Entstehung der amerikanischen Gelddynastien. München

Höpken, Wolfgang, 1991: Die Unfähigkeit zusammenzuleben. Der nie bewältigte Nationalitätenkonflikt, in: Jugoslawien: ein Staat zerfällt. Der Balkan – Europas Pulverfaß, hg. von Josip Furkes. Hamburg

Hradil, Stefan, 1995: Sozialstruktur und gesellschaftlicher Wandel, in: Die EU-Staaten im Vergleich. Strukturen, Prozesse, Politikinhalte, hg. von Oscar W. Gabriel und Frank Brettschneider. Bonn

Huffschmid, Jörg, 1992: Nichts als Niedergang? Thesen zur ökonomischen Position der USA, in: Internationaler Kapitalismus und Neue Weltordnung, hg. von IMSF. Frankfurt

Huffschmid, Jörg, 1994: Globalisierung oder Blockbildung? Zur Struktur kapitalistischer Internationalisierung. Blätter für deutsche und internationale Politik 8, 1008-1013

Hurtienne, Thomas, 1985: Wirtschaftskrise, internationale Verschuldung und Entwicklungspotentiale in Lateinamerika. Prokla 59, 34-64.

Hurtienne, Thomas, 1988: Armut der Nationen bei Reichtum ungenutzter Entwicklungsmöglichkeiten: Gibt es für den verschuldeten Kapitalismus einen Weg aus der Krise? in: Die Armut der Nationen, hg. von Elmar Altvater u.a.. Berlin

Hüsers, Francis, 1995: Immigration und Fremdenfeindlichkeit in Italien. Aus Politik und Zeitgeschichte B 48/95

Hymer, Steven, 1972: Multinationale Konzerne und das Gesetz der ungleichen Entwicklung, in: Imperialismus und strukturelle Gewalt. Analysen über abhängige Reproduktion, hg. von Dieter Senghaas. Frankfurt

IAB (=Institut für Arbeitsmarkt- und Berufsforschung), 1995: Zahlen-Fibel zur Arbeitsmarkt- und Berufsforschung 101. Nürnberg

Iben, Gerd, 1992: Armut und Wohnungsnot in der Bundesrepublik Deutschland. Aus Politik und Zeitgeschichte B 49/92

IG-Rote Fabrik/Zürich (Hg.), 1995: Krise – welche Krise? (=Beiträge von Res Stehle, Ernest Mandel, Robert Kurz, Maria Mies, Karl Heinz Roth). Berlin, Amsterdam

ILO (=International Labour Organization), 1995: World Employment Report, Genf

IMFS (=Institut für marxistische Forschungen und Studien) (Hrsg.), 1996: Internationalisierung – Finanzkapital – Maastricht II. Frankfurt

IPCC (=Intergovernmental Panel on Climate Change), 1995: Second Assessment Report. Summary for Policymakers. Rom (via Internet)

Kahlenborn, Walter, und Klaus W. Zimmermann, 1994: Die europäische Umweltunion in Theorie und Praxis. Aus Politik und Zeitgeschichte B 49/94

Kampffmeyer, Thomas, 1987: Die Verschuldungskrise der Entwicklungsländer. Berlin

Kandil, Fuad, 1995: Anomie, in: Grundbegriffe der Soziologie, hg. von Bernhard Schäfers. Opladen

Kappel, Robert, 1994: Halbzeitbilanz des Lomé-IV-Vetrages: Vom postkolonialen Modell zur strategischen Kooperation? Informationsbrief Weltwirtschaft und Entwicklung SD 3-4

Kisker, Klaus Peter, und Rainer Heinrich, Hans-Erich Müller, Rudolf Richter, Petra Struve, 1982: Multinationale Konzerne. Ihr Einfluß auf die Lage der Beschäftigten. Köln

Kleber, Michaela, 1992: Arbeitsmarktsegmentation nach dem Geschlecht, oder: Über die Schwierigkeiten des interdisziplinären Dialogs zwischen Ökonomie und Soziologie, in: Frauen und Ökonomie, Dokumentation zur Ringvorlesung im WS 1991/92 an der FU Berlin, hg. von Christine Färber und Dorothea Schäfer. Berlin

Koch, Max, 1994: Vom Strukturwandel einer Klassengesellschaft. Theoretische Diskussion und empirische Analyse. Münster

Kommission der europäischen Gemeinschaften, 1992: Die Politik der Entwicklungszusammenarbeit bis zum Jahr 2000, SEK(92)915 endg. Brüssel

Kommission der europäischen Gemeinschaften, 1994: Weißbuch über Wachstum, Wettbewerbsfähigkeit und Beschäftigung. Luxemburg

Körner, Peter, und Gero Maaß, Thomas Siebold, Rainer Tetzlaff, 1984: Im Teufelskreis der Verschuldung. Der Internationale Währungsfonds und die Dritte Welt. Hamburg

Kowalsky, Wolfgang, 1995: Einwanderung, Rassismus und Xenophobie in Frankreich. Aus Politik und Zeitgeschichte B 48/95

Krause, Peter, 1992: Einkommensarmut in der Bundesrepublik Deutschland. Aus Politik und Zeitgeschichte B 49/92

Kreckel, Reinhard, 1992: Politische Soziologie der sozialen Ungleichheit. Frankfurt

Kreye, Otto, 1994: Weltschuldenkrise revisited. Das Argument 204, 36, 211-218

Krusewitz, Knut, 1985: Umweltkrieg. Militär, Ökologie und Gesellschaft. Königstein

Krysmanski, Hans-Jürgen, 1989: Entwicklung und Stand der klassentheoretischen Diskussion. Kölner Zeitschrift für Soziologie und Sozialpsychologie 41, 149-167

Kulessa, Margareta E., 1992: Welthandel, GATT und Ökologie, in: Ökologische Dimensionen der Weltwirtschaftsbeziehungen, hg. von Projektstelle UNCED. Bonn

Kurz, Robert, 1994: Der Kollaps der Modernisierung: Vom Zusammenbruch des Kasernensozialismus zur Krise der Weltökonomie. Leipzig

Kurz, Rudi, 1994: Nachhaltige Entwicklung und Nord-Süd-Problematik, WSI-Mitteilungen 4, 272-77.

Lang, Oliver, und Karl-Heinz Nöhrbaß, Konrad Stahl, 1993: On income tax avoidance: the case of Germany, hg. von Zentrum für Europäische Wirtschaftsforschung GmbH (discussion paper)

Langhammer, Rolf J,. 1993: Sechs Thesen zu „Verschiebungen und neue Tendenzen in den weltwirtschaftlichen Beziehungen", in: Die 3. Welt und Wir. Bilanz und Perspektiven für Wissenschaft und Praxis, hg. von Mohssen Massarrat u.a. Freiburg

Laszlo, Erwin, 1995: The Choice: Evolution or Extinction? A Thinking Person´s Guide to Global Issues. New York

Launer, Ekkehard, 1992: Datenhandbuch Süd-Nord. Göttingen

Leggett, Jeremy (Hg.), 1991: Global Warming. Die Wärmekatastrophe und wie wir sie verhindern können. München

Leibfried, Stephan, und Wolfgang Voges (Hg.), 1992: Armut im Wohlfahrtsstaat. Wiesbaden

Leipert, Christian, 1991: Die volkswirtschaftlichen Kosten der Umweltbelastung. Aus Politik und Zeitgeschichte B 10/91

Leistico, Dirk, 1994: Immigration und Multikulturalismus in Frankreich – eine Fallstudie. Trier

Ludwig, Johannes, 1992: Wirtschaftskriminalität. Schleichwege zum großen Geld. Frankfurt

Ludwig, Klemens, 1990: Bedrohte Völker. Ein Lexikon nationaler und religiöser Minderheiten. München

Magdoff, Harry, 1992: Globalisation – To What End? Socialist Register 44-75. London

Mahrad, Christa, und Ahmad Mahrad, 1995: Immigration und Fremdenfeindlichkeit in Europa. Aus Politik und Zeitgeschichte B 48/95

Malunat, Bernd M., 1994: Die Umweltpolitik der Bundesrepublik Deutschland. Aus Politik und Zeitgeschichte B 49/94

Marmora, Leopoldo, 1992: Sustainable Development im Nord-Süd-Konflikt: Vom Konzept der Umverteilung des Reichtums zu den Erfordernissen einer globalen Gerechtigkeit. Prokla 86, 34-46.

Marx, Karl, 1858: Grundrisse der Kritik der politischen Ökonomie. MEW Bd. 42. Berlin

Marx, Karl, 1890: Das Kapital, 1. Band. MEW Bd.23. Berlin

Mayer, Leo, 1996: Internationale Konzerne und Finanzgruppen heute. IMFS, 1996/37-46

Mayer-Tasch, Peter Cornelius, 1987: Die verseuchte Landkarte. Das grenzen-lose Versagen der internationalen Umweltpolitik. München

Mayo, Ed, 1992: Zehn Jahre Schuldenkrise: Das profitabelste Geschäft der Welt. Informationsbrief Weltwirtschaft und Entwicklung, 9, 2-3

Meadows, Donella, und Dennis Meadows, Jorgen Randers, 1993: Die neuen Grenzen des Wachstums. Reinbek

Meier, Victor, 1995: Wie Jugoslawien verspielt wurde. München

Menzel, Ulrich, 1995: Die postindustrielle Revolution: Tertiarisierung und Entstofflichung der postmodernen Ökonomie. Entwicklung und Zusammenarbeit, 36, 4, 100-104

Mesarovic, Mihajlo, und Eduard Pestel, 1974: Menschheit am Wendepunkt. Stuttgart

Meyer, Bertold, und Christian Wellmann (Hg.), 1992: Umweltzerstörung: Kriegsfolge und Kriegsursache. Frankfurt

Michler, Walter, 1991: Weißbuch Afrika. Bonn

Milieu defensie, 1994: Sustainable Netherlands. Amsterdam (dt. Frankfurt 1992)

Mishel, Lawrence, und Jared Bernstein, 1993: The State of Working America, 1992-93. Armonk

Mooney, Pat, und Cary Fowler, 1991: Die Saat des Hungers. Reinbek

Müller, Rudolf, und Heinz-Bernd Wabnitz, 1995: Wirtschaftskriminalität. Eine Bedrohung für Staat und Gesellschaft. Aus Politik und Zeitgeschichte, B 23/95, 28-35

Münz, Rainer, und Ralf Ulrich, 1995: Bevölkerungswachstum: ein globales Problem, in: Weltprobleme, hg. von Peter J. Opitz. Bonn

Mutter, Theo, 1995: Internationaler Rohstoffhandel: Wirtschaftliche Interessen und ökologischen Grenzen, in: Weltprobleme, hg. von Peter J. Opitz. Bonn

Myrdal, Gunnar, 1974: Ökonomische Theorie und unterentwickelte Regionen. Frankfurt

Naradoslawsky, M., und Christian Krotscheck, Jan Sage, 1993: The Sustainable Process Index (SPI). A Measure for Process Industries. Graz

Narr, Wolf-Dieter, und Alexander Schubert, 1994: Weltökonomie. Die Misere der Politik. Frankfurt

Neumann, Ingo, 1994: Der ökologische Fußabdruck der Region Trier. Trier (Diplomarbeit)

Nida-Rümelin, Julian, 1995: Energie für die Weltgesellschaft, in: : Weltprobleme, hg. von Peter J. Opitz. Bonn

O'Ballance, Edgar, 1995: Civil War in Bosnia 1992-1994. London

Oberndörfer, Dieter, 1991: Die offene Republik. Die Zukunft Deutschlands und Europas. Freiburg

Ohmae, Kenichi, 1992: Die neue Logik der Weltwirtschaft. Frankfurt

Ojo Oluwabiyi, David, 1993: Afrikas Wirtschaftswachstum und Außenverschuldung. Newsletter 16

Opitz, Peter J. (Hg.), 1995: Weltprobleme. Bonn

Oppenländer, K.H., und W. Gerstenberger, 1992: Direktinvestitionen als Ausdruck zunehmender Internationalisierung der Märkte, IFO-Schnelldienst (8. April 1992) Nr. 10

Opschoor, Johannes, und R. Weterings, 1992: The Ecocapacity as a Challenge to Technical Development. Rijswijk

Osterkamp, Rigmar; Halbach, Axel J., 1990: Strukturanpassung in Entwicklungsländern und flankierende Maßnahmen der Industrireländer. Empirische und theoretische Analysen vor dem Hintergrund der Verschuldungsproblematik. München

Paczensky, Gert von, 1984: Das Ölkomplott. Von der Kunst, uns und andere aus-zunehmen. Frankfurt

Perrow, Charles, 1989: Normale Katastrophen. Die unvermeidbaren Risiken der Großtechnik. Frankfurt

Pfaffenberger, Hans, und Karl August Chassé (Hg.), 1993: Armut im ländlichen Raum. Sozialpolitische und sozialpädagogische Perspektiven und Lösungsver-suche. Münster

Pfaffenberger, Hans, und Karl August Chassé, 1996: Armut in einer ländlichen Region. Abschlußbericht eines DFG-Projektes. Trier

Priewe, Jan, 1996: Die Suche nach den Ursachen der Krise. Blätter für deutsche und internationale Politik 4, 427-436

Projektstelle UNCED (Hg.), 1992: Ökologische Dimensionen der Weltwirtschafts-beziehungen. Darstellung, Analyse und Handlungsempfehlungen für den Nor-den. Bonn

Radke, Volker, 1992: Entwicklung oder Abhängigkeit? Ökonomische Effekte ausländischer Direktinvestitionen in Entwicklungsländern. Frankfurt

Rahnema, Majid, 1993: Armut, in: Wie im Westen, so auf Erden, hg. von Wolf-gang Sachs. Reinbek

Rifkin, Jeremy, 1994: Das Imperium der Rinder. Frankfurt

Rifkin, Jeremy, 1995: The End of Work: The Decline of the Global Labor Force and the Dawn of the Post-Market Era. New York

Rodenburg, Eric, und Dan Tunstall, Frederik van Bolhuis, interpretiert von Udo Ernst Simonis, 1996: Umweltindikatoren und Globale Kooperation. Berlin (WZB-Papiere FS II 96-403)

Ropers, Norbert, und Tobias Debiel (Hg.), 1995: Friedliche Konfliktbearbeitung in der Staaten- und Gesellschaftswelt. Bonn

Rosenke, Werena, und Thomas Siepelmeyer (Hg.), 1991: Afrika – Der vergessene Kontinent? Münster

Roth, Jürgen, 1995: Der Sumpf. Korruption in Deutschland. München

Roth, Jürgen, und Berndt Ender, 1995: Geschäfte und Verbrechen der Politmafia. Aschaffenburg

Roth, Jürgen, und Marc Frey, 1995: Die Verbrecher-Holding. Das vereinte Europa im Griff der Mafia. München

Roth, Karl Heinz, 1995: Auf dem Glatteis des neuen Zeitalters – Die Krise, das Proletariat und die Linke. in: Krise – welche Krise?, hg. von IG-Rote Fabrik, 97-117. Zürich

Roth, Wolfgang, und Ingrid Matthäus, Dieter Lasse, Walter Haas, Bernt Engel-mann, 1972: Schwarzbuch: Franz Josef Strauß. Köln

RSS (=Rural Sociological Society), 1993: Persistent Poverty in Rural America. Boulder

Ryan, Megan, und Christopher Flavin, 1995: China am Scheideweg, in: Zur Lage der Welt 1995, hg. vom Worldwatch Institute. Frankfurt

Sachverständigenrat für Umweltfragen (Hg.), 1994: Umweltgutachten 1994. Für eine dauerhaft-umweltgerechte Entwicklung. Stuttgart

Samary, Catherine (Hg.), 1992: Krieg in Jugoslawien: Vom titoistischen Sonder-weg zum nationalistischen Exzeß. Köln

Schäfers, Bernhard, 1990: Gesellschaftlicher Wandel in Deutschland. Ein Studienbuch zur Sozialstruktur und Sozialgeschichte der Bundesrepublik (5. Aufl.). Stuttgart

Scharpf, Fritz, 1991: Die Handlungsfähigkeit des Staates am Ende des zwanzigsten Jahrhunderts. Politische Vierteljahreszeitschrift 32, 4

Scherer, Peter, 1994: Wie mobil ist das Kapital bei der Standortwahl? Marxistische Blätter, 2, 51-57

Scheuch, Erwin K,. und Ute Scheuch, 1992: Cliquen, Klüngel und Karrieren. Reinbek

Schilling, Horst, 1986: Nahrungsmittel als Waffe. Berlin

Schmid, Fred, 1996: Finanzspekulation, in Herbert: Geld ist genug da. Reichtum in Deutschland, hg. von Schui und Eckart Spoo. Heilbronn

Schmid, Josef, 1976: Einführung in die Bevölkerungssoziologie. Reinbek

Schmidt-Bleek, Friedrich, 1994: Wieviel Umwelt braucht der Mensch? MIPS, das Maß für ökologisches Wirtschaften. Basel

Schönwiese, Christian-Dietrich, 1994: Klima im Wandel. Von Treibhauseffekt, Ozonloch und Naturkatastrophen. Reinbek

Schubert, Alexander, 1984: Verschuldungskrise: Mit einem neuen Grundkonsens den weiteren Zerfall verhindern, WSI-Mitteilungen 4, 207-16.

Schubert, Alexander, 1985: Die internationale Verschuldung. Die Dritte Welt und das transnationale Bankensystem. Frankfurt

Schulte, Axel, 1995: Staatliche und gesellschaftliche Maßnahmen gegen die Diskriminierung von Ausländern in Westeuropa. Aus Politik und Zeitgeschichte B 48/95

Schulten, Thorsten, 1992: Internationalismus von unten. Europäische Betriebsräte in Transnationalen Konzernen. Marburg

Schütze, Christian, 1995: Umweltpobleme: Klima – Wasser – Land, in: Weltprobleme, hg. von Peter J. Opitz. Bonn

Seifert, Wolfgang (Hg.), 1995: Wie Migranten leben. Lebensbedingungen und soziale Lage der ausländischen Bevölkerung in der Bundesrepublik. Berlin (Wissenschaftszentrum Berlin FS III 95-401)

Sielaff, Wolfgang, 1992: Bruchstellen im polizeilichen Berufsethos. Kriminalstatistik 6, 351-357

Simai, Mihaly (Hg.), 1995: Global Employment: An International Investigation into the Future of Work, vol 1. London

Simon, Gabriela, 1986: Die Enteignung Argentiniens durch das internationale Finanzkapital. Über die imperialistischen Strukturen des monetären Weltmarkts, Prokla 63, 70-88

Singer, Max, und Aaron Wildavsky, 1993: The Real World Order: Zones of Peace, Zones of Turmoil. Chatham

Specht-Kittler, Thomas, 1992: Obdachlosigkeit in der Bundesrepublik Deutschland. Aus Politik und Zeitgeschichte B 49/92

Stahl, Karin, 1992: Die UN-Konferenz über „Umwelt und Entwicklung": Neue und alte Verteilungskonflikte zwischen Erster und Dritter Welt, in: Jahrbuch Dritte Welt 1993, hg. vom Deutschen Übersee-Institut Hamburg. München

Stamm, Hanspeter, 1992: Krise und Anpassung in Mexiko. Eine Länderfallstudie zu Auf- und Abstieg in der Semiperipherie des Weltsystems. Saarbrücken

Stier, Peter, und Peter Jegzentis, Volker Wirth (Hg.), 1988: Handbuch Entwicklungsländer: Sozialökonomische Prozesse, Fakten und Strategien. Köln

Stiftung Entwicklung und Frieden (Hg.), 1991: Die Herausforderung des Südens. Der Bericht der Südkommission. Über die Eigenverantwortung der Dritten Welt für dauerhafte Entwicklung. Bonn-Bad Godesberg

Stiftung Entwicklung und Frieden (Hg.), 1991: Globale Trends 1991. Düsseldorf

Stiftung Entwicklung und Frieden (Hg.), 1993: Globale Trends 1993/94. Frankfurt

Stiftung Entwicklung und Frieden (Hg.), 1995: Globale Trends 1996. Frankfurt

Stiglmayer, Alexandra, 1992: Das Ende Jugoslawiens. Informationen zur politischen Bildung – aktuell. Bonn

Storper, Michael, 1995: Territories, flows and hierarchies in the global economy. Außenwirtschaft, 50, 2, 265-293

Strange, Susan, 1988: States and Markets. London

Streeck, Wolfgang, 1995: Der deutsche Kapitalismus – gibt es ihn, kann er überleben? in: Interessenvertretung, Organisationsentwicklung und Gesellschaftsreform, hg. von IG Metall. Frankfurt

Strübel, Michael, 1992: Internationale Umweltpolitik. Opladen

Suter, Christian, 1990: Schuldenzyklen in der Dritten Welt. Kreditaufnahme, Zahlungskrisen und Schuldenregelungen peripherer Länder im Weltsystem von 1820 bis 1986. Frankfurt

Sweezy, Paul M., und Magdoff, Harry, 1993: Den Kapitalismus in seiner Geschichte begreifen. Das Argument 31, 189, 223-29

Szameitat, Manfred, 1993: Wasserkopf Finanzwirtschaft. Marxistische Blätter 5, 4-27

Szameitat, Manfred, 1995: Vom Wuchern des Finanzsektors. Marxistische Blätter, 3, 74-79

Szameitat, Manfred, 1996: Finanzkapital und Internationalisierung. IMFS,47-53

Teufel, Dieter, 1994: Probleme umweltbedingter Gesundheitsschäden. Heidelberg (verv.)

Thierstein, Alain, und Langenegger, Thomas, 1994: Der Prozeß der Internationalisierung. Handlungsspielraum für Regionen? Außenwirtschaft 49, 4, 497-525

Thomas, Frieder, und Rudolf Vögel, 1993: Gute Argumente: Ökologische Landwirtschaft. München

Timberlake, Lloyd, 1990: Krisenkontinent Afrika. Wuppertal

Toffler, Alvin, 1970: Zukunftsschock. Stuttgart

Toffler, Alvin, 1980: Die Dritte Welle. München

Toffler, Alvin, 1990: Machtbeben. Düsseldorf, Wien

Tylecote, Andrew, 1992: The Long Wave in the World Economy. The Present Crisis in Historical Perspective. London

Umweltbundesamt, o.J.: Alles Panikmache? oder Was ist dran an der Klimakatastrophe? Berlin

UN (=United Nations) Department of Economic and Social Development, 1993: Report on the World Social Situation 1993. New York

UN (=United Nations) Department of Economic and Social Information and Policy Analysis, 1994: World Social Situation in the 1990s. New York

UN Centre on Transnational Corporations, 1991: World Investment Report 1991. New York

UNCTAD (=United Nations Conference on Trade and Development), 1996: The Least Developed Countries 1996 Report. New York

UNCTAD (=United Nations Conference on Trade and Development), 1995: World Investment Report 1995, Transnational Corporations and Competetiveness. Genf

UNCTC (=United Nations Centre for Transnational Corporations), 1988: Transnational Corporations in World Development. Trends and Prospects. New York

UNFPA (=United Nations Fund for Population Activities), 1994: The State of World Population 1994: Choices and Responsibilities. New York

UPI (=Umwelt- und Prognose-Institut Heidelberg), 1995: Ökologische und soziale Kosten der Umweltbelastung in der Bundesrepublik Deutschland. Heidelberg

Urff, Winfried v., 1995: Ernährung, in: Weltprobleme, hg. von Peter J. Opitz. Bonn

Wackernagel, Mathis, und William E. Rees, 1996: Our Ecological Footprint. Gabriola

Wallerstein, Immanuel, 1983: Klassenanalyse und Weltsystemanalyse, in: Soziale Ungleichheiten, hg. von Reinhard Kreckel. Göttingen (Soziale Welt: Sonderband 2)

Wallraff, Günter, 1985: Ganz unten. Köln

Walter, Norbert, 1995: Der globalisierte Kapitalmarkt und die nationalen Währungssysteme, in: Die neue Weltpolitik, hg. von Karl Kaiser, Hans-Peter Schwarz, 208-213. Bonn

Wassermann, Rudolf, 1995: Kriminalität und Sicherheitsbedürfnis. Zur Bedrohung durch Gewalt und Kriminalität in Deutschland, Aus Politik und Zeitgeschichte, B 23/95, 3-10

WCED (=World Commission for Environment and Development, Weltkommission für Entwicklung und Umwelt) 1987: Unsere gemeinsame Zukunft. Greven

Weihe, Ulrich, 1987: Verschuldung, in: Pipers Wörterbuch zur Politik Bd.6: Dritte Welt. Gesellschaft – Kultur – Entwicklung, hg. von Dieter Nohlen. München

Weiler, Anni, 1992: Frauenlöhne – Männerlöhne. Gewerkschaftliche Politik zur geschlechterspezifische Lohnstrukturierung. Frankfurt/M.

Weiner, Jonathan, 1990: Die nächsten 100 Jahre. Wie der Treibhauseffekt unser Leben verändern wird. München

Weltbank, 1993: Weltentwicklungsbericht 1993. Bonn

Weltbank, 1995: Monitoring environmental progress, A report on work in progress. Washington (nach Die Zeit v. 5.4.96, S. 31)

Weltbank, 1995: Weltentwicklungsbericht 1995: Arbeitnehmer im weltweiten Integrationsprozess. Washington

Wessel, Karl Friedrich (Hg), 1992: Interdisziplinäre Aspekte der Geschlechterverhältnisse in einer sich wandelnden Zeit. Bielefeld.

Whalley, John, 1991: The Interface between Environment and Trade Policies, Economic Journal 101, 180-89

WHO (=World Health Organization), 1988: From Alma Ata to the Year 2000: Reflections at the Midpoint. Eschborn

WHO Commission on Health and Environment, 1992: Our Planet, our Health. Genf

WHO, 1995: World Health Report 1995. Geneva

Wicke, Lutz, 1986: Die ökologischen Milliarden. Das kostet die zerstörte Umwelt – so können wir sie retten. München

491

Wilson, Edward O., 1995: Der Wert der Vielfalt. München

Winkler, Beate, 1994: Einwanderung: Kernfrage unserer Gesellschaft und Herausforderung an die Politik. Aus Politik und Zeitgeschichte B 48/94

World Bank, 1996: World Debt Tables 1996. External Finance for Developing Countries. Washington

World Investment Report, 1993: Transnational Corporations and Integrated International Production. New York

World Investment Report, 1995: Transnational Corporations and Competitiveness. New York

World-Media/taz, 1991: Die neue Völkerwanderung, 8. Juni

Worldwatch Institute, 1994: Zur Lage der Welt 1994. Frankfurt

WRI (=World Resources Institute)/ IUCN (=World Conservation Union)/UNEP (=United Nations Environmental Programme), 1992: Global Biodiversity Strategy. Washington

Yergin, Daniel, 1993: Der Preis. Die Jagd nach Öl, Geld und Macht. Frankfurt

Zachert, Hans-Ludwig, 1995: Die Entwicklung der Organisierten Kriminalität in Deutschland. Ursachen, Bilanz, Perspektiven. Aus Politik und Zeitgeschichte, B 23/95, 11-19

Zehnder, Wolfgang, 1989: Nicht angepaßt. Erfahrungen mit Strukturanpassungsprogrammen der Weltbank und bilateraler Geber. epd-Entwicklungsdienst13

Zgaga, Christel; und Margareta E. Kulessa, R. Brand, 1992: Verschuldungskrise und Strukturanpassung, in: Ökologische Dimensionen der Weltwirtschaftsbeziehungen, hg. von Projektstelle UNCED. Bonn

Zimmer, Bernard, 1995: Der Internationale Währungsfonds und die Verschuldung der Entwicklungsländer – Stabilisierung und Strukturanpassung. Trier

Zwickel, Klaus, 1995: Globalisierung der Märkte und gewerkschaftliche Interessenvertretung. Gewerkschaftliche Monatshefte, 10, 585-600

Zwicky, Heinrich, 1985: Konsequenzen sozialer Schichtung. Kölner Zeitschrift für Soziologie und Sozialpsychologie 37, 75-95

Institutionen

Acker, Sabine, 1994: Soziale Sicherheit in der Europäischen Union. Sozialer Fortschritt 43, 9

Adorno, Theodor W., u.a., 1969: Der Positivismusstreit in der deutschen Soziologie. Darmstadt

Afheldt, Horst, 1995: Ausstieg aus dem Sozialstaat? Gefährdungen der Gesellschaft durch weltweite Umbrüche? Aus Politik und Zeitgeschichte B 25-26/95, 3-12

Alscheid-Schmidt, Petra, 1991: Die Kritik am internationalen Informationsfluß. Beurteilung der politischen Diskussion anhand wissenschaftlicher Untersuchungsergebnisse. Frankfurt

Amnesty International: ai-Journal (Monatszeitschrift) Bonn

Amnesty International: Jahresberichte. Frankfurt

Andersen, Uwe, und Horst Bahro, Dieter Grosser, Thomas Lange, 1985: Der Staat in der Wirtschaft der Bundesrepublik. Opladen

Arbeitsgruppe Alternative Wirtschaftspolitik, 1988: Wirtschaftsmacht in der Marktwirtschaft. Köln

Arbeitsgruppe Alternative Wirtschaftspolitik, 1995: Memorandum ‚95. Blätter für deutsche und internationale Politik (vgl. folgende Angabe)

Arbeitsgruppe Alternative Wirtschaftspolitik, 1995: Internationalisierung und alternative Außenwirtschaftspolitik. Memo-Forum 23, 1-102

Arbeitskammer Bremen, 1994: Die wesentlichen Änderungen in den Bereichen Arbeitslosenversicherung, Rentenversicherung, Krankenversicherung und Sozialhilfe in den vergangenen Jahren. Bremen (verv.)

Arnim, Hans Herbert von, 1991: Die Partei, der Abgeordnete und das Geld. Mainz

Arnim, Hans Herbert von, 1993: Demokratie ohne Volk. Plädoyer gegen Staatsversagen, Machtmißbrauch und Politikverdrossenheit. München

Aron, Raymond, 1966: Social Class, Political Class, Ruling Class, in: Class, Status, and Power, hg. von Reinhard Bedix und Seymur M. Lipset. New York

Auswärtiges Amt, 1993: 20 Jahre KSZE 1973-1993. Eine Dokumentation. Bonn

Bachrach, Peter, und Morton S. Baratz, 1977: Macht und Armut. Eine theoretisch-empirische Untersuchung. Frankfurt

Bäcker, Gerhard, 1995: Sind die Grenzen des Sozialstaates überschritten? Zur Diskussion über die Reformperspektiven der Sozialpolitik. Aus Politik und Zeitgeschichte B 25-26/95, 13-25

Badura, Peter, 1993: Der Bundesstaat Deutschland im Prozeß der europäischen Integration. Saarbrücken

Bastide, Roger, 1973: Soziologie der Geisteskrankheiten. Köln

Bauer, Rudolph (Hg.), 1992: Sozialpolitik in deutscher und europäischer Sicht. Rolle und Zukunft der Freien Wohlfahrtspflege zwischen EG-Binnenmarkt und Beitrittsländern. Weinheim

Becker, Jörg, 1995: Kommunikation, in: Globale Trends 1996, hg. von Ingomar Hauchler. Frankfurt

Beham, Mira, 1996: Kriegstrommeln. Medien, Krieg und Politik. München

Berting, Jan, 1993: Social Inequality and Social Justice in Europe. Vortrag an der First European Social Science Conference, Santander

Bismarck, Klaus von, und Günter Gaus, Alexander Kluge, Ferdinand Sieger, 1985: Industrialisierung des Bewußtseins. Eine kritische Auseinandersetzung mit den „neuen" Medien. München

Böckelmann, Frank, 1975: Theorie der Massenkommunikation. Frankfurt

Borchert, Jürgen, 1993: Renten vor dem Absturz. Ist der Sozialstaat am Ende? Frankfurt

Bottomore, Tom B., 1966: Elite und Gesellschaft. München

Brandt, Willy (Hg.), 1981:Das Überleben sichern. 1. Bericht der Nord-Süd-Kommission. Frankfurt

Brandt, Willy (Hg.), 1983: Hilfe in der Weltkrise. 2. Bericht der Nord-Süd-Kommission. Reinbek

Braßel, Frank, und Michael Windfuhr, 1995: Welthandel und Menschenrechte. Bonn

Bruckmeier, Karl, 1994: Strategien globaler Umweltpolitik. „Umwelt und Entwicklung" in den Nord-Süd-Beziehungen. Münster

Bruns, Werner, 1995: Neoklassische Umweltökonomie auf Irrwegen. Marburg

Brüske, Hans-Günther, 1995: Wirtschafts- und Sozialauasschuß, in: Europa von A bis Z. Taschenbuch der europäischen Integration, hg. von Werner Weidenfeld und Wolfgang Wessels. Bonn

Bubach, Karl-Jürgen, und Helga Milz (Hg.), 1995: Neue Armut. Frankfurt

Buchbinder, Antonia, 1996: „Non-Western Thinking" in der Entwicklungspolitik. Trier (Diplomarbeit)

Bundesministerium für Forschung und Technologie, 1993: Deutscher Delphi-Bericht zur Entwicklung von Wissenschaft und Technik. Bonn

Bundeszentrale für politische Bildung, 1990: Massenmedien. Informationen zur politischen Bildung 208/209 (Neudruck)

Bundeszentrale für politische Bildung, 1991: Der Rechtsstaat (= Informationen zur politischen Bildung 200). Bonn

Bundeszentrale für politische Bildung, 1991: Menschenrechte (= Informationen zur politischen Bildung 210). Bonn

Bundeszentrale für politische Bildung, 1993: Grundrechte (= Informationen zur politischen Bildung 239). Bonn

Caesar, Rolf, und Hans-Eckart Scharrer (Hg.), 1994: Maastricht: Königsweg oder Irrweg zur Wirtschafts- und Währungsunion? Bonn

Claessens, Dieter, 1992: Kapitalismus und demokratische Kultur. Frankfurt

Clark, Ramsey, 1995: Wüstensturm. US-Kriegsverbrechen am Golf. Göttingen

Coote, Belinda, 1994: Der unfaire Handel. Die Dritte Welt in der Handelsfalle, und mögliche Auswege. Stuttgart

Dahl, Ronald, 1961: Who Governs? Democracy and Power in an American City. New Haven

Datta, Asit, 1993: Welthandel und Welthunger. München

Decker, Frank, 1994: Umweltschutz und Staatsversagen. Eine materielle Regierbarkeitsanalyse. Opladen

Deiseroth, Dieter, 1991: Krieg im Namen der Vereinten Nationen? Blätter für deutsche und internationale Politik, 303-316

Deutsche UNESCO Kommission, 1996: Weltbildungsbericht 1995. Bonn

Döring, Diether, und Richard Hauser, 1995: Soziale Sicherheit in Gefahr. Zur Zukunft der Sozialpolitik. Frankfurt

Dröge, Franz, 1972: Wissen ohne Bewußtsein – Materialien zur Medienanalyse. Frankfurt

Dröge, Franz, und Rainer Weißenborn, Henning Haft 1973: Wirkungen der Massenkommunikation. Frankfurt

Dror, Yehezkel, 1995: Ist die Erde noch regierbar? Ein Bericht an den Club of Rome. München

Ebert, Theodor, 1968: Gewaltfreier Aufstand, Freiburg

Eckert, Roland, 1996: Private Organisationen an den Hebeln derMacht? Europa Archiv 51, 5, 53-60

Eichener, Volker, und Helmut Velzkow (Hg.), 1994: Europäische Integration und verbandliche Interessenvermittlung. Marburg

Eichhorn, Peter, und Dorothea Greiling, 1995: Die europäische Industriepolitik zur Förderung von Forschung und technologischer Entwicklung. Aus Politik und Zeitgeschichte B 24/95

Elias, Norbert, 1970: Was ist Soziologie? München

Ellwein, Thomas, 1976: Regieren und Verwalten: eine kritische Einführung. Opladen

Empfehlungen der Gemeinsamen Verfassungskommission zur Änderung und Ergänzung des Grundgesetzes. Aus Politik und Zeitgeschichte (B 52-53/93)

494

Engel, Christian, 1995: Ministerrat/Rat der EU; Sozialpolitik; Europa der Regionen, in: Europa von A-Z, hg. von Werner Weidenfeld und Wolfgang Wessels. Bonn

Enzensberger, Hans Magnus, 1962: Einzelheiten 1. Bewußtseins-Industrie. Frankfurt

Enzensberger, Hans Magnus, 1970: Baukasten zu einer Theorie der Medien. Kursbuch 20, 159-86

Erne, Roland, und Andreas Gross, Bruno Kaufmann, Heinz Kleger (Hg.), 1995: Transnationale Demokratie. Impulse für ein demokratisch verfaßtes Europa. Zürich

Europäische Kommission 1994: Wachstum, Wettbewerbsfähigkeit, Beschäftigung – Herausforderungen der Gegenwart und Wege ins 21. Jahrhundert. Luxemburg

Falk, Rainer, 1995: Ökonomie, in: Globale Trends 1996, hg. von Ingomar Hauchler. Frankfurt

Falk, Rainer, 1995: Schöne Aussichten für die Multis: Vom Freihandel zur Freiheit der Investoren. Informationsbrief Weltwirtschaft und Entwicklung, Januar

Fanon, Frantz, 1961: Les damnés de la terre. Paris (dt. Frankfurt 1966)

Felber, Wolfgang, 1986: Eliteforschung in der Bundesrepublik Deutschland. Stuttgart

Fetscher, Iring, 1995: Freiheit, in: Wörterbuch Staat und Politik, hg. von Dieter Nohlen. München, 170-72

Fetscher, Iring, 1995a: Gleichheit, in: Wörterbuch Staat und Politik, hg. von Dieter Nohlen, 229-232. München

Fischbeck, Hans J., und Regine Kollek, 1994: Fortschritt wohin? Wissenschaft in der Verantwortung, Politik in der Herausforderung. Münster

Fischer-Ruge, Lois, 1995: Freiheit auf russisch. Der harte Alltag im neuen Moskau. Stuttgart

Forschungsgruppe Produktivkraftentwicklung, 1978: Probleme einer arbeitsorientierten Regionalpolitik, bearbeitet von Karl-Herrmann Tjaden. Kassel

Frank, André Gunder, 1991: Politische Ökonomie des Golfkrieges, Das Argument 186, 177-85

Frank, André Gunder, 1991: The Third World War: Politcal Ecoomy of the Gulf War and New World Order. Economic Review, July/August, 17-73

Frank, André Gunder, 1991a: Der Krieg der Scheinheiligen: Seid verflucht alle beide. Blätter für deutsche und internationale Politik, 291-302

Fröbel, Folker, und Jürgen Heinrichs, Otto Kreye, 1986: Umbruch in der Weltwirtschaft. Reinbek

Früh, Werner, 1994: Realitätsvermittlung durch Massenmedien. Die permanente Transformation der Wirklichkeit. Wiesbaden

Gablentz, Otto Heinrich v. d., 1957: Die politischen Theorien seit der amerikanischen Unabhängigkeitserklärung. Köln

Galtung, Johan, 1993: Eurotopia. Die Zukunft eines Kontinents. Wien

Galtung, Johan, 1994: Menschenrechte – anders gesehen. Frankfurt

Gellner, Winand (Hg.), 1989: Europäisches Fernsehen – American-blend? Berlin

Gerlach, Irene, und Norbert Konegen, Armin Sandhövel, 1996: Der verzagte Staat. Policy-Analysen. Sozialpolitik, Staatsfinanzen, Umwelt. Opladen

Gross, Andreas, 1995a: Auf der politischen Baustelle Europa. Eine europäische Verfassung und Demokratie im Aufbau. Zürich

Gross, Andreas, 1995b: Direkte Demokratie als Chance und Prozeß. Die verkannten Seiten einer radikalen Errungenschaft. Zürich

Guevara, Ernesto ‚Che‘, 1968: Bolivianisches Tagebuch. München

Guggenberger, Bernd, 1995: Demokratie/Demokratietheorie, in: Wörterbuch Staat und Politik, hg. von Dieter Nohlen, 80-90. München

Guggenberger, Bernd, und Ullrich K. Preuß, Wolfgang Ullmann (Hg.), 1991: Eine Verfassung für Deutschland. Manifest – Text – Plädoyers. München

Hamm, Bernd, und Ingo Neumann, 1996: Siedlungs-, Umwelt- und Planungssoziologie. Ökologische Soziologie Bd. 2. Opladen

Hanesch, Walter, u.a., 1994: Armut in Deutschland. Der Armutsbericht des DGB und des Paritätischen Wohlfahrtsverbandes. Reinbek

Hans-Bredow-Institut (Hg.), 1994: Internationales Handbuch für Hörfunk und Fernsehen 1994/95. Baden-Baden

Harborth, Hans-Jürgen, 1991: Dauerhafte Entwicklung statt globaler Selbstzerstörung. Berlin

Hardt, Hanno, 1995: Der Bankrott einer demokratischen Idee. Die Zeit 11.8.1995, S. 41

Hartfiel, Günter, 1972: Wörterbuch der Soziologie. Stuttgart

Hartmann, Jürgen, 1995: Interessenverbände, in: Die EU-Staaten im Vergleich, hg. von Oscar W. Gabriel und Frank Brettschneider. Opladen

Hauchler Ingomar, 1995: Weltordnungspolitik – Chance oder Utopie? in: Globale Trends 1996, hg. von Ingomar Hauchler. Frankfurt

Heinrich, Herbert, 1991: Deutsche Medienpolitik. Nauheim

Heinrich, Jürgen, 1994: Medienökonomie Bd. 1: Mediensystem, Zeitung, Zeitschrift, Anzeigenblatt. Wiesbaden

Helm, Carsten, 1995: Handel und Umwelt. Für eine ökologische Reform des GATT. Berlin (Wissenschaftszentrum Berlin FS II 95-402)

Hentschel, Volker, 1983: Geschichte der deutschen Sozialpolitik 1880-1980. Frankfurt

Herrmann, Horst, 1992: Die Kirche und unser Geld. Wie die Hirten ihre Schäfchen ins Trockene bringen. München

Hillenbrand, Olaf, 1995: Medienpolitik, in: Europa von A – Z. Taschenbuch der europäischen Integration, hg. von Werner Weidenfeld und Wolfgang Wessels. Bonn

Hippler, Jochen, 1994: Pax Americana? Hegemony or Decline. London

Ho chi Min, 1965: Days with Ho chi Minh. Hanoi (dt. Berlin 1972)

Hof, Bernd, 1993: Europa im Zeichen der Migration. Szenarien zur Bevölkerungs- und Arbeitsmarktentwicklung in der Europäischen Gemeinschaft bis 2020. Köln

Hoffmann-Lange, Ursula, 1992: Eliten, Macht und Konflikt in der Bundesrepublik. Opladen

Hoge, James F., 1995: Der Einfluß der Massenmedien auf die Weltpolitik, in: Die neue Weltpolitik, hg. von Karl Kaiser und Hans-Peter Schwarz. Bonn

Holzer, Horst, 1973: Kommunikationssoziologie. Reinbek

Hüfner, Klaus, 1991: Die Vereinten Nationen und ihre Sonderorganisationen. Bonn

Hummel, Hartwig, 1995: Rüstung, in: Globale Trends 1996, hg. von Ingomar Hauchler. Frankfurt

Hunter, Floyd, 1953: Community Power Structure. Chapel Hill

Hunziker, Peter, 1988: Medien, Kommunikation und Gesellschaft. Einführung in die Soziologie der Massenkommunikation. Darmstadt

Hymer,Steven, 1972: Multinationale Konzerne und das Gesetz der ungleichen Entwicklung, in: Imperialismus und strukturelle Gewalt. Analysen über abhängige Reproduktion, hg. von Dieter Senghaas. Frankfurt

ILO (=International Labour Office), 1995: World Labour Report 1995. Genf

Jaeggi, Urs, und Rudolf Steiner, Willy Wyniger, 1966: Der Vietnamkrieg und die Presse. Zürich

Jäger, Thomas, und Dieter Hoffmann (Hg.), 1995: Demokratie in der Krise? Zukunft der Demokratie. Opladen

Jänicke, Martin, 1986: Staatsversagen. Die Ohnmacht der Politik in der Industriegesellschaft. München

Jänicke, Martin, und Jürgen Pöschk, 1995: Umweltpolitik, in: Handwörterbuch des politischen Systems der Bundesrepublik Deutschland, hg. von Uwe Andersen und Wichard Woyke. Bonn

Jansen, Thomas, 1995: Zur Entwicklung des europäischen Parteiensystems. Integration 18, 157-165

Janssen, Bernd, 1995: Bildungs- und Jugendpolitik, in: Europa von A – Z. Taschenbuch der europäischen Integration, hg. von Werner Weidenfeld und Wolfgang Wessels. Bonn

Jaopp, Mathias, 1995: Die Reform der Gemeinsamen Außen- und Sicherheitspolitik – institutionelle Vorschläge und ihre Realisierungschancen. Integration 18, 133-143

Jennings, Andrew, 1996: Das Olympia-Kartell. Reinbek

Jungk, Robert, 1979: Der Atomstaat. Vom Fortschritt in die Unmenschlichkeit. Reinbek

Kaiser, Karl, und Hans-Peter Schwarz (Hg.) 1995: Die neue Weltpolitik. Baden-Baden

Kant, Immanuel, 1795: Zum ewigen Frieden, hg. von Otfried von Höffen, 1995. Berlin

Kapp, K. William, 1983: Erneuerung der Sozialwissenschaften. Ein Versuch zur Integration und Humanisierung. Frankfurt

Katalyse, Institut für angewandte Umweltforschung, 1995: Neue Chemie in Lebensmitteln. Frankfurt

Klein, Edwin, 1994: Rote Karte für den DFB. Die Machenschaften im deutschen Profifußball. München

Kleinsteuber, Hans J., und Volkert Wiesner, Peter Wilke (Hg.), 1990: EG-Medienpolitik. Fernsehen in Europa zwischen Kultur und Kommerz. Berlin

Klug, Wolfgang, 1995: Mehr Markt für die freie Wohlfahrt? Zum Problem marktwirtschaftlicher Bedingungen in der Freien Wohlfahrtspflege. Aus Politik und Zeitgeschichte B 25-26/95, 34-43

Koch, Claus, 1995: Die Gier des Marktes. München

Kopper, Gerd D., 1992: Medien- und Kommunikationspolitik der Bundesrepublik Deutschland. Ein chronologisches Handbuch 1944-1988. München

Koszyk, Kurt, und Karl Hugo Pruys, 1981: Handbuch der Massenkommunikation. München

Krugman, Paul, 1994: Competitiveness: A Dangerous Obsession. Foreign Affairs 73, 2, 28-44

Kubicek, Herbert, u.a. (Hg.), 1991, 1994, 1995: Jahrbuch Telekommunikation und Gesellschaft. Heidelberg

Kühne, Winrich, 1995: Die neuen Vereinten Nationen, in: Die neue Weltpolitik, hg. von Karl Kaiser und Hans-Peter Schwarz. Bonn

Lange, Thomas, 1995: Staatliches/öffentliches Vermögen, in: Handwörterbuch des politischen Systems der Bundesrepublik Deutschland, hg. von Uwe Andersen und Wichard Woyke. Opladen

Langenbucher, Wolfgang, 1976: Die Massenmedien in der postindustriellen Gesellschaft. Göttingen

Lecher, Wolfgang, 1989: Zur Lage der Gewerkschaften in Europa, in: Europa ,92: Industriestandort oder sozialer Lebensraum, hg. von Franz Steinkühler. Hamburg

Levi, Margaret, 1988: Of Rule and Revenue. Berkeley

Lindblom, Charles E., 1983: Jenseits von Markt und Staat. Eine Kritik der politischen und ökonomischen Systeme. Frankfurt

Linde, Hans, 1972: Sachdominanz in Sozialstrukturen. Tübingen

Lipp, Wolfgang, 1989: Institutionen, in: Wörterbuch der Soziologie, hg. von Günter Endruweit und Gisela Trommsdorff. Stuttgart

Lipp, Wolfgang, 1995 Institutionen, in: Grundbegriffe der Soziologie, hg. von Bernhard Schäfers. Opladen

Loesch, Achim von, 1987: Privatisierung öffentlicher Unternehmen. Ein Überblick über die Argumente. Baden-Baden

Löffelholz, Martin (Hg.), 1993: Krieg als Medienereignis: Grundlagen und Perspektiven der Krisenkommunikation. Opladen

Lourié, Silvain, 1990: Das Wort und das Handeln, in: UNESCO Kurier 31 (1990) 7, 7-12

Ludwig, Klemens, 1990: Bedrohte Völker. Ein Lexikon nationaler und religiöser Minderheiten. München

Mandel, Ernest, 1972: Der Spätkapitalismus. Frankfurt

Mao Tse-Tung, 1963: Selected Military Writings. Peking (dt. Reinbek 1966)

Marcuse, Herbert, 1968: Repressive Toleranz, in: Kritik der reinen Toleranz, hg. von Robert Paul Wolff, Barrington Moore und Herbert Marcuse. Frankfurt

Marcuse, Peter, 1992: Property Rights, in: Sustainable Development and the Future of Cities, hg. von Bernd Hamm, Gertrud Zimmer und Sabine Kratz. Trier

Martens, Jens, 1995: Reformversuche gegen die Arroganz der Mächtigen. Informationsbrief Weltwirtschaft und Entwicklung 7/95

Mayntz, Renate (Hg.), 1978: Vollzugsprobleme der Umweltpolitik. Stuttgart

Mayntz, Renate (Hg.), 1980: Implementation politischer Programme. Empirische Forschungsberichte. Köln

Mayntz, Renate (Hg.), 1992: Verbände zwischen Mitgliederinteressen und Gemeinwohl. Gütersloh

Mayntz, Renate, 1990: Föderalismus und die Gesellschaft der Gegenwart, Archiv des öffentlichen Rechts 115, 232-45

Mayor, Federico, 1994: Die neue Seite. Nürnberg

McGreevy, William, 1991: Social Security in Latin America: Issues and Options for the World Bank. Washington

Meckel, Miriam, 1994: Fernsehen ohne Grenzen? Europas Fernsehen zwischen Integration und Segmentierung. Wiesbaden

Menschenrechte. UNESCO-Kurier 35 (1994) 3

Mettler-v. Meibom, Barbara, 1994: Kommunikation in der Mediengesellschaft. Tendenzen, Gefährdungen, Orientierungen. Berlin

Meyer, Thomas, 1992: Die Inszenierung des Scheins. Frankfurt

Meyn, Hermann, 1994: Massenmedien in der Bundesrepublik Deutschland – alte und neue Bundesländer. Berlin

Mills, C. Wright, 1962: Die amerikanische Elite. Hamburg

Moebus, Gerhard, 1964: Die politischen Theorien von der Antike bis zur Renaissance. Köln

Moebus, Gerhard, 1966: Die politischen Theorien im Zeitalter der absolute Monarchie bis zur Französischen Revolution. Köln

Möntmann, Hans G., 1994: Protzkis Traumland. Das Brevier über Bereicherung, Verschwendung und Prunksucht im öffentlichen Dienst. Stuttgart

Morgan, Michael, und Justin Lewis, Sut Jhally, 1992: More Viewing, Less Knowledge, in: Triumph of the Image. The Media's War in the Persian Gulf. A Global Perspective, hg. von Hamid Mowlana, George Gerbner und Herbert I. Schiller, 216-33. Boulder

Neidhardt, Friedhelm, 1994: Öffentlichkeit, öffentliche Meinung, soziale Bewegungen. Kölner Zeitschrift für Soziologie und Sozialpsychologie, Sonderheft 34

Niedenhoff, Horst-Udo, 1991: Mitbestimmung in den EG-Staaten. Köln

Noelle-Neumann, Elisabeth, und Winfried Schulz, Jürgen Wilke (Hg.), 1994: Fischer Lexikon Publizistik, Massenkommunikation. Frankfurt

Nuscheler, Franz, 1995: Lern- und Arbeitsbuch Entwicklungspolitik. Bonn

Offe, Claus, 1972: Politische Herrschaft und Klassenstrukturen. Zur Analyse spätkapitalistischer Gesellschaftssysteme, in: Politikwissenschaft. Eine Einführung in ihre Probleme, hg. von Gisela Kress und Dieter Senghaas. Frankfurt

Offe, Claus, 1987: Die Staatstheorie auf der Suche nach ihrem Gegenstand, in: Jahrbuch zur Staats- und Verwaltungswissenschaft 1, 309-20

Olson, Mancur, 1968: Die Logik kollektiven Handelns. Tübingen

Opitz, Peter J. (Hg.), 1955: Weltprobleme. Bonn

Opitz, Peter J., und Volker Rittberger, 1986: Forum der Welt. 40 Jahre Vereinte Nationen. München

Orwell, George, 1950: 1984. Zürich

Pappi, Franz Urban, und Peter Kappelhoff, Christian Melbeck, 1987: Die Struktur der Unternehmensverflechtungen in der Bundesrepublik. Kölner Zeitschrift für Soziologie und Sozialpsychologie 39, 693- 717

Paul, James A., und Susanne S. Paul, 1994: Soziale Krise und (Un-)Sicherheit in der Dritten Welt: Die Zerstörung der Altersversorgung. Informationsbrief Weltwirtschaft und Entwicklung SD 8-9, Dezember

Platzer, Hans-Wolfgang, 1992: Lernprozeß Europa. Die EG und die neue europäische Ordnung. Bonn

Polanyi, Karl, 1977: The Great Transformation. Politische und ökonomische Ursprünge von Gesellschaften und Wirtschaftssystemen. Wien

Postman, Neil, 1987: Wir amüsieren uns zu Tode: Urteilsbildung im Zeitalter der Unterhaltungsindustrie. Frankfurt

Prim, Andreas, und Bernd Stilz, 1996: Die Konferenz für Umwlet und Entwicklung in Rio de Janeiro 1992 und ihre Auswirkungen auf die Bundesrepublik Deutschland. Trier (Diplomarbeit)

Reich, Robert B., 1993: Die neue Weltwirtschaft. Das Ende der nationalen Ökonomie. Frankfurt

Richter, und Klaus M. Schmals, 1986 (statt 81): Die Krise des ländlichen Raums. München

Rodenburg, Eric, und Dan Tunstall, Frederik van Bolhuis, interpretiert von Udo Ernst Simonis, 1996: Umweltindikatoren und Globale Kooperation. Berlin (WZB-Papiere FS II 96-403)

Roth, Jürgen, Berndt Ender, 1995: Das zensierte Buch: Geschäfte und Verbrechen der Politmafia. Eine kritische Bestandsaufnahme des internationalen Dunkelmännerwesens. Aschaffenburg

Sabet, Hafez, 1992: Die Schuld des Nordens. Der 50-Billionen-Coup. Frankfurt

Sachs, Wolfgang (Hg.), 1993: Wie im Westen, so auf Erden. Reinbek

Salinger, Pierre, und Eric Laurent, 1991: Krieg am Golf. Das Geheimdossier. München

Salomon-Delatour, Gottfried, 1965: Moderne Staatslehren. Neuwied

Scharpf, Fritz, 1988: Verhandlungssysteme, Verteilungskonflikte und Pathologien der politischen Steuerung. Politische Vierteljahrsschrift, Sonderheft 19, 61-87

Scharpf, Fritz, 1991: Die Handlungsfähigkeit des Staates am Ende des zwanzigsten Jahrhunderts. Politische Vierteljahresschrift 32, 621-34

Scharpf, Fritz, 1993: Legitimationsprobleme der Globalisierung. Regieren in Verhandlungssystemen, in: Regieren im 21. Jahrhundert. Zwischen Globalisierung und Regionalisierung, hg. von Carl Böhret und Göttrik Wewer. Opladen

Schenk, Michael, 1987a: Medienwirkungen. Kommentierte Auswahlbibliographie der anglo-amerikanischen Forschung. Tübingen

Schenk, Michael, 1987b: Medienwirkungsforschung. Tübingen

Schenk, Michael, 1995: Soziale Netzwerke und Massenmedien. Untersuchungen zum Einfluß der persönlichen Kommunikation. Tübingen

Scheuch, Erwin K., und Ute Scheuch, 1992: Cliquen, Klüngel und Karrieren. Über den Verfall der politischen Pareteien. Reinbek

Schiller, Theo (Hg.), 1992: Parteien und Gesellschaft. Stuttgart

Schilling-Kaletsch, Ingrid, 1980: Wachstumspole und Wachstumszentren. Untersuchungen zu einer Theorie sektoral und regional polarisierter Entwicklung. Kiel

Schmähl, Winfried, 1995: Migration und soziale Sicherung. Bremen (Zentrum für Sozialpolitik der Universität Bremen, Arbeitspapier 5/95)

Schmidt, Ellen, 1996: Globaler Umwelt-Fonds (GEF): NGOs fordern mehr Gleichberechtigung. Informationsbrief Weltwirtschaft und Entwicklung 05/96

Schmidt, Manfred G., 1995: Demokratietheorien. Eine Einführung. Opladen

Schneider, Heinrich, 1995: Zwischen Helsinki und Budapest – Der KSZE-Prozeß als Interaktionsfeld der Europäischen Union. Integration 18, 144-156

Scholz, Rupert, 1993: Die Gemeinsame Verfassungskommission. Auftrag, Verfahren, Ergebnisse. Aus Politik und Zeitgeschichte B 52-53/93

Schultze, Rainer-Olaf, 1995: Gemeinwohl, in: Wörterbuch Staat und Politik, hg. von Dieter Nohlen, 193-98. München

Schultze, Rainer-Olaf, 1995a: Staatstheorie, in: Wörterbuch Staat und Politik, hg. von Dieter Nohlen, 733-43. München

Schulz, Rüdiger, 1995: Mediaforschung, in: Fischer Lexikon Publizistik, Massenkommunikation, hg. von Elisabeth Noelle-Neumann, Winfried Schulz und Jürgen Wilke, S. 187-218. Frankfurt

Schulz, Winfried (Hg.), 1992: Medienwirkungen. Einflüsse von Presse, Radio und Fernsehen auf Individuum und Gesellschaft. Weinheim

Schulz, Winfried, 1995: Nachricht, in: Fischer Lexikon Publizistik, Massenkommunikation, hg. von Elisabeth Noelle-Neumann, Winfried Schulz und Jürgen Wilke, S. 307-337. Frankfurt

Schuster, Thomas, 1995: Staat und Medien. Über die elektronische Konditionierung der Wirklichkeit. Frankfurt

Schwarz, Hans-Peter, 1995: Die neue Weltpolitik am Ende des 20. Jahrhunderts – Rückkehr zu den Anfängen vor 1914? in: Die neue Weltpolitik, hg. von Karl Kaiser und Hans-Peter Schwarz. Baden-Baden

Seffen, Achim, 1995: Umbau des Sozialstaates unter Sparzwang. Eine Herausforderung für Politik und Gesellschaft. Aus Politik und Zeitgeschichte B 25-26/95, 26-33

Senghaas, Dieter, 1990: Europa 2000: ein Friedensplan. Frankfurt/M.

Siewert, Hans-Jörg, 1979: Lokale Elitesysteme. Königstein

Sik, Ota, 1972: Der Dritte Weg. Die marxistisch-leninistische Theorie und die moderne Industriegesellschaft. Hamburg

Simai, Mihaly, 1994: The Future of Global Governance: Managing Risk and Change. Washington (FS 17:1:8)

Simonis, Udo E., 1991: Globale Klimakonvention. Konflikt oder Kooperation zwischen Industrie- und Entwicklungsländern. Berlin (Wissenschaftszentrum Berlin FS II 91-404)

Sinclair, Upton, 1931: The Jungle. Goldfarb

Steinkühler, Franz (Hg.), 1989: Europa ,92: Industriestandort oder sozialer Lebensraum. Hamburg

Strange, Susan, 1986: Casino Capitalism. Oxford, New York

Stratmann-Mertens, Eckhard, und Rudolf Hickel, Jan Priewe (Hg.), 1991: Wachstum. Abschied von einem Dogma. Frankfurt

Strübel, Michael, 1992: Internationale Umweltpolitik. Entwicklungen, Defizite, Aufgaben. Opladen

Stubbe-da Luz, Helmut, 1994: Parteiendiktatur. Die Lüge von der „innerparteilichen Demokratie". Berlin

Sturm, Roland, 1991: Großbritannien. Wirtschaft, Gesellschaft, Politik. Opladen

Suplie, Jessica, 1995: „Streit auf Noahs Arche" – Zur Genese der Biodiversitäts-Konvention. Berlin (Wissenschaftszentrum Berlin FS II 95-406)

Task Force of the European Parliament on the Intergovernmental Conference, 1996: Briefing on the European Social Policy and the 1996 Intergovernmental Conference, 2nd update. Luxemburg (PE 165.816)

Tinbergen, Jan (Hg.), 1976: Reshaping the International Order (RIO). New York

Toffler, Alvin, 1970: Der Zukunftsschock. Stuttgart

Totman, Richard, 1982: Was uns krank macht. Die sozialen Ursachen der Krankheit. München

Triesch, Günter, und Wolfgang Ockenfels, 1995: Interessenverbände in Deutschland. Ihr Einfluß in Politik, Wirtschaft und Gesellschaft. München

Türk, Klaus, 1987: Einführung in die Soziologie der Wirtschaft. Stuttgart

TV Total. Macht und Magie des Fernsehens. Spiegel-Special 8/1995

UN (=United Nations), 1992: World Investment Report 1992: Transnational Corporations as Engines of Growth. Washington

UNESCO (=United Nations Educational, Scientific and Cultural Organization), 1995: World Education Report 1995. Paris

UNESCO, 1993: World Science Report. Paris

UNESCO Kurier 31 (1990) 7 (über: Analphabetismus)

United Nations Centre for Human Rights, 1988: Human Rights – A Compilation of International Instruments. New York

United Nations Department of Economic and Social Information and Policy Analysis, 1994: The World Social Situation in the 1990s. New York

Unternehmensstrukturen im europäischen Binnenmarkt, 1990, 121 (Schriftenreihe des Forschungsinstituts für Wirtschaftsverfassung und Wettbewerb). Köln

Viele Stimmen – eine Welt – Bericht der Internationalen Kommission zum Studium der Kommunikationsprobleme unter dem Vorsitz von Sean McBride an die UNESCO. (dt. Konstanz 1981)

Voscherau, Henning, 1993: Verfassungsreform und Verfassungsdiskurs. Aus Politik und Zeitgeschichte B 52-53/93

Weber, Max, 1980: Wirtschaft und Gesellschaft. Tübingen

Weidenfeld, Werner (Hg.), 1994: Europe ,96. Reformprogramm für die Europäische Union. Gütersloh

Weidenfeld, Werner (Hg.), *1994:* Maastricht in der Analyse. Gütersloh

Weizenbaum, Joseph, 1984: Kurs auf den Eisberg. Die Verantwortung des Einzelnen und die Diktatur der Technik. München

Weizsäcker, Ernst Ulrich von, 1990: Erdpolitik. Ökologische Realpolitik an der Schwelle zum Jahrhundert der Umwelt. Darmstadt

Wetzstein, Thomas A., und Hermann Dahm, Linda Steinmetz, Anja Lentes, Stephan Schampaul, Roland Eckert, 1995: Datenreisende. Die Kultur der Computernetze. Opladen

Wilke, Jürgen, und Bernhard Rosenberger, 1991: Die Nachrichten-Macher. Zu den Strukturen und Arbeitsweisen von Nachrichtenagenturen am Beispiel von AP und dpa. Köln

Willems, Helmut, und Roland Eckert, Stefanie Würtz, Linda Steinmetz, 1993: Fremdenfeindliche Gewalt. Einstellungen, Täter, Konflikteskalation. Opladen

Windolf, Paul, und Jürgen Beyer, 1995: Kooperativer Kapitalismus. Unternehmensverflechtungen im internationalen Vergleich. Kölner Zeitschrift für Soziologie und Sozialpsychologie 47, 1, 1-36

Winter, Rolf, 1992: Wer zur Hölle ist der Staat? Hamburg

Witte, Eberhard (Hg.), 1991: Deutsche Medienstruktur 1991. Heidelberg

Worldwatch Institute (jährlich): Zur Lage der Welt. Frankfurt

Wörterbuch der marxistisch-leninistischen Soziologie 1983. Berlin

Zündorf, Lutz, 1994: Weltwirtschaftliche Vergesellschaftungen. Perspektiven für eine globale Wirtschaftssoziologie, in: Der Wandel der Wirtschaft. Soziologische Perspektiven, hg. von Elmar Lange. Berlin

Zusammenfassung der Diskussion und Ergebnisse der Gemeinsamen Verfassungskommission. Aus Politik und Zeitgeschichte B 52-53/93

Zukunft

Altner, Günter, und Barbara Mettler-Meibom, Udo E. Simonis, Ernst-Ulrich von Weizsäcker (Hg.), jährlich seit 1992: Jahrbuch Ökologie. München

Assheuer, Thomas, und Hans Sarkowicz, 1990: Rechtsradikale in Deutschland. München

Barclay, Harold, 1985: Völker ohne Regierung. Eine Anthropologie der Anarchie. Berlin

Baum, Detlef, 1978: Zum Verhältnis von relativer Deprivation und politischer Partizipation. Trier

Bertrand, Maurice, 1988: Für eine Weltorganisation der Dritten Generation. Bonn

Binswanger, Hans Christoph, u.a., 1994: Umweltpolitische Ziele und Grundsätze für die Europäische Union. Vorschläge des Arbeitskreises „Europäische Umweltunion. o.O.

Binswanger, Hans Christoph, und H. Frisch, H. G. Nutzinger, B. Schefold, G. Scherhorn, U. E. Simonis, B. Strümpel, 1988: Arbeit ohne Umweltzerstörung. Frankfurt

Blankertz, Stefan, und Goodman, Paul, 1980: Staatlichkeitswahn. o.O.

Blaschke, Jochen (Hg.), 1980: Handbuch der westeuropäischen Regionalbewegungen. Frankfurt

BUKO (=Bundeskongreß entwicklungspolitischer Aktionsgruppen), 1995: „Zukunftsfähiges Deutschland" – ein Technokratenmärchen. Hamburg; gekürzt abgedruckt in Forum Wissenschaft 4/95, 42-47

Bullmann, Ulla, und Peter Gitschmann (Hg.), 1985: Kommune als Gegenmacht. Alternative Politik in Städten und Gemeinden. Hamburg

Bultmann, Antje, 1994: Tauschhandel und soziale Netzwerke. Zukünfte 4, 9, 52

BUND (= Bund für Umwelt für Umwelt und Naturschutz Deutschland) und Misereor, (Hg.), 1996: Zukunftsfähiges Deutschland. Ein Beitrag zu einer global nachhaltigen Entwicklung. Studie des Wuppertal Instituts für Klima, Umwelt, Energie. Basel

BUND (=Bund für Umwelt und Naturschutz Deutschland), 1996: Zukunftsfähiges Rheinland-Pfalz. Vorschläge für eine ökologische Landespolitik. Mainz

Bunge, Claus, und Karsten Laubrock, Matthias Ullrich, 1995: Die Nutzung regenerativer Energien als lokale Handlungsstrategie. Trier (Diplomarbeit)

Burmeister, Klaus, und Weert Canzler, Rolf Kreibich, 1991: Netzwerke. Vernetzung und Zukunftsgestaltung. Weinheim

Cavanagh, John, und Marcos Arruda, Daphne Wysham (Hg.) 1994: Kein Grund zum Feiern. 50 Jahre Weltbank und IWF, Kritik und Alternativen. Hamburg

Cleveland, Harlan, und Hazel Henderson, Inge Kaul (Hg.), 1995: The United Nations at Fifty: Policy and Financing Alternatives. Futures 27, 2

Commission on Global Governance, 1995: Our Global Neighbourhood. Oxford (dt. Bonn 1995)

Demmke, Christoph, 1994: Umweltpolitik im Europa der Verwaltungen. Die Verwaltung 1/94, 47-68.

Dror, Yehezkel, 1995: Ist die Erde noch regierbar? Ein Bericht an den Club of Rome. München

Dyllick, Thomas, 1995: Bausteine einer Konzeption ökologisch bewußter Unternehmensführung, in: Jahrbuch Ökologie 1995, hg. von Günter Altner u.a. München

Falk, Rainer, 1995: Sustainable Germany: Zukunftskursbuch oder naive Blaupause? Informationsbrief Weltwirtschaft und Entwicklung 11

Friedman, Yona, 1978: Machbare Utopien. Absage an geläufige Zukunftsmodelle. Frankfurt

Friends of the Earth Netherlands, 1993: Sustainable Netherlands. Amsterdam

Grabski-Kieron, Ulrike und Knieling, Jörg, 1994: Aktivierung endogener Potentiale für die Entwicklung europäischer Regionen. Petermanns Geographische Mitteilungen, 3/94, 161-70

Greenpeace, 1994: Ökosteuer – Sackgasse oder Königsweg? Ein Gutachten des Deutschen Instituts für Wirtschaftsforschung im Auftrag von Greenpeace. Hamburg

Hamm, Bernd,und Gertrud Zimmer, Sabine Kratz (Hg.), 1992: Sustainable Development and the Future of Cities. Trier

Hesse, Joachim Jens (Hg.), 1986: Erneuerung der Politik „von unten"? Opladen

Huber, Joseph (Hg.), 1985: Anders arbeiten, anders wirtschaften. Dualwirtschaft: Nicht jede Arbeit muß ein Job sein. Frankfurt

Independent Working Group on the Future of the United Nations, 1995: The United Nations in its Second Half-Century. New York (dt. Bonn 1995)

Ipsen, Detlev, 1994: Regionale Identität, in: Die Wiederkehr des Regionalen, hg. von Rolf Lindner. Frankfurt

Jungk, Robert (Hg.), 1990: Katalog der Hoffnung. 51 Modelle für die Zukunft. Frankfurt

Jungk, Robert und Norbert Müllert, 1992: Zukunftswerkstätten. München

Jungk, Robert, 1993: Trotzdem. Mein Leben für die Zukunft. München

Kanter, Rosabeth Moss, 1996: Weltklasse. Im globalen Wettbewerb lokal triumphieren. Wien

King, Alexander, und Bertrand Scheider, 1991: Die globale Revolution. Ein Bericht des Rates des Club of Rome. Hamburg (Kurzfassung erschienen als Spiegel-Special 2/1991)

Kühne, Winrich, 1995: Die neuen Vereinten Nationen, in: Die neue Weltpolitik, hg. von Karl Kaiser und Hans-Peter Schwarz, 372-83. Bonn

Leipert, Christian, 1993: Institutioneller Wandel als Antwort auf die Ökologiekrise in Industriegesellschaften. Wirtschaft und Gesellschaft 19, 4, 541-562

Leonhardt, Willy, und R. Klopfleisch, G. Jochum (Hg.) 1991: Kommunales Energie-Handbuch. Karlsruhe

Lindner, Rolf (Hg.), 1994: Die Wiederkehr des Regionalen. Über neue Formen kultureller Indentität. Frankfurt

Mackensen, Rainer, und Eberhard Umbach, Ronald Jung, 1984: Leben im Jahr 2000 und danach. Perspektiven für die nächsten Generationen. Berlin

Malinsky, Adolf Heinz, und Dietmar Kanatschnig, Reinhold Priewasser, 1985: Regionale Dezentralisierung unter veränderten Rahmenbedingungen. Linz.

Mayer, Lothar, 1992: Ein System siegt sich zu Tode. Der Kapitalismus frißt seine Kinder. Oberursel

Messner, Dirk, und Franz Nuscheler, 1996: Global Governance. Herausforderungen an die deutsche Politik an der Schwelle zum 21. Jahrhundert. Duisburg (Stiftung Entwicklung und Frieden, Policy Paper 2)

Müller, Harald, 1995: Internationale Regime und ihr Beitrag zur Weltordnung, in: Die neue Weltpolitik, hg. von Karl Kaiser und Hans-Peter Schwarz, 384-95. Bonn

Scharpf, Fritz W., 1994: Optionen des Föderalismus in Deutschland und Europa. Frankfurt

Schepelmann, Phillip, 1995: Ein BUKO-Märchen. Zur Kritik des Bundeskongresses entwicklungspolitischer Aktionsgruppen an der Studie „Zukunftsfähiges Deutschland". Forum Wissenschaft 4/95, 48-50

Schmidheiny, Stephan, 1992: Kurswechsel. Globale unternehmerische Perspektiven für Entwicklung und Umwelt. München

Seydewitz, Rolf und Tyrell, Markus, 1995: Der beitragsfinanzierte Nulltarif. Trier

Soto, Hernando de, 1992: Marktwirtschaft von unten. Die unsichtbare Revolution in Entwicklungsländern. Zürich

South Centre, 1995: Reforming the United Nations. A View from the South. Genf

Task-Force „Regierungskonferenz" des Europäischen Parlaments, 1995: Aufzeichnung über die Positionen der Mitgliedsstaaten der Europäischen Union im Hinblick auf die Regierungskonferenz 1996 (3. Überarbeitung). Strasburg

Unternehmerinstitut, 1995: Demokratiereform. Anstöße zu einer ordnungspolitischen Diskussion. Bonn

Vilmar, Fritz, 1973: Strategien der Demokratisierung. Darmstadt

Voigt, Lothar, 1991: Aktivismus und moralischer Rigorismus. Die politische Romantik der 68er Studentenbewegung. Wiesbaden

Wagener, Frido, 1984: Großstadt und Umland. Die öffentliche Verwaltung, 9, 357-63

Weizsäcker, Ernst-Ulrich von, 1994: Erdpolitik. Ökologische Realpolitik an der Schwelle zum Jahrhundert der Umwelt. Darmstadt

Zimmermann, Klaus W. und Kahlenborn, Walter, 1994: Umweltföderalismus. Berlin